2010年度国家社会科学基金《历代宋诗选本研究暨五百种宋诗选本总目提要》(10BZW042)

中国文化

历代宋诗选本提要

王顺贵◎著

光明日报出版社

图书在版编目（CIP）数据

历代宋诗选本提要 / 王顺贵著. -- 北京：光明日报出版社，2024.8. -- ISBN 978-7-5194-8192-6

Ⅰ.Z89：I222.744

中国国家版本馆 CIP 数据核字第 20241EP621 号

历代宋诗选本提要
LIDAI SONGSHI XUANBEN TIYAO

著　　者：王顺贵	
责任编辑：杨　茹	责任校对：杨　娜　董小花
封面设计：中联华文	责任印制：曹　净

出版发行：光明日报出版社
地　　址：北京市西城区永安路 106 号，100050
电　　话：010-63169890（咨询），010-63131930（邮购）
传　　真：010-63131930
网　　址：http://book.gmw.cn
E - mail：gmrbcbs@gmw.cn
法律顾问：北京市兰台律师事务所龚柳方律师
印　　刷：三河市华东印刷有限公司
装　　订：三河市华东印刷有限公司
本书如有破损、缺页、装订错误，请与本社联系调换，电话：010-63131930

开　　本：170mm×240mm	
字　　数：530 千字	印　　张：29.5
版　　次：2025 年 1 月第 1 版	印　　次：2025 年 1 月第 1 次印刷
书　　号：ISBN 978-7-5194-8192-6	
定　　价：99.00 元	

版权所有　　翻印必究

凡　例

一、本书所录宋诗选本均为现存，若选本仅著录于各种典籍之中，现已亡佚，均不在本书收录之列。

二、本书的撰写方式，主要参考《四库全书总目提要》的写法，每种都从著者、版本、选目、编撰体例、编撰宗旨、编录过程、主要成就和评语等方面加以说明和介绍。

三、前贤时俊已考及者，仅略做概述，就其疏略之处稍加增补，并于书名后用"●"号予以标明，以示不掠人之美。而那些仅经眼过录目录者，未加叙录，作者便予介绍。

四、本书所录宋诗选本起自宋初，迄止新中国成立前，民国时期新式标点刊印的宋诗选也一并收录。

五、宋诗选本版本众多，庋藏分散，叙录以善本或通行本为底本，列于各条之首，其他版本未及尽述。

六、凡稀见版本、钞本、稿本，尽皆注明收藏之所，以利作者检视，凡题跋尽量过录；对于佚名的钞本、稿本，其价值不大者，作者予以简要评述。

七、个别诗文合选的选本，如仅附录了少量文章，并不影响选本的诗歌特点，亦酌情予以收录。

八、宋诗选本文献浩繁，书目题跋众多，囿于识见，未能悉数搜罗，难免有遗珠之憾，错谬之处亦多，冀高明贤者教之。

九、文中符号"□"均为原文脱字。

目 录
CONTENTS

引言 ……………………………………………………………………… 1

第一编　宋代宋诗选本提要 ………………………………………… 5
一、断代宋诗选本 ……………………………………………………… 7
1. 《二李唱和集》 …………………………………………………… 7
2. 《九僧诗》 ………………………………………………………… 8
3. 《西昆酬唱集》 …………………………………………………… 9
4. 《同文馆唱和诗》 ………………………………………………… 11
5. 《坡门酬唱集》 …………………………………………………… 11
6. 《皇宋百家诗选》 ………………………………………………… 13
7. 《中兴群公吟稿戊集》 …………………………………………… 14
8. 《江湖小集》 ……………………………………………………… 14
9. 《江湖后集》 ……………………………………………………… 15
10. 《两宋名贤小集》 ………………………………………………… 15
11. 《南宋群贤小集》 ………………………………………………… 16
12. 《前贤小集拾遗》 ………………………………………………… 16
13. 《增广圣宋高僧诗选》 …………………………………………… 17
14. 《四灵诗选》 ……………………………………………………… 17
15. 《诗家鼎脔》 ……………………………………………………… 18
16. 《天地间集》 ……………………………………………………… 19
17. 《南岳唱酬集》 …………………………………………………… 19
18. 《诗苑众芳》 ……………………………………………………… 21

二、通代诗选（"选宋"） ……………………………………………… 22
1. 《古今岁时杂咏》 ………………………………………………… 22

1

2. 《古今绝句》 23
3. 《回文类聚》 24
4. 《声画集》 25
5. 《诗准》 26
6. 《分门纂类唐宋时贤千家诗选》 28
7. 《牡丹诗选》 29
8. 《唐宋千家联珠诗格》 29
9. 《丽泽集》 30
10. 《重广草木虫鱼杂咏诗集》 31
11. 《宋文鉴》 32
12. 《严陵集》 33
13. 《十家宫词》 33
14. 《昆山杂咏》 34

三、单人诗选 36
1. 《山谷精华录》 36

第二编　元代宋诗选本提要　　　　　　　　　　　　　　　37
一、断代宋诗选本 39
1. 《濂洛风雅》 39
2. 《忠义集》 41
3. 《月泉吟社诗》 42
4. 《谷音》 45
5. 《宋诗拾遗》 46
6. 《宋僧诗选补》 46
7. 《洞霄诗集》 47

二、通代诗选（"选宋"） 48
1. 《瀛奎律髓》 48
2. 《宛陵群英集》 50

第三编　明代宋诗选本提要　　　　　　　　　　　　　　　53
一、断代宋诗选本 55
1. 《宋诗正体》 55
2. 《宋艺圃集》 56

3. 《石仓宋诗选》 ······ 57
4. 《宋人近体分韵诗钞》 ······ 58

二、通代诗选（"选宋"） 60
1. 《幼学日诵五伦诗选》 ······ 60
2. 《琼芳集》 ······ 62
3. 《咏史绝句》 ······ 65
4. 《诗史》 ······ 66
5. 《惠山集》 ······ 67
6. 《钓台集》 ······ 68
7. 《绝句博选》 ······ 69
8. 《雍音》 ······ 70
9. 《彤管新编》 ······ 71
10. 《六言绝句》 ······ 72
11. 《编选四家宫词》 ······ 72
12. 《诗女史》 ······ 73
13. 《姑苏新刻彤管遗编》 ······ 75
14. 《环谷杏山二先生诗稿》 ······ 76
15. 《名贤诗评》 ······ 77
16. 《诗文类范》 ······ 77
17. 《古今宫闺诗》 ······ 79
18. 《冯太史校汉唐宋元明十六名姬诗》 ······ 79
19. 《新刻五伦诗选》 ······ 79
20. 《新刊古今名贤品汇注释玉堂诗选》 ······ 80
21. 《养蒙诗》 ······ 81
22. 《钓台集》 ······ 83
23. 《新刻彤管摘奇》 ······ 84
24. 《名媛玑囊》 ······ 85
25. 《香雪林集》 ······ 85
26. 《宋元名家梅花鼓吹》 ······ 86
27. 《闺秀诗评》 ······ 86
28. 《青楼韵语》 ······ 87
29. 《古今禅藻集》 ······ 88
30. 《宋元名家诗选》 ······ 89

31. 《古今名媛汇诗》 … 92
32. 《古今青楼集选》 … 93
33. 《花镜隽声》 … 94
34. 《古今女诗选》 … 96
35. 《精刻古今女史》 … 97
36. 《翠娱阁评选行笈必携诗最》 … 99
37. 《闲情女肆》 … 100
38. 《群芳诗抄》 … 101
39. 《名媛诗归》 … 102
40. 《唐宋明诗》 … 103
41. 《类选唐宋元四时绝句》 … 103
42. 《诗林辨体》 … 104
43. 《诗品会函》 … 105

三、单人诗选 … 107
1. 《苏诗摘律》 … 107
2. 《晦庵先生五言诗钞》 … 108
3. 《宋黄太史公集选》 … 108
4. 《苏公寓黄集》 … 109
5. 《黄律卮言》 … 110
6. 《东坡诗选》 … 112
7. 《东坡诗选》 … 113
8. 《东坡诗选》 … 114
9. 《苏长公诗腴》 … 116

四、年代不详宋诗选本 … 117
1. 《诗意法音》 … 117
2. 《僧诗选》 … 117
3. 《百梅一韵》 … 117
4. 《群英珠玉》 … 118
5. 《维风诗集》 … 118

第四编　清代宋诗选本提要 … 119
一、断代宋诗选本 … 121
1. 《宋诗英华》 … 121

2. 《宋诗钞》 …… 121
3. 《宋诗选》 …… 124
4. 《南宋二高诗》 …… 128
5. 《宋诗善鸣集》 …… 129
6. 《宋四名家诗》 …… 131
7. 《宋十五家诗选》 …… 133
8. 《宋诗啜醨集》 …… 135
9. 《宋诗删》 …… 138
10. 《积书岩宋诗删》 …… 140
11. 《积书岩宋诗选》 …… 142
12. 《御选宋诗》 …… 142
13. 《宋人绝句》 …… 144
14. 《南宋群贤诗选》 …… 144
15. 《宋诗类选》 …… 145
16. 《三苏诗钞》 …… 149
17. 《宋诗》 …… 150
18. 《宋百家诗存》 …… 150
19. 《宋诗选》 …… 153
20. 《宋诗纪事》 …… 153
21. 《宋诗别裁集》 …… 156
22. 《宋名家诗选》 …… 158
23. 《批评宋诗钞》 …… 158
24. 《宋诗选二集》 …… 159
25. 《千首宋人绝句》 …… 160
26. 《宋诗略》 …… 161
27. 《集宋贤诗》 …… 164
28. 《宋诗选》 …… 164
29. 《宋四家律选》 …… 165
30. 《微波榭钞诗三种》 …… 166
31. 《宋八家诗钞》 …… 166
32. 《南宋群贤小集未刊本二十种》 …… 167
33. 《宋诗选粹》 …… 168
34. 《宋人小集四种》 …… 170

35.《宋诗三百首》 170
36.《宋诗随意钞》 172
37.《宋诗纪事补遗》 172
38.《宋诗钞》 173
39.《宋七绝选·宋纪事选》 173
40.《西昆集选录》 174
41.《宋诗纪事钞》 174
42.《四明宋僧诗》 174
43.《南宋群贤七绝诗》 175
44.《宋诗钞补》 175
45.《甬上宋诗略》 176
46.《宋诗纪事补遗》 178
47.《宋代五十六家诗集》 179
48.《西江诗派韩饶二集》 180
49.《三体宋诗》 181

二、通代诗选（"选宋"） 183

1.《选刻钓台集》 183
2.《古今雁字诗选》 183
3.《历朝诗家初集》 184
4.《历朝诗家二集》 185
5.《诗苑天声》 186
6.《宋金元诗永》 187
7.《宋元诗会》 190
8.《诗赋备体》 192
9.《五朝名家七律英华》 194
10.《诗录》 196
11.《历代诗岑》 198
12.《古诗选》 199
13.《历代诗发》 201
14.《诗林韶濩》 204
15.《御定佩文斋咏物诗选》 205
16.《濂洛风雅》 207
17.《香奁诗泐》 207

18.《査制续沏》	208
19.《云涛阁历朝应制五言排律辑要》	209
20.《古今名诗选》	212
21.《诗伦》	215
22.《五朝绝句诗选》	215
23.《唐宋四家诗选》	218
24.《咏物诗选》	221
25.《磁人诗》	223
26.《査诗沏补》	224
27.《唐宋八家诗》	226
28.《査沏续补》	229
29.《御选唐宋诗醇》	230
30.《历朝诗选简金集》	231
31.《历朝制帖诗选同声集》	234
32.《历朝应制指南》	234
33.《诗林韶濩选》	236
34.《诗法易简录》	236
35.《五七言分类集腋》	237
36.《宋金三家诗选》	238
37.《历代闺媛诗选》	239
38.《宋元人诗集》	240
39.《历朝名媛诗词》	240
40.《唐宋诗本》	242
41.《历朝诗钞》	245
42.《七言律诗钞》	248
43.《古诗选》	248
44.《历朝七言排律远春集》	249
45.《五言诗多师集》	249
46.《五言诗余师集》	250
47.《宋金元诗选》	250
48.《删正方虚谷瀛奎律髓》	252
49.《汇纂诗法度针》	252
50.《段七峰先生选钞唐宋诗醇》	254

51. 《咏史诗钞》 254
52. 《五七言今体诗钞》 255
53. 《咏物七言律诗偶记》 257
54. 《历代大儒诗钞》 259
55. 《历朝诗体》 261
56. 《历朝诗轨》 263
57. 《咏史诗钞》 264
58. 《古今名媛玑囊》 265
59. 《佳句录》 265
60. 《历朝古体近体诗笺评自知集》 266
61. 《唐宋四家诗钞》 268
62. 《唐宋四大家诗选句分韵》 269
63. 《诗醇节录》 270
64. 《鼓吹续音》 270
65. 《精选五律耐吟集》 273
66. 《精选七律耐吟集》 274
67. 《宋元明诗三百首》 275
68. 《小石帆亭五言诗续钞》 278
69. 《历朝诗要》 279
70. 《绝句诗选》 281
71. 《五古正宗》 283
72. 《宋元四家诗选》 283
73. 《评点唐宋诗钞》 284
74. 《精选诗本》 284
75. 《十八家诗钞》 284
76. 《十八家诗约选》 286
77. 《训蒙诗选》 287
78. 《律诗六钞》 287
79. 《唐宋元三朝集句诗》 289
80. 《今体诗类钞》 289
81. 《历朝二十五家诗录》 289
82. 《历代名媛诗文》 291
83. 《小学弦歌》 292

84.《增评韩苏诗钞》 …………………………………………… 293
85.《四禅诗选》 ………………………………………………… 293
86.《四大家摘录》 ……………………………………………… 295
87.《五朝诗铎》 ………………………………………………… 295
88.《养良正集》 ………………………………………………… 298
89.《养良续集》 ………………………………………………… 299
90.《历朝诗约选》 ……………………………………………… 300
91.《唐宋诗粹》 ………………………………………………… 301
92.《诗史》 ……………………………………………………… 301
93.《宋元明清诗》 ……………………………………………… 302
94.《诗歌新读本》 ……………………………………………… 302
95.《历朝五言绝句约选》 ……………………………………… 303
96.《训蒙诗》 …………………………………………………… 303

三、单人诗选 …………………………………………………… 304

1.《苏诗选评笺释》 …………………………………………… 304
2.《苏诗选》 …………………………………………………… 305
3.《苏诗选评》 ………………………………………………… 305
4.《苏诗柯选》 ………………………………………………… 306
5.《苏文忠公诗集择粹》 ……………………………………… 307
6.《苏诗选》 …………………………………………………… 308
7.《初白庵诗评》 ……………………………………………… 308
8.《宋苏文忠公海外集》 ……………………………………… 309
9.《水流云在馆集苏诗钞》 …………………………………… 310

四、郡邑诗选 …………………………………………………… 312

1.《剡川诗钞》 ………………………………………………… 312
2.《中州诗选》 ………………………………………………… 312
3.《湖山灵秀集》 ……………………………………………… 313
4.《东皋诗存》 ………………………………………………… 313
5.《金华诗录》 ………………………………………………… 313
6.《东瓯诗存》 ………………………………………………… 314
7.《梁溪诗钞》 ………………………………………………… 314
8.《三台诗录》 ………………………………………………… 316
9.《海曲诗钞》 ………………………………………………… 316

10. 《魏塘诗陈》 ... 317
11. 《松陵诗征前编》 ... 317
12. 《五山耆旧集》 ... 318
13. 《曲阿诗综》 ... 318
14. 《历阳诗囿》 ... 319
15. 《续海昌诗系》 ... 319
16. 《端溪诗述》 ... 319
17. 《溪上诗辑》 ... 320
18. 《江上诗钞》 ... 320
19. 《上虞诗选》 ... 321
20. 《庐陵诗存》 ... 321
21. 《吴兴诗存》 ... 322

五、年代不详宋诗选本 ... 323

(一) 断代宋诗选本 ... 323

1. 《御选分韵近体宋诗》 ... 323
2. 《宋诗钞》 ... 323
3. 《全宋诗》 ... 324
4. 《宋诗抄》 ... 324
5. 《〈宋诗钞〉精选》 ... 325
6. 《宋五家诗钞》 ... 325
7. 《宋诗吟解集》 ... 325
8. 《读宋诗杂录》 ... 326
9. 《宋诗课本》 ... 326
10. 《集古诗臆》 ... 327
11. 《宋五七言排律诗钞》 ... 327
12. 《宋七律诗钞》 ... 327
13. 《宋诗选》 ... 328
14. 《宋人小集七种》 ... 329
15. 《宋人小集十五种》 ... 329
16. 《宋人小集二十一种》 ... 329
17. 《宋人小集五种》 ... 330
18. 《宋人小集十七种》 ... 330
19. 《宋人小集》 ... 330

20. 《宋人小集六种》 …………………………………………… 330
21. 《宋人小集五十五种》 ……………………………………… 331
22. 《南宋群贤小集七种》 ……………………………………… 331
23. 《宋人绝句选》 ……………………………………………… 331
24. 《南宋群贤小集十种》 ……………………………………… 332
25. 《朱批宋诗选》 ……………………………………………… 333
26. 《宋诗窥》 …………………………………………………… 333
27. 《宋诗窥补》 ………………………………………………… 334
28. 《宋诗征》 …………………………………………………… 334
29. 《宋诗略》 …………………………………………………… 334
30. 《宋诗三百首》 ……………………………………………… 334
31. 《宋人诗选》 ………………………………………………… 334
32. 《宋诗选》 …………………………………………………… 336
33. 《宋四家诗》 ………………………………………………… 336
34. 《宋诗约》 …………………………………………………… 336
35. 《宋诗选》 …………………………………………………… 337
36. 《宋诗选》 …………………………………………………… 337
37. 《宋诗选本》 ………………………………………………… 337
38. 《宋诗偶钞》 ………………………………………………… 337

(二) 通代诗选（"选宋"） ………………………………………… 338
1. 《宋元明题画诗选钞》 ……………………………………… 338
2. 《御选题画山水诗》 ………………………………………… 338
3. 《宋元明诗摭略》 …………………………………………… 339
4. 《唐宋诗杂抄》 ……………………………………………… 339
5. 《唐五七律合选》 …………………………………………… 339
6. 《精选咏物诗》 ……………………………………………… 339
7. 《课儿诗钞》 ………………………………………………… 340
8. 《古诗类选》 ………………………………………………… 340
9. 《竹伯诗钞》 ………………………………………………… 340
10. 《诗词杂钞》 ………………………………………………… 340
11. 《诗词文钞》 ………………………………………………… 341
12. 《名媛诗》 …………………………………………………… 341
13. 《三代诗选》 ………………………………………………… 341

11

14. 《四家诗选》 341
15. 《唐宋元明诗录》 341
16. 《唐宋元明名媛诗钞》 342
17. 《唐宋五七言律诗分类选》 342
18. 《四朝名人绝句选》 342
19. 《古今诗辑精华》 343
20. 《古今体诗词杂抄》 343
21. 《历朝诗抄》 343
22. 《历代诗程》 344
23. 《诗抄》 344
24. 《唐宋七律抄》 344
25. 《历代诗选》 344
26. 《历代名媛诗词》 345
27. 《历代诗集》 345
28. 《历代名人诗钞》 345
29. 《五七言摘句》 346
30. 《十家诗抄》 346
31. 《分类诗钞》 346
32. 《宋金元明诗合选》 346
33. 《历代帝后圣德颂赞挽诗》 346
34. 《唐宋诗醇摘抄》 347
35. 《唐宋元诸家诗钞》 347
36. 《唐宋人诗》 347
37. 《宋元诗钞》 347
38. 《七律中声》 347
39. 《历朝今体诗录》 347
40. 《历代金石诗录》 348
41. 《古逸汉魏晋六朝唐宋诗选》 348
42. 《诗选》 349
43. 《汉魏六朝唐宋诗集摘句》 349
44. 《唐宋金元明历代诗选》 349
45. 《诗钞》 349
46. 《唐宋诗钞》 350

47.《人海诗区》…………………………………………… 350
48.《古体诗选》…………………………………………… 350
49.《读诗类编》…………………………………………… 350
50.《韵林诗藻》…………………………………………… 351
51.《诗摘录》……………………………………………… 352
52.《古今诗辑精华》……………………………………… 352
53.《三代诗选》…………………………………………… 352
54.《七言古诗诵节》……………………………………… 352
55.《百花诗选》…………………………………………… 353
56.《朱弦集》……………………………………………… 353

（三）单人诗选 …………………………………………… 354
1.《山谷诗钞》…………………………………………… 354
2.《东坡诗选》…………………………………………… 354
3.《苏诗选》……………………………………………… 355
4.《东坡诗选》…………………………………………… 355
5.《山谷内集诗选》……………………………………… 356
6.《苏文忠公诗选》……………………………………… 356
7.《苏诗钞》……………………………………………… 356
8.《陆放翁诗选》………………………………………… 356
9.《食古研斋集苏诗》…………………………………… 356
10.《苏诗》………………………………………………… 357
11.《苏诗辨正》…………………………………………… 357
13.《苏东坡诗选》………………………………………… 357
14.《苏诗集联》…………………………………………… 357
15.《山谷诗集联》………………………………………… 358
16.《苏诗选》……………………………………………… 358
17.《苏文忠公诗录粹》…………………………………… 358
18.《苏诗便读》…………………………………………… 358

（四）郡邑诗选 …………………………………………… 359
1.《吴郡甫里诗编》……………………………………… 359
2.《平望诗拾》…………………………………………… 360
3.《槜李方外诗系》……………………………………… 360

13

第五编　民国宋诗选本提要 ········· 361

一、断代宋诗选本 ········· 363
1. 《宋二十家集》 ········· 363
2. 《宋诗钞》 ········· 363
3. 《白话宋诗五绝百首》 ········· 364
4. 《白话宋诗七绝百首》 ········· 365
5. 《宋人如话诗选》 ········· 366
6. 《音注宋四灵诗》 ········· 367
7. 《音注陈后山·戴石屏诗》 ········· 368
8. 《话体诗选》 ········· 369
9. 《宋诗三百首》 ········· 370
10. 《宋诗选》 ········· 372
11. 《宋诗选》 ········· 373
12. 《宋诗精华录》 ········· 374
13. 《宋五家诗钞》 ········· 374
14. 《宋诗纪事拾遗》 ········· 375
15. 《宋诗纪事续补》 ········· 376
16. 《南宋群贤诗六十家》 ········· 377

二、通代诗选（"选宋"） ········· 379
1. 《历代题画诗类绝句钞》 ········· 379
2. 《律髓辑要》 ········· 379
3. 《弦歌选》 ········· 380
4. 《绘图儿童诗歌》 ········· 380
5. 《宋元明诗评注》 ········· 381
6. 《修身诗教》 ········· 383
7. 《如话诗钞》 ········· 384
8. 《精选评注五朝诗学津梁》 ········· 384
9. 《新体广注古今体诗自修读本》 ········· 386
10. 《白话唐宋古体诗百首》 ········· 388
11. 《评注历代白话诗选》 ········· 390
12. 《中国诗选》 ········· 391
13. 《历代女子白话诗选》 ········· 391
14. 《历代白话诗选》 ········· 392

15.《古今诗宗》 393
16.《古今诗钞》 393
17.《桐江钓台集》 393
18.《中国女子白话诗选》 394
19.《历代女子诗集》 394
20.《古今诗范》 395
21.《名将诗钞》 397
22.《诗历》 398
23.《女作家诗选》 399
24.《童蒙养正诗选》 399
25.《田间诗选》 401
26.《诗范》 402
27.《绝妙诗选》 402
28.《八家闲适诗选》 405
29.《国难文学》 406
30.《历朝七绝正宗》 408
31.《中国历代女子诗选》 409
32.《爱国诗歌》 409
33.《田园诗选》 409
34.《历代诗文抄》 411
35.《国难中的诗歌》 411
36.《中华诗选》 412
37.《诗选》 413
38.《国魂诗选》 414
39.《国民古诗必读》 415
40.《分类古今名媛吟草》 415
41.《诗选》 417
42.《注释中国民族诗选》 417
43.《注释历代女子诗选》 418
44.《先民浩气诗选注》 419
45.《非常时期之诗歌》 420
46.《历代平民诗集》 421
47.《历代五言诗评选》 422

48. 《宋金元明诗评选》 ⋯⋯⋯⋯⋯⋯⋯⋯⋯⋯⋯⋯⋯⋯⋯⋯⋯ 422
49. 《寒柯堂宋诗集联》 ⋯⋯⋯⋯⋯⋯⋯⋯⋯⋯⋯⋯⋯⋯⋯⋯ 427
50. 《古今体诗约选》 ⋯⋯⋯⋯⋯⋯⋯⋯⋯⋯⋯⋯⋯⋯⋯⋯⋯ 427
51. 《励志诗选集》 ⋯⋯⋯⋯⋯⋯⋯⋯⋯⋯⋯⋯⋯⋯⋯⋯⋯⋯ 428
52. 《唐宋诗举要》 ⋯⋯⋯⋯⋯⋯⋯⋯⋯⋯⋯⋯⋯⋯⋯⋯⋯⋯ 428
53. 《唐宋诗选》 ⋯⋯⋯⋯⋯⋯⋯⋯⋯⋯⋯⋯⋯⋯⋯⋯⋯⋯⋯ 430

三、单人诗选 ⋯⋯⋯⋯⋯⋯⋯⋯⋯⋯⋯⋯⋯⋯⋯⋯⋯⋯⋯⋯ 432
1. 《苏东坡诗醇》 ⋯⋯⋯⋯⋯⋯⋯⋯⋯⋯⋯⋯⋯⋯⋯⋯⋯⋯ 432
2. 《苏诗精华》 ⋯⋯⋯⋯⋯⋯⋯⋯⋯⋯⋯⋯⋯⋯⋯⋯⋯⋯⋯ 432
3. 《音注苏东坡诗》 ⋯⋯⋯⋯⋯⋯⋯⋯⋯⋯⋯⋯⋯⋯⋯⋯⋯ 433
4. 《苏轼诗》 ⋯⋯⋯⋯⋯⋯⋯⋯⋯⋯⋯⋯⋯⋯⋯⋯⋯⋯⋯⋯ 433
5. 《放翁国难诗选》 ⋯⋯⋯⋯⋯⋯⋯⋯⋯⋯⋯⋯⋯⋯⋯⋯⋯ 434
6. 《黄山谷诗》 ⋯⋯⋯⋯⋯⋯⋯⋯⋯⋯⋯⋯⋯⋯⋯⋯⋯⋯⋯ 434
7. 《苏轼诗选》 ⋯⋯⋯⋯⋯⋯⋯⋯⋯⋯⋯⋯⋯⋯⋯⋯⋯⋯⋯ 436
8. 《白石道人诗集》 ⋯⋯⋯⋯⋯⋯⋯⋯⋯⋯⋯⋯⋯⋯⋯⋯⋯ 436

四、郡邑诗选 ⋯⋯⋯⋯⋯⋯⋯⋯⋯⋯⋯⋯⋯⋯⋯⋯⋯⋯⋯⋯ 437
1. 《柳溪诗征》 ⋯⋯⋯⋯⋯⋯⋯⋯⋯⋯⋯⋯⋯⋯⋯⋯⋯⋯⋯ 437

五、年代不详宋诗选本 ⋯⋯⋯⋯⋯⋯⋯⋯⋯⋯⋯⋯⋯⋯⋯⋯ 438
（一）断代宋诗选本 ⋯⋯⋯⋯⋯⋯⋯⋯⋯⋯⋯⋯⋯⋯⋯⋯⋯ 438
1. 《宋诗选》 ⋯⋯⋯⋯⋯⋯⋯⋯⋯⋯⋯⋯⋯⋯⋯⋯⋯⋯⋯⋯ 438
2. 《宋诗选》 ⋯⋯⋯⋯⋯⋯⋯⋯⋯⋯⋯⋯⋯⋯⋯⋯⋯⋯⋯⋯ 438
（二）通代诗选（"选宋"） ⋯⋯⋯⋯⋯⋯⋯⋯⋯⋯⋯⋯⋯⋯ 439
1. 《瀛奎律髓摘抄》 ⋯⋯⋯⋯⋯⋯⋯⋯⋯⋯⋯⋯⋯⋯⋯⋯⋯ 439
2. 《诗词选》 ⋯⋯⋯⋯⋯⋯⋯⋯⋯⋯⋯⋯⋯⋯⋯⋯⋯⋯⋯⋯ 439
3. 《唐宋诗》 ⋯⋯⋯⋯⋯⋯⋯⋯⋯⋯⋯⋯⋯⋯⋯⋯⋯⋯⋯⋯ 440
4. 《标点音注古今民间疾苦诗歌类选》 ⋯⋯⋯⋯⋯⋯⋯⋯⋯ 440
5. 《古今诗选》 ⋯⋯⋯⋯⋯⋯⋯⋯⋯⋯⋯⋯⋯⋯⋯⋯⋯⋯⋯ 440
6. 《历代白话诗选》 ⋯⋯⋯⋯⋯⋯⋯⋯⋯⋯⋯⋯⋯⋯⋯⋯⋯ 441
7. 《五朝七律诗选》 ⋯⋯⋯⋯⋯⋯⋯⋯⋯⋯⋯⋯⋯⋯⋯⋯⋯ 441
8. 《五家诗选》 ⋯⋯⋯⋯⋯⋯⋯⋯⋯⋯⋯⋯⋯⋯⋯⋯⋯⋯⋯ 441
9. 《唐宋诗选注》 ⋯⋯⋯⋯⋯⋯⋯⋯⋯⋯⋯⋯⋯⋯⋯⋯⋯⋯ 442
10. 《圣卿古诗选》 ⋯⋯⋯⋯⋯⋯⋯⋯⋯⋯⋯⋯⋯⋯⋯⋯⋯⋯ 442
（三）单人诗选 ⋯⋯⋯⋯⋯⋯⋯⋯⋯⋯⋯⋯⋯⋯⋯⋯⋯⋯⋯ 443

  1.《朱熹诗录》 ·· 443
（四）郡邑诗选 ·· 443
  1.《盐城诗征》 ·· 443

参考文献 ·· **444**

后记 ··· **448**

引　言

从中国传统的目录学分类来看，选本隶属于集部之总集。关于总集的滥觞，《隋书·经籍志》指出："总集者，以建安之后，辞赋转繁，众家之集，日以滋广。晋代挚虞，苦览者之劳倦，于是采摘孔翠，芟剪繁芜，自诗赋下，各为条贯，合而编之，谓为《流别》。是后文集总钞，作者继轨，属辞之士，以为覃奥，而取则焉。"①《四库全书总目》卷一百八十六《总集类·序》云："文集日兴，散无统纪，于是总集作焉。一则网罗放佚，使零章残什，并有所归；一则删汰繁芜，使莠稗咸除，菁华毕出。是固文章之衡鉴，著作之渊薮矣。《三百篇》既列为经，王逸所裒又仅《楚辞》一家，故体例所成，以挚虞《流别》为始。其书虽佚，其论尚散见《艺文类聚》中，盖分体编录者也。《文选》而下，互有得失，至宋真德秀《文章正宗》，始别出谈理一派。而总集遂判两途，然文质相扶，理无偏废。各明一义，未害同归。惟末学循声，主持过当，使方言俚语，俱入词章，丽制鸿篇，横遭嗤点。是则并德秀本旨失之耳。今一一别裁，务归中道。至明万历以后，侩魁渔利，坊刻弥增，剽窃陈因，动成巨帙，并无门径之可言，姑存其目，为冗滥之戒而已。"②从《隋书·经籍志》和《四库全书总目》的叙述来看，总集肇始于建安之后，以晋代挚虞的《文章流别集》为标志，实际上当时的选本也算是比较丰富的了，如谢灵运《诗集》《诗集钞》《诗英》，颜峻《诗集》，宋明帝《诗集》，江邃《杂诗》，荀绰《古今五言诗美文》。

唐代为选本的兴盛时期，据陈尚君先生《唐人编选诗歌总集叙录》③所考，唐人选唐诗即有137种之多。因为唐人多热衷于唐诗，所以相对唐诗选本来说，古诗选本并不是唐人主要注目的对象，因为唐人将精力主要集中于近体诗的创

---

① 魏征．隋书·经籍志：卷三五［M］．北京：中华书局，1973：1089．
② 永瑢．四库全书总目：卷一八六［M］．北京：中华书局，1965：1685．
③ 陈尚君．唐代文学丛考［M］．北京：中国社会科学出版社，1997：188．

1

作。唐诗选本比较成熟的有殷璠《河岳英灵集》和高仲武《中兴间气集》，且附有评语。尤其是顾陶所编《唐诗类选》，唐诗的编选由过去的专选某一代、某一类的诗变为通选，标志着整体唐诗观的初步形成。

宋人不仅编选唐诗，同时也注重编选本朝人的诗作，宋人选宋诗为宋诗的起始期，也是宋诗选本最为活跃的时期，当然也是最不成型的时候。这一时期的宋诗选本具有其自身的特点。第一，断代宋诗选本的出现。如曾慥《宋百家诗选》、陈起《中兴群公吟稿戊集》《前贤小集拾遗》、叶适《四灵诗选》、佚名《诗家鼎脔》、谢翱《天地间集》、刘瑄《诗苑众芳》，所选取的大多为不甚有文名的诗人。这些选本一般均偏注于一个时期的诗作，大多规模较小。第二，专人和分类宋诗选本的出现。这一时期出现了专门选辑诗僧的选本，如陈起《圣宋高僧诗选》，孔汝霖编集、萧澥校正《中兴禅林风月集》；专门选辑遗民类诗人的选本，如谢翱《天地间集》、孙绍远《声画集》、桑世昌《古今岁时杂咏》、刘克庄《分门纂类唐宋时贤千家诗选》。

中国诗学发展到元代，由于元朝统治者对汉族文化的全面压制，中国诗歌的发展受到了极大的阻碍，而俗文学元杂剧得以发展壮大。受这种文化政策的桎梏，宋诗选本的编选也同样处于停滞状态，元人编选的宋诗选本主要有杜本《谷音》、方回《瀛奎律髓》、陈世隆《宋诗拾遗》《宋僧诗补》，相较于其他朝代，元代宋诗选本确实是处于比较滞后状态。这不仅体现在编选的数量上，在编选的内容上，也有不小的差距。方回的《瀛奎律髓》堪称元代宋诗选本中最为突出的，这是一部唐宋诗合选的诗集，但偏于选录宋诗，不过，诗选仅选律诗一种诗体，体例比较单一，难以反映宋诗的全貌。

明朝诗坛主要笼罩在明代前后七子诗学思潮之下，七子尊奉盛唐诗歌，极力贬低宋诗，此时宋诗选本的编选处于低谷期。明代虽仅有《宋诗正体》《宋人近体分韵诗钞》《宋元名家诗集》《类选唐宋元四时绝句》《石仓宋诗选》《宋艺圃集》等宋诗选本，数量上不及清代与民国，但在体例的完整性和篇幅上都比较突出。尤其是在文献保存上和选诗观念上，自具特色，如李蓘《书〈宋艺圃集〉后》云："世恒言宋无诗，厥有旨哉！昔人选诗，取于欲离欲近，故余是编亦旁斯义。离者离远于宋，近者近附乎唐，执斯二义，以向是编，则庶几无谪于宋哉!"以"离者离远于宋，近者近附乎唐"作为选录标准，即用唐诗之标尺来衡绳宋诗，所谓"近唐调"，更加接近于唐诗的宋诗为作者所推崇。

中国诗学发展进入清代，清朝作为中国文化发展最为鼎盛的时代，与清代学术文化相随而生的宋诗选本，也具有总结和集成性的特征。这种集成性质的诗学风貌体现在宋诗选本中，一是各个重要的诗学流派均有宋诗选本。如宋诗派有《宋诗钞》《宋诗纪事》《宋诗精华录》，神韵派有《宋人绝句》，格调派有《宋金三家诗选》，肌理派有《七言律诗钞》，桐城派有《十八家诗钞》。二是大型宋诗选本众多。如《宋诗钞》《宋元诗会》《宋百家诗存》《御选宋诗》《宋诗纪事》《宋诗类选》《唐宋诗本》《宋诗精华录》等。三是宋诗选本的数量是历代最多的，选本的类型也是最完善的。

本书所指的"选本"意即选家按照既定的选择主旨，依循一定的择录准则，在其锁定的范围内，择录出与其选录主旨和准则相吻合的作品，进而汇集成册。为论述之方便，兹作如下说明：（1）本书所论及的宋诗选本，不仅包含两人或两人以上的宋人诗歌作品的汇辑（或云"断代宋诗选本"），还包括通代宋诗选本①（或称"选宋"），所谓"选宋"是指两个或多个时期的诗歌选本中选录宋诗，具体来说包含汉魏南北隋唐至宋、唐宋、宋元、宋金元、宋金元明、宋金元明清等朝的诗歌选本。断代宋诗选本和通代宋诗选本为宋诗选本的主体。除此外，还有群体性、专题性、家族性和郡邑性的宋诗选本，这些选本中包含"选宋"的部分。（2）从时间断限上来说。本书所论述对象范围为宋代至1949年。（3）从选录文体来说。本书所考察对象为诗歌选本，仅个别诗文合选或诗词合选本，如以诗歌选录为主，也一并纳入加以论述。这种情形主要是针对女性诗歌选本。（4）本书还将单人宋诗选本纳入撰写的范围②。

今人比较系统的研治宋诗选本主要从21世纪初开始，张智华《南宋的诗文选本研究》（北京师范大学出版社2002年）开其先河，而其后祝尚书《宋人总集叙录》（中华书局2004年），卞东波《南宋诗选与宋代诗学考论》（中华书局2009年），张波《明代宋诗总集研究》（花木兰文化出版社2013年），高磊《清人宋诗选本研究》（2009年苏州大学博士论文），谢海林《清代宋诗选本研究》（上海古籍出版社2011年），王友胜《历代宋诗总集研究》（北京大学出版社2021年），这些著述研究比较成熟，从各个方面对宋诗选本展开研究，由于各自研究体例的限制和研究重心的不同，本书与上述著作在研究侧重点上有所不同。

本书与上述著作的主要区别在以下三方面。其一，这些著作不是目录学，

---

① 通代选本或称跨代宋诗选本，学界有不同的看法。谢海林《清代宋诗选本研究》将跨代选本纳入宋诗选本的范围。王友胜《历代宋诗总集研究》主要以唐宋、宋元、宋元明的跨代选本为研究范围。但有时也将个别不属于这类选本的诗歌纳入，如孔延之《会稽掇英总集》、董棻《严陵集》、王士禛《古诗选》、曾国藩《十八家诗钞》等。这说明学术界对宋诗选本的界定存在不同的看法。

② 单人宋诗选本并不是本书所界定的宋诗选本，附录于书中，只为一览宋诗流播的情形，亦可作为丰富"宋诗学"的研究样态。特别予以说明。

所以收录的宋诗选本大多是较著名或流传较广的,所以对许多不甚有名的宋诗选本,抑或是有些稿钞本未予顾及,本书则将国内现存的宋诗选本(个别选本因残破或图书馆不予借阅,未能收录外)尽量全部收录;其二,这些著作中有些文献仅是著录书名,未做介绍,本书均有提要;其三,本书部分条目与张智华《南宋的诗文选本研究》、祝尚书《宋人总集叙录》、卞东波《南宋诗选与宋代诗学考论》、高磊《清人宋诗选本研究》、谢海林《清代宋诗选本研究》、王友胜《历代宋诗总集研究》有重复,作为一部完整的目录学著作,本书加以收录,并略加增补这些著作中未涉及的内容。

受作者识见及条件的限制,叙录评述之浅陋在所难免,冀专家学者不吝指正。本书于前贤时俊的著述,均有所借鉴,并于行文和参考文献中予以标注,在此一并致谢。

王顺贵
2023 年 9 月 1 日于浙江嘉兴

第一编

宋代宋诗选本提要

一、断代宋诗选本

1.《二李唱和集》●

李昉辑。李昉（925—996），字明远，深州饶阳（今河北饶阳县）五公村人，宋代著名学者。后汉乾祐年间进士。官至右拾遗、集贤殿修撰。后周时任集贤殿直学士、翰林学士。宋初为中书舍人，宋太宗时任参知政事、平章事。雍熙元年（984）加中书侍郎。辑有《太平广记》《太平御览》《文苑英华》等。《二李唱和集》为宋代最早的唱和诗总集，收李昉与李至自端拱元年（988）二月至淳化二年（991）期间互相唱和的诗作158首（内二首残缺），与李昉所称123首，相差35首。书前有李昉序，李昉《二李唱和集序》云：

> 端拱戊子岁春二月，予罢知政事，蒙恩授尚书右仆射。宗人天官侍郎顷岁自给事中参知政事，上章谢病，拜尚书礼部侍郎，旋改吏部侍郎兼秘书监。南宫师长之任，官重而身闲；内府图书之司，地清而务简。朝谒之暇，颇得自适，而篇章和答，仅无虚日，缘情遣兴，何乐如之。二卿好古博雅之君子也，文章大手，名擅一时，睠我之情，于斯为厚，凡得一篇一咏，未尝不走家僮以示我。慵病之叟，颇蒙牵率，若抽之思，强以应命，所谓策疲兵而当大敌也。日往月来，遂盈箧笥。淳化辛卯岁九月，余再承纶綍之命，复登廊庙之位，自兹厥后，无暇唱酬。昨发箧视之，除蠹朽残缺之外，存者犹得一百二十三首，因编而录之。他人亦有和者，咸不取焉，目为《二李唱和集》。①

李昉序说明了编撰的缘起和时间。宋人吴处厚《青箱杂记》卷一载："李文正公昉……诗务浅切，效白乐天体，晚年与参政李公至为唱和友，而李公诗格

---

① 李昉《二李唱和集》卷首，宸翰楼丛书本。

亦相类。今世传《二李唱和集》是也。"此处记载说明了李昉、李至为效仿白居易诗而作。郑樵《通志·艺文略》载："《李昉唱和诗》一卷，李昉等兴国中从驾至镇阳，过旧居。"《宋史·艺文志》著录《二李唱和诗》一卷。《崇文总目》著录《李昉唱和诗》一卷。是集久已失传，光绪十五年（1889），清人陈榘从日本带回影写宋刊残本，后罗振玉亦在日本见宋旧刊本，由于陈榘本有不完整之处，后经罗振玉补足，收入罗振玉1914年所辑《宸翰楼丛书》中，《全宋诗》据此收录。

2.《九僧诗》

陈充辑。陈充（944—1013），字若虚，自号中庸子，益州（今四川成都）人。雍熙甲科及第，授孟州观察推官。迁工部、刑部员外郎。著有《民士编》十九卷等。关于"九僧诗"的名称，最早的文献记载为欧阳修《六一诗话》："国朝浮图以诗名于世者九人，故时有集号九僧诗，今不复传矣。余少时闻人多称。其一曰惠崇，余八人者忘其名字也。"《宋史·艺文志》卷二〇九著录陈充《九僧诗集》一卷；南宋晁公武《郡斋读书志》卷二十载："《九僧诗集》一卷，右皇朝僧希昼、保暹、文兆、行肇、简长、惟凤、惠崇、宇昭、怀古也。陈充为序。凡一百十篇。"晁公武当时所见九僧诗为110首，并有陈充序，同宋抄本有出入。陈直斋《直斋书录解题》卷一五载："《九僧诗》一卷……凡一百七首，景德元年，直昭文馆陈充序，目之曰'琢玉工'，以对姚合'射雕手'。"陈振孙所见九僧诗为107首，有陈充序，同宋抄本也有出入。由于"九僧诗"在流传过程中，曾有一段时间失佚了，直至康熙年间毛扆编录该选，"九僧诗"又重新出现。书前有清人毛扆和余萧客序，毛扆《九僧诗序》云：

> 欧公当日以"九僧诗"不传为叹，扆后公六百余年，得宋本弃而读之，一幸也。校之晁、陈二氏皆多诗二十余首，二幸也。晁公武《郡斋读书志》，九僧诗一卷，一百十篇；陈直斋《书录解题》一百七首。今扆所得一百三十四首，比晁多二十四首，比陈多二十七首。此本但有僧名，而不著所产，又从周煇《清波杂志》各得其地名，三幸也。又从《瀛奎律髓》得宇昭《晓发山居》一首，并为增入。但陈直斋所云："景德初，直昭文馆陈充序，目之曰：'琢玉工'，以对姚合'射雕手'者。"此本无之，诚欠事也。方虚谷谓："司马温公得之以传世，则此书赖大贤而表章之，岂非千古幸事哉？"《杂志》又谓："序引《崇到长安》：'人游曲江少，草入未央深。'此亦无之。且谓惠崇能画，引荆公谓为据，读《瀛奎律髓》有宋景文

公《过惠崇旧居诗》，又读《杨仲弘集》有《题惠崇古木寒鸦》诗，并欧公诗话、《清波杂志》二则附录于左。康熙壬辰三月望日隐湖毛扆斧季识。①

毛扆序说明了是选的总体规模。余萧客《九僧诗序》云：

> 九僧诗在宋屡为难得，汲古主人更六七百年得见，诚为幸事，况所传本视直斋、公武所见又多二三十首，宜跋语之色飞而神动也。第汲古佳钞，以谨守宋椠之旧，推重士林，而此本首据《清波杂志》，九僧各冠地里，又以《瀛奎律髓》一篇添入宇昭之下，则与宋本稍龃龉矣。余谓《清波》一条既载跋后，则卷首地里自当删去，而《瀛奎》一篇，宜列毛公跋后，以还宋本旧观，以神汲古主人好古之万一，或不至以此获罪于当世诸君子也。九僧诗人有唐中叶钱、刘、韦、柳之室，而浸淫辋川、襄阳之间，其视白莲、杼山有过无不及，然山谷所称"云中下蔡邑，林际春申君"，此集不载，而惠崇自定《句图》五字百联，入此集，亦不及十之二三，使汲古主人闻之，则欣跃之余，更当助我浩叹矣。《瀛奎律髓》十四卷宇昭《晓发山居》诗曰："蓐食少人家，寒烟碎落花。鸡鸣窗半晓，路暗月西斜。世故欺怀抱，风霜近岁华。剧怜诗思苦，凄恻向长沙。"乙未冬初，假滋兰堂本录出。立春前一日萧客书。丙申春甲子，灯下枚庵校正数字。②

余萧客序交代了从《瀛奎律髓》中辑出的宇昭《晓发山居》。毛扆本共有134首，其中希昼18首、保暹25首、文兆13首、行肇16首、简长17首、惟凤13首、惠崇11首、宇昭12首、怀古9首。

3.《西昆酬唱集》●

杨亿辑。明嘉靖丁酉（1537）玩珠堂刻本。诗集版本有明钞本（清人丁丙跋）、明末冯班钞本、清初汲古阁影宋精钞本、故宫影宋精写本、冯班钞本、清初汲古阁影宋精钞本、徐乾学刻本、壹是堂刻本、朱俊升刻本。《西昆酬唱集》注本：清人周桢和王图炜合注本以及今人王仲荦注本。欧阳修《六一诗话》载："盖自杨、刘唱和，《西昆集》行，后进学者争效之，风雅一变，谓之昆体。由

---

① 台北"中央图书馆"《九僧诗》，台北"中央图书馆"藏清竹友兰室钞本。
② 台北"中央图书馆"《九僧诗》，台北"中央图书馆"藏清竹友兰室钞本。

是唐贤诸诗集几废而不行。"又云："杨大年与钱、刘数公唱和，自《西昆集》出，时人争效之，诗体一变。"西昆体代表作家杨亿、刘筠、钱惟演。杨亿（974—1020），字大年，福建建宁人，淳化三年（992）赐进士及第，翰林学士、户部郎中。刘筠（970—1030），字子仪，大名人，咸平元年（998）进士，以大理评事为秘阁校理。钱惟演（977—1034），字希圣，吴越王钱俶之子，真宗时授太仆少卿，命直秘阁，预修《册府元龟》，官至枢密使。晁公武《郡斋读书志》载："《西昆酬唱集》二卷。右皇朝杨亿、刘筠、李宗谔、晁某、钱惟演及当时同馆十五人唱和诗，凡二百四十七章。前有杨亿序。"陈振孙《直斋书录解题》卷十五载："《西昆酬唱集》二卷。景德中馆职杨亿大年，钱惟演希圣、刘筠子仪唱和。凡二百四十七章。亦有赓属者，共十五人。所谓'昆体'者，于此可见。亿自为序。"王应麟《玉海》卷五十四载："《西昆酬唱集》二卷，书目二卷。景德中，杨亿与钱惟演、刘筠、李宗谔、晁迥及同馆唱和，二百四十七章。"《宋史·艺文志》载："杨亿《西昆酬唱集》二卷。"傅增湘《藏园群书经眼录》载："《西昆酬唱集》二卷，宋杨亿等撰。明嘉靖十六年张綖玩珠堂刻本。前有张綖序，杨亿自序，次诗人姓氏一叶。"《四库全书总目》云："凡亿及刘筠、钱惟演、李宗谔、陈越、李维、刘骘、刁衎、任随、张咏、钱惟济、丁谓、舒雅、晁迥、崔遵度、薛映、刘秉十七人之诗，而亿序乃称属而和者十有五人，岂以钱、刘为主，而亿与李宗谔以下为十五人欤？"是选为北宋真宗时期所收录的杨亿、刘筠、钱惟演等十七人的唱和之作。景德二年（1005）秋天，宋真宗命王钦若、杨亿、钱惟演等人在秘阁中编纂《册府元龟》，至大中祥符二年（1009）结束，这些文学馆臣在编书之余，互相酬唱，后来编成这部诗集《西昆酬唱集》。杨亿《西昆酬唱集序》载："予景德中，忝佐修书之任，得接群公之游。时今紫微钱君希圣、秘阁刘君子仪，并负懿文，尤精雅道，雕章丽句，脍炙人口。予得以游其墙藩而咨其模楷。二君成人之美，不我遐弃。博约诱掖，置之同声。因以历览遗编，研味前作，挹其芳润，发于希慕，更迭唱和，互相切劘。而予以固陋之姿，参酬继之末，入兰游雾，虽获益以居多，观海学山，叹知量而中止。既恨其不至，又犯乎不韪。虽荣于托骥，亦愧乎续貂，间然于兹，颜厚何已。凡五、七言律诗二百四十七章，其属而和者又十有五人。析为二卷，取玉山策府之名，命之曰《西昆酬唱集》云尔。"[①] 杨亿序说明了是选编选的缘由和总体规模。现藏国家图书馆。

[①] 杨亿《西昆酬唱集》卷首，《四部丛刊》，商务印书馆1965年版。

4.《同文馆唱和诗》●

邓忠臣等辑。《四库全书》收录《同文馆唱和诗》两个版本：一是附于张耒《柯山集》后；一是单行本。邓忠臣，字慎思，湖南长沙人，熙宁（1068）进士。《四库全书总目提要》卷一百八十六"同文馆唱和诗"云："宋邓忠臣等撰。同文馆本以待高丽使人，时忠臣等同考校，即其地为试院，因录同舍唱和之作，汇为一编。案《宋史·艺文志》有苏易简《禁林宴会集》，欧阳修《礼部唱和诗集》，此书独不著录，《宋志》最为舛漏，盖偶遗之。"余嘉锡《四库提要辨证》在此基础上又重加考辨："然吾尝考之尤袤、晁公武、赵希弁、陈振孙诸家书目，及《通志·艺文略》、《通考·经籍考》，亦皆无其书。且不闻有元、明刻本，直至厉鹗作《宋诗纪事》，始选其诗，《四库》据鲍士恭家藏本，始著于录。"又："此书之有单行本，必是雍、乾间好事之徒从《张右史集》内抄出，而分一卷为两卷，貌为旧本以绐藏书家耳。《提要》不加深考，以为宋时果有此书，遂以舛漏讥《宋志》，岂其然乎？"关于《同文馆唱和诗》的作者，《四库全书总目提要》云："其相与酬答者，忠臣而外，为张耒、晁补之、蔡肇、余幹、耿南仲、商倚、曹辅、柳子文、李公麟、孙武仲等凡十一人。又有但题其名曰'向'、曰'益'而不著姓者二人。'益'疑即温益；'向'，则不知何人也。"是选体例按体编次，每体之中又依韵编次。共选诗222首，其中邓忠臣39首，蔡肇33首，晁补之28首，张耒25首，四人唱和诗最多，位居前四；余幹、耿南仲、商倚、曹辅、柳子文、李公麟均在10首以上，孔武仲2首，温益1首，向□1首。《全宋诗》据邓忠臣十卷本《同文馆唱和诗》收录。

5.《坡门酬唱集》●

邵浩辑。现存《四库全书本》。邵浩《苏门酬唱引》载："浩年未冠，肄业成均，隆兴癸未，始得第以归，因取'两苏公'兄唱弟和及'门下六君子'平日属和两公之诗，撮而录之，曰《苏门酬唱》。淳熙己酉，浩官豫章，临江谢公为之作《序》，且更曰《坡门酬唱》，末题绍兴庚戌四月一日。"邵浩，字叔义，浙江金华人，宋孝宗隆兴元年（1163）进士。《宋史·艺文志》载："邵浩，《坡门酬唱》二十三卷。"绍熙元年豫章原刊本今存，凡二十三卷，共十二册，藏台北"中央图书馆"。《四库全书总目提要》云："前十六卷为轼诗，而辙及诸人和之者。次辙诗四卷，次黄庭坚、秦观、晁补之、张耒、陈师道等诗三卷，亦录轼及诸人和作。惟李廌阙焉，其不在八人之数。而别有继和者，亦皆附入，为注以别之。其诗大抵同题共韵之作，比而观之，可以知其才力之强弱与意旨之异同，较之散见诸集，易于互勘，谈艺者亦深有裨也。至于本集所有，《山谷外集》所载，《次韵子瞻书黄庭经尾》、《付寒道士》、《韵晁补之》、《廖正一赠答诗》，补之又有《和子瞻种松》、《赠杜舆秀才》三首，今《坡集》载坡诗止二首，而此集均未编入，小小挂漏，在所不免，亦不必为之苛责矣。"《四库全书总目提要》说明了《坡门酬唱集》的价值。书前有邵浩序和张叔椿序，邵浩《坡门唱酬集序》云：

> 绍兴戊寅，浩年未冠，乃何幸得肄业于成均，朝齑暮盐，知有科举计耳，古文诗章未暇及也。隆兴癸未，始得第以归，有以诗篇来求和者，则藐不知所向。于是取两苏公之诗读之，因得窃窥两公少年时交游未甚广，往往自为师友，兄唱则弟和，弟作则兄酬，用事趁韵，莫不字字稳律，或隐去题目，读之则不知其孰为唱、孰为酬，盖无纤毫斧凿痕迹，其妙如此。浩心焉好之，为之讽诵谛绎，至忘寝食者几年，始仅能与人相应和为韵语。既又念两公之门下士黄鲁直、秦少游、晁无咎、张文潜、陈无己、李方叔，所谓六君子者，凡其片言只字，既皆足以名世，则其平日属和两公之诗，与其自相往复，决非苟然者，因尽摭而录之，曰《苏门酬唱》。独恨方叔有酬无唱，盖其晚出，相与游从之日浅也。无事展卷，则两公六君子怡怡偲偲，气象宛然气象在目，神交意往，直若与之承颜接辞于元祐盛际，岂特为赓和助耶！淳熙己酉，浩官于豫章，临江谢公自中丞迁尚书，均逸来归，浩出此编，公喜甚，为作序，且曰谓之《苏门酬唱》，则两公并立，不如俾老仙专之，更曰《坡门酬唱》，何如？浩曰："唯唯。"绍熙庚戌四月一日金华邵浩引。①

邵浩序说明了选录的人数、标准和宗旨。张叔椿《坡门酬唱集序》云：

> 诗人酬唱盛于元祐间，自鲁直、后山宗主二苏，旁与秦少游、晁无咎、张文潜、李方叔驰骛相先后，萃一时名流，悉出苏公门下，嘻，其盛欤！余少喜学诗，尝泛观众作，因之溯流寻源，窃恨坡诗有唱而无和，或和而不知其唱，每开卷虽凝思邈想，茫无依据，至搜取他集，才互见一二，复恨不获睹其全也。将类聚俾成一家，辄局于官守且未暇。岁在己酉，谒来豫章，机幕郡君叔义，实隆兴同升，出示巨编，目曰《坡门酬唱》，乃苏文

---

① 邵浩《坡门酬唱集》卷首，《四库全书》，台湾商务印书馆1983年版。

忠公与其弟黄门偕鲁直而下六君子者,迭为往复,总成六百六十篇。幸矣!余之嗜乡偶与叔义同,而精敏不逮远矣。夫以数十年玩味之余,与欲为而未即遂者,一旦欣快所遇,若可矜而振之也,乌知无复有同志者兴不可得见之叹,遂命工锓木以广其传。绍熙元年五月二十四日永嘉张叔椿书于观风堂。①

张叔椿序主要说明了此书的选诗宗旨和选诗规模。《坡门酬唱集》体例以人编次,共选苏轼兄弟及黄庭坚、秦观、晁补之、张耒、陈师道、李廌门人同题唱和之作660首。卷一至卷十七为苏轼,卷十七至卷二十为苏辙,卷二十一为黄庭坚,卷二十二为秦观和张耒,卷二十三为晁补之和陈师道。《坡门酬唱集》中的唱和之作打破了此前唱和诗咏物、咏史的题材,拓宽了唱和诗的题材,在诗歌中议论时事、讽喻朝政、感叹人生。是选现存清八千卷楼钞本、宣统年间贵池刘氏玉海堂影宋本。

6.《皇宋百家诗选》●

曾慥辑。曾慥(?—1155),字端伯,号至游子,亦号至游居士,晋江(今福建泉州)人。陈振孙(1179—1262)《直斋书录解题》卷十五著录为《本朝百家诗选》。尤袤《遂初堂书目》著录此书为《皇宋百家》。晁公武《郡斋读书志》卷二十录此书为《皇宋诗选》。明朝《文渊阁书目》卷二著录为《皇宋百家诗选》。陈造(1133—1203)《江湖长翁集》卷三十一有此书题跋《题宋百家诗》。是选收录宋代诗人200家左右,据卞东波《南宋诗选与宋代诗学考论》,现可考证的入选诗人有60人。《直斋书录解题》卷一五谓:"编此所以续荆公之《诗选》,而鉴识不高,去取无法,为小传略无义类,议论亦凡鄙。陆放翁以比《中兴间气集》,谓相甲乙,非虚语也。其言欧、王、苏不入选,以拟荆公不及李、杜、韩之意。"陈氏指出曾慥是选是为续王安石《唐百家诗选》而作,但其水准却无法与之相比,只录小家而遗略大家、名家,也继承了王安石选诗之体例。赵与时《宾退录》卷六谓:"盖矜多炫博,欲示其于书无所不读,于学无所不能,故未免以不知为知。诗选去取殊未精当,前辈多议之。仲益所称南丰《兵间》、《论交》、《黄金》、《颜杨》诸篇,及苏黄门四字诗,无一在选中者,而反录'都都平丈我'之句。"赵氏认为是选"矜多炫博""去取殊未精当"。周煇《清波杂志》卷八谓:"近时曾公端伯亦编《皇宋百家诗选》,去取任一己

---

① 《坡门酬唱集》卷首,《四库全书》,台湾商务印书馆1983年版。

之见。虽非捃摭诋诃，其间或未厌众论，且于欧公、荆公、东坡诗皆不载。虽曰用《唐诗选》韩、杜、李不与编故事，其亦大名之下，不容有所铨择耶？"可见当时人们对《皇宋百家诗选》多有微词，尤其是不录欧阳修、王安石、苏轼和黄庭坚。

7.《中兴群公吟稿戊集》 ●

陈起辑。《读书志》卷下载："《中兴群公吟稿》四十八卷。右中兴以来一百五十三人之诗也。"四十八卷本已佚。陆心源《皕宋楼藏书志》卷一一四载："《中兴群公吟稿》凡四十八卷，百五十三家，见赵希弁《郡斋读书志附志》，今仅存戊集七卷。嘉庆中，石门顾氏汇刻《南宋小集》，见知不足斋宋本，谓其版式与《群贤小集》无异，定为陈起所刊，取附集后，今所列三十册、三十一册是也。"是选体例以人编次，凡七卷，共选戴式之、戴复古、王建、高九万、姜夔、严粲6位诗人，诗428首，其中卷一戴式之诗50首，卷二戴复古诗45首，卷三王建诗51首，卷四和卷五高九万诗117首，卷六姜夔诗47首，卷七严粲诗118首。

8.《江湖小集》 ●

陈起辑。《四库全书》本，凡九十五卷。陈起，字宗之，号芸居，浙江杭州人。是选为清初人重编。《直斋书录解题》载《江湖集》仅九卷，为"临安书坊所刻，本取中兴以来，江湖之士以诗驰誉者"。丁丙《善本书室藏书志》载《南宋群贤小集》八十八卷，并指出："陈起收海内人诗集，虽数十叶，亦名一家，命曰《江湖集》。"《四库》所收《江湖小集》亦非《江湖集》。选诗人62家，诗集65种，包括：洪迈《野处类稿》二卷、释绍嵩《江浙纪行集句诗》七卷、叶绍翁《靖逸小集》一卷、严粲《华谷集》一卷、毛珝《吾竹小稿》一卷、邓林《皇罾曲》一卷、胡仲参《竹庄小稿》一卷、陈鉴之《东斋小集》一卷、徐集孙《竹所吟稿》一卷、陈允平《西麓诗稿》一卷、张至龙《雪林删余》一卷、杜旟《癖斋小集》一卷、李龏《梅花衲》一卷、李龏《剪绡集》一卷、施枢《芸隐倦游稿》一卷、施枢《芸隐横舟稿》一卷、何应龙《橘潭诗稿》一卷、沈说《庸斋小集》一卷、王同祖《学诗初稿》一卷、陈起《芸居乙稿》一卷、吴仲孚《菊潭诗集》一卷、刘翼《心游摘稿》一卷、朱继芳《静佳龙寻稿》一卷、朱继芳《静佳乙稿》一卷、林尚仁《端隐吟稿》一卷、陈必复《山居吟稿》一卷、斯植《采芝集》一卷、斯植《续稿》一卷、刘过《龙洲道人诗集》一卷、叶茵《顺适堂吟稿》五卷、高似孙《疏寮小集》一卷、敖陶孙

《臞翁诗集》一卷、朱南杰《学吟》一卷、余观复《北窗吟稿》一卷、王琮《雅林吟稿》一卷、刘仙伦《招山小集》一卷、黄文雷《看云小集》一卷、姚镛《雪篷稿》一卷、俞桂《渔溪诗稿》三卷、薛嵎《云泉诗》一卷、姜夔《白石道人诗集》一卷、周文璞《方泉先生诗集》三卷、危稹《巽斋小集》一卷、罗与之《雪坡小稿》二卷、赵希桷《抱拙小稿》一卷、黄大受《露香拾稿》一卷、吴汝鹹《云卧诗集》一卷、赵崇鉘《鸥渚微吟》一卷、葛天民《无怀小集》一卷、张弋《秋江烟草》一卷、邹登龙《梅屋吟》一卷、吴渊《退庵遗集》二卷、宋伯仁《雪岩吟草》一卷、薛师石《瓜庐诗》一卷、高九万《菊磵小集》一卷、许棐《梅屋诗稿》一卷、许棐《融春小缀》一卷、许棐《梅屋三稿》一卷、许棐《梅屋四稿》一卷、戴复古《石屏续集》四卷、利登《骳稿》一卷、李涛《蒙泉诗稿》一卷、乐雷发《雪矶丛稿》四卷、张蕴《斗野稿支卷》、刘翰《小山集》一卷、张良臣《雪窗小集》一卷、葛起耕《桧庭吟稿》一卷、武衍《适安藏拙余稿》一卷、武衍《适安藏拙乙稿》一卷、林同《孝诗》一卷。

9.《江湖后集》 ●

陈起辑。《四库全书》本。南宋诗总集，凡二十四卷，是选虽称《江湖后集》，但并非陈起原编之《江湖后集》，只是就前编《江湖小集》而言。"四库"馆臣编完《江湖小集》后，查《永乐大典》，见有《江湖集》《江湖前集》《江湖后集》《江湖续集》《中兴江湖集》等，便将《江湖小集》中没有收录的诗集，删除重复，编为一集，共录66家。巩丰、周弼、刘子澄、林逢吉、周端臣、赵汝锽、郑清之、赵汝绩、赵汝回、赵耕夫、葛起文、赵崇鉘、张槃、姚宽、罗椅、林窻、戴植、林希逸、张炜、万俟绍之、诸泳、朱复之、李时可、盛烈、史卫卿、胡仲弓、曾由极、王谌、李自中、董杞、陈宗起、黄敏求、程炎子、刘植、张绍文、章采、章粲、盛世宗、程垓、王志道、萧澥、萧元之、邓允端、徐从善、高吉、释圆悟、释永颐等47家。《江湖小集》收入的有敖陶孙、李龏、黄文雷、周文璞、张蕴、俞桂、武衍、吴仲孚、胡仲参、姚镛、戴复古、危稹、徐集孙、朱继芳、陈必复、斯植、陈起等17家。是选除《四库全书》本外，还有嘉庆间刊刻的"读画斋"刻本。

10.《两宋名贤小集》 ●

陈思编，（元）陈世隆补。凡三百八十卷。陈思，生活于宝庆、咸淳（1225—1274）年间，南宋末年杭州书商，世隆为思从孙，生活于元末至正间（1341—

15

1367），是选为两宋诗人诗集之合编。收两宋不甚著名诗人256家。从杨亿起讫于潘音。书前有魏了翁《序》："予无他嗜，惟书癖不可医，临安鬻书人陈思多为予收揽散逸，叩其书颠末，辄对如响。一日以其所梓《圣贤群贤小集》见寄，且求一言。"① 书后有署名朱彝尊《跋》："思所编《群贤小集》，皆其同时不甚显贵之人，刻于宝庆、绍定间。史弥远柄国，疑刘过集中有谤己之言，牵连逮捕，思亦不免，诗版遂毁，其从孙世隆，当元至正之末，复合两宋名人之诗，选而梓之。甫完数家，复遭兵燹。其稿本流传，日以散逸。吾乡曹倦圃（溶）先生仅得十之二三，率皆糜坏，乃补缀成编，复汰其近日盛行诸集，留得二百余家，选宋诗者当于此中求之。"② 书后部包括《江湖后集》中的诗，有少量《江湖后集》所录的江湖诗人重复。是选有台湾商务印书馆影文渊阁《四库全书》本。

11.《南宋群贤小集》 ●

陈起辑，顾修重辑。凡一百三十五卷，附录《江湖后集》二十四卷。陈起原刊江湖诸集已散佚，顾氏辑本是比较晚出的民间辑本。是选最初为钱塘吴焯"瓶花斋"所汇编的诸家抄本，当时为64家，后又根据宋本增添6家，花山马氏本增入2家，秀水朱氏本增入2家，共74家。鲍庭博抄自汪氏振绮堂，据宋本加以校正，顾修重新整理，且于嘉庆六年（1801）刊刻行世。是选收录具体情况如下：危稹《巽斋小集》一卷、罗与之《雪坡小稿》二卷、高九万《菊磵小集》一卷、邹登龙《梅屋吟》一卷、余观复《北窗诗稿》一卷、赵崇鉘《鸥渚微吟》一卷、朱南杰《学吟》一卷、王琮《雅林小稿》一卷、吴中孚《菊潭诗集》、沈说《庸斋小集》一卷、王同祖《学诗初稿》一卷、陈允平《西麓诗稿》一卷、何应龙《橘潭诗稿》一卷、许棐《梅屋诗稿》一卷、许棐《融春小缀》一卷、刘翼《心游摘稿》一卷、林尚仁《端隐吟稿》一卷、叶茵《顺适堂吟稿》五卷、斯植《采芝集》一卷、斯植《采芝集续稿》一卷、刘过《龙洲道人诗集》一卷、李涛《蒙泉诗稿》一卷、乐雷发《雪矶丛稿》四卷、张蕴《斗野稿支卷》一卷、刘翰《小山集》一卷。

12.《前贤小集拾遗》

陈起辑。凡五卷，收南宋诗人近百家，多为不知名之士。此书收入《南宋

---

① 陈思《两宋名贤小集》卷首，《四库全书》本，台湾商务印书馆，1983年版。
② 朱彝尊《曝书亭集》卷首，《四部丛刊》，商务印书馆，1965年版。

群贤小集》，有清《读画斋丛书》本。《前贤小集拾遗》为陈起所辑的一部宋代诗歌选本，共五卷，为清抄本，现存国家图书馆。是选主要选录了一些不甚有文名的诗人，选录诗人107家，诗282首，是选重在补遗，所以篇幅较小，入选最多的两位诗人郑克己和李若川均只有13首，入选5首以上者有11人，其中朱涣9首、黄顺之9首、潘桯8首、史景望6首、汪藻6首、杜来6首、王汶6首、吴可5首、陈翊5首、曹组5首、鲁交5首；而入选1首者竟有40人之多，足见是选的宗旨就在于拾遗补阙。《前贤小集拾遗》具有重要的校勘价值。是选选录比较杰出的诗人有曾几和王庭珪等少数诗人，所以它的价值就在于力图保存有宋一代之文献。

13.《增广圣宋高僧诗选》

陈起辑。《铁琴铜剑楼藏书目录》卷二十三载："《增广圣宋高僧诗选》前集一卷、后集三卷、续集一卷，影钞宋本。题钱塘陈起编，无序言。其前集一卷集《九僧诗集》。"是选主要以抄本形式存在，今《续修四库全书》影印此书，底本系南京图书馆清抄本，有丁丙跋。是选体例以人编次，共选宋代诗僧60人，诗247首，这是一部专门选录宋僧诗的专门诗选。《前集》选录诗人有：希昼18首、保暹25首、文兆13首、行肇16首、简长17首、惟凤13首、惠崇11首、宇昭12首、怀古9首。《后集》卷上选录如下：赞宁3首、智仁3首、鉴征2首、尚能6首、子熙4首、用文6首、文莹2首、秀登3首、惠琏7首、惠严4首、显万9首。《后集》卷中选录如下：延寿3首、智园3首、遵式9首、契嵩3首、宝馨1首、惟政2首、仲休1首、显忠1首、清晦1首、南越1首、楚峦1首、道潜32首。《后集》卷下选录如下：善权15首、梵崇17首、贲颖1首、清顺2首、元照1首、晓莹1首、贲莹1首、仲皎1首、希雅1首。《续集》选录如下：秘演7首、择邻1首、清外1首、蕴常7首、正勃1首、照符1首、法具4首、如璧6首、慧洪8首、道全1首、守璋1首、希颜1首、守诠1首、正宗4首、继兴1首、法平2首、慧梵2首。

14.《四灵诗选》 ●

叶适辑。叶适（1150—1223），字正则，学者称水心先生，浙江瑞安人，淳熙五年（1178）榜眼。著有《水心文集》。关于"四灵"之称来自叶适《水心文集》卷二十九《题刘潜夫南岳诗稿》："往岁徐道晖诸人，摆落近世诗律，敛情约性，因狭出奇，合于唐人，夸所未有，皆自号四灵云。"许棐《跋四灵诗选》云："蓝田种种玉，苍林片片香。然玉不择则不纯，香不简则不妙，水心所以选《四灵诗》也。选非不多，文伯犹以为略，复有加焉。呜呼，斯五百篇出自天成，归于神识，多而不滥，玉之纯、香之妙者欤？芸居不私宝，刊遗天下，后世学者，爱之重之。"《四灵诗》原本（陈起刊本）失传，明代潘是仁《宋元四十三家》，其中录《芳兰轩集》五卷、《二薇亭集》四卷、《苇碧轩集》四卷、《清苑斋集》四卷。是选依嘉庆七年（1802）焦循抄本《永嘉四灵诗》所录。徐照《芳兰轩集》选五言古诗10首，七言古诗9首，五言律诗63首，七言律诗12首，七言绝句11首；徐玑《二薇亭集》选五言古诗5首，五言律诗54首，七言律诗21首，七言绝句23首；翁卷《苇碧轩集》选五言古诗12首，七言古诗3首，五言律诗77首，七言律诗11首，七言绝句19首；赵师秀《清苑斋集》选五言古诗11首，五言律诗83首，七言律诗28首，七言绝句10首。《四灵诗选》选诗500首，经叶适精心挑选，所以愈纯愈妙。

15.《诗家鼎脔》 ●

佚名辑。《诗家鼎脔》是晚宋一部宋人选宋诗选本（残本），诸本皆缺首页，编者不详，卷首有"倦叟"之序，倦叟即曹溶，浙江秀水人。傅增湘《藏园群书题记》载："此书不详编录人姓名，大抵宋季人所选也。附有倦叟跋。《提要》以为曹倦圃，恐未必然。上卷凡五十八人，下卷三十七人，每人采掇一二首，多或十余首，所取多近体，大率晚宋《江湖小集》诸家，其旨趣可见矣。"《四库全书总目提要》云："不著编辑者名氏。卷首有题词，署曰'倦叟'，亦不知倦叟为谁也。所录有王恽之诗，颇疑为元人所辑。然元王恽为东平人，而此题曰'古汴王恽'，里籍既不相符，考《秋涧集》内亦不载此诗，则非元王恽，明矣。方回《瀛奎律髓》称庆元、嘉定以来，有诗人为谒客者，钱塘湖山，什伯为群。阮梅峰秀实，林可山洪，孙花翁季蕃，高菊磵九万，往往雌黄士大夫，口吻可畏。今考是书，阮秀实、林洪、孙季蕃、高九万诸人之诗，并在选中，或即其时所刊？如陈起《江湖小集》之类欤。上卷凡五十八人，下卷凡三十七人，每人各著其里居字号，为例不一，所存诗多者十余首，少者仅一二首，盖取'尝鼎一脔'之意，故以为名。其间家数太杂，时代亦多颠倒，编次颇为无绪，然宋末佚篇，赖此以存者颇多，亦未可以书肆刊本忽之矣。上卷首原脱半页，上卷末金沙夏某一人，名字诗篇均有阙佚，今亦姑仍之云。"此选"乃宋末人所录南渡诸家之诗"，四库馆臣认为是选"家数太杂，时代亦多颠倒"。是选主要以抄本形式存在，一种抄本有清劳权手跋，现藏日本静嘉堂文库。静嘉堂文库还藏有文澜阁传抄本。另有一种清抄本藏山西文物局。南京图书馆藏有佚名抄本，有清劳权校跋和清丁丙跋。上海图书馆藏有清陆惠畴跋的清抄本。《四库》本与抄本略有不同，《四库》本选了 95 位诗人，诗 178 首，而清抄本则选了 96 位诗人，诗 180 首。《宋诗纪事》摘录了其中 40 位。《诗家鼎脔》多选近体诗，其中七言绝句 78 首、五言绝句 8 首、七言律诗 44 首、五言律诗 33 首，另选罗椅、杜东、黄师参六言绝句各 1 首。五言古诗仅 5 首，七言古诗仅 6 首，共 11 首。戴复古 8 首为最多，次严羽 7 首、赵师秀 7 首，次刘克庄、高蜜、周端臣各 6 首。陆游、范成大、杨万里、朱熹、方岳、姜夔等著名诗人一首未选，入选者皆为中小诗人。倦叟《诗家鼎脔序》对此批评道："宋季江湖诗派以尤、杨、范、陆为大家，兹选均不及，稍推服紫芝、石屏、后村、仪卿，其余人各一二诗，止隘矣。"[①]

16.《天地间集》 ●

谢翱辑。谢翱（1249—1295），字皋羽，一字皋父，号宋累，又号晞发子，福建长溪人。著有《晞发集》《西台恸哭记》等。黄虞稷《千顷堂书目》云："《天地间集》五卷，今存一卷。"今存有《知不足斋丛书》本、《四库全书》谢翱《晞发集》附、《宋元诗会》谢翱诗附。《天地间集》中，有陆师道题识云："《天地间集》二卷，此盖未完书也。"《四库全书总目提要》卷一六五云："《天地间集》一卷，皆翱所录宋末故臣遗老之诗，凡文天祥、家铉翁、文及翁、谢枋得、郑协、柴望、徐直方、何新之、王仲素、谢钥、陆壑、何天定、王曼之、范协、吴子文、韩竹坡、林熙十七人，而诗仅二十首。考宋濂作《翱传》，称《天地间集》五卷，则此非完书。意原本已佚，后人撮他书所云见《天地间集》者，得此二十首，姑存其概耳。"是选所录皆为南宋遗民，入选诗人均未仕元，体现了谢翱为遗民存史的意识。书名"天地间"，实取名于杜甫《送孔巢父谢病归游江东兼呈李白》"诗卷长留天地间"，寓诗作、正气、诗名等长留天地之意。关于是选命名之缘由，《宋元诗会》卷五一附《天地间集》题识云："宋末流传此帙，合十七人，存诗二十首，专为一集，题曰《天地间集》，或取诗卷长留之意。"是选规模较小，仅存 20 首，且以选录五言、七言绝句为主。其中既录有文天祥、谢枋得、家铉翁等著名遗民诗人，也录有王仲素、王曼之、吴子文等不甚有文名的遗民诗人。

17.《南岳唱酬集》 ●

朱熹、张栻、林用中辑。林用中，字择之，号东屏，福建古田人，朱熹学

---

① 佚名《诗家鼎脔》卷首，影印文渊阁四库全书本。

生。朱熹（1130—1200），字元晦，一字仲晦，号晦庵，又号紫阳，世称晦庵先生、朱文公。徽州婺源（今属江西）人。《四库全书总目提要》云："宋朱熹与张栻、林用中同游南岳唱和之诗也。……其游自甲戌至庚辰凡七日，朱熹《东归乱稿序》称，得诗百四十余首，栻《序》亦云，百四十有九篇；今此本所录止五十七题，以《朱熹大全集》参校，所载又止五十题，亦有《大全集》所有而此本失载者。又每题皆三人同赋，以五十七题计之，亦不当云一百四十九篇。不知何以参错不合。又卷中联句，往往失去姓氏标题，其他诗亦多依《朱熹集》中之题，至有题作《次敬夫韵》，而其诗实为栻作者，盖传写者讹误脱佚，非当日原本矣。后有朱熹《与林用中书》三十二篇，《用中遗事》十条，及朱熹所作《字序》二首，皆非此集所应有。或林氏后人所附益欤？然以'南岳'标题，而泛及别地之尺牍；以唱酬为名，而滥载平居之讲论。以三人合集，而独载用中一人之言行。皆非体例，姑以原本所有存之云耳。"书前有张栻、朱熹序、余文龙序。余文龙《南岳唱酬集序》云：

东屏林先生，予乡先达，理学名儒也。向从游于朱晦翁之门，与建安蔡元定齐驱并驾，晦翁至推为畏友，甚敬礼之。通悟修谨，足不出户。偶偕晦翁走潭州，访守张敬夫，因有南岳之游，所著唱酬诗百四十余首。会中叶散轶，久失流传，遂不获与《翠屏》、《享帚》二集并行于世，识者衔之。即文龙燥发以来，知有林先生，杳不闻有《唱酬集》也。崇祯辛未，四明广石杨明府，世胄名公，秘函宿学，甫下车，即搜访石英，表章逸德，得其遗稿于西河氏。残断蠹蚀，重加较次，付之剞劂。征序于不佞文龙。文龙曰：文章显晦，与仕途通塞互相关者也。先生遁迹鹿门，忘情鼠吓。身既隐矣，焉用文之？唱酬之作，无非借景写怀，适鸣天籁，以志师友一时追随之盛云尔。然言为心声，蕴必有泄。其一种灵睿之气，阴为鬼神所呵护，故历今数百岁而琬琰犹烂然星芒，脍炙人口也。行笃而文益灿，迹秘而名益彰，先生之谓耶！予橐笔仕衡阳凡七年，所登眺南岳诸峰者屡矣。愧无如椽之笔，堪探其奇。别去二十载，梦魂尚依衡麓之侧也。今读先生诸咏，与往时所见，一一印符。赫赫山灵，且快先生为知己矣。乃议者以宋不及唐为病。夫诗本性情，三百皆情也。先生幽贞之趣，直以明新为标的。则其阐发之词，亦直以达意为指归。况唐工风格，宋崇理道，其分途旧矣，又何必生吞李、杜，死嚼白、刘，轧句敲字，聱牙喋齿于清平世界，作魑魅魍魉语哉。广石之刻，实先生之功臣，九原有知，当不以予言为盲瞽者。①

张栻序说明了是选的编选过程和总体规模。《南岳唱酬集》不仅描写了衡山优美的自然风光，还叙述了三人在游赏过程中各自的心态。关于《南岳唱酬集》原编所收诗作数量问题，束景南《朱熹南岳唱酬诗考》认为此集收录149首，其中朱熹53首、张栻50首、林用中46首。今本《南岳唱酬集》实为156首。南京图书馆藏丁丙旧藏嘉庆抄本，今本为明弘治刻本，藏国家图书馆。

18.《诗苑众芳》●

刘瑄辑。《诗苑众芳》是宋元之际的一部宋诗选本，是书《四库全书》未收录，明代目录书中亦未见著录。顾广圻《百宋一廛赋》云："刘瑄《苑》诗而才闻伯玉。"黄丕烈注云："《诗苑众芳》，每半页九行，每行十五字，无序言目卷数。凡诗二十四家，首长乐潘氏，终古汴吴氏，署云'吴郡梅溪刘瑄伯玉编'。亦各家书目所未载也。"刘瑄，字伯玉，江苏苏州人。阮元《揅经室外集》卷三云："此书影元钞本。首题吴郡梅溪刘瑄伯玉编。所选诸家诗，潘牥、章康、黄简、赵汝谈、方万里、郑起潜、文天祥、李迪、郑传之、何宗斗、蒋恢、朱诜、魏近思、张榘、张绍文、张元道、吕江、蒋华子、陈均、萧炎、沈规、吕胜之、江朝卿、吴龙起二十四人。一人之诗多不过十首，少或一二首，计仅八十二首。每人名著其字号、籍贯。所选之诗，近体较多，率皆清丽可诵，盖《江湖小集》之流亚，而决择精当，似取法于唐人之选唐诗也。"《诗苑众芳》共选南宋诗人24家，诗82首，篇幅较小，诗人以苏州、镇江、两浙东路和西路等江南诗人为主，所选诗人名气较小，这是一部典型的选录江南诗人的宋诗选本。

---

① 朱熹、张栻、林用中《南岳唱酬集》卷首，清钞本。

二、通代诗选（"选宋"）

1.《古今岁时杂咏》●

宋绶辑，蒲积中续选。宋绶（991—1040），字公垂，赵州平县（今河北省赵县）人。赐同进士出身，历官知制诰、翰林学士，知应天府、参知政事卒赠司徒，谥宣献。蒲积中，字致稣，眉山（今四川）人，绍兴初进士。《四库全书》集部收有此书，共四十六卷，题《岁时杂咏》。晁公武《郡斋读书志》载："《岁时杂咏》二十卷，右皇朝宋绶编。宣献公昔在中书第三阁，手编古诗及魏晋迄唐人岁时章什，一千五百有六，厘为十八卷，今益为二十卷。"钱曾《读书敏求记》卷四载："《古今岁时杂咏》四十六卷，目录二卷。宋宣献公绶裒，集前人岁时篇什，编成二十卷，名曰《岁时杂咏》。"蒲氏增成此书，增添了北宋诗人欧阳修、梅尧臣、王安石、苏轼、黄庭坚等人的诗篇。《四库全书总目提要》云："晁公武载，绶原本诗一千五百六首，而此本二千七百四十九首，比绶所录增一千二百四十三首，则一代之诗已敌古人五分之四。"陆心源《仪顾堂题跋》云："《古今岁时杂咏》四十六卷，宋蒲积中编，影写宋刊本，钱遵王旧藏也。有'虞山钱曾遵王藏书'八字，朱文长印，前有绍兴丁卯仲冬积中自序。提要云积中履贯未详，案积中字致稣，四川眉山人，绍兴初进士，见宋《眉州进士题名碑》，盖宋敏求先为《岁时杂咏》，积中复择宋代之诗附之，卷三十五不全，尝求别本补足。"蒲积中《古今岁时杂咏序》云："《岁时杂咏》，宋宣献公所集也。前世以诗雄者，俱在选中，几为绝唱矣。然本朝如欧阳、苏、黄，与夫荆公、圣俞、文潜、无己之流，逢时感慨，发为辞章，直造风雅藩阃，端不在古人下。予因隙时，乃取其卷目，而择今世之诗以附之，名曰《古今岁时杂咏》。"① 说明了《古今岁时杂咏》取名的缘由和增添的内容。蒲积中没有改变宋绶卷目编次，只是在宋绶原编的古诗后，增添了宋朝诗人的作品。是书是

---

① 宋绶《古今岁时杂咏》卷首，《四库全书》本，台湾商务印书馆1983年版。

宋代一部汇集节日诗歌的诗歌选集，按一年四季节气时令编排，分元日、立春、人日、上元、晦日、中和、春分、春社、寒食、清明、上巳、春尽日、端午、立夏、夏至、伏日、立秋、七夕、中元、秋分、秋社、中秋、重阳、立冬、冬至、除夜，再加上春、夏、秋、冬四类，选汉魏至宋的佳诗名篇。宋诗选1506首，蒲积中增加到2749首，分类不变。从"元日"到"除夜"共29类，凡四十二卷，卷四十三至卷四十六按月编次，从正月到十二月。是选收录酬唱奉和之诗最多，主要是由于酬唱宴集等活动与节日紧密相关。从文献取材上，是选大部分诗作主要来自《文苑英华》。是选版本有明抄本《新刊古今岁时杂咏》四十六卷（藏国家图书馆）、明石城书屋抄本《新刊古今岁时杂咏》四十六卷（藏国家图书馆）、明抄本《新刊古今岁时杂咏》四十六卷（藏上海图书馆）、明神宗万历乙未《古今岁时杂咏》四十卷影宋抄本、清抄本《古今岁时杂咏》四十六卷（藏上海图书馆）、清抄本《古今岁时杂咏》四十二卷（藏上海图书馆）和《四库全书》本。

2.《古今绝句》 ●

吴说辑。宋刊本。《宋史·艺文志》著录该书。陈振孙《直斋书录题解》卷十五载："《古今绝句》三卷，吴说传朋所书杜子美、王介甫诗。师礼之子，王令逢原之外孙也。"瞿镛《铁琴铜剑楼宋金元本书影》《藏园订补邵亭知见传本书目》、江标《宋元本行格表》皆作三卷。吴说，字傅朋，号练塘，浙江钱塘人，生卒年不详。人称吴紫溪，王令外孙。绍兴间为尚书郎。是选虽题名为《古今绝句》，实际上只选了杜甫和王安石两位诗人，杜甫诗132首，其中五言绝句32首、七言绝句100首；王安石诗613首，其中五言绝句77首，六言绝句10首，七言绝句526首。瞿镛《铁琴铜剑楼藏书目录》称吴说编撰是选"有意推崇荆公，而以杜陵配之"。吴说《古今绝句》跋："说少日尝观山谷老人为同郡胡尚书（讳直孺）以砑绫笺写杜陵、临川绝句，错综间见参以行草，亦概闻其绪言谓：古今绝句造微入妙，无出二家之右。说近岁尝以所闻，质诸当代诗匠，咸谓斯言可信不疑。今二集行于世者，凡一百二十卷，每欲检寻绝句，如披沙拣金，徒劳翻阅。暇日，掇拾自为一编，得杜陵五言、七言凡一百三十有二首，临川五言、六言、七言凡六百十有三首，目曰《古今绝句》，手写一本，锓木流传，以与天下后世有志于斯文者共之。不敢辄为序引，谨以所闻附之篇末。绍兴二十三年岁在癸酉三月二十九日钱塘吴说题。"[①] 吴说认为杜甫、

[①] 吴说《古今绝句》卷首，宋刊本。

王安石两人为唐宋绝句的一流诗人，这不仅是吴说的认识，也是当时许多诗人的看法，具有一定的代表性。现存国家图书馆。

3.《回文类聚》 ●

桑世昌辑。桑世昌，字泽卿，号莫庵，江苏扬州人，陆游之甥。辑有《兰亭考》《回文类聚》等。《回文类聚》共四卷，经明人张之象和清人朱存孝、朱象贤续补，成为回文作品之大成。《四库全书总目提要》云："宋桑世昌编，世昌有《兰亭考》，已著录。考刘勰《文心雕龙》曰：'回文所兴，则道原为始。'梅庚注谓'原'当作'庆'，宋贺道庆也。盖其时《璇玑图诗》未出，故勰云然。世昌以苏蕙时代在前，故用为托始，且绘像于前卷首，以明创造之功，其说良是。然《艺文类聚》载曹植《镜铭》八字，回环读之，无不成文，实在苏蕙以前。乃不标以为始，是亦稍疏。又苏伯玉妻《盘中诗》，据《沧浪诗话》，自《玉台新咏》以外，别无出典，旧本具在，不闻有图，此书绘一圆图，莫知所本。考原诗末句，称当从中央周四角，则实方盘而非圆盘；所图殆亦妄也，惟是咏歌渐盛，工巧日增，诗家既开此一途，不可竟废，录而存之，亦足以资博洽。是书之末有世昌自《跋》，称至道御制，登载卷首。此本无之，殆传写佚脱欤？其《补遗》一卷，则国朝康熙中，苏州朱存孝所采，兼及明人。然于明典故中，所载御制回文诗三十图，在耳目前者，即已不收，则所漏亦多矣，姑附存以备参考云尔。"朱存孝《回文类聚序》云："《回文类聚》四卷，乃宋臣桑世昌泽卿所纂。后明人张之象玄超复加增订，披阅之次，似觉玄超之所增订者杂乱无绪，是以将彼旧增并予所习见之什，纂为续集，附于卷后。"[①] 朱存孝序和四库馆说明了《回文类聚》的卷数、增补过程以及回文诗的起源。桑世昌《回文类聚序》云："《诗苑》云，回文始于窦滔妻。反复皆可成章。旧为二体，今合为一。止两韵者谓之回文，举一字皆成读者，谓之反覆。又上官仪曰：凡诗对有八，其七曰回文对。'情亲因得意，得意逐情亲'是也。自尔，或四言，或五言，或唐律，或短语。既极其工，且流而为乐章。皆情词交通，妙均造化。此文之所以无穷也。"[②] 叶适《回文类聚序》云："诗体不一，而回文尤异。自苏伯玉妻《盘中诗》为肇端，窦滔妻作《璇玑图》而大备。今之屈曲成文者，盘中之遗也。反复往回，左右相通，巡还成句及交加借字，三四五六七言互诵

[①] 桑世昌《回文类聚》卷首，《四库全书》本，台湾商务印书馆1983年版。
[②] 桑世昌《回文类聚》卷首，《四库全书》本，台湾商务印书馆1983年版。

者，皆璿玑之制也。"① 桑世昌、叶适说明了回文诗的起源和特点。张之象《回文类聚序》云："观回文者不在正文之巧，而在反文之妙。"朱象贤《读例说》云："大凡璇玑之妙，全在宛转循环，或添字、或退字、或借字、或反复、或退句、或互读、无所不通，非如寻常篇什止于上下连属。"张之象、朱象贤序说明了回文诗的功用。《回文类聚》收录晋朝至宋代的回文诗，收录的作品大多为游戏之作，缺乏高超的艺术价值，但该选却保存了大量的回文诗歌，具有重要的文献价值。《回文类聚》将诗与诗图、读法浑然一体，卷一收《璇玑图》4幅并加读法；卷二收诸家回文图8幅并加读法；卷三收回文诗53首；卷四收回文词54首（《菩萨蛮》48首、《西江月》3首、《瑞鹧鸪》1首、《阮郎归》1首、《虞美人》1首）。是书为《四库全书》所收录，但因删减较多，并非此书善本。

4.《声画集》

孙绍远辑。孙绍远，字稽仲。嵇璜《续文献通考》称："孙绍远字稽仲，自署曰谷桥，爵里无考。"《四库全书总目提要》云："绍远，字稽仲，自署曰谷桥。未知谷桥何地也。所录皆唐宋人题画之诗，凡分二十六门。"傅增湘《藏园群书经眼录》云："余昔年游上海，从金诵清肆中收得钞本《声画集》八卷，棉纸，蓝格，十行二十字，盖天一阁所藏书也，扃置笥中近十年矣。"书前有孙绍远序，孙绍远《声画集序》云：

> 画之益于人也多矣。居今之世而识古之人、知古之事，生长人间而睹碧落之真容、净土之慈相。市朝而见山林气象、晷刻而观四时变化。佳花异卉无一日而不开，珍禽奇兽不笯槛而常存。凡宇宙之内苟有形者皆能藏吾室中，世岂可废此哉？第古今画手不能一律，如论文章，班、马固高矣，韩、柳、欧、苏何歉乎？如论书法，钟、王固奇矣，虞、褚、颜、柳何愧乎？学艺精到可贵而无古今也。俗士于画，但取烟颜尘容，故暗旧物，至稍新洁者则以为无足采。窃尝譬之如见八九十岁人，其老虽可敬，奈愚不解事者？何不满十岁许而有所谓神童，有所谓奇童者，其可不敬爱乎？此新旧画之别也。夫玩物丧志，先圣格言，谁敢不知警而假书画以销忧。昔尝有德于绍远，今虽不暇留意，未能与之绝也。入广之明年，因以所携行，前贤诗及借之同官，择其为画而作者编成一集，分二十六门，为八卷，名之曰"声画"，用"有声画"、"无声诗"之意也。惟画有久近，诗有先后，

---

① 桑世昌《回文类聚》卷首，《四库全书》本，台湾商务印书馆1983年版。

其他参差不齐甚多，故不得而次第之。然士大夫因诗而知画，因画以知诗，此集与有力焉。淳熙丁未十月谷桥孙绍远稽仲序。①

孙绍远序说明了编选是选的目的是"因诗而知画，因画以知诗"，指出了《声画集》得名的由来，取自"有声画，无声诗"，还强调了绘画的作用，可以"识古之人、知古之事"。《声画集》是我国古代第一部题画诗总集，分古贤、故事、佛像、神仙、仙女、鬼神、人物、美人、蛮夷、赠写真者、风云雪月、州郡山川、四时、山水、林木、竹、梅、窠石、花卉、屋舍器用、屏扇、畜兽、翎毛、虫鱼、观画、题画、画壁杂画，共27门类，共选唐宋题画诗人104家，诗805首，唐代诗人19家48首，宋代诗人85家757首，其中卷一选诗103首，卷二选诗93首，卷三选诗100首，卷四选诗76首，卷五选诗95首，卷六选诗117首，卷七选诗71首，卷八选诗150首。其中以苏轼140首为最巨，次黄庭坚90首，次苏辙66首，而李廌仲、李元应、李成季、邵雍、胡致隆、张舜民、喻汝砺、廖正一、沈文通、杨偕、吴元中、毕士安、郑毅夫、欧阳辟、崔正言等仅1首，可见编选者选诗多寡不一，有失均衡。在诗学宗趣上，《声画集》十分重视江西诗派作家，选录了黄庭坚、谢薖、韩驹、陈师道、祖可、夏倪、李彭、潘大临、善权、饶德操、林敏功、林敏修等人的诗歌。关于是书的文献价值，《四库全书总目提要》指出："其所录如刘莘老、李廌、折中古、夏均父、徐师川、陈子高、王子思、刘叔赣、僧士珪、王履道、刘王孟、林子来、李商老、李元应、喻迪孺、李诚之、潘邠老、崔德符、蔡持正、王佐才、曾子开、陶商翁、崔正言、林子仁、吴元中、张子文、王承可、曹元象、僧善权、僧祖可、闻人武子、韩子苍、蔡天启、程叔易、李成年、赵乂若、谢民师、李廌仲、倪巨济、华叔深、欧阳辟诸人，其集皆不传。且有不知其名字者，颇赖是书存其一二，则非惟有资于画，且有资于诗矣。"因为《声画集》收录的诗人大部分为宋代诗人，所以对保存当代诗人的作品具有重要的史料价值。

5.《诗准》 ●

何无适、倪希程辑。明嘉靖甲申郝梁刊本。今存宋刊不全本，明万历十二年本。何无适，名钦，北山先生何基之嗣子。清代季振宜《季沧苇藏书目》云："《诗准》四卷，《诗翼》四卷，四本，宋板。"傅增湘《藏园群书经眼录》卷十七云："《诗准》四卷，宋何无适、倪希程辑。存二卷。宋刊本，半叶十一行，

---

① 张绍远《声画集》卷首，楝亭藏书十二种本。

行十八字，白口，左右双栏。版心上记字数及刻工人名，有李林、王昭等字，鱼尾小标诗一字。首行题'诗准卷之一'，此行顶格阴文题'歌诗正体'。三行低一格题'雅比'二字，加墨圈，空一格，'虞书帝庸作歌曰'云云。钤有'季振宜藏书'朱文小印。"《四库全书总目提要》云："旧本题宋何无适、倪希程同撰。其诗杂撮古谣歌词一卷，又附录一卷，复掇汉、魏、晋、宋诗二卷，而以齐江淹一首终焉，命曰《诗准》。杂撮唐杜甫、李白、陈子昂、韦应物、韩愈、柳宗元、权德舆、刘禹锡、孟郊，宋苏轼、黄庭坚、欧阳修、王安石、陈师道、陈与义、秦观、张耒、郭祥正、张孝祥诗为四卷，而以陆游一首终焉，命曰《诗翼》。盖影附朱子古诗分为三等，别为一编之说，而剽窃真德秀《文章正宗》绪论以为之。庞杂无章，是非参差，又出陈仁子《文选补遗》下。疑为明人所伪托。观其《岣嵝山碑》全用杨慎释文，而《大戴礼·几铭》并用钟惺《诗归》之误本，其作伪之迹显然也。"书前有宋人王柏序，王柏《诗准序》云：

> 诗者声之文也，乐之本也。心有所感，不能不形之于辞，歌以伸之，律以和之，此乐之所由生也。五帝有乐，固有声诗，世远无传焉。康衢之谣，其大章之遗声乎？南风之歌，其箫韶之遗声乎？昔者圣人定书，特取其赓歌警戒之辞，五子忧思之章，俎豆乎？《典》、《谟》之上下，此三百五篇之宗祖也。圣人在上，礼乐用于朝廷，下达于闾里，命之以官，典之以教，所以荡涤其念虑之邪，斟酌其气质之偏，动荡其血脉，疏畅其精神，由是教化流行，天理昭著，使天下之人，心明气定，从容涵泳于道德仁义之泽，故感于心，发于声，播于章句，平淡简易，有自然之和，虽伤时叹古，亦无非忠厚之至，可谓洋洋乎得性情之正矣。圣贤不作，教化陵夷，讴吟于下者淫衺鄙俚，伤伦悖礼，上之人殊不知惧，抑又扬其澜而煽其烈，琢句炼字，猎怪搜奇，按为事业，资为声光，凿之使深而益浅，抗之使高而益下，疲精劳神，雕心镂肝，而终不足以铿锵于古者畎亩旎倪之侧，尚何望其夫动天地、感鬼神，而有广大深远之功用乎？昔紫阳夫子考诗之原委，尝欲分为三徒等，别为二端，自《书》传所记虞夏以来及经史所载韵语，下及《文选》汉魏古辞，以尽乎郭景纯、陶渊明之所作，自为一编，而附于《三百篇》、《楚辞》之后，以为诗之根本准则。又于其下二等，择其近于古者各为一编，以为之羽翼舆卫。紫阳之功，又下一日有大于此者，未及为也，每抚卷为之太息。友人何无适、倪希程前后相与编类，取之广、择之精，而又放黜唐律，法度益严。予因合之，前曰《诗准》，后曰《诗

翼》，为二十卷。使观者知诗之根原，知紫阳之所以教，盖其言曰，不合于此者悉去之，不使接于吾之耳目而入于吾之胸次，要使方寸之中，无一字世俗言语意思。则其为诗，不期于高远而自高远矣。呜呼！至哉言乎！于是序其本旨，冠于篇端云。淳祐癸卯暮春望，金华处士王柏仲会父序。①

王柏序说明了此选的编撰意图是"使观者知诗之根原"。何谓"诗准"，指的是诗歌的标准、典范；"诗翼"指的是诗歌的羽翼、舆卫。现藏台"北中央图书馆"。

6.《分门纂类唐宋时贤千家诗选》

刘克庄辑。关于《千家诗》版本的研究情况，就目前而言，学界关注的主要有四种：一是刘克庄的《分门纂类唐宋时贤千家诗选》；二是谢枋得选、王相注《增补重订千家诗注解》；三是黎恂选注本《千家诗注》；四是明内府彩绘本《明解增和千家诗注》。关于《千家诗》版本甚多，简要列表如下。

表1 《千家诗》版本

序号	作者	名称	版本	藏书地
1	佚名	明解增和千家诗注	彩绘本抄本	国家图书馆
2	钟惺	钟伯敬先生订补千家诗图注	民国铅印本	上海图书馆
3	李贽	新刻草字千家诗	明刻本	国家图书馆
4	佚名	注释千家诗	嘉庆二十一年正业堂刻本	上海图书馆
5	严寿彭	续刻千家诗	道光二十九年刻本	上海图书馆
6	佚名	小学千家诗	同治十一年翼化堂善书局刻本	苏州图书馆
7	丁峻	新刻小学千家诗	同治十三年刻本	上海图书馆
8	任来吉	增补重订千家诗注释	光绪元年本立堂刻本	浙江图书馆

《千家诗》为南宋刘克庄选编的《分门纂类唐宋时贤千家诗选》的简称，还可称为《千家诗选》或《后村千家诗》。北京大学图书馆与国家图书馆尚存有该书的元刻本与明抄本。是选体例分类编次，分时令、节候、昼夜、百花、竹木、天文、地理、宫室、器、音乐、禽兽、昆虫、人品等14门，而每门又分子目，共442子目，分类十分细致，共收诗1280首，为七言绝句、七言律诗、

---

① 何无适，倪希程《诗准·诗翼》卷首，明嘉靖郝梁刻本。

五言绝句、五言律诗及少量古体诗。

7.《牡丹诗选》

刘克庄辑。清抄本，凡一卷，二册。是选无序言和目录、评点。刘克庄（1187—1269），初名灼，字潜夫，号后村，福建莆田（今福建省莆田市）人。这是一部专门选辑牡丹题材的诗歌选本，是选体例以人编次，共选唐宋诗人11家，诗15首，其中李山甫1首，方惟深1首，韦庄1首，开元明公2首，咸阳郭氏2首，苏轼2首，胡安国1首，朱淑真1首，石曼卿1首，潘紫岩2首，卢梅坡1首。现藏国家图书馆。

8.《唐宋千家联珠诗格》

于济、蔡正孙编。《唐宋千家联珠诗格》凡二十卷，是选不同于一般的诗歌选本，是选将诗格、选本及评点融为一体，创造了一种新的选本体式。是选共选唐宋七言绝句1000多首，分为340多格，每首诗均有蔡正孙的评论。是书起初由于济初编，原称《诗格》，为三卷。蔡正孙嫌其"杂而未伦，略而未详"，将之增为二十卷。于济，字德夫，江西鄱阳人，号默斋；蔡正孙，字粹然，号蒙斋野逸，著有《诗林广记》。关于是选的流传，晚清杨守敬《日本访书志》卷一三、傅增湘《藏园群书经眼录》卷一七、李盛铎《木樨轩藏书书录》著录此书有朝鲜古刻本（藏北京大学图书馆）。杨守敬《日本访书志》云："按其书皆选七言绝句，唯前三卷为绝句要格，以下皆拈诗中一二虚字以相比较，颇嫌繁碎，稍远大雅。……此本为弘治十五年朝鲜刻本。"傅增湘《藏园群书经眼录》卷一七载："选唐宋人七绝，摘其体格不同者分类编次，且加评语及增注。"书前有蔡正孙序和于济序，蔡正孙《唐宋千家联珠诗格序》云：

> 正孙自《诗林广记》、《陶苏诗话》二编杀青之后，湖海吟社诸公辱不鄙而下问者益众，不虞之誉，吾方惧焉！一日，番易于默斋递所选《联珠诗格》之卷，来书，抵予曰："此为童习者设也，使其机栝既通，无往不可，亦学诗之活法欤？盍为我传之。"噫！吾老矣，且愿学焉，岂特童子云乎哉！阅之终编，讽咏数四，得以见其用功之劳，而用心之仁也。然犹惜其杂而未伦、略而未详也，于是逆其志而博采焉。故凡诗家之一字一意，可以入格者，靡不具载，择其尤者，凡三百类千有余篇，附以评释，增为二十卷。寿诸梓，与鲤庭学诗者共之。正孙固不敢以言诗自任，而乃僭为之增损者，特求无负于默斋之初志耳。夜雪茆斋，儿曹灯火，吾伊之声，

一倡之叹，谅亦贤父兄之所乐闻也。默斋名济，字德夫。志于为诗，平山曾先生序其所谓拙稿者，拳拳然以高古期之，有不天不止之语，则可以知其学之所向矣。正孙于默斋未见颜色，千里神交，若合符契。今又获侪姓名于文字间，岂非幸欤！岁庚子春三月，蒙斋野逸叟蔡正孙粹然书于方寸地。①

蔡正孙序说明了编选此选的过程和缘由。于济《唐宋千家联珠诗格序》云：

客有难余者曰："诗，天趣也，可以格而求之乎？"余应之曰："工书者字有格，摛词者文有格，诗岂可以无格哉？"苟得已成之法度而习之，是不难。盖尝病时人采诗，混杂无统，观者不识其有格。暇日拈出绝句中字眼合格者，类聚而群分之，纲举目张，有条不紊。书成，以所集三卷，质之蒙斋翁。翁是之，乃复益其所未备者而备焉，且命其子弥高传诸梓，锡之以连珠之嘉名。读者了悟如龙护珠，玩弄不释，信乎无遗珠之憾矣。将见融会心胸，随取随足，诗之天趣，不求得而自得焉。客曰："子之言然，请书。"德酉孟商，番易默斋于济德夫序。②

于济序说明了是选取名的由来。是选具有重要的文献价值，如保存了蔡正孙本人58首佚诗和400首《全宋诗》未收的宋人佚诗（参考张健《蔡正孙考论——以〈唐宋千家联珠诗格〉为中心》，《北京大学学报》2004年第2期；下东波《稀见汉籍〈唐宋千家联珠诗格〉的文献价值及其疏误》，《清华大学学报》2008年第6期）。

9.《丽泽集》●

吕祖谦辑。凡三十五卷，十册，宋刊本，无序言，有评点。吕祖谦（1137—1181），字伯恭，婺州（今浙江金华）人。南宋著名理学家，学人多称其伯祖吕本中为"东莱先生"，称其为"小东莱先生"，与朱熹、张栻齐名，时称东南三贤。著有《吕氏家塾读诗记》《春秋左氏传说》《春秋左氏传续说》《古文关键》等。瞿镛《铁琴铜剑楼藏书目录》云："《丽泽集》诗三十五卷，宋刊本。不著编辑姓名，亦无序跋，方虚谷谓吕成公所纂。盖因成公有《丽泽

---

① 常振国、降云点校《诗林广记》卷首，中华书局1982年版。
② 常振国、降云点校《诗林广记》卷首，中华书局1982年版。

集》说也。凡《乐府》一卷，《文选》一卷，陶靖节一卷，王无功、沈佺期、陈伯玉、孟浩然、王摩诘、张说、高达夫、储光羲一卷，杜子美四卷，李太白、元次山、韦应物一卷，钱起、李嘉祐、刘长卿、武元衡、韩退之一卷，孟东野、张文昌、卢仝、刘乂、李长吉、贾岛一卷，柳子厚、刘梦得、吕化光、李益一卷，元微之、白乐天一卷，杜牧之、王建、李文饶、张祐、李义山、温庭筠、姚合、方干、鲍溶、陆鲁望、郑谷、罗隐、许用晦一卷，王荆公《唐百家诗选》一卷，本朝四言古诗一卷。乐府歌行附杂言二卷、五言古诗六卷、七言古诗一卷、五言律诗二卷、七言律诗三卷、五言绝句一卷、七言绝句三卷、杂体诗一卷。每半页十二行，行二十二字，朗、匡、恒、贞、徵、完、遘、慎等字阙笔。"瞿镛说明了是选的内容、编撰体例和总体规模。曹彦约《跋壶山诗集》云："昔东莱先生作《丽泽篇》，诗中含诗意。为儒道立正理，为国是立公论，为贤士大夫立壮志，为山林立逸气。非胸中有是四者，不足与议论。"[①] 曹彦约指出了《丽泽集》的选录宗旨是"为儒道立正理，为国是立公论，为贤士大夫立壮志，为山林立逸气"，重视宋诗的社会功能。《丽泽集》是南宋的一部通代诗选，共选唐宋诗人431家，诗2970首，其中唐代诗人76家675首，宋代诗人355家2295首。卷四至卷十五为唐诗，以杜甫244首为最多，次李白56首，次韩愈43首，次白居易36首，次刘禹锡19首；卷十六至卷三十五为宋诗，四言古诗8家44首，乐府歌行附杂言30家68首，五言古诗84家418首，七言古诗28家80首，五言律诗62家188首，七言律诗50家122首，五言绝句21家99首，七言绝句72家398首。宋诗以苏轼232首为最多，次王安石139首，次黄庭坚136首，次邵雍127首，次张载61首，可见编选者比较注重苏黄和理学诗人。从选诗倾向上看，宋诗2295首，唐诗675首，宋诗为唐诗的3倍之多，可见编选者厚宋而薄唐。是书偶有傅增湘评点，如评张载《陋巷》云："所忧不及古人而已。"评《葛覃》云："在父母家谓归宁时，注疑为未嫁时非也。"评《伐檀》云："沦涟直清，皆河流之安耳。"现藏国家图书馆。

10.《重广草木虫鱼杂咏诗集》 ●

家求仁、龙溪辑。凡十卷，为残卷，共六册。家求仁，字直夫，四川眉山人，生平仕履不详。著有《名贤杂咏》《增广虫鱼杂咏》。《宋史·艺文志》载："家求仁，《名贤杂咏》五十卷，又《草木虫鱼诗》六十八卷。"傅增湘《藏园群书经眼录》著录该书残卷："《重广草木虫鱼杂咏诗集》残本存十卷。宋元间

---

① 吕祖谦《丽泽集》卷首，宋刊本。

刊本，十行二十一字，黑口，四周双栏。存卷六、七、十一、十二、十三、十四、十五、十六、十七、十八，共十卷。钤有'朱彝尊印'（白）、'竹垞老人'（朱）两印。"该残本为刻本，《中国古籍善本书目》著录为明刊本，现藏国家图书馆，傅增湘认为是宋元刊本，是错误的。从傅增湘记录来看，该残本原为清代学者朱彝尊所收藏。明高儒《百川书志》载："《增广草木虫鱼杂咏诗集》十八卷，宋眉山家求仁直夫编，集唐宋人诗，凡咏物者，长编短章，细大不遗，效宋宣献公《岁时杂咏》之例。编中草木鸟兽之名，有出《三百五篇》之外者，可助多识。乾道中龙溪增广之。""重广"与"增广"为同一个意思，仅对原书重刻，并未增收新作。《重广草木虫鱼杂咏诗集》在编纂体例上仿照《岁时杂咏》。《重广草木虫鱼杂咏诗集》为我国现存最早的咏物诗选集，也是现存最早的宋人所编唐宋诗合选本。是选所存仅有唐诗，选录诗歌作品分类颇为细致，如卷六有石榴、荔枝、蒲桃、甘、橘、枣、柿、稻、瓜、莴苣、薤、葵；卷七有槐、楸、冬青、海棕、海柳、海桎、枯棕、桤、槔、葛、藤、萍、萱、蓝、椰树、蒲、蒹葭、芦、蓬、草；卷十一有蝶、蝉、萤、蚕、促织、蜻蜓、蛤蜂、蛇、蜘蛛、蟆子、浮尘子、虻、蚁、蚊、蛾、蝙蝠；卷十二有燕、莺、鹦鹉、百舌、杜鹃；卷十三有鹤、鸟雀、水鸟；卷十四有雁、鹅、鸭、鸡、雉；卷十五有鹭鹚、鸥、鸳鸯、鸬鹚、戴胜、提壶、鸠、鹊、山鸽、朱鹂鸪、精卫、山鹊、山禽；卷十六有时乐鸟、秦吉了、吐绶鸟、白鹇、孔雀、凤、朱鹭、翠碧鸟、御鱼翠鸟、獭、龟、鱼、龙、虎、牛、猿、鹿；卷十七有鹘、鹰、养鸷、鸥、乌、鸢、狐、鸦、禽虫、蛤蟆；卷十八有马。仅现存残卷就有103种，可见分类之广，极为罕见。

11.《宋文鉴》

吕祖谦辑。《宋文鉴》原名《皇朝文鉴》，吕祖谦奉宋孝宗之命编辑，吕乔年《太史成公编皇朝文鉴始末》云："所得文集凡八百。"是选有宋建宁书坊刊本、宋嘉泰四年（1204）新安郡斋刊本、宋庆元六年（1200）太平府学本、嘉定十五年（1222）赵彦适重修本、宋麻沙刘将仕宅刻本、明刻本、明天顺八年（1464）严州府翻刊本、明嘉靖八年（1529）晋藩养德书院刊本、明五经堂刻本、清光绪十二年（1886）江苏书局刊本等。宋人对《宋文鉴》十分推崇，叶适《习学记言序目》称："独吕氏《文鉴》去取最为有意，止百五十卷，得繁简之中，鲜遗落之憾。"朱熹《朱子语类》称："东莱《文鉴》编得泛，然亦见得近代之文。如沈存中《律历》一篇，说浑天亦好。"《宋文鉴》选文精审，囊括了宋朝优秀作品，极具文献价值。关于是选的文献价值，吕祖谦《进编次文海札子》指出:"自念本朝文字之盛,众作相望,诚宜采掇英华,仰副圣意。""采掇英华"为吕祖谦编撰此选的目的。《宋文鉴》收录北宋建隆后至建炎前一百六七十年间的诗作,全书共150卷,卷十二至卷三十选各体诗1020首,其中四言诗26首,乐府歌行59首,五言古诗293首,七言古诗57首,五言绝句55首,六言绝句15首,七言绝句179首,五言律诗146首,七言律诗14首,杂体诗40首,骚体诗34首。《宋文鉴》选诗的体例,对后世诗歌选本的编纂有很大影响,如明代高棅《唐诗品汇》、李沂《唐诗援》以及清代顾贞观《积书岩宋诗选》皆受其影响。其中苏轼142首,位居第一,次黄庭坚100首,次王安石89首,次邵雍44首,次欧阳修36首。是选比较重视江西诗派,选录江西诗人有10人,分别为陈师道28首、潘大临4首、谢逸4首、洪朋4首、李彭4首、谢薖2首、林敏功2首、高荷1首、林敏修1首、汪革1首。

12.《严陵集》

董棻辑。现存《四库全书本》和光绪二十三年(1897)浙西村舍刻本。董棻,山东东平人,著有《严州图经》《闲燕常谈》等。《浙江采集遗书总录》辛集载:"《严陵集》九卷,天一阁刊本。右宋知军州事董棻辑,绍兴王申序云:'凡自隋以上在新安郡者,自唐以后迄国朝宣和以前在睦州者取之,盖不得而不录也。其书之指例如此。'"《藏园订补邵亭知见传本书目》卷十六皆著录。是选选录自谢灵运、沈约迄南宋之初的诗文,卷一至卷五为诗,卷六诗后附赋二篇,卷七至卷九为碑铭、题记等杂文。

13.《十家宫词》

佚名辑。康熙二十八年(1689)胡介祉贞曜堂刻本和乾隆八年(1743)史开基修版印本。《中国丛书综录》著录有毛氏汲古阁据宋书棚本影抄的《十家宫词》。今北京大学、清华大学图书馆藏有胡刻本,国家图书馆藏有胡介祉贞曜堂刊本和乾隆八年(1743)史开基重修本。《直斋书录解题》卷十五称:"《五家宫词》五卷,石晋宰相和凝、本朝学士宋白、中大夫张公庠、直秘阁周彦质及王仲修,共五人,各百首。仲修当是王珪之子。"康熙年间倪灿得宋书棚原刻本,朱彝尊见而录之,朱彝尊《十家宫词序》云:

> 上元倪检讨闇公得《十家宫词》于肆中,益以宣和御制三卷、胡伟绝句一卷,盖犹是宋时雕本。予见而亟录其副。会山东布政司参议胡君茨村以转运至潞河,属其复锓诸木。锓未竟,而闇公没于官。其仲子亦夭,求

宋本不再得。藉胡君之力，而是书以存，诚厚幸也。①

朱彝尊序说明了获得是选的过程。《十家宫词》共选唐宋五代宋人宫词10种，共十二卷，包括徽宗《宫词》三卷、宋白《宋文安公宫词》一卷、王建《宫词》一卷、后蜀花蕊夫人《宫词》一卷、王珪《宫词》一卷、胡伟《宫词》一卷、后晋和凝《宫词》一卷、张公庠《宫词》一卷、王仲修《宫词》一卷、周彦质《宫词》一卷。是选于宋代有《五家宫词》刊行。

14.《昆山杂咏》●

龚昱辑。嘉定元年（1208）辑唐宋名家题咏为《昆山杂咏》。龚昱，字立道，生卒年不详，江苏昆山人。龚明之次子，李衡弟子，时称龚山长，与周南、敖陶孙等交。辑李衡讲学之语编为《乐庵语录》。《四库全书总目提要》云："允文有《俞仲蔚集》，已著录。宋嘉定中，龚昱尝辑《昆山杂咏》三卷，续集一卷。开禧中，知嘉定县事徐挺之曾刊之县斋。至明王纶，又集近代诗歌百篇，附益其后，已非旧本。允文复溯晋、唐以来得数百篇，增为二十八卷。仍因旧名而别分十六类。然三人所选，混而为一，非惟龚本之初集、续集不可复考。即孰为龚选，孰为王选，孰为允文所增，亦未可复辨。二家之书遂亡。体例殊为未善也。"书前有宋人范之柔序和明人孟绍曾跋，范之柔《昆山杂咏序》云：

> 昆山虽处海隅，素号壮县，古迹今事搁于闻见者不一，若人物、习俗、文章、论议，系治乱、关风教者，盖有志焉。此书既阙，遂使一邑之事湮没无传，予每以为恨。友人龚君立道裒次古今诗，分为三帙，目之曰《昆山杂咏》，又得百篇，号《续编》。尝取而读之，非徒记其吟咏而已，如陈令公云"县民遥喜行春至"，迨则知郡守尝省耕于外邑；张文定云"我时行近郊"，则知邑宰每巡野而观稼；荆公云"万家藏水村"，则知陂泽未围所在有潴水之地；冲邈云"江塞妙决除"，则知开有营河塘无淤涨之患。因群公荐口之句，则知龚期颐之着乡行；因闻健收身之句，则知李乐庵之挺忠节；称王逸野传《春秋》，而知经学之可以名家；招范石湖入以诗社，而知句法之可以垂世。其他如记惠向之运鬼力，僧縠之画神龙，诺矩罗之兴云致雨，此特其次者尔。至于石峰之奇巧，轩亭之敞快，缁流之能禅能律，又特其小者尔。立道刻意问学，其于暇日乃能兼收并蓄，细大不遗，可以

---

① 朱彝尊《曝书亭集》卷三十六，《四部丛刊》，商务印书馆1965年版。

代图经之作矣。继自今或有所得，当陆续书之，亦可使后人之后人祖其意而有述也。予嘉立道之志，故为书之篇首云。嘉定改元十二月初吉朝散郎监察御史范之柔序。①

范之柔序具体描述了历代咏昆山的佳篇妙什。孟绍曾《昆山杂咏序书后》云：

> 龚立道所纂辑是书，仅见宋刻残本，罕有行世者。嘉靖初，王君理之，复集近代诗百篇以附末卷，太常方公为之序引其端，先大父西园公已加锓板，值寇乱，板毁，而王君所集兼有未该，乃重谋诸俞仲蔚氏，更为搜采晋唐宋元以来诸名家集，复得诗数百篇，以类编次，勒成二十八卷，较倍前书。其撰人姓氏邑里事行各为分注其下，庶既诵其诗，又知其人，此固立道之所未备者。且书虽专于一邑，而四方名贤之往复题赠，其流风余韵，真足以征一时政治之兴衰，此又图经之所未备者也。是书仲蔚多病，已更十余年，余顷以乞假家居，始克成书，由是知萃狐白之裘者，非一狐之腋，其为功良不易矣。因亟锓板，以继先志，存一邑之典籍，而谨识其始末于后，亦以俟夫采诗者。隆庆庚午秋九月后学孟绍曾谨识。②

孟绍曾序说明了编选是选的过程和总体规模。《昆山杂咏》共三卷，卷上主要是题咏昆山名胜之作，卷下所录诗歌为泛咏昆山之作。共选唐宋时期60多位诗人的诗作，其中收录的昆山诗人，有李衡、马先觉、勒备、胡清、龚明之等，也有孟郊、崔融、王安石、梅尧臣、曾几等非昆山诗人。

---

① 龚昱《昆山杂咏》卷首，隆庆四年孟绍曾刻本。
② 龚昱《昆山杂咏》卷首，隆庆四年孟绍曾刻本。

三、单人诗选

1.《山谷精华录》 ●

任渊辑。《山谷精华录》又称《黄太史精华录》，凡八卷，存世最早刻本为弘治十六年（1503）朱承爵本。《四库全书总目提要》云："是集皆摘录黄庭坚诗文，前有渊序，不著年月。又有朱承爵题词，称尝得其目录，盖宋元祐间刻版而亡其文；心宝其名，而窃病其实，久之始获，旁稽载集，缘目寻词，以还故物。……而承爵之序与渊序貌为轧茁，如出一手，其作伪之迹固了然矣。"是选体例按文体编次，分赋、诗、词、颂、赞等，其中卷一古赋5篇；卷二五言古诗33首；卷三七言古诗12首，五言律诗19首；卷四五言排律4首，七言律诗21首；卷五五言长短句3首，五言绝句9首，六言绝句8首，七言绝句28首；卷六曲1篇，骚4篇，杂体3篇，词3篇，赞5篇，铭3篇，颂1篇；卷七记6篇，文2篇；卷八题跋10篇，书3篇。

第二编 02
元代宋诗选本提要

一、断代宋诗选本

1.《濂洛风雅》●

金履祥辑。金履祥（1232—1303），字吉父，号仁山，浙江兰溪人，学者称仁山先生。与何基、王柏、许谦合称"北山四先生"。著有《通鉴前编》《大学章句疏义》《尚书表注》《论语集注考证》《孟子集注考证》《仁山文集》等。是选有同治八年（1869）金华胡氏退补斋刻本、光绪三年（1877）永康胡氏退补斋刻本、光绪十三年（1887）镇海谢骏德刻本、《丛书集成》本，另有清抄本七卷藏国家图书馆。是选内封面署"濂洛风雅"，滇海后学赵元祚、檇李后学戴锜鉴定。是选为第一部理学家诗歌选集，是"有关名教之书"。"濂"指以周敦颐为开山的濂学，"洛"指承绪濂学，以程颢、程颐为核心的洛学。此书仿吕本中《江西诗社宗派图》例作《濂洛诗派图》。《四库全书总目提要》云："是编辑周子、二程子、邵子、张子、游酢、尹焞、杨时、罗见素、李侗、朱子、张栻、真德秀、许衡、薛瑄、胡居仁、罗洪先十七家之诗。"简要介绍了是选的内容。书前有戴锜序、唐良瑞序。戴锜《濂洛风雅序》称：

> 吾婺之学，宗文公，祖二程，濂溪则其所自出也，以龟山为程门嫡嗣相传，而吕、谢、游、尹则支，以勉斋为朱门嫡嗣，而西山、北溪、撝堂则支，由黄榦而何而王，则世嫡相传，直接濂洛程门之诗以共祖收，朱门之诗以同宗收。非是族也，则皆不录，恐乱宗也。诗名风雅，其实有颂而变风变雅则不录。夫惟声入心而通，鸟鸣虫语皆发天机而契性真，童歌牧唱皆风雅也。①

王崇炳序论述了"濂洛诗派"具有强烈的宗派意识，并非所有的理学诗人

---

① 金履祥《濂洛风雅》卷首，率祖堂丛书本。

都能入选"濂洛诗派",唯有符合"出于风雅""以风雅垂教意"者方可选入。唐良瑞《濂洛渊源序》云:"濂洛渊源诸公之诗,则固风雅之遗也,第风雅有正有变,有小有大。虽颂亦有周、鲁之异体,则今日风雅之编,不可不以类分也。于是断取诗、铭、箴、诫、赞、咏四言者,为风雅之正体。其楚辞、歌、操、乐府、韵语,则风雅之变体。其五、七言古风,则风雅之再变。其绝句、律诗则又风雅之三变也。"① 唐良瑞序说明了此选的编选体例。是选体例按风雅之正变编次,风雅之正为第一卷,分铭、箴、诫、赞、咏等四言作品;风雅之变为第二卷,分楚辞、歌骚、乐府、韵语;第三至六卷为风雅之三变,分五言、七言古风、绝句、律诗。是选所录诗作从周敦颐起,迄于王偘,共选两宋理学诗人48家,诗453首,其中周敦颐7首,邵雍14首,张载25首,程颢22首,程颐1首,吕大临9首,张绎2首,游酢3首,尹焞3首,杨时6首,胡安国5首,曾几6首,胡寅6首,胡宏2首,刘彦冲3首,徐存1首,朱松17首,李侗4首,林之奇5首,朱熹79首,张栻35首,吕祖谦6首,吕本中8首,陈瓘2首,邹浩2首,巩丰2首,时澜1首,陈淳4首,黄榦6首,徐侨5首,杨与立1首,刘炎1首,赵蕃2首,方士繇1首,曾极1首,范念德1首,蔡元定2首,蔡渊1首,真德秀7首,刘圻1首,程端蒙1首,何基20首,王柏58首,王偘8首,叶采1首。从选目上看,朱熹多达79首,次王柏58首,次张栻35首,有12人仅收录1首,多寡悬殊。从选诗倾向上看,金履祥也有偏嗜之处,如胡瑗、孙复、石介、陈傅良、叶适、陆九渊等理学诗人均未能入选。是选之评骘,或引前人之论,如评程颢《郊行即事》引杨时评语云:"诗必使言之无罪,闻者知戒,所以尚谲谏也。如东坡诗只是讥诮朝廷,无至诚恻怛爱君之意,言之安得无罪?闻之岂足以戒乎?"评程颢《春日偶成》引谢良佐评语曰:"学者须是胸怀摆脱得开,始得有见。明道先生作都县主簿时,有诗云云。看他胸中极是好,与曾点底事一般。"评李侗《柘轩》引王柏评语曰:"体用俱备,非先生固莫能道也。先生文字见于世绝少,近有建中士友传此,只看首句已超绝世俗,第二、第三尤有力,语壮而意远。人可自同于草木乎?"程颢《秋日偶成》引朱熹评语:"看他胸中直是好,与曾点底事一般。言穷理精深,虽风云变态之理无不到。"或附金履祥评语,评邵雍《心耳吟》附金履祥评语:"言意之间,亦可以见天地,此尧夫之所独得而不容已于吟也。"评张载《芭蕉》附金履祥评语:"人心生生之理,原无穷尽,只要学者温故而知新耳。"评朱熹《答袁机仲论启蒙》附金履祥评语:"天地无心而有象,故伏羲因一象而画出天地之

---

① 金履祥《濂洛风雅》卷首,率祖堂丛书本。

心。我心若无心而含，即是伏羲来。"评朱熹《春日》附金履祥评语："喻学问博采极广，而一心会晤之后，共这是一个道理，所谓一以贯之也。"

2.《忠义集》

赵景良辑。今通行本为毛氏汲古阁本、《四库全书》本、道光癸巳年（1833）徐宗幹刻本。赵景良，字秉善，江西南丰人。书前有明人何乔新序，何乔新《忠义集序》云：

> 宋有天下三百余年，以仁厚立国，以诗书造士，以节义励士大夫，故其士民观感兴起，皆知杀身成仁之为美，及其遭罹变故而且亡也，死宗庙者有之，死社稷者有之，死君上者有之，死城郭封疆者又有之，下至山谷之儒、里巷之妇，亦皆秉义抱节，矢死不辱。呜呼！汉唐之末，曷尝有是哉？南丰水村刘先生埙、如村刘先生麟瑞，生当宋元之际，惧忠臣烈士贞妇湮没而无传也，水村作《十忠补史诗》，如村作《昭忠逸咏》，皆据其所见闻而录之，盖野史之流也。其邑人赵秉善合二先生所作为一编，附以汪水云、方虚谷诸君子伤时悼事之什若干首，总谓之《忠义集》。当是时，元有天下，讳言宋事，诸儒于是集私相传录而已。历世既久，遗老凋谢殆尽，后生不知前辈《麦秀》《黍离》之悲，而是集几与尘埃虫鼠共弊于败箧之间。上舍生赵君玺，二先生之乡人也，得是集于老农之家，读而悲之，乃校补其讹缺，持以示予。予受而阅之，观文履善对博啰之语，谢君直复留梦炎之书，为之慨然。观吴楚材答录事之诘，朱浚语兵士之词，毛发洒然，恨不生同其时，助其怒骂也。观刘锐幼儿下拜受药，与王士敏书诗于裾，以死自誓，又泫然泪落而不能自已也。呜呼！三百余年乐育之效可见于此矣。因厘为七卷，录而藏之。浙江佥宪王君廷光见之，叹曰，此集所纪多宋史所遗者，是不可使其无传。将刻诸梓，属予序之。嗟夫！忠义，人之大节也，根于天性，具于人心，凡立于天地之间，而名为人者，孰无是性，孰无是心哉？惟存养不失，则其气浩然，一旦遭事之变，触白刃、蹈鼎镬而不慑，若此集所载诸君子是也。先正有言，读《出师表》而不流泪者，其人必不忠；读《陈情表》而不流泪者，其人必不孝。予谓读是集而不咨嗟涕洟者，尚可谓之人哉！廷光佐外台，风力凛然，惓惓欲刻是集而传之，其所契者深矣。弘治五年岁在壬子夏五月庚午朔，赐进士第资政大夫刑部

尚书盱江何乔新书。①

何乔新序极力推崇历代爱国诗人,景仰他们高尚的节操。《四库全书总目提要》云:"元赵景良编。初,南丰刘埙作《补史十忠诗》一卷,述宋末李芾、赵卯发、文天祥、陆秀夫、江万里、密佑、李庭芝、陈文龙、张世杰、张珏之事,埙自为《序》。其子麟瑞,复取宋末节义之士,撰述遗事,赋五十律,题曰《昭忠逸咏》,凡四卷,亦自为前后《序》。又有岳天佑者《序》之。景良合二集为一编,又采宋末遗老诸作,续为二卷,而并麟瑞诗四卷为三,总名之曰《忠义集》。于时《宋史》未修,盖藉诗以存史也。其书在元不甚著,明弘治中,江右何乔新始《序》而梓之。《序言附录》中有汪元量诗,然此本实无之,未详其故。"说明了是选的选诗情况。是选所收之诗为刘埙、刘麟瑞父子咏宋末具有气节之士的诗作,卷一选刘埙五言古诗《补史十忠诗》,叙李芾、赵卯发、文天祥、陆秀夫、江万里、密佑、李庭芝、陈文龙、张世杰、张珏之事;卷二至卷五选刘埙次子麟瑞所撰《昭忠逸咏》50首,叙宋末忠义;卷六和卷七《附录》72首,录汪元量、文天祥等人的诗。

3.《月泉吟社诗》

吴渭辑。吴渭,生卒年不详,字清翁,号潜斋,浦江(浙江)人,自幼聪慧好学,人品超逸,博闻强识。宋末曾为义乌令,"国亡退居吴溪,慕陶靖节,自号曰潜斋",延请宋遗民方凤、谢翱、吴思齐,创立月泉吟社。元至元间,"以春日田园命题,取靖节'田园将芜胡不归'之意"。《月泉吟社诗》的版本有20种之多,具体如下表。

表2 《月泉吟社诗》版本

序号	版本年代	刻书者	卷数	现存情况
1	元至元(1264—1294)间	吴渭	一卷	已佚
2	明正统十年(1445)刻本	吴克文	不知	已佚
3	明心远堂刻本	陈继儒	一卷	国家图书馆
4	天启五年(1625)汲古阁刻本	毛晋	一卷	国家图书馆
5	说郛本	不知	一卷	已佚

---

① 赵景良《忠义集》卷首,毛氏汲古阁本。

续表

序号	版本年代	刻书者	卷数	现存情况
6	顺治三年（1646）宛委山堂刻本	周南	一卷	北京大学图书馆
7	康熙抄本	金俊明	一卷	北京大学图书馆
8	《四库全书》本	不知	一卷	国家图书馆
9	清道光间慎德堂刻本	不知	二卷	浙江图书馆
10	道光光绪粤雅堂丛书本	伍崇曜	一卷	国家图书馆
11	咸丰间吴氏家刻本	吴上炎	一卷	浦江县张永保先生藏
12	清咸丰元年（1851）	伍崇曜	一卷	北京大学图书馆
13	清咸丰三年（1853）	伍崇曜	一卷	浙江图书馆
14	咸丰十年（抄本）（1860）	韩应陛	一卷	国家图书馆
15	同治八年（1869）胡氏退补斋金华丛书本	胡凤丹	三卷	浙江图书馆
16	同治十年（1871）永康胡氏退补斋本	不知	三卷	北京大学图书馆
17	清抄本	不知	一卷	浙江图书馆
18	清抄本	不知	一卷	国家图书馆缩微中心
19	清抄本朴学斋本	林佶	一卷	国家图书馆缩微中心
20	民国二十五年（1936）据明末汲古阁刻本影印	不知	一卷	国家图书馆
21	丛书集成初编本	不知	一卷	国家图书馆

　　吴渭《月泉吟社诗》为我国现存最早的一部诗社总集。关于诗集概况，毛晋云："至元丙戌丁亥间，吴潜斋执牛耳，分杂兴题，共得诗二千七百三十五首，选中二百八十名。今兹集所载，仅六十名，凡四韵。诗七十有四首，又附摘句三十有三联。虽虬尾一握，然其与义熙人相尔汝，奇怀已足千秋矣。亟合《谷音》付梨，以公同好。"书前有明人黄灏序，黄灏《月泉吟社诗序》云：

　　此月泉诗社之集。初，吴公渭以故宋义乌知县解组，家食于吴溪之上，与从兄月泉书院堂录谨延致乡遗老方公凤、谢公翱、吴公思齐主于家，皆以诗鸣当代，遂树月泉吟社。盖月泉乃浦江胜地，远近之所知慕者也，于是四方吟士水赴云会而竞趋之，三先生悉加藻鉴而品评之，吴公据其所评之高下揭赏，走使以归之，其诗篇及盟誓考评之辞，具录成帙而板行之。厥后从子元，集贤大学士直方与其子山长贞文公菜及诸孙元帅翁辈，皆善相禅续，凡求是集者，莫不欣然畀之，迨诸老沦谢，屡更兵燹，而此板亦不能存矣。国初，贞文之门人翰林承旨宋公濂、教授胡公翰编类遗《文渊颖文集》，刊于家塾，而此吟社之板失之刊行。今其裔孙之尤贤者曰克文氏，高年隐德，而文学行义推重缙绅间，以吟社之诗为后学之所脍炙，念欲重刊，久而未果。会金华钱公世渊以叔端郑先生所编《圣朝文纂》，募工锓梓于家，而克文尝与之，胥会于麟溪，义门言及之，世渊即欢然而索家藏旧本，镂板而归诸克文，吁！若世渊，不亦义士哉！然非克文善于继述，与其学行之取重于人者，又曷能起之若是耶？嗟呼！前为之美，而后传其盛者，其吴氏之谓欤？自是又可以应四方之求，于吾邑文献有足征也。凡诗社之详，诸先达既著之于前，而长史郑公复识之于后，不在勋说也，姑述重刊之由，以告夫士友云。正统十年春乡贡进士修职郎韩府纪善同邑黄灏书。①

黄灏序说明了当时月泉诗社成立的情况及对后世的影响。

《月泉吟社诗》评选出280人，今存《月泉吟社诗》一卷只收录了前60名，诗74首。诗作以描写田园风光来抒发亡国之痛和故国之思，表明诗人不仕元朝的情操，具有深远的思想价值和艺术价值。《月泉吟社诗》创作所要遵循的创作法则，吴渭等发起人提出了两方面的要求：其一，征诗章程中明确提出了创作法则："所谓田园杂兴者，凡是田园间景物皆可用，但不要抛却田园，全然泛言化物耳。归去来辞全是赋体，其中'木欣欣以向荣，泉涓涓而始流，善万物之得时，感吾生之行休'，四句正属兴。此题要就春日田园上做出杂兴，却不是要将杂兴二字体贴。"其二，《诗评》又强调："诗有六义，兴居其一，凡阴阳寒暑，草木鸟兽、山川风景得于适然之感，而为诗者皆兴也。风雅多起兴，而楚骚多赋比。汉魏至唐，杰然如老杜《秋兴八首》，深诣诗人阃奥，兴之入律者宗焉。春日田园杂兴，此盖借题于石湖，作者固不可舍田园而泛言；亦不可泥田园而他及，舍之则非此诗之题；泥之则失此题之趣，有因春日田园间景物感动性情，意与景融，辞与意会，一吟风顷，悠然自见，其为杂兴者，此真杂兴也。"吴渭等发起人从中国诗歌发展史的视角立论，认为《诗经》六义之"兴"与杜甫《秋兴》八首中的"兴"以及范成大《春日田园杂兴》之"兴"，作为三个不同时代的杰出代表，按照"兴"所具有的审美规范，均创作出了优美的

---

① 吴渭《月泉吟社诗》卷首，嘉靖刊本。

诗歌作品。《月泉吟社诗》考官评语之价值。《月泉吟社诗》入选诗均有考官评语，主要有如下三点：其一，品等第，定优劣。对罗公福的评语："众杰作中求其粹然无疵，极整齐而不窘边幅者，此为冠。"其二，说明诗人诗作的整体特色。仍以罗公福的评语为例："众杰作中求其粹然无疵，极整齐而不窘边幅者，此为冠。"指出罗公福诗作的特点是"极整齐而不窘边幅者"。其三，阐释诗歌的结构特点。如对第二名司马澄翁的评语："起善，包括两联说田园的，而杂兴寓其中，末语亦不泛。"

4.《谷音》●

杜本辑。杜本（1276—1350），字伯原，学者称清碧先生，清江（今浙江温州）人。元人张榘《〈谷音〉跋》谓之"宋亡元初，节士悲愤、幽人清咏之辞。京兆先生早游江湖，得于见闻，悉能成诵，因录为一编。题曰'谷音'，若曰山谷之音，野史之类也"。① 张榘说明了《谷音》取名的由来。毛晋《题〈谷音〉后》云："宋室既倾，诗品都靡，独数子者，心悬万里之外，九霄之上。或上书，或浮海，或仗剑沉渊，悲歌慷慨。"② 毛晋指出了编纂是选的原因。《四库全书总目提要》云：

> 元杜本编。本有《清江碧嶂集》，已著录。是编末有张榘《跋》，称右诗一卷，凡二十三人，无名者四人，共一百首。明毛晋《跋》，则称《谷音》二卷，宋末逸民诗也，凡二十有九人，诗百篇。此本上卷凡十人，诗五十首；下卷凡十五人，无名者五人，诗五十一首。当为三十人，诗一百一首。与二《跋》皆不合。其厘为二卷，亦不知始自何人也。每人各载小传，惟柯芝、柯茂谦父子共一传；杨应登、杨零祖孙共一传。凡小传二十有八，其间如王浍、程自修、冉琇、元吉、孟鲤，皆金元间人。张瑱以牙兵战没，汪涯以不草露布为贾似道所杀，毛晋以为皆宋逸民，亦约略大概言之耳。本所著《清江碧嶂集》，词意粗浅，不称其名；而是集所录，乃皆古直悲凉，风格遒上，无宋末江湖龌龊之习。其人又皆仗节守义之士，足为诗重。王士禛《论诗绝句》曰"谁嗣箧中冰雪句，《谷音》一卷独铮铮"，其品题当矣。

四库馆臣说明了《谷音》流播过程和编纂特点。《谷音》所录宋代遗民诗

---

① 杜本《谷音》卷首，诗词杂俎本。
② 杜本《谷音》卷首，诗词杂俎本。

人分为节士和幽人两类，共收录宋代遗民诗人30家101首，其中可考者24人，无名氏6人，每位作者均有小传。《谷音》前五位诗人大约生活于金元之际，其他25位诗人则生活于宋末元初。关于《谷音》的诗歌风格，清人翁方纲《石洲诗话》云："南渡自四灵以下，皆摹拟姚合、贾岛之流，纤薄可厌。而《谷音》中数十人，乃慷慨顿挫，转有阮、陈、杜少陵之遗意。此则激昂悲壮之气节所勃发而成，非从细腻涵泳而出者也。"有杜甫"慷慨顿挫"之遗意。关于《谷音》的诗学价值，清人鲁九皋《诗学源流考》："《谷音》一集，多遗民逸士之作，足继《箧中》之选。"足以与唐代诗人元结《箧中集》相媲美。是选版本有毛晋汲古阁《诗词杂俎》本、《宋元诗会》本、清抄本、《四库全书》本、咸丰三年（1853）南海伍氏《粤雅堂丛书》本、民国二十五年（1936）《丛书集成初编》本、《四部丛刊》本，诸本之中以毛晋汲古阁《诗词杂俎》本为佳。

5.《宋诗拾遗》 ●

陈世隆辑。旧抄本，凡二十三卷，现藏南京图书馆。此书前有晚清著名藏书家丁丙的题识，其内容与《北轩笔记小传》相似，题识云："《宋诗拾遗》共二十三卷，旧抄本，钱塘陈世隆彦高选辑。世隆为宋睦亲坊陈氏之从孙行，其选辑当代诗篇，犹承《江湖集》遗派，故题曰《拾遗》。尝馆嘉兴陶氏，至正间没于兵。厉樊榭撰《宋诗纪事》，亦未见是书，其中失收不下百家也。"丁丙的题识，实际上本于《四库全书》本的《北轩笔记》："陈彦高，名世隆，以字行，钱塘人。自其从祖（陈）思以书贾能诗，当宋之末，驰誉儒林，家名藏书。彦高与弟彦博下帷课诵，振起家声。弟仕兄隐，各行其志。元至正间兄弟并馆于嘉兴。值兵乱，彦高竟遇害。诗文集不传，惟《宋诗补遗》八卷、《北轩笔记》一卷，彦博馆主人陶氏有其抄本云。"由此可知陈思是否为陈世隆之从祖，有待考证。是选体例以人编次，共选宋代诗人783家，诗1470首。是选大多选录名不见经传的诗人，如彭应寿、张勇、董楷、宋之瑞、陈天瑞、吴咏、陈庸、陈愿、郭晞宗、张次贤，而范仲淹、苏舜钦、梅尧臣、欧阳修、王安石、苏轼、黄庭坚、陆游、杨万里、范成大等著名诗人一首未录。

6.《宋僧诗选补》

陈世隆辑。清抄本，凡三卷，共一册，无序言、评点和批语。现藏南京图书馆，《续修四库全书》第1003册据此影印。是选体例分人编次，共选宋代诗僧33家，诗87首。卷上选宋代诗僧16家32首，知和1首、祖可2首、祖心1首、道璨15首、惟正1首、法成1首、文及翁2首、慧日1首、浮昙1首、法常1首、真觉1首、彩云1首、性湛1首、怀悟1首、净真1首、梵卿1首；卷中选宋代诗僧16家33首，法具1首、蕴常3首、斯植13首、宗觉1首、智鉴1首、原妙1首、奉恕1首、妙普2首、可观1首、道举1首、净端3首、林外1首、志铨1首、宇昭1首、善珍1首、德祥1首；卷下选宋代诗僧永颐1家22首。道璨15首，位居第一，次斯植13首，次蕴常、净端各3首，余皆不足3首。是选对保存宋代诗僧文献具有重要的学术价值。

7.《洞霄诗集》

孟宗宝编。《洞霄诗集》现有两个版本：清乾隆四十九年（1784）鲍廷博知不足斋本（《丛书集成初编》据此本排印）和宛委别藏本。孟宗宝，字集虚，号霄宫道士，宋末元初道士。《四库全书总目提要》云："是本明有高以谟刊，近以不可得见。此从旧钞过录，中有残缺处。宗宝后跋云：'宋绍定间，住山冲妙龚先生与道士王思明类大蔉留题，刻版行世。迄今大德壬寅，且三十年，废勿举，名胜入山，咸谓阙典。宗宝以介石沈公命，取旧集洎家藏诗，与本山叶君、牧心邓君暇日讨论，删定唐、宋贤及今名公题咏，命工重刻，与好事者共之。'则其用力亦勤矣。"沈多福《洞霄诗集序》云：

水以龙而灵，山以仙而名，然地亦有以人而重者。故先民尝言，物之兴废有时，至天下胜处，终不可掩，必有贤人君子为之题品。大涤自汉元封为投龙所，而灵始著。东晋后，为仙真所栖，而名益彰。及唐人作为歌咏，至宋□陈诸公，妙语杰出，三四百年间，大篇短章交作，于是五洞九峰胜概，灿烂□□之内，而地视昔为益重矣。使不会萃成编，久或散失，则居是山者将无恧乎？谨裒古今名章，共十四卷，而锓诸梓。①

沈多福序说明了洞霄宫享有盛誉的时间，自东晋始，而后自唐至宋元，许多诗人于此留下有名的诗篇。是书共十四卷，按照作者所处朝代和其身份进行分类编次，共选诗人221家，诗439首，另附录词10首。卷一选唐代诗人7家22首；卷二至卷五选宋代诗人108家172首；卷六"宋高道"选宋朝他山道士12家23首；卷七"宋本山高道"选宋朝本山道士7家28首；卷八"宋高僧"选宋朝僧人6家7首；卷九至卷十四"国朝名公"选元代诗人81家187首。从入选诗人数量来看，宋代诗人133家，作者还是比较重视宋代诗歌的。

---

① 孟宗宝《洞霄诗集》卷首，知不足斋丛书本。

二、通代诗选（"选宋"）

1.《瀛奎律髓》 ●

方回辑。《瀛奎律髓》有许多版本，兹列版本如下。

表3 《瀛奎律髓》版本

序号	刻（抄）年代	版本形式	现存情况
1	元至元癸未刊巾箱本	抄本	已佚
2	明成化三年（1467）紫阳书院刻本	刻本	上海图书馆、南京图书馆
3	康熙四十九年（1710）陆士泰刻本	刻本	国家图书馆、上海图书馆
4	康熙五十一年（1712）吴之振黄叶村庄刻本	刻本	国家图书馆、清华大学图书馆
5	清（时间不详）（二卷）	抄本	国家图书馆
6	清末民国	抄本	国家图书馆
7	民国十七年（1928）刻本	刻本	国家图书馆
8	朝鲜	刻本	浙江省图书馆
9	嘉庆五年（1800），纪昀《瀛奎律髓刊误》	刻本	国家图书馆、上海图书馆
10	光绪六年（1880），宋泽元重刻此《瀛奎律髓刊误》	刻本	国家图书馆、上海图书馆
11	宣统三年（1911），许印芳《律髓辑要》刊本（六卷）	刊本	国家图书馆、南京图书馆
12	民国元年（1912）吴汝纶《桐城吴先生评选瀛奎律髓》刊本（四十五卷）	刊本	国家图书馆、上海图书馆

《瀛奎律髓》凡四十九卷，共选录了唐宋诗人385家，诗3014首（重出22首），实为2992首，其中唐诗1228首，宋诗1764首。《瀛奎律髓》分类编次，分四十九类，每种题材又分五言和七言，又以时代世次选编。这四十九类为登览、朝省、怀古、风土、升平、宦情、风怀、宴集、老寿、春日、夏日、秋日、冬日、晨朝、暮夜、节序、晴雨、茶、酒、梅花、雪、月、闲适、送别、拗字、变体、着题、陵庙、旅况、边塞、宫闱、忠愤、山岩、川泉、庭宇、论诗、技艺、远外、消遣、兄弟、子息、寄赠、迁谪、疾病、感旧、侠少、释梵、仙逸、伤悼等，每类均有题解，如"登览类"阐释道："登高能赋，则为大夫，于传识之，名山大川，绝景极目，能言者众矣。拔其尤者以充隽永，且以为诸诗之冠。"方回对宋诗流派做了区划，其《恢大山西山小稿序》便有类似的论断：

  五言律、七言律及绝句自唐始，盛唐人杜子美、李太白兼五体，造其极。王维、岑参、贾至、高适、李泌、孟浩然、韦应物以至韩、柳、郊、岛、杜牧之、张文昌，皆老杜之派也。宋苏、梅、欧、苏、王介甫、黄、陈、晁、张、僧道潜、觉范，以至南渡吕居仁、陈去非；而乾淳诸人，朱文公诗第一，尤、萧、杨、陆、范亦老杜之派也。是派至韩南涧父子、赵章泉而止。别有一派曰昆体，始于义山，至杨、刘及陆佃绝矣。炎祚将迄，天丧斯文，嘉定中，忽有祖许浑、姚合而为派者，五七言古体并不能为，不读书亦作诗，曰学四灵，江湖晚生皆是也。呜呼痛哉！①

方回所言宋诗流派与严羽大体相似，但对于"老杜派"（江西派）的提出，则是其独创，而且所涵盖的人数和时期则贯穿了整个唐宋时期，宋代则有苏、梅、欧、苏、王、黄、陈、晁、张、道潜、觉范、尤、萧、杨、陆、范等众多诗人。

纵论宋诗发展史。方回在《送罗寿可诗序》中，十分详尽地勾勒了宋代的诗歌演进的历史以及各大流派和杰出诗人的诗歌特点，《送罗寿可诗序》云：

  诗学晚唐不自四灵始。宋划五代旧习，诗有白体、昆体、晚唐体。白体如李文正、徐常侍昆仲、王元之、王汉谋。昆体则有杨、刘《西昆集》传世，二宋、张乖崖、钱文僖、丁崖州皆是。晚唐体则九僧最逼真，寇莱公、鲁三交、林和靖、魏仲先父子、潘逍遥、赵清献之徒。凡数十家，深

---

① 方回《桐江续集》卷三三，《四库全书》本，台湾商务印书馆1983年版。

涵茂育，气极势盛。欧阳公出焉，一变为李太白、韩昌黎之诗，苏子美二难相为颉颃，梅圣俞则唐体之出类者也，晚唐于是退舍。苏长公踵欧阳公而起。王半山备众体，精绝句，古五言或三谢。独黄双井专尚少陵，秦晁莫窥其藩。张文潜自然有唐风，别成一宗，惟吕居仁克肖陈后山，弃所学，学双井，黄致广大，陈极精微，天下诗人北面矣。立为"江西派"之说者，铨取或不尽然，胡致堂诋之。乃后陈简斋、曾文靖为渡江之巨擘。乾淳以来，尤、杨、范、陆、萧其尤也。道学宗师，于书无所不通，于文无所不能，诗其余事，而高古清劲尽扫余子，又有一朱文公。嘉定而降，稍厌江西，永嘉四灵复为九僧旧，晚唐体非始于此四人也。后生晚近不知颠末，靡然宗之，涉其波而不究其源，日浅日下。然尚有余杭二赵、上饶二泉，典刑未泯。今学诗者不于三千年间上溯下沿，穷探邃索，而徒追逐近世六七十年间之所偏，非区区所敢知也。①

方回从宋诗发展的视角着眼，将宋诗大体分为四个时期：雏形期、兴盛期、中兴期、衰颓期。

2.《宛陵群英集》

汪泽民、张师愚辑。汪泽民（1289—1356），字叔志，婺源人。延祐五年（1318）登进士第。历数郡推官，人都服其明。至正三年（1343）召为国子司业，著有宛陵遗稿《元诗选》传世。本书辑录宋初至元代宣城诗1393首。后本书佚失，今所见《宛陵群英集》，为四库馆臣自《永乐大典》辑出，得诗746首，诗人129人，厘为十二卷。《四库全书总目提要》云：

> 元汪泽民、张师愚同编。泽民字叔志，婺源人，延祐戊午进士，授承事郎，同知岳州路平江州事，历南安、信州两总管府推官，以母忧归。服除，补平江路总管府推官，调济南路兖州知州。至正三年，召为国子司业，与修"三史"。书成，迁集贤直学士，寻以礼部尚书致仕，居宣城，自号"堪老真逸"。十五年，长枪贼陷宁国，被执不屈，骂贼死，年七十，赠江浙行中书省左丞，追封谯国郡公，谥文节，事迹具《元史》本传。师愚字仲愚，宁国人，曾两领延祐天历乡荐，与泽民友善。《江南通志》称其尝撰《梅尧臣年谱》；然《年谱》乃其弟师曾所撰，已别著录，以为师愚者误

---

① 方回《桐江续集》卷三二，《四库全书》本，台湾商务印书馆1983年版。

也。是编，盖泽民晚居宣城时所辑。上自宋初，下迄元代，得诗一千三百九十三首，分古今体，订为二十八卷，同里施璇为锓版以行，其后久佚不传。故《宁国》、《宣城》二志载籍门内均不著其目。今核《永乐大典》各韵内，所录此集之诗，共得七百四十六首，作者一百二十九人，视原本犹存十之五六。中如王圭等七十余人，载于《宣城旧志·文苑传》者，其遗篇往往藉此以见。又如梅鼎祚《宛雅》所录诸家佚句，以为原诗散亡者，今其全什亦多见集中。宋、元著作放失者多，此集虽仅一乡之歌咏，亦可云文献之徵矣。谨裒集校定，厘为十二卷，凡其人之爵里事迹有可考者，俱补注于姓名之下；不可考者，阙之。其《永乐大典》原本失载人名，无可参补者，则仍分类附录于后，以待审订焉。

提要说明了是选的成书过程、选录情况及选诗宗趣。清人陈文述《颐道堂集》收录《松陵诗征序》载："古来总集诸家自名都大以至一丘一壑得有心人裒辑成编，皆足以藻饰河岳，表彰人物，如孔延之《会稽掇英总集》、元好问之《中州集》、汪泽民之《宛陵群英集》、李庚之《天台集》、林表民之《赤城集》、董棻之《严陵集》，指不胜屈。"是选有三个版本：《宛陵群英集》原本、《永乐大典》本和《四库全书》本。《宛陵群英集》收录宋元两朝大量宣城诗人的诗歌，其中宋代诗人14人、元代115人，附有部分无名氏诗歌，整体上以元人居多。

第三编 03
明代宋诗选本提要

一、断代宋诗选本

1.《宋诗正体》

符观辑。正德元年（1506）刊本，不分卷，共一册，有序言和评语。符观（1443—1528），字衍观，号活溪，江西新喻（今新余）人，弘治三年（1490）进士，浙江布政司右参议。著有《活溪存稿》《医家纂要》《地理集奇》等，编有《唐诗正体》（今佚）、《宋诗正体》、《元诗正体》、《明诗正体》等。书前有符观序，符观《书宋诗正体后》云：

> 汉魏而下，论诗者以唐为盛，良由少陵、太白主盟其道，遂至凌跞，建安驰骋风雅，一洗齐梁之陋矣。嗣是乃有赵宋之诗，乃有胡元之诗。固多盈灵抒秀，擅胜专雄，要之接武李唐，则宋为差近，或者倡为谬说，谓唐以降无诗，元庶几继之，而吠声之徒，翕然随向，牢不可破，于是所谓元音，所谓元风雅，所谓《元诗体要》者纷然错出矣，而宋诗寂无拈出之者噫，黄河浊流，寄恨千古，何宋人之不遭也。夫元固称多士，元柳王马姑置未论，其卓然所谓大家者，虞扬范揭而已。使遇王半山、陈无己辈，固将投戈偃旆，奔此不暇，刿敢抗苏黄欧梅之垒乎！纵贬而为尤、为戴、为范、为陆，亦皆出入李杜，高视阔步。①

符观序指出中国诗歌自汉魏以来，不仅有建安文学风靡诗坛，也有唐代文学彬彬称盛，而"赵宋之诗"和"胡元之诗"同样领骚文坛，可以"接武李唐"。《宋诗正体》为现存最早的明代宋诗选本，《宋诗正体》体例按体编次，分五言律诗、七言律诗和七言绝句三种诗体，共选宋诗242首，其中五言律诗49首，七言律诗125首，七言绝句68首。张耒16首，位居第一，次陈与义12

---

① 符观《宋诗正体》卷首，正德六年刊本。

首，次陆游 10 首，次王安石 9 首，次黄庭坚 8 首。还选录了一部分不太有文名的诗人，如刘褒、游子明、徐似道、任伯起、何子翔、夏子中、倪居辅、赵葵、周彦良等。现藏上海市图书馆。

2.《宋艺圃集》

李蓘辑。万历五年（1572）上党暴孟奇刻本，凡二十五卷，有序言和总目，无评语。李蓘（1531—1609），字于田，号少庄，晚年自号黄谷山人，河南于顺人，明代著名的诗文家。嘉靖三十二年（1553）进士，选庶吉士，授检讨，南京礼部郎中。著有文集《李子田集》《仪唐集》《太史集》《黄谷文集》等，编有《杜诗》《宋艺圃集》《元艺圃集》《明艺圃集》等。《四库全书总目提要》云："《宋艺圃集》二十二卷，浙江鲍士恭家藏本。明李蓘编，蓘有《黄谷琐谈》，已著录。是集选录宋人之诗，竭力搜罗，凡十三载，至隆庆丁卯而后成。所列凡二百三十有六人。而核其名氏，实二百三十有七人，盖编目时误数一人。末卷附释衲三十三人，宫闱六人，灵怪三则，妓流五人，不知名四人，通上当为二百八十八人，而注曰共二百八十四人，则除不知姓名四人不数耳。王士禛《香祖笔记》称所选凡二百八十人，亦误数也。书中编次后先，最为颠倒。如以苏轼、苏辙列张咏、余靖、范仲淹、司马光前，陈与义、吕本中，曾几列蔡襄、欧阳修、黄庭坚、陈师道前，秦观列赵抃、苏颂前，杨万里列杨蟠、米芾、王令、唐庚前，叶采、严粲列蔡京、章惇前，林景熙、谢翱列陆游前者，指不胜屈。其最诞者，莫若以徽宗皇帝与邢居实，张栻、刘子翚合为一卷。夫《汉书·艺文志》以文帝列刘敬、贾山之间，武帝列蔡襄、倪宽之间，《玉台新咏》以梁武帝及太子诸王列吴均等九人之后，萧子显等二十一人之前，以时代相次，犹未有说。至邢居实为刑恕之子，年十八早夭，在徽宗以前，刘子翚为刘韐之子，张栻为张浚之子，皆南宋高、孝时人。在徽宗以后，乃君臣淆列，尤属不伦。殆由选录时，随手杂抄，未遑铨次欤。至于廖融、江为、沈彬、孟宾于之属，则上涉南唐；马定国，周昂、李纯甫、赵沨、庞铸、史肃、刘迎之属，则旁及金朝。衡以断限，更属未安。王士禛之所纠，亦未尝不中其失也。然《香祖笔记》又曰：隆庆初元，海内尊尚李、王之派，讳言宋诗。而于田独阐幽抉异，撰为此书，其学识有过人者，则士禛亦甚取其书矣。"《宋艺圃集序》集中体现了李蓘系统的诗学思想。《宋艺圃集序》云：

> 世恒言"宋无诗"，谈何易哉，盖尝溯风望气，约略其世，概有二变焉，顾论者未之逮也。夫建隆、乾德之间，国祚初开，淳庞再和，一时作

者尚祖五季，五季固唐余也。故林逋、潘阆、胡宿、王珪、两宋、九僧之徒，皆摛藻莹莹，以清赢相贵，而杨大年、钱思公、刘筠辈又死拟西昆，刘筠辈又死□□尺度。总之，遗矩虽存，而雄思尚郁矣。天圣、明道而下，则大变焉，盖时世际熙昌，人文迅发，人主之求日殷聚奎之兆斯应，故欧、苏、曾、王之流，黄、陈、梅、张之侣，皆以旷绝不世之才，历卓荦俊拔之志。博综坟典，旁测幽微，海内颙颙，咸所倾仰。启西江宗派之名，创绌唐进杜之说。竭思愤神，日历穷险。当其兴情所寄，则征事有不必解，意趣所极，则古贤所不必法。辟之旧家，公子恢张，其先人堂构，至于甲第飞云，雕镂彩绘，远而望之，绚烂夺目，负其意气，遽大掩前人矣。光宁以还，国步浸衰，文情随易，学士大夫，递祖清逸，无称雄杰，故陆游之流便，严羽之婉胁，紫阳之冲容，谢翱之诡诞，其他若四灵、戴式之、文天祥、林德旸辈，咸遵正轨，足引同方，然究而言之，凌迟之形见矣。斯国事之将季乎。①

李蘘从宋诗发展演进的视角着眼，论述了宋诗演进的三个关键时期，勾勒了宋诗发展的历史，并确定了时间断限，应是最早为宋诗划界分期的诗人。

《宋艺圃集》（四库全书本）体例以人编次，共选宋代诗人286家，诗2783首。朱熹484首，雄踞第一，次苏轼245首，次王安石201首，次欧阳修111首，次陆游94首，次陈与义84首，次梅尧臣76首，次陈师道72首，次孙觌63首，次刘子翚56首，次严羽、谢翱、黄庭坚各50首，余皆不足50首。是选还选录了许多名不见经传的诗人，如燕肃、林德旸、王初、郭震、章冠之、李九龄等，但未选江湖派诗人刘克庄。从选诗倾向上看，朱熹多达484首，而仅选1首的诗人竟有126人之多，两者相差竟达483首，悬殊之大，实属罕见。

3.《石仓宋诗选》●

曹学佺辑。明崇祯四年（1631）刊本，是选为《石仓十二代诗选》中的宋代部分。《四库全书》著录此书为506卷，《明史·艺文志》和《千顷堂书目》著录为888卷，《中国善本书目》著录为1160卷，《中国丛书综录》著录为1255卷，《啸亭杂录》著录为1743卷。曹学佺（1574—1646），字能始，一字尊生，号石仓，又号大理，别号雁泽，晚年自号西峰居士，万历二十三年（1595）进士，授户部主事，累迁南京户部郎中，官至四川按察使。《石仓十二代诗选》由

---

① 李蘘《宋艺圃集》卷首，四库全书本，台湾商务印书馆1983年版。

《古诗选》《唐诗选》《宋诗选》《元诗选》《明诗选》五部分组成。《四库全书总目提要》云："明曹学佺编。学佺有《易经通论》，已著录。此书所选历代之诗，凡五百零六卷。上起古初，下迄于明。其中古诗十三卷，唐诗一百卷，拾遗十卷，宋诗一百零七卷，金元诗五十卷，明诗初集八十六卷，次集一百四十卷。旧一名《十二代诗选》，然汉、魏、晋、宋、南齐、梁、陈、魏、北齐、周、隋，实十一代，既录古逸，乃缀于八代之末，又并五代于唐，并金于元，于体例名目，皆乖剌不合。故从其版心所题，称历代诗选，于义为谐。所选虽卷帙浩博，不免伤于糅杂，然上下二千年间，作者皆略存梗概，又学佺本自工诗，故所去取，亦大都不乖风雅之旨，固犹胜贪多务得，细大不捐者。惟金代仅录元好问一人，颇为疏漏。意其时毛晋所刊《中州集》、《河汾诸老诗》，犹未盛行，故学佺未见欤。其冠于元诗之首，亦以一代只一人，不能成集故也。据《千顷堂书目》，学佺所录《明诗》尚有三集一百卷，四集一百三十二卷，五集五十二卷，六集一百卷，今皆未见，殆已散佚。然自万历以后，繁音侧调，愈变愈远于古，论者等诸自郐无讥。是本止于嘉、隆，正明诗之极盛，其三集以下之不存，正亦不足惜矣。"对《石仓历代诗选》的内容做了说明。《石仓宋诗选》共一百零七卷，收录宋代诗人181位，诗歌6756首。是选收录最多的是释德洪259首，位居第一，次梅尧臣180首，次朱熹161首，次范成大160首，次苏轼134首，次刘克庄119首，次陆游104首。《石仓宋诗选》很多诗人作品入选数量较少，如黄庭坚等，选诗比较随意，诗作有倒错和被改动的情况。

4.《宋人近体分韵诗钞》

卢世㴶选。壬戌年（1622）稿本，凡三卷，共二册，有序言和评点。卢世㴶（1588—1653）字德水，一字紫房，晚称南村病叟。明初其祖徙德州，天启五年（1625）进士，官户部主事。编有《杜诗胥钞》。《台湾"国家"图书馆善本书志初稿》云："《宋人近体分韵诗钞》不分卷，存二册，朱笔批校底稿本。清卢世㴶编。四周单边，每半页十行，行二十字，注文小字双行，字数多寡不等。版心大黑口，上下皆墨，中间双黑鱼尾相对，唯悉空白未题署，亦不计页次。本书选录宋人诗，根据卷末安德跋语称：'此分韵选平韵三十韵，皆是五七言近体诗，不及古诗。卷中七律少下平九韵，七绝少下平十三韵。五言诗全无。盖残本也。余初得自封氏，只余三卷，乃合订之。虽系残书，吾犹以宝物视之也。安德布衣谨识。'所选之诗以陆游、苏轼为多，约居半数以上。全书总一百一十四叶，无书名标题，亦部分卷第，所录各诗，多朱墨圈点，弥望皆是，附载袁宏道诗三数首，选钞宋人诗而录及明人，附之七绝卷末，似稿本非定本也。

内页空白处有癸丑冬月编者哲嗣卢中言跋语。又有卢中伦跋二处，一署'壬戌冬月识于红豆山房'，另一识于卷末，未署年月。此外另一册卷末有安德布衣跋语。"①《宋人近体分韵诗钞》体例分韵编次，这在宋诗选本中是首创的，共选宋代诗人3家，诗541首，七言律诗（二卷）389首，七言绝句（一卷）152首。其中陆游诗261首，位居第一，次苏轼诗201首，次范成大诗37首。《台湾"国家"图书馆善本书志初稿》称："卢世㴞诗宗少陵，后受钱谦益影响，亦出入苏、陆、尤酷嗜陆游。故是选收诗以苏轼、陆游为多，几占半数以上。"现藏台湾图书馆。

---

① 卢世㴞《宋人近体分韵诗钞》卷首，壬戌年稿本。

59

二、通代诗选（"选宋"）

1. 《幼学日诵五伦诗选》

沈易辑。洪武间（1372）刻本，凡五卷，藏南京图书馆；清初刻本，藏上海图书馆；《幼学日诵五伦诗选·内集》五卷，沈易辑，清抄本，藏国家图书馆。《四库全书总目提要》云："《五伦诗》五卷，明沈易编。易字翼之，华亭人。编前有洪武己未钱惟善序，称易游学北方，南还乡里，为童子师，得束脩以奉二亲。其教之也，一以躬行为主。尝编《五伦诗集》，俾知人之所以为人，在乎此五者云云。则此集本为课蒙而作，故所录皆浅近通俗之作。据其原目，共《内集》五卷，《外集》七卷。《内集》五伦分五卷，《外集》则以睦族并言，务本尚志，比喻警省。诗余分七卷，此本但有《内集》，盖不完之本。卷末有跋，称钞自朱彝尊家，原阙后七卷，则其佚久矣。"《五伦诗选》原本有《内集》和《外集》，共十二卷，但《外集》现已不存。《四库全书存目丛书》集部第290册据南京图书馆藏明洪武刻本予以影印。书前有樊浚序、钱鼐序、钱惟善序和束宗癸跋。钱鼐《幼学日诵五伦诗选序》云：

> 予闻自太极生阴阳而有五行，则五者之人伦已具于其中矣。五行之生也，其精之在天者为五星，其质之在地者为五材。曰金木水火土，惟人之生也，得其气以成形，五藏百骸是也；得其理以成性，五常百行是也。理不出乎气，气不隔乎理，而未尝杂，合之则一性，判之则五常，无适而非太极，不可须臾离也。此所谓道之大原出于天而不可易，其实体备于己而不可离，故曰"天生烝民，有物有则。民之秉彝，好是懿德"者，即此也。然物者形气，而则者其理，所谓形色，天性者是已，如父子有亲、君臣有义、夫妇有别、长幼有序、朋友有信。所谓父子君臣夫妇长幼朋友者，物也；所谓亲义别序信者，则也；此人生所禀于天之理，而秉之为常性，是即所谓懿德之可好者，岂有出于人伦之外者哉？三代之学皆所以明人伦，

明乎此也，天叙天秩，人所共由，无非道也。舜命契曰，百姓不亲，五品不逊，汝作司徒，敬敷五教在宽，是则所以明人伦也。云间沈翼之有感于此，故特类编古今诗人有关于五伦者，使人读诵而欲其渐仁摩义，沦肌浃骨，以全五者之天则，还淳返朴，而跻之仁寿之域也，可必矣，其用心可敬也哉！其辅教可法也哉！遂拜手为之序云。洪武癸亥春二月，国子监学录吴兴钱鼐敬书。①

钱鼐序说明了五伦存在的缘由，并极力肯定此书编撰的意义。钱惟善《幼学日诵五伦诗选序》云：

人之大伦有五，列圣垂训，载诸六经，炳如日星，莫非明此教也。六经惟诗以吟咏性情为教，使人日歌诵之而有所感发，非若他经，必俟训诂而疏释之，故《大序》曰："先王以是经夫妇，成孝敬，厚人伦，美教化，移风俗。"厥有旨哉！淞士沈易，其知是道者乎！往年游学北方，间由卫辉南还乡里，以其学为童子师，得束脩以养二亲，其教之也一以躬行为主，尝编《五伦诗集》，俾人知所以为人在乎此五者也，所谓幼成若天性，习惯如自然者。凡前代及今所作，有合乎是则采摭之，以门类分焉，曰父子，曰君臣，曰夫妇，曰兄弟，曰朋友，又有睦族并言，务本尚志，比喻警省，此其凡例也。既以五伦为纲，又复以六事为目，亦岂无故哉？盖民生以务农为本，而士以尚志为事，二者无尽，则其为学也有所资，而仰事俯育无所忧，出处之间皆能合乎古人，而忠孝之道立矣。盖将为乡党中之教，非敢施于朝廷之上者也，所谓取忠臣必于孝子之门者是矣。欲取《三百篇》内易知易晓者冠于端，又弗敢以后世之作并列者，尊经也，合乎五伦而作，在所必取，然作之虽工，有弗协乎声音节奏，亦未必取。是集之行于天下，而皆以此教人，习于幼穉之时，行于家庭之间，而田野之民闻其歌咏，而启发其良心，由是而人伦厚、风俗移也有日矣。门生樊浚等既为之序以发明之，易复请余一语者，意盖在乎尊也，其经而明圣训，谅必有裨于世教。传曰，下学而上达。其可以童子之业而忽之乎？得其气是为序。洪武己未春三月既望，曲江居士钱惟善书。②

---

① 沈易《幼学日诵五伦诗选》卷首，洪武刻本。
② 沈易《幼学日诵五伦诗选》卷首，洪武刻本。

钱惟善说明了沈易编撰是选的过程和编选体例。《五伦诗选·内集》凡五卷，分为父子类、君臣类、夫妇类、兄弟类、朋友类五类。

2.《琼芳集》

朱祁铨辑。民国三十一年（1942）约园抄本，凡二卷，共二册，有序言、总目，无评语。此书原成于明成化十四年（1478）。朱祁铨（1435—1502），号颐仙，淮靖王朱瞻墺的长子，谥号康王。薛福成《天一阁见存书目》卷四："《琼芳集》二卷，明口藩朱口编。"《澹生堂藏书目》卷十二著录书名。《绛云楼书目》《四明天一阁藏书目录》等著录为"二本"。《玄赏斋书目》卷七、《近古堂书目》卷下等著录有《琼芳谱》，当为此书。书前有颐仙序、冯厚序、约园序。颐仙《琼芳集序》云：

> 夫在穹壤之间，水陆群卉得其清者恒少也。然而至清者莫出乎梅，名为清物，产于山林溪谷之间，其标格孤高，志操贞洁，当众芳摇落之时，雪霰交飞之侯，独擅芬芳，韵香东阁，素艳冰姿，迥出尘表，诚有得乎高人隐士之风也。故历代士夫，珍其清致，恒多取尚，以致骚人墨客，靡不留咏，岂他卉之可侔哉。奈纂述之作纷然，载在简册，每欲清诵，见其汪洋散漫，弗可遍得，深为嗟惜焉。兹因公暇，检搜载籍之咏梅者，悉采录之，有未见者，以俟再辑类次成编，因目之曰《琼芳集》，置之几席，以备览阅，具以垂诸永久，读之使人心寓乎物而物不物，其深得于作者之意，抑亦有过于梅之旨趣也。然于其中录有未尽，而取之不当者，尚赖士君子损益之，庶几有助云。成化戊戌岁秋种之吉西江颐仙书于万玉草亭。[①]

颐仙序介绍了梅花的品格、特色以及编撰是选的过程。冯厚《琼芳集序》云：

> 贤王公暇，集梅花诗若干卷，名曰《琼芳集》，置于几席，间以仙玩之，而自序于前，仍命臣厚序其后。臣观坤雅，谓梅逾淮而为杏，况奇葩异卉，艳丽妩媚，人所嗜好者盈天下，何骚人韵士不慕他卉，而独取乎梅？士不限南北，虽生无梅之所，而亦爱咏之，抑独何哉？盖梅清物也，其芳香芬馥则德之馨者似之，缟素洁白则德之贞者类之，吐花于冰雪摇落之后，

[①] 朱祁铨《琼花集》卷首，民国三十一年约园抄本。

结实于桃李未开之先，则德之出类拔萃者合之，台鼎之资，纪之于说命婚姻之节，咏之于《召南》，其见称于世也远矣。士君子之志，岂肯舍之而徒慕无用之花卉也哉！宜乎咏歌之不已也。况天地生物始于春，而物承气以生者莫先于梅，故知道君子恒于此。以观天地之仁，造化发育之始，是集有以见体仁，长人之心焉。噫，岂惟是哉！吾王虑士君子不能遍观诸体书，尝命臣等修《文翰类选大成》梓行于世，今又集是诗，不徒自玩，抑以示人，真仁人君子之用心也。赋是诗以获传于永久，何其幸哉？臣不能文，姑序此以识群玉之后云。成化十四稷九月既望奉政大夫淮府右长史臣慈溪冯厚良载拜书于谨序。①

冯厚序亦介绍了梅花的品格及编选是选的缘由。约园《琼芳集序》云：

《琼芳集》二卷，前有西江颐仙序，后有慈溪冯厚序。清《总目》、《存目》均未录焉。后《序》云："吾主庐士君子不能遍观诸体书，尝命臣等纂修《文翰大成》梓行于世。"今又集是诗云，考《四库存目》录《文翰类选大成》二百六十三卷，题李伯玙、冯厚同编，谓而是书亦即奉淮王之命作也。《文翰》前有淮王序，序见《慈溪·艺文志》，冯厚著《文翰类选大成》条下，自称西江颐仙。案：《明史》，仁宗子淮靖王瞻墺，以永乐二十二年封，宣德四年就藩饶州，瞻墺子康王祁铨，以正统十一年嗣封，此书作成化弘治间，则所称颐仙者，即祁铨也。余因详考《明史》传于祁铨事实，多略《四库》所取者外，第著弘治十五年薨。万季野《明史稿》亦著曰：弘治十五年薨，谥曰康王。世子见濂早卒，无子弟。清江王见㵾子祐棨，嗣东山罪，惟录则仅云墺薨。传曾孙定王佑棨，且并祁铨之名而略之矣，甚矣，作史之难也。余又考冯氏后序，题成化十四祀，距弘治十五年康王之薨，实先二十五年。王好风雅，其年当在四十余而薨，所谓天风环佩之琴，必王所蓄者也。棨不屑转此以贾祸惜哉。此集全辑梅花诗有明刻本，余于友人处见之，函录副藏之，更稽诸《明史》及《四库·慈志》而志之，如此，冯厚慈志有传其著作，见于《千顷堂书目》者，有《春秋卑论》，坦庵中都南阳三稿。壬午年中秋日约园。②

---

① 朱祁铨《琼花集》卷首，民国三十一年约园抄本。
② 朱祁铨《琼花集》卷首，民国三十一年约园抄本。

约园序主要说明了颐仙序与冯厚序的内容，并考证了朱祁铨的生平仕履。

《梅花总论》介绍了梅花诗见载于古代的文献典籍以及文人墨客的歌咏。《梅花总论》云："梅之来久矣，考之前载，其始见于炎帝之经，至于《诗》、《书》，靡不称述。自是以来，汉见于上林苑，魏见于曹林，晋见于江南，南北朝见于含章宫，梁见于扬州法曹廨舍，隋又见于罗浮松林间。花之名始著见于墨客骚人之手者不一，下逮李唐而至于本朝，其赋咏何多也。然其品类亦甚蕃，有非一言之所能尽吗，虽其间谱之者不一而足，亦不过随所得而为之，是岂一人两耳目所可得而遍及耶？以见天地之大，造物之巧，穷之而不可胜穷也。物皆然，况梅乎？君子谓：水陆草木之花可爱者甚众。而梅也，独先天下而春，是故首及之。"①《梅花品次》介绍了各种梅花的品格、等次和特点。《梅花品次》："江梅，遗核野生，不经栽接者，又名直脚梅，或谓之野梅，凡山涧水滨，荒寒迥绝之处，皆此本也，花稍小而疏瘦有韵，香最清。早梅，花胜直脚梅，早梅冬至前已开，故得早名。消梅其实园小松脆，多液无滓，多液则不禁日干，故不入煎造，一不宜熟，惟堪青噉。百叶缃梅，亦名黄香梅、千叶香梅，花头小而密，花香浓美。红梅，粉红色，标格犹是梅，而繁密则如杏，香亦类杏。杏梅，花比红梅色微淡，结实甚扁，有斑斓色，全似杏味，不及红梅。腊梅本非梅类，以其与梅同时，香又相近，色酷似蜜脾，故名蜡梅。凡三种，以子种出不经接，花小香淡，其品最下，俗谓之狗蝇。梅经接花疏，虽盛开花常半含，名馨口梅，言似僧磬之口也。最先开色，深如紫檀，花密者香秾，名檀香，此品最佳。"②

是选体例按朝代编次，每个朝代之中又按诗体编排，分五言古诗、七言古诗、五言律诗、五言绝句、七言律诗和七言绝句六种诗体，诗体完备，共选唐朝至明朝梅花诗891首，其中唐诗34首，宋诗272首，元诗278首，明诗307首。从选录诗体上看，选五言古诗23首，其中唐代2首，宋代3首，元代5首，明代13首；选七言古诗47首，其中宋代22首，元代9首，明代16首；选五言绝句74首，其中唐代2首，宋代26首，元代29首，明代17首；选七言绝句393首，其中唐代3首，宋代94首，元代168首，明代128首；选五言律诗75首，其中唐代14首，宋代48首，元代9首，明代4首；选七言律诗279首，其中唐代13首，宋代79首，元代58首，明代129首。从选诗倾向上看，编选者更注重七言绝句，选入393首，占入选总数的44%；在选诗宗趣上，唐诗34

---

① 朱祁铨《琼花集》卷首，民国三十一年约园抄本。
② 朱祁铨《琼花集》卷首，民国三十一年约园抄本。

首，仅占入选总数的3.82%，而宋诗272首，占入选总数的30.53%，是唐诗的8倍之多，足见编选者对宋诗的重视。宋代诗人苏轼入选35首，为宋代诗人之首，次刘克庄29首，次陆游、王安石各19首，次朱熹18首，次方一夔12首，次林逋10首，次王十朋10首，余皆不足10首。现藏国家图书馆。

3.《咏史绝句》

程敏政辑，林乔松注。成化十六年（1480）刻本，凡二卷，共二册，有序言和评语。是选之卷数和书名，众多书目的记载均有所不同，《百川书志》卷十九载："《咏史诗选》一卷。皇明左谕德、程敏政选次七言绝句二百余首，自唐至国初诗人咏鉴三代历元之事也。"《千顷堂书目》卷三十一载："程敏政《咏史诗选》十五卷，选唐至明初人咏史之作。"《明史》卷九十九所录同《千顷堂书目》。薛福成《天一阁见存书目》卷四"总集类"："《咏史绝句》四卷，明程敏政编。"《绛云楼书目》"诗总集类"载："《程篁墩选咏史诗》二册。"林乔松，福建晋江人。官景宁县知县。程敏政（1446—1499），字克勤，号篁墩，又号篁墩居士、篁墩老人、留暖道人，南直隶徽州府人，后居歙县篁墩，时人称程篁墩，成化二年（1466）进士，官终礼部右侍郎。书前有程敏政序，程敏政《咏史绝句序》云：

> 《诗》美刺与《春秋》褒贬同一，扶世立教之意。后世词人遂有以诗咏史者，唐杜少陵之作，妙绝古今，号"诗史"。第其所识者皆唐事，且多长篇，读者未能遽了。胡江东有《咏史》绝句，则自上古以至南朝，分题纪要，殆庶几矣。顾其词意并弱，作者未有取焉。余家居，见塾师以小诗训童子，乃首以示，本无稽韵语，意甚不乐，因以所记古七言绝句咏及史者，手书授之。上自三代下及宋元，凡二千余年，以时比次，得数百篇，又以其猥杂而不便于一览也，加汰之，存者二百篇。其间世之治乱政之得失，人之才之邪正贤否，大抵略备。然以其不出于一人一时之手也，故或婉辞以寓意，或正言以示警，盖有一事而史，更数十百言纪之不足，诗以二十八字发之有余者。徐考之，亦不独可教童子也。观者讽咏而有得于美刺褒贬之间，感于善，创于恶，其于经学世教，岂不小有所益哉。成化十六年岁次壬寅春三月既望赐进士及第奉训大夫左春坊左谕德同修国史经筵官兼太子讲读官程敏政书。①

---

① 程敏政《咏史绝句》卷首，成化十六年刻本。

程敏政序说明了"咏史"诗的发展历程、选录标准和总体规模。是选体例按朝代编次，自三代迄宋末，仅七言绝句一体，共选宋代诗人15家35首，其中王恽2首，王安石8首，范希文2首，苏轼1首，刘后村1首，邵雍2首，范成大1首，黄庭坚1首，周敦颐1首，杨万里1首，林梦升1首，朱熹1首，王梅溪12首，方秋崖1首。是选之评注，颇为详细，如评王安石《范增》云："此诗讥范增不知仁义之道，以用兵是为汉驱民也。徒以亚父称之。"评王安石《读史》云："周公武王弟名旦，武王崩，成王幼，周公位冢宰以辅之。管叔、蔡叔流言曰：'公将不利于孺子，成王疑之，周公惧。王莽汉平帝时为汉公，谦恭下士，后竟篡汉。'此诗言忠伪久而后知，为君上者当先察识焉。"评王安石《邵平》云："灌婴微时贩缯，樊哙屠狗，青门长安东门，邵平广陵人，故秦东陵侯后为布衣，种瓜长安，城东瓜有五色，甚美，世谓之东陵瓜。言秦末大乱四方争衡，未属一家，而贩缯屠狗之人，尚雄豪夸大以取功名于时，而东陵侯独于青门手自种瓜，是岂无能者乎，其心盖为身为秦臣，受秦恩，不肯复事异姓耳。"评苏轼《范蠡》云："此诗盖东坡戏书范蠡画像而作，范蠡取西施，颇与巫臣夏姬事相类，故以此发之。"评范希文《严子陵钓台》云："六合上下四方也。冥鸿言鸿飞之高，近于青冥，以比子陵也。言光武中兴天下贤豪皆为之用，独子陵高尚其志，如冥鸿之惜羽毛，不使弋者，得之也。后明帝图画功臣三十人于云台，又岂如钓台之高乎！"评周敦颐《韩子》云："自谓如夫子，谓以斯道自任。《原道》韩子所作。太颠潮州，僧也。韩子谓其颇聪明，识道理，故自山召至州郭，留数十日，以为难得，因与往来及祭神至海上，遂造其庐及来袁州留衣服为别。"评朱熹《题藩骑图》云："此诗因题《藩骑图》，以感靖康之乱而作也。"评王十朋《郑庄公》云："此诗责庄公无忠孝之道，其罪莫大焉。"评林梦升《题西湖》曰："此诗讥高宗也，言西湖山水之胜，楼台之广，歌舞之乐，皆不减于汴都矣。所以留连于此而无意于中原也。"现藏中国人民大学图书馆。

4.《诗史》

董传性辑。明成化十八年（1482）刻本，凡十卷，共四册，有序言、凡例和评语。书前有成化十八年（1482）程敏政《咏史绝句序》。是选体例按诗体编次，每体之中按咏朝代史事编排，共选咏史诗329首，其中卷一五言绝句（"咏唐虞三代秦事"）47首，卷二五言绝句（"咏两汉三国事"）75首，卷三七言绝句（"咏魏晋南北朝隋事"）28首，卷四七言绝句（"唐五代事"）27首，卷五七言绝句（"咏宋元事"）28首，卷六五言律诗（"读圣经及历代事"）

20首，卷七五言律诗（"咏战国秦汉事"）23首，卷八七言律诗（"咏三国两晋南北朝隋事"）23首，卷九七言律诗（"咏唐五代宋元事"）41首，卷十歌诀17首。宋诗以邵雍21首为最多，次王十朋17首，次王安石12首，次司马光4首，次范仲淹、黄庭坚各2首，次苏轼、杨万里、晏殊、杨亿各1首。是选评语附有董传性按语，如评邵雍《观盛化吟》云："康节先生《观物吟》二十首，其言圣经精微之旨，历代理乱之原备矣。故录之，俾学者三复有得云。"评王安石《乌江亭》引都穆《南濠诗话》之语："荆公反樊川之意，此诗及樊川意似为正论，然终不若樊川之死中求活也。"评王安石《商鞅》云："商鞅为秦定法之令，既具未布，乃立三丈之木于都市南门，慕民能徙置北门者，予十金，民怪之，莫敢徙。"董传性按："荆公之为新法，其偏拗之性，确然不可回者，盖已尽见于此诗矣。"评王安石《盖公堂》引《史记·曹相国世家》之语："盖公胶西人，曹参为齐相国，盖公说参以治道，贵清静，而民自定，参于是避正堂舍盖公，故相齐九年，齐国安集，大称贤相。"董传性按："参本武人至治国，乃以清净气质一变矣。然参于此，盖有不得已者，不然，不尚之功多忌之主，难乎免哉？"评林升《题临安邸》云："西湖在杭州府城西三十里，自唐以来为东南赏胜处，高宗南渡驻跸临安，遂都焉。此诗讥高宗也，言西湖山水之胜，楼台之广，歌舞之乐，皆不减于汴都矣。所以流连于此，而绝无意于中原也。故都《黍离》、《麦秀》之悲，曾一动其念耶。周穉山曰：'读伯常孝光诗，则知中原之士，未尝一日而忘宋。读梦升诗，则知南宋之臣未尝一日而志于中原。'"评王安石《读史》云："荆公此诗喻已辞馆职，真情也。"现藏上海图书馆。

5.《惠山集》

邵宝辑。清钞本，凡六卷，共二册，有序言和总目，无圈点和评语。邵宝（1460—1527），字国贤，号泉斋，别号二泉，江苏无锡人。成化二十年（1484）进士。正德四年（1509）迁右副都御史，拜南礼部尚书。著有《容春堂前集》《简端录》《大儒奏议》《慧山记》《漕政举要录》《定性书说》等。书前有邵宝序，邵宝《惠山集序》云：

> 予既辑《惠山记》，玉林君复以古今诗文未录为言，于是取诸邑志及山僧所藏为是集，时以总督仓场被召北上，遂携至京师。偶会都水都君玄敬，因属校次如左，而高宪副曾唯方为郎中，遂有入梓之志，梓成请序。惟山有形而无言，然其清奇秀丽、雄伟峭拔、跬步异状者，既振古不易；而日

月云霞、阴晴明晦、照耀掩映者,则与时偕新焉。君子得于观者,发而为言,随其所役,各尽其力,托之卷帙,勒之碑板,而山之情见矣。由是海内之人,闻兹山而未至者,亦得览焉而知其概。由是观之,言虽出于人,人而言,非山川不能自出,然则非山川之自言之也。一闻耳,矧合众作于一而观之,可以得人情,可以得物议,可以得世变,即其所言,而所谓志与史者,于是乎在。可有记而无集哉,诗多故录自永乐以上,余则玉林与前住山园显子录之,文少于诗,不止数倍,故弗录也。①

邵宝序具体说明了是选编选原因、选录宗旨和总体规模。是选体例按朝代编次,共选南朝至明朝诗180首,其中卷一和卷二选唐宋元明文章21篇;卷三选南朝诗3首,唐诗36首;卷四选宋诗54首;卷五选元诗33首;卷六选明诗54首。从选诗倾向上看,宋诗54首,唐诗36首,宋诗入选超过唐诗,说明编者对宋诗是持肯定态度的,没有宗唐抑宋的偏见。现藏国家图书馆。

6.《钓台集》

吴希孟辑。嘉靖十五年(1536)焦煜刻本,凡八卷,共四册,有序言和总目,无评点。吴希孟,江苏武进人,嘉靖十一年(1532)进士,官户兵二科给事中。书前有霍韬渭序,霍韬渭《钓台集序》云:

世儒高视三代而卑后世,务名之见云尔,如光武于子陵拟诸古,亦何卑之有?是故光武万乘也,诎于匹夫。始也物色,致之动也,既也兴临,礼之厚也。谏议不屈之拜,遂之高也。三代之君之礼其臣也,有过焉者乎?子陵,臣也,见万乘不少诎,谏议之禄,视之浮尘,振懦激顽,重汉鼎社,三代之士之白驹、之考槃,有过焉者乎?光武、子陵卧榻共鼾曰:"朕故人也。"子陵足腹,天象不宁,乃亦无所于忌。三代之君臣之忘。势而友也,亦有过焉者乎?是故光武也、子陵也、君道也、臣道也、友道也,进而三代焉,可也。桐庐有钓台,子陵隐处也,过客题咏多高子陵。君子观子陵高节,识光武君德,无愧三代可也。否则,《钓台集》之刻于风教,何有裨焉!嘉靖十四年乙未春二月望后八日后学南海霍韬渭先书。②

---

① 邵宝《惠山集》卷首,清钞本。
② 吴希孟《钓台集》卷首,嘉靖十五年焦煜刻本。

霍韬渭序具体说明了是选的编选缘由和编选体例。是选体例按诗体编次，共选南朝至明朝诗291首，其中南朝诗2首，唐诗19首，宋诗145首，元诗33首，明诗92首。卷一为"传"碑"记"。卷二为"对"论"辩"和"题跋"。卷三为"祭文"赞和"铭""辞""赋"。卷四五言古诗42首，其中南朝诗2首，唐诗9首，宋诗14首，元诗6首，明诗11首。卷五七言古诗6首，其中唐诗1首，宋诗2首，元诗2首，明诗1首；卷五歌行21首，其中宋诗9首，元诗3首，明诗9首。卷六乐府20首，其中宋诗17首，元诗3首；卷七五言律诗34首，其中唐诗5首，宋诗19首，元诗1首，明诗9首；卷七七言律诗62首，其中唐诗1首，宋诗17首，元诗10首，明诗34首；卷七五言排律1首，明诗1首。卷八五言绝句9首，其中唐诗1首，宋诗4首，明诗4首；卷八七言绝句98首，其中唐诗2首，宋诗63首，元诗10首，明诗23首。从选诗倾向上看，宋诗入选竟是唐诗的6倍之多，可见编选者十分推重宋诗。现藏上海图书馆。

7.《绝句博选》

王朝雍辑。嘉靖丙申（1536）刻本，凡五卷，共五册，有序跋、凡例和总目，无评语。书前镌有"郁彩芝记""晓铃藏书"印。《百川书志》卷十九载："《绝句博选》四卷，称秦中友山王公选。唐七言绝句千余首，及宋人数百。"《千顷堂书目》卷三十一："王朝雍《绝句博选》五卷，号友山秦人。"薛福成《天一阁见存书目》卷四："王朝雍《绝句博选》五卷，明王朝雍编。"《新编天一阁书目》之"遗存书目"载："《绝句博选》五卷存二卷，明王朝雍编，嘉靖十五年刻本。"崔铣《洹词》卷四有《绝句博选序》云："……秦中友山王公去彼长篇，采兹句绝，将非重其精渺，易于观感者耶？夫桧曹之细，申周召之广；鲁夸之诵，禓商简之邈。故兼录宋之仅有，著唐之见取也。公嗣子潼谷君三省来守邺，病郡之亡诗也，载梓载教，而铣达其末议云尔。"该书所著录序言与原序略有不同。据《陕西通志》卷五十七载："王朝雍，字仲和，朝邑（今陕西省渭南）人。正德二年举人。"书前有崔铣序和王朝雍跋。崔铣《绝句博选序》云：

> 昔者先王之教，指实正履备物周行者，谓之文；示类喻志，微讽兴情者，谓之诗。夫天运晚化，地效各能，气以滋形，雨露主之声以动气，风霆主之。故诗之为用也，风忌显质，而贵默移，今《三百篇》是也。唐人尚兴而失之浮丽，宋人尚理而失之僻滞。邵子盖曰："删后亡诗。"与不得已，唐为近之，是故其言婉，其调适。自《北征》、《南山》作，已乃夸

奇，而险词尝读《采薇》之篇曰："昔我往矣，杨柳依依。今我来思，雨雪霏霏。"然则断肠之言，惟托优柔，说使之劝，奚必重累哉。秦中友山王公去彼长篇，采兹绝句，将非重其精渺，易于观感者耶？夫桧曹之细，申周召之广；鲁夸之诵，祷商简之邈。故兼录宋之仅有，著唐之见取也。公嗣子潼谷君诚甫来守邺，病郡之亡诗也。载梓载教，而铣达其末议云尔。嘉靖乙未冬十月庚戌邺少石崔铣序。①

崔铣序论述了唐宋诗之间的差异，"唐人尚兴而失之浮丽，宋人尚理而失之僻滞"，此论非常有见地。王朝雍《跋》云：

  夫诗未易言也。余自早岁窃于举业之暇，抚景即事，叙咏成言，而学之者，垂三十余年。宪章取材，考求于《三百篇》，以及汉魏六朝与唐宋诸名家者，不止数百卷，而卒未有得也。曩丞怀邵簿书之暇，取诸集之，七言绝句而选之为五帙，自博返约，将以求《雅》、《颂》之遗焉。呜呼！采风废而惩恶鲜，议瞽诵寝而讽刺不闻，诗之教绝矣。流连光景，耽玩文采，胡为乎哉？嘉靖丙申岁孟夏丁亥奉政大夫南京户部郎中朝邑王朝雍跋。②

王朝雍跋说明了是选编撰过程，并阐释了选录宗旨，即以"求雅颂之遗"为主。是选体例按朝代编次，共选唐宋七言绝句1349首，卷一至卷四录唐诗1149首，其中李白92首，杜甫91首，王昌龄42首，李商隐40首，杜牧38首，刘禹锡32首，张籍32首，王建20首，许浑20首，刘长卿19首，李涉19首，韦应物18首，李益17首，白居易17首，武元衡15首，赵嘏15首，余皆不足15首；卷五宋诗200首，其中苏轼26首，陈后山16首，黄庭坚10首，欧阳修7首，王安石6首，余皆不足5首。从选诗倾向上看，唐诗入选的数量竟为宋诗的5倍之多，可见编选者对唐诗的推重，而于宋诗则持有偏见。现藏首都图书馆。

8.《雍音》

胡缵宗辑。嘉靖二十七年（1548）清渭草堂刻本，凡四卷，共四册，有序言和总目，无圈点和评语。《四库全书存目丛书》集部第292册收录，根据嘉靖

---

① 王朝雍《绝句博选》卷首，嘉靖丙申刻本。
② 王朝雍《绝句博选》卷首，嘉靖丙申刻本。

二十七年（1548）清渭草堂刻修补本影印。胡缵宗（1480—1560），字世甫，原字孝思，号可泉，别号鸟鼠山人。山东泰安人。正德三年（1508）进士，官山东、河南巡抚。著有《鸟鼠山人集》《拟涯翁拟古乐府》《拟汉乐府》等。《四库全书总目提要》卷一百九十一著录："《雍音》四卷，明胡缵宗撰。缵宗有《安庆府志》已著录。是编专辑秦中之诗，始于泰伯、文武、周公、成王、宣王诸逸篇，下迄于元，凡百五十人，分体排纂，以合于雅音者为《内编》二卷，未尽雅驯者为《外编》二卷。然李陵、苏武诸诗概列之《外编》中，其进退殊不甚可解也。"《千顷堂书目》卷三十一著录。书前有谢兰之序，谢兰之《雍音序》云：

夫道在天下，经制之为谟烈典章，若三圣列王；践修之为忠孝节义，若子卿辈；乃至慷慨激发，讽诵规谏，则点缀为诗，若李、杜辈。是诗固道之华，不可后经制、践修而观之也。按艺文志，古者诸侯卿大夫交际，必称诗喻意，别贤不肖，观盛衰焉。故曰："王迹熄而《诗》亡。"……《雍音》凡四卷，始于周太伯，冠以逸诗，暨汉晋隋唐，止乎元，凡百五十人，诗若干首。以李、杜、王、韦诸家大雅者为《内篇》，未尽雅驯者列为《外篇》。其人自文武周公下，大都雍产。其诗自《后慕》下，大都雍音。虽中间殊人品，异造诣，判体裁，迥瑕瑜，大都发乎性情，止乎礼义。①

谢兰之序说明了编撰体例和选诗宗趣。是选体例按朝代编次，每个朝代之中又按体编次，共选上古至元朝女性诗人150家，卷一为古体四言、乐府、古体五言；卷二为近体诗；卷三为古体四言、乐府、古体五言、古体七言；卷四为近体诗。现藏上海图书馆。

9.《彤管新编》●

张之象辑。嘉靖三十三年（1554）魏留耘刻本，凡八卷，共四册；万历二十五年（1597）茅文耀刻本，凡八卷，共四册。张之象（1496—1577），字月鹿，又字玄超，别号碧山外史，晚年号王屋山人。上海龙华人。著有《四声韵补》《韵学统宗》《诗学指南》《诗纪类林》《古诗类苑》《唐诗类苑》《唐雅》《回文类聚》《史记评林》等。《中国古籍善本书目》著录："《彤管新编》八卷，（明）张之象辑，明嘉靖三十三年魏留耘刻本；明万历二十五年茅文耀刻本。"

---

① 胡缵宗《雍音》卷首，嘉靖二十七年清渭草堂刻本。

编选者认为女性作品可以培养人的品德："言以征德，德以成言"（魏学礼《序》），而本选就在于"夫内言不出无非无仪。然《葛覃》弦音，《关雎》始训，哲妃懿妇言足垂来圣所采焉。未有弃者，若夫彤管之编，述古宫闺之义"。[①] 作者从中国诗歌的源头《诗经》谈起，抓住了问题的根本。总体来说，是选重在树立标尺，贯穿教化之功效。是选体例按朝代编次，共选周朝至元代诗歌660首，其中卷一为周至陈，卷二为鲁至汉，卷三为汉，卷四为晋，卷五为隋，卷六至卷七为唐，卷八为宋元。现藏南京图书馆、上海图书馆。

10.《六言绝句》

杨慎辑。曼山馆刻本，焦竑批点。《古诗选》九种三十三卷，《五言律祖》十卷本，前集四卷，后集六卷，《绝句衍义》四卷。杨慎（1488—1559），字用修，号升庵，四川新都人。正德六年（1511）状元，官翰林院修撰。著有《升庵经说》《升庵诗话》《艺林伐山》《绝句衍义》《全蜀艺文志》《升庵长短句》《升庵诗集》等。是选体例按朝代编次，共选唐宋元明四朝诗人43家，诗152首，其中唐代诗人11家26首，宋代诗人12家25首，元代诗人4家8首，明代诗人16家93首。所选宋诗为王安石4首，黄山谷2首，文与可6首，唐子西1首，沈文通2首，张耒1首，范成大3首，白玉蟾2首，张南轩1首，康伯可1首，陆象山1首，朱熹1首。现藏苏州图书馆。

11.《编选四家宫词》

黄鲁曾辑、郭云鹏重校。嘉靖三十一年（1552）郭云鹏刻本，凡四卷，共二册，有跋，无序言、总目和评语。黄鲁曾（1487—1561），字得之，号中南先生。黄省曾之兄。正德丙子（1516）举人。藏书家。著有《孔氏家语》《两汉博闻》《汉唐晋四传》《唐诗二选》《仙家四书》《两汉博闻》《南华合璧集》等。书前有郭云鹏跋，郭云鹏《编选四家宫词跋》云：

> 唐诗有四格，太上盛唐也，其次中唐也，又其次初唐也，学古者昧焉。以为初唐兴于前，则似乎当学，尤有甚于盛唐者，殊不知六代者，绮丽靡弱之原。初唐是其末流而欲变者也，《易》："穷则变，变则通，通则久。"文章于天下，华文素质之相为胜负，互以救之，交以济之，谓初唐有变之始，为丕变之渐，则有功于盛唐之作可也；有越于盛唐之全，懿则非也；

[①] 张之象《彤管新编》卷首，嘉靖三十三年魏留耘刻本。

而晚唐实衰陋之音，恧懑之律者焉。彼宫词之专家则肇兴王建，继效花蕊；而赵宋徽宗则哲王珪，则名相各驰，新语争反，古音舒而玩之。又知诗之赋、比、兴三纬者，不可以一者乏也；而赋者尤列陈实事，叙辨雅情真见，非隔谷之眸，亲闻殊属垣之耳。乃所以深诱愚者之衷，觉悟朴淳之志，阐发性灵，恢张智识，又非比兴沃资之益所得，以肩齐之者矣。意以为宫词者，咸赋之为体，且窃有所疑焉。徽宗、花蕊生深宫之邈邈，入后陈之仪仪，其所咏歌者，不过写几前可玩之景，敷带上易知之言，初非详譬曲喻之词，揆元道先之句也。然名家出乎绮错，大手肆乎川涌，唐之可尚者，岂谫薄云乎哉？而宫词则其一体也。读花蕊者，则知其清逸丽华，和平幽婉，百篇之中更无可厌。若宋之词则大不然，徽宗者削其多尔犹不歉，于意划其半，而犹不合于前，然用巧以模其化，凝精以会其神，其不鲁卫也，必矣。予又有一通方之说焉，追思唐人之擅，且工于诗也。一则缘情赴景不苟作焉，一则去偏舍驳，不尽存焉，此所以洋洋乎为百世之遗音也。自唐而宋，如王、欧、苏、范诸人，苟按其全稿十去七八，刻意极邃，微心严采，岂无一卷之能传耶？原夫诗之为教，所以触懿德于涣然，动人情于以度，非徒沧浪之歌，白苎之词而已耳。良用冠成，此成言以为后轨，有同志者，当以赵宋之文，汇签而集之高架，积篑而贮之深宫，别其荒秽，除其庸弱，俾有以溯唐而为之续者，其不失一代之典章，而乃启大明之备盛者，允在于斯哉。嘉靖壬子冬十一月独峰山人郭之跋。①

郭云鹏跋充分肯定了宫词的艺术价值。是选体例以人编次，共选四家宫词433首，其中《王建宫词》（一卷）100首，《花蕊夫人宫词》（一卷）100首，《宋徽宗宫词》（一卷）166首，《王珪宫词》（一卷）67首。现藏国家图书馆。

12.《诗女史》●

田艺蘅辑。嘉靖三十六年（1557）刻本，凡十四卷（《拾遗》一卷、明末二卷由李元龄补遗），共四册，有序言、凡例和总目，无评语。田艺蘅（1567—1620），字子艺。浙江钱塘（今杭州）人。贡生。任徽州训导。著有《大明同文集》《留青日札》《煮泉小品》《老子指玄》《田子艺集》等。《中国古籍善本书目》集部著录："《诗女史》十四卷，《拾遗》一卷。"《杭州府志》载："《诗女史》十四卷，《拾遗》一卷，田艺蘅撰。"《乾隆志》云："《诗女史》十二卷，

---

① 黄鲁曾、郭云鹏《编选四家宫词》卷首，嘉靖三十一年　郭云鹏刻本。

李元龄补遗。"《四库全书总目提要》卷一百九十二云:"《诗女史》十四卷,《拾遗》二卷,明田艺蘅编。艺蘅有《大明同文集》著录。是书采录闺阁之诗,上起古初,下迄明代。《拾遗》二卷,则皆宋以前人也。采摭颇富,而考证太疏。如《皇娥歌》出《拾遗记》,本王嘉伪托,乃不能辨别,复妄增嫘祖字。苏伯玉妻本晋人,故《玉台新咏》列傅玄之后,乃承《诗纪》之误,以为汉诗;王宋诗本魏文帝拟作,详载《艺文类聚》,而承《玉台新咏》误本,竟署宋名。《吴兴妖神赠谢览》诗,见《太平御览》。亦承《诗纪》之误,作《吴兴伎童》。甚至拾遗之首冠以南齐苏小小词,其词乃《减字木兰花》,尤为可异。艺蘅未必至此,毋乃书肆所托名耶?"书前有嘉靖三十六年(1557)田艺蘅序,田艺蘅《诗女史序》云:

  夫天地奠居,则玄黄宣色,阴阳相匹,则律吕谐声。故文章昭于俯仰之观,音调和于清浊之配,讴由强作,实出自然。造物如斯,人事可测矣。远稽太古,近阅明时,乾坤异成,男女适敌。虽内外各正,职有攸司,而言德交修,材无偏废。男子之以文著者,固力行之绪华;女子之以文鸣者,诚在中之间秀。成周而降,代不乏人,曾何显晦之顿殊,良自采观之既阙也。夫宫词闺咏,皆得列于葩经;俚语淫风,犹不删于麟笔。盖美恶自辨,则劝惩攸存;非惟可考皇猷,抑亦用裨阴教。……人有善而必彰,言无微而不齿。首标小传,尾续馀篇,名曰《诗女史》。盖诗之所采,敢窃比于《国风》;而行有所遗,谅先登于策府也。①

  田艺蘅序充分肯定了男性女性文学的同等价值,且将女性诗作与儒家经典相媲美,抬高了女性诗歌的地位,并说明是选旨在保存文献、采诗记事、表彰历代女性诗人。《凡例》云:"自五帝至秦,以其邈远,故所传必录;自汉至六朝,则事略而诗详;自唐至五代,则事详而诗略;若夫宋元,则诗教既微,乃能崛起,斯亦闺中之杰也。我朝作者固多,而传者不可备得,今偶录所见,余惟好事博览者成之,当为续史。……妇女与士人不同,片言只字皆所当记,其有名无诗者,亦得因事附见。"田艺蘅对各代女性收录诗歌的重点有所不同,于前朝诗歌尽量予以网罗拾取,而于当代明朝女诗人,仅录26人,搜讨较少,而且还有4名诗人是有名无诗的。但是选文献大多是野史传闻,尤其是对于妓妾、乐妇、女尼之类女诗人多加渲染,且有记录灵异之事。是选体例按朝代编次,

---

① 田艺蘅《诗女史》卷首,嘉靖三十六年刻本。

选录上古至明朝女性诗人318家，卷一至卷五上为古魏晋南北朝诗人100家，卷六至卷九为唐五代诗人97家，卷十至卷十一为宋代诗人69家，卷十二为元代诗人26家，卷十三至卷十四为明代诗人26家。唐代女诗人步非烟、薛涛、杜秋娘等皆有选录，宋代女诗人李清照、宁宗后杨氏、寇准妾、朱淑真、桂英等亦选入，辑存文献之功，不可磨灭。现藏上海图书馆。

13.《姑苏新刻彤管遗编》 ●

郦琥辑。嘉靖四十三年（1564）刻本，《姑苏新刻彤管遗编》有《前集》四卷，《后集》十卷，《续集》三卷，《附集》一卷，《别集》二卷。郦琥，字仲玉，号无崖。浙江诸暨人。由贡生官绩溪主簿。著有《和苏集》《彤管遗编》。《千顷堂书目》卷三十一载："郦琥《彤管新编》二十卷。"胡文楷《历代妇女著作考》记录有"三十八卷和十八卷刊本"。《中国古籍善本书目》载："《姑苏新刻彤管遗编前集四卷后集十卷续集三卷附集一卷别集二卷》，隆庆元年自刻本。"三种版本略有差异。《四库未收书辑刊》六集三十册收录，为"《姑苏新刻彤管遗编》二十卷，明郦琥辑。明隆庆元年（1567）刻补修本"。书前有郦琥序，郦琥《姑苏新刻彤管遗编序》云：

叙曰，女正位乎内，男正位乎外，内外相杂，咸有一德，而家道正，正家而天下定矣。故《礼经·内则》《女典·杂言》，张荀曹惠，《女诫》诸篇，《程史》马帐，启迪后先，皆所以教天下之为人女者也。女教而贞静幽娴，不贰其操，情欲无介，宴私寂寥，获配君子，内美孔昭，是以周王得太姒，齐治纳离春，晋文以叔隗启霸，工弓以论射免刑，乐羊子以断机成名，女之贤淑，历有可征，发之为文辞，蕴之为德行，其致一也。后世女子，有工于文翰者，率蹈匪彝，君子遂并弃不录。昔欧阳子叙谢希孟诗，叹女子莫能自彰显于世，可冤也已。余博阅群书，得女之工于文翰者，几四百人，编次成帙，名曰《彤管遗编》，盖取诗人"彤管有炜，说怿女美"意也。诸体稍备，分卷二十。学行并茂，置诸首选；文优于行，取次列后；学富行秽，续为一集；别以孽妾文妓终焉。先德行而后文艺也。君子读《前集》、《后集》，可以观善而道心萌；读《续集》、《别集》，可以惩志而人心灭。是集也，采之足以备史，资之足以弘识，礼之博洽，谈之奇诡，窃欲冀风雅而未能，殆有俟于博闻强识之君子也。集成，或以余附续、别二集讥之。余应之曰："陶元亮赋《闲情》出执御之辞，不害其处士节也；杨廉夫赋韩偓《续奁》，作娟丽语，不损其铁石心也。"余续、别二集，亦犹诗人不删淫奔之音，刘向作《孽嬖传》耳，又何以损害吾之心哉？或人合十忏悔，息讥潜退，同志遂校而梓之。时隆庆丁卯二月望日会稽玄崖山人郦琥撰。①

郦琥序具体说明了编选是选的缘由和总体规模，并交代了取名的含义，即取自《诗经》"彤管有炜，说怿女美"。《凡例》具体说明了是选编选原则，《凡例》云："学行具优者，载诸首简。德行未甚显著而仅优于文者，纪于后集。行劣学优，以年次续焉。即后妃、公主，亦不得与民间妇人有德者同一类也。孽妾、文妓别为一集，然中有贤行者，升附于前、后集之末，以为后世修行者劝。世次考核不精，人品贤否无征者，据己意参附，下仍书附字，以俟后之博览君子辨之也。"编选者选录的原则是"先德行而后文艺"，不分身份贵贱，凡"孽妾、文妓"之作亦广泛收录，并将"孽妾、文妓"之作"别为一集"。郦选的选材大多采自田艺蘅《诗女史》和张之象《彤管新编》，郦琥增补的材料主要从总集、别集、类书、笔记、诗话、词话、家谱等文献中搜罗。是选体例按朝代编次，共选上古至明朝女性诗人412人，诗文1219首，卷一为鲁、卫、宋、赵、虞、晋诗，卷二为邹、齐、楚、吴、魏诗，卷三为汉、魏、晋、隋诗，卷四为唐、宋、明诗。宋代诗人朱淑真、杨太后、韩希孟、杜秋娘、贾蓬莱、李清照、桂英、盼盼等皆有入选。郦选与《诗女史》《彤管新编》相比，增补的宋代女诗人有罗爱卿、燕华君、赵信庵姬、韩玉父、朱希真、元甫妻谢氏、贾蓬莱、梁意娘、张女郎仲妹、于大本妻、罗惜惜、陈妙常、连倩女、何意娘、戴伯龄、张云客、盘塘仙女、少宝山女、楚小波、越娘、楚娘、聂胜琼、赵才卿、周月仙等36人。现藏国家图书馆、北京大学图书馆、上海图书馆、南京图书馆。

14.《环谷杏山二先生诗稿》

汪庭佐辑。隆庆三年（1569）刻本，凡三卷，共一册，无序言、圈点和评语。汪庭佐，明隆庆间人，河南省荥阳市人。生平仕履不详。是选收录宋代诗人汪梦斗《北游诗集》（一卷）130首，汪晫《杏山摭稿》（一卷）和《康范诗集》（一卷）53首。现藏国家图书馆。

---

① 郦琥《姑苏新刻彤管遗编》卷首，嘉靖三十三年刻本。

15.《名贤诗评》

俞允文选评、李仲芳删定。隆庆五年（1571）刻本，共二十卷。俞允文（1511—1579），字仲蔚，江苏昆山人。与王世贞友善，为嘉靖"广五子"之一。书前有俞允文序，俞允文《名贤诗评序》云："古今谈艺者无虑数十家，甲是乙不，此瑕彼瑜，共存称赏，互有弹射，而持论卒无定。不佞取诸说之异同而折衷之，编次成帙，凡二十卷。"①俞允文序阐述了是选编撰缘起。是选以朝代先后为序，以诗系人，以诗话隶诗，所选作品为汉魏至唐宋名家之作，共选宋代诗人24家214首，其中以苏轼37首为最巨，次黄庭坚28首，次王安石22首，次欧阳修、陈后山各17首，次陈简斋11首，次秦观、韩子苍各8首，次司马光7首，次寇准6首，次苏子美、郭功甫、魏处士、王黄州各5首，次梅尧臣、林逋、谢无逸各4首，次石曼卿、张乖崖、晏殊、范仲淹、刘贡父各3首，次张耒、贺铸各2首。唐宋评语，多沿用蔡正孙《诗林广记》。每位诗人均有总评，如评苏轼云，张芸叟云："苏子瞻诗如武库乍开，茅戟森然，不觉令人神悚，仔细检点，不无利钝。"《吕氏蒙训》云："东坡长句波澜浩大，变化不测，如作杂剧打猛颗人，却打猛颗出也。"刘后村云："坡诗略如昌黎，有汗漫者，有典严者，有丽缛者，有简澹者，翕张开合，千变万态，盖自以其气魄力量为之，然非本色也。"西清云："东坡天才宏放，宜与日月争光，凡古人所不到处，发明殆尽。万斛泉源，未为过也。"韩子苍云："东坡作文，如天花变见，初无根叶，不可揣测。"对具体诗作的评价，主要引用前人之语，如评苏轼《海棠》，引慧洪《冷斋夜话》之语："东坡作海棠诗曰：'只恐夜深花睡去，更烧高烛照红妆'。……明皇笑曰：'岂妃子醉，直海棠睡未足耳！'"评苏轼《东栏梨花》，引蔡正孙《诗林广记》之语："此绝亦有前诗感慨之意。"评苏轼《书鄢陵王主簿所画折枝》，引《王直方诗话》之语："欧公盘车图诗，以为法也。"现藏国家图书馆。

16.《诗文类范》

史直臣辑。隆庆六年（1572）刻本，凡十八卷，共十八册，有序言，无凡例和评点。史直臣，河北涿州人。嘉靖二十六年（1547）进士。书前有隆庆年间胡定序、冯谦序和史直臣跋，胡定《诗文类范序》云："鹤峰史先生采补子夏至汉以来，及近代李献吉文若干篇，李唐诗若干首，依类比辑，略具诸家之言

---

① 俞允文《名贤诗评》卷首，隆庆五年刻本。

云。有言于侍御饶公者,侍御从先生得之喜,而佐先生刻之,卒业传诸其人,诗成曰《诗类》,文曰《文范》。"① 史直臣《诗文类范跋》云:

> 余性颛而嗜书,以秦汉而下所为文章,浩乎处充栋而出汗马也,余病之,乃撷其菁华以授善书者,而温媪帝虎之谬多所是正,久之为如干卷。又苦诗无类,即有大成及韵府诸书,然皆离析章句,而非其全文,遂毅然以类诗为任,每遇一题必遍阅数十册,而躬自校录,未尝倩人假手,久之亦为若如干卷,余从仕四方必携以行,即古人之床头易老何加也。自公有暇则旁搜群籍,随得随书,无间暑寒昼夜,以是余目数被病,病愈辄复书以为常,不觉笔倦,盖自登第迄今二十余载,人无知者,亦不求知于人,其视世俗之所好无一足以介于余心,而惟庶几于王筠之老而弥笃,以废日力于此。语曰:"家有敝帚,享之千金。"斯余之谓矣。今岁秋九月,余病目不视事,东石于公于余为寮也,过余而问焉,余语之故,且出所手书观于公,于公月,公家大司马表竖先朝,虽家无长物而富坟素,何为自作蝇头细书耶?昔左氏失明,厥有《国语》,以公之目观之,尤信。虽然,公之目病矣,而士之攻文辞者得是书以为矩矱,其利亦溥矣哉!遂以告巡台城山饶公而谋诸梓人,余辞不获命,因题其文曰《文范》,诗曰《诗类》,总之曰《诗文类范》,以示余所用心,贤于博奕云尔。或曰,一更手写则永不忘,顾余也非永不忘者也,直备忘者也,梓成,遂以是而叙于末简。赐进士出身、山西承宣布政使司左布政使,涿郡史直臣书。②

史直臣跋说明了编选是选的缘由和过程。是选为诗文合选,前六卷为文,其中序88篇,志87篇,议10篇,赞30篇,颂铭8篇,传5篇,杂录6篇,祭文25篇,墓志16篇;卷七至卷十八为诗歌,每卷分类编排,共79类,选诗5443首,如游幸、献寿、赴举、观省、怀寄、朝会、登第、下第、别怅、兵戎、哀挽、后宫、妇女、冢墓、人日、寒食、上巳、七夕、重阳、除夕、雨晴、帝王、士庶、僧道、元旦、上元、清明、端午、中秋、冬至、雨、雨霁、禅室、道侣、阁、亭、宅、山房、池、桥、芍药、寺、观、楼、台、居、堂、田家、温汤、塔、牡丹、海棠、柳、樱桃、桃、蔷薇、芙蓉、竹、兰、菊、梅、松、鹤、柏、雁、萤、寒蛩、鹦鹉、蝉、饯送、叙别、兵战、时令、雨雪、居宅、

---

① 史直臣《诗文类范》卷首,隆庆六年刻本。
② 史直臣《诗文类范》卷首,隆庆六年刻本。

关、花木、禽兽、虫等。现藏国家图书馆和北京大学图书馆。

17.《古今宫闱诗》

周履靖辑。明刻本，凡十六卷，无序言和评语。《历代妇女著作考》："《古今宫闱诗》十六卷，《嘉兴府志》著录。"《中国古籍善本书目》："《古今宫闱诗》十六卷，存四卷，一至四，明刻本，南京图书馆藏（残本）。"周履靖（1569—1640），字逸之，初号梅墟，改号螺冠子，晚号梅颠，浙江嘉兴人。卷一选少昊母皇娥螺祖1首，西王母缑婉妗1首，次室女1首，陶婴1首，邵王聘女姬氏1首，吴王女紫玉1首，勾践夫人1首，采葛妇1首，赵简子夫人河津女婿1首，虞百里奚妻3首，秦王殿上琴女1首，楚王虞美人1首，汉高帝夫人戚氏1首，赵飞燕1首，苏武妻1首，卓文君1首，蔡琰19首，王昭君1首，班昭1首，罗敷1首，班婕妤1首，虞姬1首，窦玄妻1首，苏伯玉妻1首，徐淑1首，崔氏1首，乌孙公主刘细君1首，周氏1首，文帝后甄氏1首，刘勋妻王宋2首，姚玉京2首，孟珠1首，武帝贵嫔左芬2首。

18.《冯太史校汉唐宋元明十六名姬诗》

周履靖辑。光绪二十七年（1901）刻本，凡十九卷，共七册，无序言、圈点和评语。是选体例分类编次，分"宫掖""闺秀""女冠""平康"四种，其中"宫掖"选唐代《上官昭容诗》一卷，唐代《花蕊夫人诗》二卷；"闺秀"选汉代《蔡文姬诗》一卷，宋代朱淑真《断肠集》（二卷）167首，宋代《李清照诗》一卷（缺），元代《郑允端诗》一卷，明代《朱静庵诗》一卷，明代《陆文峦诗》一卷，明代《桑贞白诗》二卷，明代《许景樊诗》一卷（朝鲜士女）；"女冠"选唐代《鱼玄机诗》一卷，唐代《李季兰诗》一卷；"平康"选唐代《薛涛诗》一卷，明代《赵今燕诗》一卷，明代《马湘兰诗》二卷，明代《薛素卿诗》一卷。现藏上海图书馆。

19.《新刻五伦诗选》

李攀龙选。明刻本，凡一卷，一册，无序言、笺注和圈点。李攀龙（1514—1570），字于鳞，号沧溟，历城（今山东济南）人。继"前七子"之后，与谢榛、王世贞等倡导文学复古运动，为"后七子"的领袖。是选体例分类编次，分父子、君臣、夫妇、兄弟、朋友五类，共选汉代至明朝诗人93家，诗103首，是选以唐宋诗人为主。父子类选诗人17家21首，君臣类选诗人18家22首，夫妇类选诗人16家16首，兄弟类选诗人18家19首，朋友类选诗人24家25首。

是选在众多选本中十分特别,以五伦为入选宗旨。宋代诗人选有洪咨《示子》、谢枋得《示儿》《北行别人》、文天祥《正气歌》《过零丁洋》《挽文丞相》、陈与义《九日感怀》等。现藏国家图书馆。

20.《新刊古今名贤品汇注释玉堂诗选》

舒芬辑、舒琛增补、杨淙注。是选有两种版本:一为万历七年(1579)金陵唐氏富春堂刻本,凡四卷,共八册,藏国家图书馆、首都图书馆;另为万历七年(1579)富春堂刻本,积秀堂、达德堂重修本,凡四卷,共八册,现存辽宁省图书馆、山东省图书馆。《四库全书总目》《千顷堂书目》未予载录。舒芬(1487—1531),字国裳,号梓溪。江西南昌进贤人。正德十二年(1517)状元。著有《舒文节公全集》等。舒琛,字季炎,明万历间进贤人。杨淙,字子敬,明万历间进贤人。上海图书馆所藏万历七年(1579)唐氏富春堂刻本,书前首书"万历乙卯七年秋八月吉旦豫章陈栋书"(《刻〈古今名贤玉堂诗选〉引》,次为《〈古今玉堂诗选〉名贤姓讳字号》)。书前有陈栋引,陈栋《刻〈古今名贤玉堂诗选〉引》云:

> 梓溪舒先生在翰林时所选古今名贤诗一帙,题曰《玉堂诗选》,皆得《三百篇》之旨,灼见其"发之性情,止于礼义。悲而不伤,忧而不怨"。温厚和平之音,溢于言表;品题风物之情,见于意外,其于养性淑身,诚哉有赖也。然未得登梓传之于世,秘私于家,因竹亭杨子敬求斯集,熟而读之,不忍不传,公于天下。是则宏抒雅思,博览旁求,并搜以后诸名公佳制,事关风教者千百余首。复于诗义中有故事,则注释之,飞走动植则各类其所长,而忠孝廉节则各从其所志,分门定类,品汇摘奇,非不容悦于吾心,亦以模范于来学也。竹亭编成,付唐君对溪梓焉。余晤唐君,因出帙告余,曰此辑将登木,公于海内,可以关于世务否耶?余览之遍,嘻欤!竹亭之用心过于厚矣,抑亦得性情之正也。是故仓庚鸣于春,蟪蛄鸣于夏,寒蝉秋咽,野雉冬鸣,夫物有鸣,人孰无咏?然则竹亭之鸣,谓非不鸣于此集乎?抑谓非得于诗教矣乎?余故曰:"养性情必资乎歌咏也。"唐君梓之,将与后学可楷范矣,以《玉堂诗选》名之固宜。时万历己卯七年秋八月吉旦,豫章陈栋书。[①]

---

① 舒芬,舒琛,杨淙《新刊古今名贤品汇注释玉堂诗选》卷首,万历七年金陵唐氏富春堂刻本。

陈栋序说明是选选录标准，即以《三百篇》的"发之性情，止于礼义"和"温厚和平之音"的儒家诗教观作为指导思想。

是选体例分类编次，共选汉至明朝诗562首。第一卷分"天文类"录3首、"时序类"录55首、"节序类"录28首；第二卷分"地理类"录84首、"宫室类"录82首；第三卷分"人物类"录47首、"僧道类"录30首、"妇人类"录17首、"文学类"录13首、"音乐类"录18首、"咏古今名贤诗"录13首；第四卷分"器用类"录74首、"图画类"录26首、"衣服类"录11首、"饮食类"录12首、"仕进类"录49首。宋诗选有黄庭坚3首、苏轼2首、梅尧臣2首、邵雍2首、刘克庄2首、朱熹2首、杨万里2首、朱淑真1首、刘克庄1首、陈师道1首等，每位诗人入选诗歌偏少。是选有评语，主要着眼于探讨诗歌的创作手法，如评黄庭坚《咏雪奉呈广平公》云："前四句写春日，后四句书怀。首一句就题说出，春雪结束，末又将桃李归结。春雪正是诗家法。"评韩琦《喜雨》云："因一阵之雨而济，万物之苏，暗隐喜字。"评黄庭坚《送顾子敦赴河东》云："二联言所产之物。托张堪之政以喻之。"评张耒《夏日书怀》云："此言虽物之微，亦各知其时意也。言光景之易迈，鬓毛之易改。欲投闲于江村之上，以乐乎？樵采渔捕，而度余生可见知止之意。"是选对"天"做了详细的阐释："《释名》云：'天，坦也。坦然，高而远也。'《说文》云：'天，巅也。至高无上，从一大也。'杨泉《物理论》云：'水土之气，升而为天。'《纂要》云：'东西南北曰四方，四方之隅曰四维，天地四方曰六合。'《释义》云：'元气之轻清上浮而为天，其色玄；其形穹窿，圆而动，包着地，天运不息，昼夜轮转，以气而依地之形，地特天之中一物耳。'"现藏国家图书馆。

21.《养蒙诗》

范涞辑。万历甲申（1584）年刻本，凡一卷，共一册，有序跋、总目和评语。范涞（1560—1610），字本易，一字原易，号晞阳。徽州休宁（今安徽黄山）人。明神宗万历十二年（1584）进士。历任江西南城知县、南昌知府、浙江按察司副使、浙江布政使等职。著有《晞阳文集》《休宁理学先贤传》等。书前有范涞《养蒙诗引》和康伯元《题养蒙诗后》。范涞《养蒙诗引》云：

> 乡塾每以俗传《千家诗》训童蒙，顾其诗醇疵弗类，蒙以养其正，不宜如是。尝欲取先儒发明理道等诗集为一帙，使童子入小学时，作晚课，后因循未就。今年春季，儿知诵诗，余向日之念，复戚戚焉。遂校订宋儒及昭代诸理学五七言绝律，共一百零八首。欲童子易毕功，故不敢多采。

且据见在笥中书帙撷拾之，故口遗者亦多要之，皆取其明白恺切，能激发赤子天机，使之忻喜，讽诵优游渐渍，不自知其范于斯道中，则他日之成材庶可易耳。古人教童子之法，有歌咏，有舞蹈，皆所以养其情，而轨于正。今皆废弛，无所传，故为童子者，一入塾师便若缚。然不胜苦楚，藉使课书之暇，其倦怠启其兴趣，长者倡之，少者和之，诵之不足而歌之，歌之不足，不知手之舞之足之蹈之。是虽无古先生之法，而犹不失歌舞之遗意焉。则斯编也，或为养正之一助；而为父兄者，亦将乐闻其咏，而观知，其不止于养蒙矣。奉政大夫南京户部郎中新安原易书于白下亭。

范涞序说明作为童蒙学诗之课本，应多选取那些能培养学生性情之正的作品，尤其是理学家的作品。康伯元《题养蒙诗后》云：

善教者，渐人而不知；不善者，强人以速化；夫渐而不化者，有矣；未有不渐而化者，虽天地圣人不能达也。可以化而不化，可以速而不速，吾必以天地圣人为不仁。诗歌先教人而渐之之术也，古法不传，而近代之声时得其遗意，是亦可以兴乎？呜呼！诗难言其旨远也，惟旨远，故讽咏而动深思，讽咏而动深长之思，是故能渐恶其远也。而暴之彼，其意在此，不知与以渐人何如耳。余友新安范原易氏辑儒先诗五七律绝共一卷，题曰《养蒙》，凡在编皆教也。其间至与未至则原观者，以此求之乃为题于末简。万历甲申春三月十又一日澄海康伯元识。

康伯元序再次申论，是选的选录宗旨为"善教"。是选体例按诗体编次，分五言绝句、七言绝句、五言律诗、七言律诗四种诗体，共选诗108首，其中五言绝句12首（宋诗5首）、七言绝句32首（宋诗14首）、五言律诗13首（宋诗7首）、七言律诗51首（宋诗16首）。宋诗选录42首，占入选总数的38.9%，入选比例较高，符合宋诗创作的实际成就。在审美趣味上，偏重宋代理学家，其中邵雍16首、朱熹11首、程颢7首、共34首，可见在编者心目中，理学家之诗最适合教育培养儿童。是选作为儿童教材，有大量注释和批语，如评程颢《秋日偶成》云："此篇形容心体广大，超乎天地万物之上。"评朱熹《斋居感兴》云："此叹圣经残缺，大道隐微，所赖河南程夫子能继绝学也。"评朱熹《水口行舟》云："此篇形容私欲虽泛滥，而天理常常昭著。"评邵雍《暮春吟》云："此可见其静定气象，此可见其天理流行，从容潇洒气象。"评邵雍《月夜》云："此篇借物形容圣人清温之德。"评邵雍《清夜吟》云："此篇借物形容圣人之本体，体清明人欲净尽。"现藏国家图书馆。

22.《钓台集》

陈文焕辑，杨束删补。明万历十三年（1585）刻补修本，凡四卷，共六册，无总目和评语。陈文焕，福建漳州龙海市人。明万历二十年（1592）进士，任应天坐营都司。杨束，福建建安人。官桐庐县知县。书前有霍韬渭序、彭韶序、郑纪序、胡拱辰序、程敏政序、廖道南序、陈文焕序。程敏政《钓台集序》云：

予家新安，往来钓台下，必登眺裴回瞻礼，或时诵壁间诗版庑下文刻，追慕先生之高风，而谈者犹以纪载弗完为憾。然先生岂以是为加损哉？近过严州，始得观同守邝君时用所刻《钓台集》十卷，则诚完矣。然犹觉有遗阙者，提学宪副郑君廷纲、太守李君叔恢托予订之，因增入新旧记文、铭赞、诗辞六十余篇，而识其后曰，凡颂先生者，言人人殊，窃意其有未究先生之心者。夫士生百世下，尚论古人，亦徒据史家所记云尔。先生少与光武同学，莽之亡，汉之兴，孰不愿出以自见？而先生方且变姓名，走匿不暇，是岂无意哉？帝思之至于物色，乃出。而就见之顷，谓帝差增于往，则先生之平日，其不足帝者深矣！考其时，先生至洛阳，年六十有八，帝三十有四，以师友事之，而不可以臣之，亦明矣。抚先生之腹而共偃卧、道故旧，曰："我固不能下汝邪？"此何为者？虽不忘于同舍燕昵之乐，而无屈己下贤之诚，宜先生卧不起，语不应，而曰："士固有志也。"且帝方委政侯霸，霸之家世，素以宦者进，又显仕于莽，先生将唾恶不暇，而霸反以手书坐致先生，先生责之，而帝笑曰："狂奴故态。"夫不坐霸以侮贤傲物之罪，乃共为戏谑指目之词，光武君臣之间相与如此，而谓先生仕乎？虽愚者亦知其不可矣！盖自是而杀韩歆，废郭后，易太子，又未几而封泰山、奏祥瑞、班图谶于天下，然则先生与帝所同学者，何学哉？见几而作，不俟终日，先生殆计之审矣。使先生为谏议大夫，于此可以无言哉？言之不听而去，亦陋矣。史谓光武通尚书，且有谨厚之誉，其所为若是，何也？盖人尝谨于微时，骄于既贵，况贵为天子，而加以功成志得者哉？其轻士固宜。然士固有不能为其所轻者，先生是也。秉彝好德，人心所同，立懦廉顽，盖有不期然者。先生则岂有意曰，吾将以是起天下节义之风哉？虽然，先生以布衣不屈于万乘，光武始终优容之，至于寤寐不忘，则其贤又于是乎不可及已。惜予旧学荒落，闻见弗广，无以副三君子之心，客舟匆匆，亦不敢濯缨滩下，以涴先生钓游之处，谨什袭归之。而获附姓名集中，既以自幸，亦以自惭，有不知其所云者矣。弘治二年龙集己酉夏六月既望，赐进士及第致仕、中顺大夫、詹事府少詹事兼翰林院侍讲学士、同修国史、经筵官，新安程敏政书。①

程敏政序说明了是选编选的过程和选录宗旨。是选为吴希孟《钓台集》的增补本。分卷上和卷下，卷上共三卷，卷一为严子陵钓台图，卷二为文，卷三为赋和诗，卷下增补五言古诗31首，其余与吴希孟《钓台集》完全相同。现藏国家图书馆。

23.《新刻彤管摘奇》 ●

胡文焕辑。明万历二十一年（1593）刻本，凡二卷，共一册，无序言和评语。《历代妇女著作考》载："《北京图书馆善本书目》著录，有明万历二十一年刻本，列入《格致丛书》。上卷六十五页，下卷六十六页。"《历代妇女著作考》载："《新刻彤管摘奇》前后无序言，凡分前集、后集、续集、附集、别集，才德并茂，列入前集；文优于行，列入后集；学富行亏，列入续集；仙道列入附集，编次体例与《彤管遗编》相同。"胡文焕，字德甫，一作德文，号全庵，一号抱琴居士，浙江钱塘人，生平仕履不详。著有《奇货记》《犀佩记》《三晋记》《余庆记》等，辑有《群音类选》《文会堂琴谱》《诗学汇选》等。是选体例仍旧遵循《彤管遗编》，编撰原则诗人将"德行"置于首位，然后是"才学"，共选汉代至明朝女性诗歌448首，其中汉代至隋代诗116首，唐诗111首，宋诗96首，元诗68首，明诗57首。《前集》汉代至明朝诗32首，其中汉代至隋朝诗14首，唐诗3首，宋诗5首，元诗6首，明诗4首；《后集》汉代至宋朝诗311首，其中汉代至隋朝诗74首，唐诗96首，宋诗26首，元诗62首，明诗53首；《续集》汉代至宋朝诗58首，其中汉诗4首，宋诗54首；《附集》晋朝至宋朝诗10首，其中晋诗4首，唐诗3首，宋诗3首；《别集》晋朝至宋朝诗37首，其中晋朝至隋朝诗20首，唐诗9首，宋诗8首。宋代诗人选有杨太后30首，汴梁宫人15首，孙夫人3首，陈梅庄3首，贾蓬莱3首，黄氏2首，孙玉娘2首，朱希真2首，楚小波2首，谢氏1首，谭意歌1首，梁意娘1首，徐君宝妻1首，黄淑1首，罗爱卿1首，蒨桃1首，王氏1首，林杜娘1首，舒王女1首，丘氏1首，曹希蕴1首，丁渥妻1首，崔球妻1首，淮南夫人妻高氏1首，南宫县君钱氏1首，毛友龙妻1首，贺方回妻1首，钱氏1首，士人妻1

---

① 陈文焕，杨束《钓台集》卷首，万历十三年刻本。

首，李少云1首，于大本妻1首，陈妙常1首，华春娘1首，延安夫人1首，易少夫人1首，盘塘仙女1首，盼盼1首，桂英1首，周月仙1首，周氏1首，周韶1首，胡楚1首，严蕊1首。李清照、朱淑真等著名诗人未予收录，34人均选入1首，还是比较有代表性。现藏国家图书馆。

24.《名媛玑囊》

池上客辑。明万历二十三年（1595）书林郑云竹刻本，凡二卷，共四册，有序言，无总目和评语。《中国古籍善本书目》载："《镌历朝列女诗选名媛玑囊》四卷，万历二十三年书林郑云竹刻本，《名媛玑囊》二卷，万历刻本。"《西谛书目》载："《镌历朝列女诗选名媛玑囊》四卷，题池上客辑，明万历刊本，四册。"浙江图书馆藏明万历刻本《名媛玑囊》二卷。书前有池上客作于万历乙未冬月（1595）序，池上客《名媛玑囊序》云：

> 余友博习眇休，取古彤管而拔其尤者，无论名妃、淑媛、声妓、孽妾，咸不以微，故捐焉。予手之大都清越猗旎、绰有兴致。最上者，志脱秋霜，心盟非石，诵之生气凛然。其次，则递密传悰，绸缪缱绻，如弱柳依堤，繁花委砌，而迎风泣露，色色动人。即南国讴吟，西园唱和，何多让哉？谭者乃谓朱紫并存，雅郑兼收，用以忘倦，则所以训也。嗟嗟阿谷援琴，东山携尘，迄今以为美谈。而赋闲情，传萼嬖宁，以诲淫也。亦宣尼氏不删郑卫意耳，又何必斤斤程度，尺寸不逾，乃称贞教哉。虽然白云苍狗，倏忽万端，其以佐针砭也。惟是其以滋孟浪也。①

池上客序说明了是选的选录标准，并称颂历代女性诗人。是选体例按朝代编次，卷一选周朝至唐代诗赋271首，卷二选宋代至明朝诗词赋253首。宋代诗人朱淑真、杨太后、韩希孟、杜秋娘、陈妙常、贾蓬莱、李清照、桂英、盼盼等皆有入选。现藏浙江图书馆。

25.《香雪林集》

王思义辑。万历三十三年（1605）刻本，凡二十六卷，共六册。无序言、圈点和评语。王思义，字允明，江苏华亭县人。生平仕履未详。著有《草木图会》六卷、《身体图会》十二卷。《善本书室藏书志》卷三十九载："《香雪林

---

① 池上客《名媛玑囊》卷首，万历二十三年书林郑云竹刻本。

集》二十六卷,明王思义集。此书前有万历乙巳王圻序云:'……其间儿子思义能以诵读之暇,稍加培护,而骚人韵侣徜徉吟啸。且披集古今题咏,若诗、若歌、若赋、若图谱,渐次成帙。因授之梓,以永其传。'思义亦自有序。"《四库全书总目提要》云:"明王思义编。思义有《宋史纂要》,已著录。是编《梅图》凡二卷,咏梅诗词文赋二十二卷,终以《画梅图谱》二卷。"是选为残卷,现存卷六、卷八、卷十六、卷二十一至卷二十四,凡七卷,共选汉魏至明代诗歌502首。卷六唐宋七言绝句77首,其中唐诗20首,宋诗57首;卷六汉魏至明代五言绝句161首,其中汉魏至唐代12首,宋诗59首,明诗90首;卷八唐宋七言律诗164首,其中唐诗10首,宋诗154首;卷十六元代诗人冯海粟七言绝句《咏梅百咏》100首;卷二十一至卷二十四为词。是选选录宋诗270首,张道洽31首,位居第一,次陆游22首,次杨万里13首,次黄庭坚12首,次朱熹11首,次梅尧臣10首,次苏轼5首,余皆不足5首。现藏国家图书馆。

26.《宋元名家梅花鼓吹》

王化醇辑。万历三十六年(1608)梁溪九松居士尊生斋刻本,凡二卷,共一册。鼓吹就是指"鼓吹乐",以打击乐器、吹奏乐器等合奏形式为主的传统音乐。其初常用鼓、角、箫、笳、钲等乐器,这是一种军乐。历代鼓吹乐曲,均配有歌辞,可供歌唱,宋郭茂倩《乐府诗集》就收有《鼓吹曲辞》,后世以鼓吹借指诗歌。《梅花鼓吹》选录宋、元咏梅花之诗。现藏国家图书馆。

27.《闺秀诗评》

江盈科辑。万历刊本,凡一卷,共一册。是选有《说郛续》本,上海中央书店《雪涛小书》(1935年11月版和1948年12月版)本。江盈科(1553—1605),字进之,号绿萝山人。湖南桃源人,明万历二十年(1592)进士,先后历任长洲县令、大理寺正、户部员外郎。明朝晚期文坛"公安派"的重要成员之一。实际上这是一部闺秀诗选本。书前有江盈科序,江盈科《闺秀诗评序》云:"余生平喜读闺秀诗,然苦易忘,近摘取佳者数首,各为品题,以见女子自摅胸臆,尚能为不朽之论,况丈夫乎!"[1] 江盈科序说明了是选重在选录体现女性情感的作品。是选体例按人编次,共选上古至明朝闺秀诗人26家,诗40首,其中宋代诗人6家6首,为蒨桃、余淑柔、朱淑真、朱希真、贾蓬莱、黄氏(王元妻)。是选对入选的诗人生平有简短的概述,如朱希真小传:"小字秋娘,

---

[1] 江盈科《闺秀诗评》卷首,万历刊本。

嫁为商人徐必用妻，能诗。"对每位诗作均有评价，如评朱淑真《中秋闻笛》云："'谁家巧作断肠声'，此诗直翻其案，清绝可爱。"评贾蓬莱《咏蝶》云："词简而有意味。"评余淑柔《题驿亭》云："风骚可喜，时有幽致。"评黄氏《听琴》云："古意古调古词，恐知音者寡矣。"

28.《青楼韵语》●

张梦徵辑。万历四十四年（1616）刻本，凡四卷，共二册。《中国古籍善本书目》载："《青楼韵语》四卷，（明）朱元亮校证，张梦徵辑，明万历刻本，北京图书馆藏。"《历代妇女著作考》载："万历四十四年刻本。"是选有《青楼韵语弁言》，万历丙辰王正月杭子序，万历乙卯玄度子《韵语小引》，丙辰六观居士张梦徵跋。《青楼韵语》以《嫖经》为纲骨。书前有杭子序和玄度子小引，杭子《青楼韵语序》云：

> 女何以称妓耶？非夫倚市门，不择人而屡笑，粉敷脂抹衬青黄面孔者，其天资媚泽机慧灵通人士，须眉大夫，雄心辟性，圄其范围入焉，而不能出，故称妓焉。而复有灵心采笔，绣口香唇，吐辞成响，命之曰：词妓。词妓所网罗尽天下才人韵士，非其人弗交，而天下才人韵士，蕴蓄极博，意不可一世。……夫子删诗，犹存郑卫，以创逸志，而觐近波靡，于斯为烈。是编也，妓得之惕秦镜之照，而士察之如悬鉴以游于世矣。嗟夫！尤物易以移人，妓且词，其机韵，故足倾动一时。而才人韵士，其兴偏豪，其情偏荡，其流逸每不返，将无逐妄求真，寻声续韵，不以为鉴而以为程，则失作者意而自祸且愈烈。吾尤愿须眉士择地而蹈，择人而语，毋徒韵之求，雄心销于雌守也。万历丙辰春王正月杭子题。①

杭子序辨析了何谓"词妓"，与一般意义上的妓女并不相同，可见作者对"词妓"的肯定与推崇。玄度子《青楼小引》云："古之注嫖经者，如大禹铸九鼎，以图神奸使民，不逢不若，此正与道学相发明，安得谓其有异耶！不特此也，且可以助道学所不及，何也？凡人之情，乐放而恶拘，道学诸书持论非不正，然或绳人所不堪，则赋性高明者反耽情逸乐以自豪，乃若寓规于讽，似骚似雅，令人一唱三叹，篇什之中，恍然有会，此即劝惩之遗法也，故曰：诗可以兴。"玄度子区分了妓女之情与道学家之情的不同。女肆花国居士辑注的《凡

---

① 张梦徵《青楼韵语》卷首，万历四十四年刻本。

例》共有六条：

> 情语别以名肆，凡诗词曲调止选古今名妓，外此即《玑囊》《彤管》铿然简端，而名不列乐籍者，不敢妄附串入。
>
> 古今名妓大略收罗无遗，时下颇乏作家，有亦未能尽识，据远近征得者若干首，随征随录，真赝未暇穷执也。
>
> 嫖经系旧人所作，即语多近俚，而搜引变态，曲中人情，非但为名妓左券，因之用世，允称通入，故录以弁首。
>
> 汇语以嫖经为纲，上加一圈，以便条览，次注释，次经目，次诗，次词，次曲，而古今世代名次，其中又各为先后。
>
> 注释系花国主人名笔，愚意略为参赞，至旧注稍不俗者，并得备录。
>
> 图像仿龙眠松雪，诸家岂云遽工，然刻本多谬，称仿笔以诬古人，不佞所不敢也。①

尤其注重对妓女的"才"与"德"的肯定，此其一。其二，编选时，较为随意，所谓"随征随录，真赝未暇穷执"。其三，有张梦徵绘制图像12幅，实属一功。还有诸多对"客"与"妓"的解析，让人有所思考，如"客与妓，非居室之男女也，而情则同。女以色胜，男以俊俏伶俐胜，自相贪慕。"何谓"困妓"与"时妓"："初会处色，久会处心，困妓慕财，时妓慕俏。"何以"色"取："色由心造，久会而心益坚，不必以色取也。"是选体例按朝代编次，共选录"古今词妓凡百八十人，韵语（诗、词、曲）计五百有奇"（《凡例》），即有180位韵语作者，诗451首，其中晋代女诗人1人，南齐女诗人1人，梁代女诗人1人，隋代女诗人4人，唐代女诗人24人，宋代女诗人25人，元代女诗人10人，明代女诗人114人。明代诗人景翩翩存诗最多，计40首，宋代诗人选有温婉6首，桂英3首，朱逸仙2首，余皆不足2首。是选评语，较为详细，如评谢金莲云："举止轻盈，终于卖俏。行藏稳重，乃可从良，今从良者比比矣，若无驾驭之法，宁取稳重，庶几易驯，然轻盈而有真性情，则卖俏从良，同一辙也。"现藏国家图书馆。

29.《古今禅藻集》

释普文辑。万历四十七年（1619）刻本，凡二十八卷，共八册，有序言、

---

① 张梦徵《青楼韵语》卷首，万历四十四年刻本。

凡例和圈点，无评语。莫友芝《邵亭知见传本书目》著录："《古今禅藻集》二十八卷，明释正勉、性通同编。刊本。"《四库全书总目提要》卷一百八十九云："明释正勉、性通同编，其裒辑则释普文也。普文字理庵，正勉字涵可，并嘉兴人；性通，字蕴辉，应天人。所录皆释子之作，而不必其有关于佛理，曰'禅藻者'，犹曰僧诗云尔。所载上起晋支遁，下讫性涵所自作。以朝代编次，每代之中又自分诸体。中间如宋之惠休，唐之无本，后皆冠巾仕宦。与宋之道潜，老而遭祸，官勒归俗者不同，一概收之，未免泛滥。又宋倚松老人饶节，后为僧，名如璧，陆游《老学庵笔记》称为'南渡诗僧之冠'，与葛天民卒返初服者亦不同，乃漏而不载。至宝月《行路难》，钟嵘《诗品》明言非其所作，载构讼纳赂事甚悉；而仍作僧诗，皆未免疏于考订。他如卷一之末，独附赞铭诔赋，盖以六朝篇什无多，借盈卷帙。然以此为例，则诸方偈颂，孰非有韵之文，正恐累牍连篇，汗牛而载，于例亦为不纯。特其上下千年，网罗颇富，较之《唐僧宏秀集》惟取一朝，《宋九僧诗》但备数家者，较为完具，存之亦可备采择焉。"书前有万历戊午（1618）虞淳熙序、万历己未（1619）赵文治序和谭贞默序。关于是选编撰标准，《凡例》指出："道行孤高、兼善风雅、履历可称者为第一义，则居首选。诗格高调古、思奇语玄、幽闲虚旷、飒飒可法者，亦居上选。诗有关忠孝节义、激扬名教者，纵诗稍平，则亦不遗耳；诗或匡维法门，兴崇佛事，砥砺僧行，有补庸劣者悉收之。吊古悲废、慨伤时事及讽刺悠扬者，亦取之。人行高望重、世代旷远、全集湮灭，间得一篇两篇，不忍轻弃，并收之，不在例内。谒逢迎及宫词艳体有伤本色者，则摈而不取。登临送别、风月闲题、人人擅场者，亦不多取。"① 选录标准为侍僧的道行品格又兼具风雅，并生平事迹无瑕疵者，作为首选，而"格高调古、幽闲虚旷""忠孝节义、激扬名教"和"忠孝节义、激扬名教"者均在入选之列。是选体例按朝代编次，每个朝代之中又以人编次，共选晋代诗僧支遁到明代释普文320位诗僧，其中晋代至隋朝诗僧30家，唐朝诗僧54家，宋朝诗僧41家，元朝诗僧27家，明朝诗僧168家。现藏上海图书馆。

30.《宋元名家诗选》●

潘是仁辑。国家图书馆所藏《宋元诗》万历四十三年（1615）刻本，名为《宋元四十三家集》，共二百六十卷，三十册；天启二年（1622）刻本，共六十一种，二百七十三卷，四十八册，称《宋元六十一家集》。潘是仁，字讱叔，新

---

① 释普文《古今禅藻集》卷首，万历四十七年刻本。

安人，生平仕履未详。初刻于万历四十三年（1615），名为《宋元四十三家集》，万历本前有李维桢、焦竑、王应翼序，天启本有袁中道序，每集前潘是仁撰有小序。李维桢《宋元诗序》云：

> 诗自《三百篇》至于唐，而体无不备矣。宋元人不能别为体，而所用体又止唐人，则其逊于唐也故宜。明兴，诗求之唐以前，汉魏六朝以后，元和大历，骎骎窥《三百篇》堂奥，遂厌薄宋元人，不复省览。顷日，二三大家王元美、李于田、胡元瑞、袁中郎诸君，以为有一代之才，即有一代之诗，何可废也。稍为摘取评目，而友人潘讱叔，益搜葺世所不甚传者百余家，问序于余。余为童时受诗，治举子业，其义训诂，其文俳偶，无关诗道。比长而为诗，亦沿习尚，不以宋元诗寓目，久之，悟其非也。请折衷于孔子，古之诗即古之乐，孔子自卫返鲁，而后乐正，《雅》《颂》各得其所，其人皆天子诸侯卿大夫之伦，其事皆宗庙朝廷经文纬武之业，可无置议，至于十五《国风》，其人或农渔樵牧、戍卒猎徒、候人伶官、弃妇怨女、妾媵之贱、淫奔之偶，其事或置兔包麕从狼载犬，倩笑美盼、桑中濮上、婆娑排闼之行，悉以施五音六律，而列国骋使往往赋之言志，以宋、元道宋、元事，即不敢望《雅》《颂》，于十五《国风》者宁无一二合耶？鲁备六代之乐，季札所观若郑若陈、若邠若曹，与《雅》《颂》并奏，其来已久，孔子岂不知郑音好滥淫志，卫音趋数烦志，齐音敖辟乔志，而悉收之，声音道与政通，审音知音，审音知乐，审乐知政，而治道备矣。宋诗有宋风，元诗有元风。采风陈诗，而政事学术、好尚习俗、升降污隆，具在目前，故行宋元诗者，亦孔子录十五《国风》之指也。闻之诗家云，宋人多舛，颇能纵横。元人多羞醇，觉伤局促。然而宋之苍老，元之秀俊，宋之好创造，元之善模拟，两者又何可废也。夫宋元人未尝不学唐，或合之，或倍之。安知今之学唐，无不若宋元之学唐者哉。安知今之卑宋元者，必真能胜宋元者哉，合者可以式，倍者可以鉴，精而择之，慎而从之，如铸金者，黑浊黄白青，白之气竭，而青气次焉，粟氏以为量，声中黄钟之宫，则何宋元人之不必为唐，虽以近于六朝汉魏三百篇，可也。大泌山人李维桢本宁父撰。①

李维桢认为，"以宋、元道宋、元事，即不敢望《雅》、《颂》，于十五《国

---

① 潘是仁《宋元名家诗选》卷首，万历四十三年刻本。

风》者宁无一二合耶",除此外,"宋诗有宋风,元诗有元风",强调了宋元诗各有优长。这是在分辨唐、宋诗歌审美价值之时代差异的同时,强调宋诗乃至元诗的价值。焦竑《宋元诗序》云:

> 西人利玛窦之始至,余问以若知孔氏之教乎?曰:"不知也。"抑知释与老乎?亦曰:"不知也。"余曰:"若尔。"向学者宜何从?曰一国自有一国圣人,奚必同?余甚赏其言。维扬顾所建兄过厎尝梓汉魏人诗,余谓此编当为诗准,君乃谓一代有一代之诗,奚必汉魏之是而近代之非乎?余喟然叹曰,有是哉!顾君错综今古,得风雅之情,其见及于此,非偶然也。余谓此与利君之言皆千古笃论,而知者希矣,何者?在心为志,抒志为诗,情触境而生,语冲口而得,此岂假于外索哉?自李空同氏倡复古之说,后进相为附和,未知自反,于是摹拟剽夺之习兴,而抒情达意之趣少,波靡云委,其风日颓,顷物极而返,有无为宋元诸家吐气者?岂以人心之灵,千变万化,必不可执已陈之刍狗而为新,雕宋人之楮叶而乱玉也,见亦卓矣。新安潘君切叔所收二代诸名家甚多,至是择而梓之,令学者知诗道取成乎心,寄妍于物,含茹万象,融会一家,譬之桔梗豨苓,时而为帝,何为而不可?不然,尧行禹趋而不知心之精神为圣人所重,为西人笑耳,然则发今人欲悟之机,回百年已废之学,其在斯人也夫!其在斯人也夫。万历乙卯秋日秣陵焦竑书。①

焦竑序强调此选可作为学习范本。每位诗人之前有小序,对每位作者做了评价,如真山民《真山民诗集序》说:"尝称诗不在缙绅而在布衣,盖谓涉略有浅深臭味之雅俗也,此犹就诗而论也。真子之称山民,不宁惟是,于宋元之际,不屑仕进,甘心石隐,其节有足多者,况诗又真得布衣之风乎!"宋伯仁《宋伯仁先生小序》称:"诗贵得情,故有苦心雕琢,而读之毫不令人兴起,有矢口而出,而隽永之味反津津不竭者,在情不在学也。"是选体例按人编次,共选宋元诗人43家,其中宋代诗人26家,元代诗人17家。26家宋代诗人为:林逋、米芾、秦观、唐庚、文同、蔡襄、赵抃、陈师道、裘万顷、曾几、陆游、王十朋、戴复古、戴昺、严羽、陈与义、谢翱、宋伯仁、赵师秀、徐玑、翁卷、徐照、真山民、葛长庚、花蕊夫人、朱淑真。

---

① 潘是仁《宋元名家诗选》卷首,万历四十三年刻本。

31.《古今名媛汇诗》●

郑文昂辑。泰昌元年（1620）张正岳刻本，凡二十卷，共五册，有序言和凡例，无评语，藏国家图书馆、北京大学图书馆、上海图书馆；另为泰昌元年（1620）张正岳刻本，有清王秉乾批点，存十七卷，即一至十二卷、十六至二十卷，现藏安徽省安庆市图书馆。《中国古籍善本书目》："《古今名媛汇诗》二十卷，泰昌元年张正岳刻本；《古今名媛汇诗》二十卷，存十七卷，一至一二，十六至二十，泰昌元年张正岳刻，清王秉干批点本。"《四库全书存目丛书》集部第383册据北京大学图书馆藏明泰昌元年张正岳刻本影印。郑文昂，字季卿，福建古田人，生平仕履不详。《千顷堂书目》未著录。《四库全书总目》卷一百九十三云："闺秀著作，明人喜为编辑。然大抵辗转剿袭，体例略同。此书较《名媛诗归》等书，不过增入杂文。其余皆互相出入，讹谬亦复相沿。鲁、卫之间，固无可优劣也。"书前有朱之蕃序、余文龙序和张正岳跋。朱之蕃《古今名媛汇诗序》云："或入道而洗铅华，或倚市而攻歌舞，苟谈言之微中，咸咳唾以成珠，倘真意之克宣，传火薪而阅世。大则有关于理乱兴衰之数，小亦曲阐其深沉要眇之思。正则固足表其苍筠劲柏之操，衰亦能写其风云月露之致。奏之房中帐底，欢醵不隔千秋，纵同濮上桑间，鉴戒可垂百代，取而譬之，进乎技矣。"朱之蕃序极力推扬女性诗人，女性诗人具有男性诗人同样的才情和学识。张正岳《古今名媛汇诗跋》云："虽男妇之质变，或刚柔之道殊，然五蕴未空，七情欲动，率成文于叶韵，悉依永于比音。而况四时三经，奚难演绎；七声六义，固易追求。则学而可能，何独疑于女子；而力之所至，亦岂让于丈夫。是以至圣删经，不弃房帏之什，大师采俗，尚存闺阁之风，女史之传，其来旧矣。"张正岳表彰了女性诗人，她们的才学不让于男性。余文龙《古今名媛汇诗序》云：

> 天地生才，不专于七尺丈夫，凡芳闺淑秀，均得萃间值之灵颖，以织闻阁之文章，宁是《葛覃》、《卷耳》为千古闺韵绝倡？即道韫、木兰，《月华》诸什，意媚而骨劲，调隽而神逸，翘然鼓吹词林、登坛作者，方以七尺丈夫，瞠乎其后，第其间或有倩笔之疑，或有瓜李之忌，或有愤激而寓实于反，或有假托而寄正于奇，遂致读者索垢吹瘢、荮菲并置，而壶媛闺才，至不得与词人骚士并雄舆盖，则十乱何必借资于中宫，而大家、文姬竟以孟坚、中郎掩耳。季卿之汇是集，盖有独见焉。夫选诗难，而选妇人之诗尤难。尖而丽，则木槿之朝华也，剽而工，则蒙虎之羊质也，太露

则有意尽味索之讥，太凿则有蛇足骈指之诮。元宋以前人，质而传疑，所载率多真草；明兴以后人，浇而袭取，间或借资才俊以赝饰售名，即追班轶蔡，驾谢驱姚，亦无取哉！夫所奇于女子者，以其能运线纩之巧思，发为铅椠之妙裁，如必复出于须髯，是亦何奇之有？况闻见可及而知，非若已往之徒相沿也，则季卿之详古而略今意也，故曰有独见焉。余不佞，素不嗜诗，尤不习诗，偶有触吟，不过适籁而止，于风雅无当焉。间常留心史籍，凡名公淑媛篇什，寓目一班，且于季卿为臭味，为姻娅，不揣固陋，僭拟数言弁其首，敢方玄晏？聊以印证宇内名家云尔。明泰昌庚申岁冬孟，南京工部都水司郎中，闽晋安中拙子余文龙书于金陵公署拙我斋。①

余文龙序说明了女性诗歌的起源和发展。《凡例》云：

集以汇称者，谓汇集其诗也。但凭文辞之佳丽，不论德行之贞淫。稽之往古，迄于昭代，凡宫闺、里巷、鬼怪、神仙、女冠、倡妓、婢妾之属，皆为平等，不定品格，不立高低；但以五七言、古今体分为门类，因时代之后先，为姓氏之次第。多者或至百十，则汰之不以斗其靡也；少而只有一二，存之不以隐其人也。其间乡土各异，音语稍殊，或押韵有不叶者，然其全章大略可观，讵得以小瑕掩其纯璧，悉备采录，方见汇诗本意。②

《凡例》具体阐述了此选的选录标准，"德行"不是首选的条件，还需文辞佳丽。是选体例按文体编次，其中卷一至卷十六按诗体编次，分五言古诗、七言古诗、五言律诗、七言律诗、五言绝句、七言绝句六种诗体，共选上古至明朝诗歌1529首，卷一古诗136首，卷二至卷三五言古诗123首，卷四至卷五七言古诗93首，卷六五言绝句164首，卷七至卷十二七言绝句689首，卷十三至卷十四五言律诗152首，卷十五至卷十六七言律诗172首，卷十七词76首，卷十八为回文图，卷十九为赋，卷二十为尺牍。宋代诗人朱淑真、杨太后、韩希孟、杜秋娘、陈妙常、贾蓬莱、李清照、桂英、盼盼等皆有入选。

32.《古今青楼集选》

周公辅辑。天启三年（1623）自刻套印本，凡四卷，共六册，有序言，无

---

① 郑文昂《古今名媛汇诗》卷首，泰昌元年张正岳刻本。
② 郑文昂《古今名媛汇诗》卷首，泰昌元年张正岳刻本。

凡例、圈点和评点。周公辅，生平仕履不详。书前有周公辅序，周公辅《古今青楼集选序》云：

> 越艳吴娃，姿非一致；燕歌赵舞，状亦多端；婉仪则洛浦，游龙妖态；梁家堕马，管能引凤，谁追箫史之踪；黛足杨蛾，孰请张郎之腕。殊香来今忽至，胜泽去矣犹存，色固倾城，才非垂世。若夫幽闭璇宫，宠藏金屋，传新声于绛树，筛丽藻于青琴。因风柳絮，飘然谢韫之诗，带雨桃容艳矣。薛涛之句，宫门漏永，带日翻羡寒鸦。关塞途遥，嘶风每思胡马。凡此名流，多超俗韵，然而红粉命舛，赤绳缘浅，飘飘陨叶，竟汩没于风尘；袅袅飞花，终沾黏于浑垢。①

周公辅表示了对女性作品的推崇之情。是选体例按诗体编次，分诗、词和尺牍三种文体，共选南齐至明朝诗276首、词65调、尺牍60首，其中卷一五言古诗19首（宋诗1首）、五言律诗38首（宋诗1首）、五言绝句65首（宋诗2首）；卷二选七言古诗16首（宋诗3首）、七言律诗30首（宋诗1首）、七言绝句108首（宋诗15首）；卷三选词65调；卷四选尺牍60首。是选共选录宋诗23首，宋代女诗人温婉、谢金莲、朱逸仙、马琼琼、梁楚楚、谭意歌等入选。现藏国家图书馆。

33.《花镜隽声》●

马嘉松辑。天启甲子（1624）刻本，凡十六卷，共六册，有序跋、凡例、圈点和总目，无评语。《中国古籍善本书目》云："《花镜隽声》元集三卷、亨集五卷、利集四卷、贞集四卷、韵语一卷。明马嘉松辑，明天启四年（1624）雪林草堂刻本。"《中国善本书提要》云："《花镜隽声》十六卷附《韵语》一卷，明天启间刻本，北京图书馆藏。原题：'明平湖马嘉松曼生选定'。乾隆《平湖县志》卷九引《槜李诗系》云：'曼生，有《花镜隽声》、《北游琐言》、《十可篇》、《东湖著》诸集。《十可篇》见《存目》卷一百三十二。是书专选历代有关女子诗词，凡四集；元、亨两集，自汉迄元，前六卷为诗，后二卷词；利贞两集，专选有明一代，亦前六卷诗，后二卷词。有陈继儒序，自序，陈洪谟跋。'"光绪《嘉兴府志》卷五九云："马嘉松，字曼生，有《花镜隽声》、《北游琐言》。"马嘉松，字曼生。浙江嘉兴平湖人。明神宗万历末年诸生。明朝天

---

① 周公辅《古今青楼集选》卷首，天启三年自刻套印本。

启年间人。有《送秋诗》《咏物诗》《咏史诗》《美人诗》《东湖诗》《合社诗》等。书前有陈继儒序、马嘉松小引、王之祚跋、陈洪谟跋和凡例。马嘉松《花镜隽声小引》云：

> 花诚天地间神物也哉！善于状花者曰："似美人小影。"盖上阳金谷之植，花至此无再奇。西施、南威之貌，人至此无尤美。瀼雨似愁，迎风似笑，谁谓情态不逼真也。虽然，花固有借镜焉，为和风，为煦日，为曲槛，为朱阑，为骚人，为逸士，花于斯际，鲜妍明媚。若花鬈动，掠倩女靧面也。固矣，倘移而为凄风楚雨之时，则花苦；移而为茅茨篱落之地，则花凄；移而为腐儒措大之前，则花又沉埋且也。枝上扶疏，不能不为苍苔点缀，则迹化为东神也。因想拟文章家者，谓镜里之花，夫花之在镜，示花之在枝，未能若其翩翩，未能若其馥馥，未能若其吐芳晓露，散彩晚霞，独花以之若可亲，玩之如欲生一种神情，似海棠睡足，芍药烟笼，情景迷离，暗香浮动，令人时时之可思，处处之可思，人人之可思耳。而余以揽宫闱之选，古今之作宫闱者，大都胸中有一切可喜、可悲、可愤、可哭之事，宛陈之纸上，使搜揽者神欲往涕，如挥挟匕怀中，然歌月亦此之心，解者之目，两相掩映，不知所以然而然矣。余也低佪篇什，所谓欲往发挥与夫悲愤之私，迫不能去怀也。爰集为十六卷，和风煦日之时可读，凄风苦雨之时亦可读也，曲槛朱阑之地可读，茅次篱落之地亦可读也。骚人逸士之前可读，腐儒措大之前亦复可读也。其所以可读在此，皆可思也。譬如上阳金谷之植，以人未尝见之，而余以为奇，西施、南威之貌，以人未尝见之，而余以为美也，况于亲炙之者乎？……昔人咏月，若杨柳楼头，梧桐犬吠，写景模情，非不尽致□□，如寻常一味窗前月淡为可思，此即余取"镜花"意也。天启初甲子马嘉松曼生书。①

马嘉松小引具体说明了是选的编选原因和总体规模。王之祚《跋》云："《花镜》行世必有呼之为情句者。臣忠、子孝、夫义、妇节，生于性，实天下大有情人。臣不情不忠，子不情不孝，夫不情不义，妇不情不节，人情合天性，人情即天性。情于君臣者，载情于夫妇，情于父子者兼载之，正言反言规言寓言总括于无邪，一言在通，人自领之耳。"王之祚跋说明了是选的选录宗旨是以"情"为主。关于是选取舍标准，马嘉松在《凡例》中进一步做了比较清楚的

---

① 马嘉松《花镜隽声》卷首，天启甲子刻本。

说明，《凡例》一云："士之见用，犹女之见容，幸矣！不然，而长沙流落茂陵，婆娑正如幽阁怀愁，长门积恨，牢骚何寄？搦管近之，夫使可以寄牢骚。即里妇之词，可以兴、可以观、可以群、可以怨矣。况非里妇也，间录非宫闱者若干首。"《凡例》二云："'行到水穷处，坐看云起时'，古人赏心多在不尽之处，其在文章家亦然。正不足而雅续之，此有诗复有诗余也。洛阳之锦，金谷之春，令人梦想不能已，再录诗余以附之。"《凡例》三云："诗之幽绝韵绝者，喜录之；娇绝丽绝者，亦录之。得无太艳乎？曰：不然。夫子删诗而不废郑卫之音。可以著眼。"《凡例》四云："宫闱之刻，海内盛有之，然工否毕陈。徒滋掩卷，此集以一人之精，采质众友之选，尤颇称奇玉。"《凡例》五云："集之有批，出解人之手，入解人之目，如磁遇铁，固尔。然倾国倾城之貌，令人一见自胡，然而晢胡，然而天不必点缀为奇也。则兹集虽无批，而已入解人之目矣。"

是选分元、亨、利、贞四集，共选汉魏至明朝诗歌 1037 首，其中汉魏晋南北朝隋诗 108 首，唐诗 283 首，宋诗 50 首，元诗 36 首，明诗 543 首，蜀地诗 17 首。元集三卷选诗 245 首，其中汉魏晋南北朝隋诗 69 首，唐诗 176 首；亨集五卷选诗 190 首，其中唐诗 98 首，蜀地诗 17 首，宋诗 43 首，元诗 32 首；补遗为一卷选诗 59 首，其中晋宋齐梁北魏诗 39 首，唐诗 9 首，宋诗 7 首，元诗 4 首；利集四卷选明诗 377 首；贞集四卷选明诗 166 首。从选诗倾向上看，宋元诗入选偏少，体现了马嘉松尊汉唐诎宋元的诗学倾向，反映了明代诗学尊唐贬宋的共同诗学倾向。现藏南京图书馆、上海图书馆、国家图书馆。

34.《古今女诗选》 ●

郭炜辑。天启刻本，凡六卷，共三册，有序言，无评语。《历代妇女著作考》云："《古今女诗选》四卷，北京图书馆藏，精刊本，不著刻印年月。郭炜，字闇生。福建晋江人。前有吴载鳌草书题词。选诗自皇娥至宋初李舜弦夫人止，多习见之作，刊印精佳，传本罕见。"《中国古籍善本书目》云："《古今女诗选》六卷，郭炜辑并评，明天启刻本。"书前有郭炜序和吴载鳌序。郭炜《古今女诗选序》云：

> 诗之道由来远矣。但古今男诗皆有集，而女诗则未有集，间有集之者，又不辨佳恶。稍成语辄录之，遂至冗易不可观。夫不集之者，毋乃曰："文章非女子事。"此实迂矣！至于集之，而《巴》、《雪》杂凑，砖玉并陈，未尝出一言定其价。嗟！嗟！集之者是诚何心？若彼作者之真精神、真面

目，人亦乌从而见之也，犹不集也。余斯集，上自古逸、汉、魏、晋、唐、宋以及我明，凡见之于史及诸传记者，虑无不搜而抉焉，似颇无遗。然其间有名最著者，不下数十卷，不敢狗其名，美海而志芜也。有名间出者，虽仅仅数句，亦不敢怜其名，执蚌而未珠也。总之，一字、一句、一声响莫不阁笔评量，庶几得一当以无贻羞风雅之林，故选之严与男诗等，盖尝取而论之矣。男子生而七尺之躯，鬓髯如戟，其于文学天性也。即燃太乙之杖，佩九云之诰，或为"诗祖"，为"诗仙"，为"诗豪"，为"诗天子"，诗"宰相"，不过适得其固然。彼女子何为哉？……所与女子之博学能诗，男子不能过，亦若是则已失。故余谓女诗与男诗，派有雌雄，而统无正闰。不集之，恐藏之名山，投之水火，世久人湮，必且稍灭无存。集而不选，又譬之浑金璞玉，为泥沙掩匿而不得用也。此余选女诗意也，夫《柏舟》、《燕燕》诸篇，流行于天地间，固已久矣。①

郭炜序称自古人选诗，注重男子诗选，忽略女性诗作，而不选女性诗集的缘由是人们认为文章非女性所应做的事情。郭氏认为，男性与女性才能与地位平等，有些女性甚至超越男性，故加以甄选。是选体例按朝代编次，共选上古至明朝女诗人诗歌 932 首，其中卷一至卷三古逸至隋诗 173 首，卷四唐诗 331 首，卷五宋诗 195 首、辽诗 8 首，卷六明诗 225 首。从审美趣味上看，编者还是比较注重唐诗，忽略宋诗。宋代诗人朱淑真、杨太后、韩希孟、杜秋娘、陈妙常、贾蓬莱、李清照、桂英、盼盼等皆有入选。现藏浙江图书馆。

35.《精刻古今女史》●

赵世杰辑。崇祯元年（1628）戊辰刊本，凡十二卷，共八册。《浙江图书馆善本书目》云："《精刻古今女史》十二卷诗集、八卷姓氏、字里节一卷，武林赵世杰辑，明崇祯问奇刻本，共十四册，存十三卷，《古今女史》十二卷，详节一卷。"《中国古籍善本书目》云："《精刻古今女史》十二卷、诗集八卷、姓氏字里详节一卷，明崇祯问奇阁刻本。"《中国善本书目提要》云："《精刻古今女史》诗集九卷、姓氏一卷，十册，国会藏。世杰事迹无考，其自序亦未言明纂辑经过，而朱锡纶《序》有云：'采摭家虽赖有《名媛》、《列女》诸编，然终嫌散落，未归统函。兹特肆力搜罗，都为一帙。'余就其内容究之，文集则袭自《玉台文苑》，诗集乃采自《名媛诗归》，是必坊贾合并二书，刊为合集。盖世

---

① 郭炜《古今女诗选》卷首，天启刻本。

杰、锡纶，皆坊贾中人也。"赵世杰，字问奇。浙江杭州人。崇祯元年（1628）戊辰本前有钱谦益序、朱锡纶序、赵如源序、赵世杰序及凡例。卷首题"武林赵世杰选辑，仁和江之进道行参订"。钱谦益《精刻古今女史序》云：

> 古有读书不识字者，□□□□传不可不读。盖一则讥其徒工，于文词或玷则行，二则讥其不学无术也。曾谓青云之士，凤鹜鸾骞，业已怀金纡紫，赫煊当世。犹然以不识字、不学无术，遗讥于后世者乎？语有之明珠璀璨，不如隋侯之夜光；众宝之陆离不如卞和之璞玉。此女史之谓也。女史自皇娥以降，下级国朝淑媛名姝，翩翩文采，若诰诏，若表疏，若书辞，非以忠贞表悰，则以节义抒衷。即他如题红写翠，把素裁纨，黄绢青楼，绿杨红线，文固铮铮，品亦娇丽，总之如水月镜花，空明点缀，然无妨于名教也。孰谓闺阁中无鸣金戛玉，回澜砥柱之雄哉！余友赵浚之暨长君问奇，精心坟典，博览古今，编成是帙，与左丘明太史氏并驾中原，非徒稗官小说、《虞初》、《艳异》可同日而语也。辑选既成，属余为序，余佳文采，复高德行，因谱诵之，以为读书不识字者诫。崇祯戊辰孟冬仁和钱受益谦之甫撰。①

钱谦益序说明了女性诗人被埋没的原因，并充分肯定了她们的艺术成就，称扬此选之功，可与《左传》并驾齐驱。《凡例》云："郦氏向刻《彤管遗编》，博览家竞相传尚，虽属有记载而评骘未精。不佞稽遐近悉为编次，仅取文词艳丽而德行之纯疵所不许也。是集也，选于岁首，竣于孟冬，但人物代生，见闻有限，穷荒绝域，必有遗珠，海内君子，或有采拾，幸为邮寄本坊，以缵其后，则补偏之益大矣。选集古文，坊刻繁甚，每于妇女，遗弃不录。孰知宫闱中尽多名作，感慨激烈，倍于男子。不佞是选，实有稗于举业者。如烈女、仙女、豪侠、孝义等类，有事无文，悉令选入《名媛志》中，俟季冬刻竣行世。"《凡例》具体说明了是选选录的原则，即以"德行"为主，并说明了选录过程。赵世杰对于历代女性诗人极为推崇，他说道："海内灵秀，或不钟于男而钟于女人""其称灵秀者何？盖美其诗文及其人也"（《精刻古今女史序》）。

是选体例按文体编次，共选从上古到明朝各体作品270余篇。其中卷一赋，卷二文，卷三序、传，卷四疏，卷五表，卷六上书、状、启、笺，卷七诏、策、救、玺书、令，卷八书，卷九歌、词、引、跋、论、语，卷十记、颂，卷十一

---

① 赵世杰《精刻古今女史》卷首，崇祯六年戊辰刊本。

赞、铭、哀册文、祭文、志铭、行状、诔，卷十二诗余。诗集卷一古歌；卷二五言古诗；卷三七言古诗；卷四五言绝句，附六言杂诗；卷五和卷六七言绝句；卷七五言律诗，附五言排律；卷八七言律诗，附七言排律及杂诗。宋代诗人朱淑真、杨太后、韩希孟、杜秋娘、陈妙常、贾蓬莱、李清照、桂英、盼盼等皆有入选。现藏上海图书馆。

36.《翠娱阁评选行笈必携诗最》

丁允和品定、陆云龙评注。崇祯四年（1631）刊本，凡二卷，共一册，是选有墨笔圈点、序跋和评语。丁允和，字叔介。浙江杭州人。生平仕履不详。陆云龙，字雨侯，号蜕庵、翠娱阁主人。钱塘（浙江杭州）人。著有《翠娱阁近言》《十六家小品》《明文归初集》，《翠娱阁评选行笈必携诗最》为《翠娱阁评选行笈必携》之一种。书前有陆云龙序，陆云龙《翠娱阁评选行笈必携诗最序》云：

> 人文至今日为特尊，梨枣至今日为特盛。学士家虑无不口吟心会，手目为劳，乃盈笥累箧，读之每令人作许时恶。盖汗漫者，自锢其精神，遂不能发人之心志耳。不佞幼号专愚，耳目不受声色之谄，独是文字，雅有凤姻，一室虚白，穷愁为消。一灯孤青，夕梦为破，且为接隔世之面孔，且为出隔身之肺肝，时拊髀饮泣，与孤臣孽子颦频而攒眉。时击节狂歌，与才士佳人，为心为快意，开卷独乐，即二三知己，咸谓是不良于举子业，予弗悛也。顾四壁相如，安所得五车拥之，于是举托钵望门之想，毕营之卷帙，乃一胸拳似又多坚，距不能为府。乞灵楮麋，句裁字撷，截寸良于尺籍，拣碎金于泥沙，集衷其篇，篇采其节，凡以足留古人之精神，无取汗漫为也。贪者多获，予更贪于人，所不争笔墨所收，几盈寻累丈，尝上下白门，金闾无不与俱，然苦为行李累。且又楮毛札恶，不良于观，欲汰而存其精。会友人丁叔节者，更饶此癖。其札记更多，因各出之。印以善本，削什之九，析为十帙，曰《行笈必携》，将以问世。夫世有贫子，闻侯鲭之美，亦穷市水陆作羹供客，而长安富家，多笑其骨董不堪，染指兹得，微为富家骨董羹乎？虽然权以统而得尊，剞劂亦不以汗牛为盛，倘使帐中之秘得，佐中郎辅频，安知约之非精，未必非学士之津梁也。①

---

① 丁允和、陆云龙《翠娱阁评选行笈必携诗最》卷首，崇祯四年刊本。

陆云龙序说明了选录的标准和体现了编选者的思想宗趣。是选体例分类编次，分为天类、地类、节序、人类等十类，共选唐宋元明诗人 147 家，诗 218 首，其中唐代诗人 83 家 104 首，宋代诗人 11 家 11 首，元代诗人 3 家 3 首，明代诗人 50 家 60 首。卷一为诗类，分天类（唐代诗人 4 家 6 首，宋代诗人 2 家 2 首，明代诗人 4 家 4 首）、节序（唐代诗人 8 家 13 首，明代诗人 5 家 5 首）、地类（唐代诗人 12 家 14 首，元代诗人 1 家 1 首，明代诗人 7 家 9 首）、人类（唐代诗人 7 家 8 首）、宴集（唐代诗人 5 家 5 首，宋代诗人 2 家 2 首，明代诗人 1 家 2 首）、登览（唐代诗人 5 家 5 首，明代诗人 4 家 6 首）、游望（唐代诗人 4 家 4 首，宋代诗人 2 家 2 首，明代诗人 10 家 13 首）、寻访（唐代诗人 3 家 3 首，宋代诗人 1 家 1 首，元代诗人 1 家 1 首）、行役（唐代诗人 14 家 17 首，宋代诗人 3 家 3 首，元代诗人 1 家 1 首，明代诗人 8 家 10 首）、栖息（唐代诗人 6 家 8 首，明代诗人 5 家 5 首）、赠送（唐代诗人 15 家 21 首，宋代诗人 1 家 1 首，明代诗人 6 家 6 首）；卷二为词类，分寄答、怀思、哀悼、宫闺、宦况、农事、军旅、杂咏、楼榭、禅宇、居室、禽兽、花木、题画、服玩。从选诗倾向上看，唐诗入选 104 首，宋诗 11 首，两者相差 93 首，可见编选者还是比较倚重唐诗。宋诗选有严羽 2 首，戴复古 2 首，陆游 1 首，宋伯仁 1 首，颜真卿 1 首，苏轼 1 首，王禹偁 1 首，秦观 1 首，裘万顷 1 首。是选评语多着眼于用字、谋篇和诗风的评价，如评陆游《月夕》云："声中有色，摹题有俗痕，是为宋诗。"评宋伯仁《雪后》云："凄断。"评林逋《秋日西湖上闲泛》云："闲雅有山林气。"评戴复古《江村晚眺》云："浑然成趣。"评苏轼《月夜与客饮酒杏花下》云："空庭月景光景，可惜。"评秦观《次韵安州晚行寄传师》云："野况。"评严羽《江行》云："清远。"评裘万顷《行役》云："是晓行光景。"评严羽《别客》云："见喻亦韵。"现藏国家图书馆、复旦大学图书馆。

37.《闲情女肆》 ●

张梦徵辑，李万化重订。崇祯六年（1633）刻本，凡四卷，共二册，有序言和凡例。《中国古籍善本书目》云："《闲情女肆》四卷，张梦徵辑，李万化重订，明崇祯六年刻本。"是选前有崇祯癸酉正月柳乡子序，李万化凡例，卷首书"花国居士辑注并摹像，柳乡主人评次校订"。《闲情女肆》为《青楼韵语》再选本，柳乡子序与《青楼韵语》杭子序相同，《凡例》与《青楼韵语》相同。故此选应为李万化重刻《青楼韵语》。卷一选诗 59 首，曲 2 首，词 11 首；卷二选诗 124 首，曲 3 首，词 14 首；卷三选诗 138 首，曲 3 首，词 12 首；卷四选诗 124 首，词 6 首。是选创新不足，价值不大。现藏上海图书馆。

38.《群芳诗抄》

王象晋辑，（清）俞鹏程增选。乾隆二十六年（1761）刻本，凡八卷，共四册，无圈点、凡例和评语。王象晋（1561—1653），字荩臣、子进，又字三晋，一字康候，号康宇，自号名农居士。山东新城人。著有《群芳谱》《赐闲堂集》《清寤斋心赏编》《剪桐载笔》《奏张诗余台壁》等。书前有王象晋序，王象晋《群芳诗抄序》云：

> 诗以言志，原于性情，而帅乎气息之所禀。清浊攸分，而雅俗亦因以见。所禀浊者，虽置之山巅水湄，如鹰隼盘空，非不高出云霄，而双眸所注，唯腥膻是见；所禀清者，即往来宦途，薄书鞅掌，而胸中一段风雅闲情时发见于啸歌著述之间，是故雅俗不关于境，气之清浊分，而性亦若有异焉。①

王象晋序以清浊论诗，道出了选诗的宗趣。是选体例分类编次，共选宋诗362首，其中卷一为天文部（宋诗21首），分天、日、月、星、云汉、风、云、霞、虹霓、雷、电、雨、雾、气附烟、霜、雪附霰；卷二为岁时部（宋诗48首），分春类和夏类；卷三为岁时部（宋诗36首），分秋类、冬类、闰类；卷四为谷部、蔬部、果部（宋诗64首），谷部（麦、黍、谷、稻、豆），蔬部（姜、椒、葱、韭、薤、芥、葡萄、蔓青、白菜、山药、黄瓜、茄子、荠、苦菜、蕨、薇），果部（梅、红梅、林禽、梨、棣棠、樱桃、桃、杏）；卷五为果部和茶竹部（宋诗65首），果部（李、柿、杨梅、橄榄、枣、荔枝、龙眼、石榴、橘、柑、香橙、栗、银杏、核桃、西瓜、甜瓜、芋、荷、菱、芡实、慈姑），茶竹部（茶、竹）；卷六为木部和花部（宋诗52首），木部（桑、松、柏、桧、椿、梧桐、杉、冬青、枫、榆树、槐、柳、杨、棕榈、藤），花部（桂、海棠、紫薇、辛夷、山茶、栀子、合欢、木芙蓉、扶桑木）；卷七为花部（宋诗56首），花部（腊梅、牡丹、瑞香、凌霄花、茉莉、玫瑰、酴醾、蔷薇、月季花、兰、蕙、菊、芍药、水仙、玉簪花、凤仙、山丹、牵牛花、石竹）；卷八为卉部（宋诗20首），卉部（草、芸香、蕉、芦、苔）。现藏上海图书馆。

---

① 王象晋、俞鹏程《群芳诗抄》卷首，乾隆二十六年刻本。

39.《名媛诗归》●

钟惺编。明万历间刻本,凡三十六卷,共十册,有序言和批语。《四库全书存目丛书集部》第 339 册收录。《中国古籍善本书目》云:"三十六卷,明刻本。"《中国善本书目提要》云:"《名媛诗归》,三十六卷,明刻本,六册,国会藏。"钟惺(1574—1624),字伯敬,号退谷。湖北竟陵人。万历进士,官至福建提学佥事。著有《隐秀轩集》等。书前有钟惺序,钟惺《名媛诗归序》云:

> 诗也者,自然之声也,非假法律模仿而工者也。《三百篇》自登山涉岨,唱为怀人之祖。其言可歌可咏,要以不失温柔敦厚而已,安有所为法律哉?今之为诗者,未就蛮笺,先言法律,且曰某人学某格,某诗习某派,故夫今人今士之诗,胸中先有曹、刘、温、李,而后拟为之者也。若夫古今名媛,则发乎情,根乎性,未尝拟作,亦不知派,无南皮、西昆,而自流其悲雅者也。今夫妇人始一女子耳,不知巧拙,不识幽忧。头施绀幂以无非耳,及至钗垂簏薿,露湿轻容。回黄转绿,世事不无反覆。而于时喜则反冰为花,于时闷则郁云为雪,清如浴碧,惨若梦红。忽而孤逸一线,通串百端,纷溶、箾蓼、猗狔、艳歆,所自来矣。故凡后日之工诗者,皆前日之不能工诗者也。夫诗之道,亦多端矣,而吾必取于清,向尝序友夏《简远堂集》曰:诗,清物也,其体好逸,劳则否;其地喜净,秽则否;其境取幽,杂则否;然之数者,未有克胜女子者也。盖女子不习轴仆舆马之务,缛苔芳树,养绚薰香,与为恬雅。男子犹藉四方之游,亲知四方,如虞世基撰《十郡志》,叙山川,始有山水图;叙郡国,始有郡邑图;叙城隍,始有公馆图。而妇人不尔也。衾枕间有乡县,梦魂间有关塞,惟清故也。清则慧,卢眉娘十四能于尺绢绣《灵宝经》,字如粟粒,点画分明,又以丝一绚结为金盖,中有十州三岛,台殿凤麟之状。嗟乎!男子之巧,洵不及妇人矣!其于诗赋,又岂数数也哉?然此非予之言也,刘彦和之言也。彦和云:四言正体,雅润为本。五言流调,清丽居宗。今人工于格调,丐人残膏,清丽一道,颇弁失之,缇衣反得之。[①]

钟惺序从诗歌的本质特点出发,认为诗歌产生于自然之音,非假借模拟剽

[①] 钟惺《名媛诗归》卷首,万历间刻本。

窃所能为也；而以明七子为首的格调派却力主模拟，自然就非自然之音，名媛女子之诗作"发乎情，根乎性，未尝拟作"，发抒性灵，为自然之音；钟惺选录的宗旨是以"清"作为诗歌的最高境界加以择汰。是选体例按朝代编次，共选古逸至明朝诗1577首，其中卷一至卷二为古逸、汉诗，卷三至卷七为魏晋六朝诗，卷八为回文，卷九至卷十五为唐诗，卷十六至卷十七为蜀诗，卷十八至卷二十二为宋诗，卷二十三至卷二十四为元诗，卷二十五至卷三十为明诗。宋代女诗人朱淑真174首，雄踞第一，次唐代诗人薛涛84首。是选有作者小传，如许景樊传云："字兰雪，朝鲜人。八岁作《广寒殿玉楼上》，……遂为女道士。其兄许筠状元，次许筠正郎。樊之才名与兄并著。金陵朱太史兰雪轩出使朝鲜，得其集，刻以行世。"是选附有评语，且具真知灼见，如评李淑媛《归来亭》云："气调清稳，语致萧澹。"评李清照《晓梦》云："妙善居质，积实充美，如游仙妙作。钦其风度，赏其玄致。"评景翩翩《桃叶歌》云："诸诗真不灭子夜读幽诸歌，意气怨而不诽，丽而有则也。"评陆卿子《拟陶诗》云："风气萧上，足散人怀。"评徐媛《秋夜效李长吉体》云："无畏吉之屈曲敖牙，而典丽俱似唐人。"现藏上海图书馆。

40.《唐宋明诗》

归庄辑。清稿本，不分卷，共一册，无序言、目录和批语，有墨笔圈点。是选明归玄恭手录，渤海季希华秘藏。归庄（1613—1673），字尔礼，又字玄恭，号恒轩，又自号归来乎。江苏昆山人。散文家归有光曾孙。著有《恒轩诗集》《悬弓集》《恒轩文集》等。是选体例按朝代编次，共选唐宋明三朝诗341首。其中唐诗127首，其中五言绝句38首，六言绝句11首，七言绝句78首；宋代七言绝句38首，其中司马光2首，秦观1首，朱熹35首；明诗176首，其中五言绝句27首，六言绝句20首，七言绝句41首，五言律诗55首，七言律诗33首。现藏南京图书馆。

41.《类选唐宋元四时绝句》

毕自严辑。明稿本，不分卷，共十二册，有序言和评语。《山东省图书馆善本书目》题识："《类选唐宋四时绝句》，毕自严选，不分卷，稿本，十二册。"经笔者查阅，山东省图书馆题识有误，因是选尚选有元诗，故应为《类选唐宋元四时绝句》。毕自严（1569—1638），字景会，一作景曾，淄川人（今山东淄博），万历二十年（1592）进士，授松江推官，官至户部尚书，著有《石隐园藏稿》。毕自严《类选唐宋元四时绝句序》云：

顾今世论诗者，多尊盛唐而卑中晚，况宋元乎？是选兼取宋元者何？夫宋元蕴藉声响，间或不无少逊李唐，至匠心变幻，则愈出愈奇矣。昔人谓唐人绝句至中晚始盛，余亦妄谓中晚绝句至宋元尤盛。如眉山之雄浑，荆公之清丽，康节之潇洒，山谷之苍郁，均自脍炙人口，独步千古，安可遗也！袁石公《贻张幼于书》云："世人喜唐，仆则曰唐无诗；世人卑宋黜元，仆则曰诗文在宋元诸大家。"此虽有激之言，抑亦足为二季解嘲矣。①

毕自严借用袁宏道之言，说出了自己对宋元诗歌的看法，认为宋元诗歌可以和唐诗相媲美，并指出宋元的杰出诗人，如苏轼、王安石、黄庭坚、邵雍等各有优长，可独步千古。《类选唐宋元四时绝句》体例按月编次，分正月、一月、二月、三月、四月、五月、六月、七月、八月、九月、十月、十一月、十二月，共选唐宋元诗909首，其中唐诗286首，宋诗474首，元诗149首，体现了毕自严推崇宋诗的诗学倾向。每月所入选诗作多寡不一，多者二月入选92首，少者十二月仅10首。从选诗倾向上看，是选既选录李白、杜甫、白居易、苏轼、陆游、黄庭坚等杰出的大家，也选录名不见经传的诗人，如熊孺登、沈宇、胡幽贞、蔡肇、崔鸥等。宋诗以王安石51首为最多，次蔡襄43首，次苏轼42首，次邵雍、韩琦各41首，余皆不足40首。朱淑真选入37首，足见毕自严并不排斥女性诗人。是选对许多诗作均有评点，这在明代宋诗选本中比较少见。其评点的内容主要涵盖以下两个方面：其一，阐述诗歌主旨。多用简短的话语概括，一般放在诗歌的末尾，如评韩琦《新燕》云："草野村夫，温饱自适，才一得志，便多巧言，何异此燕。"评韩琦《垂柳》云："公尝镇西夏，此盖以边功自许，不取其材惟贵甚，即足想公之人品。"评王安石《木末》云："木末北山烟冉冉，草根南涧水泠泠。此取首二字为题，非赋木末花也，若说花，则在秋时矣。"评陆游《沈园》云："无限兴废之感。"评王安石《后殿牡丹未开》云："荆公时将谢政托花发之，山鸟盖有所指。"其二，品评整首诗作的风貌。这类用语十分简洁，或置于诗歌的开始，或在中间，或在诗歌的末尾，如评文同《菡萏亭》云："古雅。"评文同《咏柳》云："俗。"评范仲淹《送常熟钱蔚》云："风调亦响。"现藏山东省图书馆。

42.《诗林辨体》

潘援辑。明刻本，凡十六卷，共二册。《千顷堂书目》卷三十一著录《浙江

---

① 毕自严《类选唐宋元四时绝句》卷首，明稿本。

通志》卷二百五十二:"潘援,崇祯《处州府志》:景宁人,举人。貌古行方,宪副沈㻋尝曰:'援诗文,宜于两汉间求之。'两聘文衡。升翰林检讨,授中书舍人。家居二十年,乡髦或赖有造。著有《东崖摘稿》、《诗林辨体》。"《四库全书总目》及其他书目未见著录。明人高儒撰《百川书志》卷十九著录云:"《诗林辨体》十六卷,皇明景宁潘援编。自唐虞而至我朝,自古歌谣而至近代词曲,体自为类,各著序题,原制作之意,辨析精确,必底成说。原增损吴思菴《文章辨体》,备二十五代之言,辨二十九体之制,而诸家谈录诗法,皆萃聚焉。"是选现存第一卷到第八卷,藏安徽省图书馆,为海内外孤本,是稀见的古籍善本。是选选录的诗体包含古歌谣辞、乐府、古诗、七言歌行、律诗、排律、绝句、联句、杂体、近代词曲、变体等,所选诗体非常全面。是选共录宋诗52首,朱熹选录最多27首,次苏轼4首,次欧阳修4首,余皆不足4首。

43.《诗品会函》

陈仁锡辑。明末刻本,海内孤本,共四册,凡四卷,有序和评点,无目录。陈仁锡(1581—1636),字明卿,号芝台,长洲(今江苏苏州)人,明代著名的诗文家。天启二年(1622)进士,授翰林编修。《明史》有其传。著有《羲经易简录》《系辞十篇》《六经图考》《皇明世法录》《筹边图说》《明文》《诸子苏文》等。书前陈仁锡序,陈仁锡《诗品会函序》云:

> 今夫稻粱鱼肉,天下之至美也,抑以口食,不以舌食,如滒如垑,若燕若哕,于是不羹之梅、未浆之茗、含辛之蘪、焚火之饧,皆得而夺其好,迫于一嚼甘、再嚼醒,予之以稻粱鱼肉,而后知其美也。新陈相化,何常之有,至于新者陈,而陈者乃始复为新,民之好新甚矣。不使之日新于虚谈小慧、剽剥离跂之学,而使日新其好于古逸之文章,亦犹尚论遗意也。余故择秦汉以来之逸文逸事,手擘千古,别开此文,令见者焕烂满眼,便欲跳心而入,如处寻常川陆,忽到武陵桃花源,只觉其礼数不同、尊俎异,而不忍去也。夫然后知九州岛之外复有九州岛,九略之外复有九略,引伸鼓舞其聪明,使不倦而已。苏子曰,闽越人高荔枝而下龙眼,吾为评之,荔枝如食螬蚌大蟹,斫雪流膏,一啖可饱;龙眼如食彭越石蟹,嚼啮久之,了无所得。然酒阑口爽餍饱之余,则咂啄之味,石蟹有时胜螬蚌也。此纪逸之说。史氏陈仁锡题。①

---

① 陈仁锡《诗品会函》卷首,明末刻本。

陈仁锡序说明了编选是选的原因和选录宗旨。是选体例以人编次，共选先秦至宋朝诗人185家，诗728首，其中先秦到隋代诗人50家97首，唐代诗人92家536首，宋代诗人43家95首。卷一古体诗12家14首，汉人体7家14首；卷二魏人体31家69首，初唐体21家76首；卷三盛唐体31家218首，中唐体21家183首；卷四晚唐体19家59首，宋体43家95。宋诗以苏轼15首为最多，次白玉蟾14首，次黄庭坚8首，次王安石7首，次秦观、司马光各5首。从选诗倾向上看，编者对宋代理学诗人格外青睐。是选选宋代理学诗人5家22首，其中邵尧夫10首，朱熹7首，杨时3首，张载1首，周敦颐1首。《诗品会函》附有评语，其评语特点主要体现在五个方面：其一，注重索引词源，注释难解之词。如评苏轼《赠孙莘老》云："举大白，谓举天杯饮酒也。"评皮日休《读书》云："蠹鱼食书之喻读书者。"其二，介绍诗歌背景材料。如苏轼《秋日牡丹》云："杭州一寺内，秋日开牡丹数朵，荆公作绝句，苏公和之云云。"交代了创作此首诗歌的原因；评杨大年《六岁言》云："此公生数岁，不能言，一日家人抱之，登楼偶触其首，遂吟云云。十一岁中神童科，有诗云：愿重忠清节，终身主圣朝。真宗朝位至知制诰翰林学士。"其三，阐释诗歌主旨。如评《吉祥寺赏牡丹》云："此以化工比当时执政者，以闲花比小民，言执政但欲出新意，劈画令小民不得暂休也。"评司马光《居洛初夏作》云："雨乍晴而南山当户，喻朝廷开霁，而南面者，向明也。更无柳絮因风迟，喻轻薄之小人，当退也。惟有葵花向日倾，喻已一念之忠心时悬于君也。"评陈抟《归隐》云："种放以高名动朝廷，真宗聘而礼之，恃恩骄恣，待王嗣宗起为嗣宗所排，希夷此诗盖讽之也，箴之也。嗟嗟，欲善成其名，宁为抟不为种。"其四，品评诗歌风格。如评陈后山《嘲秦观》云："美而带骚，然其意隐若浑然之味，得三百篇遗意者乎。"评黄庭坚《赠无咎八音歌》云："此诗练字皆奇，而其旨则与朱文公慨叹竟葩藻之意同。"评白玉蟾《白石岩》云："白真人之诗，仙风道骨，非凡笔所能及。"其五，宋诗并不逊色唐诗。如评杜师雄《上欧阳永叔》云："曾闻杜诗雄豪于歌，石曼卿豪于诗，欧阳永叔豪于文，世谓之三豪。"评寇准《春日偶书》云："此诗不下唐。"现藏北京师范大学图书馆。

三、单人诗选

1.《苏诗摘律》●

刘弘辑。天顺五年（1461）刘弘刻本，凡六卷，有序言、注释与圈点。这是一部苏轼七言律诗的选评本。刘弘，字超远，号鹤叟，江苏无锡人，大致活动于明正统至成化年间。曾任直隶大名府开府长垣县知县。《四库全书总目提要》载："旧本题'长垣县知县无锡刘宏集注'，不详时代，惟取苏轼集七言律诗注之，潦草殊甚。"对其评价不高。书前有刘弘序，刘弘《苏诗摘律序》云：

> 东坡苏先生诗若干卷，乃龟龄王先生纂集，一以所咏之题分类，故五七言绝句、律诗与古选、长短歌词杂收而并载焉。奈何后学者于□□篇不能成诵处辄生睡思，并□□律束诸高阁，所以先生之诗湮没声采，而未能振耀于世。予一日温习旧业，得龟龄先生纂集诵之，颇窥苏律毫发意趣。公退之暇，摘取若干首，类抄诸儒句解于其下，间亦僭窃妄补一二，皆阅以自别，集成名曰《苏诗摘律》。将贻诸家塾，以便自观。时进士邑人王玺大用教谕，吉水曾进迪常吟坛契家也。见而悦之，重属为士君子共焉，遂相与傲工镌刻以传。嗟夫，诗所以吟咏性情，贵乎自然流转，不必摘剔新奇、搜罗怪异与夫一字一句之来历。然或自然，有来历奇异，复不失其性情之正，乃所以为美，不可得而及。先生之诗，拒不谓如此乎。但其援据闳博，旨趣深远，将谓摘剔新奇、搜罗怪异也。殆不知先生吟咏之际，自然与性情俱出，随笔融化耳。先儒谓武库乍开，干戈森然，岂虚美哉！学者苟如此口诵而玩味焉，则先生全集之堂奥当自得之。天顺五年夏六月上日直隶大名府开州长垣县知县前乡贡进士常之无锡鹤叟刘弘超远序。[1]

---

[1] 刘弘《苏诗摘律》卷首，天顺五年刘弘刻本。

刘弘序说明此评注本的文献材料源于王十朋《苏东坡诗集注》，是选包含诗后评注引自前人的评语以及自己的补注。《苏诗摘律》选评苏轼七言律诗279首。《苏诗摘律》中的注语，主要抄录赵次公、李厚、林敏公、宋援等人的注语。

2.《晦庵先生五言诗钞》

杨仲宽辑。嘉靖二十一年（1532）刻本，不分卷，共一册，无圈点、凡例和批注。杨仲宽，生平仕履不详。书前有宣德十年（1435）年杨仲宽序，杨仲宽《晦庵先生五言诗钞序》云：

> 五言古诗实继国风、雅、颂之后，若苏、李之天成，曹、刘之自得，以至陶靖节之高风逸韵，盖卓卓乎，不可尚焉。三谢以降，正音日靡，唐兴沈、宋，变为近体；至陈伯玉始力复古作，殆李、杜后出，诗道大兴，而作者日盛矣。然于其间，求夫音节雅畅、辞意浑融，足以继绝响而闯渊明之阃域者，惟韦应物、柳子厚为然尔。自时厥后，日以律法相高，议论相尚，而诗道日晦焉。宋至南迁，晦庵朱子以天挺豪杰之才，上继圣贤之学，文词虽其余事，间尝读《大全集》，观其五言古体冲远古澹，实宗风雅，而出入汉、魏、陶、韦之间，至其《斋居感兴》之作，则又于韵语之中，尽发天人之蕴，以开示学者，是岂汉晋诗人之所可及哉。然集中编载，众体混出，且卷帙浩瀚，获见者鲜。暇日因手抄五言古体，始于拟古，终于感兴，诸诗得二百首，囿于家塾以教子弟，盖欲使知诗章之学，亦先儒之所不废，沉潜之久，庶因有以得其归宿云。[①]

杨仲宽序说明了编选此集的缘由，并给予朱熹五言诗以极高评价。是选体例按时代编次，共选朱熹五言古体诗212首。现藏上海图书馆。

3.《宋黄太史公集选》

崔邦亮辑。万历二十七年（1599）刻本，凡三十六卷，共十册，有序言、总目，无评语。每册卷首均题"明河南道监察御史魏郡崔邦亮选，工科右给事中、前翰林院庶吉士、大梁张同德校，河南左布政使、武陵姚学闵阅"。崔邦亮，字德明，别号际唐，明直隶东明人，万历十四年（1586）进士，曾任渭南

[①] 杨仲宽《晦庵先生五言诗钞》卷首，嘉靖二十一年刻本。

令。著有《玄象山馆诗草》十五卷等。书前有崔邦亮《刻宋黄太史公集选序》云："理学词赋之分歧也，自宋始，故洛蜀之党，不必皆其徒为之，而子瞻遂迁谪无虚日，鲁直齐名四学士大人，实常并称，苏黄以拟子瞻。"[1] 是选体例按文体编次，卷十至卷十二为诗歌，共选黄庭坚诗585首，其中四言古诗4首，五言古诗250首，七言古诗82首，杂言诗18首，五言律诗39首，五言排律5首，七言律诗52首，五言绝句42首，六言诗15首，七言绝句78首。卷十三铭37篇，卷十四赞56篇，卷十五赞14篇、颂48篇，卷十六表11篇、启6篇、卷十七奏状7篇、疏14篇，卷十八说7篇、序16篇，卷十九序18篇，卷二十记9篇，卷二十一记11篇，卷二十二书16篇，卷二十三书32篇，卷二十四书28篇，卷二十五书55篇，卷二十六词44篇，卷二十七词56篇，卷二十八跋40篇，卷二十九跋59篇，卷三十跋32篇，卷三十一跋64篇，卷三十二墓志铭11篇，卷三十三墓志铭13篇，卷三十四墓志铭13篇，卷三十五墓志铭6篇、行状1篇、碑1篇、碣1篇，卷三十六祭文21篇、哀词1篇、墓表2篇。现藏北京大学、中山大学、吉林省图书馆。

4.《苏公寓黄集》 ●

陆志孝、王同轨辑。万历十一年（1583）刻本，凡三卷，共三册，有序言和墨笔圈点，无总目和评语。陆志孝谪官黄州时，搜辑苏东坡元丰三至七年（1080—1084）谪居黄州团练副使期间所著诗文汇编一集。原书刻于明万历十一年（1583）癸未，卷前有吴国伦序，卷末有陆志孝校跋。正文署"嘉禾陆志孝校梓"。陆志孝，浙江嘉兴平湖人，生平仕履不详。王同轨，字行父，黄冈人，生平仕履不详，官江宁县知县，著有《耳谈》十五卷。书前有吴国伦序，吴国伦《苏公寓黄集序》云：

> 苏长公之寓黄也，盖被放云。然长公以文见放，而文益以放著，如两《赤壁赋》，津津人口者，五百余年，岂其境必乌村儿法，比屈、宋、杨、马哉！而才气风节有足雄一世，而倡后来人，固争艳之矣。余考长公，少闻其母诵《范滂传》，慨然慕之，母亦大异其志。后岁，师其父为文，然性好庄子、贾谊、陆贽书。故其为人倜傥，而文绝似之。大都忠谏似谊而少赣，论议似贽而少激，至纵翰挥霍，旁若无人，似庄而不善藏其用。余以为当是时不及党祸，如范滂幸矣。夫长公力诋新法，王介甫亦心恶其异，

---

[1] 崔邦亮《宋黄太史公集选》卷首，万历二十七年刻本。

已而阴挤之，此谓邪正不两立，虽得祸甘焉。乃介甫父与客叹赏不已，至谓司马子长不能过李定方谋孽，长公诗以为讪上，且下诏狱。嗟乎异哉。岂文能作祟而犹翼其有令名，则余所谓才气风节足以压之也。余又窃异夫长公既放，与人书亟以诗文为戒，而寓黄诸作乃独多，不几于猩猩嗜酒且詈且饮乎。古今此人之癖，有未易以刱解者类，如是矣。它日长公自誉其文，如万斛泉源，不择地出。而好事者评其诗，又曰："如武库干戈森然，令人神悚。"乃其中不无利钝，长公固善自道，而评亦深知长公哉。嘉兴陆仁卿氏自为文部郎，尝梦与长公游，已左官，量移黄之别驾。会从其长邹彦吉氏过赤壁，则遽遽然梦中事也，因与彦古共新其祠宇，而使江上增胜已。乃属王文学行父收集长公寓黄时所为诗文，汇为两卷，附录一卷，盖不止字句奇焉。题之曰《苏公寓黄集》。使人问序于余，余又稍稍舂益之，而序其端如此。万历癸未立秋日甄甄洞居士吴国伦撰。①

吴国伦序说明了苏轼寓居黄州的情况，表达了对苏轼人品的赞美。是选体例按体编次，共选苏轼诗116首，其中卷一乐府诗1首，五言古诗44首，七言古诗23首，五言律诗3首，七言律诗14首，七言排律1首，五言绝句14首，七言绝句14首，杂体2首；卷二录记6篇、序2篇、传1篇、铭4篇、偈1篇、杂文1篇、表2篇、祭文4篇、书启54篇；卷三为杂记和苏轼年谱。现藏上海图书馆。

5.《黄律卮言》●

"四印馆主"选编。明抄本，为黄庭坚后人黄纯如请其乡人"四印馆主"选编。编者名字，姓氏不详。此书编成后似并未刊刻，仅以抄本作为山谷后人的"传家衣钵"在小范围流传。南京大学中韩文化研究中心主任高国藩教授、九江学院梅俊道先生合撰《海内孤本〈黄律卮言〉的发现及其价值》（《江西社会科学》1997年第5期）称是选为九江学院的梅俊道先生从乡下搜集到一本《黄律卮言》，现藏于该校图书馆，而后由梅俊道先生点校，由华夏翰林出版社于2005年出版，认为是选为"海内孤本"，笔者查阅相关资料，却发现一个意外的情况，田道先生早在1994年刊发了《海内孤本"黄律卮言"》（《九江师专学报》1994年3—4期，第120页到121页），田文却称《黄律卮言》藏于江西省修水县图书馆。从两人撰文情况看来，是选并不是"海内孤本"。另有光绪

---

① 陆志孝、王同轨《苏公寓黄集》卷首，万历十一年刻本。

重刊本，国家图书馆、南昌大学刘经富各藏一部。从两文所介绍的版本情况来看，应该是同一种书，田文云："本书题为《黄律卮言》，扉页上注明'古瓦山房校刊'，卷首有'编辑黄律卮言自序'，卷尾有书者万承风的后序。板框长十八厘米，宽十二厘米，四周双边，白口，每页九行，每行二十五字，字大如行，墨色清晰，刻工较细，共九集，每集前有'卮言'。"梅文云："这就是今日我们所见到的这本《黄律卮言》。它的外貌是扉页上注明了'古瓦山房校刊'，所谓'古瓦山房'，是万承风的书斋名。卷首是原编书者的《编辑黄律卮言自序》，卷尾便是刻书者万承风的后序，板框长十八厘米，宽十二厘米，四周双边，白口，每面九行，每行二十五字，字大如行，墨色清晰，共九集，每集前有'卮言'。"从两人对此书所介绍的文字来看，应该是同一种书无疑。笔者依据梅俊道先生点校的《黄律卮言》（华夏翰林出版社 2005 年版）及其所撰文章，就该书的情况略做介绍。关于该书的编撰时间和编撰者，《黄律卮言序》注明这本书是"明万历乙巳秋八朏日"编成，即明朝万历三十三年（1605）八月初三，距离现在已经四百多年了；而刊刻时间是在清嘉庆十三年（1808）五月，由万承风主持刻成，《黄律卮言后序》指出："时嘉庆戊辰夏闰五月初伏同里万承风谨序于澄江使署之崇素堂。"清嘉庆年间刊刻《黄律卮言》者是义宁人万承风。《清史稿》卷三百五十四有传："万承风，字和圃，江西义宁人，乾隆四十六年进士，选庶吉士，授检讨，直上书房，侍宣宗读。六十年，典试云南。时仁宗在潜邸，赐诗宠行，累迁翰林院侍读，嘉庆三年，大考，降检讨。四年，督广东学政，琼州海寇猝发，承风以闻，命总督吉庆按治，总兵西密扬阿等慑以怯置吏议。累迁侍讲学士，任满还京，直上书房，擢詹事。督山东学政，整厉士习，扶持善类，擢礼部侍郎，命还京。十二年督学江苏，以清江浦、荷花塘河工取势太直，屡筑屡圮，奏请复旧，诏如议行，调兵部，十四年，上五旬万寿，陈请解任还京祝福，诏严斥，左迁内阁学士，调安徽学政。定远士子与凤阳胥役有隙，至试期辄修怨，当事者庇胥役，士益愤，承风疏请下巡抚严治胥役，置诸法。擢兵部侍郎，还京，仍直上书房，充经筵讲官。十七年，引疾归，寻卒，入祀乡贤祠。宣宗即位，追念旧学，赠礼部尚书衔，谥文恪。道光十二年，晋赠太傅，子方等加恩有差。"《黄律卮言》是一部专门选辑黄庭坚诗的律诗选本，共选黄庭坚七言律诗 165 首，而黄庭坚七言律诗共两百余首，占黄庭坚一生所作七言律诗的一半以上。是选编选体例较为特殊，按黄庭坚生平仕宦为编选标准，分为捷归、叶县、国子、太和、德平、秘省、谪黔、宥归、宜阳共九集（后有附录一卷，录黄庭坚《自赞》六首）。

6.《东坡诗选》●

谭元春选，袁宏道阅。天启元年（1621）刻本，凡十二卷，共六册，有序言、总目和评语。是选内附年谱和苏轼本传。谭元春（1586—1637），字友夏，号鹄湾，别号蓑翁。湖广竟陵（今湖北天门）人。与钟惺同为"竟陵派"创始人，论文重性灵，反对摹古，提倡幽深孤峭的风格，著有《谭友夏合集》。袁宏道（1568—1610），字中郎，又字无学，号石公，湖北公安人。袁宏道在文学上反对"文必秦汉，诗必盛唐"的风气，倡扬"独抒性灵，不拘格套"。与其兄袁宗道、弟袁中道并有才名，合称"公安三袁"。著有《潇碧堂集》《潇碧堂续集》《瓶花斋集》《袁中郎先生全集》等。书前有谭元春于天启元年序，《东坡诗选序》云：

> 选东坡文者，更十余家而始定焉。独其诗尚无选，非无选也。人之言曰："东坡诗不如文，文通而诗窒，文空而诗积，文净而诗芜，文千变不穷，而诗固一法，足以泥人。"夫如是，是其诗，岂特不如其文而已也。虽然，有东坡之文，亦可以不为诗；然有东坡之文而不得不见于诗者，势也。诗或以文为委，文或以诗为委，问其原，何如耳。东颇之诗则其文之委也。吾尝思之，使东坡之文而一人之文，则可东坡而古今之全力也。虽欲执人从来之言，与信己一时之目，而将有所不敢。则其重东坡之文，而不敢不求之于诗者，亦势也。故瀹其窒而通自见，芟其积而空自生，约其芜而净自出。日出没于千变之中，而后穷者乃我之目，固者乃人之言，而东坡不存焉。惟求其东坡之所存，为古今之所共存者而已。然则不自知其窒，与不自知其积与芜与？曰："奚而不知也？"六经成而《诗》为一体，《诗》之处经中也。大地山岳之有水也，水以妙；大地山岳，而摇大地山岳；碎之以为水，吾知其不能。有古文于此，截其字句，变其音节，而谓之诗可乎？然以此而翼其诗文之为二事，工诗文之为两人，又不可。江海之内，冰水之间，呜呼难言之矣。唯东坡知诗文之所以异，唯东坡知其异而异之，而几于累其同。则文中所不用者，诗有时乎或用，文中所有余于味者，或有时不足于诗。亦似东坡之欲其如是，而后之人不必深求者也。盖尝为之说曰："文如万斛泉源，不择地而出。"诗如泉源焉，出择地矣。"文行乎不得不行，止乎不得不止"，诗则行之时即止，虽止矣，其行未已也。文了然于心，又了然于手口；诗则了然于心，犹不敢了然于口；了然于口，犹不敢了然于手者也。请以是而求东坡之诗文，庶几焉。斯选也，袁中郎先生

有阅本存于家，予得之其子述之，而合诸凤昔之所见增减焉。述之奇士，吾友也，知不罪我矣。①

谭元春序针对前贤时俊重视苏文而忽略苏诗的情况，特意编选了苏诗。是选共选苏诗581首，其中卷一38首，卷二62首，卷三46首，卷四38首，卷五40首，卷六47首，卷七51首，卷八51首，卷九42首，卷十54首，卷十一40首，卷十二72首。是选有袁宏道单独评语，如评苏轼云："宋初承晚习诸公多尚昆体，靡弱不足观，至欧公始变而雅正。子瞻集其大成，前掩陶谢，中凌李杜，晚跨白柳，诗之道至此极盛，此后遂无诗矣。"还有袁宏道和谭元春两人的评语，如袁宏道评《石鼓歌》云："道古不灭昌黎。"谭元春评《石鼓歌》云："星斗雷雨出没于毫素，碑碣之中自非巨手不开耳。"袁宏道评《真兴寺阁》云："意外意，象外象，子美不能道也。"谭元春评《真兴寺阁》云："子美闻见同一声'齐鲁青未了，万古青濛濛'等语，是此诗所自出。"现藏上海图书馆。

7.《东坡诗选》

沈白辑，陈銮阅。崇祯癸酉（1633）宜和堂刻本，凡二卷，共二册，有序言、总目和评语。沈白，字之仁，长水人。陈銮，字和声，浙江人。书前有沈白序，沈白《东坡诗选序》云：

> 自诗有六义，风、雅、颂、兴、比、赋是也。虽然此以《三百篇》之诗言诗，非以《三百篇》后之诗言诗，如以《三百篇》后之诗言诗，则莫盛于唐，至于宋则寥寥矣。虽然唐所推尊者，莫李、杜；宋所推尊者，莫东坡。若矣，李称"诗中之仙"，杜称"诗中之圣"。然李犹不长于七言律，而杜犹不长于七言绝，至于七言古风，则李杜各擅所长，难乎其后尘矣。惟东坡先生能芳之，不第此也。昔班、马有文而无诗，先生之文如班、马；李杜有诗而无文，先生之诗如李杜，不第此也。先生之七言绝，如李白七言律，如杜甫五言律与绝，如孟浩然七言古，如高、岑、王、刘诸名家；五言古、五言排律，如王、杨、卢、骆种种。眉白奴其庄，而隶其骚，虽嬉笑怒骂，一出先生牙慧，即他人千言万语皆不若矣。余友陈和声附苏文于剞劂氏，第未有商于余，余陡然捡先生集选，其最妙者殿其后，因想

---

① 谭元春《东坡诗选》卷首，天启元年刻本。

先生诗甚夥，若不经严选，则博而不精者。钟伯敬选李杜诗入《诗归》云："李杜诗不经精选，则散漫无论，自多冗易，所谓作者之功，实选者之力也。"余于东坡诗益信。①

沈白序具体说明了编选是选的缘由，并极力赞扬苏轼的诗学成就。是选体例按诗体编次，共选苏诗231首，卷上五言古诗9首，七言古诗34首，五言排律20首，五言律诗36首，七言回文诗4首；卷下七言律诗74首，五言绝句11首，七言绝句43首，诗余38首。从选诗倾向上看，有七言律诗74首和七言绝句43首，而五言古诗9首，五言绝句11首，相差比较悬殊，可见沈白更加注重苏轼七言近体诗。是选有沈白、陈銮评语，如评苏轼《真兴寺阁》云："城市山林，自然清逸。"评《游径山》云："此诗毋论其气势之浩瀚，但下韵脚处俱用拗体，自成老手。"评《出颍口初见淮山是日至寿州》云："此七言拗体也，唐人已多佳句，长公堪与匹体。"评《初到黄州》云："苏子胸中有无限经济，但弃而不用，有事业可补，所以自笑。"评《同柳子玉游鹤林招隐醉归呈景纯》云："诗有气魄便能动人，咀嚼如子美《秋兴》诸作，当与此合参。"评《病中独游净慈》云："子瞻出语自有一种妙处，非揣摩者所能得也。"评《次韵刘景文见寄》云："苍松孤鹤，皎皎神清。"评《送李供备席上和李诗》云："何等文采风流。"评《惠崇春江晚景》云："意浅语妙，结处堪入竹枝词。"评《日出东门》云："宛有晋人风味，见道乃达人语。"现藏山东大学图书馆。

8.《东坡诗选》

陈梦槐辑。明刻本，凡五十卷，共二十四册。每卷书前题"华亭陈继儒仲醇父定、江陵梦槐元直抄、丰干潘允宜左之、钱塘章斐然华甫同校"。陈梦槐，字元直，江苏江陵人，生平仕履不详。书后附王宗稷《苏文忠公年谱》，《宋史》苏东坡本传。书前有陈继儒序，陈继儒《苏长公集选序》云：

> 自古五百年得名世易，得文人难，即所谓名世，夫亦待文人而名者也。乾德丁卯，五星聚奎，窦俨指为天启文明之兆。而余惟长公足以当之，古今文章大家以百数，语及长公，自学士大夫以至贩夫灶妇，天子太后以及重译百蛮之长，谁不知有东坡？其人已往，而其神日新，其行日益远，则千古一人而已……人文凑合，如五星相聚，而长公以奎壁之精临之，诸君

---

① 沈白《东坡诗选》卷首，崇祯癸酉宜和堂刻本。

子而当长公,不得五色相宜,长公而当诸君子,亦不得不八面受敌,三鼓气不衰,百战而兵益劲,此天授,亦人力也。微至于风流调笑,大至于患难死生,非惟不足为公困,而反足以为公文章翰墨之助。铁之熔而为金也,乳之出为酪也,市人之驱而战,竹头木屑之罗而为用也,惟长公能之,即老泉、颖滨之不能也,故曰"古今文人,一人而已"。兰亭不入帖,李杜不入选,无可选也。长公集亦然,如欲选长公集,宜拈其短而隽异者置前,其论、策、封事多至数万言,为经生之所,恒诵习者稍后之。如读佛藏者,先读《阿含小品》,而后徐及于五千四十八卷,未晚也,此读长公集法也。楚中元植其选法得我心矣,是故眉道人乐取检定而序之。①

陈继儒序对苏诗的成就给予了高度的肯定,称"千古一人",可见对苏轼推崇备至。是选为一部诗文合选本,卷一至卷五志林,卷六至卷八杂记,卷九书,卷十书事,卷十一至卷十二尺牍,卷十三至卷十四赞,卷十五至卷十六铭,卷十七颂,卷十八偈,卷十九箴,卷二十序,卷二十至卷二十三记,卷二十四传,卷二十五书,卷二十六启,卷二十七祝文,卷二十八祭文,卷二十九墓志,卷三十碑文,卷三十一拟作,卷三十二策问,卷三十三制策,卷三十四策略,卷三十五策别,卷三十六论,卷三十七表状,卷三十八内制和外制,卷三十九至卷四十奏议,卷四十一赋,卷四十二辞,卷四十三四言古诗2首,卷四十四五言古诗76首,卷四十五七言古诗50首,卷四十六五言律诗17首,卷四十六五言排律2首,卷四十七七言律诗99首、七言排律1首,卷四十八五言绝句11首、六言绝句3首,卷四十九七言绝句91首,卷五十诗余19首。卷四十三至卷四十九共选苏诗352首。从选诗倾向上看,七言律诗99首和七言绝句91首,而四言古诗2首,五言排律2首,七言排律1首,相差悬殊,可见陈梦槐更加注重苏轼七言近体诗。是选诗歌评语,陈梦槐主要引用前人诗话之评论,如《后村诗话》云:"坡诗略如昌黎,有汗漫者,有典严者,有丽缛者,有简澹者。翕张开阖,千变万态,盖自以其气魄力量为之,然非本色也。他人无许大气魄力量,恐不可学。"刘须溪曰:"东坡长韵,激越高旷,又曰:东坡律熟,气魄浑浑。东坡小诗词调皆可歌也。"袁中郎曰:"苏公诗高古不如老杜,而超脱变化过之,有天地来一人而已。"现藏清华大学图书馆。

---

① 陈梦槐《东坡诗选》卷首,明刻本。

9.《苏长公诗腴》●

陈于庭辑。明万历刊本，凡八卷，共六册，无序跋、凡例、评点，但有墨笔圈点和总目。版心刻书名及卷次，书前题"阳羡陈于庭孟谔甫铨次"。陈于庭，字孟谔，江苏宜兴人。万历二十三年（1595）进士。累迁礼部左侍郎、南京右都御史，终左都御史，著有《定轩稿》等。是选体例按体编次，选录苏诗475首，其中四言古诗16首，五言古诗92首，七言古诗74首，五言律诗24首，五言排律2首，七言律诗94首，七言排律2首，五言绝句24首，六言绝句6首，七言绝句128首，回文诗13首。另收诗余27首。从选诗倾向上看，编选者比较重视七言绝句和七言律诗。现藏中国社会科学院文学研究所。

四、年代不详宋诗选本

1.《诗意法音》

佚名辑。明抄本（残卷），上海图书馆题识为《诗意法音》，无序言、评点和批注。现仅存卷四和卷五两卷，卷四选诗20首，卷五选诗50首。现藏上海图书馆。

2.《僧诗选》

佚名辑。明抄本，不分卷，共十二册，无序言、目录和评点。国家图书馆题识为《僧诗选》。是选编排混乱，同一诗人的诗作往往未能编排在一起，应是随选随录，此书腐蚀较严重，能清楚辨别的诗不多。是选是专门选辑诗僧之作和吟咏诗僧诗歌的选本。根据作者辨识，选录唐代诗僧五言律诗130首，宋代诗僧五言律诗140首，其中唐代诗僧皎然76首、盈上人26首、无可16首、灵一12首，宋代诗僧清顺10首、惠崇4首、文兆4首、宇昭4首。现藏国家图书馆。

3.《百梅一韵》

汪元英辑。汪应鼎刻本，凡四卷，共四册，无序言、凡例、目录和评语，偶有圈点。藏浙江省图书馆和清华大学图书馆。道光《休宁县志》云："汪元英，字大吕，东门人。"汪元英为安徽人。汪应鼎为明代中期以后，安徽著名的刻书家，刻有《流翠山房辑选八大家论文要诀》。笔者所见为浙江图书馆藏本。书前有香严居士邵一儒序（原件缺），各卷首题丁惟喧、张成斐、吴祚、邵一虬阅校。是选为专门选辑梅花的诗歌选本。卷一录秦观《咏梅诗一百首》，卷二录于谦《咏梅诗一百首》，卷三录中峰和尚《咏梅诗一百首》（实为108首），卷四录涵虚子咏《咏梅诗一百首》，附录汪元英《百花一韵》。

4.《群英珠玉》

范士衡辑。宣统元年（1909）抄本，凡五卷，共二册，无序言、圈点和评语。范士衡，浙江桐川（今青田县）人。生平仕履不详。封面有罗振玉题识。有《罗氏雪堂藏书遗珍》第十四册，载《中国公共图书馆古籍文献珍本汇刊》。书前有范士衡序，范士衡《群英珠玉序》云：

> 校正重镂于版，名之曰《群英珠玉》。夫古今群贤之□，皆忠厚仁义之意，所发为国为民之心，蔼然见其言表，其间或因题咏，或因赞美，或因离别，或因寄赠，奇绝者如明珠光玉洁，飘逸者如清风白云。高古者有焉，雄壮者有焉，深得乎诗家之体法，足为后世之模范，凡此皆本于圣世之正音也。予际盛世，无所述作，因感夫淳风既复，大雅犹存，其所以选此者，非敢以名爵存。顾择有未至，采有未备，然诚足以鸣圣朝郁郁之盛矣！正统四年岁在乙未仲春月朔瑞州府新昌县丞桐川范士衡谨书。①

范士衡序说明了编选此选的缘由和选录标准。是选体例按朝代编次，共选宋元明三朝诗316首，其中卷一宋诗38首，卷二元诗37首，卷三至卷五明诗241首。现藏首都图书馆。

5.《维风诗集》

陆嘉颖辑。清抄本，凡三十二卷，现存四卷，无序言、圈点和评注。《御选明诗姓名爵里七》载："陆嘉颖字子垂，苏州嘉定人。天启中官主簿。有《砚隐集》。"《四库全书总目》及《千顷堂书目》未著录此书。现存卷二、卷三、卷四、卷五四卷，是选体例按朝代编次，卷二和卷三选宋诗121首，卷四选金元诗36首，卷五选明诗1600首。宋诗选有文天祥18首，次陆游8首，次苏轼、范纯仁、岳飞、徐应镳各6首，次李纲5首，余皆不足5首。陆秀夫、陈亮、刘过、宗泽、范仲淹等爱国诗人入选，说明作者对宋代爱国主义诗人特别推崇。是选有诗人小传，如文彦博传云："字宽夫，介休人，历事四朝出将入相五十余年，里朝端重，顾盼有威，契丹使望见拱手曰：'天下异人也。'封潞国公，以太师致仕，居洛阳，结耆英社，年九十有二，卒谥忠烈。"现藏国家图书馆。

---

① 范士衡《群英珠玉》卷首，宣统元年抄本。

第四编 04
清代宋诗选本提要

一、断代宋诗选本

1.《宋诗英华》

丁耀亢辑。清抄本,凡四卷,共一册。笔者曾亲往山东省图书馆查阅,因书破损,未能查阅,无法知晓其真面目。丁耀亢(1599—1669),字西生,号野鹤,别署紫阳道人,又号木鸡道人。山东诸城人。著有《丁野鹤诗钞》十卷、《陆舫诗草》五卷、《椒丘诗》三卷、《听山亭草》三卷、《漆园草诗集》;传奇剧本和小说:《续金瓶梅》十二卷、《赤松游传奇》三卷、《西湖扇传奇》二卷等。另据今人考证,《醒世姻缘传》的作者西周生即西生丁耀亢。今人已整理《丁耀亢全集》(中州古籍出版社1999年版)。现藏山东省图书馆。

2.《宋诗钞》 ●

吴之振、吕留良、吴尔尧同辑。康熙十年(1671)吴氏鉴古堂刻本,凡二十六册,不分卷,有序言、凡例和目录,无评语。《宋诗钞》版本众多,主要有康熙十年(1671)吴氏鉴古堂初刻本(是选不分卷)、《四库全书》本、《宋诗钞初集》(九十三卷本)、民国三年(1914)上海涵芬楼影印本及中华书局1986年版《宋诗钞》本等。上海图书馆所藏康熙十年(1671)吴氏鉴古堂刻本为最早版本,是选内题"吴之振、吴自牧同选《宋诗钞初集》"。吴之振(1640—1717),字孟举,别号黄叶村农、竹洲居士等,浙江桐乡人。贡生,授内阁中书,未仕。吕留良(1629—1683),字庄生,又字用晦,号晚村,浙江桐乡人。吴尔尧(1634—1677),字自牧,亦字松生、诸生。书前有吴之振序,吴之振《宋诗钞初集序》云:

自嘉、隆以还,言诗家尊唐而黜宋,宋人集覆瓿糊壁,弃之若不克尽,故今日搜购最难得。黜宋诗者曰"腐",此未见宋诗也。宋人之诗变化于唐,而出其所自得,皮毛落尽,精神独存。不知者或以为"腐",后人无识，倦于讲求，喜其说之省事，而地位高也，则群奉"腐"之一字，以废全宋之诗。故今之黜宋者，皆未见宋诗者也。虽见之而不能辨其源流，则见与不见等。此病不在黜宋，而在尊唐。盖所尊者嘉隆后之所谓唐，而非唐宋人之唐也。唐非其唐，则宋非其宋，以为"腐"也固宜。宋之去唐也近，而宋人之用力于唐也，尤精以专。今欲以鲁莽剽窃之说，凌古人而上之，是犹逐父而祢其祖，固不直宋人之轩渠，亦唐之所吐而不飨非类也。曹学佺序宋诗，谓"取材广而命意新，不剽袭前人一字"，然则诗之不腐，未有如宋者矣。今之尊唐者，目未及唐诗之全，守嘉隆间固陋之本，皆宋人已陈之刍狗，践其首脊，苏而爨之久矣。顾复取而簠衍文绣之，陈陈相因，千喙一唱，乃所谓腐也。譬之脍炙，翻故出新，极烹芼之巧，则为珍美矣。三朝三暮，数进而不变，臭味俱败，犹以为珍美也，腐乎？不腐乎？故臭腐神奇，从乎所化。嘉隆之谓唐，唐之臭腐也；宋人化之，斯神奇矣。唐宋人之唐，唐宋之神奇也。嘉、隆后人化之，斯臭腐矣。乃腐者以不腐为腐，此何异狂国之狂其不狂者欤！万历间，李蓘选宋诗，取其离远于宋而近附乎唐者。曹学佺亦云："选始莱公，以其近唐调也。"以此义选宋诗，其所谓唐终不可近也，而宋人之诗则已亡矣。余与晚村、自牧所选盖反是，尽宋人之长，使各极其致，故门户甚博，不以一说蔽古人。非尊宋于唐也，欲天下黜宋者得见宋之为宋如此。其为腐与不腐，未知何如，而后徐议其合黜与否。或繇是而疑此数百年中，文人老学，游居寝食于唐者，不翅十倍后人，何独于嘉、隆之说求一端之合而不可得，因忽悟其所以然，则是集也，未必非唐以后诗道之巫阳也夫！时康熙辛亥仲秋之朔洲钱吴之振书于鉴古堂。[①]

吴之振序具体说明了三个问题：其一，编撰《宋诗钞》的经过和原因；其二，针对当时诗坛否定宋诗的极端倾向，"宋人集覆瓿糊壁，弃之若不克尽"，为宋诗张本；其三，辨析宋诗的特点，"宋人之诗变化于唐，而出其所自得，皮毛落尽，精神独存"。《四库全书总目提要》云："是编以宋诗选本丛杂，因蒐罗遗集，其得百家。其本无专集及有集而所选不满五首者，皆不录。每集之首，系以小传，略如元好问《中州集》例。而品评考证，其文加详。盖明季诗派，最为芜杂，其初厌太仓、历下之剽袭，一变而趋清新。其继又厌公安、竟陵之纤佻，一变而趋真朴。故国初诸家，颇以出入宋诗，矫钩棘涂饰之弊。之振是

[①] 吴之振、吕留良、吴尔尧《宋诗钞》卷首，康熙十年吴氏鉴古堂刻本。

选，即成于是时。以其人自为集，故甫刊一帙，即摹印行世。所传之本，往往多寡不同。此本首录无书者，尚有刘爚、邓肃、黄榦、魏了翁、方逢辰、宋伯仁、冯时行、岳珂、严羽、裘万顷、谢枋得、吕定、郑思肖、王柏、葛长庚、朱淑真十六家。盖剞劂未竣，故竟无完帙也。近时曹庭栋病其未备，因又有《宋人百家诗存》之刻，以补其阙，皆之振之所未录。然之振于遗集散佚之馀，创意蒐罗，使学者得见两宋诗人之崖略，不可谓之无功。与庭栋之书互相补苴，相辅而行，固未可偏废其一矣。"提要说明了是选的编纂情况。所选诗人之集，按时代先后编入，每位收录诗人均有作者小传，为吕留良所撰。《四库全书》本署名为《宋诗钞》，但选录者却只有吴之振一人，也只有吴之振序，此本则将康熙本析为106卷，选录诗人也只有79家，比康熙本少方岳、何梦桂、道潜、慧洪、花蕊夫人5家。

《宋诗钞》小传论述诗人的风格特点，论苏轼云："子瞻诗，气象洪阔，铺叙宛转，子美之后，一人而已。然用事太多，不免失之丰缛；虽其学问所溢，要亦洗削之功未尽也，而世之訾宋诗者，独于子瞻，不敢轻议；以其胸中有万卷书耳。不知子瞻所重，不在此也。加之梅溪之注，饾饤其间，则子瞻之精神，反为所掩。故读苏诗者，汰梅溪之注，并汰其过于丰缛者，然后有真苏诗也。"论苏舜钦云："刘后村谓其歌行雄放于圣俞，轩昂不羁，如其为人。及蟠屈为吴体，则极平夷妥帖，盖宋初始为大雅，于古朴中具灏落渟蓄之妙，二家所同擅，而梅之深远闲淡，苏之超迈横绝，则各有机杼。"（《宋诗钞·沧浪集钞》）论黄庭坚云："会粹百家句律之长，究极历代体制之变，搜讨古书，穿穴异闻，作为古律，自成一家，虽只字半句不轻出，遂为本朝诗家宗祖。"《宋诗钞》之《凡例》甚为详细，且作为序言的补充，云："宋诗向无总集，亦无专选。东莱《文鉴》所录无几，至李于田《宋艺圃集》所选名氏二百八十余人，诗仅二千余首，宜其精且备矣。而漫无足观，非其见闻俭陋，则所汰者太可惜也。曹能始《十二代诗选》所载有百数十家，中如陆务观、杨诚斋，宋之大家也，集又最富，然存者甚少，诚斋寥寥，他可知矣。潘讱庵《宋元诗集》，亦止三四种，虽去取未精，然每集所存较多。盖宋集为世所厌弃，其存者如秦火后之诗书。"具体说明了编撰和搜求《宋诗钞》的过程以及倡导人们学习宋诗。

是选体例以人编次，共选宋代诗人84家，诗歌12970首，84家分别为王禹偁、徐铉、韩琦、苏舜钦、张詠、赵抃、梅尧臣、余靖、欧阳修、林逋、石介、孔武仲、孔平仲、孔文仲、韩维、王安石、苏轼、郑侠、王令、陈师道、文同、米芾、黄庭坚、张耒、晁冲之、韩驹、晁补之、邹浩、秦观、陈造、沈辽、沈遘、沈兴求、徐积、陈与义、李觏、王炎、唐庚、孙觌、张元幹、叶梦得、张九成、汪藻、范浚、刘子翚、朱松、朱槔、程俱、吴儆、周必大、朱熹、范成大、陆游、陈傅良、杨万里、薛季宣、叶适、林光朝、楼钥、赵师秀、翁卷、徐照、徐玑、黄公度、刘克庄、王庭珪、刘宰、王阮、戴敏、戴复古、戴昺、方岳、郑震、谢翱、文天祥、许月卿、林景熙、真山民、汪元量、梁栋、何梦桂、道潜、慧洪、费氏。而刘弇、朱淑真、邓肃、黄干、魏了翁、方逢辰、宋伯仁、冯时行、岳珂、严羽、裘万顷、吕定、郑思肖、王柏、葛长庚等 16 家仅存目录而无诗。其中杨万里入选 1823 首,雄踞第一,次陆游 847 首,次范成大 563 首,次戴复古 519 首,次刘克庄 465 首,次苏轼 454 首,次黄庭坚 282 首,次方岳 264 首,次陈师道 192 首,次韩驹 134 首,次晁冲之 98 首,可见编选者选诗多寡悬殊,失去均衡。从选诗倾向上看,编选者比较重视南宋中兴诗人和江西诗派,忽视四灵诗派。宋荦《漫堂说诗》云:"明自嘉、隆以后,称诗家皆讳言宋,至举以相訾謷,故宋人诗集,庋阁不行。近二十年来乃专尚宋诗,至余友吴孟举《宋诗钞》出,几于家有其书矣。"说明了《宋诗钞》在清初诗坛的流行盛况。《宋诗钞》因其开创之功,其在选目上的独创性,成为此后众多宋诗选本的选源,如吴曹直《宋诗选》、陆次云《宋诗善鸣集》、邵嵒《宋诗删》、顾贞观《积书岩宋诗删》、陈訏《宋十五家诗选》、曹庭栋《宋百家诗存》、马维翰《宋诗选》、张景星《宋诗别裁集》、汪照《宋诗略》、侯庭铨《宋诗选粹》、杨行传《宋诗随意钞》、坐春书塾《宋代五十六家诗集》、范大士《历代诗发》、章薇《历朝诗选简金集》等,均从《宋诗钞》中取材。《宋诗钞》刊刻以后,曹庭栋鉴于它有不少缺陷和失误,便又重加收集,刻为《宋百家诗存》。后管庭芬、蒋光煦又因《宋诗钞》选诗遗漏颇多,加之其所用底本,又全非善本,故又从各家别集中收录,增补 85 家,编成《宋诗钞补》。现藏国家图书馆、上海图书馆、南京图书馆、北京大学图书馆、清华大学图书馆、复旦大学图书馆、浙江图书馆。

3.《宋诗选》●

吴曹直、储右文同辑。康熙二十六年(1687)吴氏刻本,凡二十卷,共六册,有序言、凡例和总目,无评语。每卷首页均刻镌"宜兴吴曹直以巽、储右文云章同辑,金闾周子肇梓行"。吴曹直,字以巽,阳羡(今江苏宜兴)人,康熙十七年(1678)举人,官至韩城县令,著有《恭受堂文集》《秋英词》等。储右文(1659—1726),字云章,号素田,阳羡(今江苏宜兴)人,康熙十六年(1677)举人,官至京山令,著有《敬义堂集》等。书前有储右文序、尤侗序、吴曹直序。储右文《宋诗选序》云:

宋承五代之敝，文习萎靡不振。至庆历、皇祐中，一时名公卿刮摩而扫荡之。迄于南渡，流风未改。治古文言者号为极盛，几轶三唐，追西汉矣。而诗歌之作不见称于后世，何欤？说者曰："诗至唐而蔑以加矣，宋直谓之无诗可也。"夫唐用诗赋设科取士，其讲求体格声调，既精且备。如自屈、宋以逮徐、庾，千余年作者至此一集其成，后之人诚未能轶其矩矱也。若夫有宋诸君子，其从事于诗也，非不沿流魏晋，原本三唐，但以理趣发其机锋，史学供其组织，不觉气象改观，音节顿异，所谓神明变化于矩矱之中，而卓然成一家言者也。顾得谓宋无诗欤？且宋诗之所以可传者，更不必规规焉，与唐人求合也。大匠之程材也，轮囷离奇，不一其式而斫之，皆可以适用。伶人之典乐也，镈于方响，不一其器而制之，皆可以节音。迄今观半山、宛陵、庐陵、眉山、剑南诸集，其高浑苍劲、澹远豪迈，固足颉颃高岑、皮陆。若其他名流逸士，一语之艳令人魂绝，一字之工令人色飞者，又未始不与有唐诸公分路而扬镳，殊途而合辙也。使必宗唐而诎宋，则苏、李赠言、柏梁首唱，便为五七言绝调矣。不知魏晋，何有齐梁，更何有于四唐之纷纷云尔乎！百余年来，海内之言诗者，大率俎豆何、李及用修、于鳞之绪论，唐人诗选不下百家，而宋诗则视同腐壤杂用补袍。一二好古之士，志在评骘，又多格于时尚，唯取宋诗之清逸流美，近似于唐者录之，而其真愈亡矣。嗟夫！掩匡庐之面目，传优孟之衣冠，良可惜也！余闭户穷居，一编自遣，于宋诸名人集多所观览，有志阐扬而未逮也。适余友吴子以巽归自白下，其所收录最广，丹黄甲乙汇为一帙，因共相订正，合各体而去留之，复浃月焉，乃付之梓。余非敢以诗自鸣也，且宋诗自在，岂以选重也？而余与以巽兢兢于是选者，要使天下知真能学宋之未必非诗，而拘墟于唐之仅得其貌而已矣。时康熙岁次丁卯七夕前一日画溪储右文云章氏题于存斋。①

吴曹直《宋诗选序》云：

三家村学究仰屋梁哦五言七字，靡不知祖唐而祧宋矣。文自西京以下，唐自天宝以下，誓不污吾毫素，谁为此言者，庸妄人耳。曩时，海内之称诗也，学步济南，捧心北地，以拆洗为能手，摹其色相，按其声调，庶几近似，辄以为闯开元、大历之藩墙而有余，家尸之而户祝之，塞胃肥肠，

---

① 吴曹直、储右文《宋诗选》卷首，康熙二十六年吴氏刻本。

125

尘容俗状,彼其盛唐云尔者,唐之土苴唾余耳,于两宋以还诸大家未始过而问焉。少所见则多所怪,固也。学者狃于旧闻,鲜知通变。失剑而契舟,可为一大噱也。比稍稍厌而去矣,振奇之士昌言讥弹,恶同笨伯而咿唔家浙,且倚欧、苏为门户,分唐宋为洛蜀矣。夫谓至宋然后有真诗,是矫枉而过正也;谓宋人无诗,是耳食也。南宋时有语戴复古石屏先生曰:"宋诗不如唐",石屏曰:"本朝诗出于经,此人所未识。"要非回护之解也。而其从孙昺《东野集》中有句云:"性情原自无今古,格调何须辨宋唐",可谓知言哉。诗之为道,发乎性情。数百年间,文人壮士流韵余风,其性情将安托耶?而顾以时代掩乎?《三百篇》鼻祖,风雅流而楚骚,不以《三百篇》掩;流而汉魏,而六朝,不以楚骚掩;流而唐,不以汉魏六朝掩。唐之必流而宋,庸渠独以唐掩乎?人心忽近而贵远,溯而高之,行将抱四始、六义之遗径,而曰:"诗止此。"亦见其愚且诞也。唐人之诗,以才华抒其性情;宋人之诗,以性情行其理趣,而才华赴之,致一而已。诵古人诗,必论其世而知其人,两宋人物载在一代史者,功名、经济、道学、文章数难更仆也。好古之家奉其片言只字,或将慕爱弗谖,以想见其为人,而况其歌诗雅什流在人间者,敢弗贵重而时惜之哉。虽然今之言宋诗者比比也,浸淫流极,往而不返,溺于名理,则组织疏而失之腐。刻意清真,则才气薄而失之枯。全使学识,则刊度不谐而失之老硬,失之生涩。专取逸趣,则《兔园》册断、烂朝报,信手拈来,而至于打油、钉铰,抑又失之浅近,失之俚鄙,此尤学宋而不知所取材者也。或曰:"由子前之说,则宋于唐当不止河汉也。由子后之说,无乃适越而北其辕乎?"曰:"是,所贵于取材矣。"不龟手之术可以封,而或不免于洴澼絖者,惟所用之耳。去其腐者,而得其名理;去其枯者,而得其清真;去其老硬、生涩者,而得其学识;去其浅近、俚鄙者,而得其逸趣。则才情风发,天真烂漫,舒写性灵,牢笼物态,一代之诗人之精神出、气韵见矣。故夫胸中无《三百篇》以及楚骚、汉魏六朝、唐人之诗,未可与读宋人诗,未可与学宋人诗也。岁乙丑,客京邸,抄得宛陵、眉山、剑南、石湖诸集千余首,无何南还,游白下,复遍觅宋人集,口吟手披,越三年矣。适吾友储子云章有同志焉,因共校雠,汇古体、近体,类次为二十卷而剞劂之,夫亦家有敝帚之见耶。识者鉴予之苦心,而谅其固陋,则幸甚。若夫学宋诗而徒求之色相声调,间视囊之拆洗盛唐者,其为土苴唾余,也将毋同。康熙丁卯夹钟月阳羡吴曹直以巽氏书于锄经堂。①

尤侗《宋诗选序》云：

诗之必归于唐也，唐之必归于盛也，此有"明七子"之说也。当其追章琢句，以拟议开元、大历之规模，虽元和、长庆犹置弗道，而况于宋乎？然至今日，几于家眉山而户剑南矣。风气迁移，人情向背，诚有不可解者。今夫居夏屋者，以雕题画桷为荣，久而倦焉，则思岩穴以自适。享大庖者，以陆毛海错为旨，久而厌焉，则思野簌以自甘，人情乎？亦若是。唐之诗盛而骚赋衰，宋之诗衰而词乃盛，物无两大，事无兼能，人情所趋而风气从之，固然无足怪。然平而论之，二代之诗美恶不相掩也。唐人之诗，开塞才华，抑扬声调，主于整齐弘丽，而其敝也，如缔绣土木，枵然而无所有。宋人之诗，涵咏性情，发挥名理，近于高闲疏放；而其敝也，不底于张打油、胡钉铰不止。风起于青蘋，极于拔木；水始于滥觞，终于覆舟，其势然也。取唐之无隐不搜，君于二吴宗也，折衷于博约之间，正得平尔，此虽七子复起且当相悦以解，而况白沙、定山、公安、竟陵纷纷聚讼者乎？吴子过西湖而属序，漫举臆说复之。康熙丁卯三月三日吴门年家弟尤侗拜撰。②

储右文、尤侗、吴曹直三篇序文相互发明，具体说明了四个方面的问题：其一，强调选录的标准，"唯取宋诗之清逸流美，近似于唐者录之"。其二，宋诗异于五代之诗。其三，针对宗唐而黜宋的极端思想，为宋诗张目。其四，客观地看待唐宋诗之争，唐宋诗各有优缺点。书中《凡例》说明了是选文献来源："宋诗世少专选，网罗放失，殊费苦心。两易暑寒，焚膏继晷。凡所睹记，如荆公《四家诗选》，如东莱《文鉴》，如《西昆唱酬》，如《濂洛风雅》，皆宋元人选也。又如潘讱庵《宋元诗集》、曹石仓《十二代诗》以及《瀚海》及《津逮》，近则吕晚村《宋诗钞》、吴兴蔺次《宋金元诗永》诸书，又采之专家，如《沧浪集》、《宛陵集》、《小畜集》、《欧阳文忠公集》、《王临川集》、《东坡集》、《后山集》、《丹渊集》、《山谷集》、《宛丘集》、《淮海集》、《鸿庆集》、《文公集》、《石湖集》、《渭南集》、《诚斋集》、《后村集》、《石屏集》、《叠山集》，所

---

① 吴曹直、储右文《宋诗选》卷首，康熙二十六年吴氏刻本。
② 吴曹直、储右文《宋诗选》卷首，康熙二十六年吴氏刻本。

南《心史》诸家,靡不究心,博观约取,亦庶乎艺林一助焉。"吴氏之言,说明是选选材较为丰富,既注意到了此前的宋诗选本,亦关注到了重要的诗人别集;但《凡例》中所列宋诗选本,《四家诗选》早已亡佚,故此选应未用到是书;赵师秀、徐照、徐玑、翁卷、真山民五位诗人选自《宋元名家诗集》。从《凡例》中所列的诗人别集的20位诗人中,王禹偁、林逋、苏舜钦、欧阳修、范成大、文同、朱熹、秦观、陈师道、张耒、戴复古、黄庭坚、杨万里、刘克庄诗选自《宋诗钞》《宋金元诗永》;而该选中选录的全集有《宛陵集》《王临川集》《东坡集》《渭南集》《心史》;朱熹诗主要选自《濂洛风雅》;梅尧臣、苏轼、陆游、谢翱等诗人则来自别集。是选体例按体编次,分五言古诗、七言古诗、五言律诗、五言绝句、六言绝句、七言律诗、七言绝句、五言排律和七言排律九种诗体,诗体十分完备,共选宋代诗人320家,诗3596首。卷一至卷三为五言古诗,卷四至卷八为七言古诗,卷九至卷十一为五言律诗,卷十二至卷十六为七言律诗,卷十七为五言排律和七言排律,卷十八为五言绝句和六言绝句,卷十九和卷二十为七言绝句。从选诗倾向上看,编选者十分重视律诗,共选律诗1880首,占入选总数的一半。陆游407首,位居第一,次苏轼356首,次梅尧臣193首,次王安石125首,次杨万里114首。值得注意的是,陆游位居第一,梅尧臣位居第三,可见陆游和梅尧臣的诗学成就,从清初就为人所发现。现藏国家图书馆、上海图书馆、南京图书馆、北京大学图书馆、清华大学图书馆、苏州图书馆。

4.《南宋二高诗》●

高士奇辑。康熙二十六年(1687)抄本,不分卷,共一册,有序跋,无评语。高士奇(1645—1704),字澹人,号江村,为高翥裔孙,卒谥文恪,浙江钱塘人,康熙十五年(1676)迁内阁中书。编有唐诗选本《唐诗掞藻》《续唐三体诗》,两书刊于康熙三十二年(1693)。书前有高士奇跋,高士奇《南宋二高诗跋》云:

> 寒家本燕人,宋开国初宝臣公讳琼者,随宋太祖决策定难,历官忠武军节度,封卫国公,加太尉。遂家于汴,再传绍先公讳继勋,生子六人,遵甫公为宣仁皇太后外戚,俱有武功,世封王爵。南渡时,赐第临安,子孙多官禁卫,虑为贾秋壑所嫉,散居杭之海宁,越之余姚,使各奉祠祀。菊礀公者,幼习科举,下笔辄异,长乃卓越不羁,曰:"此不足为吾学也。"放情吟啸,所交如杜仲高、张荃翁、周晋仙皆一时名流。共相倡和,紫髯

广颡，尤喜谈论，与人款款无间言。忽值庄语，则凛不可狎。陈复斋宬、许炼庵复道交谊最笃，二公游宦多与之俱。晚年归隐西湖，弃奇就实。淳祐元年，卒于湖上，年七十有二，葬葛岭谈家山，载郡志，实宋之隐君子也。余十四岁时，从先君子归姚江，过上林湖，拜节推县尉墓，松杉高茂，掩映湖水。四百余年，封植如故。可谓子孙善守矣。自是住深柳书读书堂者两月，堂为先曾祖讲学之所，门临清溪，深柳成巷；先君子更增植之，高氏家祠在堂之西偏，规模弘敞，堂室门庑毕具，族人子弟肄业其中。堂后楼五楹，藏当年诰敕书籍，旧刻菊磵、南仲两公诗稿及姚承旨、王学录原序，缺略不全，询诸父老，云自明嘉靖间遭倭寇焚掠，散失殆尽，亦无从得其遗本补辑之。若节推县尉之诗仅存数首，又有质斋、邈翁谱失其名，诗亦清迥。余恐残板久复漶漫，洗而录之。顷在都门，从御史大夫徐公所藏宋板书籍中得《菊磵诗》一百有九首，合向之所录三十二首，又于他集中得十三首，顷同年朱竹垞复从宋刻《江湖集》中搜示四十七首，统计重出者十二首，前后凡五七言近体诗一百八十九首。窃念先贤遗稿忍使湮没不传，遂并南仲节推县尉之诗同付剞劂，而附质斋、邈翁诗于卷尾，海内藏书家或有收其遗集者，毋吝寄示，获成全璧，实至望焉。康熙丁卯十二月朔日江村高士奇。[1]

高士奇跋说明了是选选诗的具体过程和选诗体例。选有高翥《信天巢遗稿》182首，高鹏飞《林湖遗稿》19首，另附《江村遗稿》20首、高似孙《疏寮小集》14首。现藏苏州图书馆。

5.《宋诗善鸣集》

陆次云辑。康熙二十六年（1687）蓉江怀古堂刊本，凡二卷，共四册，有序言和凡例，无评语。是选每卷均署名"钱塘陆次云云士先生选"。陆次云，生卒年不详，字云士，号北墅，钱塘（今浙江杭州）人。康熙十八年（1679）举博学鸿儒，次年出任河南郏县知县，后任江阴知县。《清诗别裁集》卷十五称陆次云诗"本真性情出之，故语多沈着，而所选诗转在宋、元，以之怡情，不以之为宗法也"。著有《八纮释史》《八纮荒史》《澄江集》《北墅绪言》《玉山词》等。生平事迹见《清史列传》卷七十、《国朝诗人征略》卷十四等。康熙二十六年（1687），陆次云编成《五朝诗善鸣集》十二卷，分为唐诗五卷，五代

---

[1] 高士奇《南宋二高诗》卷首，康熙二十六年抄本。

诗一卷，宋诗二卷，金诗一卷，元诗一卷，明诗二卷。书前有陆次云序，陆次云《宋诗善鸣集序》云：

> 人有言，诗必大历以上。余之选诗，则断自大历始，自唐中晚而及宋金元明，似愈趋而下矣。曷知余意非第欲追踪初盛，且将自六朝汉魏而溯夫风骚雅颂之源也。夫诗至初盛，盛已，然风会之移，久而必变。中晚之人不为初盛，非所不能，不屑陈陈相因，羞雷同耳，且其意似欲高出初盛上故。大历之时，诸君子以淡远胜，至元和而后，诸家迭兴，光怪神奇，千变万化，无所不有，较之初盛则甚异，而究其指归，合之六朝汉魏风骚雅颂实无不同，以视斤斤初盛者，讵非御风而行，去离尘埃者耶？此不谓之诗豪不可也。继而宋人衍其绪，金元承其流，明初风概大抵近是。至北地、信阳出，始持初盛之说，太仓、济南更畅衍之，而真诗遂失。钟谭起而辟之，力眇识微，乍抑而卒不能胜，何、李、王、李之说又遍天下。至我朝，圣天子在上，喜起赓歌，诗教昌于廊庙，学者共识其非，厌蹈袭而思变通，始复中晚宋人之诗是问。虽然，吾为诗学幸，又为诗学惧矣。夫中晚宋诗，杂而不纯，其超出等伦者，如奇花幽草间杂黄茅白苇中，非搜撷而出不易。遒使今之学者不能区别妍媸，以为中晚宋诗而漫然效之，不几反为七子之流所姗笑耶？此余《善鸣集》之所由选也。然选中晚宋诗，又递及金元明者何？夫金元之诗，不甚为人道。明诗好为拟议，尤弃于时。以今人好新之念求之，将必及于金元，且明诗中亦有与中晚宋人不相悬者，顾人之所取何如耳。余不揣固陋，谬为选定，不敢好异，不为苟同，夫然后中晚宋金元明之真诗始出。由此超盛越初，而溯六朝汉魏风骚雅颂之源，岂不甚善？彼斤斤焉持大历以上之说者，正不足与较也。其鸣之善耶，未尽善也？读余是书，必有能辨之者。时康熙丁卯孟冬之朔钱塘陆次云题于清源堂。①

陆次云序论述了三个方面的问题：其一，追踪溯源。"且将自六朝汉魏而溯夫风骚雅颂之源"也。其二，诗歌的发展与时代风会相转移，所以每个时代的诗，都有自身的特征。其三，选录金元之诗，旨在发现未被人发现的金元诗的价值。陆次云在《凡例》中，指出了宋诗三大弊病："宋诗之弊有三：曰庸、曰腐、曰拖沓。庸者，大约出于信手拈来者也；腐者，大约出于堕入理障者也；

---

① 陆次云《宋诗善鸣集》卷首，康熙二十六年蓉江怀古堂刊本。

拖沓者，大约出于才有余而少锤炼者也。去此三弊，而后不同乎唐人之宋诗与不异乎唐人之宋诗始出焉。"可谓一语中的。是选还给每位诗人附录有小传，如陆游小传云："字务观，山阴人，十二能诗文，补登侍郎，荐选第一，秦桧孙（埙）居次，桧不悦，明年试礼部复置游前列，桧显黜之。桧死，始赴宁德，孝宗初召见，赐进士出身，寻免去。五为州别驾西沂道，范成大帅蜀为参议官，以文字交，不拘体法，人讥其放，因自号放翁，后起知严州，再召见曰：'卿笔力……非他人可及。'同修三朝国史，升宝章阁待制，致仕封渭南伯，卒年八十五。孝宗尝问周必大曰：'今诗人亦有如唐李白者乎？'必大以游对，人呼为小太白，刘后村谓'南渡而下，故当为一大宗'。"《善鸣集》小传来自《宋诗钞》。是选文献取自《宋诗钞》、《石仓宋诗选》以及宋人别集，《凡例》云："余之所取，多得力于吕晚村、吴孟举之《宋诗钞》，而《石仓》诸选，间亦取资，至阅专集，繁几于目眩，如选诸诗有视其集中若别出一首者，披沙拣金之功，不敢让也。"除此外，是选还引用了《宋金元诗永》，《凡例》云："又得吴蔺次夫子《诗永》一书，资为元圃，然兢兢焉不敢滥入一首。"但选本中司马光、苏辙入选的诗却出自《宋金元诗永》。

《宋诗善鸣集》编撰体例以人为次，分上下两卷，共选宋代诗人93家，诗633首。陆游64首，位居第一，次杨万里37首，次梅尧臣34首，次林逋28首，次苏轼、戴复古各25首。是选既选有苏轼、陆游、黄庭坚等这些著名的宋代大诗人，也收录了邹浩、张九成、康与之、楼钥、程俱等这些不甚有文名的诗人。从选诗倾向上看，编选者比较轻视江西诗派和理学诗人，黄庭坚5首，陈师道2首，朱熹5首。值得注意的是，陆游选录64首，梅尧臣选入34首，位居第三，可见陆游和梅尧臣的诗学成就，从清初就为人所发现。现藏国家图书馆、上海图书馆、南京图书馆、北京大学图书馆、清华大学图书馆。

6.《宋四名家诗》●

周之麟、柴升辑。康熙三十二年（1693）弘训堂刻本，凡二十七卷，共八册，有序言，无评语。《宋四名家诗》又名《宋四家诗钞》《宋四名家诗选》《宋四名家诗钞》。是选版本还有康熙四十八年（1709）刻本、嘉庆二十二年（1817）博古堂刻本、同治五年（1866）星沙经济堂刻本、光绪元年（1875）湘西章氏校刊本、光绪六年（1880）湘西章氏刻本等，《四库全书存目丛书》集部第394册影印《宋四名家诗钞》为康熙间刻本。《四库全书总目》卷一百九十、《八千卷楼书目》卷十九、《中国古籍善本书目》集部、《中国丛书综录》等著录。周之麟，字雪苍，海宁（今浙江海宁）人，顺治十六年（1659）己亥

科进士。柴升,字舜闻,号锦川,仁和(今浙江杭州)人。诸生。著有《锦川集》等。书前有柴望序,柴望《宋四名家诗序》云:

> 方今风雅道盛,不啻户诗家、人骚客矣。其境日尽,则其致日新,而皮见者谓为得之于宋。讵知《三百》以还,具天地秀杰之气以生者,类能形容刻画,启未发之精,以成为一人一代之作。而必内宋而外唐,是何异昔之内竟陵而外七子,为文人习气乎。揆厥所由,要皆有新之见者存也。夫三统相继,必踵乎前代而进退之,而升降损益,究为运会所适然。善作者亦无庸预乎其际,历古今皆一,轨则陈,陈者废且绝,宁待今日哉。《河梁》、《十九首》尚矣。初、盛以高浑为气格,中唐号为娴雅,降及晚唐,则以雕刻取致。即唐一代之诗且递变若此,而欲以之范宋人可乎?宋固有宋之诗也,宋又不一宋也,宋以后莫不有然,其孰使之而然,即四时亦何不然?春秋代谢,乍菀乍枯,菀枯者不知也。执一之论,呜呼!其当人意也。就一人之身而论,少之所得,比壮而厌弃之,壮之所得,比老而厌弃之。其推移又四时若也,因其所适然。而发之为诗,弗锢师说、弗参己见,即好新者之喙可窒,而生平所沈浸,亦可递为迁矣。《宋四名家》之刻得毋犹有新之见者乎!夫新故何常之有,始以独造为新,继以间出为新,终且以雷同附和为新。故其所长新与新其所必故,皆不明于运会适然之故者也。四家之诗,长新之物也。推而上之,四唐何常不新?推而上之,汉魏六朝又何常不新?婿周子暨儿升独欣然有是选,重惧世之以溲泄为零陵香者,其果不谬戾古人、异于今之好新者耶?乐其志于风雅也,爰弁之以辞。云岩柴望撰。①

柴望序对宋诗作了总体评价,积极肯定宋诗的价值。是选体例以人编次,苏轼诗七卷,黄庭坚诗七卷,范成大诗六卷,陆游诗七卷,共选诗2550首,其中《东坡诗钞》722首、《山谷诗钞》402首、《石湖诗钞》440首、《剑南诗钞》986首。是选文献取材主要来自诗人全集,而且在每部诗集前均有一篇小序,简要概述诗人的生平和文学风格特征。从选诗倾向上看,编选者选诗还是有所侧重,陆游诗明显多于山谷诗,说明陆游诗在清初诗坛甚为流行。是选篇幅较大,对诗人文献的辑存起了积极的保护作用。现藏国家图书馆、上海图书馆、南京图书馆、浙江省图书馆、北京大学图书馆、清华大学图书馆。

---

① 周之麟、柴升《宋四名家诗》卷首,康熙三十二年弘训堂刻本。

7.《宋十五家诗选》●

陈訏辑。康熙三十二年（1693）刻本，凡十六卷，共十册，有序言和发凡，无评语。《续修四库全书》与《四库存目丛书》影印清康熙本。陈訏（1650—1732），字言扬，号宋斋，浙江海宁人。贡生。官淳安教授、温州府学教授，晚自号"欢喜老人"，为黄宗羲学生。著有《唐试帖诗》《勾股述》《勾股引蒙》《画鉴》等。书前有查升序和陈訏序，查升《宋十五家诗选序》云：

> 往时言诗家宗唐，而近多尚宋，盖才人之心思，原不因时代为渐灭，故其呈铓吐焰之递出而益张也。就宋言诗，当日号称作手者，不啻数十百辈，而今之竞传者无几。岂非数家之精神发越，长如日星之丽天、江河之行地。其人品文章，功名道德，虽久不磨，而特于流声发响中，规抚仿佛。犹能想见其为人，则宋诗之传之以人，又不仅传以诗也。吾友陈子言扬天才骏爽，自少承其前人。近思先生过庭之训，而怀觚握椠，寒暑不辍，尽取有宋一代之诗而论定之，顾其选诗独以十五家著。此十五家者，原不必以诗雄，而论宋诗之精诣深造，总莫能过。则言扬之为是选也，其取舍精核，寓托激渺，殆非筳撞蠡测之见，所能持其短长者矣。昔元人刘静修论诗尝云："隋唐而降，诗学日废之而得正，李、杜、韩其至者也；周宋而降，诗学日弱，弱而后强，欧、苏、黄其至者也。"今自宛陵以迄信国，反复循览，皆所谓弱后强，以上续乎变而得正之意。风流文藻，炳耀千古，而其间盛德大业又掩乎词章之外。吾知卒业是编者，咸欣欣焉，有探骊得珠之慕。日与十五家之精神贯注，大有关于世道人心，而非为风雅之标的也。龙山查升书于花溪之静学斋。①

陈訏《宋十五家诗选序》云：

> 诗道之由来久矣。昔敝于举世皆唐，而今敝于举世皆宋。举世皆唐，犹不失辞华声调堂皇绚烂之观。至举世皆宋，而空疏率易，不复知规矩绳墨与陶铸洗伐为何等事。嗟乎，此学宋诗者之过也。盖宋之与唐，其诗之所以为诗，原未尝异特，以其清真超逸，如味沉瀯者，陋膏粱。游蓬阆者，厌都邑，故足贵耳。今不得其所以至，而徒踵其流失，以文其不学，而便

---

① 陈訏《宋十五家诗选》卷首，康熙三十二年刻本。

于应酬,宋诗岂任其咎乎?夫地用莫如舆,水用莫如舟,古未有易也。①

细绎二序,第一,查升指出了宋诗为人所弃置的缘由;第二,针对当时尊宋抑唐的诗学趋向,作者提出了公允的观点,采取了唐宋融通的态度;第三,推举十五家之诗。陈訏《序》云:"今十五家之诗具在,皆宋之圣于诗、神于诗者也,有志之士熟读而深思之,其以斯编为津梁也夫。"

关于文中小传,《发凡》指出:"集中诸公姓氏爵里,俱抄撮《宋史》旧文。其《宋史》所不载者,间取集前序传节录于前,大约与鉴古堂《诗钞序》大同小异","悉照原集善本,不分体类,以作者之先后为先后。庶古人学问境遇约略可溯其原本。分正集、续集及自分体者,亦悉依旧刻,不敢穿凿附会"。《发凡》说明小传材料主要来自《宋史》以及所取底本前之序传,撰写体例模仿吴之振《宋诗钞初集》。关于诗选评点,《发凡》指出:"昔人论诗虽叹知心赏音之难,然文章自有定价,非爱憎所能高下,则古人诗评亦诗家之权度也,故每家诗必载昔贤一二评语于前且附管见,以资一得;至于细批圈点,概不增设,使学者熟读深思,自能融会贯通,深知其妙,则性灵油然而生,真诗出矣。"文中实无评点。《发凡》说"近本或每集选录者,既苦卷帙繁重;若专选一集者,又觉固陋不广",有鉴于《宋诗钞初集》《宋百家诗存》太过繁复,不易于阅读,故加以删减,所以是选篇幅适中。

是选体例以人编次,共选梅尧臣、欧阳修、曾巩、王安石、苏轼、苏辙、黄庭坚、范成大、陆游、杨万里、王十朋、朱熹、高翥、方岳、文天祥15位诗人,诗3661首,其中梅尧臣230首、欧阳修147首、曾巩133首、王安石179首、苏轼360首、苏辙246首、黄庭坚131首、范成大219首、陆游1002首、杨万里217首、王十朋147首、朱熹159首、高翥186首、方岳158首、文天祥147首,每位诗人除陆游诗二卷外,余皆人各一卷。从选诗倾向上看,陆游1002首,为最多,最少者黄庭坚131首,两者相差竟达7倍之多,多寡不一,有失均衡,足见编选者对江西诗派的偏见。南宋中兴诗人范成大、陆游、杨万里三人入选诗歌1438首,几占全选的一半,再加上方岳、文天祥、朱熹、高翥4人诗,共2088首,占全选的60%,说明编选者偏好南宋诗人。梅尧臣230首,位居第四,足以说明梅尧臣在清代诗坛的诗学地位。是选不足之处,缺乏广泛的代表性,仅录15人,而刘克庄、戴复古、陈与义、陈师道等著名诗人,尽皆漏选,王十朋、高翥、方岳等不足以代表宋代诗学成就的诗人却加以选录。是

---

① 陈訏《宋十五家诗选》卷首,康熙三十二年刻本。

选选源大都根据别集择汰，杨万里则是选自《宋诗钞·诚斋诗钞》，《诚斋集》现存诗 4200 多首，《诚斋诗钞》共录诗 1821 首，所以《诚斋诗选》是根据《诚斋诗钞》选录。现藏国家图书馆、上海图书馆、南京图书馆、浙江省图书馆、北京大学图书馆、清华大学图书馆。

8.《宋诗啜醨集》●

潘问奇、祖应世合辑。是选编成于康熙三十一年（1692）至三十二年（1693）之间，今存乾隆十八年（1753）刻本，凡四卷，共二册，有序言、凡例和姓氏目录，有评语。潘问奇（1632—1695），字云程，又字云客，号雪帆，钱塘（今浙江杭州）人。著有《拜鹃堂诗集》等。祖应世（生平不详），字梦岩，奉天宁远人。监生。书前有祖应世序和潘问奇序，祖应世在《宋诗啜醨集序》云：

> 昔人论诗，谓"盛于三唐，衰于宋元"。又谓"诗话盛于宋，而宋人无诗。高者如开基都汴，已失上游。卑者如南渡偏安，益难自振"。若是乎，风雅一道不属宋人也。审矣，愚窃以为不然。唐以诗取士，风会所趋，同有专家，其时际不一境，境不一诗，诗不一人，人不一格，而同归于温柔和平，得性情之正，故可以动天地感鬼神，鼓吹为盛，但盛极必衰，理所必至。标新领异，人性之常，后之诗家或独宗一格，我倡彼和，云合响从，遂成一代之风气。即有特然独立者，亦为大势所掩，其流既滥，雅道几微，任廓清之力者，不得不崛起而救之。此宋元之后，不容不有明之弘德、嘉隆诸子；弘德、嘉隆之后，不容不有竟陵、公安；竟陵、公安之时，又不容不有云间，其势然也。嗟乎！天下事有偏重，即有矫枉。诗原于《三百篇》，自有正派，奈何思厉颓靡，每成偏重，酿为讼胎。或亦有心风雅者之过欤？今竟尚宋诗，行将揭八州而朝同列，后来更霸争主夏盟，必有凌压之者。余与友人潘子雪帆，恐势成偏重，回有《啜醨集》之选，瑕瑜各为标出，使天下晓然。知宋人之所以为宋诗者，正风正雅，确有元音而不得概视之，用以洗宋人无诗之诮，即以杜后人剪薙之心。虽不敢言有功风雅，或可使欲为矫枉者不得借口云。医间祖应世梦岩甫撰。①

祖应世序主要是对诗坛"宋无诗"论调的反驳，也交代了编撰此诗的目的，

---

① 潘问奇、祖应世《宋诗啜醨集》卷首，乾隆十八年刻本。

"有功风雅"。潘问奇《宋诗啜醨集序》云：

> 岁丁卯，余与梦岩之订忘年交也，实惟诗然。余论诗每断自开元，梦岩论诗每断自大历，长庆以后弗及也。壬申冬，复授馆于雍阳之官舍，各出箧稿，互有丹黄。然余于诗多取诸少陵，梦岩于诗多取诸太白，温、李以后弗及也。然则今兹《啜醨》之集何为乎？则以宋固犹夫唐也，唐之人各有其性情，即不得谓"宋之人尽无与于性情也"。唐之人之诗有系于"兴""观""群""怨"，即不得谓"宋之人之诗尽无与兴观群怨也"。况自建隆以迄祥兴，三四百年间，倡有宋一代风雅者，其实滥觞于元之，而元之《示儿》云："本与乐天为后进，敢期子美是前身。"夫子美、乐天非唐之卓然者与？由是递及元祐之庐陵、眉山，南渡之石湖、放翁、诚斋，与夫末造之四灵、皋羽辈，蒸蒸然起而承流接响者，始代有其人，又何莫非元之一炬化为千灯、万灯也哉！故曰："宋犹夫唐，非诬也。"然则"啜醨"云者，何居乎？薄之也；薄之云者，何居乎？则以近代狗于鳞，余两人亦从而狗之也。于鳞崛起嘉隆间，与娄江、天目辈倡为七子之号，主盟坛坫，旗鼓中原，迄今百有余年，其焰尚未熸也。余亦常读其诗，大抵命意则肤立而无神，遣词则貌妍而少骨，雄矣而乏幽深之趣，亮矣而无隽永之思。三四乞墦于姓氏之一编，五六取给于广舆之一箧，甚至"东方千骑"、"起草明光"，以及"黄金白璧"等语，陈陈相因，不一而足。洵有如虞山钱氏所讥评者，非过也。然此犹以诗论耳，若其甲乙尤有不能无议者，大都以浅熟为和平，以疲癃为温厚，辞归馆钉，调入痴肥，如唐选中《帝京》诸篇非与？乃于古人沉雄骏伟之作，顾多轶焉而不传，为可诧也。今于诸家且无论，论诗请自少陵始。夫少陵之诗，天宝之史也。以兴比为褒诛，以风骚为赏罚，时而三闾之怨慕，时而微子之讴思，举人世所为可歌可涕者，一一取而寓诸咏叹间。故其为诗也，顿挫浏漓，实大而声宏，即至一技一物之微，亦皆慷慨悲壮，借以发抒。至今读之无不鬼可泣、石可破，而天可惊者也。乃于鳞自古近数篇而外无闻焉，使非竟陵起而抉隐摘微，一一取而表章之，则不几举当日悱恻缠绵、忠君爱国之志，竟等祖龙一烬也。他如太白、王孟、高岑辈并称通禅入圣，杰构犹多，亦皆玉璞无分，概遭摈斥。此其迷谬，不待识者能辨之。而学者乐其便易，捷于应酬，于是奉为圭璧，犹且沾沾号于人曰："吾某某诗类嘉隆，吾某某诗类七子。"则是济南之余习，至今沦肤浃髓而不衰，为可叹也。然则宋固唐若乎？曰："不然。"夫宋之逊于唐，尽人能知之，亦尽人能言之矣。然余窃

谓岂惟唐？使溯而上之，即中晚已不及初盛；初盛不及汉魏，汉魏又不及《三百篇》，此盖气运升沉之数，虽造物有不能力为挽回者，何独于宋过责哉！读是集者当有权衡尔。钱塘潘问奇雪帆氏撰。①

潘问奇序说明了是选的诗学宗趣和编撰缘由。如何取舍诗作，《凡例》云："此集则因篇帙无多，不足更为部次，故昉分人之例。"《凡例》中云："今昔参选家亦有止收篇什，不置品骘圈点。着其意，盖谓学者性情不同，好尚亦异。欲使读者各随其资之所近，自为采掇，则真诗始出，此说亦佳。但诗文为天下公器，诚能日光玉洁，又未始非千人亦见、万人亦见者，即丹黄亦何害乎？兹集特于篇末总论外，行间仍加评次，亦昉济南、竟陵诸家例，非臆裁也。"

是选体例仿照钟惺《诗归》，以人编次，共选宋代诗人65家，诗423首，其中卷一宋代诗人12家56首，卷二宋代诗人26家100首，卷三宋代诗人7家117首，卷四宋代诗人20家150首。陆游56首，居其首，次杨万里30首，次范成大27首，次赵师秀26首，次林景熙20首，次刘克庄19首，次方岳17首，次苏轼16首，次张耒12首，次陈与义12首，次欧阳修11首，余皆不足10首。在审美趣味上，对南宋诗人偏好。北宋诗人欧阳修、王安石等入选较少，江西诗派亦是如此。关于选诗标准，是选有明确的论述，其一，选诗的标准。潘问奇云："词则归诸雅驯，义必原于兴比。"（卷二）其二，阐述了尊唐抑宋的原因，是由于气运升沉使然。潘问奇云："夫宋之逊于唐，尽人能知之，亦尽人能言之矣。然余窃谓岂惟唐？使溯而上之，即中、晚已不及初、盛，初、盛不及汉魏，汉魏又不及《三百篇》，此盖气运升沉之数，虽造物有不能力为挽回者。"（卷一）其三，是选多选遗民诗作。潘问奇对宋代遗民诗人林景熙特别推崇，选录诗20首，位居第五，作为遗民的潘问奇，高度评价了林景熙的气节品性："宋之亡也，留梦炎以状元改节，赵承旨以宗室委身，他如吴、许辈，又指不胜屈矣。而先生独皭然以高蹈，按其节固景炎之渊明，而有宋之薇子也。今读其诗，亦皆唱叹多风，朱弦清汜，上而比与黍离之什，次则《归去来》之辞，又多让焉。此《啜醨》之役，仆不能不于先生亟为推毂者也。"（卷四）是选在每位入选诗人之后均有潘问奇、祖应世的批语。首先是对诗人总体评价，如对杨万里诗，雪帆评曰："南渡诗人，向推石湖、放翁、诚斋为鼎立，其言不谬，诚斋则尤盈笥累楮，编帙浩繁，于宋集中为最富，然矢口成音，笙竽不择，方言俚语，迭奏并陈，此虽由其天赋纵横，不拘绳尺，未足为才人之累，第平心思

---

① 潘问奇、祖应世《宋诗啜醨集》卷首，乾隆十八年刻本。

之，矢口成音，终误后学。而论者于诚斋云：'落尽皮毛，自出机杼，古人之所谓似李白者，入今之俗目，则皆俚谚也。'又云：'见者无不大笑，不笑不足以为诚斋之诗。'呜呼，信斯言也，则凡昔之张打油、胡钉铰，皆当侑食李杜之庭矣。夫言之无文，行而不远，古人有其明训矣。而今之操觚家，祢宋黜唐，中风狂走，弃其瑜而收其疵，风雅由此日替。譬如衡峰泰岳，非不壮且高也，而承其脉者，为培塿积石，龙门非不深且光也，而袭其流者为沮洳，附影希声，滔滔不返，莫如今日之学宋者为甚矣。"还有对每首诗的评价，如评戴复古《杜甫祠》云："何如耒阳江头三尺荒草坟，名如日月光天壤。"潘问奇评云："读'麒麟守高阡，貂蝉入画像'四语，盖有不禁潸然者。仆往往见送葬家，刍灵冥器之属，填闾溢巷，辉映一时，执佛前而导者，或数千百不胜纪，未几而光焰磨灭，洵有如诗中所云者矣。岂如汉末虞仲翔死，不过以青蝇为吊客，而精神义气至今长在两间。然则生乎后者，顾安得为仲翔乎？仲翔不可得，得为吊仲翔之青绳，斯可矣。蝇乎蝇乎，尚其许我乎？"现藏上海图书馆、北京大学图书馆。

9.《宋诗删》●

邵嵒辑，柯弘祚参阅。康熙三十三年（1694）刻本，凡二卷，共一册，有序跋、凡例和总目，无评语。邵嵒，字葵园，号崖山，平湖（今浙江嘉兴）人，生平仕履不详。柯弘祚（1620—？），号柯山，平湖（今浙江嘉兴）人。明诸生。著有《九山草堂诗钞》。《八千卷楼书目》卷十九著录。书前有邵嵒序和柯山跋，邵嵒《宋诗删序》云：

> 诗之由唐而宋也，风气为之也。风气有殊，而性情不异，宋乌得无诗也？往时人皆尊唐而诎宋，一时左袒，百年耳食，使一代著作久为腊月之笺。究之，尊唐而不能为唐，时或逗而之宋，于是一二骚坛之士，更取宋诗而尸祝之，然不无矫枉过正。向之选唐诗者，济南裁数百首，或病其隘。高廷礼取材极富，不过数千。而今《宋诗初集》之钞，已至万余首，几欲多宋而少唐，学者望洋，向若茫无津涯，奚止不辨牛马而已。盖尝譬之人事矣，汉时博望侯出玉门五万余里，历数年而归，不得西域要领，贰师将军劳数万之师，再出塞，仅获宛马三十匹。而班定远以三十六吏士，焚北使，斩明王，臣服诸国，臂指使之，故知用众未为上策，存乎人也。且唐三百年，虽方镇中踞，中原未沦左袵，高才韵士，辈出中土。宋有天下，辽、金迭乘，提封陆沉大半，风雅凋丧。以一隅之人物，争胜于全盛，吾

未见其然也。暇日辄为删其繁冗,撷其精实,使宋人之习气去,而英华存,宋不为诎,唐不为少,观者知风气之有在,而性情以出,上下千载,风人之致,不至于宋独亡焉!康熙三十有三年岁在阏逢阉茂余月既望当湖邵晷书于光远楼。①

邵晷序说明何以要选录宋诗的缘由,因吴之振《宋诗钞初集》选诗过于繁复,故而加以精简,只有《宋诗钞》的三分之一。柯山《宋诗删跋》云:

余读宋诗,详观其姓氏里居,而有感于古今风教之殊也。昔孔子删诗,不录楚风,说者以为孔子外之,殆非也。唐虞中古,声教四讫,朔方、交趾皆属版图。《尚书》载舜巡狩,一岁之中遍于五岳。南镇衡山,是为楚封。三代以来,建候考绩怀柔有日矣。其时礼乐教化,盛于中土。自荆以南,歌谣未著,无得而录焉。厥后,屈子《离骚》《郢中》;季子驰声上国,《阳春》《白雪》之曲,仲尼而在且进之矣。慨中原丧乱,风雅之亡,风教之日南,莫甚于宋。在宋盛时,所谓文章大家,庐陵、眉山皆南人也。播迁之后,能诗之士尽出浙、闽、楚、蜀,自古帝王之都,秀杰之气,湮没烟尘戎马之间,使天子当阳,辎轩采博,今之所载具在,不此之录而谁录哉?今兹因删宋诗,而有感风教之殊,为之三叹。古今邈矣,世变不一,斯文未坠,异时中邦文献蔚兴,行将问奇大江以北,天地之气不终于南音。百年之间,古道可复,当起有明诸君子而论其世焉。②

柯山历数了中国诗歌发展的特色,尤其是宋诗在中国诗歌发展史上具有重要的地位;另此跋还有比较鲜明的反清复明的思想倾向,所以受到后世的诟病。

关于是选的文献取材,《凡例》云:"是选大略本《宋诗钞》,又据耳目所及,间增一二,余有诗名而集未见者,当续收采补,入是编为学宋诗者援手。"另外在择取《宋诗钞》的过程中,编选者不会因为苏、黄等为大家就悉数收纳。据统计,选自《宋诗钞》有330余首,另有苏轼、黄庭坚、陆游、宋祁、郑思肖、王十朋等少量诗参考诗人别集,可以看出此选实际为《宋诗钞》的再选本。是选目的是为初学者而作,《凡例》云:"是选因原本卷帙浩繁不便初学,故加删订,要在精简,虽苏黄大家不敢多登,宁失之刻,毋失之泛,贵取其所长也。"对于遗民诗人的民族气节更是大为激赏,《凡例》称:"诗虽盛于唐,然

---

① 邵晷辑、柯弘祚《宋诗删》卷首,康熙三十三年刻本。
② 邵晷辑、柯弘祚《宋诗删》卷首,康熙三十三年刻本。

晚益衰靡，至于气节远不逮宋，如谢叠山、郑思肖忠愤所激发为歌，不当以声律求之。"是选体例以人编次，共选宋代诗人62家，诗383首，其中上卷选宋代诗人22家135首，下卷选宋代诗人40家248首，两卷选诗数量相差较大。陆游34首，位居第一，次梅尧臣30首，次杨万里18首，次陈与义、刘克庄各17首，次欧阳修16首，次苏轼14首，次范成大10首，余皆不足10首。江西诗派黄庭坚选诗仅7首，陈师道4首，而王安石也只有5首。是选较为推崇宋末遗民诗人，共选51首，谢翱17首、林景熙12首、汪元量13首、谢枋得3首、郑思肖6首，所选大都是悯时伤乱、眷恋故国的诗歌，风格多偏于苍劲激越。从选诗倾向上看，编选者比较重视古体诗，共选153首，其中五言古诗65首、七言古诗88首，古体诗中尤重视欧阳修；梅尧臣选入30首，位居第二，足见梅尧臣在清代诗人心目中具有举足轻重的地位。现藏国家图书馆、上海图书馆、南京图书馆、浙江省图书馆、北京大学图书馆、清华大学图书馆。

10.《积书岩宋诗删》 ●

顾贞观辑。康熙三十五年（1696）宝翰楼印本，凡二十五卷，共六册，有总目，无凡例和圈点。顾贞观（1637—1714），初名华文，字远平、华峰，号梁汾，江苏无锡人。康熙五年（1666）举人，著有《弹指词》《积书岩集》等。顾贞观与陈维嵩、朱彝尊并称明末清初"词家三绝"。书前有张纯修序、魏勷序，张纯修《积书岩宋诗删序》云：

> 明万历末年，大儒顾端文公欲尽取古今海内之书，择其中有合于《易》《诗》《书》《礼》《春秋》者，裒而辑之为五经，余各以类从，其可谓诗。余则自《楚辞》以迄十二代，有韵之言皆是也。念宋元诗少善本，又方事讲学，不暇搜采，于时浙孝廉胡君元瑞称词坛老宿，网罗剞劂，实殚厥勤。乃移书出箧中所藏，属为评骘，书大意言："宋诗成集者寥寥，多既庞杂，少或阙遗。若欲如临朐冯氏纪，恐卷帙徒繁，且板行未易垂远。惟国初高廷礼论诗有返正功，今宜略仿其义例，令学者沿流溯源，上追《三百篇》温柔敦厚之教，而宋以后次第及之。元瑞谨受教。"未几厌世，书讫未成。公孙庸庵先生胚胎前光，学行一禀端文，而口吟手批，视端文更多。暇日著述之富，积至充栋，久之散佚殆尽。先生之家嗣贞观，壮年弃簪组，放浪山水以自豪。晚而倦游岩居，手一编，理故业，而泾皋累世，缥缃梨枣，竟无存者。会武陵胡方伯侨梁溪，相与过从，借钞就录，共加商订，得《宋诗选》二十五卷，持以示纯修，曰："此吾先人未竟之绪也，于《三百

篇》大指不知离合,云何自谓'宽于正变而严于雅俗?'当亦相去非远。吾师之子鄐南君守荆南,师向以风雅一灯见属,吾将携是编就而正焉。"纯修重其意,非如近日诗人沾沾以选政见长且求胜也,佐之梓而纪其语如右。康熙岁次丙子初夏古燕张纯修序。①

张纯修序说明了是选的选诗标准、编选过程以及学术价值,"宽于正变而严于雅俗"为顾氏去取的标准。魏勷《积书岩宋诗删序》云:

世弟魏勷撰顾君梁汾,曾受先君子一日之知。先君子于风雅一途,概少许可,而独属意梁汾,谓:"大雅不作,久矣!绝而续之,其在斯人乎。"梁汾早岁脱组去家山,著述几至等身。其所论定古人诗文词赋不下数十种,宋诗其一也。今年自吴中来就荆南访余,出是选相视,余见而击节,叹其搜罗裒集,空苍浑脱,特出近时诸选上,洵善本也。梁汾家故多藏书,而其深识定力,又足以博综而洗伐之,故能别具手眼,而采择之精当如是。忆自先君子捐馆舍,今且两纪矣。余与梁汾中间不相见,亦几十年。回思曩者过庭之暇得闻,所以期许梁汾之言,犹前日耳。而梁汾果身隐而名益彰,齿进而业愈富,探微抉奥,为世宗匠,岂不伟哉!嗟乎!古今学士大夫,以文章声气争衡于坛坫者,代不乏人。然未有目不破万卷之书,胸不具千古之识,而能使海内搦管之家,翕然奉为绳尺,禀为师承也。则信乎风雅之果在梁汾,而先君子鉴赏不虚矣!己卯七月既望拜书于荆南署舍。②

魏勷序说明是选编撰体例是仿照高棅《唐诗品汇》,以及叙写了编选的具体过程。是选体例按体编次,共选宋代诗人 318 家,诗 2508 首,其中五言古诗 495 首,七言古诗 318 首,五言律诗 500 首,七言律诗 580 首,五七言排律 56 首,五言绝句 94 首,六言绝句 22 首,七言绝句 443 首。陆游 133 首为最巨,次王安石 102 首,次刘克庄 99 首,次苏轼 92 首,次范成大 87 首,次欧阳修 85 首,次朱熹 67 首,次梅尧臣 66 首,次杨万里 41 首,次韩驹 40 首,次陈与义 38 首,次黄庭坚 32 首,次陈师道 24 首,次戴复古 18 首,余皆不足 18 首。是选文献主要源于《宋诗钞》《石仓宋诗选》《宋金元诗永》《宋元诗会》等四部宋诗选本,据粗略统计,选自上述四书 280 余家近 2000 首,另有部分不甚有文名的

---

① 顾贞观《积书岩宋诗删》卷首,康熙三十五年宝翰楼印本。
② 顾贞观《积书岩宋诗删》卷首,康熙三十五年宝翰楼印本。

诗人选自宋人别集，如何基、吕涛、程珌、谢氏等。从选诗倾向上看，编选者比较重视"南宋中兴"诗人、江西诗派以及江湖诗派。现藏上海图书馆。

11.《积书岩宋诗选》●

顾贞观辑。清钞本，《积书岩宋诗删》的删节本，一卷，为姚氏咫进斋抄本，南京图书馆、国家图书馆有藏。还有藏台湾"国家"图书馆《"国家"图书馆善本书志初稿》（集部第四册）载："旧钞本。清顾贞观编。无边框界栏，每半叶十行，行二十字；注文小字双行，字数同。中缝空白未题署，亦不记叶次。首叶首行顶格题'积书岩宋诗选'，次行低十格题'锡山顾贞观梁汾选'；第三行复顶格题类目'五言古诗'；其后作者名低二格，诗题则低三格，而诗皆顶格。格式多变化而清朗。封面右上方书脑处题'积书岩宋诗选'一册。本选选录两宋人之诗，自北宋初年之潘阆、徐铉，至南宋末叶之谢翱、林景熙，共选录八十三人，多当代名臣如范仲淹、韩琦、王安石、蔡襄、文彦博等皆是，释氏亦有道潜、慧洪等数人，唯未选苏东坡。选苏东坡诗，或苏轼大家，人所习见，故未选录欤？其'苏门四学士'亦只录一、二首。所选诗皆以类分，凡五言古八十四首，七言古十九首，五律三十四首，七律二十九首，五言绝十四首，七言绝二十八首，全书都二百零八首，总四十七叶。书中钤有'费印念慈''屺怀父'朱文方印、'西蠡所藏'朱文方印。"是选体例按体编次，分五言古诗、七言古诗、五言律诗、七言律诗、五言绝句、七言绝句六种诗体，未选五言排律和七言排律两种诗体，共选宋代诗人 83 家，诗 208 首。经笔者对比，删除的诗人有江休复、傅尧俞、范纯仁、赵抃、郑獬、石介、司马光、郑侠、邵雍、王令、王安国、曾巩、苏轼、苏辙、黄庭坚、陈师道、邢居实、孙觉、李纲、宗泽、程俱、汪藻、叶梦得、鲜于侁、章楶、范成大等。

12.《御选宋诗》●

张豫章等辑。是选版本有康熙四十八年（1709）武英殿本和《四库全书》本，山东大学图书馆善本室藏有康熙四十八年（1709）扬州诗局刻本。张豫章，名翼，字寄庭，号寄亭，青浦人。清康熙二十七年（1688）戊辰科进士第三人（探花），授翰林院编修。康熙三十年（1691），张豫章出任会试同考官。康熙四十一年（1702），任河南乡试主考官。升为洗马。以《四库全书》本为例，是选按诗体编次，除开始为录帝王外，依次为四言古诗、乐府歌行、五言古诗、七言古诗、律诗、绝句、六言、杂言等体裁，共 78 卷，姓名爵里二卷，共选宋代诗人 882 家，诗 11267 首。卷一选帝王 9 人，诗 116 首，其中太祖 1 首、太宗 1

首、真宗16首、仁宗8首、神宗1首、徽宗62首、高宗19首、孝宗5首、少帝3首,卷二四言古诗65首,卷三四言古诗64首,卷四乐府歌行118首,卷五乐府歌行93首,卷六乐府歌行103首,卷七乐府歌行117首,卷八乐府歌行109首,卷九乐府歌行109首,卷十五言古诗101首,卷十一五言古诗106首,卷十二五言古诗109首,卷十三五言古诗106首,卷十四五言古诗100首,卷十五五言古诗92首,卷十六五言古诗99首,卷十七五言古诗129首,卷十八五言古诗99首,卷十九五言古诗123首,卷二十五言古诗134首,卷二十一宋代诗人17家、五言古诗112首,卷二十二宋代诗人33家、五言古诗110首,卷二十三五言古诗134首,卷二十四五言古诗127首,卷二十五七言古诗58首,卷二十六七言古诗72首,卷二十七七言古诗65首,卷二十八七言古诗58首,卷二十九七言古诗77首,卷三十七言古诗82首,卷三十一七言古诗92首,卷三十二七言古诗89首,卷三十三七言古诗92首,卷三十四七言古诗107首,卷三十五五言律诗185首,卷三十六五言律诗221首,卷三十七五言律诗214首,卷三十八五言律诗218首,卷三十九五言律诗212首,卷四十五言律诗216首,卷四十一宋代诗人31家、五言律诗238首,卷四十二五言律诗235首,卷四十三五言律诗206首,卷四十四五言律诗152首,卷四十五七言律诗167首,卷四十六七言律诗146首,卷四十七七言律诗164首,卷四十八七言律诗133首,卷四十九七言律诗123首,卷五十七言律诗146首,卷五十一七言律诗130首,卷五十二七言律诗147首,卷五十三七言律诗158首,卷五十四七言律诗136首,卷五十五七言律诗135首,卷五十六七言律诗144首,卷五十七五言长律81首,卷五十八五言长律79首,卷五十九五言长律78首,卷六十七言长律52首,卷六十一五言绝句283首,卷六十二五言绝句263首,卷六十三五言绝句163首,卷六十四七言绝句193首,卷六十五七言绝句229首,卷六十六七言绝句229首,卷六十七七言绝句225首,卷六十八七言绝句243首,卷六十九七言绝句264首,卷七十七言绝句236首,卷七十一七言绝句215首,卷七十二七言绝句209首,卷七十三七言绝句231首,卷七十四七言绝句228首,卷七十五七言绝句156首,卷七十六六言诗162首,卷七十七杂体诗114首,卷七十八杂体诗141首。书中选诗十分丰富,载录了不少佚诗,所以文献价值较高,不过是选流传不广。《御选宋诗》编纂体例完整而全备。所选诗人从帝王贵胄到俊彦硕儒,从僧尼道侣到贩夫走卒,从达官贵人到绅豪富商,无不收罗于此,以诗存史,以史存人,以人为纲,首帝王、次后妃、再及僧道与闺阁诗人,最后为无名氏,体现了封建王朝的历史正统观。编选者选诗力主温柔敦厚的诗歌,对许多涉猎宋代时事的诗句加以修改。诸卷选诗数量多寡不一,多者如卷六十九七言绝句

264 首，少者如卷六十七言长律 52 首。编选者最青睐的诗体是律诗，共选五言律诗、七言律诗、五言长律和七言长律 4116 首，超过全选总数的三分之一，尤其是五言长律选入 238 首，七言长律选入 52 首，这在历代宋诗选本中十分少见，稍后的《宋诗别裁集》选录五言长律也仅有 40 首，这说明编选者为迎合读书士子科举考试的需要，特意选录了律诗这种诗体。是选入选最多的诗人为苏轼 589 首，次朱熹 569 首，次陆游 481 首。从选诗倾向上看，编选者比较注重江西诗派和江湖诗派。江西诗派共选入 387 首，其中黄庭坚 96 首，陈师道 89 首，陈与义 66 首，吕本中 55 首，韩驹 44 首，晁冲之 37 首，江西诗派入选比例甚高；江湖诗派共选入 345 首，其中方岳 120 首，陈造 77 首，戴复古 76 首，刘克庄 72 首。

13.《宋人绝句》

王士禛辑。是选为乾隆朱振图抄本，现藏南京图书馆。凡一卷，共一册。《中国古籍善本书目》（集部）著录："《宋人绝句》，王士禛辑，乾隆朱振图抄本，南京图书馆藏。"笔者亲往查阅，因书破未能睹其真面目。王士禛《池北偶谈》卷十九《谈艺九》"宋人绝句"条云："偶为朱锡鬯太史彝尊，举宋人绝句可追踪唐贤者，得数十首。"说明王士禛曾选宋人七言绝句 40 首。原辽宁省图书馆藏有王士禛选《宋人绝句四十首》（清抄本），笔者亲往查阅，未能找到该书，可能此书已佚，所以无法知晓这两本书是否相同。王士禛（1634—1711），原名士禛，字子真、贻上，号阮亭，又号渔洋山人，谥文简，新城（今山东桓台县）人。康熙时继钱谦益而主盟诗坛，论诗创神韵说。选有《古诗选》《唐贤三昧集》等。

14.《南宋群贤诗选》 ●

陆钟辉辑。雍正九年（1731）陆氏水云渔屋刻本，凡十二卷，共一册。陆钟辉（？—1761），字南圻，又字淳川，号环溪，江都（今江苏扬州）人。喜好刻书，刻有《姜夔诗词合集》《笠泽丛书》等，著有《放鸭亭小稿》，为邗江吟社成员。书前有陆钟辉序，陆钟辉《南宋群贤诗选序》云：

> 有宋诗人，自建隆以逮德祐三百年间，粲然辈出。渡江以往，虽体沦卑近，然放翁、石湖、晦翁三君子屹然鼎峙，足称继起，其间卓然成家者，亦不乏人。第悉有尚集及行世选本，惟此六十余家。自临安汇刻之后，绝罕流传，倘不亟为甄收，诚虑终归湮落。闲居诵读之余，爰加决择，存其

什三，釐为十二卷。雍正辛亥四月江都陆钟辉书。①

陆钟辉序言指出了未收录上述著名诗人的缘由，并说明了是选的编选规模。是选体例以人编次，共选南宋诗人 61 家，诗 1246 首。其中卷一宋代诗人 9 家 107 首，卷二宋代诗人 6 家 137 首，卷三宋代诗人 5 家 107 首，卷四宋代诗人 5 家 117 首，卷五宋代诗人 6 家 103 首，卷六宋代诗人 4 家 106 首，卷七宋代诗人 3 家 85 首，卷八宋代诗人 6 家 103 首，卷九宋代诗人 2 家 73 首，卷十宋代诗人 6 家 92 首，卷十一宋代诗人 5 家 101 首，卷十二宋代诗人 4 家 115 首。收录最多者为周文璞 69 首，次姜夔 67 首，次高翥 56 首，次严粲 49 首，次王同祖 42 首，次利登 41 首，次黄文雷 40 首，次敖陶孙 39 首，次施枢 37 首，次朱继芳 34 首，次陈允平 33 首，次葛天民 31 首。是选主要选录了一些中小诗人，陆游、杨万里、范成大、朱熹、刘克庄等著名诗人皆未入选，四灵诗派和遗民诗人也未能入选，是为一憾。正文中每位诗家有小传，如卷十一姜夔小传："姜夔，字尧章，番阳人，居吴兴，乾淳间曾以上乐章，得免，解讫，不第，自序，同时诗人以温润推范石湖，痛快推杨诚斋，高古推萧千岩，俊逸推陆放翁，白石游于诸公间，故其言如此，白石自定诗一卷。"诗后有评论，主要来自前人，如评姜夔，引《静志居诗话》云："尽洗铅华，极潇散自得之趣，故独步一时。"现藏国家图书馆、上海图书馆、南京图书馆、浙江省图书馆、北京大学图书馆、清华大学图书馆。

15.《宋诗类选》●

王史鉴辑。康熙五十一年（1712）乐古斋刻本，凡二十四卷，共十六册，上海图书馆藏。封面镌"吴郡王子任撰录《宋诗类选》、何太史屺瞻先生鉴定、详载诸家评论及宋代奇闻轶事、乐古斋藏板"。南京图书馆藏道光十九年（1839）乐古斋刻本，二十四卷，内封款式与康熙本相同。王史鉴，字子任，号抱山居士，何焯学生。诸生。江苏无锡人。著有《醉经草堂文集》《醉经草堂诗集》等。生平事迹见《国朝耆献类徵初编》卷四百三十一。书前有王史鉴序和叶桐序。王史鉴《宋诗类选序》云：

诗者，吟咏性情者也。肇于《三百篇》，盛于汉魏，侈于六朝，而大备于唐人。宋代人才，前世无比，文章之盛与两汉同风。而诗人辈出，虽穷

---

① 陆钟辉《南宋群贤诗选》卷首，雍正九年陆氏水云渔屋刻本。

达不同，哀乐有异，其名章隽句，莫不争奇竞秀，郁然为一代风骚。方正学云："前宋文章配两周，盛时诗律亦无俦。今人未识昆仑派，却笑黄河是浊流。"诚笃论也。宋初诗体沿袭晚唐，骑省、工部夙擅雄名，契玄、仲先语多幽致，九僧篇什少传，患其才短。莱公妙年驰誉，诗思清华。自天圣以后，缙绅间为诗者益少，惟丞相晏元献、钱文僖、翰林杨大年、刘子仪皆宗李义山，号西昆体，雕章丽句，照暎当时。二宋高才，诗多昆体。惟王黄州师法乐天，独开有宋风气。于是欧阳公承流接响，以精深雄浑为宗，一反西昆之旧，此宋诗之始变也。林和靖之瘦洁、苏子美之豪横、梅宛陵之平淡、石曼卿之奇峭，抒写胸臆，各自名家，此其盛也。王半山步趋老杜，寓悲壮于严刻，在诸家中别构一体。苏长公挺雄杰之才，波澜万顷；少公抒峭拔之气，琳琅千首，诚天纵之奇英、斯文之砥柱也！晁、秦之肆决风流，张、黄之澹泊新辟，皆足羽翼二苏，挺秀词林。后人"苏黄"并称，或反右涪翁于长公，则大非也。叔用、子苍雅亮而精密，后山、襄阳严劲而清拔，此宋诗之再盛。江西诗派创于吕紫薇，而山谷、后山为之鼻祖。清江三孔，名亚"二苏"，惜文仲攻毁程子，为生平大玷。钱塘沈氏兄弟并负雅才，"三洪"、"二谢"皆见许豫章，而人品悬绝矣。南渡之后，陈简斋崎岖乱离，不忘忠爱，苦心拔俗，能涉老杜之涯涘。厥后，陆放翁、杨诚斋、范石湖、尤遂初人各为体，咸称大家。放翁诗最富，朱熹谓："近代唯见此人为有诗人风致"，刘后村亦云："南渡而下当为一大宗"，此南宋诗人之盛也。三洪虽擅文名，诗非本色。吴兴三沈诗不尽传，屏山幽炼，止斋苍劲，郑北山体制清新，周益公追趋白傅，皆翘秀也。文公少喜作诗，澹庵以诗人论荐，旨多典则，而非风云月露之词。叶水心、楼攻媿虽以文名，诗亦平雅。薛常州之朴质，赵章泉之平易，虽号名家，颇伤直致，此又一变矣。四灵苦学唐人，多工五言，较其才致，天乐为优。石屏擅江湖之咏，后村为淡泊之篇，虽有可观而气格卑弱矣。晚宋诸人感伤变革，忠义蟠郁，故多凄怆之作。文信国身任纲常，从容就义，壮烈之语，真可惊风雨而泣鬼神。水云之哀怨，晞发之恸哭，霁山仗义于诸陵，所南发愤于心史，千载而下，犹堪痛心。宋诗之终，终于义烈，岂非道学之流风、忠直之鼓动哉！宋人三百年之诗，更变递兴，称极盛矣。康熙五十一年岁次壬辰中秋吴郡王史鉴书。①

---

① 王史鉴《宋诗类选》卷首，康熙五十一年乐古斋刻本。

王史鉴序详细勾勒了宋诗发展的衍变历史，王史鉴根据高棅《唐诗品汇》对唐诗各期划分的理论依据，将其与宋诗各期划分一一对应，并使用了"宋初""南渡""晚宋"等名称。叶桐《重刻宋诗类选序》云：

> 王子任先生《宋诗类选》之刻，流布海内百余季矣。先生之从玄孙元标坐余家别席，爰访求是集。始知梓行既久，字多漫漶，并原版有缺损，不能复印行。顾念先生敦行好古，宏览博物，为何义门先生入室高弟。偕伯兄子擎先生同补诸生，本贯吴郡籍，旋移籍无锡。其伯兄著《锡山文献》全集，系先生续成，昔有邑令王文河讳乔林，及尚书任香谷讳兰枝，叙述颠末，鸠工付梓。沈归愚先生依传尝例以昭续班书，盖先生之负艺林重望久矣。其自著《醉经草堂集》，亦经归愚先生评选，皆卓卓可传者。先生撰述不一种，而《宋诗类选》二十四卷，并搜辑诸家评论及宋代奇闻轶事，依诗详载。自序有云："宋诗源流之盛衰，品格之高下，可即是编而得之。"此尤微意所抒，非凡为操选者比附。则是集如缀珠编玉，其精华震发，当传之百千季而未艾，宜赏鉴家都欲购得之为快也。今王君莲舫姻家命喆嗣云斋昆季将副本详校，锓梓补刻，用广流传。盖闻先生之风久，欲先生之泽长，谓非仁人之用心欤。呜呼！士不肯求知当世，唯是键户著述，以殚其精神伤己，而传不传又有命；传矣，而雨销日烁，简蠹编残，为之后者曾不顾惜。其啬于赀耶，抑怠于志耶！若王氏者可以风矣。抑又闻云斋俟工之竣，欲于近体外，续选古体，仍是集之例，以成《宋诗大观》，此未始非先生志也。王氏故多懿雅渊博之士，云斋昆季并能渊博家学，余将拭目俟之，以观其成，是为叙。道光十有九年岁次己亥夏五月奉天提督学政叶桐拜书。①

叶桐序说明了是选重刻的过程与原因。是选体例仿《昭明文选》《文苑英华》《瀛奎律髓》《唐诗类苑》，仅收近体诗，《凡例》称："选诗始于梁《昭明文选》，所载诗以类从。唐人《艺文类聚》、《初学记》诸书，皆以类采诗。宋人所集《文苑英华》亦以类收，《唐文粹》因之。盖以类为选，既便检阅，又易取材。例本前人，非愚创始。"何以要编选呢？编选者认为魏晋古诗与唐诗均有分类选本，而宋诗却无分类选本，《凡例》称："有张玄超之《古诗类苑》、《唐诗类苑》，俞羡长之《诗隽类函》，惟宋诗类编，向无善本。宋人《合璧》、

---

① 王史鉴《宋诗类选》卷首，康熙五十一年乐古斋刻本。

《事类》、《锦绣万花谷》等书,所载驳而不精。"是选征引书籍十分广泛,如史乘、文集与诸家杂著共400多种。是选文献取材有四种,一是总集类。如《西昆酬唱集》《南岳唱酬集》《千家诗选》《古今岁时杂咏》《声画集》《月泉吟社诗》《皇宋诗选》《名媛诗归》《忠义集》《瀛奎律髓》《谷音》《宋艺圃集》《石仓十二代诗选》《彤管遗编》《宋诗钞初集》《宋元诗集》《宋金元诗永》等。二是诗文评类。如《六一诗话》《温公诗话》《后山诗话》《临汉隐居诗话》《诗话总龟》《许彦周诗话》《紫微诗话》《珊瑚钩诗话》《石林诗话》《风月堂诗话》《庚溪诗话》《韵语阳秋》《刘宽夫诗话》《白石诗说》《王直方诗话》《环溪诗话》《竹坡诗话》《沧浪诗话》《诗人玉屑》《后村诗话》《怀麓堂诗话》《艺苑雌黄》《诗薮》《西清诗话》等。三是别集类。如《范文正集》《欧阳文忠公集》《梅圣俞集》《沧浪集》《寇忠愍诗集》《临川集》《栾城集》《东坡文正集》《王梅溪集》《山谷集》《南丰集》《鸡肋集》《张文潜集》《淮海集》《陈后山集》《东皋诗集》《王子立集》《李纶集》《简斋诗集》《周濂溪集》《击壤集》《朱文公集》《剑南诗稿》《放翁江湖长翁集》《范石湖集》《杨诚斋集》等。四是杂记类。如《深雪偶谈》《林下偶谈》《孔氏谈苑》《枫窗小牍》《船窗夜语》《画墁录》《甲申杂记》《东轩笔录》《侯鲭录》《泊宅编》《道山清话》《墨客挥犀》《过庭录》《挥麈前录》《挥麈后录》《挥麈续录》《扪虱新语》《清波杂志》《玉照新志》《邵氏闻见录》《闻见后录》《闻见近录》等。

是选体例分类编次,分天、地、岁时、咏物(草木、禽兽、昆虫、饮食、器用)、咏史、庆贺、及第、落第、宴集、怀约、呈献、赠、寄、酬和、闲适、自咏、品目、题咏、游览、行旅、送别、杂诗、寺院、哀挽24类,共选宋代诗人956家,诗1538首。其中卷一宋代诗人42家56首,卷二宋代诗人38家73首,卷三宋代诗人61家112首,卷四宋代诗人86家228首,卷五宋代诗人27家59首,卷六宋代诗人32家42首,卷七宋代诗人20家27首,卷八宋代诗人9家12首,卷九宋代诗人34家48首,卷十宋代诗人28家35首,卷十一宋代诗人21家28首,卷十二宋代诗人40家58首,卷十三宋代诗人40家62首,卷十四宋代诗人28家56首,卷十五宋代诗人52家79首,卷十六宋代诗人36家42首,卷十七宋代诗人37家74首,卷十八宋代诗人49家70首,卷十九宋代诗人60家83首,卷二十宋代诗人49家81首,卷二十一宋代诗人47家60首,卷二十二宋代诗人28家39首,卷二十三宋代诗人42家62首,卷二十四宋代诗人40家52首。其中苏轼133首,居第一,次王安石90首,次范成大47首,次欧阳修42首,次戴复古34首,次梅尧臣29首,次王十朋27首,次陆游25首,次杨万里25首,次陈师道24首,次刘克庄23首,次林景熙22首,次黄庭坚20

首，次张耒20首，次朱熹18首。诸卷选诗数量多寡不一，多者如卷四228首，少者如卷八12首。选诗类别中，岁类103首，为最多。是选评语大多引自前人之论，如评苏轼《雪后书北台壁二首》，引黄庭坚《跋子瞻送二侄归眉诗》云："观东坡二丈诗，想见风骨巉岩，而接人仁气粹温也。"引《渑水燕谈录》云："子瞻文章议论，独出当世，风格高迈，真谪仙人也。至于书画皆精绝，故其简笔才落手，即为人藏去，有得真迹者，重于珠玉。"引《野客丛书》云："苏黄互相引重元祐文章，世称苏黄。然二公争名，互相讥诮。东坡谓鲁直诗文，如螃蚌江瑶柱，格韵高绝，盘餐尽废，然不可多食，多食则发风动气。"

16.《三苏诗钞》

姚培谦辑。康熙辛丑（1721）新秋华亭姚培谦卧云草堂刻本，凡十四卷，共八册，有序言、凡例和评语。姚培谦（1693—1766），字平山，江南华亭人，诸生。编有《陶谢诗集》、《松桂读书堂集》、《宋诗百一钞》（乾隆二十六年刻本）、《唐宋八家诗钞》（雍正五年刻本）等。是选之序和凡例均出自《唐宋八家诗钞》。《晚晴簃诗汇》卷七十有传。是选为《东坡诗钞》十二卷，《老泉诗钞》一卷，《栾城诗钞》一卷。是选体例以人编次，共选三苏诗896首。苏轼712首，其中卷一五言古诗54首，卷二五言古诗53首，卷三五言古诗61首，卷四五言古诗54首，卷五五言古诗67首，卷六七言古诗54首，卷七七言古诗43首，卷八七言古诗49首，卷九七言古诗39首，卷十七言古诗41首，卷十一五言律诗和五言排律102首，卷十二七言律诗95首。苏洵28首，其中五言古诗15首，七言古诗2首，七言律诗6首，四言古诗5首。苏辙156首，其中五言古诗40首，七言古诗25首，五言律诗28首，五言排律5首，七言律诗39首，七言排律2首，五言绝句8首，七言绝句9首。三苏之间选诗相差甚巨，苏轼712首，苏洵仅28首，两者竟然相差684首，可见编选者对苏轼的偏嗜。是选在每位诗人之前，均会引用一些宋代诗话加以评骘，如评苏轼，引《后山诗话》云："苏诗始学刘禹锡，故多怨刺，学不可不谨也。晚学太白，至其得意，则似之矣，然失于粗，以其得之易也。"《后村诗话》云："坡诗略如昌黎，有汗漫者，有典严者，有丽缛者，有简澹者，翕张开阖，千变万态。盖自以其气魄力量为之，然非本色也。他人无许大气魄力量，恐不可学。"《彦周诗话》云："东坡诗，不可指摘轻议，词源如长河大江，飘沙卷沫，枯槎束薪，兰舟绣鹢，皆随流矣。"现藏清华大学图书馆。

17.《宋诗》

李国宋辑。此书版本为雍正三年（1725）昭阳李氏古栗堂初印本，共一册，现藏国家图书馆藏，笔者亲往查阅，因书被国家图书馆提升为善本书目，所以未能睹其真面目。李国宋（1636—？），字汤孙，号大村，江苏兴化县人。康熙二十三年（1684）举人，著有《大村集》《螺隐居集》等。

18.《宋百家诗存》●

曹庭栋辑。乾隆六年（1741）嘉善曹氏二六书堂刻本，凡二十卷。钤有"西圃藏书"印，是选编选体例为曹庭栋序、其弟曹庭枢跋、凡例、总目和分卷目录，无圈点和批注。曹庭栋（1700—1785），一作庭栋，字楷人，号六圃，又号慈山居士，浙江嘉善魏塘镇人。此书版本还有一百卷《宋百家诗存》，《四库全书》本将其厘为四十卷，但字句多被修改，书末曹庭枢序也予以删除。何以要编选《宋百家诗存》？《四库全书总目提要》指出："初，吴之振辑《宋诗钞》，虽盛行于世，然阙略尚多，且刊刻未竟，往往有录无书。庭栋因搜采遗佚，续为是编。所录凡一百家，皆有本集传世者。始于魏野《东观集》，终于僧斯植《采芝集》。贺铸本北宋末人，而升以弁首，置于魏野之前，自云少时所最爱。然选六朝诗者，陶、谢不先于潘、陆，选唐诗者，李、杜不先于沈、宋，以甲乙而移时代，此庭栋之创例，古所无也。其中如穆修以古文著，傅察以忠节传，林亦之、陈渊以道学显，于诗家皆非当行。许棐、张至龙、施枢诸人载于江湖小集者，王士禛《居易录》诋为概无足取者，亦皆录其寸长，不遗采择，虽别裁未尽当，然宋人遗集，徐乾学《传是楼》二十八家之本，朱彝尊《曝书亭》五十家之本，皆未刊刻，辗转传钞，陶阴多误。其馀专集行世者，又各自为帙，未能汇合于一。庭栋裒辑成编，以补吴之振书之阙。宋诗大略，已几备于此二集矣。"鉴于《宋诗钞》"阙略尚多"，为补《宋诗钞》之缺陷而立，其体例仿照《宋诗钞》，每集前有诗人小传，介绍作者生平、诗歌风格，每位诗人又以时代先后为序。书前有曹庭栋序，书末有曹庭枢后序，曹庭枢《宋百家诗存后序》云：

> 予兄弟幼年读书家塾，父师督训甚严。诫以学勿庞杂，见涉笔吟咏，辄呵止。故声韵之学，生平无指授，亦无同调赓酬。门庭以内，惟我两人，晦明寒暑，促膝随肩，偶得句，予倡汝和，互指得失，以求合古人。间执古人诗卷，拥案击节而吟，如喝于邪许之相应。纵论所及，旁魄四际。尝

共围一灯,漏数下,家人童仆辈头触壁,引睡鼾鼾,而两人往来语犹刺刺不已。屈指如是者,盖二十余年。昔东坡、颍滨兄弟,自嘉祐六年以后,踪迹离合不常,故往复之,诗半道路行役而作。予两人虽绝无勋业文章著闻当世,而同气之好,聚顺之乐,方谓前贤,亦无以过焉。自岁癸丑,先后北行,兄留长安匝月,即旋里。予独奔驰南州者又七八年矣。去季春,兄寄予书曰:"近裒集两宋遗诗,将选刻百家,以补坊本之未及。卷首各刊小传,纪其爵里姓氏。正史弗详者,采之山经、地志、稗官、野乘以足之。"又曰:"予期速成是书,一人心力难及。子又远客,苦无与共商榷者。俟逐卷编讫,次第邮寄,子其一一校雠之,书成属序于后。"予为怦怦有动也。忆家居之日,与兄阅吴氏诗钞久,预续选之约。顾团圞乡里,时卒,未暇及。今忽隔绝三四千里,凭邮筒往来,参定丹铅之侵寒灯,依夜对影,凄其乡梦羁愁,一时怅弱。读眉山兄弟《溢城风雨》之吟,不禁神往。于对床之约,已鲜然。昔人谓千里如面,落落两人亦无间于踪迹之离合,故予寄兄诗云:"田园活计惟诗卷,潮海论交只弟兄。"兹因书成而详及予人半生聚散之略如此,至选诗颠末,已见《凡例》及兄自为序,弗复赘一辞。乾隆六年正月廿又二日六苎弟庭枢题于长安客舍。①

曹庭枢后序说明了编撰是选的过程与所用时间,历时一年。曹庭栋《宋百家诗存序》云:

谈诗者大都侈□三唐,间有旁猎两宋,仅举一二选本,辄自为宋人之诗在是。纵或好事者广购遗僻,囊铄签牙,密置书椟,终年不一展卷且秘不示人,于是宋人之诗,虽传世尚多,势必日晦日亡,渐就沦灭,而莫可考。余高祖宗伯峨雪先生,当明季,值史馆,诸书备具,曾纂宋人集,欲汇选行世,不果,书遂散佚。秀水司农倦圃先生,余宗大父行也,亦尝裒集宋诗,遍采山经、地志,得一二首即汇钞,不下二千余家,未及梓,今亦散佚略尽。夫以先宗伯及司农之宏揽博综,方为两宋诗人表幽发潜,乃犹终归散佚,未竟厥绪,余何人斯?辄欲掇拾残编,谬加甄录,将谓古人得我而传,抑我附古人以传耶,良自诬矣。顾余束发时,即好声韵之学,津津乎殆三十年。窃考唐人诗集,则《钦定全唐诗》至精至备。元则秀野顾氏之选,清则朱竹垞辈,先后撫辑,亦云盛矣!独有宋一代之诗,诸选

---

① 曹庭栋《宋百家诗存》卷首,乾隆六年嘉善曹氏二六书堂刻本。

本所采寥寥，并不获媲美元、明，岂见闻俭陋？亦侈□三唐者，附颊逐响，莫为两宋一揭尘翳也。且宋人何尝不学唐，骑省学元和，庐陵学昌黎，宛邱学香山，和靖学韦、孟，陈、黄为西江宗祖，亦学少陵，四灵为江湖领袖，亦学姚、贾。特风会渐移，同一门户，途径自别。外此标新立异，不知凡几。若任其散佚，勿为搜辑以传，非风雅遗憾乎？岁庚申，余园居多暇，敢承先志，选刻两宋诗人遗集，以广诸选本所未及。适同里友人陈希、冯雅有书癖，藏本甚夥，倒箧畀余。余复驰书四方朋好，曲折罗致，一时荟萃，因加决择，次第分编。刻既竣，题曰《宋百家诗存》，盖取存什一于千百之意，并以竟我先人未竟之事。虽然作诗难，传诗亦难。《宋史·艺文志》所载别集类，不知作名者十六人，即《石湖文集》亦书卷亡，其流传乃别集与大全集耳。然则两宋诗人之声销迹灭，自《揭阳》、《灵仙》、《溢江》等集而外，又何可指数。余之是选，敢谓搜辑遗僻，足补三百余年间风雅之未备哉。倘博识者以挂漏讥焉，余又奚辞。乾隆六年岁次辛酉三月既望曹庭栋书于二六书堂。①

曹庭栋序说明了编选宗旨和文献来源：其一，说明了取材来源。除采《南宋群贤小集》外，还来自山经、地志、稗官、野乘。其二，保存宋代诗学文献。《宋百家诗存》因大都采自"僻集"。其三，高扬宋诗。是选所选诗集有贺铸《庆湖集》、魏野《东观集》、穆修《穆参军集》、宋祁《景文集》、黄庶《伐檀集》、刘敞《公是集》、陈洎《陈副使遗稿》、司马光《传家集》、文彦博《文潞公集》、杨杰《无为集》、彭汝砺《鄱阳集》、李昭玘《乐静居士集》、李之仪《姑溪集》、郭祥正《青山集》、饶节《倚松老人集》、刘弇《龙云集》、吕本中《紫薇集》、谢薖《竹友集》、杨甲《棣华馆小集》、洪炎《西渡集》、李弥逊《竹溪集》、曹勋《松隐集》、王琮《雅林小稿》、姚孝锡《醉轩集》、傅察《傅忠肃集》、张纲《华阳集》、刘一止《苕溪集》、邓肃《栟榈集》等100位诗人，因编选者对贺铸的偏嗜，故置于集首。《宋百家诗存》对后世选本影响甚巨，侯庭铨《宋诗选粹》、汪照等《宋诗略》、厉鹗《宋诗纪事》、姚培谦等《宋诗别裁集》、陈衍《宋诗精华录》、高步瀛《唐宋诗举要》为其重要的文献来源。现藏国家图书馆、上海图书馆、南京图书馆、浙江省图书馆、北京大学图书馆、清华大学图书馆。

---

① 曹庭栋《宋百家诗存》卷首，乾隆六年嘉善曹氏二六书堂刻本。

19.《宋诗选》

马维翰辑。清刻本，孙纬云校正，凡七卷，共二册。无序言、凡例和总目，但文中有诗人小传、圈点、批注，文末有墨笔"辛巳季秋下梦苏山人手校"题句。马维翰（1693—1740），字墨麟，号侣仙，浙江海盐人。康熙六十年（1721）进士，官至江南常镇道。著有《旧雨集》《墨麟诗》等。是选文献主要取自《宋诗钞》，余者姜夔、严羽未选自《宋诗钞》。是选体例按诗体编次，古体与近体兼取，分五言古诗、七言古诗、五言律诗、七言律诗、五言绝句、六言绝句、七言绝句七种诗体，诗体完备，共选宋诗448首，其中卷一五言古诗90首，二七言古诗80首，卷三五言律诗45首，卷四七言律诗87首，卷五五言绝句25首，卷六六言绝句12首，卷七七言绝句109首。苏轼32首为最多，次王安石31首，次黄庭坚29首，次朱熹26首，次陆游25首，次范成大、秦观各19首，次杨万里、欧阳修各17首，次梅尧臣15首，余皆不足15首。是选之批注较为简约，而且主要说明诗人的风格特点，如评孔平仲《城东作》云："约略陶韦，颇得自然之趣。"评韩维《晓出郊过方秀才舍饮》云："宛然储王风格。"评王安石《和平甫舟中望九华山二首》云："二诗风发泉涌，凌厉无前，东坡亦当。二诗似出昌黎《南山作》，其傲兀排宕，固当不让。"评王安石《姑胥郭》云："三四入画。"评林逋《小隐自题》云："三四工细。"评唐庚《江涨》云："起句俚。"体现了马维翰以唐衡宋的诗学倾向。是选中小传较为简洁，如苏轼传云："苏轼，字子瞻，一字和仲，眉州眉山人，累起废徽宗立，更三赦，遂提举玉局观卒于常州南渡后，赠太师，谥文忠，自号东坡居士。"林逋传云："林逋，字君复，钱塘人，真宗闻其名，赐粟帛，谥和靖先生。"现藏南京图书馆。

20.《宋诗纪事》

厉鹗辑。乾隆十一年（1746）厉氏樊榭山房刻本，凡一百卷。上海图书馆所藏该版本有翁方纲评语，仅存卷一至十二、卷二十至一百，共九十二卷。《宋诗纪事》编选考订者有76人之多，历时二十余年。厉鹗（1692—1752），字太鸿，又字雄飞，号樊榭、南湖花隐等，钱塘（今浙江杭州）人，清代著名诗人、学者，浙西词派中坚人物，著有《樊榭山房集》《辽史拾遗》《东城杂记》《南宋杂事诗》等。书前有厉鹗序和全祖望序，厉鹗《宋诗纪事序》云：

> 宋承五季衰敝后，大兴文教，雅道克振。其诗与唐在合离间，而诗人之盛，视唐且过之。前明诸公剽拟唐人太甚，凡遇宋人集，概置不问。迄

153

今流传者，仅数百家，即名公巨手，亦多散逸无存，江湖林薮之士，谁复发其幽光者，良可叹也！予自乙巳后，薄游邗沟，尝与汪君柀江，欲效计有功搜括而甄录之。会柀江以事罢去，遂中辍。幸马君嶰谷、半槎兄弟，相与商榷，以为宋人考本朝尚有未当，如胡元任不知郑文宝、仲贤为一人；注苏诗者不知欧阳辟，非文忠之族；方万里不知薛道祖非昂之子。以至阮阆休所纪三李定、王伯厚所纪两曹辅之类，非博稽深订，乌能集事？因访求积卷，兼之阅市借人，历二十年之久。披览既多，颇加汰择。计所抄撮，凡三千八百一十二家，略具出处大概，缀以评论，本事咸著于编。其于有宋知人论世之学，不为无小补矣。部帙既繁，恐归覆瓿，念与二君用力之勤，不忍弃去。暇日厘为百卷，目曰《宋诗纪事》，镂板而传之，庶几后之君子，有以益我纰漏云。时乾隆十一年樊榭厉鹗太鸿序。①

厉鹗序交代了是选选录的全过程及得名的由来。全祖望《宋诗纪事序》云：

宋诗之始也，杨、刘诸公最著，所谓西昆体者也。说者多有贬辞，然一洗西昆之习者欧公，而欧公未尝不推服杨、刘。犹草堂之推服王、骆，始知前辈之虚心也。庆历以后，欧、梅、苏、王数公出，而宋诗一变。坡公之雄放，荆公之工练，并起有声。而涪翁以崛奇之调，力追草堂，所谓江西派者，和之最盛，而宋诗又一变。建炎以后，东夫之瘦硬，诚斋之生涩，放翁之轻圆，石湖之精致，四壁并开。乃永嘉徐、赵诸公，以清虚便利之调行之，见赏于水心，则四灵派也，而宋诗又一变。嘉定以后，江湖小集盛行，多四灵之徒也。及宋亡，而方、谢之徒相率为急迫危苦之音，而宋诗又一变。②

全祖望借助对宋代诗人创作风格变化的线性描绘，已确立了宋诗发展的四个时期，并确定了每期清晰的时间断限：第一阶段为宋诗之始至庆历之前；第二阶段为庆历以后至建炎之前；第三阶段为建炎之后至嘉定以前；第四阶段为嘉定以后至宋亡。《四库全书总目提要》云："鹗此书裒辑诗话，亦以纪事为名。而多收无事之诗，全如总集；旁涉无诗之事，竟类说家，未免失于断限。又采摭既繁，抵牾不免。如四卷赵复《送晏集贤南归诗》，隔三卷而重出。七十二卷

---

① 厉鹗《宋诗纪事》卷首，乾隆十一年厉氏樊榭山房刻本。
② 厉鹗《宋诗纪事》卷首，乾隆十一年厉氏樊榭山房刻本。

李珏题《湖山类稿》绝句，隔两卷而重出。九十一卷僧惠涣《送王山人归隐》诗，隔一卷而重出。四十五卷尤袤《淮民谣》，隔一页而重出。二卷杨徽之《寒食诗》二句，至隔半页而重出。他如西昆体、江西派既已别编，而月泉吟社乃分析于各卷，而不改其前题字。以致八十一卷之姚潼翔于周暕《送僧归蜀诗》后标前题字，八十五卷之赵必范于赵必瑑《避地惠阳诗》后标前题字，皆不免于粗疏。又三十三卷载陈师道，而三十四卷又出一颖州教授陈复常，竟未一检《后山集》及《东坡集》订复字为履字之讹。四十七卷载郑伯熊，三十一卷已先出一郑景望，竟未一检《止斋集》证景望即伯熊之字。五十九卷据《齐东野语》载曹豳《竿伎》诗，作刺赵南仲。九十六卷又载作无名子刺贾似道。八十四卷花蕊夫人《奉诏》诗，不以勾延庆《锦里耆旧传》互勘。八十六卷李煜《归宋渡江》诗，不以马令《南唐书》参证。八十七卷《永安驿题柱诗》，不引《后山集》本序，而称《名媛玑囊》。又华春娘《寄外》诗，不知为唐薛涛《十离》之一。陆放翁妾诗，不知为《剑南集》七律之半。英州《司寇女》诗，不知为录其父作。皆失于考证。然全书网罗赅备，自序称阅书三千八百一十二家。"说明了是选在文献征订上的疏失。

是选共选宋代诗人3812家，诗歌10000多首，为清代最大的一部宋诗总集，也是宋诗话之渊薮，是选体例仿宋代计有功《唐诗纪事》。征引文献十分丰富，来自选本，如《宋高僧诗选》《宋文鉴》《声画集》《后村千家诗》《宋艺圃集》《清江三孔集》《瀛奎律髓》《洞霄诗集》《成都文类》《前贤小集拾遗》《四朝诗》《十家宫词》《天地间集》《诗家鼎脔》《皇元风雅》《曹氏历代诗选》《谷音》《蔡氏四隐集》《月泉吟社》《忠义集》《濂洛风雅》《中州集》《乾坤清气集》《彤管遗编》《诗女史》《名媛玑囊》《彤管新编》《西昆酬唱集》《禅藻集》《甬上宋元诗略》《东瓯诗集》《全唐诗》《唐诗纪事》《古今岁时杂咏》《诗林万选》《天下同文集》《同文馆唱和诗》；诗话，如《石林诗话》《苕溪渔隐丛话》《后村诗话》《隐居诗话》《诗人玉屑》《竹坡诗话》《鹤林玉露》《温公诗话》《潘子真诗话》《梅磵诗话》《韵语阳秋》《娱书堂诗话》《吴礼部诗话》《西江诗话》《霏雪录》《古今诗话》《诗话总龟》《冷斋夜话》《中山诗话》《桐江诗话》《风月堂诗话》《许彦周诗话》《庚溪诗话》《西江诗话》《紫薇诗话》《诚斋诗话》《归田诗话》《青溪诗话》《蔡宽夫诗话》《优古堂诗话》《潘子真诗话》《豫章诗话》《王直方诗话》《迂斋诗话》《漫叟诗话》《蓉塘诗话》《碧溪诗话》《敖陶孙诗评》《洪驹父诗话》《二老堂诗话》《珊瑚钩诗话》《高斋诗话》《环溪诗话》《冰川诗式》；别集，如《嘉祐集》《桐江集》《叠山集》《断肠集》《剑南集》《白石道人诗集》《芸居艺稿》《紫岩集》《须溪集》《山谷外集》《范文正公集》《东莱集》《苏文忠公集》《竹堂集》《覆瓿集》《野谷集》《清苑斋集》《沧州先生集》《存雅堂稿》《击壤集》《端平诗隽》；史记杂志，如《中吴纪闻》《方舆胜览》《舆地纪胜》《青琐高议》《老学庵笔记》《墨庄漫录》《石林燕语》《侯鲭录》《宫闱诗史》《金精风月》《梦溪笔谈》《辍耕录》《容斋随笔》《池北偶谈》《挥麈后录》《清河书画舫》《武林旧事》《宋史》。

21.《宋诗别裁集》

张景星、姚培谦、王永祺编选。原名《宋诗百一钞》，与《元诗百一钞》《唐诗别裁集》《明诗别裁集》《清诗别裁集》合称《五朝诗别裁》。姚培谦（1693—1766），字平山，廊下人。著有《楚辞节注》《类腋》《朱熹年谱》《李义山诗笺注》，编有《唐宋八家诗钞》。张景星，字二铭，松江（今属上海）人，约为雍正、乾隆年间人，候补主事。此书版本甚多，兹列举如下：

表4 《宋诗别裁集》版本

序号	刊刻年代	藏书地
1	乾隆二十六年（1761）诵芬楼刻本	上海图书馆
2	乾隆二十六年（1761）宝仁堂刻本	清华大学图书馆
3	乾隆二十六年（1761）雪禄轩刻本	北京大学图书馆
4	道光十三年（1833）刊巾箱本，文萃堂藏板	南京图书馆
5	《批评宋诗钞》光绪八年（1882）浪华书房刻本	江苏常熟图书馆
6	《重订宋诗别裁集》清末务本堂藏板	南京图书馆
7	《宋诗别裁集》上海商务印书馆1930年石印本	浙江图书馆
8	《宋诗别裁集》上海商务印书馆1937年石印本	上海图书馆
9	《宋诗别裁集》民国扫叶山房石印本	浙江图书馆

书前有傅王露序，傅王露《宋诗别裁集序》云：

《宋诗百一钞》者，云间张部曹二铭、暨其同志姚征士述斋、王孝廉补堂，相与撰定之书也。钞名《百一》，盖谓"尝鼎一脔，窥豹一斑"，亦可见宋诗宗派云尔。以予观之，则一代源流正变已具，其诸美善之会归，鉴裁之至当者欤，夫论诗必宗唐是也。然云霞傅天，异彩同烂；花萼发树，殊色互妍。江醴陵云："楚谣汉风，既非一骨；魏制晋造，固亦二体。言古今辞章之变化也。"变化者，前人后人所以日出不穷，以罄天地之藏而泄灵府之秘，否则铢铢称之，寸寸度之，循声蹑影，伪种流传，而不能相逐于变化无穷之域，恶足阐唐贤闉奥哉？第波澜虽富，句律不可疏；锻炼虽精，情性不可远；比兴深婉，何贵乎走石扬沙；宫商协畅，何贵乎腐木湿鼓？斯则上下三百余年，诗家金科玉尺，端有在焉。而是书取舍，要为实获我心。杜两宋末流之弊，踵三唐最胜之业，其在兹乎！乾隆辛巳且月玉筍傅王露拜题。①

傅王露序说明了是选取名的来由、选诗标准和体例。是选文献主要来自《宋诗钞》《宋百家诗存》《宋文鉴》《瀛奎律髓》，采自《宋诗钞》最多有60余人，采自《宋百家诗存》有45人，还有杨亿、欧阳修、曾巩、王安石、苏轼、黄庭坚、秦观、文同、陆游、王十朋、杨万里等均参考了诗人别集。是选体例按体编次，有五言古诗、七言古诗、五言律诗、七言律诗、五言排律、五言绝句、七言绝句七种诗体，诗体完备，凡八卷，共选宋代诗人137家，诗645首，其中五言古诗57首，七言古诗79诗，五言律诗115首，七言律诗203首，五言排律40首，五言绝句54首，七言绝句97首。从选诗倾向上看，编选者具有独特的选诗特点：其一，重视律诗。共选律诗358首，占入选总数的55.5%，而五、七言古诗共选136首，仅占入选总数的21%。其二，有明显的畸重畸轻倾向。从入选的诗学流派来看，"中兴诗人"共选录104首，其中陆游54首，杨万里28首，范成大18首，尤袤4首，占入选总数的16%；江西诗派共选录60首，其中陈与义28首，黄庭坚14首，陈师道8首，韩驹4首，晁冲之4首，曾几1首，谢逸1首，占入选总数的9.3%；理学诗共选录38首，其中理学诗人朱熹20首，刘子翚6首，朱松5首，张栻4首，程颐2首，周敦颐1首，占入选总数的5.9%；西昆体诗人共选录13首，其中杨亿9首，钱惟演2首，丁谓1首，张咏1首，仅占入选总数的2%；遗民诗派共选录10首，其中谢翱7首，谢枋得1首，文天祥1首，林景熙1首，仅占入选总数的1.6%；四灵诗派共选录6首，其中徐照1首，徐玑1首，翁卷1首，赵师秀3首，不到入选总数的1%；江湖诗派仅选录2首，其中戴复古1首，方岳1首。诗学流派之间入选诗的数量相差悬殊。其三，从入选诗人诗作来看。苏轼73首，居第一，次陆游54首，次王安石39首，次欧阳修37首，次杨万里、陈与义各28首，次朱熹20首，次范成大18首，次黄庭坚与贺铸各14首，次张耒13首，次宋祁11首，次王禹偁10首，余皆不足10首，还有60人选录1首，可见编选者选诗多寡不一，

---

① 张景星、姚培谦、王永祺《宋诗别裁集》卷首，乾隆二十六年诵芬楼刻本。

有失均衡，尤其是贺铸、宋祁两人的文学成就，在于词学方面，不能反映他们在宋诗方面创作的成就。其四，选录一大批籍籍无名的诗人。如选入了王琪、华岳、周文璞、黄大受、江萃、武衍、周孚、杜范、倪涛、杨蟠等许多小诗人，保存一代文献之功于斯可见。是选还有诸多不足，如许多优秀诗人未予选录，江湖诗派领袖刘克庄未能入选，未有诗人小传和未加评骘等。除此外，是选在文献上，还有不少疏略之处，王友胜《〈宋诗别裁集〉指瑕》指出，因编者工作草率，书中出现误署作者、误署诗题、删削小序、删削题下注、删削诗下注、合二诗为一诗等失误。

22.《宋名家诗选》

张景星等辑。乾隆二十六年（1761）日本江户书林青云堂刻本，现藏辽宁省图书馆，凡九卷，共一册，无注释和批语。《愚斋图书馆藏书目录》载："《宋三大家绝句》三卷，日本诗佛居士辑，日本刻本一本；《宋三大家律诗》三卷，菅原琴梁卯辑，日本刻本，一本；《宋诗清绝》一卷，日本江户柏昶，日本刻本，一本。"张景星，字二铭，江苏松江（今上海市）人，候补主事。著有《宋诗别裁集》《元诗别裁集》。是选按诗体编次，分五言古诗、七言古诗、五言绝句、七言绝句、五言律诗、五言排律、七言律诗七种诗体，诗体完备，共选宋代诗人137家，诗643首，其中卷一五言古诗57首，卷二和卷三七言古诗79首，卷四五言律诗115首，卷五和卷六七言律诗201首，卷七五言排律40首，卷八五言绝句54首，卷九七言绝句97首。值得注意的是，经作者仔细比较，实际上是选为《宋诗别裁集》的另一种称呼。是选傅王露作于乾隆辛巳年（1761）序与《宋诗别裁集》完全相同。《宋名家诗选》与《宋诗别裁集》略有不同的是在分卷上的差异，《宋诗别裁集》为八卷，《宋名家诗选》将第八卷中七言绝句，别为一卷，另列为第九卷。

23.《批评宋诗钞》

张云间辑，后藤元太郎纂评。光绪八年（1882）浪华书房刻本，是选有明治壬午十五年（1882）序，次有傅王露作于乾隆辛巳（1761）序，次目录，卷末有跋。张云间，生平不详。是选为日本人对《宋诗百一钞》的纂评本。是选体例上与《宋诗别裁集》一致，不同的是在诗作中附录评语，如评苏轼《南望斜谷》"山阳"云："起得雄伟，大家风骨，故自不同。"评杨万里《苏木滩》"山阳"云："诚斋之时，主标新领异，而多冗杂凡近之病，如此篇秀拔警妙，真不易获，虽东陂不过如此。"评梅尧臣《夏日晚霁与崔子登周襄故城》"山阳"云："全篇一气呵成，自成铿锵之音。"评刘敞《周子》"山阳"云："前联如光风，后联如霁月。"现藏扬州大学瘦西湖分馆文史研究室、江苏省常熟市图书馆、浙江省图书馆。

24.《宋诗选二集》

幔云居士辑。《江西省图书馆古籍善本书目》著录："乾隆丁亥荔月，幔云居士抄本，四本，十四卷。"是选卷首书"乾隆丁亥庆荔月幔云居士书于越山书屋"。幔云居士，生平仕履不详，福建人。书前有幔云居士序，幔云居士《宋诗选序》云：

> 然窃自谓古人之什，片麟只羽，尽属可珍。使尽以八十家入钞，则阙遗滋甚。于是，复萃诸选，撷其精华，补其罅略，较之前编所搜尤富，新选之人，间有互见，上自公卿，下自布衣，旁及闺阁道释之流，共约成四百九十余家，选诗一千六百余首。总而论之，宋人之诗与唐在离合间，而诗人之盛，视唐且过之。自明嘉隆诸子，黜宋尊唐，及遇宋人之集，覆瓿糊壁，弃若弗尽，故天水精华，视诸朝尤为残缺。吾闽石仓先生，序宋诗谓"取材广而命意新，不剿袭前人一字"。石门吴孟举云："宋人之诗变化于唐，而出其所自得，皮毛落尽，精神独存。"真能知宋诗者也。故余前集所钞，大抵皆名家得意之什，雄词硬句，杰出于柔筋脆骨间，风气所开，欧梅为圣矣；而大海回澜，终以苏、黄为尽。自若此集所钞则诸体兼收，不名一律，或飞扬似太白，或沉郁如少陵，或如王、杨、卢、骆，步骤六朝，或如元、白、张、王，专师乐府，温李浓纤，长吉诡异，并载兼收，总期勿失作者之意云尔。然《宋诗选》其卷帙厘为十二家数。评语所恨，赏识弗精，非敢公诸同好也。窃比之山中白云，自为怡悦云尔。①

幔云居士序主要说明了选诗的过程，以及针对《宋诗钞》等诗选不足，加以弥补。诗中评语主要引自《王直方诗话》《石林诗话》《湘山野录》《鹤林玉露》《优古堂诗话》《苕溪渔隐丛话》《唐宋诗醇》《石洲诗话》《宋人近体分韵诗钞》等。

是选体例以人编次，共选诗人 496 家，诗 1590 首，其中卷一诗人 45 家 108 首，卷二诗人 34 家 85 首，卷三诗人 20 家 76 首，卷四诗人 39 家 315 首，卷五

---

① 幔云居士《宋诗选二集》卷首，乾隆丁亥抄本。

诗人31家125首，卷六诗人33家144首，卷七诗人28家65首，卷八诗人72家181首，卷九诗人38家114首，卷十诗人45家127首，卷十一诗人59家87首，卷十二诗人11家86首，卷十三宫闱类诗人24家52首，卷十四仙释类诗人17家25首。苏轼48首，位居第一，次欧阳修40首，次汪元量36首，次谢翱33首，次苏舜钦31首，次杨万里30首，次梅尧臣28首，次张耒、陆游各20首，次黄庭坚、韩驹、王安石各19首。此外，还收录了许多籍籍无名的诗人作品。每位作者下有小传，文献来自《宋史》，如王安石小传："王安石，字介甫，临川人。庆历二年进士，神宗朝除制诰翰林学士。拜同中书门下参知政事，加尚书左仆射，兼门下侍郎，封荆国公，卒谥文忠，崇宁间追封舒王，有《临川集》。"选中评语十分简洁，且颇有真知灼见，如评苏轼《惠崇春江晚景》云："萧山毛大可不喜东坡诗，以为词繁意尽，去风骚之义远。"评苏轼《宿九仙山》云："后四句磊砢妥帖，便入钱刘文集中，亦称警策。"评苏轼《寓居定惠院之东杂花满山有海棠一株土人不知贵也》云："风姿高秀，后半尤烟云跌宕。"评黄庭坚《汴岸置酒赠黄十七》云："山谷自是一种不可磨灭文字，但有大诡，俊处不可训耳。"评陆游《临安春雨初霁》引卢世㴶语："三四有唐人风韵。"评陆游《月夕》云："以隽语写幽致。"评陆游《闻猿》云："排宕开合，波澜无限，格调自李义山得之。"评何大圭《偶作》云："颔联颇有风致。"

25.《千首宋人绝句》 ●

严长明辑。是选版本为乾隆三十五年（1770）毕沅刻本，凡十卷，有序言和总目，无评语。严长明于乾隆二十八年（1763）编选，乾隆三十五年（1770）编成。有毕沅序和潘德舆批校。严长明（1731—1787），字冬友，号道甫，江宁（今江苏南京）人。乾隆二十七年（1762）举人。授内阁中书，入直军机处，累官至内阁侍读。著有《归求草堂诗文集》十卷、《毛诗地理疏证》、《文选声类》等。生平事迹见《清史稿》卷四百九十、《清史列传》卷七十二、《碑传记》卷四十二和《国朝耆献类征初编》卷一百四十六等。书前有毕沅序，毕沅《千首宋人绝句序》云：

> 忆癸未岁，余与道甫侍读同居京师宣武门外，宅有听雨楼，为汪荇洲先生故第，竹石闲逸，足资吟啸。道甫一日，偶于插架中捡《万首唐人绝句》，相谓曰："昔洪迈以唐绝句五千余首对孝宗，而著录者乃不及十分之四。曩余浏览宋绝，数实倍之。每思整汇之以成书，而复恐蹈洪氏尚奢之诮也。"余谓文敏所编，固无须乎则效，但宋绝中胜篇迥作，散置诸家，譬

则珠玑在漂浪间，不得明眼者以拣别之，俾终与砂砾相等，亦良可惜。道甫因综所记忆，得其遒深清隽者七百余篇，复为旁加搜会，藏弃箧中，计今已八载矣。今年秋，余以屯田之役奉使西行，之吉木萨，此地为汉车师所属之小石城，地皆平莽，氓户言语不通，赖此卷在行笈中，少纾幅抑。复念当时与会所寓，弃之可惜也。①

毕沅序具体介绍了诗选的编撰过程、编选体例及总体规模。清人潘德舆《养一斋诗话》卷五评价道："较之洪容斋《万首唐人绝句》，纂次颇核，所选诗皆有可观，亦较胜王渔洋《唐人万首绝句选》本，而宋人绝句之佳者，仍未尽于是也。"这说明是选是编撰绝句最为完备的诗选。

是选体例模仿宋人洪迈《万首唐人绝句》体例，按体编次，卷一到卷七为七言绝句，卷八和卷九为五言绝句，卷十为六言绝句；每体之中又分人编次，按帝王、后妃、宫掖、宗室、降王、降臣、宋臣、属国外臣、闺媛、释子、羽士、尼、无名子、神仙、鬼怪、妓女分次。共选宋代诗人445家，诗1000首，其中七言绝句289家686首，五言绝句112家286首，六言绝句44家88首。从选诗倾向上看，编选者比较注重七言绝句，这也代表了宋代诗歌的成就。入选最多的诗人为苏轼46首，次王安石28首，次刘克庄、范成大各24首，次姜夔22首，次黄庭坚、杨万里各21首，次朱熹18首，次秦观16首，次陈与义11首，说明选家在选诗的时候有所侧重。是选也有诸多疏漏之处，《凡例》云："是故一时寄兴，兼以资吟，至于校雠异同，校正讹舛，固将有事而未皇也。"此书还有1927年商务印书馆线装排印本，今有吴战垒《千首宋人绝句校注》（浙江古籍出版社1986年版）。现藏国家图书馆、上海图书馆、南京图书馆、浙江省图书馆、北京大学图书馆、清华大学图书馆。

26.《宋诗略》●

汪照、姚塤辑。乾隆三十五年（1770）姚氏竹雨山房刻本，凡十八卷，共四册。汪照，初名景龙，字绅青，号少山，上海嘉定人，贡生。著有《陶春馆吟稿》《碧云词》，注《大戴礼记》，横渠两书院山长，与王鸣盛、钱大昕交善。姚塤，字和伯，嘉定人，王鸣盛婿。书中钤有"嘉定秦氏汗筼斋发兑印"朱文印。书前有王鸣盛序、汪景龙序、姚塤序。王鸣盛《宋诗略序》云：

---

① 严长明《千首宋人绝句》卷首，乾隆三十五年毕沅刻本。

宋承唐后，其诗始沿五季之余习，至太平兴国以后，风格日超，气势日廓。追苏、黄辈出，而极盛焉。乃其所以盛者，师法李、杜，而不袭李、杜之面貌；宗仰汉魏，而不取汉魏之形橅，此其卓然成一朝之诗，而不悖于正风者矣。顾后之学诗者，率奉所谓唐音以抹煞后代，故有称宋诗者，则群讥之，曰庸、曰腐、曰纤。夫五帝不相袭礼，三王不相沿乐，诗是乐之章而心之声也。《书》曰："诗言志，歌永言"，盖诗与乐同源而一途。宋之礼乐政治，固自有与唐异者，独于诗而曰不唐之若，则其谩说而无当也。何足与言诗，且规仿声调之不足为诗也。如《三百篇》为诗之祖，倘欲揣摩于形似之际，则必袭夒之赓歌、夏之五子矣。况周以《二南》为风始，而何以《风》之诗，不必同于南雅之音，不必同于颂也。惟宋人早见于此，而气势所到，力量所及，又足以别异于唐，卓然能自树立，成一代之风雅，而为一世之元音也。若并为唐音，必不能自胜于唐，则六祗可为唐之附庸，而何以成其为宋诗也哉。予向有《南宋文鉴》之编，以义为主而不专于诗，顾未尝于宋诗有专选也，会同里汪子□青暨予婿姚子和伯共订定宋诗，名之曰《略》，世盖谓"宋一代之风格流变，已可得其大略已耳。"既刻成，和伯请予序其端，予读之竟，而嘻曰："此固予未发之志也"，而能引而伸之，触类而通之。是书也，可使天下后世考见宋人之真诗。学西昆者，承唐末之余沥，而非宋也；师《击壤》，世开道学之流派，而非诗也；轻滑率易者，系晚宋之末流，而非宋之真也。若宋之诗，则沉雄博大者，其气；镂肝刻髓者，其思；新异巧妙者，其才；若仅以派别论之，犹拘于垆也。且宋人之集，浩如烟海，竟岁不能窥其全，得此集之甄录而条贯焉，亦可以为学诗者之指南矣夫。乾隆三十五年二月西庄居士王鸣盛书。[1]

王鸣盛序勾勒了宋诗发展的历史。不仅如此，王鸣盛进一步申言，宋诗并不逊于唐诗，主要是因为唐诗和宋诗"诗与乐同源而一途"，故不分高低优劣。姚壎《宋诗略序》云：

风、雅、颂之后，有楚辞；楚辞后，有乐府；沿而为十九首，侈而为六朝，风会递迁，非缘人力。然考其源流，则一而已矣。唐用诗赋设科取士，声律格调，爰集大成。两宋诗人变化于矩矱之中，抒写性灵，牢笼物

---

[1] 汪照、姚壎《宋诗略》卷首，乾隆三十五年姚氏竹雨山房刻本。

态,脱去唐人面目;而抨弹者,奉嘉、隆间三四巨公之议论,直谓"宋人无诗"。苍古也,而以为村野;典雅也,而以为椎鲁;豪雄也,而以为粗犷。索垢指瘢,不遗余力;矫其弊者,又甚而流为打油、钲铰之体。呜呼!岂知宋诗皆滥觞于唐人哉!如晏元献、钱文僖、杨大年、刘子仪诸公,则学李义山、王黄州、欧阳文忠,精深雄浑,始变宋初诗格,而一则学白乐天,一则学韩退之。梅圣俞则出于王右丞,郭功父则出于李供奉,学王建者有王禹玉,学陈子昂者有朱紫阳,又若王介甫之峭厉,苏子美之超横,陈去非之宏壮,陈无己之雄肆,苏长公之门有晁、秦、张、王之徒,黄涪翁之派有三洪、二谢、陈、潘、汪、李之辈,俱宗仰浣花草堂,或得其神髓,或得其皮骨,而原本未尝不同。南渡之尤、杨、范、陆,绝类元和。永嘉四灵,格近晚唐。晞发奇奥,得长吉风流。月泉吟社,寒瘦如郊、岛。以两宋较诸三唐,宫商可以叶其音也,声病可以按其律也,正变可以稽其体也。譬诸伶伦之典雅乐,铎于方响,皆合钧韶;仙灵之炼神丹,金碧元黄,都归炉鞴。使必拘拘然,形貌之惟肖。万喙同声,千篇一律,亦何异捧西施之心,而抵优孟之掌哉!□青汪先生不弃梼昧,邀余商订宋诗,故推陈其源流如此,非敢援唐以入于宋,亦非推宋以附于唐,要使尊宋诗者无过其实,毁宋诗者无损其真而已。如必谓唐宋源流各异,则《十九首》及六朝,未尝以楚辞、乐府而废,楚辞、乐府亦未尝缘风、雅、颂而废,奈何独以唐人而废宋诗也。乾隆三十四年岁在屠维赤奋若涂月上浣练水姚塤书于竹雨山房。①

姚塤序称"非敢援唐以入于宋,亦非推宋以附于唐,要使尊宋诗者无过其实,毁宋诗者无损其真而已",体现了编选者融通唐宋的诗学意趣。关于是选的编撰原则,《凡例》称"取宋人全集暨诸家选本,采其佳什,而俚俗浅率者俱汰焉",可以看出编选者注重雅正,强调艺术性,本着"人以诗存,不因人存诗"的选取思想,注重佳作佳篇,所以理学家的作品很少入选。

关于是选的文献取材,《凡例》云:"浏览本集,择其尤者。""厉樊榭《宋诗纪事》,前贤评论诗家本事,咸著于编集中,稍仿其例,广博搜采,不欲苟同,亦未尝立异,特连篇累牍者,以集隘不能尽登,间从节录。"考是书,其诗人小传和诗话主要选自《宋诗纪事》,就连诗人的顺序也大致与《宋诗纪事》相一致。而选诗,则主要取自《宋诗钞》《宋诗纪事》《宋百家诗存》。除这三

---

① 汪照、姚塤《宋诗略》卷首,乾隆三十五年姚氏竹雨山房刻本。

种选本外,《宋诗略》的选源还取自《西昆酬唱集》《石仓宋诗选》和《瀛奎律髓》,还对一些名家如寇准、范仲淹、梅尧臣、欧阳修、王安石、苏轼、黄庭坚、陆游、范成大等均参考了诗人别集。是选体例以人编次,共选宋代诗人432家,诗1200首,其中苏轼35首,居第一,次陆游、王安石各24首,次范成大21首,次欧阳修20首,次戴复古18首,次黄庭坚、张耒、秦观、汪元量各10首,次梅尧臣8首,余皆不足8首。多者如苏轼达35首,少者只有一二首,选诗多寡不一,可知编选者的趣味之所在。还选有方外与名媛诗人,如花蕊夫人20首,朱淑真12首。是选还对所录诗作进行校勘,所以是书质量较高。现藏国家图书馆、上海图书馆、南京图书馆、浙江省图书馆、北京大学图书馆、清华大学图书馆。

27.《集宋贤诗》

孔昭焜辑。孔氏利于不息斋抄本,不分卷,共四册,无序言、总目和评点。孔昭焜(1776—?),字董生,山东曲阜人。嘉庆庚午(1810)举人,官开县知县,著有《利于不息斋集》。具体情况如下:第一册为七言集句360句;第二册为七言集句704句;第三册为五言集句10句,七言集句868句;第四册为五言集句2句,七言集句412句,四言集句6句。是选所选诗大部分注明出处,如山谷之"藏书万卷可教子"、梅尧臣之"买池十亩皆种莲"、杨万里之"万径松风和涧水"、苏轼之"东南山水相招呼"、苏辙之"庭树无风月满轩"、陆游之"常倚曲阑贪看水","人淡如菊"(未注明出处)、"言芬若兰"(未注明出处)、"烟露澄鲜"(未注明出处)、"水木明瑟"(未注明出处)、"花有不如叶"(未注明出处)、"经书括根本"(未注明出处)等;另是选还有少量唐诗混入,如"荡胸生层云""举头见明月"等。现藏吉林大学图书馆。

28.《宋诗选》 ●

顾庭伦辑。民国十七年(1928)科学仪器馆石印本,南京图书馆藏,不分卷,共一册,有跋和评语。此书版本还有《顾郑乡先生宋诗抄》,民国十七年(1928)影印本,藏上海图书馆;顾郑乡《宋诗选》,民国十七年(1928)怡斋影印钞本,藏湖南图书馆。顾庭伦(1767—1834),字凤书,号郑乡。会稽(今浙江绍兴)人。曾任天台训导、武康训导。著有《玉笥山房集》等。关于是选如何编撰,诸宗元跋文做了详细说明:"顾兄鼎梅将校印其曾大父郑乡先生手写《宋诗选》,属宗元系以跋尾。宗元受而读之,有以知先生为学之勤,其于歌诗抉择趋向不囿于时代之流别,诚有异于寻常也。盖先生所选录,今仅存宛陵、永叔、东坡三家，而宛陵、东坡之诗为多。夫近代之言诗者，廿年以来，始推宛陵，标举其派别，规效其体制。然前贤之善学宛陵，宗元尝谓以钱籜石为最。以其质而能腴，诚挚而通于性情，非徒以拙直排奡为工耳。先生之生也，虽后于籜石。距今六百年，独于宛陵申其契赏。是所残丛先于时贤，足见文字之源流，旷代而能相合，亘古而能不竭有，非神贩之为学、口耳之为学所可几焉。至东坡之诗，世多称其七言，即曾氏涤生亦蹈此习。今先生之所甄录，则以五言佳篇十居其八，是亦有胜于世俗之称东坡者。若永叔则为学昌黎而不事涂泽，亦足以通梅苏之邮。世之言诗者，出先生选录以求之，更有人信吾言也。诸宗元谨跋。"[1] 可见此书为残卷，原先编辑时当不止三家，且于三家诗人赞不绝口。是选体例，以人编次，共选宋代诗人3家，诗101首，其中梅尧臣10首、欧阳修9首、苏轼82首。是评苏轼选附有少量评语，如评苏轼《过宜宾见夷中乱山》云："孤冷巉削，具缒幽凿险之能。"评《雨中遇舒教授》云："一种逸趣闲情锻炼而出，自具无上妙谛。"评苏轼《次前韵寄子由》云："其胸次实为天空海阔。"

29.《宋四家律选》

彭元瑞编。清抄本，凡五卷，共二册，有序言，彭元瑞跋，有圈点和评语。《宋四家律选》又称《南宋四家律选》。彭元瑞（1733—1803），字掌仍，一字辑五，号芸楣，江西南昌人，乾隆二十二年（1757）进士，官至吏部尚书，著有《宋四六选》等。《中国古籍善本书目》（集部）著录："抄本，半页九行，行十九字，小字双行同，白口，四周双边，有彭元瑞跋语，山西临猗县图书馆藏。"该书未曾付梓，但钞本流传较广，现存湖北省图书馆、山西临猗县图书馆和台湾"国家"图书馆。《"国家"图书馆善本书志初稿》（集部第四册）著录："左右双边。每半页九行，行二十一字，注文小字双行，字数同。版心白口，单鱼尾，唯悉空白未题署。文中附钞句读、旁圈，字里行间有极小字之批语。简端亦有小字批注。本书为彭元瑞之读书课本，选录南宋大诗人所作之律诗，五七言律并录，未加析分，首二卷皆陆放翁诗，每卷各八十首诗；后三卷分别为范石湖、杨诚斋及刘后村诗，每卷亦各八十首诗。诗后偶有评语，盖彭氏所加注者。"《宋四家律选彭元瑞跋》云："五、七言律，非诗家高格；四家，非宋极品。特以砭饾饤、晦涩、蹒复、重腿之病而已。陆取其生者，范取其壮者，杨取其细者，刘取其新者，各视乎其人。"是选体例以人编次，共选宋代诗人4

---

[1] 顾庭伦《宋诗选》卷首，民国十七年科学仪器馆石印本。

家，诗 320 首，陆游、范成大、杨万里、刘克庄各选取 80 首诗。是选有黄侃评语，弥足珍贵。评杨万里《野菊》云："寄托。"黄侃评："故作兀傲，当是有所刺也。"评杨万里《十二月二十一日迎春》云："俗题得趣。"黄侃评："结联出蹊径，但与前土牛相犯耳。"评范成大《枕上》云："石湖曾使北，何必有三衾事。"黄侃评："此论亦来是，无非欲掩叠韵行迹耳。然辞采隽妙，正使叠韵何嫌。"黄侃评陆游《亲旧书来多问近况以诗答之》云："此联造句不如后村'忧患'一联。"

30.《微波榭钞诗三种》

孔继涵辑。山东省图书馆题孔氏抄本、孔校，无圈点，凡八卷。孔继涵（1739—1783），字体生，一字浦孟，号荭谷，别号南洲，六十七代衍圣公孔毓圻之孙。山东曲阜人。乾隆二十五年（1760）举人，乾隆三十六年（1771）恩科进士，任户部河南司主事兼理军需局事官户部主事。著有《杜氏考工记解》《红桐书屋诗集》等。他将其著作及所校订的书籍，统称为《微波榭丛书》。是选体例以人编次，共选宋代诗人 3 家，诗 355 首，其中吴龙翰《古梅吟稿》（五卷）177 首，卷一选诗 32 首，卷二选诗 39 首，卷三选诗 42 首，卷四选诗 38 首，卷五选诗 26 首；刘克庄《南岳诗稿》（二卷）138 首，卷上 73 首，卷下 65 首；张公庠《张泗州集》（一卷）40 首，其中诗 21 首，宫词 19 首。现藏山东省图书馆。

31.《宋八家诗钞》●

鲍庭博辑。《宋八家诗钞》又名《南宋八家诗》，知不足斋抄本，凡十六卷，现藏苏州图书馆；上海图书馆藏《宋八家集》为十一卷，鲍氏知不足斋影钞宋刊，民国十一年（1922）上海古书流通处石印本，与之相同。鲍庭博（1728—1814），字以文，号渌饮，安徽歙县人。鲍庭博好书，名声斐然。鲍庭博尝取家藏珍籍 200 余种，刊为《知不足斋丛书》27 集。著有《花韵轩小稿》。书前有陈乃乾序和赵汝回序。陈乃乾《宋八家集序》：

> 陈君立炎既景印毛钞《宋六十家集》，复得鲍氏知不足斋景钞瓜庐、灵晖等八家之诗，将续印而附俪焉。吾闻昔之论诗者云："宋季作者厌弃唐风，至谓纤碎害道，淫肆乱雅。永嘉诸人力起而矫之，寄精整于淡朴，藏刻画于浑成。其琢思尤奇者，则横绝欻起，冰悬雪跨，使读者变掉慄慄、肯首吟叹，不能自已。叶水心谓'已废之学，至是复兴'。"而贬之者，病

其取径太狭，不免破碎尖酸之病。然卑靡者在，此清隽者亦在，此风会升降之际，固有不能自知者矣。欲求当时诗派源流者，未可顾此而遗彼也。毛钞六十家，仅就耳目所及，未足以概南渡之精英，得此补之，允为联璧。欧阳子曰："物常聚于所好"，莫如一立炎好之，竺而求之，颇其必有，继此而得者，我拭目俟之矣。壬戌冬十有一月海宁陈乃乾序。①

陈乃乾序说明了八家诗流传情况。是选每位诗人皆录有序文，如赵汝回《瓜庐集序》云：

晋宋诗称陶谢，唐称韦杜。当其时，人人皆工诗，诗非不甚也，而四人者独首称，岂非侯鲭爽口不若不至之羹，郑声悦耳不若遗音之瑟哉！唐风不竞，派沿江西，此道蚀灭尽矣。永嘉徐照、翁卷、徐玑、赵师秀乃始以开元、元和，作者自期，冶择淬炼，字字玉响，杂之姚贾中人不能辨也。水心先生既喷喷叹赏之，于是四灵之名天下莫不闻。而瓜庐翁薛景石每与聚吟，独主古淡，融狭为广，夷镂为素，神悟意到，自然清空。如秋天迥洁，风过而成声，云出而成文，间谓四灵君为姚贾，吾于陶、谢、韦、杜何如也夫古诗三百不过比兴，然上下数千年间，骚人文士，望而知其难，拟之而弗似矣。四灵陋晚唐不为，语不惊人不止，而后生ời则其步趋謦欬。扬扬以晚唐夸人，此人所不悟也。然则景石脱颖而出，自成一家，真知几之士哉。景石名家子，多读书，通八阵八门之变，乃心物外，至忘形骸，筑庐会昌湖西，灌瓜贴树，筹醇击鲜，日为文会，论切阐析，恐不人人陶、谢、韦、杜也。情真气和，庶几乎有道者。而年五十一死矣，死后人士无远近争致其诗，其子弟首钞不能给，于是相与刻之。呜呼使景石健至今，诗又止是乎。嘉熙元年清明日东阁赵汝回序。②

是选共收薛师石《瓜庐集》、赵师秀《清苑斋集》、翁卷《苇碧轩集》、徐照《芳兰轩集》、徐玑《二薇亭集》、李龏《梅花衲》《剪绡集》、吴渊《退庵先生遗集》、陈起《芸居遗诗》。

32.《南宋群贤小集未刊本二十种》

管庭芬辑。道光二年（1822）抄本，凡二十三卷，共四册，无序言、圈点

---

① 鲍庭博《宋八家诗钞》卷首，知不足斋抄本。
② 鲍庭博《宋八家诗钞》卷首，知不足斋抄本。

和批注。管庭芬（1797—1880），一作名庭芬，字培兰，又字子佩，号芷湘，晚号笠翁、芝翁、甚翁，亦号浔溪老渔、浔溪病叟，浙江海宁人。著有《宋诗钞补》。管庭芬云："二十种俱顾氏读书斋本所未刊者，今从碧梧轩旧钞本补录，道光壬午三月朔日录起四月二十六日告竣，芷湘居士管庭芬偶识。"选《野处类稿》二卷，《艇斋诗钞》一卷，《华谷集》一卷，《西塍稿》三卷，《海陵稿》一卷，《飘然集》一卷，《竹溪集》一卷，《演山集》一卷，《嘉禾百咏》一卷，《范蜀公诗集》一卷，《石堂集》一卷，《古遗小集》一卷，《竹斋诗集》三卷，《沧浪诗集》一卷，《说剑吟》一卷，《鲁斋诗集》一卷，《古梅吟稿》一卷。实际只有17种。现藏南京图书馆。

33. 《宋诗选粹》●

侯庭铨辑。道光五年（1825）瑞实堂刻本，凡十五卷，是选《八千卷楼书目》卷十九著录。是选所依为南京图书馆的道光刻本，与上海所藏稍有不同之处，没有龚丽正序，首例言，次参定及检校姓氏名录，次目录。诗人附录小传，文中有圈点，诗作有批注。钤有"衡萼珍藏"白文方印，"兰卿经眼"朱文长方印。侯庭铨，上海宝山人，嘉庆年间人，著有《钱溪志》等。书前有龚丽正序，龚丽正《宋诗选粹序》云：

> 今天下言诗者竟诟赵宋，其意欲惩夫冗阔、芜蔓、俚诞之负重名者，而束之于唐人之格律，不可谓非正论。顾宋之始为诗者，何尝若是乎？苏则学韩矣，欧、梅、黄皆学杜矣，陆则学白矣。学之而不屑以字句面目之肖为肖，欲自成面目于两间，而造物者遂适畀以一代之面目，以成为一代之气体，微独宋然！昔者汉魏之变而为六朝，六朝之变而为初唐，初唐之变而为杜、韩，皆造物之所必开，而六朝与唐人无权焉，唐以后之诗，亦若是而已矣。微独诗然？一切无韵之文之变，亦若是而已矣。借曰："不然。"则欲使造物者混混无面目，作者亦皆无己之面目，一求之古人之面目而后以为肖，则是无古今也。则是三千年以来皆肖"白云黄竹"之谣而后可也，故曰："讲气体者，正论，非通论也。"虽然，宋人之冗阔、芜蔓、俚诞之先声者，皆可以传乎？曰："不然。"是则择之而已矣。何谓择？曰："一代之中而择数朝焉，一朝之中而择数人焉，或则数十人焉；之十数人中，而人择数章焉，斯之谓择。"择其自见面目者，择其自成气体者，择其不开流弊，使后世无以借口者，于是乎有宋诗选之作。噫！此吾宝山侯君之志也。侯君不自言，而予能言之。倘亦彼守贤所欲言之言也，侯君已归

道山，此选是其遗墨，其门人梓而行之。介建宁夏君以乞言于余，余言如是，惜不能起侯君于九京而质之也。又吾闻之"诗者史之副本，不究一代之史，则不可以论一代之诗；不悉诗人之颠末，则不足以知其所欲言与所不欲言"。今侯君所选宋诗，人各为之小传，俾读者一览，而其人之遭际颠末，了然如掌上纹也。如亲与之倡酬谈谶，而知其所欲言与所不欲言也。赐进士出身江南苏松太道仁和龚丽正序。①

龚丽正序说明了是选的编选宗旨和编撰起因，是选为侯庭铨手写稿，未就而逝，由其弟子刊刻面世。针对诗坛对宋诗极力贬损的不良风气，编选者极力为宋诗张目。是选以诗人时代先后为次编录，所谓"选粹"者，即"择其自见面目者，择其自成气体者，择其不开流弊，使后世无以借者"，也即择选前人选本而成。是选共选宋代诗人365家，诗943首，其中苏轼29首，次陆游22首、杨万里22首、黄庭坚16首。其中卷一宋代诗人47家78首，卷二宋代诗人12家42首，卷三宋代诗人9家59首，卷四宋代诗人6家49首，卷五宋代诗人5家48首，卷六宋代诗人37家72首，卷七宋代诗人37家75首，卷八宋代诗人23家49首，卷九宋代诗人6家49首，卷十宋代诗人32家79首，卷十一宋代诗人24家58首，卷十二宋代诗人38家120首，卷十三宋代诗人35家79首，卷十四宋代诗人30家53首（羽士7人，诗僧23人），卷十五宋代诗人24家33首（为女性诗人）。是选有106家诗人选自《宋诗钞》，其余235首选自《宋诗纪事》《宋百家诗存》《宋诗略》，有部分江湖诗人则参考了《南宋群贤小集》。我们可以从侯庭铨的评语中，看出他对唐诗的推崇，尤其是对李白、杜甫和韩愈的敬仰之意，如评欧阳修《菱溪大石》云："奇杰摹长吉、昌黎。"评苏轼《纵笔》云："即是唐人笔意。"评黄庭坚《观刘永年团练画角鹰》云："绝似老杜。"评梅尧臣《七月十六日赴庚直有怀》云："似太白。"评张耒《离阳翟》云："摹杜。"评王藻《隆祐皇太后挽词》云："全似老杜。"评王鬵《吴宣抚故宅》云："摹杜。"评严羽《闺怨》云："唐音。"评岳飞《题鄱阳龙居寺》云："有霖雨苍生之志。"评岳飞《寄浮图慧海》云："有留侯之志，其怨不能遂何。"评郑魁《赋林叔睿端砚》云："绝似长吉。"评朱熹《斋居感兴》云："诸诗颇似太白古风。"评晁公遡《合江舟中作》云："唐人风调。"评黄公度《送弟士季赴永春》云："以文为诗。"评陆游《晚泊》云："创调。"评陆游《有怀梁益旧游》云："摹杜。"评陆游《独坐》云："沉郁。"评陆游《叹老》云：

---

① 侯庭铨《宋诗选粹》卷首，道光五年瑞实堂刻本。

"老境。"评陆游《晚步湖堤》云："真情真景。"评杨万里《明发西馆晨炊蔼冈》云："起得有势，收笔紧密。"评云："以文为诗，驱使诸史，笔力极其驰骤。"评苏轼《试院煎茶》云："笔力破余地。"评苏轼《游金山寺》云："沉郁顿挫。"评苏轼《纵笔》云："即是唐人笔意。"评苏辙《和子瞻焦山》云："此诗绝似东坡。"评颜太初《东州逸党》云："有关世教之诗。"评苏舜钦《猎狐篇》云："古来大奸往往如此，结果可胜浩叹。"评苏舜钦《留题樊川李长官庄》云："音节铿锵。"评石介《庆历圣德颂》云："句法奇崛。"现藏南京图书馆。

34.《宋人小集四种》

佚名辑。道光二十一年（1841年）抄本，双梧轩藏版，不分卷，共一册，无序言、总目和评语。首都图书馆题名为四种，实际只有三种。是选体例以人编次，共选秦观、曾极、苏洞三位诗人，诗364首，其中秦观《淮海居士集》五言古诗15首，七言古诗7首，五言律诗6首，五言排律1首，七言律诗13首，五言绝句2首，七言绝句20首；曾极《金陵百咏》100首；苏洞《金陵杂兴》200首。现藏首都图书馆。

35.《宋诗三百首》●

许耀辑。道光二十五年（1845）春水草堂藏板。有许耀序及弟子王庆勋跋，有圈点，但无批注。这是一部普及型的学习课本。许耀（？—1866），字淞渔，号味薑。江苏娄县（今上海）人。道光十九年（1839）举人。官靖江教谕，著有《典斋赋钞》。黑龙江省图书馆藏有一卷本。书前有许耀序和王庆勋跋。许耀《宋诗三百首序》云：

> 诗以言情，唐宋一也。而世之学者率尊唐抑宋，谓其腐也、纤也，不知此特宋诗之流弊，非宋诗之真也。宋诗自王黄州后，风气方开。迨苏、黄辈出，而骎骎日上。直至《晞发集》，奇奥独辟，称后劲焉。夫人莫不限于质，全集不能读，必取选本读之，选本之繁者亦不易读，必取选本之简者读之。宋诗之选，昉于东莱《文鉴》，嗣是王半山、曾端伯、李于田、曹石仓、潘讱庵、吴菌次、吴以巽、王子任代有辑录，而吴孟举之《宋诗钞》、曹六圃之《宋诗存》、厉樊榭之《宋诗纪事》、汪紃青、姚和伯之《宋诗略》，几于家置一编，然而犹苦其繁也，苦其繁必置之不读，而读宋诗者愈少矣。甲辰夏，索居无俚，爰取两宋各家之诗，采其易于诵习者，

170

简之又简，得三百首，作家塾课本。不特近于腐且纤者不敢阑入，即典重奇丽之作亦盖就阙如。盖为初学计也。若欲览一代之源流升降，则自有前人之名选及专集在，予何敢置一词哉？道光二十四年五月十七日娄县许耀序。①

许耀序说明了编撰《宋诗三百首》的起因，是因吴之振《宋诗钞》、曹庭栋《宋百家诗存》、厉鹗《宋诗纪事》、姚培《宋诗略》等宋诗选本，卷帙均太过繁复，不利于初学者学习和效仿，故而删繁就简，选出三百首诗歌便于习作。除此外，许耀还针对否定宋诗者称宋诗为"腐""纤"的荒谬观点，用选诗借以高扬宋诗的诗学价值。王庆勋《宋诗三百首跋》云：

宋诗之选，非无善本，而卷帙稍繁，即不免旋读旋辍。吾师许淞渔夫子择其易于诵习者三百首，为家塾课本，诚诱掖后进之苦心也。勋受而读之，觉宋诗之精华已萃于是，岂但去繁就简之足贵哉。因详加圈点，以付剞劂。其所以不用评骘、注释者，解不可泥，典不必数，琐琐以求之，无当也。是编也，吟咏既便于取法，考试率以之命题，愿与世之读宋诗者共宝之。道光乙巳春上海受业王庆勋识。②

王庆勋跋说明了编选是选的目的，作为"家塾课本"，为便于初学计，故选录那些"吟咏既便于取法，考试率以之命题"的诗歌作品。而是选为何没有评骘、注释？王庆勋也作了说明："解不可泥""典不必数"。但是平心而论，是选是为初学者提供示范，但没有对典故、语句和诗法作注释，显然这是其不足之处。

是选体例按诗体编次，共选宋代诗人78家，诗300首。其中五言古诗26首，七言古诗48首，五言律诗52首，七言律诗76首，五言绝句18首，七言绝句80首。选诗以苏轼为最多61首，次陆游60首，次黄庭坚21首，次范成大19首，次欧阳修、林逋各7首，次杨万里5首，余皆不足5首。《宋诗三百首》除选录苏轼、黄庭坚这些大家外，还选录了胡宿、李师中、黄庶、王安国、姚宽、张良臣、江端友、林一龙、严粲、连文凤等这些籍籍无名的诗人。现藏上海图书馆。

---

① 许耀《宋诗三百首》卷首，道光二十五年春水草堂本。
② 许耀《宋诗三百首》卷首，道光二十五年春水草堂本。

36.《宋诗随意钞》

杨行传辑。道光三十年（1850）抄本，凡十卷，共十册，有序言和墨笔圈点，无评语。其中《宋诗随意钞》六卷、《续钞》四卷，钤有"昆山王德森藏"印。杨行传，生平仕履不详。书前有杨行传序，杨行传《宋诗随意钞序》云：

> 取法乎上，仅得乎中，故言诗者多称唐，有志者必上溯汉魏是也。然一朝必有一朝之面目，唐以后标新领异，自成风气者，莫如宋。《玉钞诗》二千三百余首，又于他处借得潘切庵《宋元诗钞》，周雪苍《苏黄范陆四家诗钞》，东坡诗集及旧藏稿，凡吴选所未收者，亦兼采焉，吴选有一百十集，今止存九十余集，所阙者已不可得，故仅从潘选中补其二，余仍阙如此。九十余集中孟举选诗甚宽，约有一万数千首，今《随意钞》不过奇零零数，然菁华略备此矣。一斑之见不无谫陋，故仍以《随意钞》名之。①

杨行传序交代了是选选录的原因，主要是鉴于《宋诗钞》卷帙浩繁，后世学习者阅读困难，故从中抽绎出1000余首诗，并从其他选本中选录一些诗作，汇聚成篇。是选文献采自《宋诗钞》《宋元明诗钞》《东坡集》《宋四名家诗选》，作者小传主要来自《宋诗钞》。是选体例以人为次，共选宋诗2313首，其中《前钞》选宋诗1261首，卷一195首，卷二194首，卷三205首，卷四199首，卷五202首，卷六266首；《续钞》选宋诗1052首，卷一229首，卷二203首，卷三333首，卷四宋诗287首。选诗以苏轼为最多，达242首，次杨万里213首，次陆游190首，次汪元量135首，次范成大127首，次黄庭坚92首，次张耒69首，次林逋58首，次刘子翚57首，次秦观43首，余皆不足40首。现藏中国人民大学图书馆。

37.《宋诗纪事补遗》●

罗以智辑。清抄本，不分卷，共一册，无序言和评语。罗以智（1800—1860），字镜泉，号文山。钱塘（今浙江杭州）人。道光二十五年（1845）官镇海教谕。著有《恬养斋诗集》《诗歌苑雅谈》《赵清献年谱等。生平事迹见《两浙輶轩续录》。是选《八千卷楼书目》著录。是选补录宋代诗人181家，诗400余首。是选为陆心源《宋诗纪事补遗》光绪十九年（1893）之前一部重要

---

① 杨行传《宋诗随意钞》卷首，道光三十年抄本。

的有关《宋诗纪事》的增补本，在《宋诗纪事补遗》之后，还有屈强《宋诗纪事拾遗》（世界书局1947年版）和宣哲的《宋诗纪事续补》（清稿本）。现藏南京图书馆。

38. 《宋诗钞》

佚名辑。咸丰九年（1859）十一月抄本，不分卷，共四册，无序言、总目和凡例，有墨笔圈点和批语。封面题"宋诗抄"，并注明选抄时间为"咸丰己未仲冬"，钤有"澹斋""长乐郑振铎西谛藏书"印。是选为吕留良等《宋诗钞》的再选本。是选体例以人编次，共选宋代诗人21家，诗304首，其中林逋2首，戴敏2首，戴复古7首，戴昺30首，真山民22首，文同6首，王令7首，释道潜15首，黄庭坚23首，米芾3首，赵师秀15首，翁卷10首，徐玑1首，徐照1首，张耒1首，陈师道42首，王禹偁1首，花蕊夫人1首，陆游49首，杨万里45首，刘克庄21首。从选诗倾向上看，编选者比较注重南宋中兴诗人陆游、杨万里，两人选入94首，几乎占全选的三分之一；四灵诗派每人皆有入选，足见编选者对此派也较关注。是选有评语，一是总体评价陆游诗歌艺术品格和创作手法，如评陆游诗云："放翁五律意摹香山，取材甚广，作态更妍，读去历历落落，如数家珍，而苦心覃思，体纯格正，洵为合作。""放翁七律不下千篇，其间取料，寄兴比事，属词，无不令人解颐，效其体，有作诗之乐，而无伤于大雅，接引后学，为功不少。""寄旨遥深，托辞条畅，驱使古人，流连景物，自抒写其旷达之胸。"二是评论诗歌的具体艺术手法，如评戴复古《白苎歌》云："懒庵选石屏诗，南唐称其精到，其间白歌最古雅，语简意深，今世难得。"现藏国家图书馆。

39. 《宋七绝选·宋纪事选》 ●

况澄辑。现藏于广西桂林市图书馆。况澄（1799—1866），字少吴，号西舍，广西桂林人。道光壬午（1822年）进士。任翰林院庶吉士，户部主事，河南按察使。著有《西舍诗钞》《西舍文集》《粤西胜迹诗钞》等。笔者曾多次托人到该图书馆查阅，因该图书馆正在修补与翻拍成电子版，故未能一睹其真面目。根据《中南西南地区省市图书馆馆藏古籍稿本提要（附钞本联合目录）》（华中理工大学出版社1998年版，第412页）载：况氏于家藏众多史籍中撷出宋人七言绝句200余首。宋代名人纪事若干，汇钞成册。是选除七言绝句外，还有少量律诗及名言隽句，诗文作者也不尽为宋人，间有少量断代不详的前人诗作。

40.《西昆集选录》

董文焕辑。清抄本，凡一卷，共一册，无序言、总目和评语。是选较为残破，编排较为混乱。是选实为《西昆酬唱集》的再选本。董文焕（1833—1877），字尧章，号砚樵，山西洪洞人，咸丰六年（1856）进士。著有《声调四谱图说》《砚樵山房诗集》《砚樵山房文稿》《藐姑射山房诗集》等。是选体例以人编次，共选宋代诗人3家，诗77首，其中杨亿30首，刘筠25首，钱惟演22首。编者随手而录，价值不大。现藏山西省图书馆。

41.《宋诗纪事钞》●

贝信三辑。同治二年（1863）抄本，凡四卷，共一册，无序言、总目和评语。贝信三（1811—1875），字润荪，号桐桥渔隐，江苏苏州人。道光二十年（1840）举人。是选文献材料主要来自《宋诗纪事》。共选宋代诗人130多人。现藏上海图书馆。

42.《四明宋僧诗》

董濂辑。是选光绪四年（1878）刻本，凡一卷，有序言，无评点。是选为一部宁波地区地方性僧诗专选，张寿镛所编《四明丛书》将其收录，与《四明元僧诗》（一卷）合刻。董濂，字仲廉，号震轩，鄞县（今浙江宁波）人。诸生。著有《继耕诗草》等。书前有吴德机序，吴德机《四明宋僧诗序》云：

> 《四明宋僧诗》一卷，《元僧诗》一卷，亡友董君震轩所辑也。君喜茹素，口不识酒味，舒凫、舒雁之类未登于庖，有僧性焉。设帐授徒，恒在名山古刹中，遇方外友，谈论娓娓不倦。与余同癖，余家距阿育王不四五里。君访余，辄拉之偕，游迤入天童山，翻阅藏经，累日而返。每谓余曰："杲堂选《甬上高僧诗》寥寥十余家，意在以诗存僧，而非以僧存诗，不足称美备也，盍广之乎？"余诺。君遂自任宋、元而以明代归余，其兄觉轩先生素不喜禅，君严惮之，未敢告也。壬申秋，君卧病于家，余买扁舟讯君病榻。君出所辑诗示余曰："吾稿已成，将俟君成书后，可并刊之。"不三月，而君归道山矣。始余与君约明代诗僧，海外为盛，拟将东游普陀，一访著述，而饥驱奔走，卒未有暇，所选之诗，汔不能脱稿。今觉轩先生成进士，行赴西江，尚不知介弟之书存留余手。余冉冉老矣，恐成帙无期，致负亡友之托。爰述缘起，序而归诸先生，先生其以此二卷先付手民，亦

174

足慰介弟纂录之意。而吾书之成不成，姑无庸计也。天假岁月，或能践息壤之约，犹当浼先生刻之矣。光绪戊寅年二月同县吴德机蘅塘序。①

吴德机序说明了两个问题：一是编选是选的原因，是由于《甬上高僧诗》选录诗作太少；二是交代了编选是选的全部过程。是选每位诗人后列有小传。《四明宋僧诗》为宁波地区最全的一部断代僧人诗集，有利于人们对四明地区诗僧的生平及诗歌创作更全面的了解。是选体例以人编次，共选宋诗僧28家45首，残句3句。其中怀琏3首、重显5首、本如1首、善暹1首、知和4首、普交1首、行持1首、正觉3首、宗杲2首、智圆1首、妙云1首、僧印1首、元昉1首、晞颜3首、本正1首、法平2首、僧衍1首、妙堪1首、德光1首、可观1首、善珍3首、道冲1首、僧鉴2首、师范1首、智朋1首、炳同1首、哑女1首且附女僧28家；修己残句1句、炳同残句1句、道冲残句1句。现藏上海图书馆、浙江省图书馆。

43.《南宋群贤七绝诗》●

卢景昌辑。清抄本，凡一卷。版式：半叶九行二十字，无格，有圈点、小注，无序言、凡例、目录，集后附李龏《梅花衲集句》诗40首、释绍嵩《咏梅五十首集句》20首。卢景昌，字小菊，浙江乌镇人，同治十二年（1873）举人，历任青镇立志书院、南浔浔溪书院山长，辑有《桐乡诗钞》二卷。共选诗人62家，入选诗作10首以上的依次为：高翥24首、赵崇鐩13首、吴仲孚15首、沈说13首、王同祖46首、陈允平21首、何应龙47首、许棐31首、胡仲参14首、施枢29首、武衍22首、叶绍翁12首（未选其名作《游园不值》）、薛嵎35首、俞桂70首、张良臣28首、张蕴17首、朱继芳54首、林尚仁12首、宋伯仁52首、戴复古18首、叶茵35首、刘过13首、姜夔65首、周文璞24首、周弼26首、释斯植35首、释永颐20首、乐雷发10首、徐玑10首、严粲20首，均为江湖派诗人，未选"中兴四大家"作品。现藏苏州大学图书馆（此条摘自高磊《清代宋诗选本研究》2009年苏州大学博士论文）。

44.《宋诗钞补》●

管庭芬、蒋光煦辑。民国四年（1915）上海涵芬楼刻本。管庭芬（1797—1880），字培兰，又字子佩，原名怀许，一名庭芬，号芷湘，晚号笠翁、芝翁、

---

① 董瀛《四明宋僧诗》卷首，光绪四年刻本。

甚翁，亦号淳溪老渔、淳溪钓鱼师、淳溪病叟。浙江海宁人。诸生。著有《芷湘吟稿》《芷湘笔乘》《增订续读书敏求记》等。蒋光煦（1771—1860），字曰甫、爱荀，号雅山、生沐、放庵居士。浙江海宁人。辑有《别下斋丛书》等。书前有李宣龚序，李宣龚《宋诗钞补序》云：

涵芬楼既重印《宋诗钞》，以原本著目，阙诗者凡十六家。曾谋于义宁陈散原先生，将董理补辑，以成完书。会闻吴兴刘君翰怡，从吴县柳蓉村得别下斋旧藏本，急以重值相易。审视藏印宛然，其署签为"海宁管芷湘庭芬钞补、蒋生沐光煦编辑"。盖原阙十六家，既均补钞，他家名作，亦多甄录，总为诗二千七百八十首，为力勤矣。别下斋藏书著称海内，而《补钞》复为管氏所编定，体例精善，同于原书，用付印行，以副初志；夫我国秘籍孤本往往以收藏家不即校刊，半委蠹烬。涵芬楼今以此本襮于天下者，盖欲使秘籍孤本不终閟也。斠印将竟，吾友山阴诸真长，复得熊心松为霖《宋诗钞补》三册于京师，为嘉应黄公度遵宪人境庐故物，虽仅补原阙十六家，而甄采较此编为富，惜中佚一册，不知流传何所。今真长亦以此本归涵芬楼，俟觅得所佚，当再墨木。嗟乎，吴、吕手定之书，历二百年而始重印。而管氏此编，亦适于此时出，于存亡绝续之交，使嗜宋诗者得以资其研讨，是亦文字之灵，不终没于天壤也夫。乙卯四月闽县李宣龚序。①

李宣龚序说明了管庭芬负责补遗工作，完成了是选，并交代了是选的总体规模。《宋诗钞补》共八十八卷，增补诗人85家，诗2780首，体例遵循原书，即分小传、诗选和诗话。选源大多来自曹学佺《石仓宋诗选》、曹庭栋《宋百家诗存》、厉鹗《宋诗纪事》等。诗话部分采自《宋诗纪事》。《宋诗钞补》在抄录时承袭了原书的错误，未能加以改正。现藏国家图书馆、上海图书馆、浙江省图书馆。

45.《甬上宋诗略》

董沛辑。光绪七年（1881）刻本，凡十六卷，共六册，有序跋和总目，无批语。董沛（1828—1895），字孟如，号觉轩。鄞县（今浙江宁波）人。同治丁卯年（1867）举人，光绪丁丑（1877）进士。修纂《江西通志》，著有《两浙

---

① 管庭芬、蒋光煦《宋诗钞补》卷首，民国四年上海涵芬楼刻本。

令长考》《唐书方镇志考证》《甬上明诗略》《甬上诗话》《六一山房诗集》等。是选与《甬上元诗略》（六卷）合编为《甬上宋元诗略》（十六卷）。这是一部地方性宋诗选本，这在历代宋诗选本上是十分罕见的。书前有董沛序，董沛《甬上宋元诗略序》云：

> 鄞江诗派滥觞于汉唐，黄公采芝，贺监还乡，其初源也。有宋奎楼告瑞，海隅日出之邦，人文蔚起。亦越南、临安建都，冯翊扶风，遂称辅郡，名公卿连袂接踵，郁乎有文，以洎山林隐逸，寓公闺彦之属，亦各出其才笔，更唱迭和，沿及元氏，流风未艾。考诸志乘，列专集者，百数十家可谓盛也。文献衰替，风霜之所剥蚀，兵火之所困厄，南北流离之所散亡，尘篇蠹稿，什一仅存。后之人每欲网罗散失，以存先辈文字之略。而茫茫千载，前不见古人，抑亦可慨矣。明初郑荥阳三世家也，而《文献录》所载，宋诗无一人，戴南江、张东沙、陆敬身递有纂辑，皆详于本朝而略于先代。杲堂先生《耆旧集》出，诸家遂隐，然于宋诗，亦仅二十四家，其于元诗则仅十二家也。以吾鄞世擅风流，又得主持元会者为之参考。余束发受书即知留心桑梓，每遇诸家遗集行于世者，露抄雪纂，不惜余力。又广求之山经、地志、诗话、说部之类，每获一篇，登即收采。先后二十年，得诗家二百六十九人，始成《甬上宋元诗略》。凡贯于鄞、徙于鄞、产于鄞者皆预焉，而后宋元两代之篇什始有可观，以视荥阳诸公，非但不愧之而已。昔谢山先生补《甬上宋元诗》，托名其父，原书久亡。余从乡人殷氏获见其残本，只五十翻耳。袁陶轩《四明诗萃》、郑三云《四明诗存》，搜鄞诗颇富。而郑本错杂无序，散逸綦多；袁本稍清整，然亦非完书也。此集之成，庶足慰诸家甄录之心，而吾乡诗派有此重源，亦藉以考见其崖略云尔。咸丰辛酉十二月鄞董沛孟如甫撰。①

董沛序交代了编撰是选的缘由、采录的文献来源和总体规模。董沛《甬上宋元诗略跋》云：

> 岁在壬戌，编《甬上宋元诗略》，藏之箧笥阅二十年。庚辰摄清江，始付剞劂氏。观古人诗，有以一句传者。《宝庆四明志》五经堂在郡学中，楼郁句云"五经高阁倚云开"，《黄氏日钞》载其自作诗亦有"悠悠旆旌马萧

---

① 董沛《甬上宋元诗略》卷首，光绪七年刻本。

萧"之句，此集录东发诗，已得二篇。偶尔单辞原可从佚，惟楼子文绝无只字。集中采诸家诗，亦无仅录一句者，乃识数语存诸简末，亦以示网罗不遗之意。光绪七年六月刊竣，自跋于县署之清碧庐。①

董沛跋说明了是选成书过程。诗人有小传，如张孝祥传："张孝祥，字安国，号于湖居士，绍兴二十四年进士，庭试第一，官至荆南湖北路安抚使，进显谟阁直学士，著有《于湖文集》四十卷，《于湖词》一卷，《古风》《律诗》《绝句》三卷。"是选体例按朝代编次，每个朝代之中又以人编次，共选宋元诗人269家，诗歌4900余首，其中宋诗十卷184家，元诗六卷85家。宋诗以楼钥最多31首，次张孝祥14首。每家诗均注其出处，并予以考订，大都选自地方志、诗人别集、诗话和地理学著作，如有《乌程县志》《钱塘县志》《梧溪集》《后村诗话》《方屿胜览》等。现藏国家图书馆、上海图书馆、南京图书馆、浙江省图书馆、北京大学图书馆、清华大学图书馆。

46. 《宋诗纪事补遗》 ●

陆心源辑。光绪十九年（1893）刻本。陆心源（1834—1894）在《宋诗纪事》的基础上辑100卷，复增宋诗作者约3000余家，补诗8000多首，其体例皆依厉书原例，所收之诗与所增之诗人皆为《宋诗纪事》所未收者，采辑文献广泛，旁征博搜，各有小传，所收之诗必注明出处以征所目。征引文献来源有选本，如《宋元诗会》《元诗选》《诗苑众芳》《江西诗征》《梁溪诗钞》《宛陵群英集》《天台集》《天台续集》《天台别集》《粤诗搜逸》《洞霄诗集》《东山诗选》《江湖后集》《宋诗拾遗》《会稽掇英集》《会稽掇英续集》《吴都文粹续集》《濂洛风雅》《江西诗征》《三刘家集》《五山耆旧集》《沅湘耆旧传》《严陵集》；别集，如《东莱集》《碧梧玩芳集》《梅花百咏》《击壤集》《渔溪诗稿》《苹塘集》《石屏诗集》《灵岩集》；杂记史志，如《中兴馆阁续录》《象台首末》《松风遗韵》《北山文集题跋》《书录解题》《渚堂类稿》《宋季三朝政要》《象山文类》《东南纪闻》《万姓统谱》《景定建康志》《舆地纪胜》《广西通志》《汾州府志》《三山志》《浩然斋雅谈》《吉安府志》。现藏国家图书馆、上海图书馆、南京图书馆、浙江省图书馆、北京大学图书馆、清华大学图书馆。

---

① 董沛《甬上宋诗略》卷首，光绪七年刻本。

47.《宋代五十六家诗集》●

坐春书塾选辑。宣统二年（1910）北京龙文阁石印本，凡六卷，有序言、目录和墨笔圈点，无评语。书前有坐春书塾序，坐春书塾《宋代五十六家诗集序》云：

> 粤自击壤有歌，喜起有咏，而诗以始，是以虞庭《典乐》曰："诗言志。"诗之由来尚矣。《文心雕龙》云："在心为志，出言为诗。诗者持也，持人性情也。"人禀七情，感物斯吟，所谓诗以道性情者，非耶！古之人九能而为大夫，必曰："升高能赋。"赋即古诗之流。《语》云："不学诗，无以言。"人苟欲事理通达，心气和平，舍诗将何所从事哉。《三百篇》后，代有传人，五言衍于汉，而极轨于唐，然而初、盛、中、晚，风气四变。五季破裂纤碎，风雅之道几息。宋初虽仍西昆，迨王、欧、苏、梅起而振之，高岗鸣凤，复闻嗣音。继自眉山、山谷出，一时学者翕然向风。南渡后，尤、杨、范、陆尤为杰出，是唐虽极其盛者，宋乃尽其致矣。所可憾者，一管之见，全豹未窥；万斛之流，遗珠致慨。使非裒集众长，搜罗富有，乌足以餍阅者之心目，而资其寝馈。窃以李唐盛轨，既有宋敏求《百家诗选》矣，循是而求，厥惟两宋。因纂辑之得名家五十有六，起临川迄民瞻，分六卷合为一编。其中或以情胜，或以气胜，或以理胜，妥贴排萃，苍劲雄浑，靡不兼赅。诚能手置一编，则仁者见仁，智者见智。所谓神而明之，存乎其人者。[①]

坐春书塾序说明了是选编选的缘由及宗旨，并论述了中国诗歌发展的轨迹和特点。是选体例以人编次，共选两宋诗人56家，诗905首。具体情况如下：王安石《临川诗集》29首，苏轼《东坡诗集》40首，郑侠《西塘诗集》6首，王令《广陵诗集》10首，陈师道《后山诗集》12首，文同《丹渊集钞》16首，米芾《襄阳诗集》7首，黄庭坚《山谷集钞》14首，张耒《宛丘诗集》26首，晁冲之《具茨集钞》12首，秦观《淮海集钞》6首，徐积《节孝诗集》4首，王炎《双溪诗集》8首，赵师秀《清苑斋诗集》26首，王十朋《梅溪诗集》12首，徐照《芳兰轩诗集》19首，刘宰《漫塘诗集》10首，王阮《义丰集钞》5首，戴复古《石屏诗集》47首，戴昺《农歌集钞》19首，方岳《秋崖小稿》

[①] 坐春书塾《宋代五十六家诗集》卷首，宣统二年北京龙文阁石印本。

10首，谢翱《晞发集钞》12首附《天地间集》10首，文天祥《文山诗集》15首，林景熙《白石樵唱集》26首，真山民《山民诗集》50首，汪元量《水云诗集》9首，梁栋《隆吉诗集》5首，王禹偁《小畜集钞》25首，徐铉《骑省集钞》7首，韩琦《安阳集钞》9首，苏舜钦《沧浪集钞》17首，张咏《乖崖诗集》16首，赵抃《清献诗集》10首，梅尧臣《宛陵诗集》23首，余靖《武溪诗集》8首，欧阳修《欧阳文忠诗集》20首，林逋《和靖诗集》30首，石介《徂徕诗集》3首，孔武仲《清江集钞》4首，孔平仲《清江集钞》13首，韩维《南阳集钞》11首，唐庚《眉山诗集》11首，孙觌《鸿庆集钞》14首，范浚《香溪集钞》3首，刘子翚《屏山集钞》25首，吴儆《竹洲诗集》4首，周必大《益山省斋稿集》4首，程俱《北山小集钞》7首，朱熹《朱熹诗集》7首，范成大《石湖集钞》23首，陆游《剑南集钞》68首，翁卷《苇碧轩诗集》24首，徐玑《二薇亭诗集》16首，黄公度《知稼翁集钞》5首，刘克庄《后村诗集》22首，王庭珪《庐溪集钞》11首。在审美趣味上，陆游68首，位居全选之首，次真山民50首，次戴复古47首，次苏轼40首，次林逋30首，最少者范浚仅3首，两者相差甚巨。杨万里未录，是为遗憾。南宋诗人陆游、范成大、刘克庄、戴复古、文天祥、林景熙、真山民以及四灵诗派等入选比例较高，可见编者比较看重南宋诗人。56位诗人，除王十朋外，皆取自《宋诗钞》，是选在文献取材上，创新性不足。现藏国家图书馆、上海图书馆、南京图书馆、浙江省图书馆、北京大学图书馆、清华大学图书馆。

48.《西江诗派韩饶二集》●

沈曾植辑。宣统二年（1910）姚埭沈氏仿宋重刻本，凡六卷，共一册。郑孝胥题写书名。沈曾植（1850—1922），字子培，号巽斋，别号乙庵，晚号寐叟、寐翁、姚埭老民，称巽斋老人、东轩居士，又自号逊斋居士，浙江嘉兴人，光绪六年（1880）进士。官至工部左侍郎，人称"小湖先生"，誉称"中国大儒"。书前有宣统癸丑年（1913）五月沈曾植序，沈曾植《西江诗派韩饶二集序》云：

余少喜读陵阳诗，尝得倦圃所藏旧本。读《紫薇诗话》、《童蒙训》，慕倚松之为人，而诗集恨未得见。宣统己酉，艺风先生访余皖署，谓有景宋本甚精，相与谋并《陵阳集》刻之。属陶子琳开板武昌，工未竣而兵起，工停。越岁壬子，乃得见样本于沪上，适会盛伯希祭酒家书散出，中有残宋本《倚松老人集》，为吴君昌绶所得。艺风通信津门，属章式之就样本校一过，行款字画纤悉不遗，余复从《嘉泰普灯录》中搜得《如璧大师传》一篇，为向来诗苑所未见者，录附卷后。①

沈曾植序说明了编撰是选的情况。选录江西诗派韩驹《陵阳先生诗》古体诗二卷和近体诗二卷，附有傅增湘先生《校勘记》一卷；饶节《倚松老人诗集》古体诗一卷和律诗一卷。现藏苏州图书馆。

49.《三体宋诗》●

刘钟英编。光绪三十年（1904）抄本，不分卷，共一册，无总目和评语。刘钟英（？—1931），字芷衫，号紫山，河北大城人，光绪乙酉科（1885）拔贡生，撰有《大城县志稿》《三余漫堂诗文集》《全唐诗补遗》等。书版心题为"荣宝斋"三字，卷首题"大城刘钟英芷衫编，受业马钟琇手校"。书前有马钟琇光绪三十年（1904）序，马钟琇《三体宋诗序》云：

客秋游海王村肆，见顾梁汾氏手编《积书岩宋诗删》二册，阅之，只余五律、五排、绝句，亦无卷数，盖非完书也。以其不经见，遂购之，置诸书箧。今夏归里，爰出斯编，亟请刘芷衫先生为选其尤者，作为读本。计得八十六首，秋抄携之入都，公余之暇，手钞成册。既毕，因叙其缘起，并题卷端曰《宋三体诗》云。阏逢执徐岁鞠月马钟琇识于师寓斋。②

从马钟琇序中可知，是选根据顾贞观《积书岩宋诗删》残本选录而成。是选体例按体编次，分五言律诗、五言排律、五言绝句三种诗体，共选宋代诗歌86首（实录79首）。五言律诗29家40首，其中徐铉1首，王禹偁1首，王操1首，寇准1首，张詠1首，林逋5首，宋祁1首，范仲淹1首，苏舜钦1首，欧阳修1首，范纯仁1首，苏轼1首，陈师道2首，唐庚2首，张元幹1首，汪藻1首，陈与义2首，朱弁1首，曾几1首，杨万里2首，朱熹1首，赵师秀1首，陈傅良1首，方岳1首，谢翱1首，林景熙3首，惠崇2首，宇昭1首，文兆1首；五言排律7家10首，其中杨忆1首，范仲淹1首，王安石1首，苏轼2首，孙觌2首，陈与义2首，林希逸1首；五言绝句21家29首，其中寇准2首，鲍当1首，家铉翁1首，黄淑1首，张詠1首，梅尧臣1首，欧阳修3首，米芾1

---

① 沈曾植《西江诗派韩饶二集》卷首，宣统二年姚埭沈氏仿宋重刻本。
② 刘钟英《三体宋诗》卷首，光绪三十年抄本。

首，康与之1首，孙觌2首，刘子翚2首，陆游4首，戴复古1首，刘克庄1首，郑震1首，谢翱1首，郑思肖1首，道潜1首，仲殊1首，谭意哥1首（刘钟英自注：本唐人，原书误收，故仍沿袭之《寄外》），苏舜钦1首。选诗以林逋5首为最多，次陆游、欧阳修、陈与义各4首，次苏轼、林景熙各3首。从选目上看，选诗比较零散，入选1首的诗人就有19人之多，且大多是不甚有文名的诗人。现藏国家图书馆。

二、通代诗选（"选宋"）

1.《选刻钓台集》

钱广居、潘焕寅辑。顺治七年（1650）刻本，凡五卷，共二册，有序言、墨笔圈点和批语。钱广居，字大可，江苏娄江人。清初曾任严州太守。潘焕寅，上海人，生平仕履不详。书前有严先生像、钓台图、李际期序、刘宪章序、郑纪序、廖道南序、胡拱辰序、钱广居序、潘焕寅序。是选体例按文体和诗体编次，其中卷一为传、碑记，卷二为论、赋、跋、辨、说、铭、祭文、辞、词；卷三至卷五共选南朝至明朝诗歌 315 首，卷三为五言古诗 51 首（宋诗 4 首）、七言古诗 14 首（宋诗 2 首）、七言歌行 18 首（宋诗 6 首）；卷四为五言排律 2 首、五言律诗 49 首（宋诗 9 首）、七言律诗 89 首（宋诗 88 首）；卷五为五言绝句 27 首（宋诗 3 首）、七言绝句 65 首（宋诗 16 首）。宋诗共选入 128 首，占入选总数的三分之一，可见编选者偏重宋代一朝。是选有简要评语，如评梅尧臣《咏严子陵》云："绝好幽况。"评司马光《吾爱严子陵》云："有慨今慕古之意。"现藏国家图书馆。

2.《古今雁字诗选》

冯如京辑。顺治十一年（1654）秋水阁刻本，凡五卷，共一册，无序言和总目，有凡例。钤"名予曰鄄分"白文印、"字予曰合三"朱文印。是选首页书"古晋冯如京秋水甫评选"。冯如京，字紫乙，一字秋水，山西人。顺治中拔贡。授永平知府，累迁广东左布政使，著有《秋水集》。冯如京于顺治十一年（1654）秋九月所作《凡例》说明了雁字诗的起源："雁字诗起于宋元，然亦寥寥数首耳，自吴楚诸君子倡之，遂至连章累牍，不可胜书，乃支砚亭集而梓之，然醇驳相半，余不揆孤陋合选之。"[①] 就"雁字"诗题，冯如京指出："雁字诗

[①] 冯如京《古今雁字诗选》卷首，顺治十一年秋水阁刻本。

题，不知起何时代何人，偶阅应彦文一诗致佳，以示嘉郡支宗衍宗，衍故博物君子也。亦出释觉范和人雁字诗见报，相与各次其韵。"①（《凡例》）是选体例按朝代编次，每个朝代之中又以人编次，共选宋代至清顺治时期诗人103家，诗416首，其中卷一选23家143首，卷二选34家103首，卷三选16家63首，卷四选23家62首，卷五选7家45首。另，还选有冯如京诗12首。宋代诗人选有张信《题雁字次洪觉范韵》《题雁字次应彦文韵》。现藏首都图书馆。

3.《历朝诗家初集》

戴明说辑。顺治十三年（1656）刻本，凡五十六卷，共二十册，现藏南京图书馆；顺治十三年（1656）毛氏汲古阁刻本，凡五十六卷，共二十四册，现藏国家图书馆；顺治十四年（1657）刻本，凡五十六卷，共三十册，现藏上海图书馆。戴明说（1609—1686），字道默，号岩荦，道号定园，晚年自号铁帚，河北沧州人。崇祯甲戌年（1634）进士，官至太常寺少卿、太常寺正卿。著有《定园诗集》《定园文集》《历朝诗选》《唐诗类苑选》《六朝诗集》等。书前有戴明说序和郭仙甫序。《发凡》云："由汉魏入者，不知汉魏，六朝是也，由六朝人者不能六朝，唐人是也。然则唐人入，尚患其不唐人；而宋之不竟，一似未见唐人者，一似故反唐人者，故元以俊亮矫之，得之肤泽，失之气骨。"体现了戴明说融通唐宋的诗学观。《发凡》云："以家名诗，何也？谓制作必诸君子者，乃成一家之言也。楮墨世本，无穷骚雅，人可自命，庶几绠高境，深以严厥事，使若莫邪之，不可轻弄，则诗道昌矣。"② 阐述了是选的选录标准。是选体例按人编次，共选魏晋至明代诗人31家，诗3375首，宋代诗人未予选录。本表依据毛氏汲古阁刻本，《历朝诗家初集》所收诗人如下表所示。

表5 《历朝诗家初集》

序号	诗人	诗作总数/首	序号	诗人	诗作总数/首	序号	诗人	诗作总数/首
1	曹植	51	12	张九龄	55	23	李商隐	159
2	陆机	21	13	元稹	107	24	李梦阳	403
3	陶渊明	57	14	白居易	119	25	高启	150
4	谢朓	64	15	孟浩然	104	26	高叔嗣	78

---

① 冯如京《古今雁字诗选》卷首，顺治十一年秋水阁刻本。
② 戴明说《历朝诗家初集》卷首，顺治十三年刻本。

续表

序号	诗人	诗作总数/首	序号	诗人	诗作总数/首	序号	诗人	诗作总数/首
5	简文帝	83	16	李颀	43	27	王象春	113
6	沈约	42	17	储光羲	75	28	茅元仪	290
7	谢灵运	48	18	李贺	124	29	汤显祖	209
8	鲍照	89	19	贾岛	76	30	王世贞	242
9	沈佺期	56	20	孟郊	138	31	何景明	127
10	宋之问	71	21	韩愈	58			
11	张说	76	22	柳宗元	47			

4.《历朝诗家二集》

戴明说、范士楫辑。顺治十四年（1657）刻本，凡八十六卷，有发凡和评语，现藏南京图书馆；康熙五十五年（1716）毛氏汲古阁刻本，凡八十六卷，现藏北京大学图书馆和南京图书馆。是选首页题"范阳范士楫箕生、渤海戴明说道然选定"。范士楫，生卒年不详，字箕生，号橘州，直隶定兴（今河北省定兴县）人，明崇祯十年（1637）进士，官至礼部员外郎。著有《橘洲诗集》《匪棘堂集》。《发凡》云："考'雅'字之诂曰'正'也。古以反邪，而今以反俗。然则俗乃邪乎？子曰：'思无邪。'诗去其邪，可矣。邪去则雅，故集诗家之弗能已于二也。"选录宗旨即"思无邪"。是选体例以人编次，共选魏晋到明代诗人51家，诗2110首。其中增加了苏轼、秦观、陈与义、陆游四位宋代诗人，诗671首，超过选入总数的三分之一，足见编选者比较偏重宋诗。从诗倾向上看，陆游多达497首，与最少者8首相比，竟相差489首之巨，足见编选者对陆游的偏爱。是选主要从四个方面对宋诗进行评价：其一，从诗歌风格方面进行品评，如评陈与义《连雨书事》云："先练。"评陈与义《登岳阳楼》云："萧飒似杜。"评陈与义《和张矩臣水墨梅》云："妙绝。"其二，从诗歌创作方法方面进行评价。如评秦观《题秦翰林》云："宋人最难风度，惟少游'有萧萧马鸣，悠游旆旌意'。"评秦观《田居四首》云："必出广西，不足梅尧臣有余。"评陈与义《蜡梅》云："极得意，染宋又浅。"其三，从诗歌整体风貌方面进行评价。如评苏轼《题苏文忠》云："陆君启谓古今词人，率病不足，唐人四杰外，无有余者。苏子瞻渊淳莫逮也，苏才有余如海，而春秋之责，以多使事为讥，夫使事何讥，杂出近语，乃为公膏肓，遂使杜陵不再见，或曰时为之也。"评苏轼《题陈简斋》云:"意象声香皆合矣。出苍天入重渊,谢未遑也。汴宋得此为正宗,亦以此不跻单传之座。"其四,探析唐宋诗之间的渊源,如评苏轼《安期生》云:"逸似太白而识胜也。"评苏轼《东新桥》云:"起手来处神搜,霆击通篇,沉着得杜气。"评苏轼《题陆游语》云:"务观结构大欲直接少陵,而空邯郸之迹几靡,体不擅广大教化,良非溢褒。"本表依据毛氏汲古阁刻本,《历朝诗家二集》所选诗人如下表。

表6 《历朝诗家二集》

序号	诗人	诗作总数/首	序号	诗人	诗作总数/首	序号	诗人	诗作总数/首
1	曹操	14	18	陈后主	42	35	王讴	21
2	刘桢	10	19	阴铿	13	36	王庭陈	43
3	阮籍	30	20	薛道蘅	14	37	毕拱辰	16
4	傅云	28	21	王胄	7	38	王铎	120
5	陆云	20	22	乔知之	9	39	范景文	18
6	潘岳	11	23	刘希夷	28	40	魏允中	48
7	左思	13	24	李百药	10	41	汤宾尹	81
8	谢惠连	21	25	崔融	7	42	李化农	39
9	王融	25	26	徐彦伯	10	43	边贡	44
10	王筠	14	27	苏颋	29	44	乔世宁	28
11	刘孝威	29	28	刘宾虚	11	45	赵贞吉	32
12	任昉	9	29	苏轼	107	46	徐渭	86
13	王僧儒	19	30	陈与义	43	47	孙承宗	72
14	柳恽	16	31	秦观	24	48	黄道周	67
15	吴均	32	32	陆游	497	49	袁宏道	47
16	萧子显	13	33	元好问	64	50	赵南星	58
17	戴嵩	8	34	徐桢卿	39	51	钟惺	24

5.《诗苑天声》

范良辑。顺治十六年(1659)刻本,凡六卷,共四册,无序言、凡例,有批语。范良,黄海人,生平仕履不详。是选体例分类编次,其中卷一分岁时、地理、帝王、礼仪、宴飨、颂德、自效、应辟、营建、天文、岁时、地理、京都、贡举、入京、奉使、休假、礼仪、朝会、侍宴、酺宴；卷二分公宴、耕猎、巡幸、驾回、扈从、迎驾、省直、上陵、音乐、文史、讲武、校猎、习射、征伐、凯旋、祖饯、恩荣、仙释、宫室、寺观、饮食、蔬果、花竹、天文、岁时、地理、京都、贡举、入京、奉使、省直、婚姻、圣诞、文史、征伐、宫室、巧艺、器用、宴飨、内苑、鸟兽；卷三分天文、贡举、文史、征伐、宴会、巧艺；卷四分天文、岁时、地理、京都、帝王、官职、奉使、礼仪、朝会、登封、巡幸、扈从、省直、婚姻、圣诞、上陵、挽歌、音律、告捷、宫禁、文史、仙释、寺庙、器用、草木；卷五分天文、岁时、地理、政事、虫鱼、文翰、出使；卷六分中书、郊祀、诞辰。宋诗选有王禹偁、周必大、韩琦、司马光、苏轼、欧阳修、蔡襄、王安石、曾巩、宋祁、晁冲之、王安国、梅尧臣、王珪、彭汝砺、黄裳、唐庚、吕定、林希逸、文彦博、范成大、刘克庄、谢翱等人的诗。是选主要从三个方面对宋诗进行评价，其一，从诗歌风格方面进行品评。如评王珪《大飨明堂庆成诗》云："雅饬。"评黄裳《和李学士试院感秋》云："真朴。"评司马光《送二同年使北》云："老成。"评梅尧臣《送石昌言舍人使可汗》云："捷劲。"评刘克庄《破阵曲》云："遒健。"其二，从诗歌创作方法方面进行评价。如评欧阳修《奉使道中作》云："转笔简捷。"评苏轼《石鼓歌》云："数句起韵。二字浅率。"其三，从诗歌整体风貌方面进行评价。如评王禹偁《朝退偶题》云："华年自道宦情，转见真率。"评吕定《扈驾》云："有旌旗飞扬之概。"评黄裳《中秋日宾兴宴》云："洒洒。"评苏轼《石鼓歌》云："韩公善摹肖此，又别出思路。"现藏国家图书馆。

6.《宋金元诗永》

吴绮辑。康熙十七年（1678）广陵千古堂刻本（苏州图书馆、北京大学图书馆、上海图书馆藏），凡二十卷，补遗二卷；是选还有康熙十七年（1678）濂溪书屋和思永堂刻本（北京大学图书馆藏）。吴绮（1619—1694），字薗次，一字丰南，号绮园，又号听翁。江都（今江苏扬州）人。顺治十一年（1645）贡生、荐授弘文院中书舍人，升兵部主事，又任湖州知府。著有《林蕙堂集》等。据广陵千古堂刻本，书前有徐乾学序、吴绮序，次凡例，次陈维崧《征刻吴湖州选宋金元诗启》，次各卷细目。徐乾学《宋金元诗永序》云：

> 唐以后无诗之说，予心疑之久矣。文章之道，以变化为能，以日新为贵。天之生才无穷，事物之变态无穷，以才人之心思与事变相遭，而情景生焉，而真诗出焉，不可以格调拘，不可以时代限也。从来作者，风会迁

流,体制各别。义熙之作,不类建安,而陶、谢与曹、刘并美;永明之体,有异天监,而沈、范与江、鲍齐踪。唐人未尝祖汉魏而祧六朝,后人辄欲宗唐而黜宋元。夫宋元人诗,风调气韵诚不及唐,而功深力厚,多所自知,如都官之清婉、东坡之豪逸、半山之坚老、放翁之雄健、遗山之新俊、铁崖之奇矫,其才力更在郊、岛诸人上,而辄云唐后无诗。是犹燕、冀之客,不信有峨眉、罗浮之高,扬、粤之人,不信有盘江、洱海之阔,徒为陋而已矣。自明北地、信阳起,倡言盛唐,娄东、历下后先同声,学者莫不家开元而人大历,宋元诗集几于遏而不行。近代操觚家,乃稍稍复言宋元,虽然,宋元诗未易读,学宋元诗亦未易也。宋元人之学唐,取其神理;今人之学唐,肖其口吻,所以失之弥远。今不探其本,转而以学唐者学宋元,惟其口吻之似,则粗疏、拗硬、佻巧、窒涩之弊又将无所不至矣。故无宋元人之学识,不可以学唐;无唐人之才致,不可以学宋元。予尝论之云尔,前吴兴守广陵吴薗次先生,当今最为工诗,其称诗实宗三唐,而自唐以下,无所不钩贯。以宋元人专集既汗漫,《文鉴》、《文类》所录又不能精,诸家选本互有得失,于是删次宋元并金人之诗,都为一集。其所收者,纵横变化,各尽其才之所至,而粹然归于大雅;其疏野凡俗、稍落窠臼者,概从刊削。是编行,庶几三四百年才人之心灵光焰,得焕发于斯世,而学者有所准的,亦不至窘步而乖方。予故推其意而序之,既以救貌为唐诗之病,亦以告天下貌宋元诗者也。①

徐乾学序主要阐述了三个方面的问题。其一,概括了宋代诗人的风格特点,如梅尧臣诗之清婉,苏轼诗之豪逸,陆游诗之雄健。其二,论述了区分诗歌艺术成就的优劣,应以发抒真情为标准,即"真诗出焉,不可以格调拘,不可以时代限"。其三,具体说明了编选此选的过程。吴绮《宋金元诗永序》云:

  诗之道,本于性情,此之性情,非彼之性情也。诗之教,关于气运,今之气运,非昔之气运也。十五国之不得不汉魏,汉魏之不得不六朝,六朝之不得不三唐,三唐之不得不宋金元者,气运之所为也。而十五国之后,汉魏成其汉魏,六朝成其六朝,三唐成其三唐,宋金元成其宋金元,则其人之性情在焉。不教而成,不谋而合,而其人要未尝求其成,求其合也。故诗至三唐而盛,非至三唐而止,乃说者辄谓唐以后无诗焉。亦何其言之

---

① 吴绮《宋金元诗永》卷首,康熙十七年广陵千古堂刻本。

陋哉！夫唐以后无诗，是宋金元可以不作宋金元，尚可不作至于明，至于今又安用乎？捻须摇膝，敝于声音之数载。故予是编于三唐之后，急掇宋金元而出之，存宋金元所以存三唐，所以存宋金元之不为三唐者，所以存三唐于宋金元也。读此者，以己之性情合于宋、合于金、合于元之性情，始可以论宋金元之诗，始可以论三唐之诗矣。以己之性情，得乎宋、得乎金、得乎元之性情。又何气运之足云乎？康熙戊午柘月望日丰南。①

吴绮序全面阐述了三个方面的问题。其一，论述了诗歌本质特点。"诗之道，本于性情"，说明抒发性情为诗歌的本质特色。其二，论述诗歌风格与时代际遇的关系。诗歌"关于气运"，说明诗歌风格的变迁与时代的发展息息相关。其三，肯定宋金元诗的价值。作者一反时人对宋金元诗的否定，极力为宋金元诗张本，将宋金元诗并列。

关于是选的选录标准，《凡例》云："一是选人维两宋，时逮金元，而其诗之品骨气味，规圆矩方，要不与李唐丰格致有天渊之别。惟读者以读三唐诗手眼，读宋金元诗，而仍不失宋金元诗，则可知选者之选宋金元，诗犹选三唐诗也。"选录标准按照三唐诗的艺术水平来选录。关于如何拣择文献材料，《凡例》云：

一是选诗多秘本，博搜严较，存珠尺璧，藏书家珍，亦非力可致。如汲古阁之就钞，春草间房之借录暨诸善本。皆不惮贵粮，负笈累月兼旬，以求必获览阅者，幸勿得鱼忘筌，庶见予苦心，以快睹大观云。

一是选未成快意者，十不得二三，汰石寸金，颇非易事。惊心动魄，亦有前缘。计其日月，则两易寒暑；计其相助，有成则淡心。

一是选有成编累帙者，皆宇内名家，炳耀今古，固不烦。则津逮所不及者，是选备之矣。故人有再见，诗有并存此。②

一是"博搜严较"，二是择取"成编累帙"，三是汰劣择优。是选选源主要取自曹学佺《石仓宋诗选》、吕留良《宋诗钞》、杜本《谷音》、吕祖谦《宋文鉴》以及笔记、诗话、杂录等，所称"博搜严较"，检之选本，未必如是，校雠较为粗疏，舛误甚多。

---

① 吴绮《宋金元诗永》卷首，康熙十七年广陵千古堂刻本。
② 吴绮《宋金元诗永》卷首，康熙十七年广陵千古堂刻本。

是选体例按体编次，分五言古诗、七言古诗、五言律诗、七言律诗、五言绝句、七言绝句6种诗体，共选宋、金、元三朝诗人383家，诗1503首。其中宋代诗人302家609首，卷一宋代诗人61家，五言古诗116首；卷二宋代诗人36家，五言古诗73首；卷八宋代诗人124家，五言律诗260首；卷十宋代诗人81家，七言律诗160首。宋代诗人选诗以黄庭坚为最，选23首，次刘克庄21首，次陈师道20首，次张耒12首，次苏轼、朱熹、陆游各11首，次欧阳修、苏辙各9首，次王安石、文天祥各7首，余皆不足7首。可见编选者比较偏重江西诗派黄庭坚、陈师道，对于四灵诗派和江湖诗派均有所忽略。

7.《宋元诗会》●

陈焯辑。康熙二十二年（1683）桐城陈氏刻本（国家图书馆、上海图书馆、浙江省图书馆藏）、康熙二十七年（1688）刻本（南京图书馆、北京大学图书馆藏）、（法式善）法氏存素堂清抄本（国家图书馆藏）、康熙刻本（北京大学图书馆藏）、《四库全书》本。《四库全书》本将序和凡例皆删除。陈焯（1631—1704），字默公，号越楼，顺治九年（1652）进士，授兵部主事。著有《涤岑诗文前后集》，辑有《古今赋会》，纂《安庆府志》《江南通志》。康熙二十七年（1688）刻本有曹溶康熙二十二年序，次周疆作于康熙二十七年（1688）序，次潘江原序，次沈荃等撰《募刻原启》，次陈焯《选例》。潘江原《宋元诗会序》云：

> 宋史成于脱脱，元史成于濂溪，佐命之臣，叙胜国名贤事迹，类多荒略，稍涉忌讳，辄施曲笔，无难尽掩其生平。兹集于论诗之中，寓正史之意，仿遗山《中州》、绛云《列朝》之体，人立一传，不徒详其爵里，而必核其行谊。俾天下后世，诵其诗者，可以论世知人。夫孔子用《春秋》救雅诗之亡，陈子以诗会救两史之失，事有小大，厥义均也。①

周疆《宋元诗会序》云：

> 宋、元之选诗，亦犹宋、元之良史也。如以为诗盛于唐，于宋无取，岂诗之为道，仅以四声八病之末技论乎？今观涤岑陈先生之《宋元诗会》，每选一家，必覆里居，详出处，短叙数行，鬓眉毕照。而于人才连茹、忠

---

① 陈焯《宋元诗会》卷首，康熙二十二年桐城陈氏刻本。

佞进退、娓娓论断之表，尤致意焉。谓非后先诗乘取义尼山者哉？至于洗西昆之陋，振玉堂之尘，大雅元音，一崇正始，此犹绪余，不足以尽先生之志也。①

潘江原、周疆二序道出了《宋元诗会》的体例为"以诗存史"，此其一。其二，以诗证史，诗史互通，选诗如写史，体现出诗人的诗史意识。陈焯改正了潘是仁《宋元名家集》、曹学佺《石仓宋诗选》两选中比较明显的舛误。但《宋元诗会》选诗不注出处，也继承了《石仓宋诗选》原有的错误，加之陈焯又喜欢删减原作，故是选在文献上也存在诸多缺陷，其文献价值不高。《四库全书总目提要》云："国朝陈焯编。焯字默公，桐城人。顺治壬辰进士，官兵部主事。是编裒辑宋、元诸诗，自云散录零抄，或得诸山水图经，或得诸崖碑摩拓，以及市坊村塾、道院禅宫，敝篦残蹄，穷极蒐求。积累岁时，成兹巨帙。凡九百馀家，每家名氏之后，仿元好问《中州集》例，详其里居出处。正史之外，旁取志乘稗说，以补订阙漏，其用心可谓勤矣。王士禛《香祖笔记》载：'甲子祭告南海时，岁杪抵桐城，焯携是编相商，纵观竟日。'而不言其书之可否。今观其书，不载诸诗之出处，犹明人著书旧格，其间网罗既富，亦不免于疏漏芜杂。然宋、元遗集，迄今多已无传，焯能蒐辑散佚，存什一于千百，披沙简金，往往见宝，亦未尝不多资考据也。"提要简要说明了编选是选的起因、选诗概况，并说明此选的体例是模仿元好问《中州集》，表现出浓厚的诗史色彩。是选选源主要采自曹学佺《石仓宋诗选》、吕留良《宋诗钞》、吕祖谦《宋文鉴》、潘是仁《宋元名家集》、吴绮《宋金元诗永》、杜本《谷音》、杨亿《西昆酬唱集》等。

是选体例按朝代编次，每个朝代之中又以人编次，全书凡一百卷，共选宋金元诗人899家，诗10422首，其中卷一至卷六十选录宋代诗人493家6534首，卷六一至卷六十五选金代诗人131家197首，卷六十六至卷一百选元代诗人275家3691首。宋金元三朝诗以宋诗为最多，6534首，占入选总数的62.69%，可见陈焯还是比较重视宋诗。宋诗以苏轼为最多，199首，次黄庭坚125首，次欧阳修109首，次刘克庄107首，次谢翱98首，次戴复古87首，次林逋80首，次陈师道64首，次文同56首，次严羽45首。在审美趣味方面，陈焯比较偏重江西诗派黄庭坚、陈师道、严羽和江湖诗派刘克庄、戴复古，对于四灵诗派有所忽略。

---

① 陈焯《宋元诗会》卷首，康熙二十二年桐城陈氏刻本。

8.《诗赋备体》

张晴峰辑。康熙二十四年（1685）刻本，凡十九卷（《内集》十四卷，《外集》五卷），共八册，有凡例，无序言和评点。张晴峰，景州（今河北衡水）人，顺治辛丑年（1661）进士，官水曹郎。《凡例》具体阐述了四言诗、古诗、五言古诗、律诗的发展脉络及其特征，如论四言诗云：

> 《国风》、《雅》、《颂》之诗，率以四言成章，若五七言之句，则间出而仅有也。选初四言，汉有韦孟一篇，魏晋间作者虽众，然惟陶靖节为最，后村刘氏谓其《停云》等作，突过建安是也。宋齐而降，作者日少，独唐韩、柳《元和圣德诗》、《平淮夷雅》脍炙人口。先儒有云："二诗体制不同，而皆词严气伟，非后人所及。"自时厥后，学诗者因以声律为尚，而四言益鲜矣。今取韦孟以下十余篇，以备一体，若三曹等作，见于古乐府者不再录。大抵四言之作，拘于模拟者，则有蹈袭风雅辞意之讥，涉于理趣者，又有铭赞文体之诮。惟能辞意融化，而一出于性情六义之正者，为得之矣。①

论古诗云：

> 《诗大序》曰："诗者，志之所之也，在心为志，发言为诗，情动于中而形于言，言之不足故嗟叹之，嗟叹之不足故咏歌之，咏歌之不足，不知手之舞之足之蹈之也。故诗有六义焉：一曰风，二曰赋，三曰比，四曰兴，五曰雅，六曰颂。"《三百篇》尚矣，以汉魏言之，苏、李、曹、刘实为之首。晋宋以下，世道日变，而诗道亦从而变矣。《晦庵先生尝答巩仲至第四书》有曰："古今诗凡三变，自汉魏以上为一等，自晋宋间颜、谢以后，下及唐初，自为一等。自沈、宋以后，定着律诗，下及今日，又为一等。然自唐初以后，其为诗者固有高下，而法犹未变。至律诗出，而后诗之与法，始皆大变，以至今日，益巧益密，而无复古人之风矣。"故尝欲抄取经史诸书所载韵语，下及《文选》，古诗以尽乎。郭景纯、陶渊明之作，自为一编，而附于《三百篇》、《楚辞》之后，以为诗之根本准则。又于其下，二等之中，择其近于古者各为一编，以为之羽翼舆卫，其不合者则悉去之，

---

① 张晴峰《诗赋备体》卷首，康熙二十四年刻本。

不使其接于胸次，要使方寸之中，无一字世俗语言意思，则其为诗，不期于高远而自高远矣。①

论五言古诗云：

五言古诗载于昭明《文选》者，唯汉魏为盛，若苏、李之天成，曹、刘之自得，固为一时之冠，究其所自，则皆宗乎国风，与楚人之辞者也。至晋陆士衡兄弟、潘安仁、张茂先、左太冲、郭景纯辈前后继出，然皆不出曹、刘之轨辙。独陶靖节高风逸韵，直超建安，而上之元嘉，以后三谢、颜、鲍又为之冠。其余则伤镂刻，遂乏浑厚之气，永明而下，抑又甚焉。沈休文既拘声韵，江文通又过模拟，而诗之变极矣。唐初承陈隋之弊，唯陈伯玉专师汉魏以及渊明，复古之功，于是为大。迨开元中有杜子美之才赡，学优兼尽众体，李太白之格调放逸，变化莫羁。继此则有韦应物、柳子厚"发秾纤于简古，寄至味于淡泊"，有非众人之所能及也。自是而后，律诗日盛，而古学日衰矣。宋初尚晚唐之习，欧阳永叔痛矫西昆陋体而变之，并时而起，若王介甫、苏子美、梅圣俞、苏子瞻、黄山谷之属，非无可观，然皆以议论为主，六义益晦矣。驯至南渡，递相循袭，不离故武，独考亭朱熹以豪杰之材，上继圣贤之学，文辞虽其余事，然五言古体实宗风雅，而出入汉魏、陶、韦之间，至其《斋居感兴》之作，则尽发天人之蕴，载韵语之中，以垂教万世，又岂汉晋诗人所能及哉。读者深味而体验之，则庶有以得之矣。②

论律诗云：

律诗始于唐，而其盛亦莫过于唐，考之唐初作者盖鲜；中唐以后若李太白、韦应物犹尚古多律少，至杜子美、王摩诘则古律相半，迨元和而降，则近体盛而古作微矣。大抵律诗拘于定体，固弗若古体之高远，然对偶音律亦文辞之不可废者。故学之者，当以子美为宗，其命辞、用事、联对、声律须取温厚和平，不失六义之正者为矜式。若换句、拗体、豪险怪者，

---

① 张晴峰《诗赋备体》卷首，康熙二十四年刻本。
② 张晴峰《诗赋备体》卷首，康熙二十四年刻本。

斯皆律体之变，非学者所先也。①

是选体例按文体编次，每体之中又按朝代编次，分古歌谣辞、古赋、乐府、歌行、连珠、律赋、四言古诗、五言古诗、七言古诗、五言律诗、五言排律、七言律诗、七言排律、五言绝句、七言绝句、六言绝句、联句诗、近代词曲等文体，共选汉代至明朝诗歌825首，其中古诗19首，汉诗5首，魏晋南北朝诗79首，唐诗446首，宋诗125首，元诗104首，明诗47首。卷一为古歌谣辞；卷二至卷五为古赋；卷六至卷九为乐府；卷十为歌行，宋诗8首；卷十一为四言古诗，汉诗1首，魏晋诗4首，唐诗4首，宋诗1首，元诗1首，明诗1首；卷十二为五言古诗，古诗19首，汉诗2首，魏晋南北朝诗79首；卷十三为五言古诗，唐诗68首，宋诗36首，元诗21首；卷十四为七言古诗，汉诗2首，唐诗24首，宋诗16首，元诗12首，明诗3首。外集卷一为连珠和律赋；卷二为五言律诗，唐诗96首，宋诗10首，元诗11首，明诗12首；卷三为七言律诗，唐诗100首，宋诗12首，元诗26首，明诗9首；卷三为五言排律，唐诗19首，宋诗3首，元诗2首，明诗2首；卷三为七言排律，唐诗2首，元诗1首，明诗1首；卷四为五言绝句，唐诗44首，宋诗7首，元诗6首，明诗7首；卷四为六言绝句，唐诗9首，宋诗5首，元诗3首，明诗2首；卷四为七言绝句，唐诗78首，宋诗17首，元诗20首，明诗10首；卷四为联句诗，唐诗2首，宋诗18首，元诗1首；卷五为近代词曲。从选诗倾向上看，唐诗446首，宋诗125首，唐诗多宋诗321首，足见此选的审美兴趣集中在唐诗，反映了宋诗在清初诗坛的影响力还十分有限。从入选宋代诗人来看，朱熹49首，选录最多，次苏轼13首，次欧阳修9首，次黄庭坚7首，次王安石6首，余皆不足5首，说明清初诗人依然沿袭了明人的诗学思想，注重宋诗主理的特点。从入选宋代诗人诗体来看，古诗52首，近体诗72首，可见张晴峰更注重近体诗。现藏首都图书馆。

9.《五朝名家七律英华》

顾有孝、王载辑。康熙二十四年（1686）金昌宝翰楼刻本，凡三十八卷（国家图书馆、上海图书馆、浙江省图书馆藏），另有康熙二十六年（1687）刻本，是选不分卷（南京图书馆藏）。顾有孝（1619—1689），字茂伦，明末诸生，江苏吴江人。王载，字咸平，生平仕履不详。书前有徐釚序，徐釚《五朝名家七律英华序》云：

---

① 张晴峰《诗赋备体》卷首，康熙二十四年刻本。

今之言诗者，人树一帜，有若北地济南、公安、竟陵纷纷聚讼，如蚂蚁斗穴，非有父兄之仇，而操戈相向，比比皆是。究其中之所得，枵然无足传者，岂非伪体杂陈，竞效浮靡，递相传述，而伐毛洗髓之功，有不讲焉者乎？吾邑顾茂伦先生，以诗学名宇内者，垂四十年，其所论定古今人诗为类，殆数十种。近乃与王子咸平为王朝诗钞之，选自唐、宋、金、元以迄有明凡数十人，皆各自成家，别开诗派。正变互陈，不主一格，使观者自为取法，而数十家之性情面目，无不扶奥探微，一一表而出之。然则所选之功，亦大矣哉！夫诗之变，而不可胜者，亦当随其诣之所极，汪洋恣肆，自吐其胸中之所欲言而后止；若必规规焉，曰我专取某朝，我于某朝专取某家，则又似容立一帜者，与是选为南辕北辙矣。佛氏云："折骨还父，折肉还母，现本身而说法。"吾顾学诗者，亦折骨折肉止。自名其家，并不名诸字。斯伪体即不裁而自裁矣。然非有深识定力，未克臻此。读是编者，其亦进而求之可矣。康熙乙丑中秋前三日虹亭徐釚顿首。[1]

徐釚序针对当时诗坛上唐宋诗的艺术成就优劣高度问题，争论不休，徐釚指出唐宋金元明诗各具特色，不应比高量低。关于是选选录宗旨，顾有孝指出："七言近体肇自唐朝，初盛悉为正宗，艺林咸共师法，已不赘列。兹同王子咸平取钱刘以下三十六人之作，汇为一编，务在别开生面，不取格调相同，正变杂陈，体裁非一，学者渔猎其中，数百年风气，了如指掌矣。"（《凡例》）体现了其融通的诗学观。

是选体例以人编次，仅选七言律诗，共选唐代至明朝诗人27家，其中唐代诗人10家，为刘长卿、钱起、刘禹锡、白居易、元稹、王建、张籍、杜牧、贾岛、许浑，宋代诗人8家，为王禹偁、欧阳修、王安石、苏轼、黄庭坚、范成大、陆游、杨万里；金代诗人元好问；元代诗人虞集和杨维桢；明代诗人7家，为刘基、袁凯、高启、张羽、李梦阳、何景明、徐祯卿。从选入的宋代诗人来看，共选宋诗657首，其中陆游262首为最多，次苏轼91首，次范成大82首，次王禹偁77首，次王安石、黄庭坚各42首，次杨万里39首，次欧阳修22首。多者陆游262首，少者欧阳修22首，两者相差240首，多寡不均，有失均衡，难以真实地反映两人的诗学创作成就。从审美趣味上看，编选者比较推崇南宋中兴诗人，选录范成大、陆游、杨万里三人诗歌383首，占宋诗选入总数的58.3%。宋代八家诗人中，除苏轼外，其他七家文献选源均出自《宋诗钞》，创

---

[1] 顾有孝、王载《五朝名家七律英华》卷首，康熙二十四年金昌宝翰楼刻本。

新性略显不足。

10.《诗录》

王辰辑。康熙丁卯（1687）刻本，凡十五卷，共五册，有序言和评语。卷首书"古安成无住道人王辰选、渔洋山人鉴定"。王辰，号无住道人，江西宜春人。生平仕履不详。书前有王士禛序和王辰序。王士禛《诗录序》云：

> 古诗之尊，《选》亦犹近诗之尚唐。然《选》亦有不佳之古诗，唐亦有不佳之近诗，安得谓宋元明不如唐诗，不如《选》诗也。五言古诗如《十九首》，被人滥袭可厌，即陶渊明诗，人人摹仿，未见后来居上，翻令前人独步。然则诗之传，正不必似某人而传，不必不似某人而不传也。仆故于人所熟厌者，概不录，录则如出一笔，掩名读诗，正难辨其为谁，何况辨为《选》、为唐、为宋元明，则即谓一代诗可即谓一人之诗，亦可也。然《选》与宋元明亦已具是矣。独以数代为一代以数千百人为一人，以数代数千百人之诗为一人之诗，又胥集乎？录诗者之一人读诗者，勿作数代数百千人之诗，读只作录诗者一人之诗，读则其佳与不传不自可不论，而诗为无罪，录诗者亦为无罪矣。康熙丁卯孟秋月新城王士禛撰。①

王士禛序论述了古诗发展的历程、特点和选录标准。王辰《诗录序》云：

> 七言古诗如古乐府及古歌谣本协宫商、谐律吕、句简言，至可雅、可颂。后流为百数十言，如骆宾王之《畴昔》篇，元微之之《连昌宫词》，白乐天之《琵琶词》，皆数百言。岑、储、王、刘、李、杜又正以长见奇，李长吉七言古绝佳，其妙处亦在铺丽阐发。近代李献吉、王子衡《明月篇》似赋似骚，洒洒洋洋，亦称后作。然则今人之长篇，古人之短篇，各有极至，未可偏废。独古人巷谈俚曲不同，令韵而今人文辞侈张，去古反远耳。《三百篇》四言后，增五言，又增七言，七言又有长短句之不同。夫尽其才之所至，咏歌不足，继以嗟叹忠臣孝子、贞夫节妇。山客、游人、高僧、隐士得志于时，不得志于时，人各有言，皆于诗乎？发之安可以字句限也。今若执字句以限诗，谓短者古而长者不古，则如近时之八股艺，程文短而墨卷长，皆系今文谓长者。今而短者，非今可乎？时有升降，诗亦随古人

---

① 王辰《诗录》卷首，康熙丁卯刻本。

处,今当亦如今也。因录七言古诗独多,故以此解嘲。①

王辰序论述了七言古诗与五言古诗的差别,并勾勒了七言古诗的发展历程。王辰《诗录序》云:

> 七言近体比五言近体较难,在唐诗李杜罕得佳,何况余子?世人于唐每分别盛、中、晚,又谓宋、元、明,大半类晚唐。然使盛唐人处中、晚当发新声,中、晚、宋、元、明人处盛唐,岂得不循故辙。仆见中、晚七律,到有胜盛唐处,宋、元、明七律到有胜中、晚处,未可以时代相上下也。仆亦喜作诗,于五七言古及诸体下笔立就。独至七言律则攒眉,盖惧近时人律诗如神庙签语,又似乞儿唱《莲花落》,不如勿作耳。曹能始病钟、谭评诗似卓吾之评史,言评史欲其尽,评诗不欲其尽。此语盖谓诗温厚和平,贵有不淫不伤,然诗与史何异,评诗与评史又何异,不尽可尽,亦未始不可也。仆原不欲加评注,因手录时合意处,或一字用两圈,或一字用一点,或偶着一批语,不以我同,人亦不强,人同我具眼,人又当另寻好处着,评注勿以余评注为是否,而遽知罪我也。七言排律殊若不得佳,概未录,姑以七言绝附七律。②

王辰序论述了两个方面的问题:其一,七言近体与五言近体的差别,七言难于五言;其二,中晚唐诗歌与宋元明诗歌各有优长,难分高下。是选体例按体编次,分五言古诗、七言古诗、五言律诗、五言绝句、七言律诗、七言绝句六种诗体,共选唐宋元明四朝诗人765家,诗2424首(不含清朝方外诗人32家150首),其中唐代诗人237家845首,宋代诗人156家699首,元代诗人76家183首,明代诗人296家697首。从选入的诗体来看,五言古诗,明诗最多,有229首,次宋诗148首,次唐诗142首,次元诗29首;七言古诗,唐诗最多,有114首,次明诗98首,次宋诗77首,次元诗58首;五言律诗和绝句,唐诗最多,有383首,次宋诗264首,次明诗138首,次元诗96首;七言律诗和绝句,明诗最多,有232首,次宋诗210首,次唐诗206首。从选诗宗趣上看,苏轼最多50首,次刘克庄38首,次范成大36首,次慧洪33首,次欧阳修、王安石各29首,次张耒28首,余皆不足20首,江西诗派诗人选录较少,可见王辰

---

① 王辰《诗录》卷首,康熙丁卯刻本。
② 王辰《诗录》卷首,康熙丁卯刻本。

对江西诗派持有偏见。

是选附有精辟的评语。其一，品评诗人的某一种诗体，如评梅尧臣《次韵和永叔对雪十韵》云："是排律作古诗，自佳。"评梅尧臣《早发》云："圣俞古诗奇创，高出宋诸文人之上，至律诗亦自寻常，律诗难得佳，故也。"评喻汝砺《游西台院暑雪轩观石镜》云："此君古诗上可抗谢，中可匹杜，宋未易夺得。"评欧阳修《夷陵书事寄谢三舍人》云："排律入古更佳，似老杜。"其二，品评诗歌艺术创作手法。如评王安石《送李宣叔倅漳州》云："妙。"评王安石《定林》云："自然妙句。"评梅尧臣《不知梦》云："喻中设喻，快绝奇绝。"评梅尧臣《丘家渡早发》云："着想着笔妙绝。"评欧阳修《忆滁州幽谷》云："俯仰之间，不觉感叹。"评贺铸《留侯庙下作》云："文通篇用事，不见痕迹。"评苏轼《别岁》云："奇想。"评苏轼《端午遍游诸寺得禅字》云："子瞻诗不必结构，但取痛快。"评梅尧臣《寄永叔》云："无限穷愁，寓托笔楮。令人三叹。"评梅尧臣《仲明父不至》云："幽静妙。"评张耒《夏日》云："闲情妙绝。"评刘潜夫《题小室》云："此君诗似涉笔便成，而蕴蓄深至，可敬可敬。"现藏湖北省图书馆。

11.《历代诗岑》

杨梓、萧殿飏辑。康熙二十八年（1689）积风楼刻本，共六册，凡二十二卷，题名《诗岑》，藏国家图书馆和南京图书馆。有序言、凡例，无评语。另有乾隆十四年（1749）积风楼刻本，此版本与康熙本在版式方面并无二致。杨梓，字西亭，四川人。生平仕履不详。萧殿飏，字开百，钟山（江苏南京）人。生平仕履不详。书前有郭士璟序，郭士璟《历代诗岑序》云：

> 诗本性情，发为歌咏。虽因世代为盛衰，而出于性情，则盛衰不分，《三百篇》以后骚人作，而忠悃之气几于怨怼；然去风雅不远，犹不失温厚和平之旨。秦汉以还，古体备于魏晋六朝，唐则因质以纬思。其间体制音律，或数十年一变者，其运会使之然也。历唐至宋诗又一变，说者谓宋多理学，不善学诗而不尽然也。夫唐岂尽优于宋，宋岂尽绌于唐，即汉魏六朝亦岂尽异于唐宋。作者须遴选删订，去瑕存瑜，使一出于性情之正，始不以世代分盛衰矣。今之为诗者，知有唐诗而不知汉魏六朝之诗，且如《诗统》、《诗纪》、《诗所》诸书，苦汗漫不易观，辄手执李于鳞诗选一帙，日夕讽咏，其弊不流于庸浅肤廓不止，而学宋诗者，更失其旨焉。兹杨子西亭、萧子开百有《历代诗岑》之选，皆高古生新之什，凡数见不鲜者，

概置勿录。其学识加于人一等，谋付剞劂，公诸同好。此亦风雅之一快也，噫！今之操觚者甚多，而赏心夺目无过《诗岑》一编矣。将见奉行，海内不胫而走，一展卷而汉魏六朝之珠玉在前，唐宋之琳琅满目，凡有志诗学，以抒写其性情者，咸奉此为津梁。吾知天下才人杰士，声应气秋，读其书无不想见其为人矣。是为序。康熙己巳孟夏望日广陵郭士璟。①

郭士璟序阐述了三个方面的内容：一是诗歌的本质特性，即诗本性情；二是反对界唐分宋，提出唐宋融通的诗学思想；三是交代编选是选的原因、过程。《凡例》说明了选录情况和编选体例："唐诗选家甚多，惟自汉魏至唐宋和选鲜获善本，兹选远览穷搜，博观约取，篇帙不繁，而历代各诗灿然在目，庶几为艺林一助也；是编不加点次评骘，恐好尚不同，取舍各异，未敢以管见雌黄先哲名篇，致开党同伐异之渐，大雅君子自有会心；选诗不患其不多，而患其不精，特取清新隽永，令人耳目一新，稍涉肤泛者不录，恐有弃璧遗珠，嗣容补遗编次。"是选体例按体编次，分五言古诗、七言古诗、五言律诗、五言绝句、七言律诗、七言绝句六种诗体，共选汉代至宋代诗歌1047首，其中汉魏六朝诗185首，唐诗612首，宋诗250首。从选入宋诗的诗体来看，五言律诗为最多，有102首，次七言绝句49首，次七言律诗42首，次五言绝句24首，次七言古诗18首，次五言古诗15首，近体诗多达217首，古体诗仅33首，可见编选者比较重视近体诗。从选入的宋代诗人来看，陆游最多33首，次戴复古22首，次赵师秀16首，次苏轼9首，次汪元量7首，次梅尧臣6首，次王安石5首，余皆不足5首，编选者有重视南宋而忽略北宋的倾向。现藏国家图书馆、南京图书馆。

12.《古诗选》 ●

王士禛辑。《古诗选》别称还有《阮亭古诗选》《渔洋山人古诗选》《王文简公五七言诗钞》《大小雅堂五七言古今体歌行钞》等。是选历代版本翻刻众多，有康熙三十六年（1697）大兴翁氏刻本，乾隆元年（1736）天藜阁刻本，嘉庆十年（1805）翁方纲刻本，同治五年（1866）金陵书局刻本，同治七年（1868）湘乡曾氏刻本，光绪七年（1881）山西濬文书局刻本等。王士禛（1634—1711），原名士禛，字子真、贻上，号阮亭，又号渔洋山人，人称王渔洋。书前有姜宸英序，姜宸英《古诗选序》云：

---

① 杨梓、萧殿飏《历代诗岑》卷首，康熙二十八年积风楼刻本。

文章之流弊，以渐而致。《六经》深厚，至于左氏内外传而流为衰世之文。战国继之短长策、孟、荀、庄、韩之书，奇横恣肆杂出，而左氏之委靡繁絮之习泯焉无余矣。此一变也。自是先秦西汉文益奇伟，至两汉之衰，体势日趋于弱；下逮魏晋六朝，而文章之弊极焉。唐兴，诸贤病之而未能革也，迨贞元大儒出，始倡为古文，易排而散，去靡而朴，力芟六代浮华之习。此又一变也。惟诗亦然。自春秋以迄战国，《国风》之不作者仅百年。屈宋之徒，继以骚赋；荀况和之，风雅稍兴。此亦诗之一变也。汉初，苏李赠答、《古诗十九首》，以五言接《三百篇》之遗。建安七子，更倡迭和，号为极盛。余波及于晋宋，颓靡于齐梁陈隋，淫艳佻巧之辞剧，而诗之弊极焉。唐承其后，神龙、开宝之间，作者坌起，大雅复除，此又诗之一变也。

夫弊极而变，变而后复于古，诚不难矣。然变必复古，而所变之古非即古也。战国之文不可以为六经，贞元之文不可以为《史》、《汉》，明矣。今或者欲徇唐人之诗，以为即晋宋也，汉魏也，岂学古者之通论哉？譬之居室然：今有富人之室，其子孙不能整理，即于坏废，后有富人者居之，闳闳崇如，墉垣翼如，非不霍然改观也，然循其涂径而非，问其主人而支派已不可复识矣。夫六朝之颓靡，固亦汉魏之支派也；唐人之变而新之，其霍然改观固然矣，无亦富人之代居而不可以复识者乎？故文弊则必变，变而后复于古，而古法之微尤有默运于所变之中者；君子既防其渐，又忧其变也。

新城王先生五言诗之选，盖其有见于此深矣。于汉取全；于魏晋以下递严，而递有所录，而犹不废夫齐梁陈隋之作者；于唐仅得五人，曰陈子昂、张九龄、李白、韦应物、柳宗元。盖以齐梁陈隋之诗虽远于古，尚不失为古诗之余派；唐贤风气自为畛域，成其为唐人之诗而已。而五人者，其力足以存古诗于唐诗之中，则以其类合之，明其变而不失于古云尔。先生之选七言体，七言虽滥觞于《柏梁》，然其去《三百篇》已远，可以极作者之才思，义不主于一格，故所钞及于宋元诸家，而明人则别有论次焉。学者合二集观之，于以辨古诗之源流，而斟酌于风会之间，庶乎其不为异论所淆惑矣。①

王士禛序论述了中国古典诗歌的发展演变的规律，但仍然体现出尊唐黜宋

---

① 王士禛《古诗选》卷首，光绪七年山西濬文书局刻本。

的诗学思想以及各著名诗人的风格特点。是选《凡例》论述了唐代五言古诗、七言古诗的起因、发展及其艺术特点。如论"五言古诗"云:"唐五言古诗凡数变,约而举之,夺魏晋之风骨,变梁陈之俳优,陈伯玉之力最大,曲江公继之,太白又继之,《感遇》、《古风》诸篇,可追嗣宗《咏怀》、景阳《杂诗》。贞元、元和间,韦苏州古澹,柳柳州峻洁。今辄取五家之作,附于汉魏六代作者之后。李诗篇目浩繁,仅取《古风》,未遑悉录。然四家古诗之变,可以略睹焉。"论"七言古诗"云:"明何大复《明月篇序》谓:'初唐四子之作往往可歌,反在少陵之上。'说者以为有功于风雅,韪矣;然遂以此概七言之正变,则非也。二十年来,学诗者束书不观,但取王、杨、卢、骆数篇转相仿效,肤词剩语,一唱百和,岂何氏之旨哉?今略取李峤以下气格颇高者,得四篇,以见六朝入唐源流之概。"

是选体例以人编次,共三十二卷,其中五言古诗十七卷、七言古诗十五卷,五言古诗选汉至唐代诗歌850首,宋诗未录,七言古诗则选宋诗六卷。唐人仅选杜甫与韩愈两人,宋代诗人则有8家,其中欧阳修一卷(40首),王安石一卷(33首),苏轼一卷(104首附苏辙12首),黄庭坚一卷(54首),晁冲之和晁补之一卷(晁冲之10首、晁补之21首),陆游一卷(78首)。但在北宋与南宋之间,南宋仅选陆游1人,可见王士禛还是重北宋而轻南宋的。从王士禛选录古诗选的诗学倾向来看,王士禛并没有排斥宋诗,反映了王士禛后期诗学的变化,能融通唐宋。现藏国家图书馆、上海图书馆、南京图书馆、北京大学图书馆。

13.《历代诗发》

范大士、邵幹辑。康熙三十六年(1697)刻本(国家图书馆、南京图书馆藏、北京大学图书馆藏、上海图书馆藏),凡四十二卷;康熙三十七年(1698)刻本虚白山房刻本,凡三十八卷(浙江省图书馆藏);南京图书馆藏有康熙虚白山房刻本,凡四十二卷。范大士,字拙成,江苏如皋人,生平仕履不详。邵幹,字公木,号吾庐,江苏南通人,贡生,冒襄弟子(见柯愈春《清人诗文总集总目提要》)。书前有尤侗、李天馥、傅泽洪、范大士序。尤侗《历代诗发序》云:

> 诗之由来久矣,作诗者不一人,选诗者亦不一家。悉数之更仆未可终也。一言以蔽之曰:"诗本性情而已。人生而静,天之性也,感于物而动人之情也。子夏氏之言诗曰:'发乎情,止乎礼义。发而能止之情,未离乎性

也。'"是故发乎父子，止于亲焉；发乎君臣，止于义焉；发乎夫妇，止于别焉；发乎长幼，止于序焉；发乎朋友，止于信焉。推之为日月而止寒暑，发为风雨而止晦明，发为山川而止高深，发为鸟兽草木而止飞潜动植，发乎其不得不发，止乎其不得不止。情动于中而形于言，言之不足故嗟叹之，嗟叹之不足故咏歌之，咏歌之不足，不知手之舞之足之蹈之也，此诗之所由作也。然而，发之有时，古今不相合也；发之有地，东西不相及也。是故或发为三《颂》，或发为二《雅》，或发为十五《国风》，或发为两汉，或发为六朝，或发为三唐，或发为宋，发为元，发为明，五代辽金以下无讥焉。甚者，一代发为各体，有柏梁体、建安体、元和体、开宝体、西昆体、眉山体、剑南体之类。流及胜国，七子侧生挺出，金陵、虞山数变屡迁，家立一坛，户树一帜，此诗之所由选也。夫以作者之不一，兼选者之不一，孰能一之于性情而已。尝闻陈白沙之言曰："论诗当论性情，论性情先论风韵，无风韵则无诗矣。"又曰："欲学古人诗，先理会古人性情是如何。有此性情，方有此声口。"白沙理学大儒，不以诗名，而其旨趣若此，宜乎？弇州叹服不置也。然诗不发，则性情不见，孰能发之，亦惟作诗者与选诗者自发之而已。百世之上，有诗人焉，此性此情也。百世之下，有诗人焉，此性此情也。我生百世之下，尚论百世之上，而此性此情，有不介以孚者，不知古人能发我乎，我能发古人乎。子曰："兴于诗。"又曰："诗可以兴，兴之为言发也。"诗可以兴、观、群、怨是矣。兴于《诗》，则立于礼，成乐亦在是矣。诗之未发，谓之中；诗之已发，谓之和。中和致而诗备焉，温柔敦厚之教也。范子抽存之选《历代诗发》也，名之曰"发"，其得诗之三昧乎？范子为如皋名士，家居有园林池馆之乐，而能拥书万卷，洛诵商歌间，与二三人同。夫观历代之诗，譬如百川灌河，不辨牛马。至于北海，东面而视，不见水端，则望洋向若而叹。今范子于群言混淆之中，分其泾渭，溯其源流，其备物也博，岂非性之所近，情之所钟，有自然合道者乎？乃以予老马识路，过而问序。予于斯道三折肱焉，九折臂焉。今将奉是编而卒业焉，虽曰未学，亦足以发矣。康熙丁丑腊月朔长州西堂老人尤侗序。①

尤侗序阐释了如下三个问题：第一，何谓《历代诗发》，对"发"作了详细的解释；第二，论述了诗歌的社会功用，"温柔敦厚"的诗教；第三，诗歌的

---

① 范大士、邵幹《历代诗发》卷首，康熙三十六年刻本。

本质，即诗本性情。范大士《历代诗发序》云：

> 学者户牖之书，如日用饮食之不可阙者，则经史古文尚矣。然经且总而为十三，史且胪而为廿一，古文自周秦迄明季，选集成帙者，不胜更仆数，独于诗则未见有汇而登之，以贯串于上下数千年之间也。意诗之风会日以变，体格日以殊，人之嗜好取法亦日以异，故集汉魏则不必计有六朝，集六朝则不必计有四唐，集四唐则不必计有宋金元明欤？大士于弱冠即留心声律之学，窃谓诗自《三百篇》以后，其流传殆如水然，水自星宿海至龙门积石，九河三江，或怒立成山，或细纹若谷，或一瞬而驶千里，或百夫不能寸进，莫不分条析理，异流同归。诗自汉魏而六朝、而四唐、而宋金元明，虽风会日变，体格日殊，嗜好取法日异，亦不可不博观总览，以驰骋其耳目，澡雪其神明，而因以体验其旨趣之所以分，与夫源流之所以合。故日有课，月有程，汇取历代之诗，钞选成帙，而犹不敢以示人。会丁丑春，崇川邵吾庐来授小儿书于沿香别业，昭阳王西斋挐舟来雉皋访予，予因留之爱日园中，相与共订钞本，损之益之，而遂以付剞劂，公诸海内。予讵自矜创获，衒耀词林，亦或者如郦道元之注《水经》，使人溯洄焉而知其源流之共贯也？抑予更有说焉。今人嗜好取法之日异，一如风会之不可强而留，体格之不可拘而一，远不具论，即有明一代，门户角立，而戈矛竞起，敢谓是书出，遂可以定天下指归而返之正始？然浓淡并收，弘纤具备，亦听人把取而各得其性之所近，则庶几耳。且家所藏书，既无充栋汗牛之富，予与王邵二君之闻见，亦未能烛照数计而无遗，是书岂鲜疏漏之诮？倘世有同志而且深识别眼者，姑借为草创，以加讨论修饰，则亦诗学之幸，可与经史古文不啻天壤矣，予固不胜祷祠以待。如皋范大士拙存氏题于虚白山房。[①]

范大士序说明了是选的编选经过和缘由。是选选录宗旨，《凡例》云："明初刘、宋、高、杨、张、徐诸公，并是真诗。厥后馆阁诗出，始多俗调，北海、信阳，起而振之，功诚不小，然诗人温厚和平之旨，亦稍失矣。""温厚和平"为其选录标准。《凡例》称："宋元文章理学，辉映千秋，惟诗则风会所趋，自成格调。顾其神骨高秀，韵度悠扬者，实能拍肩陶谢，追踪王孟，若朴而近俚，靡而入词，则非雅裁，故不敢苟同。"范大士十分推崇理学诗人。是选文献选

---

① 范大士、邵幹《历代诗发》卷首，康熙三十六年刻本。

源，前七卷主要采自《宋诗钞》，第八卷全部取自《宋金元诗永》。《历代诗发》宋诗部分就是《宋诗钞》的再选本，体现了以唐存宋的宗趣。是选体例按朝代编次，每个朝代之中又以人编次，选录汉魏至明代诗歌，其中选宋代诗人210家1235首。陆游最多52首，次苏轼、欧阳修各42首，次张耒、杨万里各38首，次刘克庄35首，次陈与义31首，次范成大29首，次朱熹27首，次王安石24首，次孔平仲22首，次黄庭坚20首，余皆不足20首。从选目来看，编选者比较注重江西诗派、南宋中兴诗人以及苏轼、欧阳修等大诗人。

14.《诗林韶濩》

顾嗣立辑。康熙四十四年（1705）（国家图书馆、南京图书馆藏、北京大学图书馆藏、上海图书馆藏）秀野草堂刻本，凡二十卷，共六册，有序言和凡例，无评语。另有康熙弘文书屋刻本（北京大学图书馆藏、上海图书馆藏）。顾嗣立（1665—1722），字侠君，号闾丘，江苏长洲（今苏州）人。康熙五十一年（1712）进士，曾预修《佩文韵府》。辑有《元诗选》。是选封面题识："分类选辑唐五代宋金元明馆阁应制各体。"书前有顾嗣立序，顾嗣立《诗林韶濩序》云：

> 诗自《三百篇》而降，波澜渐阔，至李唐以诗取士，而体裁始备，宋、金、元、明至今因之而不变，其时郊天告庙宴飨军戎为之君者……臣嗣立因竭鲁钝，收罗篇什，汇唐、五代、宋、金、元、明馆阁诸体，分门别类，编为一集。冀学诗者家弦户诵，专心体裁。贾王早朝之壮丽，钱、刘西昆之绮靡，袁、马上京之鲜新，杨、李馆阁之工稳，神而明之，各臻其极，公卿大夫赓歌颺拜于舢，禾陵全爵之上，而草茅儒生亦得含哺鼓腹以鸣。夫太平之盛治，后之论者谓圣朝诗教，超李唐而追雅颂。夫岂赵宋以下所能几也哉！时康熙四十有四年岁次乙酉中秋长洲顾嗣立谨序。①

顾嗣立序说明了编纂是选的缘由和宗旨。《凡例》说明了选录的标准："是集以《韶濩》名，所取近体，皆和平盛世之音，分类务合当代时务，题有古制，仅存，非今所尚，以及悲凉之句，感慨之词，纵名作如林，概不入选。初唐律体初备，开辟混茫，沈宋苏李诸作，最工，然犹承六朝余习，间有对仗，极工，而音调未谐者，恐乖体裁，亦所不取。"是选体例分类编次，分御制、御书、御

---

① 顾嗣立《诗林韶濩》卷首，康熙四十四年秀野草堂刻本。

试、省试、天文、节序、朝省、御宴、京都、宗藩、巡幸、贡举等三十五类，选录唐代至明代馆阁应制诗，其中选宋诗407首。是选具体选录情况如下，括号里为选录宋诗数量。

表7 《诗林韶濩》

卷数	宋代诗作	卷数	宋代诗作
卷一	御制（18首）	卷十一	天文（18首）、地理
卷二	御书（5首）、御试、省试	卷十二	节序（60首）
卷三	省试（9首）	卷十三	朝省
卷四	御宴（6首）	卷十四	朝省（63首）
卷五	东朝（8首）、帝德（6首）、圣学（9首）、政治（3首）	卷十五	京都（8首）
卷六	贡举（31首）、铨政（上官、出镇、迁除、复召）（2首）	卷十六	边塞、陵庙（9首）
卷七	巡幸（15首）	卷十七	宫室（7首）、苑囿（17首）
卷八	秩祀（郊社、岳渎、祠墓、释奠、明堂、登封、祈祷、行香、分献）（22首）	卷十八	宗藩、国戚
卷九	出使（册立、勒碑、采书、颁历）（3首）、军旅（征伐、受降、奏凯、献捷、勒石）（9首）、射猎（1首）	卷十九	释道（12首）
卷十	庆贺（符瑞、万寿、尊号、降诞、满月）（7首）、朝贡（3首）、赐赉（13首）	卷二十	杂伎、杂赋（33首）、联句（10首）

15.《御定佩文斋咏物诗选》●

张玉书等辑。康熙四十五年（1706）武英殿刻本（国家图书馆、南京图书馆藏），凡四百八十六卷。是选版本还有康熙四十六年（1707）内府刻本（国家图书馆、北京大学图书馆藏）；康熙间（1662—1722）内府写刻本（国家图书馆、北京大学图书馆藏）；乾隆清吟阁刻本（南京图书馆藏）；《四库全书》本。张庭敬，本名敬，奉旨改为庭敬，字子端，号悦岩，山西泽州（今山西晋城县）人。顺治十五年（1658）进士，授检讨，官至大学士。书前有张玉书序，张玉书《御定佩文斋咏物诗选序》云：

  昔者子夏序《诗》，谓"正得失，动天地，感鬼神，莫近于诗。先王以是经夫妇、成孝敬、厚人伦、美教化、移风俗"。若是乎，诗之道大矣哉！而周公缵述唐虞、宗翼文武，制礼以导天下。著《尔雅》一篇，后之序之者谓："《尔雅》所以通诂训之指归，叙诗人之兴咏。"疏之者曰："《尔雅》所释，遍解六经。"而独云叙诗人之兴咏者，以《尔雅》之作多为释《诗》，是则一物多名，片言殊训。凡以虫鱼草木之微，发挥天地万物之理，而六义四始之道由以明焉。故夫《诗》者，极其至，足以通天地类万物，而不越乎虫鱼草木之微。《诗》之咏物，自三百篇而已然矣。孔子曰："迩之事父，远之事君，多识于鸟兽草木之名"。夫事父事君，忠孝大节也；鸟兽草木，至微也。吾夫子并举而极言之，然则《诗》之道其称名也小，其取类也大，即一物之情，而关乎忠孝之旨。继自骚赋以来，未之有易也。①

  张玉书序说明了是选编选宗旨是以"温柔敦厚"为主，强调诗歌的教化功能，反映了康熙政权的选诗宗旨。是选卷帙浩繁，有四百八十六卷之巨，共有四百八十六类，又附见四十九类，共选上古至明朝诗歌14579首。各代咏物之作多荟于此，使研究咏物诗者便于查考，并对研究博物史者有参考价值。《四库全书总目提要》云："康熙四十五年，圣祖仁皇帝御定。自《艺文类聚》、《初学记》，始以咏物之诗分隶各类。后宋绶、蒲积中有《岁时杂咏》，专收节序之篇。陈景沂有《全芳备祖》，惟采草木之什，未有搜合遗篇，包括历代，分门列目，共为一总集者。明华亭张之象始有《古诗类苑》、《唐诗类苑》两集，然亦多以人事分编，不专于咏物。其全辑咏物之诗者，实始自是编。所录上起古初，下讫明代，凡四百八十六类。又附见者四十九类。诸体咸备，庶汇毕陈，洋洋乎词苑之大观也。夫鸟兽草木，学诗者资其多识，孔门之训也。郭璞作《山海经赞》、戴凯之作《竹谱》、宋祁作《益部方物略记》，并以韵语叙物产，岂非以谐诸声律，易于记诵欤？学者坐讽一编，而周知万品，是以摘文而兼博物之功也。至于借题以托比，触目以起兴，美刺法戒，继轨风人，又不止《尔雅》之注虫鱼矣。知圣人随事寓教，嘉惠艺林者深也。原本未标卷第，惟分六十四册，篇页稍繁。今依类分析，编为四百八十六卷。"每卷又按四言古、五言古、七言古、五言律、七言律、五言排律、七言排律、五言绝句、七言绝句依次编序，可谓"诸体咸备，庶汇毕陈"。《御定佩文斋咏物诗选》将物类分为天、

---

① 张玉书等《御定佩文斋咏物诗选》卷首，康熙四十五年武英殿刻本。

地、人、物四大类，其中卷一至卷四十八为天部类，卷四十九至卷一百二十六为地部类，卷一百二十七至卷二百七十四为人部类，卷二百七十五至卷四百八十六为物部类。各部类之间编排井然有序，符合天地万物之间事物发展的逻辑顺序："每部之中，其序次必先灵后蠢，先巨而后细，先有用而后无用，无夺伦也。然其中更有以名附者，如秋海棠之附于海棠，珠兰之附于兰是也。有以类附者，如烟火之附于香碳，笋之附于竹是也。"（俞琰《咏物诗选·凡例》）是选可谓我国古代诗歌选本分类最为细致的选本之一。

16. 《濂洛风雅》●

张伯行辑。康熙四十七年（1708）正谊堂刻本，凡九卷（卷首一卷），上海图书馆藏。是选版本还有：雍正十年（1732）婺郡东藕塘贤义学刻本，凡九卷，北京大学图书馆藏；同治五年（1866）福州正谊书院刻本，凡九卷，北京大学图书馆藏；同治八年（1869）金华胡氏退补斋刻本，凡六卷，浙江省图书馆藏；光绪三年（1877）永康胡氏退补斋刻本，凡六卷（卷首一卷），北京大学图书馆藏；光绪十三年（1887）镇海谢骏德刻本，凡六卷，北京大学图书馆藏；《丛书集成初编》本。张伯行（1651—1725），字孝先，晚号敬庵，河南仪封（今兰考）人。康熙二十四年（1685）进士。累官礼部尚书。著有《伊洛渊源续录》《续近思录》《广近思录》《濂洛关闽书》等。书前有张伯行原序、蔡世远序，次凡例、次总目及各卷细目。是选为金履祥《濂洛风雅》的再选本。是选体例以人编次，共选宋明理学家17家，诗890首，其中宋代理学家有周敦颐、程颐、程颢、张载、邵雍、游酢、尹焞、杨时、罗见素、李侗、朱熹、张栻、真德秀，明代理学家有许衡、薛瑄、胡居仁、罗洪先。朱熹入选410首，李侗只入选1首，相差悬殊，不能真实地反映两人的宋诗创作成就，张伯行选诗与金履祥《濂洛风雅》相同，可见是选受金本影响较大。

17. 《香奁诗渖》

范端昂辑。康熙五十年（1711）凤鸣轩刻本，不分卷，共三册，有序言和评语。范端昂，字吕南，广东三水县人，康熙、雍正年间人。著有《粤中见闻》、《香奁诗渖》二卷、《奁制续渖》五卷、《奁诗渖》四卷、《奁渖续补》三卷等。所谓"奁制"（或"奁体"）是为"香奁体"之简称，即以绮缛艳靡之语，描写闺阁、男女生活，后世将妇女写作的诗歌也称为"香奁体"。书前有范端昂序，范端昂《渖言》云：

五字七言情钟淑女，千秋百世韵属佳人。镂月裁云，岂必桑中；浪谑题花，赋草何伤；林下高风，自昔宋娃。常言夸倩盼非今，楚艳乃著；婉鸾亡国，南威被玄服，瑶台失色；倾城西子，靓妆珠幌，警魂昭阳之燕；双飞翠缨，裙结明离之娟；独步琥珀，裾鸣膝上；夫人点容，益媚阁中；贵嫔望态，尤妍秀色可餐；绛仙娇姿，灼灼娥眉淡扫。①

　　范端昂充分赞扬了女性诗人的才情和品德。关于何谓"泐才女诗"，范端昂称："国风什咏，半属姬姜，子夜四时，双呼侬汝，迥非陈句，何必校书之笺，尽是新题，且挥画眉之笔。惜也红颜薄命，珠玉多埋。悲哉！紫汾尘封，人琴难觅，望美人兮不得见。总《白露》、《蒹葭》，思公子兮未敢言，拳拳红香翡翠。"（凡例）是选体例按朝代编次，共选晋代至明朝诗人78家，诗155首，其中晋代至隋朝诗人4家6首，唐代诗人8家10首，宋代诗人5家8首，分别为杨太后2首，蒨桃2首，丘氏1首，陈梅庄2首，陈玉兰1首，元代诗人4家11首，明代诗人57家120首。是选有诗人小传，如陈玉兰小传云："陈太常女，许适阮华，后怀孕，生子阮龙，举进士。"是选有精妙的评语，颇有见地，如评杨太后《宫词》云："宫闱之花，宋代特盛，如此轻艳，却无一毫修媚气。三代以后，亦罕见矣。"评陈梅庄《述怀》云："玉琢巧心，香生红唾，字句之外，别具缠绵，天生梅庄。王昌龄不能独有千古矣。"现藏国家图书馆。

18.《奁制续泐》

　　范端昂辑。康熙五十年（1711）凤鸣轩刻本，凡四卷，共八册，无序言，有评语。是选于每卷卷首对该卷的选录情况作了说明，同时寄寓作者对妇女们不幸遭遇的同情，如卷一称："是卷'香奁'，皆前泐者，里系故不复载，夫奁制之难获也。名媛季静姎云：女子不幸，锦汨米盐，才沉针线，偶效簪花咏絮，而腐儒辄瞠目，禁止曰：'闺中人，闺中人也。'即有良姝自拔常俗，亦凤毛麟角，世所希睹。"卷三称："泐是卷，而余之心伤矣，造物妒才，从来不免。卷之中，雄才颢博，雅调琳琅，然或里系湮没，或行为拂乱，此昔人所以有无如命何之叹！而后之扼腕者，有'文章憎命达'之说也。噫已矣！一片芳心遥寄月，百年遗面散为花，故国难归，徒滴杜鹃之血；洪波莫厌，空销精卫之魂，事已到此，恸也何为。"②是选体例按朝代编次，每个朝代之中又以人编次，共

---

① 范端昂《香奁诗泐》卷首，康熙五十年凤鸣轩刻本。
② 范端昂《奁制续泐》卷首，康熙五十年凤鸣轩刻本。

选周代至清朝诗歌 398 首,卷一选魏晋至清朝诗 115 首,魏晋诗 4 首,唐诗 3 首,宋诗 8 首,其中杨太后 6 首,申屠希光 1 首,韩希孟 1 首,元诗 10 首,明诗 76 首,清朝 14 首;卷二选周代至清朝诗歌 146 首,周代至隋朝诗 10 首,唐诗 42 首,宋诗 18 首,其中谢希孟 1 首,崔球妻 1 首,方回姬 1 首,丁渥妻 1 首,友龙妻 1 首,赵晟母 1 首,司空女 1 首,叶桂 1 首,金丽卿 1 首,贾云华 5 首,黄氏 1 首,韩氏 1 首,钱氏 1 首,魏氏 1 首,元诗 6 首,明诗 63 首,清诗 7 首;卷三选汉代至清朝诗 100 首,汉诗 2 首,唐诗 22 首,明诗 32 首,清诗 44 首;卷四选清代诗 37 首。偶有评语,评杨太后《宫词》云:"切中宋弊。"评申屠希光《送兄》云:"死节之识。"评王韫秀《偕夫游春》云:"此诗真中足顽立儒。"现藏国家图书馆。

19.《云涛阁历朝应制五言排律辑要》

吴元安辑。康熙五十四年(1715)三多斋梓刻本,凡六卷,共四册,有序言和凡例。吴元安,字静山,江苏上元人。雍正丙午(1726)举人,官至兵科给事中。书前有张庭玉序,次吴元安《言诗十则》,次《例言》,次目录。张庭玉《云涛阁历朝应制五言排律辑要序》云:"世之精举业者,多不言诗,而能诗者,亦多疏举业。是诗与举业相迳庭,而诗与举业究相为用也。我皇上稽古右文,涵泳博雅,当今之世,既已云蔚霞蒸,彬彬郁郁,复颁新令,益之以诗,真可谓以一人而兼数人之长,以一朝而萃累朝之盛矣。然诗必取法乎三唐,亦宜统观夫历代。康熙乙未孟夏张庭玉序。"① 张庭玉序说明了编选是选的原因及编选体例。吴元安《言诗十则》甚为详细,且颇具真知灼见。如论"品品者"云:"统神与骨而言也。太上入圣,其次入贤,其次入狂狷,其次入庸众。一入俗则不可医也,如佛家有佛位、菩萨位、阿罗位、凡夫位。若业重则堕轮回,即大慈大悲亦不能救,故辨品为最。"② 论"调调者"云:"歌之使永,可弦可诵,古人合作必令人三复咏叹。累日夕不忘,然亦有一时兴触意道,而字不叶,若必欲叶,字以损意,诗转不佳。在作者当苦心以求元声,在论者勿蜗见,以立苛格。"③ 论"绪绪者"云:"一曰绪绪者。自然之籁,如风出谷,附物成声,情浓必不能使之淡,景欢必不能使之悲。当古体必不能使之为近体,当五言必不能使之为七言;当一首必不能使之为两首,当三首必不能缩之使一首,敷之

---

① 吴元安《云涛阁历朝应制五言排律辑要》卷首,康熙五十四年三多斋梓刻本。
② 吴元安《云涛阁历朝应制五言排律辑要》卷首,康熙五十四年三多斋梓刻本。
③ 吴元安《云涛阁历朝应制五言排律辑要》卷首,康熙五十四年三多斋梓刻本。

使四首，在作者不自知其所以然。观者却了了如见其胸中，如见其腕下，要当畅其绪，不当揉其绪，若本无绪，而累篇连牍，谓之无诗也可。"①论"体体者"云："一曰体体。如歌中南北调清浊高下，各有分属。古之句必不可入律排之句，必不可入歌行，惟宜多读多看，辨别体裁。"②论"格"云："一曰格者。统体裁气局也。汉魏、盛唐、中晚古人格也。今人资质，有近远趋向，有离合工力，有浅深若，一味执其格，以律诗病矣。昔有人以诗投韦苏州，阅之不怿，曰：'子何不自为诗，而乃效我也！'"③论"法"云："一曰法。法者人谁不知，今乃弃如土矣。正起必侧结，虚起必实结，扼起必纵结，从己起必从人结。相生相转，人惟才不能剂法，学不能用法，心粗气浮，不能体贴法，遂曰自我作古匠而毁规矩，人而无头面肢体，尚言匠，尚言人乎！"④论"字"云："一曰字。字非难，字实字虚，用庸字奇，用一字能令一句之妙，遂令一篇妙，字神也。"论"句"云："一曰句。句者如骨有肉，如身有章也。纯骨固不可为人，纯肉是何物无衣。"⑤论"意"云："一曰意。意者合情与才也。古今无无意之词，或一意而该众意，或众意而会一意，或意在句先，或意在句后，或意在句中，或在有字处，或在无字处，如不问意而言诗，则无黍之酿，无根之树矣。"⑥论"料"云："一曰料。论诗至料卑极矣，然无料是一副空架头，徒为枵腹。"⑦或说诗料，或言立意，或析诗歌句式，或品诗艺，或挖掘蕴含，不一而足，均能有自己的见解。是选体例分类编次，分御制、御书、省试、御宴、东朝、巡幸、苑囿、赐赉等36类，共选唐代至明代诗歌282首，其中宋诗14首，为王安石6首，黄庭坚3首，欧阳修2首，梅尧臣2首，苏轼1首，入选数量偏少，可见编选者对宋诗仍持有偏见。现藏南京图书馆。具体选诗情况如下：

---

① 吴元安《云涛阁历朝应制五言排律辑要》卷首，康熙五十四年三多斋梓刻本。
② 吴元安《云涛阁历朝应制五言排律辑要》卷首，康熙五十四年三多斋梓刻本。
③ 吴元安《云涛阁历朝应制五言排律辑要》卷首，康熙五十四年三多斋梓刻本。
④ 吴元安《云涛阁历朝应制五言排律辑要》卷首，康熙五十四年三多斋梓刻本。
⑤ 吴元安《云涛阁历朝应制五言排律辑要》卷首，康熙五十四年三多斋梓刻本。
⑥ 吴元安《云涛阁历朝应制五言排律辑要》卷首，康熙五十四年三多斋梓刻本。
⑦ 吴元安《云涛阁历朝应制五言排律辑要》卷首，康熙五十四年三多斋梓刻本。

表8 《云涛阁历朝应制五言排律辑要》

卷数	种类	唐（首）	宋（首）	元（首）	明（首）
卷一 五言排律	御制	3			
	御书		1		
	省试	16	3		
	御宴	5			
卷二 五言排律	东朝（千秋）	1			
	巡幸	2			
	秩祀	2			
	天文	2			
	节序	4			
	朝省	6	1		
	赐赉	2			
	军旅				2
	射猎	1			
	庆贺	3			
	朝贡	2			
卷三 五言排律	边塞	2			2
	陵庙	1			2
	宫室	3	1		
	苑囿	1	2		
	宗藩	4			2
	国戚	6			
	释道	6			
卷三七言排律		4		4	2
卷四 江南览胜名诗	山	9	4	1	22
	水	4			12
	古迹	5	1		
	宅第	5	1		

211

续表

卷数	种类	唐（首）	宋（首）	元（首）	明（首）
卷五 续编五言排律	巡幸	6			
	朝省	3			
	军旅	2			
	释道	2			
	天文	9（未分作者时代）			
	节序	20（未分作者时代）			
	庆贺	1（未分作者时代）			
	宫室	8（未分作者时代）			
	苑囿	9（未分作者时代）			
五言 排律卷六续编	省试	56（未分作者时代）			

20.《古今名诗选》

游艺辑。康熙五十四年（1715）金陵白玉文德堂刻本，凡四卷，共四册。有序言、总目和评语。《古今名诗选》附有《诗法入门》。《诗法入门》还有民国三年（1914）版和民国十年（1921）版。游艺，生平仕履不详。书前有游艺小引，游艺《读诗发意小引》云：

> 七言律诗规矩一准五律，而易嗜难工，其命意措词最为谨严。徐而庵曰：五律字少句短，难于省缩，不能灵动，才小者或可饰其寒俭，至于七律字添句长，难于运用，不能精实，才大者亦莫掩其瑕疵，故七律乃古人聚精会神之作，多不敢轻易落笔，所谓识法者惧矣。斯言诚不诬也。
>
> 七言古诗，其平仄对偶，亦不甚拘。但要铺叙，有开合，有风度，迢递险怪，雄峻铿锵，岂庸俗软腐。须是波澜开合，一波未平，一波复起。又如兵家之阵，方以为正，又复为奇；方以为奇，又复是正。出入变化，不可纪极。备此法者，惟李杜也。开合灿然，音韵铿然，法度森然，神思悠然，学问充然，议论超然。
>
> 古风者，稍异古诗，亦可用长短句也。不同排律拘平仄，律诗定对偶。用韵或长篇到期底一韵，或数句一换。但要句法苍老，意格高古，不落时径。此律诗熟后，学问广博，情思超迈，方可为之。

古乐府音调有法，声词有律，以质古简奥、气格苍峻而声韵铿然。然即事命题，名实多种，曰歌曰行，曰吟曰辞，曰曲曰篇，曰咏曰谣，曰叹曰哀，曰怨曰别，皆乐府之流派，乃诗之变体，而总谓之乐府。①

论述《诗法》云：

诗不可滞于法，而亦不能废于法，感于物而动，情见于辞，而必拘于绳尺之间，则神气不灵；感物而动情见乎辞，而不屑于绳尺之间，则出语自放。今夫之于筌也，兔之于蹄也，可以有而不可以无，然亦何之于筌也。然则何得谓无风动幡。最上乘正法眼藏，悟第一义，法乎法而不废于法，法乎法而不滞于法，透彻玲珑，总无痕迹，所谓"空中之音，相中之色，水中之月，镜中之花"，是耶非耶，得是意者，乃可与读诗法。

学诗先知平仄。平声哀而安，上声厉而举，去声清而远，入声直而促。起。如开门见山，突兀峥嵘；或如闲云出岫，轻逸自在，承如草蛇灰线，不即不离。转如洪波万顷，必有高源。合则风同气聚，渊深含蓄。然一句有一句之起承转合，一首有一首之起承转合，十首有十首之起承转合。今人作诗十首，只是情景反复，十首只有一首之意，盖不知起承转合之法也。故无论短篇长篇、古体近体，能将起承转合预为布置，则结构完密，首尾如一笔书矣。

诗之起处，名曰破题，在律诗中为第一、第二句。或对景兴起，或比起，或引事起，或就题直起，要突兀高远，如狂风卷浪，势欲滔天。据古诗所载，约有五种破题之法。②

论述《诗家四则》云：

句。盖以一诗之中，妙在一句为诗之根本，根本不凡则枝叶自然殊异，复如威将示权，奇兵翕合，君子在位，善人皆来。

字。一字之妙，所以含趣之微，一诗之根，所以生一字之妙。故夫圆活善用，如转枢机，温清自然如瞻佩玉。

法。病在腐，在浮，在常，在闇弱，在二强，在无谓，在枪捧，在嘴

---

① 游艺《古今名诗选》卷首，康熙五十四年金陵白玉文德堂刻本。
② 游艺《古今名诗选》卷首，康熙五十四年金陵白玉文德堂刻本。

爪，在不经，犹陶家营器，本陶一土，而名等差非一，然有古形今制之别，精朴浅深之殊，贵各具体用形制之似尔。诗则诗矣，而名制非一，汉晋高古，盛唐风流，西昆秾冶，晚唐叶藻，宋氏南渡，泊江西诸家，造立不等，气象差殊，各求其似君耳。

格。所以条达神气，吹嘘兴趣，非音非响，罢诵而得之，犹清风徘徊于幽林，遇之可爱，微轻萦纡于遥翠，求之愈深。[1]

论述《诗家十则》云：

意。作诗先命意，如构宫室，必须法度形制已备于胸中，始施斧斤。以此验取，譬则风之于空、春之于世，虽暂有其迹，而无能得之于物者，是以造化超空，变化已成。立意不凡，情真愈远。

趣。意之所不尽，而有余者之谓趣。是犹听钟而得其希微，乘月而思游汗漫，窅然直用，将与造化者周流，此其趣也。

神。其所以变化诗道，濯炼性情，会秀储真，起源达本，皆其神也。

情。是由中心静想而生，不必尽论，犹月于水，触处自然神于诗。为色为染，情染在心，色染在境，一时心境会融，而情出焉。

气。其于条达为清明，滞着为昏浊。情贵乎流通，虚往无碍，盛大等乎空量，熹微蔼如春和。然非果有所自而生之，而生之生者，愈不可知。

理。有所兴起而言也，故凡一事之感，一物之悟，皆兴起也，而其悲欢通塞，总属自然，非有造设，惟不尽其所已尽之兴，犹王家之疆理也。

力。今之发足，将有所即，靡不由是而达，然犹有所未至，非日积之功既深，则足力之病进。于诗且然，非寻思之功深，则材力之病进，要在驯熟，如与握手俱往。

境。耳闻目击，神寓意会，凡接于形似声响，皆为境也。然达其出深玄远，发而为佳言；遇其浅深陈腐，积而为俗意。复如心之于境，境之于心。心之于境，如镜之取象；境之于心，如灯之取影。亦各冈其虚明净妙，而实悟自然。故于精想经营，如在图画，不着一字，庶乎神生。

物。凡引古证今，当如己造，无为彼夺，缘望失真，其如育然色之胶青，空然水之盐味，形趣泯合，神造自如。

事。诗指其一而不可着，复不可脱。着则落在陈腐科臼，脱则失其所

---

[1] 游艺《古今名诗选》卷首，康熙五十四年金陵白玉文德堂刻本。

以然，必究其形体之微，而超乎神化之外。①

游艺小引阐释了七言律诗、七言古诗、古风、古乐府四种诗歌体裁所要遵循的创作规范。是选体例按体编次，分五言古诗、五言律诗、七言律诗、五言绝句、七言绝句、五言排律六种诗体。宋诗选有14首，其中苏轼5首，周敦颐2首，王十朋2首，林逋1首，蔡襄1首，邵雍1首，程颢1首，朱熹1首。宋诗比较偏重理学诗人。是选偶有评语，简明扼要，如评王十朋《过雁山》云："林下想。"评李白《金陵城西楼月下吟》云："情景俱现。触月悲古，见景怀人，皆诗人妙趣。"评吴兴弼《杜鹃》云："淡远。"现藏辽宁省图书馆、江苏省吴江图书馆、上海图书馆、南京图书馆。

21.《诗伦》

汪薇辑。康熙五十六年（1717）寒木堂精刻本（南京图书馆藏），凡四卷，共二册。是选版本有：乾隆四十二年（1777）武英殿刻本（上海图书馆藏）、同治六年（1867）吕氏柳塘书屋刻本（上海图书馆藏）、光绪二十年（1894）刻本（浙江省图书馆藏）、光绪二十一年（1895）福建布政使署刻本（北京大学图书馆藏）、光绪二十五（1899）广雅书局刻本（上海图书馆藏）和《丛书集成初编》本等。汪薇（1645—1717），字思白，一字棣园，安徽歙县人。康熙二十四年（1685）乙丑科二甲进士。累官户部郎中。著有《咏古诗》等。是选分二卷，上卷选周朝至唐代诗人的诗作，下卷主要选宋代诗人王禹偁、邵雍、苏舜钦、梅尧臣、王安石、文同、苏轼、黄庭坚、范成大、杨万里、陆游、文天祥、汪元量等人的诗作。

22.《五朝绝句诗选》

周仪辑。康熙五十九年（1720）晚畊堂刻本，凡十卷，共五册，无序言和评语。周仪，字确斋，号晚畊，江苏震泽（苏州）人，生平仕履不详。孙殿起《贩书偶记》（上海古籍出版社1999年版，第519页）载："吴县周仪辑，康熙庚子晚畊堂刻本，即唐宋金元明等朝。"是选共有《凡例》八则，《凡例》云：

诗有七言见于宁戚《叩牛歌》，汉之《柏梁体》，而绝句则创于李唐，唐初诸公风气始开，未及变化铺陈排比，绝少灵气，譬之昆仑之墟，发源

---

① 游艺《古今名诗选》卷首，康熙五十四年金陵白玉文德堂刻本。

215

滥觞，叔孙定体仅成《绵蕞》。故神龙、景云间，作者多所不取，如贺知章之《咏柳》、郭震之《咏蛩》，此皆凿破混沌，初唐所未有也。特冠于篇首。

盛唐诗到中天，笃生李杜。太白天才豪迈，咳唾珠玑，如"天门中断楚江开""朝辞白帝彩云间"之作，大篇煌煌，辞坛奉为诗规者也。至少陵牢笼百代、包含万有，而绝句后人尚有訾议之者；不知公于唐贤练辞铸句，出规入矩之时，排戛兀傲，抒写性灵，不可端倪，如《漫兴》《寻花》诸作，力劈蚕丛，洗去甜俗，开山谷、诚斋一派，所谓"别有天地非人间"也。

诗家妙悟最为上乘，然非人力可学。而至少陵云"读书破万卷，下笔如有神"，可见诗非读书不能。近人谈诗动以含蓄雄浑为言，又云"可以意会不可言传"，此等议论，误后学不浅。总之，浅见寡闻，剽袭陈言，文其固陋，以肤浅为自然，以丑恶为豪放，以稚弱为风韵，吟咏推敲如梦中呓语，可笑也。游仙诗，以其肆情飘渺、绛阙丹霄、紫芝朱草，皆子虚乌有之言，无裨兴观，故不选。

从来绝句精神多注于第三、第四句，方能动人。若起句作意高畅，则下三句便无后劲，如太白《清平调》，"云想衣裳花想容，春风拂槛露华浓"是绝妙；起句下二句，"若非群玉山头见，会向瑶台月下逢"，便是敷衍套话耳。而少陵《漫兴》九首，"眼见客愁愁不醒"，突然而起。下面八首，皆无赖春色耳。《九首》止用首句一句，领起；《九首》章法奇崛，若一句读之，便成嚼蜡，不如作者苦心也。七绝其二十八个字，能清空一气如话，并不夹带一闲字，如贺知章"少小离家老大回"，李沧溟之《长夏园林》二诗元气浑然，五朝中所多不见也。

诗设议论，便有蹊径可寻。然唐人律体诗，多不轻涉议论，至五七言绝句，尺幅既窄，非借议论行之，则毫无制胜处，虽古来名家，未能脱然，去此以为高也。如李益《宫怨诗》"似将海水添宫漏，共滴长门一夜长"，苏轼《骊山诗》"辛苦骊山山下土，阿房才废又华清"，此皆以议论见长，岂空疏无学者能办。

诗自唐降而为宋学者，聚讼轇轕久矣。况由来宋而金而元乎，自开辟以来，日月长新，风云时变，岂得为宋之风云，不如唐之风云乎？以数百年之岁月，千百人之心思，必欲一篇一字，奉唐为矩矱，则是刻板诗矣。宋代不以诗律取士。政和末，李彦章为御史，又言士大夫作诗有害经术，坡公以诗获罪，士方以诗为禁。而当时士大夫以诗鸣者，梅圣俞、欧阳永叔、王介甫、苏东坡、黄山谷，五公诗篇，当时朝野传诵不少。盖大块噫气，人生有情之不能已者，发而为讴吟歌叹，虽法制禁令，而弗克止。故宋人诗歌，无侥幸进取之思，苟且干禄之意，皆原本六经，根底圣贤之学，晶莹磅礴，发而为诗，明方正学。论诗有云："前宋文章配两周，盛时诗律亦无俦。今人未识昆仑派，却笑黄河是浊流。"可证也。南宋诸公，范石湖、陆放翁、戴石屏、刘后村、杨诚斋皆卓然名家。而放翁《剑南》一集，诗至万首有奇，而绝句清真雅健，缘情体物，兼香山、樊山之胜，至感愤怀君，淋漓慷慨，读其《示儿》，一时不觉令人泫然涕下。而诚斋绝句天机流行，玩美风月，能言人所不能言之情，写人所不能写之景，真非人间烟火语也。

　　金源氏奄有中夏，百有余年。明昌、大定之间，文学浸盛，人才辈出。后先相望，如赵秉文、李俊民、河汾诸老、龙门二段，皆从宋遗老指授，讲求学有根据，其诗人大抵模仿苏黄为多，而幽并风气清刚，无南方软暖之习，其豪宕旷逸，得坡谷风神，冷韵闲情，亦不在中晚下也。若元遗山则气体高华，才情横逸，为一代诗人之雄。元初虞、杨、范、揭，辞藻斐亹，鼓吹风骚，鸣一代之盛。后此顾瑛，结舍东南，玉山雅集一时。高人韵士，若张仲举、杨廉夫、柯九思、李孝光、郑明德、倪元镇，方外若张伯雨、于彦成，琦元璞，文酒风流之盛，甲于天下。

　　有明三百年，诗凡数变，成弘、嘉隆皆学初盛，万历以后皆学晚唐，又变而学温、李……若北地、历下竟陵、云间诸作者，或讲声调，或尚幽冷，或务辞华，其中皆有清真透辟，足以益人神智者，悉采录之。不以门户异同，为去取也。①

《凡例》主要论述了三个方面的问题：其一，七言绝句的起源、盛兴、发展的历程；其二，详细论述了宋代各个时期的代表人物，如陆游诗清真雅健、杨万里诗天机流行；其三，唐、宋、金、元、明各个时期的代表人物及其诗歌特色。是选体例按朝代编次，共选唐宋金元明五朝绝句1199首，其中唐诗211首，宋诗261首，金诗219首，元诗250首，明诗258首，宋诗入选数量，超越四朝，位居第一，可见编选者比较推重宋诗。从选诗倾向上看，陆游最多24首，次范成大23首，次杨万里20首，次苏轼、黄庭各19首，次刘克庄12首，次王安石、方岳各8首；是选选录南宋中兴诗人最多，说明编选者厚南宋而薄北宋。

---

① 周仪《五朝绝句诗选》卷首，康熙五十九年晚畊堂刻本。

23.《唐宋四家诗选》

余柏岩辑。康熙濂溪山房刻本，凡二十一卷，共十二册，有序言，无圈点和评语。《唐宋四家诗选》又称《韩白苏陆四家诗选》。关于余柏岩生平，《扬州画舫录》卷十五（中华书局1960年版）载："余元甲，字葭白，一字柏岩，号苎村，江都邑诸生，工诗文。雍正十二年，通政赵之垣以博学鸿词荐，不就。筑万石园，积十余年殚思而成。今山与屋分，入门见山，山中大小石洞数百，过山方有屋。厅舍亭廊二三，点缀而已。时与公往来，文酒最盛。葭白死，园废，石归康山草堂。著有《濡雪堂集》，选韩、白、苏、陆四家诗行于世。是园文酒之盛，以雍正辛亥胡复斋、唐天门、马秋玉、汪恬斋、方泂远、王梅沜、方西畴、马半查、陈竹畦、闵莲峰、陆南圻、张喆士园中看梅，以'二月五日花如雪'为起句为最盛，载在《邗江雅集》。"书前有余柏岩序，余柏岩《唐宋四家诗选序》云：

> 渔洋老人王士禛撰《戏仿元遗山论诗绝句三十二首》，余囊傚元裕之作《论诗绝句》于唐宋诸名家，每三致意焉。□□人诗之多者，除李白□□□□，而白□□□□□人之童而读之习之，至诵而不倦，其全篇累帙重刻□□转相注述，罕有遗之者，是不必更为搜取矣。退之诗可选者多，不可选者少，去其不可者甚难；乐天诗可选者少，不可选者多，存其可选者亦难。若夫宋人之诗，其多可与韩、白并者，莫如子瞻、务观。子瞻贯析百家，及山经、海志、释家、道流，冥搜集异诸书，纵笔驱遣，无不如意，如风雨雷霆之骤合，砰訇嘎击角，而或击□□有度，其用实处多，而用虚处少，取其少者为准。务观间□□村林苑舍、农田、耕渔、花石、琴酒事，每逐月日记。寒暑读其诗，如读其年谱也，然中间勃勃有生气，中原未定，梦寐思建功业，其真朴处多，雕镂处少，取其多者为准。凡此四家之诗，美而可传，择而不易精，故全刻者或见之，而撷其精英者，盖未尝闻善本也。余子柏岩侨居广陵，庚寅冬，余弟幔亭及次儿访便道过从一叙，如平生欢出，其所业四家诗付梓，人工将竣，即以其书寄予而求余言，以是知柏岩年少，天资高能读书，工吟咏，眼光独窥古人堂奥。其去韩之不可，而存白之可者，与夫取苏之少，取陆之多者，窃与余心有契合焉……犹如昔年与诸名宿相往还，提倡风雅，言念及此，不觉欣然濡毫而

为之序。①

余柏岩序具体说明了是选编选过程和编撰宗旨，并具体阐释了韩、白、苏、陆四家诗的艺术特点。《凡例》评论极具见地，略举数例：

> 选诗而汇四家，四家诗之创也。韩取于险而以难出之，白、苏、陆取于显而以易出之。韩以前未有为其难者，以樊宗师之聱牙诘曲，于文而诗独平畅，不能为奇，韩之所以为其难也。白以前未有为其易者，以杜陵之陵轹百代，而"饭颗山头"，不免见嘲于李白，白、苏、陆之易，亦所以为其难也。故曰诗之创。
>
> 昌黎《琴操》锐意复古，不但音韵断续，有一唱三叹之遗，于文王列圣，亦得其意。香山《七德舞》诸篇俱入乐府，正微之所谓自风雅至于乐府，皆讽兴当时之事，以贻后世之人，无取但赋古题者也。然乐府虽自为一体，而于诸体实无不备。
>
> 诗取道性情，不以用事为长，四家用事白最少，陆较多，韩又多，苏几于纯用事矣。然先有万卷书在胸中，下笔自然，典赡以事供我，不以我牵事，学者求得其意而止，若不知有事可也。马尾而数、虫鱼而注，失之愈远。
>
> 自汉迄唐四言之赡，极于韦孟，五言之赡，极于《焦仲卿》；杂言之赡，极于《木兰》；歌行之赡，极于《畴昔》、《帝京》；排律之赡，极于《岳州》、《夔府》。至韩之《元和圣德》、《南山》，白之《长恨》、《琵琶》、《寄微之》、《渭村酬李二十见寄》、《退居东南行》等篇，赡又极焉，真旷代逸才也。韩集近体殊寥寥，而苏、陆排律亦绝少，故知作诗，唯意所适，不求备体。
>
> 宋之学白乐天者，王元之也。而陆视王为优，陆近体"小楼一夜听春雨，深巷明朝卖杏花"，世所艳称，然雕琢之痕，终落纤细；不如"数点霏微社公雨，两丛闲淡女郎花"，句外之意更为无尽，则宛似乐天集中语也。
>
> 香山诗似浅近易晓，然读之使人百过不厌者，真故也。真则意似浅而实深，境似近而实远，学者刻绘浓至，而真景、真情往往失之，目前亦无取焉。白诗近体中如"退身江海应无用，忧国朝廷自有贤"，沉著健深，直追杜陵。如"蜃散云收破楼阁，虹残水照断桥梁"，写江楼晚眺，自是摩诘

---

① 余柏岩《唐宋四家诗选》卷首，康熙濂溪山房刻本。

诗歌中之画，岂可但以浅近目之。

世称子瞻集中《虢国夜游》、《定惠院海棠诗卷》等篇，为有宋歌行第一要文。子瞻诗如其文，落笔辄好，其才可比于唐之李白，豪宕纵横，略无拘碍。悍而苍，如百战健儿；鲜而丽，如三日新妇变化，自然得衷合度。陆务观精力锤炼，先后并驱，然有子瞻之工，而无其拙，而潇洒旷逸故自不及。元和间，乐天声价最盛，一女子能解《长恨歌》，遂索值百万。然乐天有与韩愈诗云："户大嫌甜酒，才高笑小诗"。其不难于自屈，如此评者遂谓香山全诗不敌昌黎一句，过矣。

山谷云："世人但学《兰亭》面，欲换凡骨无金丹"。此言书法，乃诗法亦犹是也。诗之至者，须以悟通，不由学造。一悟之后，万象冥会，呻吟咳唾，动触天真。然悟者自忘其学，而不学卒远于悟，四家诗有阶级可寻，门户可入，予先为选梓。

论诗家言："诗有别才，非关理也。"然千载下读其诗，咨嗟往复，若将敛容以起者，亦由理胜，如韩之《谢自然》、白之《井底引银瓶》、苏之《李氏园》、陆之《杂兴》等篇，读文觉古情、古色使人生敬慕心。夫瑰词绮调非不溺之，及睹横空硬语，始觉其靡冶思艳曲非不耽之，及对正襟危谈，始信其妄。人终日与小人处，狎而玩之，非不有顺适之快一端，士至虽所甚狎者，必亟令屏去诚，如其势不可以杂处也。夫必有正大之人，而后有正大之诗，苟礼薄义弊则才不足观，此于温李尚不能无嫌，何况祖珽、许敬宗辈。

裴晋公与人书云：昌黎、韩愈信美才也，然不以文为制，而以文为戏，可乎？五代刘昫修《唐书》至以愈文为大纰缪，而宋儒则又云昌黎本未尝学为诗，特以文为诗，甚矣。人之恶奇也，昌黎之文与诗正如飞龙行云，鳞鬣爪甲，自中矩度，非其好奇，盖出于不得已耳。①

《凡例》洋洋洒洒，或论人品，或言风格，或品诗艺，或鉴佳句，阐幽发微，皆能切中肯綮。是选体例以人编次，共选韩愈、白居易、苏轼、陆游四位诗人诗歌1137首，其中韩愈诗130首，白居易诗344首，苏轼诗338首，陆游诗325首，通俗自然的白居易诗歌，拔得头筹，选录最多，而奇险怪异的韩愈诗，选录最少。现藏国家图书馆。

---

① 余柏岩《唐宋四家诗选》卷首，康熙濂溪山房刻本。

24.《咏物诗选》●

俞琰辑。雍正二年（1724）宁俭堂刻本，凡八卷，共八册，有序言，无圈点和评语。《咏物诗选》又名《历朝咏物诗选》。此书版本还有：易开缙、孙存鸣注《注释咏物诗选》，乾隆三十八年（1773）刻本（浙江省图书馆藏）；嘉庆十五年（1810）聚盛堂刻本（浙江省图书馆藏）；《注释咏物诗选》，同治七年（1868）刻本（上海图书馆藏）；《详注分类历代咏物诗选》，民国十四年（1925）上海大通书局石印本；储菊人校订《咏物诗选》，中央书店民国二十五年（1936）石印本（浙江省图书馆藏）。俞琰，字长仁，生卒年不详。浙江嘉兴魏塘人。书前有俞琰序和钱銮序。俞琰《咏物诗选序》云：

> 凡诗之作，所以言志也。志之动由于物也，感于物而动，故形于言；言不足，故发为诗；诗也者，发于志而实感于物者也。诗感于物而其体物者，不可以不工；状物者，不可以不切。于是有咏物诗一体，以穷物之情，尽物之态。而诗学之要，莫先于咏物矣。古之咏物，其见于经，则"灼灼"写桃花之鲜，"依依"极杨柳之貌，"杲杲"为出日之容，"凄凄"拟雨雪之状。此咏物之祖也，而其体犹未全。至六朝而始，以一物命题。唐人继之，著作益工。而宋、元、明承之，篇什愈广。故咏物一体，《三百》导其源，六朝备其制，唐人擅其美，两宋、元、明沿其传。其佳者，往往拟诸形容，象其物宜；不即不离，而绘声绘影。学者读之，可以恢扩性灵，发挥才调。顾巨帙鸿篇，难于卒读，一朝专稿，挂漏实多。从游沈子尧封偕弟赓虞，欲得一简，以供记诵。请业于余，余不获辞。爰取名家诸集及选本，而手录之。断自六朝，至于明季。集分八卷，诗逾千篇，名曰《咏物诗选》。聊便初学，用塞其情。或曰雕虫篆刻，壮夫不为；月露风云，古人所贱。则是书之辑，余滋愧焉。雍正甲辰十月朔俞琰序。[1]

俞琰序阐释了咏物诗的起源、发展和特点，并说明是选的选录宗旨。钱銮《咏物诗选序》云：

> 诗能体物，每以物而兴怀。物可引诗，亦因诗而睹态。《周南》篇首，托兴雎鸠。楚客词中，寄情兰茝；崔氏鸳鸯之什，擅美三唐。谢家蝴蝶之

---

[1] 俞琰《咏物诗选》卷首，雍正二年宁俭堂刻本。

篇，著名两宋。聿缘情之有作，唯咏物之为多。然而佳制连篇，散分麟阁。新文满箧，杂寄鸿编。非藉集狐，曷窥全豹。吾友长仁，同绣虎，藻并雕龙，闭户殚思。探简编于二酉，下帷攻苦。学文史于三冬，拂纸则银管千言，挥毫而瑶词满幅。薰香摘艳，既妙解夫文章。戛玉敲金，尤精研乎诗律。爰搜秘笈，复襞云笺。遍采歌诗，独编咏物。观其牢笼百态，会集群英，分类标题，发凡起例。上穷苍昊，不难镂月裁云。下括神皋，真足模山范水。长门永巷，时属新词。绀宇梵宫，每题佳句，思公子而不见。宛转传神，望美人兮未来。娉婷现影，以至徵伶选艺。纬武经文，错落珠玑，不遗布帛之作。辉煌黼黻，仍留冠冕之篇。入大官之庖，珍馐备列。游五都之市，器用杂陈，拾香草于词间，灿新花于纸上。珍禽奇兽，俱著品题，春蚓秋蛇，曲摹形象。将天地间殊形诡状，尽入奚囊。为古今来才子词人，留充武库。加以删繁就简，领异标新。有要有伦，亦精亦博。采昆山之尺璧，微玷皆捐。探合浦之寸珠，群玑悉弃。秘诸玉枕，可为学海之珍船。列在牙签，不啻文河之宝筏。乃若征途旅馆，寂寞多闲。雪案萤窗，优游少托。春花秋月，动其妍思。鸟语虫吟，引其芳绪。方当开兹缃帙，对此芸编，喜万象之毕陈。任供采拾，睹众形之悉具。足备敏败，真堪作我清供。添人藻句，銮居同里闬。学附渊源，回思立雪之年。曾陪问难，今值栽蒲之际。聊助校雠，乐观厥成。仁卜金轻，夫吕氏家藏斯集。行看纸贵于洛阳，亦曰赏奇。敢云弁首。同里世弟钱銮拜题。①

钱銮序说明了咏物诗的起源、发展和艺术特点。《凡例》云：

> 有古风近体之不同，而是集所选专于近体。即长律亦止录十二韵以内者，以集隘难于尽登。且咏物体制，正宜稳顺声律，不蔓不支。累句芜词，亦无足取。
>
> 是集选自六朝，止于明世；若国朝人文蔚起，佳作如林。琰孤陋寡闻，无由遍识。惟就古人所缺与同里诸子诗。略附一二，故加附字以别之。
>
> 咏物之诗多者。莫如李义山，下迨谢翟。广至百首，专门名家之业，选录宜多。更有以一篇之工擅名千载者。如崔鸳鸯、郑鹧鸪、谢蝴蝶、杨春草、袁白燕之类。无不毕采，以备诗林佳话，且使学者有所感兴。
>
> 略以天、地、人、物为纲。首天部，而岁时者，天之运行也，故岁时

---

① 俞琰《咏物诗选》卷首，雍正二年宁俭堂刻本。

次之。次地部，而山水者，地之属也，居处寺观，则附于地者也，故山水与居处寺观。次之次人部，人有丽人，而文武者，人之所能。乐艺者，人之所习。器物杂玩，所以奉人。玉帛冠服，所以资人。饮食所以养人，果也、谷也、蔬也，皆饮食之品，故诸部次之，下次则为物矣。百花、草木，植物也；禽兽、鳞介、水族、昆虫，动物也。或无情，或有情，而统归之于物。故以数者终焉。①

《凡例》则说明了是选的编选体例和选录原则。是选体例分类编次，仿制《佩文斋咏物诗选》，共28类，共选六朝至明朝诗人400多家，诗1311首。其中天部92首，岁时部134首，地部60首，山部50首，水部66首，居处部100首，寺观部29首，人部39首，丽人部70首，文部27首，武部26首，乐部56首，巧艺部31首，器用部101首，杂玩部10首，玉帛部16首，冠服部26首，饮食部34首，果部33首，谷部8首，蔬菜部12首，花部146首，木部49首，草部21首，禽部75首，兽部33首，鳞介部16首，昆虫部41首。宋代选录诗人56家127首，苏轼15首，居其首，次陆游12首，余皆不足10首。现藏国家图书馆、南京图书馆、上海图书馆。

25.《磁人诗》

杨方晃辑。雍正三年（1725）刻本，凡五卷，共一册，有序言和凡例，无评语。杨方晃，字东阳，晚号鹤巢老人。河北磁县人。乾隆元年，举孝廉，著有《圣师年谱》《磁人诗集》《蕉窗琐言》等。书前有杨方晃序，杨方晃《磁人诗序》云：

> 方晃有《孔子年谱》，已著录。是集皆录磁州之诗。自唐迄本朝作者八十馀人，得诗千馀首。各系其人之事迹出处甚详，亦颇有考据。然意在表彰，未能严于决择。其第八卷至第十卷悉载方晃及孙濂诗。濂亦磁州诸生，即校刊此集者也。②

杨方晃序介绍了是选的选诗规模和构成情况。《凡例》云："有录诗甚少，而录事反多者，非略于诗而详于事也，诗不可考也。一二首可以见其笔，而苟

---

① 俞琰《咏物诗选》卷首，雍正二年宁俭堂刻本。
② 杨方晃《磁人诗》卷首，雍正三年刻本。

其卷帙尚繁，则更有卒南割爱者矣，如赵宗伯、张学士之类是也。""录其诗矣，而复系以事实者，其志趣不同，其遭遇不同，故其发于诗者，亦不能以一致观其诗，可以证其人，观其事，愈亦可以证其诗也。"说明了选录诗歌的标准。是选体例以人编次，共选唐朝至清朝诗人80多家，诗1000余首，其中卷一为唐宋金元诗，卷二和卷三为明诗，卷四和卷五为清诗。其中，选宋代诗人释王睿果1首（《题二祖》），选入数量太少。现藏上海图书馆。

26.《奁诗泐补》

范端昂选。雍正四年（1728）凤鸣轩刻本，凡四卷，共八册，有序言和凡例，无评语。书前有范端昂雍正四年（1728）序，范端昂《奁诗泐补序》云：

> 《风》、《雅》、《颂》曰诗，五七言亦曰诗，绝源于《风》，律源于《雅》、《颂》，皆以道性情也。乃性三品而为性者，五情三品而为情者，七言惟香奁诗，第率其性情之自然，无不合于"温柔敦厚"之教，故言诗必以"香奁"为宗也。予乙丑《初泐奁诗》问世，辛卯嘉赖桂名媛以成《续泐》焉，今又补泐三百章，诗则字字珠玑。则兹泐也，堪自悦耳。独白首穷经，《风》、《雅》、《颂》之余，夙嗜奁诗，手不停披，口不停诵，竟未能窥其堂奥。①

范端昂序说明了编撰《奁诗泐补》的过程和选录宗旨。是选还录有无名氏《奁诗泐补序》云："才固无分闺阁也，天地钟英山川毓秀，不为奇男子，即为名妇人，然优于才矣。而遇或不同，因各以其欢愉悲戚达之于诗，如《三百篇》中《关雎》、《葛覃》、《柏舟》、《燕燕》等什，彬彬称盛矣。厥后曹大家之续《汉史》，蔡文姬之成父书。虽不仅以能诗传，要皆女中优于才者也。至于徐淑之婉丽，苏蕙之聪俊，王夫人之风流儒雅，则专以诗传焉。"此序列举了中国文学史上杰出的女诗人，她们在中国文学史上占据一席之地。

范端昂还论述了五言绝句、七言绝句、七言律诗、排律、五言古诗的兴起和艺术创作规范，这些论述主要引自徐增《而庵说唐诗》。如论"五言绝句"云："五言绝句，为诗之关纽，不可以以其字少而易视之。古诗《三百篇》，皆以四句为一解，后代古风长篇，亦是四句积累而成，合之则成篇，分之仍各自为解也。能精乎此，然后诸体乃无难事，惟字少音促，必须开与合相关，反与

---

① 范端昂《奁诗泐补》卷首，雍正四年凤鸣轩刻本。

正相依，顺与逆相应，一呼一吸，叶乎宫商，奁制之不可几及在此。"论"七言绝句"云："七言绝句较五言绝句多八字，句长则声调悠扬，唐人故采儒管弦，大抵前用顿，后用挫，顿处皆截，挫处皆连，顿多挫少，总贵于自然。云因行而生变，水因动而生文，皆有不期然而期然之妙。奁制发乎情，根乎性，温柔敦厚，自然可歌可咏。顿挫无不合拍，故青莲发于素足之女，近日为诗，先于奁制精研，则思过半矣。"论"七言律诗"云："五言八句之变也，唐人乃专此体，或因情寓景，或因景见情，以格调为主，意兴经之，词句纬之，以浑厚为上，雅淡次之，浓艳又次之。若论其难易，则对句易工；结句难工，起句尤难工也。汉魏过于质，六朝浮于文，惟唐得文质之中，泐补香奁诗，肆必于唐始。"论"排律"云："排律者，起于晋、宋至陈、隋，丽句尤多。唐时始专此体，而有排律之名，试士限以题，中字为韵，亦有主句限以韵者。本是一首律诗，律诗八句，起二句承二句为一解，转二句合二句为一解，排者从中排开。插入前四句，前二句不可同于承，后二句不可同于转，抽此四句无减，于律加此四句无碍，于律乃为合作。亦有十六句、二十句、二十四句俱是一解，一解排去，大抵六韵为排律。总持娴习，六韵则知百韵，俱把八句中间排进，但要次第安放得好耳。"论"五言古诗"云："五言古发源于西汉，汪洋于东汉，汗漫于晋宋，至陈隋而古调绝矣。唐初起而振之，元和以后遗响复息，李沧溟谓'唐无古诗'，因唐以诗取士，士攻于诗，多趋近体，惟杜少陵熟精《文选》。故其古诗称唐独步，虽云深于汉魏，然究非汉魏也。学者专攻《三百篇》，乃得汉魏，专攻汉魏乃得唐古诗。而唐五言古犹去汉魏未远，若夫七言古诗皆七言歌行也。唐之歌行妙具抑扬顿挫，所以有声有词，古诗则贵于质朴谨严，体自不同。五言古诗不拘平仄，不定对偶，或随赋比兴，起须要寓意深远，托辞温厚，反复优游，雍容不迫，或感古怀今，或怀人伤己，或潇洒闲适，写景要雅淡，推人心之至情，怀感慨之微意，悲慨含蓄而不伤，美刺婉曲而不露。要有《三百篇》之微意也。"

是选体例按体编次，分五言绝句、七言绝句、五言律诗、七言律诗四种诗体，共选唐代至清代诗人131家，诗296首，其中卷一五言绝句，选诗人20家33首，唐代诗人1家1首，宋代诗人1家1首，元代诗人2家2首，明代诗人15家21首，清代诗人1家8首；卷二七言绝句，选诗人43家139首，唐代诗人2家4首，宋代诗人6家13首，元代诗人3家6首，明代诗人26家83首，清代诗人6家33首；卷三五言律诗，选诗人37家63首，唐代诗人2家2首，宋代诗人2家3首，元代诗人1家1首，明代诗人30家49首，清代诗人2家8首；卷四七言律诗，选诗人31家61首，唐代诗人1家1首，宋代诗人2家8首，元代诗人1家1首，明代诗人23家45首，清代诗人4家6首。宋人选11家25首，入选比例偏低。明代诗人刘兰雪51首，位居第一，次清代诗人季娴21首，次宋代诗人朱淑真诗15首。是选有诗人小传，如贾蓬莱传云："江都人，国史传，贾虚中女，上官粹妻，著有《絮雪诗集》，后死寇难，塚生二连理树焉。"是选偶有精妙的评语，如评朱淑真《夜雨》云："供陪梦，则况之无聊可知，灯花犹不耐寒，人独何以耐寒乎？其幽忧不足意，俱在言外。"评朱淑真《黄花》云："六十不造屋，七十不造衣，人儿白发盈头，世事春梦矣。故垂暮卑污，随风逐臭，败节丧名，非惟白面羞称，抑亦红颜所同诟历也。朱媛此诗，其殆饥人之餐，俗人之药乎。"现藏国家图书馆。

27.《唐宋八家诗》

姚培谦辑。雍正六年（1730）遂安堂刻本，凡五十二卷，共十册，有序言和凡例，无评语。书前有王原序，王原《唐宋八家诗序》云：

> 有唐昌黎韩公，才本天授，而吐辞为经，匠心成矩，言不诡于圣人，道不杂于雄况，接孟氏而辟佛老，表六经而斥百家，使及圣门，游、夏文学之科以公厕列，无不逮也。其文备古今之体例，殆如周公之制作，监二代而综百工，可以为宪百世。至于神奇变化，凤骞龙翔，自公而后，罕见其匹。诗亦兀臬奇崛，创前古所未有，而婉丽尔雅，又深得《三百篇》诗人之旨。
>
> 柳河东文，其初犹未脱唐人碎琐轧屈之习，自见韩公而后，遂变而为精深醇厚，足与韩公相上下。诗严靖微眇，敛才归法，彼使才役知之流，当之犹一映也。
>
> 宋之欧阳，得法于韩，而无摹拟之迹，神湛而味永，其太史公之苗裔乎？诗似太白，而风流蕴藉，不失绳检，方之太白豪变差逊，而温雅过之矣。
>
> 眉山父子，各有所长。老泉卓识闳议，笔力雄骏，如项羽之战巨鹿，光武之破昆阳，山崩海立，辟易万军。诗虽不多，称其为文，亦当时诸家所不易及也。
>
> 子瞻之才得之于天，非斗硕可限，经学史录，靡不淹洽；时务政术，靡不练达。见道虽不如韩之纯，而气魄力量，海涵地负，足以轶宋陵唐。滔辨不穷，原于《国策》、《庄》、《列》，而经济赡富未得施行，徒垂空文以见志。风流跌宕，托诸诗篇，储峙博而运用神，矢口点笔，无不奇妙，

岂人力哉!

栾城才不逮兄,而演迤渊渟,别有神致,对之者矜躁咸释。惟诗亦然,抱奇而不炫,砥锷而不露,不以属对纤巧为能,不以使事工切市博。坡公谓不如子由,周益公问作诗之法于陆放翁,放翁以为宜读子由诗,斯言岂欺我哉!

南丰之文实而醇,临川之文严而洁,盖曾之学深于经,而王之法得于韩。曾诗淳质古淡,足为有德者之言,朱子服膺子固,因其理胜辞达,其所诣可知已。王诗峭刻,而别味在酸咸之外,非世所同嗜,介甫每诮人不读书,亦其功深力到,甘苦自知,非孟浪语也。至于恃才执拗,引用匪人,此行事之失,若其文章,固横绝一世也。

八家之文,元人素有定论,茅鹿门合而钞之,言古文者宗焉,固无异辞。独于诗,世但知重韩、苏,而次欧、柳,余子概置之自郐无讥之列,至谓少陵不能文,子固不能诗,非通识也。

吾郡姚子平山既刻苏公体诗,余谓其何不并刻诸家以破流俗一隅之见,盖诸家各具精神,各有面目,韩、苏而外,向以文掩,不知其诗皆可美而传如是也。平山固有旷世之识者。闻余言而然之,遂并刻之。书成,属余为序,故略为论次,以晓世之。读八家之文者,退之老泉而外,颇有芟落,殆患简帙繁重,重仿茅氏文钞之例,世有好古博览之士全集俱在,取而读之,删次者之意亦可考见云。[①]

王原序指出世人只知学习唐宋八家之文,而不知其诗亦如其文皆美而可传,故仿照茅坤《唐宋八大文钞》的体例,将八家诗合为一集,是选除韩愈、苏洵诗全录外,其余均有删略;并对八位诗人的诗歌风貌都作了简明扼要的点评。《凡例》提出了许多诗学观点,论述颇为精妙,是对序言的有益补充,如苏轼《凡例》云:

先生集中,七言古诗最为冠绝,古今诗钞者,已十之八。五言古诗次之,五七言近体又次之,五律篇什,本寡绝句,多汰其纵笔不经意者,所存为少。然鳞毫凤羽,殆无遗漏,读者可以无憾矣。苏诗点次评骘自刘辰翁而外,名家不一,是编手钞原本,不揣管见,亦妄有丹黄。登板时概行删去,实不敢冒佛头之诮,亦以古人之书,一经评点,则精神面目随人变

[①] 姚培谦《唐宋八家诗》卷首,雍正六年遂安堂刻本。

换,不如一尘不著,任具眼者击赏之为快也。

凡集诗编年,胜于分类,然古体近体杂出不伦,每苦习诵非便,今则截然部分其有一题,而兼诸体者,不妨两见,在淹洽者自能通贯,体虽分而编年即在其中矣。

苏诗行世,如永嘉王氏注及吴兴施氏注二书,王本则以类分,施本则以年谱,若从读者论世之便,则编年为宜。①

《凡例》详细说明了苏诗各体特点、编选体例和各种注本。是选还对每位诗人作出总体评骘,如苏轼总评云:"有一代之诗人,有百代之诗人,一代之诗人,其神明魄力,高出乎一代。然望而知其为此,一代中之人,此一代中之诗也。若百代之诗人,其神明魄力,非此一代中之所得私有。孟夫子不云乎,以友天下之善士为未足,又尚友古之人。于是此一代中之人,此一代中诗,遂不敢与之颉颃,而让其独步于百代。若唐之少陵,宋之东坡是也,二公之诗,家炫户诵之。大抵如摸巨象,不能得其全体,如观孔翠不能定其何色,盖家数既大,简择为难,因各就其性之所近,求沾溉于万一,而二公之真面目愈远矣。"

是选体例以人编次,每位诗人又按体编次,共选韩愈、柳宗元、欧阳修、王安石、曾巩、苏轼、苏洵、苏辙八位诗人,诗2878首。韩愈八卷375首,其中五言古诗130首,七言古诗53首,五言律诗36首,五言排律13首,七言律诗14首,七言绝句73首,七言排律1首,五言绝句26首,四言古诗2首,琴操10首,杂体17首;柳宗元四卷142首,其中乐府16首,五言古诗53首,七言古诗13首,五言律诗10首,五言排律8首,七言律诗12首,五言绝句9首,七言绝句20首,六言绝句1首;苏轼十八卷1387首,其中五言古诗289首,七言古诗226首,五言律诗85首,五言排律34首,七言律诗383首,七言绝句270首,七言排律2首,五言绝句51首,四言古诗12首,六言绝句6首,四言和陶诗14首,杂体诗15首;苏辙四卷156首,其中五言古诗40首,七言古诗25首,五言律诗28首,五言排律5首,七言律诗39首,七言绝句9首,七言排律2首,五言绝句8首;苏洵一卷28首,其中五言古诗15首,七言古诗2首,七言律诗6首,四言古诗5首;王安石六卷303首,其中五言古诗59首,七言古诗45首,五言律诗40首,五言排律5首,七言律诗95首,七言绝句50首,七言排律1首,五言绝句8首;曾巩三卷203首,其中五言古诗46首,七言古诗43首,五言律诗14首,五言排律6首,七言律诗62首,七言绝句32

---

① 姚培谦《唐宋八家诗》卷首,雍正六年遂安堂刻本。

首；欧阳修八卷284首，其中五言古诗76首，七言古诗65首，五言律诗38首，五言排律10首，七言律诗43首，七言绝句42首，七言排律2首，五言绝句8首。从选诗倾向上看，苏轼1387首，苏洵28首，两者相差1359首之多，可见编选者多寡不一，缺乏均衡，不能真实地反映两人在宋诗创作上的成就。现藏国家图书馆、上海图书馆、南京图书馆、北京大学图书馆。

28.《奁泐续补》

范端昂辑。雍正十年（1732）凤鸣轩刻本，凡三卷，共八册。书前有范端昂序和梦球序，范端昂《奁泐续补序》云："余《奁泐诗》一而再，再而三，兹又续补，得之不易也。夫诗抒写性情者也，必须清丽之笔，而清莫清于香奁，丽莫丽于美女，其心虚灵无名利牵引，声势依附之，汩没其性聪慧。举凡天地间之一草一木，古今人之一言一行，国风汉魏以来一字一句，皆会于胸中，充然行之笔下。诗惟奁制迥乎不可尚已，独是在昔闺吟之人，淹没世远，或秘于绮阁，或藏于名山，近代名姝，又多产于他邦，贮于金屋……余终不能忘于景之仰之者，此奁泐之所由续补也。"① 范端昂序说明了续补是选的缘由。梦球《奁泐续补序》云："发天地元音，写人间正气，盖莫大于诗也。诗自《三百篇》以迄唐、宋、元、明，作者代不乏人。选者亦多继起，惟闺阁讴吟，最关风教，先王以是经夫妇，成孝敬，厚人伦，美教化，移风俗，惜往往不多概见。"② 梦球序指出，有鉴于《三百篇》后，有关"经夫妇，成孝敬，厚人伦，美教化，移风俗"的作品已不多见的状况下，选录此诗，就在于延续《诗经》所留下的遗风余韵。是选体例按朝代编次，每个朝代又以人编次，共选晋代至清朝女性诗人82家，诗258首，其中卷一古体选诗人27家64首，晋代诗人1家1首，陈代诗人1家1首，北周诗人1家1首，唐代诗人1家1首，元代诗人1家5首，明代诗人19家47首，清代诗人3家8首；卷二近体选诗人40家175首，唐代诗人5家27首，宋代诗人4家26首，分别为杨氏2首，贾云华3首，谢素秋2首，朱淑真19首，元代诗人3家6首，明代诗人28家116首；卷三排律选诗人15家19首，唐代诗人4家4首，明代诗人10家14首，清代诗人1家1首。是选偶有评语，如评朱淑真《立春前一日》云："幽媚在'着春工'三字。"评朱淑真《约游春不去》云："幽恨不堪。"评朱淑真《暑月独眠》云："情酣态媚。"现藏国家图书馆。

---

① 范端昂《奁泐续补》卷首，雍正十年凤鸣轩刻本。
② 范端昂《奁泐续补》卷首，雍正十年凤鸣轩刻本。

29.《御选唐宋诗醇》

梁诗正等编，乾隆十五年（1750）御定。《四库全书总目提要》卷一百九十和《八千卷楼书目》卷十九著录，凡四十七卷，目录二卷，且有乾隆所赐序。虽未御选，实际为梁诗正等所编撰。梁诗正（1697—1763），字养仲，号芗林，又号文濂子，浙江钱塘人。雍正八年（1730）探花，官至东阁大学士，卒谥文庄，著有《矢音集》。是选版本甚多：清乾隆十五年（1750）内府四色套印本（国家图书馆藏），乾隆十五年（1750）内府三色套印本（国家图书馆藏），乾隆十五年（1750）紫阳书院重刻本、江苏巡抚陈宏谋据武英殿重刻本、两仪堂翻朱墨套印本，乾隆三十五年（1770）刻本，光绪七年（1881）浙江书局刻本、苏州江苏书局刻本，光绪十八年（1892）学库山房、湖南书局刻本，光绪二十一年（1895）上海鸿文书局刻本，民国四年（1915）中华图书馆石印本，民国上海九思斋石印本等。《唐宋诗醇》内府本与四库全书本不同。此书取唐李白、杜甫、白居易、韩愈，宋苏轼、陆游等六人诗作编为一集，用以和《唐宋文醇》的唐宋八大散文家相对，表彰这六位诗人在诗史上的特殊成就，并用之宣扬温柔敦厚的诗教。书中各家篇目之前有总评，每首之后有诸家评，用以提示主题，分析艺术特点。《四库总目提要》云："凡唐诗四家：曰李白、曰杜甫、曰白居易、曰韩愈。宋诗二家：曰苏轼、曰陆游。诗至唐而极其盛，至宋而极其变。盛极或伏其衰，变极或失其正。亦惟两代之诗最为总杂，于其中通评甲乙，要当以此六家为大宗。盖李白源出《离骚》，而才华超妙，为唐人第一；杜甫源出于《国风》、《二雅》，而性情真挚，亦为唐人第一。自是而外，平易而最近乎情者，无过白居易；奇创而不诡于理者，无过韩愈。录此四集，已足包括众长。至于北宋之诗，苏、黄并骛；南宋之诗，范、陆齐名。然江西宗派，实变化于韩、杜之间。既录杜、韩，可无庸复见。《石湖集》篇什无多，才力识解亦均不能出《剑南集》上，既举白以概元，自当存陆而删范。权衡至当，淘千古之定评矣。考国朝诸家选本，惟王士祯书最为学者所传。其古诗选，五言不录杜甫、白居易、韩愈、苏轼、陆游，七言不录白居易，已自为一家之言。至《唐贤三昧集》，非惟白居易、韩愈皆所不载，即李白、杜甫亦一字不登。盖明诗摹拟之弊，极于太仓、历城；纤佻之弊，极于公安、竟陵。物穷则变，故国初多以宋诗为宗。宋诗又弊，士祯乃持严羽馀论，倡神韵之说以救之。故其推为极轨者，惟王、孟、韦、柳诸家。然诗三百篇，尼山所定，其论诗一则谓归于温柔敦厚，一则谓可以兴观群怨。原非以品题泉石，摹绘烟霞，洎乎畸士逸人，各标幽赏，乃别为山水清音，实诗之一体，不足以尽诗之全也。宋人惟不解'温柔敦厚'

之义，故意言并尽，流而为钝根。士祯又不究兴观群怨之原，故光景流连，变而为虚响。各明一义，遂各倚一偏。论甘忌辛，是丹非素，其斯之谓欤？兹逢我皇上圣学高深，精研六义，以孔门删定之旨，品评作者，定此六家，乃共识风雅之正轨。臣等循环雒诵，实深为诗教幸，不但为六家幸也。"何以独选此六家，《凡例》云："唐宋人以诗鸣者，指不胜屈，其卓然名家者，犹不减数十人。兹独取六家者，谓惟此足称大家也。大家与名家，犹大将与名将，其体假正自不同。李杜一时瑜亮，固千古希有。若唐之配白者，有元；宋之继苏者，有黄。在当日，亦几角立争雄。而百世论定，则微之有浮华，而无忠爱；鲁直多生涩，而少浑成，其视白、苏较逊。退之虽以文为诗，要其志在直追李、杜，实能拔奇于李杜之外。务观包含宏大，亦犹唐有乐天。然则骚坛之大将旗鼓，舍此何适矣？"所论颇具见地。是选每诗后均附有前贤评语，而本书评语则用朱笔圈出。爱新觉罗·弘历《唐宋诗醇序》云：

  文有唐宋大家之目，而诗无称焉者，宋之文足可以匹唐，而诗则实不足以匹唐也。既不足以匹，而必为是选者，则以《唐宋文醇》之例，有《文醇》不可无《诗醇》，且以见二代盛衰之大凡，示千秋风雅之正则也。《文醇》之选，就向日书窗校阅所未毕，付张照足成者。兹《诗醇》之选，则以二代风华，此六家为最，时于几暇，偶一涉猎，而去取品评皆出于梁诗正等数儒臣之手。夫诗与文岂异道哉！昌黎有言："气盛，则言之短长与声之高下皆宜。"然五三六经之所传，其以言训后世者，不以文而以诗，岂不以文尚有铺张扬厉之迹，而诗则优游餍饫，入人者深？是则有《文醇》，尤不可无《诗醇》也。六家品格与时会所遭，各见于本集小序。是编汇成，梁诗正等请示其梗概，故为之总叙如此。乾隆十五年庚午夏六月既望四日御笔。①

弘历序具体说明了选录的宗旨和总体规模。现藏国家图书馆、北京大学图书馆、上海图书馆、南京图书馆。

30.《历朝诗选简金集》

  章薇辑。乾隆二十三年（1758）瀹云山房刻本，凡六卷，共六册（国家图书馆、上海图书馆、清华大学图书馆、浙江省图书馆藏）；《重订历朝诗选简金

---

① 梁诗正等《御选唐宋诗醇》卷首，乾隆十五年刻本。

集》乾隆五十九年（1794）披芸阁刻本，凡八卷（上海图书馆、南京图书馆、浙江省图书馆藏）。章薇，字韪兰。生平仕履不详。书前有章薇序、章深序和《例言》，章薇《历朝诗选简金集序》云：

> 诗自《三百篇》以前，其载诸经史者，凡束发就傅，即莫不手授一编。曷以选？嗣后以诗名世者，代有传人，如《古诗十九首》，上继风雅，下祖百代，又汉之苏、李，魏之曹、刘，六朝之庾、鲍，唐之王、孟、李、杜，宋之苏、黄、范、陆，元之元、虞、揭、萨，明之何、李、杨、高，本朝之王、汪、施、宋，卓卓最著之。……自是操觚家竞尚声律，一时购集揣摩，若唐人试帖，几于纸贵。始自汉魏，兹暨本朝，为择其脍炙人口者，约成一编，其中平奇浓淡，有美毕收，无体不具，不烦广搜博采，而寸帙内若举各家各选，了如指掌，可谓极大观而无憾矣乎，以《简金》名集是之取尔。乾隆二十三年岁在戊寅孟春月会稽章韪兰省题于瀚云山房。①

章薇序说明了是选得名的缘由及选录宗旨。章深《重订历朝诗选简金集序》云：

> 诗有宗旨，有体裁，有音节，有神韵，而立言归于温厚和平，无古今一也。盛衰正变以时代为升降，乃欲沿波讨源，审厥旨归，则分别去取，讵非操选事之责哉。余惟历代选家，昭明尚已，唐宋以来殷璠《河岳英灵集》，高仲武《中兴间气集》，韦縠《才调集》，方回《瀛奎律髓》，元遗山《中州集》，顾侠君《元诗钞》，朱竹垞《明诗综》，咸称善本。然皆代各为选，并未曾统历朝而汇为一集也。明曹氏石仓有《历代诗选》，第卷帙浩繁，令观者有望洋之叹。本朝排律诗百余十首编为八卷，名仍其旧。兹集之订，荟萃古今名作，如入宝矿而简精金，命名之意于是乎在？不揣谫陋，重镌问世。其于宗旨体裁，或音节神韵，数端或不至，大相剌谬，是所望沉潜风雅之士，匡余不逮焉。乾隆甲寅清和既望纫霞章深题于批云阁。②

章深序具体说明重订是选的缘由及总体规模。《例言》云：

---

① 章薇《历朝诗选简金集》卷首，乾隆二十三年瀚云山房刻本。
② 章薇《历朝诗选简金集》卷首，乾隆二十三年瀚云山房刻本。

汉魏迄唐遥遥千载，精神相接，呼吸渐通，如李陵《赠别》开《阳关三叠》之先声，王粲《七哀》为《垂老别》《无家别》之祖武，伯玉胎源于阮公，左思嗣音夫彭泽，读诗者由唐而上溯、汉京、当途、典午诸家，如登山之造五岳，观水之穷昆仑也。宋元及明虽去古日远，而扬风扢雅代有传人。

诗至有唐菁华极盛。陈正字起衰而诗品乃正，张曲江继续而诗品益醇，王、杨、卢、骆、沈、宋、燕、许接武王、孟、储、高、岑、元、白分道扬镳，体制于是乎大备。惟李供奉则纵横驰骤，凌轹骚雅；杜工部则阴阳开合，驱走风霆，宪章于汉魏，取材于六朝，前辈所谓集大成者也。故集中收李杜诗浸广。

诗固不可无法，而又无一定之法，起伏照应，承接转换，神而明之，存乎人焉。选声练色，构句铸词，亦非评语所能尽。

余兄手辑是编，为场屋而设，故所选皆风华典丽之诗。今更从馆阁选本及场坊间刻本，集百余十首另为一卷，为士林圭臬。

诗之正变关乎气运之盛衰，明代自北地、信阳别开蹊径。余子流弊风会变迁，以致是非互诋，皆党同伐异之见也。①

《例言》或言诗歌发展与时代盛衰关系，或论选录标准，或谈诗歌创作法则，或评唐代诗人诗歌风格。

是选体例以人编次，每个人又按体编次，分五言古诗、七言古诗、五言律诗、七言律诗、五言排律、七言排律、五言绝句、七言绝句、六言绝句九种诗体，共选唐代至清朝诗歌1981首。《重订历朝诗选简金集》和《历朝诗选简金集》相比较，增补了清人五言排律105首。卷一五言古诗189首，其中汉魏六朝诗72首，唐诗91首，宋诗17首，元诗9首；卷二七言古诗167首，其中汉魏六朝诗17首，唐诗86首，宋诗27首，元诗37首；卷三五言律诗440首，其中唐诗250首，宋诗55首，元诗41首，明清诗94首；卷四七言律诗453首，其中唐诗162首，宋诗83首，元诗73首，明清诗135首；卷五五言排律附录七言排律146首，其中唐诗113首，宋诗14首，元诗5首，明清诗14首；卷六五言排律105首；卷七五言绝句附六言绝句161首，其中唐诗96首，宋诗15首，元诗20首，明清诗30首；卷八七言绝句319首，其中唐诗100首，宋诗45首，元诗62首，明清诗112首。宋诗选有256首，入选数量偏低，可见编者对宋诗

---

① 章薇《历朝诗选简金集》卷首，乾隆二十三年瀚云山房刻本。

依然持有偏见。是选有精妙的评述，如评梅尧臣《寄题滁州醉翁亭》云："读《宛陵集》清幽闲淡，迥出尘俗，昔人云：'诗到无人爱处工。'又云：'俗人犹爱未为诗。'圣俞诗惟不可爱，乃愈觉可爱。"评《忆吴松晚泊》云："淡雅似韦左司。"评欧阳修《春日西湖寄谢法曹歌》云："音节顿挫，诗亦有俯仰揖让之容。"评戴复古《琵琶行》云："令香山老人有知，亦应惘然。"评苏舜钦《送王杨庭著作宰巫山》云："雄伟似初唐沈宋。"

31.《历朝制帖诗选同声集》

胡浚辑。乾隆二十三年至二十四年（1758—1759）刻本，凡十二卷，共十二册。是选为胡浚馆藏。胡浚，字希张，号竹岩，生卒年均不详，浙江会稽人，乾隆时举博学鸿词。知涌川县。著有《绿萝山房文集》二十四卷、《绿萝山房诗集》三十三卷。书前有齐召南序和胡浚序。是选体例分类编次，选诗从唐朝至清乾隆时期，卷一为朝籍，选诗29首，其中王安石1首，马祖常3首；卷二为天文类诗51首，其中欧阳修1首；卷三为时序诗34首，其中梅尧臣1首；卷四为地属类诗37首；卷五为文典类诗36首，其中苏轼1首，范成大1首，徐彦伯1首；卷六为音吕、器物、动植类诗40首；卷七至卷十二为清朝同声集，其中卷七为朝籍，卷八为天文时序，卷九为地属，卷十为文典，卷十一为文典和武功，卷十二为音吕、器物、动植。现藏南京图书馆。

32.《历朝应制指南》

沈绍辑。乾隆二十三年（1758）梅石山房刻本，凡十卷（不包括卷首二卷和卷末补编），共六册，有序言和凡例，无评语。《历朝应制指南》又称《历朝应制指南五律初集》。沈绍，字寄堂，号獭云居士，浙江平湖人，生平仕履不详。是选封面署"獭云居士印初集""《历朝应制指南初集》，当朝沈寄堂辑乾隆戊寅冬镌"。书前有其妻弟吴鸿云序，吴鸿云《历朝应制指南序》云："唐人或试于府，或试于省，或试于礼部，皆宗应制之作，宋元以下不以诗取士，录其排律之体裁近似者，以存一代梗概；坊本多用圈点评骘，不无轩轾前人之意，兹选精该详慎，不烦甲乙，海内具眼之士自别龙睛，毋庸蛇足。"[①] 吴鸿云序说明了是选编撰的缘由及其特点。是选仅选五言律诗一种诗体，共选唐代至清朝诗歌704首，每卷则分类编次，分有御制诗、春兰试帖、典礼、天文、岁时、宫掖、山水、农事、音乐、器用、花木、庶物等12类。宋诗有20首入选，入选

[①] 沈绍《历朝应制指南》卷首，乾隆二十三年梅石山房刻本。

数量偏低，说明宋诗不适合用作应制诗。现藏南京图书馆。具体选录情况如下表所示：

表 9 《历朝应制指南》

卷数	总类	入选诗人总数和诗作		卷数	总类	入选诗人总数和诗作	
卷首上	御制诗	21 首		卷六	农事 36	唐	6人6首
						宋	3人3首
						清	12人27首
卷首下	春兰试帖	20 首		卷七	音乐 20	唐	16人16首
						清	4人4首
卷一	典礼 43	唐	7人8首	卷八	器用 56	唐	25人25首
		元	1人1首			宋	1人1首
		明	3人4首			元	1人1首
		清	19人30首			明	3人6首
						清	22人23首
卷二	天文 70	唐	29人29首	卷九	花木 101	唐	23人23首
		明	1人1首			宋	2人2首
		清	29人40首			元	1人1首
						明	3人3首
						清	62人72首
卷三	岁时 45	唐	21人27首	卷十	庶物 58	唐	26人26首
		宋	1人1首			宋	3人3首
		明	2人2首			明	4人4首
		清	11人15首			清	24人25首
卷四	宫掖 88	唐	14人21首	卷末	补编 93	唐	28人28首
		宋	3人3首			宋	2人2首
		元	4人4首			元	1人3首
		清	55人60首			明	3人6首
卷五	山水 53	唐	11人13首			清	39人44首
		宋	4人5首			沈绍	2首
		元	1人1首				
		明	8人10首			阙名	8人8首
		清	19人24首				

33.《诗林韶濩选》

周煌重辑。乾隆二十九年（1764）漱润堂刻本，共四册，凡二十卷。根据周煌序，鉴于顾嗣立《诗林韶濩》卷帙浩繁，故重加厘定，于乾隆二十九年（1764）刊成《诗林韶濩选》二十卷。周煌（1714—1785），字景桓，号绪楚，又号海珊，重庆府涪州（今重庆涪陵区）人，进士，翰林院编修。周煌为嘉庆皇帝的老师，著有《琉球国志略》《海山诗稿》等。现藏北京大学图书馆、上海图书馆、南京图书馆、湖南省图书馆、浙江省图书馆。

34.《诗法易简录》

李锳辑。乾隆三十二年（1767）刻本，凡十四卷，共二册，有序言和评语。李锳（1719—1768），字青萍，号端黼，山东东莱人。乾隆二十一年（1756）举人，历任扬州通判、广信知府、右江兵备道。著有《漫游草》《信手抄》等。其生平事迹见李兆元《十二笔舫杂录》等。书前有乾隆三十二年（1767）李锳序，李锳《诗法易简录序》云：

> 诗不可以无法，而又不可以滞于法，行乎其所不得不行，止乎其不得不止，无用法之迹而法自行乎其中，乃为真法。四时之有寒暑，天地之法也。峙而为山，流而为川，山水之法也。而寒暑之岁差递嬗，流峙之巨细，盈虚实有不可以成法拘者，其曰寒曰暑，曰流曰峙，亦就其可指者而言之者，何以不息。天地以寒暑为法，而寒暑之往来，何以不忒使非有主宰乎？法之中者，而法且穷而将竭。然则，所谓法者，特其迹也。固别有深于法者也。斯录也，以诗征法，即因法录诗，取其可言者。善学者之自悟而已，名曰《易简录》。非敢曰天下之理得也，庶乎易则易知，简则易从云尔。①

李锳序论述了是选编选宗旨，并从多角度阐述了"法"的内容。是选论述各种诗体之来源，举作品为例讲解诗律与章法。如叙五言古诗云："五言古诗，五言始于伊耆氏《蜡辞》之'草木归其泽'。而《召南》之谁谓'雀无角'，连用至四句矣，然有全以五言成篇者。汉兴以来，五言始盛，十九首及苏李《赠别》，其标准也，故兹编始于汉。"叙七言古诗云："七言古诗，五言古体已备于汉，七言古体汉以前多系伪托，不足著录。《垓下》、《大风》仅导其源，武帝

---

① 李锳《诗法易简录》卷首，乾隆三十二年刻本。

《柏梁》始成巨制，魏晋因之，皆句句用韵。至宋鲍参军始有出句，不用韵之体。洎乎唐人，七言日盛，诸体咸备，故兹录以唐为宗。"叙述拗体诗的来源云："拗体之名，始于方虚谷《瀛奎律髓》。"是选为初学之选本，按体编次，共选宋代诗人6家诗25首，其中陆游11首，苏轼10首，苏辙1首，汪藻1首，汪莘1首，范仲淹1首。是选句中有评点，诗后有总评，兹录数则以飨读者。如评陆游《初夏闲居》云："前四句写初夏闲居，第三句衣之本也。第四句食之源也。恰从初夏写景得之由。其国计民生日切于心，偶然落笔，自然流露。五六句就当时拓开笔阵，不必与前四句细求，承接只用方屯已放四字，醒出是初夏时事，便自上下一片神行。末句归到自己就是闲居，放开一步，用暗中回报法，照应之密如此。"评陆游《题雪中垂钓图》云："东家西家炉火红，与中原君臣射虎边，俱以连用五平，见音节此等处，虚合通首论定乃见调剂之妙。"评陆游《泊公安县》云："四联皆平起，一二五六句以古人律，三四七八句参以双拗，用法悉本少陵。"评苏轼《出颖口初见淮山是日至寿州》云："四联皆平起，亦取法少陵者。"现藏国家图书馆。

35.《五七言分类集腋》

陆景锽辑。乾隆三十四年（1769）抄本，不分卷，共十册，无批注，有墨笔圈点。陆景锽，字省晨。生平仕履不详。《凡例》说明了是选选录缘由、选录情况和选录标准："选诗赋四六皆取醇古玄博、苍古秀逸之作，怪癖苦涩者，概不抄录；随选随录，未挨世次及姓名，前后各集分类，以便翻阅，其中尚有未确当处，容俟更定。古今诗赋卷帙浩繁，尚有未选者，俟续集竟其绪；余于暇时，钞选诸集，约费数年心思，犹未卒其业，将来怀是选者，当念成功非易，勿令朽蠹废弃。"陆景锽在是选中对每种体裁的发展和特点有详细的阐述，极为独到，如《五绝集腋》弁言云：

> 《易》曰："参伍以变，错综其数。"言变者，必以五者，以五属阳，阳为龙，龙之变化或在天，或在田，或在渊，其灵昭昭，莫能窥测，故以为变自五生也。诗以五言名，亦有变化之义，必如神龙在绛霄，时现全身，时露一鳞一爪，使观者目眩神摇，不可端倪，方无呆滞之病。复以五行参之，水、火、木、金、土，水作咸，火作苦，木作酸，金作辛，土作甘，各有专司，而不相假借。以作诗者，一题有一题真面目，无容以宽套语杂乎其中，然捉笔抽思，而运以灵机，就题中蹴起波澜，即是水生木，木生火，火生土，土生金，金生水也。就题中翻剔逆折，即是金克木，木克土，

237

土克水，水克火，火克金也，以配合而言，诗之流丽者，其犹水乎？光昌者，其犹火乎？条畅者，其犹木乎？精炼者，其犹金乎？敦厚者，其犹土乎？五绝止四句，其犹五行分属四时乎？四句中有弦外之音，其犹土之寄王于四时乎？若问五绝仿于何时，尝考虞姬向霸王歌云："汉兵西掠地，四面皆楚声。大王意气尽，贱妾何聊生？"此虽歌行而已，开五言绝句之体，更为之遥溯其源。毛诗中"伴奂尔游矣"等章，尤为鼻祖。此无异，老龙教子升天，其生生不绝，要皆"参伍以变"也。至于诗中所味，"宝剑值千金"、"客心惊落木"、"春水满泗泽"、"兵火有余烬"、"汗滴禾下土"，非咸以五行程句者耶。而论其极则，以调高为上乘，情真为合格，且全散为最难见长，而能一气呵成，不失之卑靡软弱，斯具于五绝三昧。兹集汇选一千一百六十四首，流丽者水，光昌者火，条畅者木，精炼者金，敦厚者土，合咸、苦、酸、辛、甘以调和鼎鼐，洵四时之味，俱由五行相济，而错之综之。《周易》所谓"通其变，遂成天地之文也"。乾隆三十有四年岁次乙丑首春日云间陆景锽省晨甫自志于平原书塾。[①]

陆景锽说明了五言绝句发展的历史以及选诗规模。是选体例按体编次，分五言古诗、七言古诗、歌行、五言排律、七言排律、五言律祖、五言律诗、五言绝句、七言绝句、六言诗十种诗体，共选诗12026首，其中五言古诗527首，七言古诗435首，歌行114首，五言排律22首，七言排律14首，五言律祖147首，五言律诗1928首，七言律诗2477首，五言绝句1164首，七言绝句3191首，六言诗179首，试帖419首，应试奚囊115首，草书诗1294首。现藏上海图书馆。

36.《宋金三家诗选》

沈德潜辑。乾隆三十四年（1769）刻本。关于《宋金三家诗选》选录的时间，沈德潜在其《自订年谱》中指出："三十四年己丑，年九十七。前岁冬月选《宋元三家诗》，至是七月告成。"沈德潜何以要编选《宋金三家诗选》，沈氏弟子顾宗泰在《宋金三家诗选序》中指出：

> 吾师归愚先生所选《古诗源》、《唐诗别裁》、《明诗别裁》诸集久已脍炙，海内人士奉为圭臬。而独宋、金、元诗未之及，非必如嘉隆以后言诗

---

① 陆景锽《五七言分类集腋》卷首，乾隆三十四年抄本。

家尊唐黜宋，概以宋以后诗为不足存而弃之也。今年春，先生始选苏东坡、陆放翁、元遗山三家诗，补前此所未及，同协助者为吾友陈君野航。茫如烟海，各一搜寻。三家为宋以后大家，以选之者存之，尽诗之正轨矣。放翁、遗山二家，先生首为论定，例言、评语都备，独东坡诗于病中选阅，只有定本，不及评而先生已下世。今野航梓版行世，悉存其旧，不纂入一语，以滋后世惑也。①

顾宗泰序写于乾隆三十四年（1769），沈德潜所选《古诗源》《唐诗别裁集》《明诗别裁集》《清诗别裁集》等，而独未及宋元，故而沈氏选三家诗的宗旨是为了"补前此所未及"，并将宋金诗歌纳入诸选本系列，将宋金时代阑入"诗之正轨"的渠道，亦正如其学生陈明善所谓"归愚论诗不拘一格"（《宋金三家诗选·例言》），王昶之论更具见地："先生独综今古，无藉而成，本原汉魏，效法盛唐，先宗老杜，次及昌黎、义山、东坡、遗山，下至青丘、崆峒、大复、卧子、阮亭，皆能兼宗条贯。"沈德潜（1673—1769），字确士，号归愚，长洲（今江苏苏州）人。乾隆元年（1736）荐举博学鸿词科，乾隆四年（1739）成进士，曾任内阁学士兼礼部侍郎。论诗倡言格调，提倡温柔敦厚之诗教。选有《古诗源》《唐诗别裁集》《明诗别裁集》《清诗别裁集》《七子诗选》等。是选体例以人编次，共选苏轼、陆游、元好问三位诗人527首，其中苏轼185首，陆游208首，元好问134首。

37.《历代闺媛诗选》

佚名辑。乾隆三十五年（1770）水竹居抄本，不分卷，共四册，无序言和批语。是选体例按时代编次，共选古逸诗至清乾隆诗477首，其中古逸诗6首，汉诗27首，北齐诗3首，陈诗1首，隋诗9首，唐诗56首，宋诗82首，元诗80首，明诗173首，清诗40首。宋诗入选数量居第二位，多于唐诗，可见此时宋诗地位不断提升。朱淑真34首，居其首，次鱼玄机31首，次唐山夫人16首，次汴梁宫人15首，次李冶14首，余皆不足10首。是选有诗人小传，如朱淑真传云："朱淑真，姓朱，浙江人也，文章幽态，才色清丽，实闺门之罕。因匹偶之非，勿遂素志，尝赋断肠哀怨之诗，以自解抑郁，不乐之恨，临安王唐佐为传，以述其始末，宛陵魏仲恭为之序。"现藏国家图书馆。

---

① 沈德潜《宋金三家诗选》卷首，乾隆三十四年刻本。

38.《宋元人诗集》

法式善辑。乾隆三十七年（1772）抄本，不分卷，共三十册，有序言，无评语。法式善（1752—1813），原名伍运昌，字开文，别号时帆、梧门、陶庐、小西涯居士。乾隆四十五年（1780）进士，官至侍读。乾隆帝盛赞其才，赐名"法式善"，满语"奋勉有为"之意。是我国蒙古族中唯一参加编纂《四库全书》的作者，著有《存素堂集》《梧门诗话》《陶庐杂录》《清秘述闻》等。选有《武夷新集》《邕州小集》《忠正德文集》《西塘集》《建康集》《藏海居士集》《东莱诗集》《高东溪集》《燕燕堂诗稿》《海陵集》《鄂州小集》《梁溪遗稿》《香山集》《云庄集》《野处类稿》《盘州集》《颐庵居士集》《南湖集》《客亭类稿》《莲峰集》《省斋集》《山房后稿》《菊磵集》《林湖遗稿集》《疏寮小稿》《性善堂稿》《龙洲集》《平斋文集》《康范诗集》《安晚堂诗集》《寒松阁》《可斋杂稿》《铁庵集》《默斋遗稿》《斋文编》《张氏拙轩集》《兰皋集》《嘉禾百咏》《覆瓿集》《阆风集》《秋声集》《庐山集》《真山民集》《存雅堂遗稿》《紫岩诗选》等。现藏国家图书馆。

39.《历朝名媛诗词》

陆昶辑。乾隆三十八年（1773）红树楼刻本，凡十二卷，共六册，有序言和凡例，无评语。陆昶，字少海，江苏吴江人。书前有乾隆癸巳（1773）王鸣盛序、宋思序、程琰序和陆昶序。王鸣盛《历朝名媛诗词序》云：

> 自有诗歌以来，而名媛之作恒并列焉，顾选家专录之者则甚尟，考殷淳有妇人集久不传，《玉台新咏》虽多名媛诗，要非专选也，惟前明竟陵钟氏之《名媛诗归》及国初王西樵考功《然脂集》，斯为专选矣。诗归旨趣诡僻，固不餍于人心，而《然脂集》未经流播，艺林以为缺事。吾友汪君䎡莃辑本朝名媛诗，亦既裒然成帙矣，陆子梅坨复取自汉迄元名媛之作，选定为一集，系以小传，传尾略加品骘，上下二千年闺帏佳制，搜采靡遗，而以诗存人，不以人存诗，诗苟足存，北里亦收，而仙鬼荒幻，则付之阙如，名媛专选，此为最精矣。盖尝论之，性情之际男女婚匹之地，此人道之所由始，而伦纪之至切者也，风化基焉，政治出焉，礼乐肇焉，是以古之圣人重之，诗书所载，于兹特详。盖其始不越乎闺房儿女子之言，而其终有以乎动天地、感鬼神之效，是故《关雎》之什，用之乡人，用之邦国，此物此志也。彼《玉台》、《香奁》，殆不免丽以淫矣。若陆子之所录，

抑何其丽以则也。陆子以盛年巨笔,擅名词场久矣,清芬鸿藻散落人间者,固已照映一世,极其才之所至,足鼓吹休明,润色鸿业,金钟大镛,奏诸郊庙,陆子实优为之,乃浮湛诸生中,尚未获大展其所蕴,姑取夫房中之曲,仅仅用之乡人邦国者而裁别焉,要亦不可谓非鼓吹润色之一助也。他日排金门上玉堂,撰芝房宝鼎之歌,拟白麟奇木之对,要皆从其性情之正而流露焉。予虽老钝,尚思沘笔以俟之。乾隆癸巳四月既清望进士及第通奉大夫光禄卿前史官友人西庄王鸣盛撰。①

王鸣盛序具体阐述了是选编选的过程和缘由。陆昶《历朝名媛诗词序》云:

  温柔敦厚,诗之教也,其系于人心风俗者大矣。《葩经》一编,立千百世诗教之极,首列《二南》,明后妃之贤,继之以十五《国风》,多载妇女之什,如《关雎》、《葛覃》、《卷耳》、《芣苢》、《褰裳》、《蔓草》诸篇,贞淫不掩,以为劝戒,圣人于此,盖三致意焉。溯汉以前,陶母《黄鹄》、《采葛妇》之作,皆原本诗教,词意悱恻,其后风流不古,《雅》、《南》日远,率多留情燕昵,务为妍悦,贞静之风邈焉,而才人隽士无不从风而靡,《玉台》、《香奁》,沦肌浃髓,声韵之弊,流极既衰,所谓温柔敦厚之教,荡然无存,谁为犹挽其颓波哉!从前巨公采辑成帙,意在备载诸什,而漫无别择,风尚愈乖,欲求清课,竟无善本,余窃惧焉。际今圣世右文,正诗教昌明之会,山陬海澨,咸事吟咏,然《三百篇》之微意,犹患其昧没于诸选本之中。因不揣固陋,往复淘汰,以窃附经义之余,如班姬之《咏扇》,深于怨也、忠也,《谷风》之义也;木兰之从军,伤于乱也、孝也,小戎之遗也。爰自炎汉,迄于辽元,汰其六七,存其二三,卷帙弗多,足备讽诵,而其间贞淫杂见,未可尽废,重为诠定其事辞,庶几耽玩之下,一归于无邪之旨云尔。余外舅李漫翁先生诗坛老宿,因以质之,先生曰:"温柔为《国风》之原,敦厚为《雅》《颂》之本,善读者当有会心焉。"是编也,出以问世,固诗教之一助也。乃付剞氏,而书数语于卷端。时乾隆岁次癸巳八月既望,吴门陆昶梅坨题于胥浦之红树诗楼。②

陆昶序说明了是选选录的标准是以"温柔敦厚"为主。关于是选编撰体例,

---

① 陆昶《历朝名媛诗词》卷首,乾隆三十八年红树楼刻本。
② 陆昶《历朝名媛诗词》卷首,乾隆三十八年红树楼刻本。

《凡例》指出："是选以诗存人，不以人存诗"，"是选小传末，略缀评语"，"是选迄于辽元未及胜国"。是选之小传颇具特色，如李清照条云：李清照，李格非女，有才学，自号易安居士，适赵明城，明诚故，再适张汝舟，常反目，尝与秦处厚，书曰：'猥以桑榆之晚景，配兹驵侩之下材。'良可恨矣，有《漱玉集》三卷，朱晦庵语录云：'本朝妇人能文，只有李易安与魏夫人耳。'清照诗不甚佳，而善于词，隽雅可诵，即如《春残》绝句，'蔷薇风细一帘香'，甚工致，却是词语也。"是选体例按朝代编次，每个朝代之中又以人编次，共选汉朝至元代名媛242家，其中卷一汉代名媛7家，卷二魏至梁代名媛22家，卷三陈朝至隋代名媛16家，卷四至卷七唐代名媛88家，卷八至卷九宋代名媛44家，辽代名媛6家，卷十元代名媛19家，卷十一元代名媛32家，卷十二附鬼仙诗词，年代不详者8人。现藏国家图书馆、南京图书馆、江苏吴江图书馆。

40. 《唐宋诗本》

戴第元辑。乾隆三十八年（1773）览珠堂刻本，凡七十六卷，共四十册，有序言和凡例，无评语。国家图书馆藏有光绪三年（1877）览珠堂补刻本，凡七十六卷，首一卷，共三十二册。湖南省图书馆、南京图书馆藏有光绪四年（1878）览珠堂补刻本，凡七十六卷，目录八卷，共四十二册。戴第元（1728—1789）字正宇，号簋圃，又号省翁，江西大庾县（今江西大余）人。乾隆十八年（1753）中举，乾隆二十二年（1757）中进士，改庶吉士，后授翰林编修。官光禄寺少卿、太常寺少卿、太仆寺少卿等。南京图书馆所藏题签钱玄同，首徐日都、戴第元之序，次为戴第元自撰例言八则，次总目，次细目八卷。从序言和例言可知，是选仿照《唐宋诗醇》之体例，辑录唐宋之诗，分类编次，分为同题、长篇、连章、绝唱、拗体、命题、论诗等，而且在每类中又有细分，如拟古、古意、古风、杂诗、感遇、遣兴、秋兴、杂兴、咏史、咏怀、述怀、古兴、感兴、杂感、无题、游仙、书韩幹牧马图、田家、宫词、桃源行、石鼓歌、筹笔驿、骊山行、金山行、岳阳楼、谒禹庙、缚虎图、八骏图、弹琴、捣衣、畴昔篇、月蚀诗等。所选诗作不及宫廷、闺阁、僧道等，戴第元指出："七编前不存宫掖诗，后不选方外既贤媛等诗，以宫掖正宜别钞。贤媛则仅堪备览，若缁黄者流，性所不近，虽有佳篇，未暇取则，阙之可耳。"（《凡例》）戴第元《唐宋诗本序》云："唐宋两朝诗合选，世鲜善本。新城王尚书但录往体，余概从阙。""爱本《诗醇》体例，以读唐宋诸家之诗，凡古今诗话、诗评偶有所得，辄抄缀简端，积年遂成卷帙。"说明了是选编纂的目的和编选体例是仿照《唐宋诗醇》。是选共选唐宋诗4082首，其中唐诗2059首，宋诗2023首，唐宋诗入选数量基本相当，可见编者并无尊唐抑宋的偏见。具体选诗情况如下：

表10 《唐宋诗本》

卷数	唐代	宋代	卷数	唐代	宋代
卷之一第一编同题一	22人22首	8人10首	卷之三九第四编绝唱二	8人37首	
卷之二第一编同题二	21人23首	6人7首	卷之四十第四编绝唱三	11人45首	
卷之三第一编同题三	21人34首	20人27首	卷之四十一第四编绝唱四	4人69首	
卷之四第一编同题四	9人16首	15人39首	卷之四十二第四编绝唱五	2人36首	
卷之五第一编同题五	28人30首	5人12首	卷之四十三第四编绝唱六	1人17首	
卷之六第一编同题六	23人51首	13人24首	卷之四十四第四编绝唱七	1人37首	
卷之七第一编同题七	8人35首	17人22首	卷之四十五第四编绝唱八（咏怀古迹仅算一首）	23人56首	
卷之八第一编同题八	20人27首	15人22首	卷之四十六第四编绝唱九	3人28首	
卷之九第一编同题九	21人24首	14人16首	卷之四十七第四编绝唱十	6人16首	
卷之十第一编同题十	11人12首	9人9首	卷之四十八第四编绝唱十一	18人52首	
卷之十一第一编同题十一	18人18首	25人29首	卷之四十九第四编绝唱十二	3人51首	
卷之十二第一编同题十二	23人34首	20人21首	卷之五十第四编绝唱十三	26人73首	
卷之十三第一编同题十三	10人30首	18人26首	卷之五十一第四编绝唱十四	23人41首	
卷之十四第一编同题十四	9人10首	23人47首	卷之五十二第四编绝唱十五		26人54首
卷之十五第一编同题十五	35人37首	10人20首	卷之五十三第四编绝唱十六		8人38首

续表

卷数	唐代	宋代	卷数	唐代	宋代
卷之十六第二编长篇一	6人10首		卷之五十四第四编绝唱十七		25人63首
卷之十七第二编长篇二	2人9首		卷之五十五第四编绝唱十八		25人79首
卷之十八第二编长篇三	5人12首		卷之五十六第四编绝唱十九		45人74首
卷之十九第二编长篇四	2人9首		卷之五十七第四编绝唱二十		9人72首
卷之二十第二编长篇五	3人13首		卷之五十八第四编绝唱二十一		7人76首
卷之二十一第二编长篇六	5人12首		卷之五十九第四编绝唱二十二		15人73首
卷之二十二第二编长篇七		9人12首	卷之六十第四编绝唱二十三		50人80首
卷之二十三第二编长篇八		5人12首	卷之六十一第四编绝唱二十四		32人71首
卷之二十四第二编长篇九		8人12首	卷之六十二第四编绝唱二十五		55人71首
卷之二十五第二编长篇十		8人10首	卷之六十三第五编拗体一	23人72首	
卷之二十六第三编连章一	5人53首		卷之六十四第五编拗体二	2人57首	47人55首
卷之二十七第三编连章二	1人59首		卷之六十五第五编拗体三	19人39首	45人55首
卷之二十八第三编连章三	1人46首		卷之六十六第五编拗体四	7人28首	20人30首
卷之二十九第三编连章四	5人64首		卷之六十七第六编命题一		27人62首
卷之三十第三编连章五	13人180首		卷之六十八第六编命题二		1人18首
卷之三一第三编连章六	21人134首		卷之六十九第六编命题三		1人30首

续表

卷数	唐代	宋代	卷数	唐代	宋代
卷之三二第三编连章七		8人141首	卷之七十第七编命题四	7人31首	
卷之三三第三编连章八		8人101首	卷之七十一第七编命题五	14人23首	26人40首
卷之三四第三编连章九		17人95首	卷之七十二第七编论诗一	3人39首	
卷之三五第三编连章十		19人108首	卷之七十三第七编论诗二	5人19首	
卷之三六第三编连章十一		8人49首	卷之七十四第七编论诗三	23人56首	3人11首
卷之三七第三编连章十二		22人79首	卷之七十五第七编论诗四		23人59首
卷之三八第四编绝唱一	13人33首		卷之七十六第七编论诗五		17人72首

41.《历朝诗钞》

田璋辑。乾隆四十六年（1781）钞本，凡十卷，共十四册，有序言、圈点。田璋，字宜庭，河间（今河北沧州）人。生平仕履不详。书前有田璋序，田璋《历朝诗钞序》云：

> 今夫诗赋文词皆所以泄两间之精华，吐一心之锦绣，而为人世纵横驰骋之极观者也。然求其温柔典雅、敦厚和平，感时势而能写起所难言，遭变故而曲明起所不忍者，则尤莫善于诗。诚以诗也者，言其志之所之本性真而出者也。故夫忠诚孝子率皆缠绵悱恻之词，思妇劳人类多愁苦艰难之语。外此则吟花咏柳，扢雅扬风，清庙明堂，赓歌扬拜始焉。用以涵养其性情，终且因以自适其性情，则诗之神益良多也。大清乾隆四十六年岁次辛丑三月清明前一日河间田宜庭氏题于谦受堂。①

田璋序说明了编撰是选旨在"扢雅扬风"，发挥诗歌温柔敦厚的教化功能。

---

① 田璋《历朝诗钞》卷首，乾隆四十六年钞本。

是选具体论述了每种诗体的兴起、发展、成熟的历程，并具体说明了创作法则。如论排律云："排律者，唐兴始有此体，用此律试士，其对偶平仄与律诗同，其起止照应与长篇古风同。于八句律诗之外，任意铺排，联句多寡不拘，不以锻炼为工，而以布置有序言、首尾通贯为尚。又为试律者，先辨体，题有题意，诗以发之，不但如应制诸诗，惟求华美，则襞积之病，可免矣。次贵审题，批窾导会，务中理解，则涂饰之病可免矣。次命意，次布格，次琢句而终之以炼气炼神，气不炼则雕镂工丽，仅为土偶之衣冠，神不炼则意言并尽，兴象不远，虽不失尺寸，犹凡笔也。大抵始于有法，而终于以无法为法，始为用巧，而终于以不巧为巧，此当寝食古人，培养其根底，陶镕其意境，而后得其神明变化，自在流行之妙，不但求之试律间也。"① 论律诗云："律诗者，调平仄拘对偶所以约束人之才思，使之循规蹈矩，一如法律之森严，尺寸无容稍逾，及寝食既久，而因孰生巧，自能神明变化于其中。古人云'老来渐觉诗律细'，呜呼，诗其易言哉。"② 论绝句云："绝句者，截律诗半首，而为诗也。凡后两句对者是截律诗，前四句也，前两句对者是截律诗。后四句也，全篇皆对者是截律诗，中四句也，全不对者，是截律诗。首尾四句也，虽正变不齐，而首尾布置亦由四句为起承转合，故唐人绝句，皆称律诗。其法要婉曲回环，删芜就简，绝句而意不绝。大抵以第三句为主，而第四句发之。有实接，有虚接，承接之间，开与合相关，反与正相依，顺与逆相应，一呼一吸，宫商自该。然起承二句为难，法不过要平直叙起为佳，从容承之为妙，至于婉转变化，工夫全在第三句。若于此转变得好，则第四句如顺流之舟矣。"③

是选体例按体编次，分五言古诗、七言古诗、五言绝句、七言绝句、五言律诗、七言律诗、五言排律、七言排律、五言六韵、五言八韵、四言体、六言体、回文体、联句体、饯送体、庆贺体、戏谑体、祝寿体、颂扬体、吊挽体、悼亡体、琴操体、歌谣体等23种诗体，所选诗体十分完备。共选汉代至清朝诗人732家，诗2387首，其中唐诗997首，宋诗274首，唐诗入选数量远远高于宋诗，体现编者尊唐黜宋的诗学思想。现藏国家图书馆。具体选诗状况，兹列表如下：

---

① 田璋《历朝诗钞》卷首，乾隆四十六年钞本。
② 田璋《历朝诗钞》卷首，乾隆四十六年钞本。
③ 田璋《历朝诗钞》卷首，乾隆四十六年钞本。

表 11 《历朝诗钞》

卷数	诗体	朝代	诗人/人	诗作总数/首	卷数	诗体	朝代	诗人/人	诗作总数/首
卷一	五言绝句	唐	67	95	卷六	七言古诗	汉至隋	1	1
		明	14	15			唐	18	66
		清	2	20			宋	7	89
							金元	13	38
							明	15	27
							清	4	39
卷二	七言绝句	唐	61	154	卷七	歌行	汉至隋	14	39
		元	8	8			唐	16	66
		明	27	38			宋	5	14
		清	5	101			金元	3	3
							明	9	14
							清	2	13
卷三	五言律诗	唐	53	150	卷八	乐府	汉至北周	13	49
		明	28	35			唐	4	4
		清	2	64			宋	1	1
							明	1	1
							清	1	1
卷四	七言律诗	唐	41	134	卷九	五言六韵	唐	62	73
		宋	6	7			宋	2	2
		元	9	11			明	2	2
		明	45	67			清	11	13
		清	14	122		五言八韵	唐	16	22
							宋	80	161
						五言长律	唐	2	7
						七言排律	清	1	4

247

卷数	诗体	朝代	诗人/人	诗作总数/首	卷数	诗体	朝代	诗人/人	诗作总数/首
卷五	五言古诗	汉至隋	40	160	卷十	四言体		11	（未分朝代）
		唐	33	226		六言体		9	（未分朝代）
		明	28	64		回文体		1	（未分朝代）
		清	4	31		联句体		11	（未分朝代）
						饯送体		17	（未分朝代）
						庆贺体		22	（未分朝代）
						戏谑体		1	（未分朝代）
						祝寿体		17	（未分朝代）
						颂扬体		5	（未分朝代）
						吊挽体		26	（未分朝代）
						悼亡体		15	（未分朝代）
						琴操体		4	（未分朝代）
						歌谣体		14	（未分朝代）

42.《七言律诗钞》●

翁方纲辑。乾隆四十七年（1782）刻本，凡十八卷，共四册，无序言和评语。是选稿本存于国家图书馆，有杨岘跋。乾隆四十七年（1782）刻本著录杨岘跋，清黄培芳批校，现藏上海图书馆。另有民国十三年（1924）博古斋《苏斋丛书》影印本，藏南京大学、南京图书馆、上海图书馆。翁方纲（1733—1818），字正三，号覃溪，顺天大兴人。乾隆进士，官至内阁大学士。精金石、书画、谱录、考证之学。著有《复初斋诗文集》《小石帆亭著录》《石洲诗话》《苏诗补注》等。是选体例以人编次，共选唐、宋、金、元四朝诗人109家，诗767首。其中宋诗六卷，选诗人56家347首，苏轼94首为最多，次陆游89首，次王安石42首，次黄庭坚38首，次曾几11首，余皆不足10首。

43.《古诗选》

沈宗骞辑。乾隆五十一年（1786）抄本，不分卷，共一册，无序言和评语，有墨笔圈点。沈宗骞（1736—1820），字熙远，号芥舟，又号研湾老圃，浙江乌程人。著有《芥舟学画编》。是选体例以人编次,选录唐代至清乾隆时期的诗歌。选有宋代诗人 28 家 39 首,分别为王禹偁 1 首,寇准 1 首,杨朴 1 首,钱惟演 1 首,晏殊 2 首,魏野 1 首,林逋 4 首,苏轼 2 首,韩琦 1 首,张维 1 首,欧阳修 3 首,石象之 1 首,陈泊 1 首,杨杰 1 首,张耒 1 首,叶梦得 1 首,杨万里 2 首,周紫芝 1 首,范成大 1 首,陆游 2 首,葛天民 1 首,戴敏 1 首,方岳 1 首,朱继芳 1 首,赵师秀 1 首,叶茵 2 首,真山民 1 首,于石 2 首。现藏上海图书馆。

44.《历朝七言排律远春集》

汪贤衢辑。乾隆五十二年(1787)刻本,三卷,共一册,无序言,有评语和墨笔圈点。汪贤衢,浙江钱塘人,乾隆年间人。书前有汪贤衢序,汪贤衢《历朝七言排律远春集序》云:"七言排律体格悉如五言,五言语短须遒练不促,七言语长须流逸有势。起法须宏敞,接法须警醒。中须凝练整齐,又必推宕尽致,语意相生,一气贯串。结法须陡绝而住,使滴水不漏,或不拖曳不尽,使余韵悠然,篇法乃称完善。至若八韵以外,长篇仍讲段落须有关锁,有开展一如五排体制。"① 汪贤衢序阐释了七言排律创作规则。是选体例以人编次,共选唐代至清朝诗人 79 家,七言排律 118 首,其中卷一选唐代诗人 20 家 41 首;卷二选宋代诗人 7 家 9 首,元代诗人 7 家 8 首,明代诗人 15 家 21 首;卷三选清代诗人 30 家 39 首。宋诗入选数量偏少,唐诗入选最多,这也符合唐宋诗歌创作的实际状况。宋诗为文彦博 1 首、欧阳修 1 首、梅尧臣 1 首、苏轼 3 首、黄庭坚 1 首、石介 1 首、余靖 1 首。是选有简要评语,如评欧阳修《寄梅圣俞》云:"欧文忠公勋业文章有宋冠冕,诗特其余事,而此作述南方风土,亦可谓工绝矣。"评苏轼《次韵周开祖长官见寄》云:"七排一体非此鸿材,不足以供驰骤,律体微有未谐,缘所见宋诗甚少,故全录之,且大手笔原不能以声律束缚也。"现藏浙江省图书馆、南开大学图书馆。

45.《五言诗多师集》

翁方纲辑。清稿本,凡八卷,共一册,无序言和目录,亦无凡例,有墨笔圈点。是选体例以人编次,选唐至元代诗人 13 家,诗 342 首。其中唐代四卷,诗人 5 家 163 首(李白 39 首、杜甫 98 首、韩愈 6 首、白居易 12 首、杜牧 8 首);宋代三卷,诗人 7 家 162 首(王安石 23 首、苏轼 119 首、欧阳修 3 首、梅

---

① 汪贤衢《历朝七言排律远春集》卷首,乾隆五十二年刻本。

尧臣 4 首、黄庭坚 8 首、晁冲之 3 首、陆放翁 2 首）；元代一卷，诗人 1 家 17 首（虞集 17 首）。唐诗和宋诗入选比例相当，鲜明地反映了翁方纲唐宋并尊的诗学思想。现藏上海图书馆。

46.《五言诗余师集》

翁方纲辑。清稿本，凡二卷，共一册，无序言和目录，亦无凡例，有墨笔圈点。是选体例以人编次，仅存卷四和卷五二卷，卷四选唐代诗人 26 家 82 首，位居前五位的是陈子昂 21 首，刘长卿 15 首，王昌龄 8 首，李颀 6 首，刘禹锡 4 首；卷五选明代诗人 4 家 134 首，高启 62 首，薛君采 36 首，皇甫子安 22 首，皇甫子循 14 首。现藏上海图书馆。

47.《宋金元诗选》

吴翌凤辑。乾隆五十八年（1793）斯雅堂刻本（北京大学图书馆藏），凡六卷，共四册。自序刊本（南京图书馆藏）；乾隆五十八年（1793）长洲吴氏古欢堂刻本（国家图书馆、上海图书馆、苏州图书馆藏）。吴翌凤（1742—1819），初名凤鸣，字伊仲，江苏苏州人。诸生。著有《稽斋丛稿》《国轨文征》等。长洲吴氏古欢堂刻本，有吴翌凤序、汪懋麟序和陈懿本序，前三卷为宋诗，金诗一卷，元诗二卷。书前有吴翌凤序，吴翌凤《宋金元诗选序》云：

> 雪苑陈生少伯从余游，颇好作诗，爱余唐诗之选，亟录其副，复以宋、金、元三朝诗为请。余惟类选则有李龏之《艺圃集》，陈焯之《诗会》。分选择有吴之振之《宋诗钞》，厉鹗之《宋诗纪事》，元好问之《中州集》，顾嗣立之《元诗三集》，然皆卷帙繁重，黄茅白苇，采撷非易。旁及专集，辑为六卷，格取高浑，辞必雅驯，味尚渊永，凡宋之破涩，金之犄伉，元之繁缛，洗涤殆尽，间有一二小诗，意趣淡远，能参活句，不失风人之旨者，亦录焉。篇什无多，足继响唐人而后止，尝从事于是选者，方知余抉择之苦心也。乾隆五十八年十一月既望豫章寓斋书。①

吴翌凤序说明了是选的文献来源，是选文献采自李龏《宋艺圃集》、陈焯《宋诗会》、吴之振《宋诗钞》、厉鹗《宋诗纪事》。汪懋麟《宋金元诗选序》云：

---

① 吴翌凤《宋金元诗选》卷首，乾隆五十八年斯雅堂刻本。

近世言诗者多矣，动眇中、晚，必称初、盛，追摹汉魏，上溯《三百篇》而后快。于宋人则云无诗，何有金元。噫，所见亦少隘矣。世非一代，代不一人，信诗止于唐，则三百篇后不当有苏、李，六经以降，不当有左丘明。"四唐"之目，见本于庸人，时会所至，何能强而同之也？近人且言"不读宋以后书"，是士生今日，皆当为黔首自愚，无事雕心镂肾，希一言之得可传于后世也。余尝论唐人之诗如粟肉布丝、金犀象珠，足以利民用而济其穷，诚不可一日无，若宋元诸作，则异修奇锦、山海罕怪之物，味改而目新。学之者必贵家富室，无所不蓄，然后间出其奇。譬舍纨縠而衣布素，却金玉而陈陶匏，其豪侈隐然见也。倘贫窭者骤从而仿效之，适形其酸寒可笑而已，乌可执是以盎学诗者哉！①

汪懋麟反对"宋无诗"，汪氏从诗歌发展变化的视角指出，无论是唐诗，抑或是宋诗，均是顺应历史的发展趋势，才成就一代之诗，所以不能用一个标准去衡量。陈懿本《宋金元诗选序》云：

或有问于余曰："宋诗与唐诗同乎？"余曰："不同。唐诗浑雅，宋诗破涩。然削其木苦而留其良，而同者仍在也。"然则金元人诗，与唐人亦不同乎？余曰："同。金诗善学李杜，元诗善学温李。然或失则粗，或失则弱，盖同之，又有不同者存焉。"吴郡吴枚庵先生善言唐诗者也，而亦不废宋金元诗，行箧中有选本六卷，其格高气清，一扫污秽之病，而归于雅正。余尝借录其副，以资吟讽，年来外闻知有是书，传钞者众，不能偏给，因怂恿付梓，以公同好，其间去取，具见其苦心，读者谓同于唐诗也，可谓仍不同于唐诗也。赞版既峻，爰为序之如此。②

陈懿本序说明了两个问题：第一，唐诗与宋诗的区别，即唐诗浑雅，宋诗破涩。第二，是选宗趣，即"归于雅正"。是选有作者小传，采自《宋诗钞》，如苏轼传云："苏轼字子瞻，眉州眉山人，嘉祐二年进士，乙科对制，策入三等，累除翰林学士，历端明殿学士，礼部尚书。绍兴初坐谤讪，安置惠州徙昌化，徽宗立赦，迁提举玉局观，建中靖国，元年卒于常州。高宗朝赠太师，谥文宗，有《东坡前后集》。"是选选有宋代诗人109家309首，其中苏轼最多44

---

① 吴翌凤《宋金元诗选》卷首，乾隆五十八年斯雅堂刻本。
② 吴翌凤《宋金元诗选》卷首，乾隆五十八年斯雅堂刻本。

首,次陆游40首,次欧阳修16首,次张耒、朱熹各8首,次黄庭坚5首,但未录杨万里,是为遗憾。

48.《删正方虚谷瀛奎律髓》

纪昀辑。纪昀有《瀛奎律髓刊误》四十九卷。《删正方虚谷瀛奎律髓》有乾隆间(1736—1795)中嵩山院刻本(四卷)(北京大学图书馆藏),嘉庆六年(1801)刻本(四卷),上海图书馆藏梁章钜批,有方回原序。有"梁章钜"白文方印等。是选为方回《瀛奎律髓》的再选本,是选体例分类编次,分43类,共选唐宋五、七言律诗607首,其中登览类五言9首、七言10首,朝省类五言2首、七言3首,怀古类五言9首、七言3首,风土类五言7首、七言5首,升平类五言5首、七言6首,宦情类五言2首、七言5首,风怀类五言2首、七言1首,宴集类五言2首,春日类五言20首、七言52首,夏日类五言3首、七言2首,秋日类五言14首、七言10首,冬日类五言18首、七言3首,暮夜类五言24首、七言6首,晨朝类五言8首、七言4首,节序类五言17首、七言13首,晴雨类五言21首、七言6首,茶类七言1首,酒类七言6首,梅花类五言9首、七言7首,雪类五言7首、七言11首,月类五言11首、七言13首,闲适类五言22首、七言2首,送别类五言21首、七言8首,拗字类七言7首,变体类五言4首、七言7首,着题类五言11首、七言2首,陵庙类五言6首、七言2首,旅况类五言27首、七言3首,边塞类五言18首,宫阃类五言1首,忠愤类五言9首、七言11首,山岩类五言1首、七言1首,川泉类五言8首、七言3首,庭宇类五言4首、七言4首,消遣类五言1首、七言2首,兄弟类七言1首,子息类五言1首,寄赠类五言2首、七言7首,迁谪类五言5首、七言7首,疾病类五言2首,感旧类五言1首,释梵类五言31首、七言5首,仙逸类五言3首。编选者删除了论诗类、老寿类、技艺类、远外类、伤悼类。是选引纪昀之评语,如评陈后山《寄外舅郭大夫》云:"火候纯熟,乃臻此境,勉强效之,非粗则弱,亦不可不知,又须从根底一路,入手,若但用九僧琢句,工夫即终不到此。"评苏轼《赠刘景文》云:"此种由笔力朴老,故觉其健,无其笔力而效之,便成弱调。"评曾茶山《家》云:"兴酣落笔,风调自佳。"

49.《汇纂诗法度针》

徐文弼辑。乾隆六十年(1795)刻本,凡三十四卷,共五册,有序言、凡例和评语。徐文弼,字勷右,号苣山、超庐居士。江西丰城人,生活于清康熙至乾隆年间。乾隆六年(1741)举人,历官江西鄱阳教谕、河南伊阳知县。著有《新编吏治悬镜》《萍游近草》等。《江西诗徵》卷七十四有《徐文弼小传》。书前有蒋士铨序、金玉序、袁守定序。蒋士铨《汇纂诗法度针序》云："诗者，性情之感发而形于言之余也。古之人莫不能诗，天子巡守命太师陈师以观民风。盖不特朝廷郊庙有篇什焉，后世学者以《三百篇》为经，稚童而习之，及皓首不解为韵语者多矣。时或以诗取士，则又偏求于声律之工，而性情旨趣所归，未能悉穷其蕴蓄，致神仙拟圣之才毕生不得一第，而竖儒俗子揣摩剿袭者咸猎取功名而去。于是诗之体格日变于伪，而其所以为教者遂亡。"[1] 蒋士铨序论述了诗歌产生的原因。《凡例》之论亦极具特色。《凡例》云："是编为诗家诗谱并明金针秘法。顾立法莫严于杜，而杜法莫备于律。故首编少陵律诗，而殿以杂体。盖仿攻八股文者，先治单题，而徐及长截等类也。次编试帖，急科举之先务，穷变化于神明。又次编汉魏以迄元明，列叙世次，其间作述之源流。"叙写编撰缘起。《凡例》云："古今体诗欲取佳篇，即择精而益精者，亦不止汗牛充栋，是编专论法程，唯取诗各一式，或人录一首，或一人数首，非同选家，众美兼收，此则千金之裘，唯腋是撑也。"说明择取标准。《凡例》云："宫闱艳词，总称工绝，弃置不取。虽贞淫美刺，并载风诗，然后人于香奁伪体，穷力追新，未必足以惩创，故凡属无题托寓诸作，必兢兢别裁。"陈述选诗原则。是选按八音之序金、石、丝、竹、匏、土、革、木分为八集，选录唐、宋、元、明诗歌。《汇纂诗法度针》是为士子应考所编历代古近体诗选本。金集为诗法杂论，石集为杜律杂体，丝集为唐试帖诗，竹集为汉魏六朝诗，匏集为唐古体诗，土集为唐近体诗，革集为宋诗各体，木集为元明诗各体。是选共选宋代诗人33家296首，其中五言古诗74首，七言古诗44首，五言律诗51首，七言律诗70首，五言绝句15首，七言绝句42首。苏轼最多49首，次陆游30首，次朱熹28首，次苏辙24首，次黄庭坚22首，次梅尧臣19首，次王安石18首，次欧阳修16首，次范成大11首，余皆不足10首。是选附徐文弼评语，如评梅尧臣《望海亭》云："自然妙境。"评王安石《和冲卿雪诗并示持国》云："公诗暮年方妙，然学二谢、朱熹巧耳。"评王安石《怀舒州山水呈昌叔》云："多从结处着意。"评苏轼《和陶怨诗楚调示庞主簿邓治中》云："东坡诗，不可指摘轻议，词源如长河大江，飘沙卷沫，枯槎束薪，兰舟绣鹢，皆随流矣。珍泉幽涧，澄泽灵沼，可爱可喜，无一点尘滓，只是体不似江湖，读者幸以此意求之。"评苏轼《和子由渑池怀旧》云："逸气流利。"评陆游《游山西村》云："出不经意，却不安排，所以能传。"评林景熙《答周以农》云："发端便新颖。"现藏国家

---

[1] 徐文弼《汇纂诗法度针》卷首，乾隆六十年刻本。

图书馆。

50.《段七峰先生选钞唐宋诗醇》

段时恒辑。清钞本，不分卷，共一册。湖南省图书馆题识为《段七峰先生选钞唐宋诗醇》。据方树梅《滇贤生卒考》考证，段时恒（1771—1800），字立方，号七峰，云南晋宁人。乾隆五十四年（1789）贡生。著有《鸣凤堂诗稿》十卷、《七峰诗选》四卷、《鸣凤堂诗文集》。笔者曾前往湖南省图书馆查阅，因图书残破未能参阅。

51.《咏史诗钞》

谢启昆辑。光绪二十五年（1899）经世书局本，凡八卷，共一册，有序言，无评语。是选当为嘉庆二年（1797）刻本的复制本。谢启昆（1737—1802），字良壁，号蕴山，又号苏潭，江西南康人。历官编修、按察使、布政使、巡抚等职。著有《树经堂集》《树经堂咏史诗》《西魏书》《小学考》《山谷外集》等。书前有翁方纲序，翁方纲《咏史诗钞序》云：

> 有才人之诗，有学人之诗，二者不能兼也。山谷云："以古人为师，以质厚为本。然吾尝见山谷手迹，荟萃史事，巨细不遗，自后山以下得其隶事之法，而学其学知者，盖罕矣。"昔与南康谢子论黄诗之所以然，谢子尝以予所合校任史注三集，锓板于南昌，然谢子所以学其学者，不尽于此也。既而谢子殚前后三十年之功补魏收、魏澹之书，此非诗中沥液所致乎？然而谢子所以学其学者，抑不尽于此也。今又积数十年而《咏史》之作，汇成八卷，其于唐人不袭胡曾之格调，其于山谷、后山以下，诸家隶事之法，亦不治其面目，可谓勤且博矣！吾尝与谢子推研七律之法，取刘孝功之言名以《志彀》。今谢子之诗尚未全以付锓，而先以举此以质之诸学侣，吾知其必有得也。回忆三十年前城南风雪剪烛细论者半，皆才藻中事耳，必合诸学之所得，斯学即才矣。嘉庆二年春正月十二日北平友人翁方纲。[1]

翁方纲序区分了才人之诗和学人之诗的差别，并说明了谢启昆和翁方纲两人的交往过程和深厚情谊。是选体例以人编次，共选秦朝至元代诗人487家487首，其中秦诗6家6首，汉魏晋南北朝诗人313家313首，唐代至后蜀诗人103

---

[1] 谢启昆《咏史诗钞》卷首，光绪二十五年经世书局本。

家103首，宋代诗人53家53首，辽金元诗人12家12首。现藏江苏省吴江图书馆。

52.《五七言今体诗钞》

姚鼐辑。嘉庆三年（1798）方世平刻本，凡十八卷，共八册，有序言和评语。此书又称《惜抱轩今体诗选》，此书版本甚多，还有嘉庆十三年（1808）绩溪程邦瑞刻本，道光二十二年（1842）刻本，同治五年（1866）金陵书局刻本，同治七年（1868）湘乡曾氏重刊本，光绪七年（1881）山西濬文书局刻本等，《四部备要》排印本最为通行。姚鼐（1731—1815），字姬传，一字梦谷，室名惜抱轩，与方苞、刘大櫆并称为"桐城三祖"，世称惜抱先生、姚惜抱，乾隆二十八年（1763）中进士，任礼部主事、四库全书纂修官等。著有《惜抱轩全集》等，编选《古文辞类纂》。民国时期高步瀛《唐宋诗举要》所选的五、七言律，就是此书的再选本。书前有姚鼐序，姚鼐《五七言今体诗钞序》云：

> 天下之是非有不可得而淆也，而人以己意决之，则不能不淆，其不淆者必其当于人心之公意者也。人心之公意虽具于人人，而当其始，无一人发之，则人人之公意不见，苟发之，而同者会矣。
>
> 论诗如渔洋之《古诗钞》，可谓当人心之公者也。吾惜其论止古体，而不及今体，至今日而为今体者纷纭歧出，多趋诡谬，风雅之道日衰。从吾游者，或请为补渔洋之阙编，因取唐以来诗人之作，采录论之，分为二集十八卷，以尽渔洋之遗志。虽然，渔洋有渔洋之意，吾有吾之意，吾观渔洋所取舍，亦时有不尽当吾心者，要其大体雅正，足以维持诗学，导启后进，则亦足矣。其小小异同嗜好之情，虽公者不能无偏也。今吾亦自奋室中之说，前未必尽合于渔洋，后未必尽当于学者，然而存古人之正轨，以正雅祛邪，则吾说有必不可易者，世之君子，其亦以揽其大者求之。
>
> 声病之学，肇于齐梁，以是相沿，遂成律体。南北朝迄隋，诸诗人警句率以俪偶调谐，正可谓之律耳。阮亭五言古诗中既已录之，今不更载，所载断自唐人陈拾遗、杜修文、沈、宋、曲江，此为开元以前之杰。钞初唐五言今体诗一卷。
>
> ……
>
> 盛唐人禅也，太白则仙也，于律体中以飞动票姚之势运旷远奇逸之思，此独成一境者。钞太白诗一卷。
>
> 杜公今体四十字中包涵万象，不可谓少；数十韵百韵中运掉变化，如

龙蛇穿贯，往复如一线，不觉其多。读五言至此，始无余憾。余往昔见蒙叟笺，于其长律转折意绪都不能了，颇多谬说，故详为诠释之。钞杜诗二卷。

中唐大历诸贤尤刻意于五律，其体实宗王、孟，气则弱矣，而韵犹存。贞元以下，又失其韵，其有警拔，盖亦希矣。今钞韦苏州以下二十一人为一卷，刘梦得以下十二人为一卷。

晚唐之才固愈衰，然五律有望见前人妙境者，转贤于长庆诸公，此不可以时代限也。元微之首推子美长律，然与香山皆以多为贵，精警缺焉，余尽不取。惟玉溪乃略有杜公遗响耳。今钞晚唐，以玉溪为冠，合十八人共一卷。

夫文以气为主，七言今体，句引字赊，尤贵气健。如齐梁人古色古韵，夫岂不贵，然气则蹶矣，杨升庵专取为极则，此其所以病也。初唐诸君，正以能变六朝为佳，至"卢家少妇"一章，高振唐音，远包古韵，此是神到之作，当取冠一朝矣。钞初唐七言今体诗一卷。

右丞七律，能备三十二相，而意兴超远，有虽对荣观、燕处超然之意，宜独冠盛唐诸公。于鳞以东川配之，此一人私好，非公论也。钞盛唐诗一卷。

……

大历十子以随州为最，其余诸贤，亦各有风调。至于长庆，香山以流易之体，极富赡之思，非独俗士夺魄，亦使胜流倾心。然滑俗之病，遂至滥恶，后皆以太傅为借口矣，非慎取之，何以维雅正哉？钞中唐诗一卷。

玉溪生虽晚出，而才力实为卓绝，七律佳者几欲远追拾遗，其次者犹足近掩刘、白。第以矫敝滑易，用思太过，而僻晦之敝又生，要不可不谓之诗中豪杰士矣。钞玉溪生诗一卷，附温诗数首，然于玉溪为陪台，非可与并立也。

……

西昆诸公之拟玉溪，但学其隶事耳，殊滞于句下，都成死语。其余宋初诸贤，亦皆域于许浑、韦庄辈境内。欧公诗学昌黎，故于七律不甚留意。荆公则颇留意矣。然亦未造殊妙。今自宋初至荆公兄弟共为一卷。

东坡天才有不可思议处，其七律只用梦得、香山格调，其妙处岂刘、白所能望哉！山谷刻意少陵，虽不能到，然其兀傲磊落之气，足与古今作俗诗者澡濯胸胃，导启性灵。钞苏、黄诗一卷，苏门诸贤附焉。

放翁激发忠愤，横极才力，上法子美，下揽子瞻，裁制既富，变境亦多，其七律固为南渡后一人，其余如简斋、茶山、诚斋诸贤，虽有盛名，实无超诣。今略采一二，逮于宋末，并附放翁之后，钞南宋诗一卷。①

《序目》言及选诗目的，因为王士祯的《古诗选》"不及今体，至今日而为今体者纷纷歧出，多趋讹谬，风雅之道日衰"，《古诗选》未及近体诗，旨在"补渔洋之阙编""存古人之正轨，以正祛邪"。针对诗坛上今体诗创作不良风气而编。是选体例以人编次，共选唐宋诗歌995首，上编五言律诗（含五言排律）九卷专选唐诗552首，下编七言律诗九卷选唐宋诗443首，其中唐诗235首，宋代诗人23家208首，其中陆游110首，次苏轼30首，次黄庭坚26首，次王安石、胡武平各5首，次杨大年、陈师道各4首，次刘子仪3首，余则一至二首不等。从选诗倾向上看，杜甫选诗最多202首，次陆游110首，次王维50首，次李白、刘长卿各42首，次李商隐40首，次苏轼30首，次孟浩然、黄庭坚各26首，余皆不足15首，可见姚鼐比较推重唐诗。但姚鼐在七言律诗一体中，选宋诗208首，体现了姚鼐"熔铸唐宋"的诗学宗趣，为晚清宋诗运动导夫先路。是选推崇苏轼、陆游，强调黄庭坚诗"兀傲磊落之气，足与古今作俗诗者澡濯胸胃，导启性录"；放翁"激发忠愤，横极才力，上法子美，下揽子瞻"；东坡"天才有不可思议处"。是选有评语和注释，非常详细，如评陆游《游山西村》云："上有《过玉山》作，此盖丙戌移判，豫章免归时也。按：乾道二年，卜居镜湖三山。淳熙八年，有《扶桑埭徘徊西村诗》，《三家村诗注》'扶桑埭西，村名。又嘉泰元年，《西村诗》皆公家居时作'。又按《会稽志》'杜浦桥南，烟水无际，鸥鹭翔集，过三山，遂自湖桑埭入镜湖'。"现藏国家图书馆、北京大学图书馆、上海图书馆、南京图书馆。

53.《咏物七言律诗偶记》

翁方纲辑。清嘉庆十一年（1806）刻本，凡八卷，共一册，有序言、凡例、目录、评语和墨笔圈点。书前有嘉庆十一年（1806）翁方纲序和凡例，翁方纲《咏物七言律诗偶记序》云：

> 七言律诗咏物尤难，虽古名家集中不多讲也。盖用意刻琢，易于伤格，而专讲超脱，又未能恰到彀中，此事自关性情学问矣。然又不得但恃性情学问，遂谓尽其能事也。四十年前与谢蕴山日研此体，欲取诸家之作钞为

---

① 姚鼐《五七言今体诗钞》卷首，嘉庆三年方世平刻本。

一编，而草稿未定，其后蕴山作咏史七律，就吾斋往复商质，益味此中深处，而此钞仍未及付之。前数年，曹俪笙与予隔巷寓居，时以体物之作来相析论，复有汇钞，咏物七律之约。老懒倦于检阅，自俪笙出使江西迄今又二秋矣。适蕴山嗣君仲兰兄弟来官都门谈艺之顷，重理前说，而旧草未加诠次，自去春至，今又复检唐宋以来诸家诗集，博观约取，乃略钞，甫将百篇耳。亦足以见此事之极难，昔与我友商榷推敲之处，不止绘此，挑灯瀹茗，依依风味琅然，拍节之声也。卷帙虽少而意绪深长，即举此以见论诗之一隅可矣。①

翁方纲序说明了是选编撰的过程、选录标准和总体规模。《凡例》四则云：

元明诸家咏物七律渐多，然而耐读者颇少，因录国初诸先辈之作，以见体物之诣，深关学问。
唐宋金元明至国朝诸前辈之作，共得咏物七律九十八首，简附及一二联，皆偶记于此，非云选也。
体物之篇，系风雅之正脉。非仅俫色揣称也，迨其后题画之余，益兹类目丹黄。
形神义法兼到为难，以愚往复研求作者利弊，则凡题人写照者，不惟工于写景，必期惬当其人，岂惟惬当其人，必期于在我之交谊亲疏，与见在之时地际遇。或赠处之际，喻申忠孝之箴，或劝惩之间，矢结韦弦之佩，皆与寄兴，真知灼见旨归，而叙景之工切第于此中相依而出，不止于缘情绮靡也。是则六义之赋必合比兴，而通会之于体物精诣，或庶几焉。②

《凡例》详细说明了咏物诗的特点和咏物诗的写作规范。

是选体例以人编次，共选唐代至清朝诗歌106首，其中唐诗13首，宋诗34首，金诗3首，元诗12首，明诗8首，清诗36首。宋诗入选比例高于唐诗，体现了翁方纲兼宗唐宋的诗学观；宋诗以苏轼为最，有9首，可见翁方纲格外推崇苏轼。是选有翁方纲评语，论述颇为详尽，极具见地，如评杜诗《吹笛》云："圣人教人学诗多识于鸟兽草木之名，原即在兴、观、群、怨、事父、事君之中，舍性情伦理外，别无所谓咏物也。自后人俫色揣称，遂有专以咏物之篇，

---

① 翁方纲《咏物七言律诗偶记》卷首，清嘉庆十一年刻本。
② 翁方纲《咏物七言律诗偶记》卷首，清嘉庆十一年刻本。

见其才力，甚至或有仅一联之工擅场者，亦何可没耶？是以特举杜陵之作，具性情之真，得风雅之正，后有作者贞淫正变之殊，虽音各成方，而要莫能外焉。"如评苏轼《次韵刘贡父春日赐幡胜》云："凡咏物必有其地、其时、其人，试读坡公此数诗，每即一物而出处怀抱寄托咸寓其中，此咏物之神理，此咏物之性情也。学者即此知咏物虽一端，而可于斯得性情之正矣！岂徒就一物刻画雕琢而可谓之咏物者哉。"评苏轼《钱安道席上令歌者道服》云："此诗句句撇脱，实句句作本题，不知者，乃以为末二句始点题耳。"评冯山《山路梅花》云："此八句纯似虚字，见致虽亦有味，然学者正不可不防其渐也。"评张昭州《紫牡丹》云："其诗学杨诚斋，此联虽工。然对句亦即从宋元宪《落花诗》出耳。"评萧立之《溪行见落梅为赋》云："此则寄深远，非仅以刻画题事为能矣。"现藏南京图书馆、国家图书馆。

54.《历代大儒诗钞》

谷际岐辑。嘉庆十八年（1813）采兰堂刻本，凡六十卷，共四十册，卷首一卷，有墨笔圈点和序言。谷际岐（1740—1815）字凤来，号西阿，云南赵州人。乾隆四十年（1775）进士，选庶吉士，授编修。著有《声调谱》二卷。书前有吴锡麟序、谷际岐序、彭龄序、李亦畴序、洪梧序。吴锡麟《历代大儒诗钞序》云：

> 通经致用而为儒，儒一而已，自门户之见，分讲学者，薄词章为佻巧而不足为；而谭艺者，又病道学为迂远，而惮于为；于是二者亦几乎枘凿之不相入矣。而不知古之大儒，皆古之诗人也。故我夫子首以诗立教，既蔽以无邪一言矣，而又必明示兴观群怨之旨，多识于鸟兽草木之名。诚以诚意正心是在格物致知，亦在是惟善学者之一以贯之而已，同年，友西阿先生抱景仰大儒之心，欲亲炙大儒而不得遂，将缘诗以求其人，于是合唐以来诸儒先之从祀。孔庭者凡四十四家，从其集而甄录焉，成诗六十卷，名曰《历代大儒诗钞》。显之纲常政治之大，微之凤夜宥密之间，凡有所言，皆有所验，要之明白晓畅，若在人耳目间，而人自不能道之，乃至发之而为道原，宣之而为乐本而儒之蕴蓄见矣，而诗之性情出矣。夫不学诗无以言，言者岂惟辞采之美，音节之和之谓儒者，上下古今凡有关于国事民生者，必求其所以然，而因推及乎所未然。故其心皆足以济世，其言皆足以泽民，而后之诵之者又能涵泳其悲天悯人之意，以各见诸施行，此大儒之诗，即天地之心所寄，而为千古之所不可磨灭者也。余尝取其诗而读

之，见其若流水之行，而高山之峙也，若明月之出林而远近幽微之毕照也。若堂奥之既登而关、闽、濂、洛诸儒相与俯仰揖让于其间也。从其诚居敬之，原以究乎集微揆著之理，是皆合乎韩氏所谓正而葩者，岂徒袭太极乾坤之说，天根月窟之词，强为近道之言而已哉。……甲戌春年愚弟吴锡麟拜撰。①

吴锡麟序具体说明了编撰此书的功用和总体规模。谷际岐《历代大儒诗钞序》云：

从来编辑诗章未有专及于儒林者，有之止元金文安公并国朝张中丞伯行氏先后各有《濂洛风雅》一编，而其书流传极罕。盖儒诗为道德经济所偃息，本不大显于世，而熟在人口者，又只纯乎理致之数章，于是谈艺家遂误指儒诗为理学，陈习于昭然，数大家外，其余全体之美富，慨不深求，宜亟其表而出之，使人知风雅有正宗，而将一切恢张诡慢、纤巧淫媚之习为之一洗。兹谨举从祀三十八人、升配一人、崇祀五人，孔庭大儒诗为式，而从祀中自隋以前诗只偶尔一见录之，反似挂漏其诗之有集，实肇于唐，故录自唐始，自唐至我朝共大儒四十四人皆为汇集焉。夫诗之教久矣，诗之人传亦众矣，怀才者既不能尽根于理要，而抱道者又未必兼擅夫才华。惟大儒蓄道德而能文章，其行既尊，其言更美，虽不能轻赞一辞，而要质有其文于《三百篇》，既合无邪之旨，复集能言之益。求诗于既删后，克企夫正而葩者，复敬见之。舍是盖无以为艺苑准绳矣。若由此以求知大儒之文，根于行而优游餍饫，渐窥性道渊薮，则内圣外王之理，明体达用之学，皆统会一原焉，又岂仅学诗云尔哉！嘉庆十八年癸酉菊月赐同进士出身刑部郎中赵州后学谷际岐西阿谨序。②

谷际岐序具体说明了编撰此书的缘由、选录标准和总体规模。是选体例以人编次，共选唐代韩愈到清朝孔庭44位大儒，诗6840首，其中从祀38人、升配1人、崇祀5人。宋人收录有张载、张栻、陆九渊、吕祖谦、朱熹、邵雍、司马光、胡瑗、周敦颐、程颢、程颐、真德秀、胡安国、魏了翁、何基、罗从彦、杨时等28人。现藏上海图书馆、国家图书馆。

---

① 谷际岐《历代大儒诗钞》卷首，嘉庆十八年采兰堂刻本。
② 谷际岐《历代大儒诗钞》卷首，嘉庆十八年采兰堂刻本。

55.《历朝诗体》

周日年辑。嘉庆十九年（1814）刻本，凡八卷，共八册，有序言、凡例、总目和评语。编撰体例十分完备。周日年，字寅堂，浙江萧山人，生平仕履不详。书前有周日年序，周日年《历朝诗体序》云：

> 忆予五龄时，先君子口授《鹿鸣》五篇，喜其能成诵。语人曰："听之不乖四声，颇移我情。"洎成童，即手钞唐宋名家古近体诗二百余首，嘱令晨夕风诵之。历今数十寒暑，于诗学全无寸近，追维庭训，若旷世事。……客或难于予曰："诗之体，尽于是乎？"予曰："元黄分判，坯胎肇生，有音声即有文字，有文字即有诗章。唐歌虞咏，载自典谟。商颂周雅，陈之金石。"数千百年来，学士大夫搦管抽思，以及里儿、野老、劳人、思妇之讴吟，同工异曲，莫可殚言。若仆所辑十分未得其一端，乌足以尽诗之体耶？客曰："体既不尽，然则何谓体？"予曰："天下无体之诗，诗在即体在也。拟迹可以求履宪，岂读诗不可以求诗法，然古体与近体异，近体与古体异同……六朝不能为两京，中晚不能为初盛，此系乎时代者也。"嗣宗偶傥，故响逸而调远；叔夜隽侠，故兴高采烈；安仁轻敏，故锋发而韵流；士衡矜重，故情繁而辞隐。李太白才思豪放，杜少陵词旨浑成，韩昌黎笔致奇卓，李义山意态纤秾，此出乎情者也。至郊祀、铙歌、应制、赠会、咏怀、游览诗作，事有殊情，诗亦异制，或辞近乎风雅，或意托诸比兴，此又踵《三百篇》，而分其义类者也。昔刘勰撰《文心雕龙》五十篇，钟记室著《诗品》三卷，与夫司空表圣之《二十四品》，名言隽论，独出心裁，凡所评章，典型斯在。窃以后之人沈吟篇什，欲窥古人之堂奥，必先得其门户，诗之风格有高下，而无不协于宫商。古调可同赓，新声可属和也。章法有短长，而无不合于节奏；凫胫不可续，鹤胫不可断也。自汉代以迄有明，虽风气屡迁，而源流合一，然则兹编虽隘，又安在不可以见诗之体耶？嘉庆十九年岁在甲戌春王正月萧山周日年应阶氏书于听雪楼之南窗。①

周日年序说明了编撰的理由和选录标准。周日年还具体论述了五言古诗、五言律诗、七言律诗、五七言排律、六言绝句和七言绝句的特点，并追溯其源

---

① 周日年《历朝诗体》卷首，嘉庆十九年刻本。

流，叙其演变。如论五言古诗云："五言之兴，源于汉，注于魏，汪洋乎两晋，浑浊乎梁陈。至唐品格渐高，气骨高古，变尽绮靡之习，盛唐风格发源于此。"论五言律诗云："律体之兴，虽自唐始，盖由梁陈以来丽句之渐也。"论七言律诗云："诗家各体，唐前已备，惟七律未开，庾子山《乌夜啼》八句同韵，其后隋炀、江总皆有之，而声律未调，初唐则有成法矣。"论五、七言排律云："排律之作，其源自颜谢，诸人古诗之变，首尾排句联对精密；梁陈以还，丽句尤切，唐兴始专此体。"论五七言绝句云："五言绝句自古汉魏乐府，古辞则有《白头吟》、《出塞曲》等篇，下及六代，述作渐繁，唐人以来工之者甚多。"论六言绝句云："六言绝句始汉司农谷永，自唐王维效曹陆体赋之。其后诸家往往间见其法，或对或散，如五七言绝句。"论七言绝句云："七言绝句始自古乐府《挟瑟歌》、梁元帝《乌栖曲》、江总《怨时行》等作，至唐初始稳顺声势，定为绝句。"

是选以诗体编次，《例言》云："自汉魏讫隋，三言、四言、五言、六言、七言、杂言，依世代编次，不分体例，唐后，分五古、七古、五律、七律、五排、七排、五绝、七绝，其间作述源流，并足以资一览。"是选共选汉朝至明代诗歌 1577 首，其中卷一汉魏诗 162 首；卷二晋宋齐梁陈隋诗 228 首；卷三唐宋元明五言古诗 181 首，其中宋诗 53 首；卷四唐宋元明七言古诗 130 首，其中宋诗 22 首；卷五唐宋元明五言律诗 130 首，其中宋诗 22 首；卷六唐宋元明七言律诗 268 首，其中宋诗 53 首；卷七唐宋元明五七言排律 137 首，其中宋诗 44 首；卷八唐宋元明五七言绝句 341 首，其中宋诗 97 首，六言绝句 13 首，其中宋诗 3 首，竹枝词 19 首，柳枝词 30 首。是选选有宋诗 294 首，在全选中入选比例适中，说明编者并无尊唐抑宋的偏见，体现了编者融通唐宋的通达诗学观。苏轼最多 52 首，足见编者对苏轼十分推崇，可见在嘉庆时期，苏轼仍有一定的影响力。是选评语，主要从如下四个方面评价宋诗：其一，以唐衡宋。如评林逋《小隐自题》云："王孟遗音。"评梅尧臣《田家》云："神味绝似辋川。"评陆游《思故山》云："笔意纯似白香山。"评苏舜钦《送王杨庭著作宰巫山》云："雄伟似初唐沈宋。"评晁补之《济州道中》云："苦语似孟东野。"其二，探析唐宋诗之间的渊源。评王安石《示元度》云："荆公诗得子美句法，五古尤多。"评黄庭坚云："山谷脱胎于杜，顾其天资之高，笔力之雄，自开门庭，宋人作江西宗派图极尊之，以配飨子美，要亦非山谷意也。"评杨大年云："宋初杨大年诗犹仍西昆，欧阳易之以大雅，苏黄起而振之，游眉山之门者，少游为杰，入江西之谱者无己为雄，然西昆体于唐却近，江西派去唐却远。"其三，肯定宋诗的突出特色。评黄庭坚《次韵张询斋中晚春》云："豫章自出机杼，自成一家，清新奇巧，是其所长。"评欧阳修《忆山示圣俞》云："欧阳公诗始矫西昆体，专以气骨为主，故其诗多平易疏淡。"其四，分析诗歌风格。如评曾巩《招隐寺》云："苍劲中姿媚跃出。"评苏轼《元修菜》云："新颖。"评陆游《书愤》云："雄壮。"现藏南京图书馆。

56.《历朝诗轨》

沈楫辑。嘉庆十九年（1814）刻本，凡四十卷，共十六册，有序言、凡例、总目和圈点，无评语。沈楫，字庚轩，浙江山阴（绍兴）人。监生。著有《黎风行》《度九折坂放歌》《西山归途有感》等。书前有沈楫序，沈楫《历朝诗轨序》云：

> 温柔敦厚，必本乎性情，关乎名教，非徒涂饰酬应之什，风云月露之辞，可兴也。历代作者如林，沈归愚先生别裁诸选，去糟粕而存精华，俾阅者眼如星月，可谓集古今之大成，而独钓沧海之鳌矣。顾不采宋、元，何尚有界画之见存耶？夫诗至五代，古风几荡然矣。宋初尚沿积习，苏、陆出而发忠爱之思，继李、杜、韩、白诸公后，卓然成家。元遗山七言雄杰，瑰伟实足参苏、陆之间，外此欧、黄、杨、范，迄元之吴渊颖、赵松雪、虞道园、杨铁崖辈，俱能颉颃前人，不涉浮艳。然则宋、金、元诸名作，亦乌可尽弃哉？前明首推李、何，然李于鳞虽步趋唐人而未尽变化，刘青田诗格极雄，惜无从见其全局，青邱、杨孟载诸公气韵颇佳，力量较薄。惟梅村祭酒顿挫沉雄、缠绵悱恻，直追杜陵、白傅，足继遗山而起，而已采入昭代之初矣。我朝远迈前代，独存正声，王阮亭、施愚山、朱竹垞辈各能振起。近日袁、蒋两太史拔戟骚坛，自成一队。集中未必全洗宋、元习气，操选者诚弃取得宜，亦洋洋乎大观矣。唐人中有味同嚼蜡者，悉去之。宋、元中以神韵胜者，亦登之。界画不分，独求真际，总归于有裨名教，不失《三百篇》温柔敦厚之旨。弃取之间，大意宗法归愚而补所未及探讨。十年来采录三千余首，标其目曰《诗轨》。语云："闭门造车，出门合辙，言乎车异而轨同也。"由其轨则，可以达康庄而行远；不由其轨，是犹却行而求前人也。诗亦类是，横驱别驾可乎哉？嘉庆巳郊十二月腊日山阴沈庚轩氏序于山送书来之室。①

---

① 沈楫《历朝诗轨》卷首，嘉庆十九年刻本。

263

沈楙序历数各个时代的代表诗人及其诗学成就，旨在说明编选是选的理由，沈楙并未局限于唐宋诗的范围；是选去取的标准是以温柔敦厚的诗教观为主。《凡例》称："是集有圈无批。选本俱先汉魏以逮唐宋元明；是选有排律删作律诗，古诗摘作绝句者，皆归于宜称，非敢流于矫强也，读者鉴之；是选未尝不利于初学，而实大有裨于作手，浓淡音节熟复之后，自然合度，久而归于自然也。"《凡例》说明了是选编选体例和选诗状况。是选体例卷一至卷二十、卷三十九、卷四十以人编次，而每人又按诗体编次，分五言古诗、七言古诗、五言律诗（五言排律）、七言律诗、五言绝句、七言绝句六种诗体，卷二十一至卷三十八按朝代编次，共选汉代至清朝诗歌4091首。其中卷一至卷五杜甫诗424首，卷六至卷八李白诗218首，卷九韩愈诗53首，卷十卷至十二白居易诗160首，卷十三至卷十五苏轼诗169首，卷十六陆游诗110首，卷十七元好问诗75首，卷十八至卷二十吴伟业诗136首；卷二十一至卷三十八按朝代编次，卷二十一汉诗107首，卷二十二魏诗78首，卷二十三晋诗93首，卷二十四宋齐诗108首，卷二十五梁诗64首、陈诗14首、隋诗20首、北周诗19首、北魏和北齐诗8首，卷二十六初唐诗105首，卷二十七至卷二十八盛唐诗255首，卷二十九至卷三十中唐诗262首，卷三十一至卷三十二晚唐诗398首，卷三十三至卷三十四两宋诗217首，元诗34首，卷三十五至卷三十六明诗292首，卷三十七至卷三十八清诗410首，卷三十九袁枚诗130首，卷四十蒋士铨诗132首。其中唐诗1675首，宋诗596首，唐诗入选比例明显高于宋诗，体现了编者尊唐黜宋的诗学思想。现藏南京图书馆。

57.《咏史诗钞》

王廷绍辑。嘉庆二十三年（1818）刻本，不分卷，共一册，有序言，无评点。是选附录于谢启昆《咏史诗钞》光绪二十五年（1899）之后。王廷绍，字善述，号楷堂，北京大兴人。乾隆五十七年（1792）举人，嘉庆四年（1799）中进士，历员外郎。著有俗曲总集《霓裳续谱》。书前有嘉庆二十三年（1818）王廷绍序，王廷绍《咏史诗钞序》云：

昔人谓作史须三长：曰学、曰才、曰识。而移之于咏，则三长有不能径遂者矣。乐府五七言古，可以已意为驰骤，束之于七律，又有不能径遂者矣。盖惟深于此诣者知之乎？余所见近时谢蕴山《咏史诗》，始秦始皇，终元顺帝，计五百首行世，诸家已有定评，余不具论。……是非不敢谬于圣人，笔墨间殆不遗余力矣。每成一首，互为品评指摘，俱无怨词，彼标榜之习，不虑人讥，终贻鬼诮耳。岁既晏，觉生已辑录成集，余迟月余，仍未卒业，姑取所作录而辑之，始庄周，终倪瓒，有明一代他日补作，或诗境有进焉，未可知也。嘉庆二十三年岁次戊寅二月望日楷堂自识。①

王廷绍序叙述了编选是选的过程和原因。是选体例按朝代编次，共选周朝至元代诗人219家224首，其中周朝诗人22家22首，秦朝诗人2家2首，汉魏晋南北朝诗人108家111首，唐代诗人31家33首，后梁诗人1家1首，后唐诗人3家3首，宋代诗人44家44首，辽金元诗人8家8首。现藏江苏省吴江图书馆。

58.《古今名媛玑囊》

钱锋辑。道光三年（1823）绿筠庵主稿本，凡六卷，共四册，有凡例，无序言、总目和评语。钱锋，字颖如，江苏吴江人。道光年间人，生平仕履不详。是选是一部典型的闺秀诗选。钱氏作于道光三年（1823）八月的《凡例》说明了是选编选的缘由和选录标准："是集皆金闺淑媛也。余于乙卯夏消暑之余，偶阅架上书帙，间有名媛诗稿，于是择其尤者而录之锦囊焉，更寒暑汇成一书，故名《玑囊》。是集清新俊雅者居多，而间有俚鄙不堪，仅供委巷村童口头语者，概录之。何不以诗废人也，集中分皇后、名媛、姬妾、侍婢、尼妓外，以便观览。"② 钱锋选录标准以"清新俊雅"为主。《凡例》云："名媛大半松筠节操，故发为诗歌，皆感慨悲愁者居多。又有少年夭殒被难而亡，仅有单句零篇尤亟录之，以存其人，不暇计其工拙；至于私情密约，间采之一二，亦不以人废诗也。"③ 钱锋充分肯定了女性诗人的高尚品行，故选诗加以张扬。是选体例以人编次，选诗自唐山夫人迄明人孟淑卿，共450首，其中卷一为后妃、公主、嫔妃，选诗124首；卷二至六为名媛，选诗326首。现藏上海图书馆。

59.《佳句录》

吴修辑。道光七年（1827）青霞馆刻本，凡二十分卷，共四册，有序言，无总目和评语。吴修（1764—1827），字子修，号思亭。浙江海盐人。诸生。官布政使司。著有《湖山吟中啸集》《思亭近稿》《居易小草》《吉祥居存稿》

---

① 王廷绍《咏史诗钞》卷首，嘉庆二十三年刻本。
② 钱锋《古今名媛玑囊》卷首，道光三年绿筠庵主稿本。
③ 钱锋《古今名媛玑囊》卷首，道光三年绿筠庵主稿本。

《曝书亭诗集笺注》等。书前有吴修序和梁同书序，吴修《佳句录序》云：

> 余自束发学诗，与家兄榕园日事吟咏，尤耽佳句，有不惊人不休之志。乾隆甲辰年，甫弱冠辄取古人名句，仿《主客图》之意为佳句，录十卷，以呈钱萚石、朱梓庐、梁山舟三先生，并见许可，为抉择去取，多所增益，家兄亦相助之，将授梓矣。欲尽取汉魏至今各家全集而采录之，由是中辍，迄今四十余年，所好未改，良自愧恨。去春偶阅旧稿，复理前业，乃删存十四五，增者大半，遇年而成书二十卷，仍就所见录入，不能求备。①

吴修序说明了此选成书过程及选录规模。梁同书《佳句录序》云：

> 诗不可以句言也，亦不可以佳尽也。乐府古体无论已，即短章长律，古人一气铸成，不受剪裁。有合之则美，离之辄不佳者，碎琼田之玉屑，圻海图之波涛，恐不免掊击者籍口耳。然而崔信明"枫落吴江"之句，杜荀鹤"日高花影"之词，或五字以外无闻，或百篇之中仅见。若此类今昔皆然，非有长爪生寸锦奚囊中，又曷由收拾惊人之语哉。海盐吴君子修，年少工诗，不随世好，平日怀铅握椠，遇古人及近名下士一语两语，靡不掌录，而心识之，如蜂子之采花，如鹅王之择乳，仿唐人《摘句图》，为佳句录若干卷，其用意可谓勤且专矣。乾隆丙午闰秋钱塘梁同书。②

梁同书序详细交代了是选体例是模仿唐人《摘句图》以及编选的缘由。是选体例按朝代编次，共选汉魏至清朝诗歌佳句4530句，其中卷一至卷二汉魏六朝隋诗佳句380句，卷三至卷八唐诗佳句1300句，卷九至卷十一宋诗佳句600句，卷十二金元诗佳句200句，卷十三至十五明诗佳句750句，卷十六至二十清诗佳句1300句。如所引佳句有"年来万事足，所欠惟一死"（苏轼《赠郑清叟秀才》）、"学诗如学仙，时至骨自换"（陈师道《次韵答秦少章》）、"江头千树春欲闇，竹外一枝斜更好"（苏轼《和秦太虚梅花》）等。现藏上海图书馆。

60.《历朝古体近体诗笺评自知集》

柴友诚选。道光八年（1828）宝研斋刻本，凡十三卷，共三册，有序言、

---

① 吴修《佳句录》卷首，道光七年青霞馆刻本。
② 吴修《佳句录》卷首，道光七年青霞馆刻本。

凡例和总目，无评语。柴友诚，字敬思，号墨池，乌程（今浙江湖州）人。诸生。生平仕履不详。书前有柴友诚序，柴友诚《历朝古体近体诗笺评自知集序》云：

> 诗以道性情，性情者，古今人之所同具，而用于诗，有善有不善。诗因之与时为升降，虽然一代之诗之弊，必有十数人，或四五人，或一二人为之提倡同志助，而张目粹然，以归于性情之正。何泥乎为汉、为魏、为六朝、为唐、为宋、为金元明也哉？然则时代异，而诗不异，古今人之性情亦不异。……我朝诗教蒸蒸日上，尊唐者林立，学者无不遵循，而一二浅见寡闻者好自用者。尊唐而薄宋，亲宋而疏唐，卑金元明为无讥，纷纷集讼，读是集，当自笑其坐井观天也哉。①

柴友诚序阐述了两个方面的问题：其一，论述了诗歌的本质为"诗以道性情"；其二，针对清人尊唐而薄宋的极端诗学倾向，柴友诚编选是选意在融通唐宋。《凡例》颇具特色，兹摘数条以飨之：

> 诗源本《三百篇》，四言诗之祖。
> 汉以前亦有五、七言韵语，然皆信口唱叹，浑若天成，并非有意为之，不可绳以诗法，宜断自汉始。
> 古诗平仄对偶，不必拘五言，著议论不得用，才气驰骤不得；七言便须波澜壮阔，顿挫激昂，大开大阖。
> 古风可稍异古诗，可用长短句，或通篇一韵，或数句一韵，字句老意格高。
> 乐府要质古简奥，声韵铿锵然。
> 评诗最忌脱题，以致通套；亦忌粘题，以致拙滞。必也不脱不粘，乃为善说诗者。②

柴友诚论述了四言诗、古诗、古风、乐府的起源、艺术特点和创作规范。是选体例卷一按朝代编次，卷二至卷十三按体编次，分五言古诗、七言古诗、五言绝句、七言绝句、五言排律、七言排律六种诗体，共选汉代至清朝诗歌

---

① 柴友诚《历朝古体近体诗笺评自知集》卷首，道光八年宝研斋刻本。
② 柴友诚《历朝古体近体诗笺评自知集》卷首，道光八年宝研斋刻本。

1806首。卷一选汉代至清朝诗歌33首；卷二选汉代至明朝五言古诗304首，其中宋诗13首；卷三选清诗30首；卷四为转韵五言古诗25首，其中宋诗1首；卷五为本韵七言古诗104首，其中宋诗33首；卷六为转韵七言古诗116首，其中宋诗12首；卷七为五言律诗380首，其中宋诗7首；卷八为七言律诗204首，其中宋诗14首；卷九为五言绝句166首，其中宋诗14首；卷十为七言绝句171首，其中宋诗18首；卷十一至卷十二为五言长律清诗271首；卷十三为七言长律清诗2首。从选诗倾向看，清诗306首，宋诗112首，宋诗入选比例偏低。是选共选苏轼诗40首，可见编选者比较推重苏轼。现藏上海图书馆。

61.《唐宋四家诗钞》

张怀溥辑。道光十一年（1831）抱经堂刻本，凡十八卷，共六册，有序言、凡例、总目和评语。张怀溥，字雨山，汉州（今四川广汉）人，贡生。著有《十笏山房诗钞》。书前有张怀溥叙，每位诗人皆有总叙，具体论述了四位诗人的性格特征、诗歌风格和艺术创作特点。如《杜诗叙》云："读精《文选》理，可见学诗须有根底，不得托言别肠也。公诗有细腻语、有悲壮语、有性情语，皆简明扼要，而一以忠悃出之，至于叙事实，出议论，尤见本领，其五言排律自四五十韵至百韵，风发泉涌，结构谨严，古今无匹敌焉。"《李诗叙》云："太白《古风》，风骨气韵与陈伯玉《感遇》诸作同工，五七长古超逸，纵横飘飘凌云之态，几无踪迹可寻。然文成法立，醇谨寓焉。他人数十语不了了者，公振笔直书，浑灏流转，自成章法，却字字性灵，字字经籍，细察脉理，转接照应，陡笔圆灵，彼草野油滑两派，如何掺杂得入，公之绝迹。"①《韩诗叙》云："昌黎文学西汉，而法较密，诗学少陵，而力戛艰劲过之。用险韵最严，绰然有余地；用宽韵却泛滥，他韵若不足用者，联句雄奇，怪变疑者，皆出公手，他人不能到也。吾师彭乐斋先生选八大家诗，曹、陶、鲍、谢、庾、李、杜、韩，或问不取王摩诘，故先生曰：'似陶非陶，似杜非杜，终是不能自立。'昌黎生晚唐，波靡之日，回狂澜于既倒，障百川而东障之，非所谓豪杰之士欤？自孔孟既没，圣教陵夷，黄老相杂，佛又乱之，公当异学争鸣，独以孔孟为宗，与学者推尊，导扬鼓舞不倦。迄今读《佛骨表》、《师说》、《进学解》，未尝不叹道，脉不绝如线。唐儒纯粹，惟公一人而已，此公之所以谥为文也。"②《苏轼叙》云："自古才人多矣，兼之为难，公能诗能文、能武、能词、能书、能

---

① 张怀溥《唐宋四家诗钞》卷首，道光十一年抱经堂刻本。
② 张怀溥《唐宋四家诗钞》卷首，道光十一年抱经堂刻本。

画、能吏治，又能邃于理学，而笃于忠义，自古德艺之茂，未有如公者也。……公诗宗杜，亦宗陶，然浩瀚汪洋，体势广大，譬如长江大河，荡摇山岳，襟带港洪，枯槎断梗，凿石崩沙，一种悠然自得之趣，铿锵律吕间，若以他人当之，则耳红面热，有矻矻然不能终日之势。"①《凡例》云："四家诗各有本色，不相蹈袭，用法而不囿于法，所谓'转益多师是我师'也。四家诗各有专集，笺注详明，故不重录，至忠爱之言，多关事实，求其故而不得曰：'勉强牵和，殊失初意。'"《凡例》具体说明了四家诗的文献来源以及选录标准。是选体例以人编次，共选李白、杜甫、韩愈、苏轼四位诗人，诗1187首，其中李白诗三卷218首，杜甫诗六卷450首，韩愈诗三卷130首，苏轼诗六卷389首。是选评语颇有见地，理论性非常强，如评苏轼《送杨杰》云："直叙三事，激为奔腾状浪，其超脱变化处神似太白。"评苏轼《次前韵送程六表弟》云："顿宕园转，化却排偶之神，如珠走盘，却波澜叠起。"评苏轼《书王定国所藏烟江叠嶂图》云："下笔时想挥洒自在。"评苏轼《书韩干牧马图》云："本昌黎《陆浑火山》，王渔洋云'并不是学《急救篇》句法，由其气大，故不见累重之迹也'。"评苏轼《韩干马十四匹》云："结笔超意远，读之慨然。"评苏轼《同正辅表兄游白水山》云："雄奇从韩来，而出以动宕，自在故较有姿，致此学韩者，必得苏乃和。"张怀溥有时在诗作之后，加上自己的按语，如评苏轼《八月十五日看潮五绝》，按："熙宁六年任杭州通判，因八月十五日观潮作诗五首，写在要济亭上。前三首并无讥讽。至第四首云云，言弄潮之人，贪官中利物致其间，有溺而死者，故朝旨禁断。苏轼谓主上好兴水利，不知利少而害多，言东海若知明主意，此言事之，必不可成者，讥讽朝廷水利之难成也。"现藏首都图书馆。

62.《唐宋四大家诗选句分韵》

黄位清辑。道光十二年（1832）松凤阁刻本，凡四十卷，共十册，无总目和评语。黄位清（1771—1850），字瀛波，号春帆，番禺（广东广州市）人。嘉庆九年（1804）副贡生，道光元年（1821）举人，以授徒为业，后官国子监学正。有《松凤阁词钞》。书前有黄位清作于道光十二年（1832）壬辰九月序，黄位清《唐宋四大家诗选句分韵序》云："李、杜、韩、苏四家诗，皆非可徒以佳句称者也。王渔洋《唐贤三昧集》李杜且不入选，何有于选句，惟四家传作，卷帙浩繁，审阅有得掩卷后，往往难再问津，因念秦淮海言，念长记性稍拙，

---

① 张怀溥《唐宋四家诗钞》卷首，道光十一年抱经堂刻本。

集古事古语之精华为一册，以备采用……每家厘为十卷，都为四十卷，公诸同好，观者原其固陋，补其缺失，是所厚期，若谓割裂琐碎，大雅弗需，则四家全集具在，固可无俟。瀛波识于羊城之鸿雪山房。"① 黄位清序具体说明了是选编选原因和总体规模，这是一部摘录诗歌佳句的选本。是选体例分韵编次，各位诗人皆按照五言上平声、五言下平声、五言上声、五言去声、五言入声、七言上平声、七言下平声、七言上声、七言去声、七言入声编选，共摘选李、杜、韩、苏四位诗人诗句9000多句，其中李白3000余句，杜甫3000余句，韩愈1300余句，苏轼2700余句。现藏北京大学图书馆。

63.《诗醇节录》

刘建韶录。道光十四年（1834）木活字本，不分卷，共一册，有序言，无评语。刘建韶，字闻石，一字克和，福建长乐人，道光五年（1825）拔贡，道光十五年（1835）乙未科进士。任宝鸡知县、韩城知县。书前有刘建韶序，刘建韶《诗醇节录序》云："今岁夏秋之交，馆于文藻山七十二峰楼下，庭宇轩敞，暑气不侵，每当清风拂面，明月入怀，昙花送香，藤梢弄影，携诗一卷，坐廊庑间，流连吟讽，爱其秀句，默而识之，功课之暇，陆续抄录，居然成帙。盖谨遵《御选唐宋诗醇》所采，仅李、杜、韩、白、苏、陆六家，其哀讽颓唐，不可命题，不入诗料者，则概从割爱云。"② 刘建韶序说明是选是从《御选唐宋诗醇》中摘录，有些摘录全诗，有些仅摘录单句，而评语部分，是选则略去。价值不大。现藏上海图书馆。

64.《鼓吹续音》

张中安辑。道光十六年（1836）稿本，青山阁藏版，共十册，凡二十卷，有序言和凡例，无评点。张中安，字午壁，江苏南京人。生平仕履不详。书前有胡镐和张中安序，胡镐《鼓吹续音序》云：

> 诗之近体始于唐，而及于宋，诗莫盛于唐，而重唐者遂右唐而左宋，亦失于偏，瞿存斋独持其平，其卓识不可及矣。惜其书不传，而其论犹可绎也。门人张中安，其谓"一代又一代之诗，一人有一人之诗"，真洞见千古，不滞于一隅矣。夫以诗而论之，有唐虞之歌，而后有三百之诗，《风》、

---

① 黄位清《唐宋四大家诗选句分韵》卷首，道光十二年松风阁刻本。
② 刘建韶《诗醇节录》卷首，道光十四年木活字本。

《雅》、《颂》之体，固非一也。降而楚骚，又降而汉魏，然后及唐，楚骚以变诗，汉魏又变楚骚，六朝又变汉魏，至唐乃变六朝，唐之为诗，固不安于前代之旧也。《易》："穷则变，变则通，通则久。神而化之，使民宜之。"五帝殊时，不相沿乐；三王异世，不相袭礼，何莫非然。故凡袭古之貌者，皆泥其迹也。遗貌而取神者，何妨独具手眼乎！建安七子其诗，可谓盛矣，而太白且曰"大雅久不作"，此真命世之俊杰也。譬之书法，二王固造其极，而唐之虞、褚以下变之，苏、黄、米以下又变之，使必谓二王为一定之法，而斥虞、褚、苏、米之变为非，则蹈常袭故，亦尘羹土饭而已矣。虽然变者其迹也，而不变者其神。宋诗不袭唐之迹，而未尝不合唐之神，此则吾欲更为仲安言之矣。道光丙申中秋月新斋胡镐序。①

胡镐序论述了中国诗歌发展的历程，肯定了宋诗在中国诗歌史上的地位。张中安《鼓吹续音序》云：

明瞿存斋《归田诗话》云："元遗山编《唐诗鼓吹》，专取七言律诗，世皆传诵，少日取宋、金、元三朝名人所作效其制，号《鼓吹续音》。又谓世人但知宗唐，于宋则弃不取，众口一词，至有'诗盛于唐而坏于宋'之说。"私独不谓然，故于序文，备举诸家所长，不减于唐者。附以己见，而请观者参焉。仍自为八句题其后云："《骚选》亡来雅道穷，尚馀律体见遗风。半生莫偕穿杨技，十载曾加刻楮功。此去未应无伯乐，后来当复有扬雄。吟窗玩味韦编绝，举世宗唐恐未公。"既成，求观者众，转相传借，或有嫉之者，藏匿其半，因是遂散失不存，再欲重集无复是心矣。

余深惜其书之成而复失也。故于暇日取宋、金、元三朝之作，而益以有明得若干首，厘为若干卷，为卒成之，庶不至存斋有此志，而究无此书也。亦不至艺林有此书名，而终无此书之实也。若其序文评语不得见，尤为可惜，不揣愚昧，爰抒鄙意，论列于后。赵宋之初，王元之、杨大年、钱希圣、刘子仪、宴同叔以及宋公序伯仲，或学香山，或效义山，各有所得，不乏名篇。永叔崇徽手痕一章，固已为晦翁所赏。他如《晓咏》、《送目》等篇情深笔秀，真可无愧于唐人，岂能多觏于宋世。半山昔人谓其学"三谢"，失之于巧，信然。今观集中，如"杀青"、"生白"、"带眼"、"琴心"之对颇多，此皆有意求巧，反形器小，然就此体，而论格调清苍，终

---
① 张中安《鼓吹续音》卷首，道光十六年稿本。

当推为大手。东坡才大笔爽，难以律缚，其妙处在乎意到笔随，了无障碍，而一种豪健生动之气，不觉活泼于行墨之外，斯为独绝。山谷以老杜为宗，为江西派之祖，而欲别开生面，独标新奇，自辟一种，如《题落星寺》之类，意境奇恣，句调新劲，洵为独妙，惟失于过求新奇。故率多生野之处，后之宗江西者，既无其才力，书卷又不察其学之所自，徒眩于新奇，专向此等处，用力遂致字句蹩拙，语意俚陋，转自以为新为奇，真乃雅中之魔道，实为宋季之恶习。江西派崇尚陈后山，诗格高老，亦当杰出；简斋格律既超声调，复壮即在唐贤之中，亦以为之指屈。乾淳以还，允当推放翁为巨擘，著作亦最繁富，奈后人于剑南律体，专取圆熟一派，使真诗反隐而不彰，且其一生，专以忠君忧国为念，形诸篇咏，不一而足，故集中悲壮激烈之作，几欲直逼少陵；其他赋景诸诗，工者虽多，但句调太熟，不免流为平滑，只能取悦时目，未能允为尽善。以上诸贤实与唐异代同工，其余则吕居仁时有秀韵之篇，范石湖辄多清丽之什，揆诸前哲，皆足名家。他若曾茶山、杨诚斋、刘后村诸人篇章，虽盛而烂恶殊深，各略采录数篇而已，竭恒沙之金屑。

夫律诗肇于唐而盛于唐，以其大概而论，自与宋有优劣，然亦不得谓唐诗尽佳，宋诗尽不佳也。大抵宋诗之弊，不外乎生硬腐俚，固足令人厌薄，无如历来尊唐者，凡遇宋诗，必有意吹求，深加苦诋且固者，又必欲以唐绳宋，殊不知譬如四序有代更之异，则不能寒暄之差，此亦自然之理，必然之势也。故历观雅骚以降，一代有一代之诗；析观各代，一人有一人之诗，其间虽支派各别，格调互殊，然于吟咏性情，模写景物则一也。若必举千载之诗，尽执而归于一，使千载之人尽守陈而不出新，则《三百篇》而后，可以无诗矣。纵令有诗，亦不过陈陈相因，而又何能各成为一代之诗哉？吁，何其谬也。而宗宋者又或漫无区别，虽庸劣之制，亦必奉为圭臬，不敢訾议，此皆挟门户之见，而泯是非之公者也。是编也，虽未识与存斋原书合否？亦聊以继其未遂之志，而自说摸象之一端云尔。道光十有六年岁次丙申孟秋既望，张中安书于东虹桥畔之画雨草堂。[①]

张中安序主要论述了三个方面的问题：其一，具体说明了编选《鼓吹续音》的原因。因为元遗山《唐诗鼓吹》仅有七言律诗一体，故编选《鼓吹续音》，以补《唐诗鼓吹》之不足。其二，论述了诗人的艺术风格特征。其三，驳斥了

---

① 张中安《鼓吹续音》卷首，道光十六年稿本。

明人尊唐抑宋的诗学思想，认为宋诗可与唐诗相媲美。《凡例》云：

> 遗山《鼓吹》每卷皆取中晚名人压卷，初唐无选，盛唐所录亦罕，兹编各卷亦效其意。
>
> 兹编乃仍遗山之制，独录道流而不及释子闺秀，惟于明取闺秀许景樊二首，缘蒙叟、竹垞皆有赝鼎之疑，每代殿之，以不知名氏，亦其体例如是。
>
> 《存斋诗话》述其著述之意云，大家数有全集者，则约取之，其或一二首，仅为世所传，其人可重其事，可记者虽所作，未尽善，则不忍弃去，存之以备数。兹编虽追踪其意，而诗则以佳者为主。①

《凡例》说明了是选编选体例以及文献来源。是选体例按朝代编次，共选宋代至明朝诗歌2205首，其中卷一至卷六宋诗669首，卷七金诗149首，卷八至卷十二元诗502首，卷十三至卷二十明诗885首。宋诗入选比例比较适中。宋人以陆游87首为最，次苏轼49首，次陈与义、黄庭坚各22首，次王安石21首，次欧阳修16首，次张耒13首，次杨亿12首，次王禹偁10首，余皆不足10首。南宋诗人选入太少，可见张中安比较偏好北宋诗人。现藏上海图书馆。

65.《精选五律耐吟集》

梅成栋辑。道光十八年（1838）金鹅山房刻本，不分卷，共一册，有序言、凡例和评语。梅成栋（1776—1844），字树君，号吟斋。天津人。嘉庆庚申（1800）举人。曾在天津水西庄与文人名士结成"梅花诗社"，著有《四书讲义》《吟斋笔存》等，辑有《津门诗钞》。书前有梅成栋弁言，梅成栋《精选五律耐吟集弁言》云：

> 予向已选历朝七律、七绝各百余首，以授学子。余君阶升见而爱之，以为可存。因劝余如是再选五言近体一卷，以备授学。余曰："嘻！难矣哉！诗至五言律，至严矣。"所谓四十君子不许着一个小人者，非至言哉！唐贤至少陵独综其妙，已万法具备，倘专攻一家，足供造诣。古人已多有选本，在以后历朝各家皆有合作，亦美不胜收，何从选起。然余君一言，

---

① 张中安《鼓吹续音》卷首，道光十六年稿本。

拳拳于怀,不忍忘。①

梅成栋弁言说明了编选是选的过程、编选缘由和基本规模。尤为值得一提的是,梅氏对宋诗的肯定,《凡例》云:"前人谓唐人诗主情,故多蕴藉;宋人诗主气,故多径露,亦视选之者何如耳。大抵宋人不以雄厚见长,避唐人之窠臼,往往取境幽峭,论者遂以径露加之,不知善学宋人者,正取其冰雪绰约,不食烟火,以洗俗尘三斗。"《凡例》云:"选元人诗者,苦不得其善本,遂相沿以非,纤则弱,抹到一切。嘻!冤哉,古人亦人自隘其耳目,而何由乎古人。"梅氏对元诗持充分肯定态度。《凡例》云:"琢句之法,任你千锤百炼,只求到'天成地就'四个字,一若自有世界以来,即有此句者,然所谓自然也。明人承宋元两代之后,诗境无可再易,于是改头换面,又规摹唐人局面,以为洗尽宋元卑弱之习。其实真气骨、真精神并不及宋元也。所选若干首,亦取其琢句之自然而不僻谬,浑成而不裸露者,以俾后学而已。"梅氏认为明诗不及宋元,体现了梅氏比较狭隘的诗学观。是选体例按朝代编次,选录唐代至明朝诗歌,其中选录宋代诗人26家42首。梅成栋的评语十分精妙,亦具卓识,如评方邱《送王尉归觐》云:"收得黯然。"评方邱《次严陵》云:"一片化境,不着些迹。"评陈与义《除夜》云:"胸中无限骚愁,起十字道尽。"评王镃《别虞君集》云:"绝不费力,人有终身不到此境者,自然之谓也。"评张耒《春望》云:"句句是春,却句句堪伤,笔力精园无伤。"评陆游《不寐》云:"妙句沁人心脾。"评文天祥《送人往湖南》云:"悲壮不减少陵。"评陈与义《怀天经智老因访之》云:"三四句百回吟之不厌,其清妙在可解与不可解之间。"现藏上海图书馆。

66.《精选七律耐吟集》

梅成栋辑。道光十八年(1838)金鹅山房刻本,不分卷,共一册,有序言和评语。书前有梅成栋弁言,梅成栋《精选七律耐吟集弁言》云:

诗之为道,情景不真,未足感人;色采不华,未足娱目;音节不响,未足快聪。而七律一体,九重声调,义取歌咏,非音中宫商,按弦合拍,未易抑扬感叹,耐人吟诵也。其格创始于唐,至少陵而锻炼尽致,无美不包。但唐贤句崇深厚,意近渊深,不善规摹,或失沉闷,犹学宋者易清枯,

---

① 梅成栋《精选五律耐吟集》卷首,道光十八年金鹅山房刻本。

学元者易纤靡也。栋于初学,尝警之曰:音节之秘,如陶器然,一罅之窾,扣之音哑;若锦瑟然,一弦未适,众丝不协;五十六字中,一字纰颣,全首不畅。故尝广采唐、宋、元、明四代诗,合国朝诸家,摘其字字精敲,通体浏亮,雄健而不伤径率,凄越而勿流噍杀,耐人百回吟,不厌十日思者,共得百余首,钞为一帙,便于吟玩。倘能逐首、逐句、逐字,味音响以溯声情,久而久之,摇笔而来,自无嘶丑之病,檀板敲而清歌可按,七律一途,无不丝丝入扣矣。①

梅成栋弁言说明了编选体例、编选缘由和选录宗旨,编者偏好七言律诗,余则不感兴趣。是选体例按朝代编次,共选唐宋元明清五朝诗人 79 家,诗 114 首,其中唐诗 20 家 32 首,宋诗 7 家 7 首,元诗 8 家 15 首,明诗 10 家 14 首,清诗 34 家 46 首。是选评语颇为精辟,如评王禹偁《春行》云:"淡而有神。"评苏轼《连雨江涨》云:"写得出奇景。"评林景熙《新晴偶出》云:"淡逸是宋人所长。"现藏上海图书馆。

67.《宋元明诗三百首》●

朱梓、冷昌言辑。道光二十一年(1841)南京李光明庄刻本,凡二卷,共一册,有序言,无评语。《宋元明诗三百首》又称《宋元明诗合钞三百首》《宋元明诗》《宋元明诗钞三百首》《宋元明诗约钞三百首》。是选版本众多,主要有:道光二十一年(1841)南京李光明庄刻本(二卷);道光写刊本(不分卷);道光江南李光明庄刻本(二卷);咸丰三年(1853)虞山顾氏家塾小石山房刻本(不分卷);咸丰八年(1858)保墨阁华黼臣注刻本(二卷、首一卷);同治四年(1865)增刻刻本(二卷、首一卷);光绪元年(1875)虞山黄氏艺文堂刻本;光绪十五年(1889)镇江文成堂华黼臣注刻本(二卷);光绪二十一年(1895)湖南嵯署刻本(六卷);民国十二年(1923)上海大东书局张延年、黄兴洛评注石印本;民国十三年(1924)上海大通图书社吴虞公校阅本;民国十八年(1929)上海扫叶山房石印本;民国三十年(1941)中华书局石印本;日本明治三十四年(1901)青木嵩山堂铅印本(二卷);日本明治三十九年(1906)刊本;日本明治四十一年(1908)刊本。朱梓,字梅溪,江苏丹徒(镇江)人。生平仕履不详。冷昌言,字谏庵,江苏丹徒(镇江)人。生平仕履不详。书前有冷鹏序,华黼臣序,李松寿、李筠寿序,近藤元粹序。冷鹏

---

① 梅成栋《精选七律耐吟集》卷首,道光十八年金鹅山房刻本。

《宋元明诗三百首序》云：

> 诗至有唐称极盛。唐诗传稿殆亿万首，唐诗选本殆千百种。而童子时读唐人诗者，类多由蘅塘退士所编《三百首》入门，取其约也。鹏少从朱梅溪师游，课余日授一诗，于《三百首》外，又增钞唐诗一册授读之。唐以后，若宋、若元、若明，又各钞一册授读之。鹏于此事虽茫无一得，然披读之下，心窃好焉，弗敢忘越。庚子秋，得于复斋先生《续选唐诗三百首》刻本，与昔日钞读之册十符其八。欣然展诵，实获我心。因复请于朱梅溪师、家谏庵叔，检宋、元、明诗删辑校订，仍仿《三百首》之例，汇作一编。编成，家兄竹亭怂恿付梓，为弟侄辈读本计，并不敢借之问世云。道光岁次辛丑上元节，冷鹏书于华峰书屋。①

冷鹏序称"仍仿《三百首》之例"，说明是选体例是以人编次。华黼臣《宋元明诗三百首序》云：

> 唐诗选本不下数十百种，而宋元明选家，概不少见，近丹徒朱梅溪先生，仿蘅塘退士《三百首》之例，汇选《宋元明诗》一册，篇简体赅，诚为课蒙善本，但原版漫漶，鲁鱼亥豕，开卷叠见。余不揣谫陋，重为校勘，因稍加笺注，并增辑诗人爵里姓氏，弁诸简端，梓既竣，叙其缘起如此。咸丰五年己卯冬梁溪华黼臣绸斋氏识。②

华黼臣序具体说明了是选体例和增加了笺注。李松寿、李筠寿《宋元明诗三百百首序》云：

> 笺《唐诗三百首》成，偶从坊间得丹徒朱氏、冷氏《宋元明诗三百首》选本，归而读之，其去取允善，于蘅塘退士殆无多让，特笺阙如。初学无从索解，且诗前无传，读者亦有不知其人之憾。爰与斐君重有是役，阅三月而蒇事。其体例一仍前笺之旧，原本后向有《摘句图》，今删去，期与前笺一律也。光绪二十一年李松寿、李筠寿识。③

---

① 朱梓、冷昌言《宋元明诗三百首》卷首，道光二十一年南京李光明庄刻本。
② 朱梓、冷昌言《宋元明诗三百首》卷首，道光二十一年南京李光明庄刻本。
③ 朱梓、冷昌言《宋元明诗三百首》卷首，道光二十一年南京李光明庄刻本。

李松寿、李筠寿序说明了增加笺注的缘由,且增补了诗人小传。近藤元粹《宋元明诗三百绪言》云:

> 唐贤诗集已刻成,继及宋元明诗选,势当然也。而古人选宋选明诗者少,余以为遗憾。顷日适得清人朱梅溪、冷谏庵合选《宋元明诗约钞》二卷,华绸斋称扬以为篇简体赅,课蒙善本,加之笺注,订其鲁鱼亥豕,刻以问世。今阅读之,音韵铿锵,首首皆金玉,其选甚精,绸斋之言,洵不诬也。近日,诗风一变,世争学清人险怪艰涩之体,以为有得,而不复问唐宋元明诗之为何物?颇与往时世徒模仿李王而仇敌宋人者相似,盖未知其善解诗中之妙乎否?亦不免为痴癖矣。余于是依华氏笺注本,漫加批评,校订一过,分为四卷,改名曰《宋元明诗选》。付之浪华估嵩山堂主人,使刻以与唐贤诗集并存。学者能熟读玩味焉,则庶几得其妙矣。日本明治三十一年戊戌岁晚南州外史近藤元粹识。①

近藤元粹序说明了为是选增加评语的原因及将其改为《宋元明诗选》。

是选体例以人编次,共选宋、金、元、明四朝诗人145家,诗310首(300首是其约数),其中五言古诗38首,七言古诗42首,五言律诗62首,七言律诗83首,五言绝句27首,七言绝句58首,附摘句五言78联,七言93联,共171联。宋诗选录60家122首,其中五言古诗6家11首,七言古诗5家18首,五言律诗14家25首,七言律诗14家32首,五言绝句9家10首,七言绝句12家26首。是选文献主要采自《宋诗别裁集》《元诗别裁集》《明诗别裁集》,创新度不够。是选之评语,颇见卓识,或揭示诗歌渊源,如评王安石《即事》云:"居然唐调。"评陆游《泛湖》云:"纯乎天籁,不假雕饰。插入唐人集中,孰知乌雄雌。"评方岳《泊歙浦》云:"三四神来之句,置人唐集中无逊色。"或评其诗歌艺术手法,如评苏轼《新城道中》云:"一气旋折。"评苏轼《初到黄州》云:"语妙解颐。"评陆游《醉后狂草》云:"雄健磊落,插入长句,更觉气格横奔,是这翁本色。"或言其诗歌境界,如评张耒《夏日》云:"静极之境。"评宋祁《落花》云:"摹写落花之态,感慨落花之神。"评陆游《舟中对月》云:"韵度超然。"现藏国家图书馆、上海图书馆、南京图书馆、北京大学图书馆。

---

① 朱梓、冷昌言《宋元明诗三百首》卷首,道光二十一年南京李光明庄刻本。

68.《小石帆亭五言诗续钞》

翁方纲辑。道光三十年（1850）南海伍崇曜《粤雅堂丛书本》（国家图书馆、北京大学图书馆、浙江省图书馆、南京图书馆藏）刻本，凡八卷，共二册。另有光绪九年（1883）金陵翁氏茹古阁抄本（山东文登县图书馆藏），咸丰三年（1853）南海伍氏刻本（浙江省图书馆藏），民国二十五年（1936）商务印书馆石印本（浙江省图书馆藏），还有《丛书集成初编》本。道光三十年（1850）本，卷首书《小石帆亭五言诗续钞略例八条》，《略例》末题："嘉庆元年，岁在丙辰，秋七月朔，内阁侍读学士大兴翁方纲识。"说明此书编成于嘉庆元年（1796），初稿共211首。目录后有嘉庆癸酉十八年（1813）五月二十八日署名"诗境轩"者之跋语，《小石帆亭五言诗续钞跋》云：

> 嘉庆癸酉夏，始得粤东镌成《五七言律诗钞》校本之板寄来刷印，与同志共之覆读《五言诗》而书于此。曰："吾昔有《续钞五言诗》八卷，尚未出以示人。盖愚意既有先生之钞五言十七卷在前矣，其《续钞》则究未知果合否。姑存其说而已。"今读先生所钞，平心研玩而深绎思之，则《续钞》必不可少者也。愚所《续钞》止于遗山、道园，宁不愿接钞明贤以后诗耶？且先生五言《凡例》，论古汉魏六朝至唐五家，而其末一条独津津说明五言诗，且独举高、徐、薛、华数公，窥见三唐六代作者之旨，是则岂可嘿而息乎？曩者予序，此书谓先生所托古调，犹沿白雪楼遗意。盖沧溟云"唐无五言古诗，而有其古诗"，先生实准此意以衡量唐宋诸家耳。然而沧溟之选五言古诗，初不以古调界画之也。沧溟于太白但取其咏子房，不取其咏广武；于少陵取五华，不取九成；三唐五言，仅取数首而已。岂其古调唐调至云乎哉！渔洋之选三昧十种，岂其若此？盖渔洋识力超出沧溟远矣，而顾犹断断于古调唐调之区者，昔李献吉吞剥前贤，而第憾昌穀之未化，乌足以服昌穀乎？今已渔洋先生所自为五言诗与所钞《五言诗》合观之，则末学岂敢欺先生哉！欺先生则是欺古人，以欺后世矣。……吾不敢以渔洋举高徐辈，上接王孟之说为通途，而其论汉魏六朝至唐五家之血脉规矩，则一定而不可移易者也。不然必以杜、韩、苏、黄五言示别人，则即别钞一篇可耳。奚为踵先生之后而云续乎？盖惟其惬服先生此钞之尽善矣。而为后学者计，犹必有俟于引申而类长之，下学困知，不得不如此细说矣。抑又有防其流极者，即以昌黎《南山诗》之博奥，樊川《杜秋

诗》之隽逸，若皆可入钞矣。五月二十八日诗境轩识。①

翁方纲跋语说明了是选完成于嘉庆十八年（1813）五月。翁方纲因不满意王士祯《古诗选》不录杜、韩，亦不及宋、金、元，故有此续选。是选体例按朝代编次，共选唐、宋、金、元四代诗人22家，诗254首。其中唐代诗人10家93首，分别为魏征1首，王维2首，孟浩然18首，王昌龄12首，常建11首，李白10首，杜甫26首，韩愈6首，白居易3首，杜牧4首；宋代诗人10家138首，分别为欧阳修5首，梅尧臣2首，王安石7首，苏轼73首，黄庭坚10首，陈与义1首，陆游37首，曾几1首，姜夔1首，安如山1首；金代诗人元好问7首；元代诗人虞集16首。从选目上来看，宋诗入选数量高于唐诗，可见编者比较重视宋诗；苏轼73首，高居榜首，几占入选总数的三分之一，说明了翁方纲十分推崇苏轼。

69.《历朝诗要》

李元春辑。道光三十年（1850）刻本，凡五卷，《补遗》一卷，共六册，有序言、总目和评语。李元春（1769—1854），字伸，号时斋、号桐阁主人。陕西朝邑南留社人。嘉庆三年（1798）举人。官至大理寺评事。著有《春秋三传注疏说》《诸史闲论》《循吏传》《闲居镜语》等。书前有门生王励修序，王励修《历朝诗要序》云：

> 自有天地，即有人，有人即有声歌，人有声歌，亦天地自然之音也。葛天八阕，古史载之唐虞《赓歌》。其后也，故诗之道当与三才皆为不可已之事。然自有诗以来，与天地人常存不可磨灭者。予尝论之，其为诗大抵多在君臣、父子、夫妇、昆弟、朋友之间，其所以为诗，则曰情曰理，情不足以动物，理不足以范世，非诗也。虽有诗可存不可存，亦无甚关要也。世言诗，忌理语，予不以为然。"于辑熙敬止"，《大学》引之言，文王五字尽其要矣。"天生蒸民，有物有则。民之秉彝，好是懿德。"孔子赞之。孟子引之言，性命尽其要矣，言山甫得其原矣。谁如此之言理，简而当乎，理出乎情？情本于理，文王后妃之贤圣，其足以化天下者，只理得其情真耳。
>
> 汉唐以来，说诗之高，以为后妃求贤，以为衰世所作。近人因之，至

---

① 翁方纲《小石帆亭五言诗续钞》卷首，道光三十年南海伍崇曜《粤雅堂丛书本》刻本。

谓《二南》，皆非文王之诗，违理非情，背圣何足以言诗，世又言诗，禁体物语。余亦以为不然，体物正为明伦……历朝之诗则断自汉魏以下，昔人以时代分盛衰。予亦不谓然，发乎情，止乎礼义，足以劝，劝足以惩，《三百篇》以来，诗旨止如是。何代无贤，岂得谓后人之才与学，定皆逊乎古人。惟古人先我而生，其先我而言者，我不得复言，此则较难于古人。然情无穷，理亦无穷，谓后人竟无可说，亦不得也。欲求胜古人，而翻古人成案，轶乎情理之外，又不得也。理在天地人之情，因之有不可得已之言，必为不可少之言，古人之诗，其存不泯者，皆世所共欲言者也。予读书求古人之事，未尝不以古人之言诗亦然。古人所谓皆为之选古人文，因以选古人诗。选历朝取其备也，备之中择其要，皆人所诵习之佳篇，取诸选本亦多，而《唐宋诗醇》中所取尤多，于杜诗所取尤多。门生王励修书。①

王励修序论述了三个方面的问题：其一，具体说明该选的文献主要来自《唐宋诗醇》；其二，论述了诗歌的本质是发抒性情；其三，说明此选的选录标准是以性情为主。

是选体例按朝代编次，共选汉代至清朝诗歌1360首，其中卷一和卷二选汉魏六朝隋诗297首；卷三和卷四选唐诗624首；卷五选宋元明清诗409首，其中宋诗243首，元诗23首，明清诗143首；《补遗》选宋元明清诗30首，其中宋诗10首，元诗3首，明清诗17首。在选诗宗趣上，宋诗253首，不及唐诗的二分之一，可见编选者依然对宋诗持有偏见。苏轼入选30首，位居第一，次陆游26首，次范成大10首。是选评语颇具特色。其一，对诗歌艺术风貌做出整体评价。如评苏轼云："子瞻诗皆任意冲口而出，不拘结构，而结构自见，此于前后诗人为独步，其才本豪，其性情亦真也。"评范成大云："从来久宦者，皆喜言田家，言之亦各有亲切处，不独储王诗也。"评陆游《妾薄命》云："高处立，阔处行。"其二，具体评价诗歌作品。如评朱熹《葺居》云："山林气是诗人本色，却不涉道学语。"评谢枋得《崇真院绝粒偶书付儿熙之定之并呈张苍峰》云："视死如寻常诗，亦如道家常。"评王安石《桃源行》云："荆公诗文笔锋独见快利。"评陆游《醉中书怀》云："振笔直书，豪光四溢，非真醉狂。"评寇准《春日登楼怀归》云："次韵脱化韦应物《滁州西涧》。"评寇准《冬夜旅思》云："不言思而思在其中。"评寇准《秋霁》云："感触自深。"评宋痒《长安道中怅然作》其云："景中见情。"现藏湖南省图书馆、上海图书馆。

---

① 李元春《历朝诗要》卷首，道光三十年刻本。

70.《绝句诗选》

杨希闵辑。咸丰二年（1852）知圣教斋刊本，凡三卷，共一册，有序言、凡例和评语。杨希闵（1808—1882），字铁佣，号卧云，江西省新城县人。道光十七年（1837）拔贡，候选内阁中书。著有《王文公年谱考略推论》《熙丰知遇录》。是选还有《绝句续选》，《续选》成于咸丰三年（1853）。书前有杨希闵序，杨希闵《绝句诗选序》云：

> 汉唐古今诗体诗选本不少矣，佳者亦寥寥。家塾课儿辈古体，取王渔洋本，今体取姚惜抱本，独少绝句一体，渔洋虽有删订《唐人万首绝句》本，既未厌渊原，亦复病于乐䞒，因专选此一体存为家塾课本，综汉魏、六朝、三唐，得三百五十首有奇。
>
> 诗以道性情，故有难以庄论而譬喻，始明者，亦有伫兴而就，无复可以言说者。又有荡志逸思，似不可训，而事物之理于以穷尽政教之得失，于以考见者，不得其解。①

杨希闵序主要说明了编选是选的原因，有鉴于王士禛和姚鼐选诗，未选绝句一体之缺陷，以弥补其不足。《绝句诗选续序》说明了编选的原因和标准：

> 汉唐绝句三卷刻既成，有嫌阙宋以后绝句者，乃更选此三卷，得诗百九十首有奇，并刻之，宋人诗，苏、黄外，远不及唐，独绝句有佳者，然所佳亦在意致风韵为多耳，气体高古，神理浑全，仍不及也。明七子不失唐人步趋，又嫌太似，其高者固不可没。国朝王渔洋称为擅场嗣响，则有姚惜抱，此宋以来绝句大概也。今都不能宽录略引，专以俟隅，反亦犹王、姚选《古今体诗》遗意焉。②

此序体现了杨希闵宗唐抑宋的诗学宗趣，认为宋诗可与唐诗相媲美。《凡例》颇具特色，兹摘数条以飨之：

> 绝句在汉即有二体。《枯鱼过河泣》，乐府也；古绝句则诗体也。

---

① 杨希闵《绝句诗选》卷首，咸丰二年知圣教斋刊本。
② 杨希闵《绝句诗选》卷首，咸丰二年知圣教斋刊本。

> 隋朝上承梁陈，下开唐室绝句佳者，如薛道衡、虞世基则直是唐人作矣。
>
> 七言绝句虽汉魏有之，然或换韵，或句句押韵，究是古体，非绝句正体，正体乃见于梁代，而陈隋亦间遇之，共选九首。
>
> 绝句至唐代如繁星，参错造化矣。约其擅场，厥有数子，五绝则王裴是一体，韦柳是一体，韦柳虽似右丞，而实有别。太白是一体，太白似出齐梁，实超汉魏，天才所诣，未可言说。崔国辅、张仲素、张祜又是一体，则专学齐梁者也。他如高、岑、元、白十数巨公，不乏佳制，亦自名家。
>
> 七绝名家者，又与五绝不同，如太白、右丞固已穷绝。而王少伯之高华，李庶子之精壮，刘随州之婉丽，白司马之性灵，杜牧之之跌宕，李义山之沉刻，皆横绝一代。[1]

《凡例》论述了七言绝句与五言绝句的差别、特点和发展历程。

是选体例按朝代编次，共选汉魏六朝三唐诗歌300首。《绝句诗选》共选汉魏至隋朝诗歌109首，其中汉诗5首，魏诗1首，晋诗21首，宋诗17首，齐诗11首，梁诗27首，陈诗3首，北魏诗3首，北齐诗3首，北周诗8首，隋诗10首。《绝句续选》，凡三卷，共选宋代至清代诗歌191首，其中卷一北宋诗62首；卷二南宋诗32首，金诗10首，元诗12首；卷三明诗25首，清诗50首。是选评语颇为精妙。其一，对全诗作出综合评价。如评苏轼《惠崇春江晚景》云："此种风味，亦唐人所少。"评苏轼《六月二十七日望湖楼醉书》云："此种笔墨太白而后一人而已，然不可行迹间求之。"评陆游《小雨极凉舟中熟睡至夕》云："此亦放翁似坡公者。"评黄庭坚《病起荆江亭即事》云："《洪容斋续笔》谓此诗，一存一设，其体本杜工部。"评宋祁《咏史》云："古今举动如此者多矣，可胜感喟。"评王安石《乌塘》云："此盖思乡作。"其二，评价诗歌艺术风格。如评米芾《题吴江垂虹亭》云："风度绝佳。"评张良臣《西湖晚归》云："风俗冶佚，可想见矣。"评姜夔《过垂虹桥》云："语妙不尽。"评欧阳修《雁》云："入神。"评郑思肖《春日登城》云："明媚。"其三，具体评价诗歌创作方法。如评王安石《陇东西》云："二诗音节高亮。"评黄庭坚《和陈君仪读太真外传》云："佳句亦似自传。"评苏轼《中秋月》云："第二句精刻有韵味。"评范成大《续长恨歌》云："二诗只嬉笑耳，然甚怒骂。"现藏江西省图书馆。

---

[1] 杨希闵《绝句诗选》卷首，咸丰二年知圣教斋刊本。

71.《五古正宗》

佚名辑。咸丰五年（1855）抄本，现存二十六卷，共八册，无序言和凡例，有批语。南京图书馆题识为《五古正宗》，实际上是选还选录了五古正宗（十卷）、七古正宗（四卷）、五绝正宗（二卷）、七绝正宗（六卷）、七律正宗（四卷）五种诗体。五古正宗中卷一至卷六选汉代至唐前诗，卷七至卷九选唐诗，卷十选宋诗57首；七古正宗中卷一选唐诗，卷二选宋诗42首，卷三选宋诗139首，卷四选元诗；七律正宗中卷一选唐诗，卷二选宋诗75首，卷三选明诗122首，卷四选清诗92首；五绝正宗未分卷；七绝正宗中卷一到卷三选唐诗，卷四选宋诗225首，卷五选宋诗90首，卷六选金元诗。是选共选宋诗628首，其中苏轼58首，次黄庭坚35首、陆游34首、欧阳修22首、曾巩22首、王安石20首，余皆不足20首。是选评语颇有特色。首先，总体评价诗人诗歌风格。如评黄庭坚云："山谷之妙，在乎迥不犹人，时时出奇，故能独步千古，所以可贵。""山谷之妙，起无端，接无端，大笔如椽，转折如龙虎，扫一切，弃一切，独题出精要之言。每目接处中，亘万里不相联属，非寻常意计所及，此小家何由知之，知之亦无此力，故作家不易得也。"其次，评价具体诗歌作品。如评晁冲之《夷门行赠秦夷仲》云："神来气来。"评黄庭坚《次韵子瞻题郭熙画秋山》云："此首起亦佳。中后有源意，起四句妙，凭空来自然。第五句以下，曲折驰骤有江海之观神龙万里之势。"评欧阳修《寄圣俞》云："真似退之。寄人诗与书同通，彼我之情叙离合之迹，引申触类，无有定则。此诗叙彼之才，次言己不能振之，又惜其不遇，而广合叙彼此情况。学欧公作诗全在用古文章法，如此则小才有把鼻笔辙可寻，及其成章，亦非俗士所解。"现藏南京图书馆。

72.《宋元四家诗选》●

戴熙辑。戴熙（1801—1860），字醇士，号榆庵、松屏，别号鹿牀居士，浙江钱塘人。道光十一年（1831）进士，道光十二年（1832）翰林，官至兵部侍郎。咸丰十年（1860）太平天国克杭州时死于兵乱，谥号文节。著有《习苦斋诗文集》等。是选《八千卷楼书目》卷十九著录为《宋元四家诗》四卷。南京图书馆藏戴熙手抄本，为《宋元四家诗钞》。是选选林逋诗一卷70首，姜夔诗一卷39首，倪瓒诗一卷64首，王冕诗一卷37首。书末附有柳诒徵民国十七年（1928）戊辰题跋："戴文节以画名世，诗与书皆为画。撍《访学集序》云：予学诗久矣。自以无所获，不敢问世，故世罕知。予学诗者，是公目示粤学。前世罕知其致力于诗也，此书首尾精楷，未知何年所写，以道光七年《古文钞序》

推之，度亦通籍。前熟悉手录者，首署十家诗钞仅存四家。林、姜、倪、王皆高士，诗境生新，而华妙观此，知公所契在，写范自然，宜其艺事之臻绝诣也。戊辰八月镇江柳诒徵识于陶风楼。"① 由柳诒徵跋可知，是选作于道光七年（1827）之前。另，南京图书馆还藏有民国十七年（1928）国学图书馆影印戴鹿牀手写宋元四家诗、民国十七年（1928）影印戴熙手抄本。《东北地区联合古籍线装书目》著录为《十家诗抄》，吉林大学图书馆藏两种。

73.《评点唐宋诗钞》●

况澄辑。现藏于广西桂林市图书馆。况澄（1799—1866），字少吴，号西舍，广西桂林人。道光壬午（1822）进士。任翰林院庶吉士，户部主事，河南按察使。著有《西舍诗钞》《西舍文集》《粤西胜迹诗钞》等。笔者曾多次托人到该图书馆查阅，因该图书馆正在修补，故未能一睹其真面目。根据《中南西南地区省市图书馆馆藏古籍稿本提要（附钞本联合目录）》（华中理工大学出版社1998年版，第409页）载："道光间编者手稿本，一册，是钞辑唐宋名家诗作，详加评点，精钞精校成册，各诗下注诗词类别，如怀古、风土、庭宇等，眉批点评各诗要旨得失。诗文中间亦杂有小字批文，均极有见地。"

74.《精选诗本》

胡公藩辑。清抄本，不分卷，共一册，无序言和总目，有墨笔圈点。胡公藩，字云起，江苏华亭（今上海）人。生活于咸丰年间，生平仕履不详。是选体例以人编次，选诗以唐宋诗人为主，其中唐代诗人选有李华1首，刘方平1首，张仲素1首，温庭筠1首，许浑2首，崔鲁1首，朱绛1首，柳宗元1首，陆龟蒙1首，杜牧1首，雍陶1首，李白1首，杜甫1首。宋代诗人选有苏轼1首，秦观2首，姜夔11首，陆游5首，于石1首，朱德润1首。是选还选有一些警句，如杜甫"感时花溅泪，恨别鸟惊心"，温庭筠"鸡声茅店月，人迹板桥霜"，苏轼"乱山横翠嶂，落月淡孤灯"，林景熙"霜增孤月白，江截乱峰青"，王十朋"夕阳茅舍客沽酒，明月小桥人钓鱼"。现藏上海图书馆。

75.《十八家诗钞》●

曾国藩辑。同治十三年（1874）传忠书局刻《曾文正公全集》本，凡二十八卷。曾国藩（1811—1872），初名子城，字伯涵，号涤生，谥文正。湖南湘潭

---

① 戴熙《宋元四家诗选》卷首，民国十七年影印戴熙手抄本。

人。晚清重臣。湘晚清"中兴四大名臣"之一，官至两江总督、直隶总督、武英殿大学士。是选版本众多，竟有20种之多，具体如下表。

表12 《十八家诗钞》版本

序号	版本	收藏地
1	同治十三年（1874）传忠书局刻《曾文正公全集》本	浙江省图书馆
2	光绪二年（1876）传忠书局刻本	浙江省图书馆
3	光绪十四年（1888）上海鸿文书局刻本	浙江省图书馆
4	光绪二十九年（1903）鸿宝书局刻本	浙江省图书馆
5	民国三年（1914）吴汝纶《十八家诗钞评点》京师国群铸一社铅印本	南京图书馆
6	民国四年（1915）《曾文正公全集》石印本	浙江省图书馆
7	民国九年（1920）上海商务印书馆铅印本	国家图书馆
8	民国十一年（1922）上海中华图书馆铅印本	南京图书馆
9	民国十三年（1924）上海中华图书馆铅印本	浙江省图书馆
10	民国十三年（1924）上海崇新书局铅印本	北京大学图书馆
11	民国十五年（1926）《详注十八家诗钞》中原书局铅印本	国家图书馆
12	民国十八年（1929）《详注十八家诗钞》中原书局铅印本	国家图书馆
13	民国二十一年（1932）《详注十八家诗钞》上海扫叶山房铅印本	浙江省图书馆
14	民国二十三年（1934）上海中华书局铅印本	浙江省图书馆
15	民国二十四年（1935）吴遁生《十八家诗钞》上海商务印书馆铅印本	浙江省图书馆
16	民国二十四年（1935）上海国学整理社仿古字版	南京图书馆
17	民国二十五年（1936）中华书局《四部备要》铅印本	国家图书馆
18	民国间崇雅堂铅印本	浙江省图书馆
19	稿本	上海图书馆
20	续修四库全书	

是选体例以人编次，共选诗人18家，分别为曹植、阮籍、陶渊明、谢灵运、鲍照、谢朓、李白、杜甫、韩愈、白居易、王维、孟浩然、杜牧、李商隐、苏轼、黄庭坚、陆游、元好问，共选古近体诗6676首。其中卷一曹植五言古诗55首，阮籍五言古诗82首；卷二陶渊明五言古诗114首，谢灵运五言古诗65

首；卷三鲍照五言古诗 131 首，谢朓五言古诗 118 首；卷四至卷六李白五言古诗 560 首；卷七至卷八杜甫五言古诗 263 首；卷九韩愈五言古诗 143 首；卷十李白七言古诗 157 首；卷十一杜甫七言古诗 146 首；卷十二韩愈七言古诗 78 首，白居易七言古诗 50 首；卷十三白居易七言古诗 64 首；卷十四至卷十五苏轼七言古诗 254 首；卷十六黄庭坚七言古诗 165 首；卷十七王维五言律诗 254 首，孟浩然 138 首，李白 100 首；卷十八至卷十九杜甫五言律诗 601 首；卷二十杜甫七言律诗 150 首，杜牧 55 首，李商隐 117 首；卷二十一至卷二十二苏轼七言律诗 540 首；卷二十三黄庭坚七言律诗 286 首；卷二十四至卷二十五陆游七言律诗 554 首，元好问 162 首；卷二十六李白七言绝句 79 首，杜甫 105 首，苏轼 203 首；卷二十七苏轼七言绝句 235 首，陆游 170 首；卷二十八陆游七言绝句 482 首。曹植、阮籍、陶渊明、谢灵运、鲍照、谢朓仅录五言古诗一体，白居易、元好问仅录七言古诗一体，王维、孟浩然仅录五言律诗一体，李商隐、杜牧仅录七言律诗一体，韩愈仅录五言古诗、七言古诗二体，陆游仅录七言绝句、七言律诗二体，苏轼、黄庭坚仅录七言古诗、七言律诗二体。其中杜甫最多 1265 首，次陆游 1206 首，次李白 896 首，次苏轼 692 首，次黄庭坚 451 首，曹植、杜牧各 55 首，多者达 1265 首，少者仅 55 首，两者相差 1210 首，多寡悬殊，有失均衡。从选诗倾向上看，编选者比较推重唐宋诗人，尤其推崇杜甫和陆游。

76.《十八家诗约选》

俞寿昌辑。清刻本，共一册，共八卷，有凡例，无评语和总目。俞寿昌，上虞（今浙江上虞）人，生平仕履不详。此选《凡例》说明了编选的缘由："魏晋唐宋十八家诗浩如渊海，曾湘乡仅选五千五百九十七首，拣择已精，颇难再节，兹因便青年学步，约之又约，凡章法句法之神明规矩外，古体长篇之难于记诵者不免割爱，得诗六百二十首，分八卷，日课两首，年可卒学；此编所选全从曾刻，谨名为《十八家诗约选》；所选各诗首重纪律，次性灵、次兴趣，次音节，次气象，总期诗可见志，温柔敦厚，养我天倪。"[1] 是选为曾国藩《十八家诗钞》的再选本。是选体例以人编次，共选魏晋至元代诗人 18 家，诗 612 首（与编选者所称 620 首，少 8 首），其中魏晋诗人 6 家 67 首，唐代诗人 8 家 277 首，宋代诗人 3 家 257 首，元代诗人 1 家 11 首。卷一至卷二五言古诗 150 首；卷三至卷四七言古诗 145 首；卷五五言律诗 54 首；卷六至卷七七言律诗 145 首；卷八李白七言绝句 118 首。陆游入选最多，凡 129 首，次杜甫 108 首，

---

[1] 俞寿昌《十八家诗约选》卷首，清刻本。

次苏轼 106 首，次李白 71 首，次韩愈 37 首，次陶渊明 32 首，次黄庭坚 22 首，次李商隐 14 首，次王维 13 首，次元好问、阮籍各 11 首，次曹植、杜牧各 8 首，次白居易、鲍照各 7 首，次孟浩然 6 首，次谢灵运 5 首，次谢朓 4 首。多者达 129 首，少者 4 首，两者相差 125 首之多，相差悬殊，失去均衡。现藏南开大学图书馆。

77.《训蒙诗选》

贾履上辑。同治十三年（1874）刻本，凡二卷，共一册，有序言，无评语和总目。贾履上，字云阶，江苏南汇（今上海）人。监生。生平仕履不详。书前有贾履上作于同治甲子仲冬序，贾履上《训蒙诗选序》云："余舌耕糊口垂四十年矣。每见村塾，训蒙识字，初必授以《三字经》、《千字文》、《神童诗》，《千家诗》较《四子书》易于上口，以习调天籁，自然而然，圣人所谓'兴于诗'也。顾学为兴者，贵能兴孝、兴悌、兴廉、兴让，在兴起，其好善恶恶之心，童而习焉，其心安焉。不见异物而迁焉，乃为蒙，以养正之道。"① 贾履上序说明了选诗的缘由和选录宗旨。是选体例按体编次，分五言古诗、七言古诗、五言律诗、七言律诗、五言绝句、七言绝句六种诗体。其中七言绝句选苏轼 1 首，朱熹 1 首，寇准 1 首；七言律诗选邵雍 1 首，罗念庵 1 首，李延寿 1 首；七言古诗选陆游 1 首。现藏上海图书馆。

78.《律诗六钞》

方俊辑。同治九年（1870）孟春金陵书局刻本，凡六卷，共一册，有序言、总目和评语。方俊，生平仕履不详，河东（今山西）人。书前有方俊序，方俊《律诗六钞序》云：

《律诗六钞》讲诗法也。或献疑曰："凡名家诗，大都生于性情而成于学问者也。"兹斤斤焉，惟格法是讲。殆诗之末，非诗之本耶。是说也，予甚讳之。然性情学问，是未作诗以前之事，是未诵诗以前之事也。今从事韵语者，例诵前贤诗，前贤诗未始非性情所由托学问所见端也。但逐诸诗，以求性情，无乃泛乎？就数诗以求学问，不亦隘乎？至若规矩方圆，师为成式，善其所推，则诵一章，徐悟多章矣。此诗钞之不容已也。钞止律诗，不及他体，良以律诗因声律得名，亦即法律所在也。为初学计，取其篇幅

---

① 贾履《训蒙诗选》卷首，同治十三年刻本。

适中，理绪不繁，可以便诵，而易记熟精，有得上窥古体，次及绝句，抑亦非难，是以法通，非以法限也。同治四年孟春三月上元方俊书于河东宏运书院之丽泽轩。①

方俊序论述了"性情"与"学问"之间的关系，认为两者相辅相成，可以相互调剂，并非互不相融；也说明了只选律诗的原因。是选体例按朝代编次，共选唐代至明代诗人47家，诗94首，分为六钞，《初钞》为五言律诗10家16首，其中唐代诗人10家16首；《次钞》为七言律诗16家24首，其中唐代诗人9家12首，宋代诗人3家8首（苏轼2首、黄庭坚2首、陆游4首），元代诗人1家1首，明代诗人3家3首；《三钞》为七言律诗8家11首，其中唐代诗人6家6首，宋代诗人2家5首（苏轼3首、李昉2首）；《四钞》为七言律诗2家29首，其中唐代诗人1家26首，宋代诗人1家3首（苏轼3首）；《五钞》为七言律诗8家8首，其中唐代诗人6家6首，宋代诗人2家2首（苏轼1首、黄庭坚1首）；《六钞》为七言律诗3家6首，其中唐代诗人1家1首，宋代诗人2家5首（苏轼2首、陈与义3首）。从选诗倾向上看，唐诗67首，宋诗23首，唐诗是宋诗的2倍之多，可见编选者以唐诗为宗，排拒宋诗。宋人选苏轼11首，陆游4首，黄庭坚3首，陈与义3首，李昉2首，这些诗人入选十分符合宋代诗人创作的实际状况，但李昉入选有些令人费解。

是选评语颇为详细，极具见地，方俊主要从三个方面进行评价：其一，以唐衡宋，寻找唐宋诗之间的关联点。如评苏轼《竹阁》云："此首全借乐天指点，两章并列，更无环肥燕瘦之嫌。"其二，概括全诗主旨。如评苏轼《与秦太虚梅花》云："通首一气清折胜游句，一语括全题。"评苏轼《秀州报本禅院乡僧文长老方丈》《夜至永乐文长老院文时卧病退院》《过永乐文长老已卒》云："三首先后作，此非联章而义同联章也。先作不能预知有后，后作必先顾前，诗则随手映带，自成章法，才大者心更细也。三诗只作一诗读，思乡是纲；三节事是目，或疑'三过门间老病死'句，是三诗之纲。此是点醒三诗题面，如首章起句之万里，次章五句之老非怀土，三章六句之乡井难忘，则诗意所归宿处也。"其三，详细解析作品章法特点。如评苏轼《章质夫送酒》云："起二句闻送酒而预计收藏，是反振下文。三四句酒不达正面。五六句无酒惆怅，犹豫是正面。七八句后必再响，是此诗去路也。"评陈与义《对酒》云："属对只诗中之一端，自以门类相近，虚实相称为正，必如许丁卯之一字不差，殊嫌呆板。

---

① 方俊《律诗六钞》卷首，同治九年孟春金陵书局刻本。

此律所以有变体一类也，属对每与情景宾主诸法相因，先景后情，先宾后主正也。"现藏首都图书馆。

79.《唐宋元三朝集句诗》

施匪茂辑。同治九年（1870）庚午七月抄本，不分卷，共一册，无序言、总目。施匪茂，生平仕履不详。是选体例分韵编次，仅选七言律诗一种诗体，分《集唐春秋闺诗》，"春秋闺七言律"之韵有"东、冬、江、支、微、鱼、虞、齐、佳、灰、文、元、寒、删、先、萧、爻、豪、麻、阳、庚、青、蒸、尤、侵、盐、咸"等。"秋七言律"之"阳"韵，选晏殊、元好问、苏轼、周邦彦、朱淑真、欧阳修、杨万里。"春七言律"之"冬"韵，选元稹、柳宗元、杨万里、朱淑真、元好问。现藏南京图书馆。

80.《今体诗类钞》

陶濬宣辑。同治十年（1871）抄本，不分卷，共一册，有墨笔圈点，无序言和批注。陶濬宣（？—1914），字心云，浙江绍兴人。是选体例以人编次，选录唐代到清朝诗歌。其中选宋代诗人44家115首，分别为徐介1首，王曙1首，林逋4首，唐庚1首，陆游52首，蔡襄1首，陈师道1首，翁卷1首，刘克庄2首，苏轼1首，欧阳修1首，周弼2首，秦观2首，王安石3首，杨万里6首，耿时举1首，冠元德1首，谷宏1首，朱熹1首，陈与义4首，张耒1首，连文凤1首，范成大1首，韩涧泉1首，赵师秀1首，谢枋得1首，曾巩1首，晁冲之1首，王介甫1首，宋祁1首，王庭珪2首，张表臣1首，姜夔1首，苏庠1首，陈允平1首，李觏1首，郭祥正1首，韩维1首，张璞1首，胡志道1首，黄庭坚3首，刘子翚2首，姚镛1首，程俱1首。从选诗倾向上看，陆游52首为最多，而有33人仅选1首，两者相差悬殊，可见编选者选诗多寡不均，难以反映宋诗创作的全貌。现藏上海图书馆。

81.《历朝二十五家诗录》

邹湘倜辑。光绪元年（1875）新化邹氏得颐堂刊本，凡三十七卷，有序言、凡例和总目，无评语。《晚晴簃诗汇·卷一四四》载："邹湘倜，字资山，新化人。道光癸卯举人，官湘潭教谕。有《雅雪园诗钞》六卷。"书前有王文韶叙，王文韶《历朝二十五家诗录叙》云：

朱子曰："诗者，人心之感物而形于言之余也。心之所感有邪正，故言之所形有是非，惟其所感无不正，其言皆足以为教。"《毛诗序》曰："诗，发乎情，止乎礼义。发乎情是人心之感物，而形诸言也。止乎礼义，是所感者无不正也。"孔子删诗《三百篇》，古矣。变而楚骚，迄于汉魏，其乐章、舞曲、古谚、童谣、赠答、公宴，去风雅犹未远。宋齐梁陈流为绮丽风格，稍逊至唐而风气迥开，体制大备，揖让前贤，模范后代，含宏包罗，不可殚极。宋元视唐递衍愈降，派别支分，各辟生面。有明青田崛起，接踵李杜，跨越宋元，李茶陵网罗群彦，导扬风雅，起衰振靡，开李何之先路，导七子之雅音。

  吾友邹君资山深慨时流，昧兹正则，因自汉魏迄明，抉择二十五家成录，付梓乞予叙行。予观《诗录·凡例》，暨所选诸家诗，论诗品必兼论人品，人品既正，感动为诗，邪思自绝。因诗以考究其人，因人以讨论其世，即其诗之风调音律，而其诗治乱得失，其人学行品，诣毕著于篇章焉。有志诗学取兹成编，悠游而涵咏之。俾作者寄托之遥深，蕴蓄之宏富，熔铸之菁华，咸与为默契，由此力追古人，不难抗衡矣。光绪元年岁次。①

  邹湘倜序探讨了三个方面的议题：其一，诗歌的发生，是"人心之感物而形于言"所致；其二，阐释了中国诗歌的发展历程；其三，选录诗歌的标准重在诗人的品格。邹湘倜四则《凡例》分别就是选选录宗旨、缘由、标准等方面做了详细说明。《凡例》云："有诗品，有人品，论诗品兼论人品，汉魏以迄明诗家千百，升降源流高下，轩轾难为审定，兹编辑二十五家。未免偏而隘，然品汇不齐，诗格迥异，以诗存人，当因人择诗，录其诗，即不弃其人，其人未必尽可宗仰，而诗有风雅，遗音是为诗派，正宗可端趋向之鹄，其诗流传既久，而人或大德逾闲，标榜竟名者不录。"具体说明了是选编选体例和选录标准是以诗人人品和诗品为主。《凡例》云："尊唐抑宋，此是朝代之见，其真面目、真性情各有精诣，不可掩也。欧阳永叔根底宏深，音节古奥，气韵流逸，诗不减于其文；苏东坡才大学博，豪迈清超，新颖雄快；黄山谷劲直奇险，汀畦独辟；陆放翁浑厚和平，包孕宏富。四公诗臻奥，人尽忠贞，皆可单行宇内。"具体评述了欧阳修、苏轼、黄庭坚、陆游四位宋代诗人的艺术风格特点。《凡例》云："《御选唐诗》取李、杜、韩、白，以四公兼擅众长，各开生面，跨越三唐，兹于四公之外，增辑张曲江、王摩诘、孟襄阳、韦苏州、杜牧之五家，曲江诗刚健和婉，其人风度蕴藉；襄阳诗淡远清超，苏州诗恬静安雅，人皆与诗肖……

---

① 邹湘倜《历朝二十五家诗录》卷首，光绪元年新化邹氏得颐堂刊本。

杜牧之才堪经世，史称其刚直有奇节。"具体说明了补选唐代五位诗人的原因。《凡例》云："汉魏迄明，五七言名作流传简策。脍炙人口者，当博观约取。盖论古人诗才，有长有短，宜广为搜采，俾知见闻，不可隘谬。论诗家旨归，有歧有正，宜严为选择，俾知宗派。不可卑二十五家诗，音律、气韵、品格、学识均《三百篇》羽翼，奉以为圭臬，则入门途径广大，高明必无邪思矣。"说明了择取26位诗人的缘由。

是选体例以人编次，共选魏晋至明朝诗人26家，诗4641首，其中卷一曹植78首，卷二阮籍87首，卷三陶潜148首，卷四鲍照158首，卷五谢朓179首，卷六张九龄82首，卷七至卷八王维236首，卷九孟浩然185首，卷十至十二李白303首，卷十三至卷十五杜甫350首，卷十六韦应物170首，卷十七韩愈103首，卷十八白居易165首，卷十九杜牧92首，卷二十欧阳修91首，卷二十一至卷二十三苏轼334首，卷二十四黄庭坚87首，卷二十五陆游211首，卷二十六元好问240首，卷二十七虞集159首，卷二十八刘基147首，卷二十九高启201首，卷三十至卷三十一李东阳180首，卷三十二至卷三十四陈子龙265首，卷三十五黄淳113首，卷三十六至卷三十七顾炎武277首。从选诗倾向上看，唐诗1686首，宋诗721首，唐诗是宋诗的2倍之多，邹湘倜尊唐抑宋的论诗宗旨，彰显无遗。杜甫350首，曹植78首，杜甫的诗是曹植的诗的4倍之多，多寡悬殊，失去均衡。现藏国家图书馆、南京图书馆、北京大学图书馆、浙江图书馆。

82.《历代名媛诗文》

久保田梁山辑。光绪四年（1878）刻本，凡二卷，共四册，无序言和凡例，有评语。是选体例按体编次，分五言绝句、六言绝句、七言绝句、五言律诗、七言律诗5种诗体，共选唐代至明代诗歌527首，其中唐代五言绝句31首，唐代六言绝句2首，宋代五言绝句30首，元代五言绝句6首，明代五言绝句39首；唐代七言绝句84首，宋代七言绝句109首，元代七言绝句35首，明代七言绝句73首；唐代五言律诗21首，宋代五言律诗20首，元代五言律诗4首，明代五言律诗20首；宋代七言律诗13首，元代七言律诗8首，明代七言律诗32首。从选诗倾向上看，唐诗138首，宋诗172首，宋诗多出唐诗34首，可见编选者比较推重宋诗。从选入诗歌体裁来看，七言绝句301首，五言绝句106首，五言律诗65首，七言律诗53首，七言绝句是七言律诗的5倍之多，足见编选者比较看重女性诗人在七言绝句方面的创作成就，真实地反映了女性诗人的创作实际。宋代诗人朱淑真91首，为最多，超过了李清照，可见编选者对朱淑真的推崇之情。是选有非常精当简要的评语，如评蒨桃《绫诗》云："虽似扫兴语，却得箴讽大意，便可配《七月》之章。"评戴伯龄《寄林士登》云："百媚横生。"评黄淑《咏竹》云："语庄而劲。"评永安驿女《题驿壁》云："痴态。"评永安驿女《长宵》云："真情。"评朱淑真《伤春》云："词意亦凄亦媚。"评朱淑真《春霁》云："别是鲜好，不似寻常痴腻。"评朱淑真《春阴》云："一结妙绝，词人拟和，不得方知其难问春。口头语一转跌，间无限幽恨。"现藏山东省图书馆。

83.《小学弦歌》

李元度辑。光绪五年（1879）平江李氏刻本，凡八卷，共三册，有序言和凡例、总目，无评语。上海图书馆、浙江省图书馆、北京大学图书馆藏光绪五年（1879）平江李氏刻本；另有光绪八年（1882）文昌书局刻本，北京大学图书馆藏；光绪三十年（1904）山东官印书局刊印本，上海图书馆藏；民国二十五年（1936）周氏师古堂刻本，名曰《小学弦歌约选》（周学熙选），藏国家图书馆、清华大学图书馆、浙江省图书馆。李元度（1821—1887），字次青，又字笏庭，自号天岳山樵，晚年号超然老人，湖南平江县人。道光二十三年（1843）举人。官黔阳县教谕。著有《国朝先正事略》《名贤遗事录》《南岳志》等。书前有李元度序，李元度《小学弦歌序》云：

> 诗以理性情，尤以人伦为本。孔子曰"诗可以兴，可以观，可以群，可以怨，迩之事父，远之事君"，统凡学诗者言之也。而在小学时天性未漓，凡事以先入之言为主，尤当使之渐摩于诗教，养其良能，庶能鼓舞奋兴而不自已。程子尝曰："教人未见意趣，必不乐学。欲且教之歌舞，如《诗三百篇》，皆古人作之。若《关雎》诸什，为正家之始，故用之乡人，用之邦国，使人习闻之。然此等诗，其辞简奥今人未易晓，欲别作诗，略言教弟子洒扫、应对、进退、事亲、事长之节，令朝夕歌之，似当有助。"①

李元度序说明了是选编撰宗旨乃以"理性情"为主。是选体例分类编次，分教孝、教忠、教夫妇之伦、教兄弟之伦、教小学、教大学、教闲家等29类，共选上古至清朝诗歌930首，其中选宋代诗人103家136首。

---

① 李元度《小学弦歌》卷首，光绪五年平江李氏刻本。

84.《增评韩苏诗钞》

赖襄、菊池纯辑。日本明治十四年（1881）铜板朱墨套印本，凡七卷，共三册，有序言和评语。书前有赖襄《序》，赖襄《增评韩苏诗钞序》云："韩苏二公之诗，并皆骨力过人，而其风韵之妙，韩亦输苏。"[①] 赖襄序充分肯定了苏轼的杰出成就，韩愈与苏轼相较，韩逊色于苏。是选体例以人编次，共选韩愈、苏轼诗 157 首。韩愈四卷 69 首，卷一五言古诗 19 首，卷二七言古诗 21 首，卷三七言律诗 4 首，卷四五言绝句 25 首；苏轼三卷 88 首，卷一五言古诗 42 首，卷二和卷三七言古诗 46 首。是选主要从三个方面评价韩愈与苏轼诗歌：其一，赞扬苏诗迥异独绝之处。如评苏轼《书林逋诗后》云："此诗用笔如题跋，人可当一篇后序。凡大家之作，皆健俊纵逸，而少清脆之气，虽如老杜能兼之，而犹过豪奇，如东坡此诗，自出别调，而过清脆者。"其二，苏轼与韩愈诗相比较，以见出两者之别。如评苏轼《海市》云："此诗与昌黎《谒衡岳庙》诗相敌，故句亦与彼同。然彼极庄重，而此极流丽，带嘲笑之气，并皆其本领而已然，毕竟不如昌黎之庄重，为得古诗之体也。"其三，评价韩苏诗中的佳句。如评苏轼《书林逋诗后》之"不论世外隐君子"云："此句既逗林逋。"现藏国家图书馆。

85.《四禅诗选》

汪世泽辑。光绪九年（1883）刻本，凡二十卷，共五册，有序言和评语。汪世泽，字少谷，云南昆明人。咸丰癸丑（1853）进士，官江西知府。著有《不可无竹居诗草》等。书前有汪世泽序，汪世泽《四禅诗选序》云：

> 选古人诗以诏来学，意良厚矣。然选家之弊，实多有囿于见闻者。古今诗集未经搜考，仅据唐人数十家定成篇，择不精，取不备，如《唐诗三百首》、《唐诗合解》是也。有偏于嗜好者，矫语高古，谓逞才气者为嚣张，谓工声调者浮华，求约求精，悉归枯淡，如钟竟陵、谭友夏是也。有限于才力者，已无兼容并包之量，以我之体态，悬尺寸以量人，加乎我，异乎我者，悉摒弃之，如王阮亭之《古诗选》是也。予尝举佛氏四禅法以选诗，一曰无上法乘，一曰正法眼藏，一曰声闻禅，一曰别派。真意流行、有神无迹、不可思议、不落言筌者为无上法乘。有格有律、有声有色、雄深雅

[①] 赖襄、菊池纯《增评韩苏诗钞》卷首，日本明治十四年铜板朱墨套印本。

健、端厚从容者为正法眼藏。选词设色、揣摩声调、字斟句酌、刻意求工者为声闻禅。意必翻新、语必出奇、弄神通恣、或频叠险韵、或专用偏锋、与夫大气盘旋、力大包举、古今少见之作为别派。光绪九年岁在辛巳秋七月昆明汪世泽少谷序。①

汪世泽序具体阐释了"无上法乘""正法眼藏""声闻禅""别派",并用四个等第来区分诗歌的优劣。

是选体例按体编次,分为五言古诗、七言古诗、五言律诗、七言律诗、五言绝句、七言绝句六种诗体。五言古诗、七言古诗、五言律诗、七言绝句分为无上法乘、正法眼藏、声闻禅、别派四禅,七言律诗分为正法眼藏、声闻禅、别派三禅,五言绝句分为无上法乘、正法眼藏、声闻禅三禅。共选汉魏至明朝诗歌2495首,汉魏诗122首,唐诗1745首,宋诗473首,金元诗64首,明105首。其中卷一为五言古诗(无上法乘)114首,其中汉魏诗54首,唐诗56首,宋诗2首,明诗2首;卷二至卷三为五言古诗(正法眼藏)222首,其中汉魏诗28首,唐诗154首,宋诗33首,金元诗5首,明诗2首;卷四为五言古诗(声闻禅)117首,其中汉魏诗12首,唐诗65首,宋诗28首,元诗7首,明诗5首;卷五为五言古诗(别派)65首,其中汉魏诗3首,唐诗39首,宋诗23首;卷六为七言古诗(无上法乘)21首,其中汉魏诗4首,唐诗17首;卷七为七言古诗(正法眼藏)75首,其中汉魏诗1首,唐诗48首,宋诗18首,金元诗2首,明诗6首;卷八为七言古诗(声闻禅)56首,其中唐诗31首,宋诗16首,金元诗2首,明诗7首;卷九为七言古诗(别派)80首,其中汉魏诗13首,唐诗42首,宋诗19首,元诗4首,明诗2首;卷十为七言古诗(无上法乘)8首,其中唐诗7首,宋诗1首;卷十为五言古诗(正法眼藏)201首,其中唐诗170首,宋诗19首,金元诗2首,明诗10首;卷十一为五言律诗(声闻禅)275首,其中唐诗235首,宋诗33首,元诗2首,明诗5首;卷十二为五言律诗(别派)64首,其中唐诗61首,宋诗2首,元诗1首;卷十三为七言律诗(正法眼藏)113首,其中唐诗81首,宋诗19首,元诗2首,明诗11首;卷十四为七言律诗(声闻禅)263首,其中唐诗183首,宋诗65首,金元诗14首,明诗1首;卷十五为七言律诗(别派)44首,其中唐诗29首,宋诗13首,明诗2首;卷十六为五言绝句(无上法乘)12首,其中唐诗11首,明诗1首;卷十六为五言绝句(正法眼藏)93首,其中汉魏诗7首,唐诗80首,宋诗1首,

---

① 汪世泽《四禅诗选》卷首,光绪九年刻本。

明诗5首；卷十六为五言绝句（声闻禅）诗48首，其中唐诗30首，宋诗8首，金元诗3首，明诗7首；卷十七为七言绝句（无上法乘）24首，其中唐诗20首，宋诗3首，明诗1首；卷十七为七言绝句（正法眼藏）185首，其中唐诗114首，宋诗53首，元诗2首，明诗16首；卷十八为七言绝句（声闻禅）223首，其中唐诗127首，宋诗78首，金元诗10首，明诗8首；卷十九为七言绝句（别派）194首，其中唐诗145首，宋诗40首，金元诗8首，明诗1首；卷二十为摘句。是选每一种诗体，或分为三等，或分为四等，实暗含高低优劣之分。从选诗倾向上看，唐诗入选总数是宋诗的3倍之多，体现了汪世泽厚唐薄宋的诗学思想。从诗歌体裁上看，七言绝句626首，五言绝句153首，七言绝句是五言绝句的4倍之多，可见编选者比较推重七言绝句。现藏南京图书馆。

86.《四大家摘录》

佚名辑。光绪十三年（1887）抄本，不分卷，共一册，无序言、总目，有墨笔圈点。是选体例以人编次，共选范成大、陆游、王士禛、汪尧峰四位诗人诗235首，其中范成大35首，陆游110首，王士禛50首，汪尧峰40首。范成大和陆游两家诗摘自《宋四名家诗选》。关于是选选录时间，从是选末尾记载"光绪丁亥夏日信卿读过"，可以确定为光绪十三年（1887）。现藏国家图书馆。

87.《五朝诗铎》

李寿萱编。光绪十四年（1888）孟冬月镌于叙州府学署明伦堂，凡三十卷，共八册，有序言、凡例和分类目录，无评语。李寿萱（1821—1893），字荫棠，又字映堂，号慕莲，四川新繁人。官戎州学正。著有《谷诒堂集》。书前有光绪十四年（1888）王麟祥序，光绪十三年（1887）许乃武序和光绪十三年（1887）李寿萱序。李寿萱《五朝诗铎序》云：

> 古人以至性为诗歌，后人即以诗歌激其至性，是故咏《蓼萧》则君思，《慈惠歌》鹤鸣则臣思，诲忠读《蓼莪》则孝子，致叹痛《常棣》则悌，悌兴怀笃朋友之信。谊于《伐木》，重夫妇之《绸缪》于束薪，守节则志誓《柏舟》，持身则耻舍《相鼠》推之，绿竹劝学，功著切磋。威仪作，师道尊，提命诵《甘棠》者，思循吏；赋哀鸿者，恤流民。又况称硕鼠而贪残戒，盼飞鸮而多士归，是皆激乎性情，关乎名教，非徒风云月露之批吟，山川草木之啸咏，只自流连光景、寻常酬赠，而于人心世道、吏治民生无与也。王迹熄而诗亡，秦汉以还，魏隋而上，古风荡然，几无复存，

以故君臣、父子、兄弟、夫妇、朋友之间乱纪渎伦，干犯名义无他。观兴之教废，无以激发至性，人惟见利而不知义故耳。递乎有唐李、杜、韩、白崛起，而发忠孝之思。延及有宋，范、陆、苏、黄叠兴而持风雅之正，自是作者代兴。元之许、吴、虞、杨，明之高、杨、何、李俱能步趋三唐，凌轹两宋，而悯时讽世之作，亦不绝于当代。我朝作者如林，超越前古，阮亭、愚山、竹垞诸公拔帜骚坛，扇芬昭代，虽格有高下，意有浅深，而其播之声诗，合乎六义者，洵足以宣上德而抒下情，正伦理而厚风俗，资吏治而清政原矣。予司铎戎州，悉膺训导，循名甄实，无以为训，无以为道学诗，未能溺职。兹惧惟萌芽，唐宋渔猎，元明以迄国朝，虽名公巨制而其词涉浮艳者，悉去之。即草野讴吟，而其语正宗轨者亦登之。尽屏伪体，独诠真趣，总归于激发至性，有裨名教，不失《蓼萧》、《棠棣》、《伐木》诸篇之本旨。以类统诗，聚类收缀，而区分比事，而排辑凡一千三百八十三首，标其目曰《五朝诗铎》，以是为道人之警路，即以是为训，以是为导焉耳。览者苟兴起其好善恶之心，将处常则植入材以端教化，遇变则持大节而立纲常。光绪十三年仲夏月上澣繁江李映堂氏自叙于戎州学署明伦堂。①

李寿萱序论述了诗歌的本质和社会功用，以"至性为诗歌"，以"端教化"为用，"持大节而立纲常"，还叙及是选的总体规模。关于编选宗旨，《凡例》称："是编代历五朝，诗分各类三千余年中，诗之佳构不少，惟取其言之有关人伦风化者。"关于是选编选体例，《凡例》称："是编以类载诗，类中只分朝代，不分时之前后。"是选体例分类编次，每类又以时代先后为序，共分君臣、君德、臣道、忠烈等三十类，共选唐朝至清朝诗歌1411首，与李寿萱所称1383首，相差28首，其中唐诗187首，宋诗348首，元诗122首，明诗227首，清诗（含补遗）527首。从选诗倾向上看，宋诗居第二，唐诗居第四，足见编选者对宋诗是十分推崇的，说明清代晚期人们对宋诗已不再排拒。现藏国家图书馆。《五朝诗铎》选诗情况如下表所示。

表13 《五朝诗铎》　　　　　　　　　单位：首

卷数	分类	唐	宋	元	明	清
卷一	君臣	3	3	4	1	4

① 李寿萱《五朝诗铎》卷首，光绪十四年明伦堂刻本。

续表

卷数	分类	唐	宋	元	明	清
卷二	君德	10	7	5	4	16
卷三	臣道	11	15	3	5	10
卷四	忠烈	3	35	11	无	无
卷五	忠烈	无	无	无	35	44
卷六	循良	9	18	11	1	16
卷七	清廉	8	6	5	5	6
卷八	爱士	4	6	无	4	16
卷九	贪酷	2	2	3	12	16
卷十	赈济	4	11	1	8	13
卷十一	劝谕	6	12	3	8	20
卷十二	父道	1	3	1	2	5
卷十二	庭训	9	11	2	3	23
卷十三	贤慈	7	8	2	3	11
卷十四	子道	8	56	9	24	无
卷十五	孝女	无	无	无	无	35
卷十六	兄弟	3	1	2	5	无
卷十六	友爱	18	15	4	4	14
卷十七	弟道	6	6	1	4	12
卷十八	夫妇	5	8	3	7	7
卷十八	贤媛	6	3	2	5	2
卷十九	慈敬	2	无	4	1	12
卷十九	贞烈	1	3	6	6	19
卷二十	节烈	无	无	无	7	13
卷二十一	节孝	2	5	5	12	28
卷二十二	师道	7	7	6	9	15
卷二十三	友道	16	10	7	18	32
卷二十四	义行	4	5	3	8	21
卷二十五	持身	21	49	15	无	无
卷二十六	持身	无	无	无	14	36
卷二十七	励业	8	24	1	无	无

续表

卷数	分类	唐	宋	元	明	清
卷二十八	励业	无	无	无	9	34
卷二十九	劝学	3	19	3	3	无
卷三十	补遗	无	无	无	无	47
	合计	187	348	122	227	527

88.《养良正集》

孙仝庶辑。光绪十四年（1888）秦邮激面轩董氏藏板，凡一卷，共一册，有序言，无评语。孙仝庶，字愚溪，江苏高邮（今扬州）人。生平仕履不详。书前有孙仝庶序、董念诒序和王泗波序。孙仝庶《养良正集序》云：

> 杨文忠公曰：童稺之学，不止记诵，养其良知，良能当以先入之言为主旨哉？言乎，童子稍识字，师每教以诗歌俚者，固摒；于大雅风云月露之篇，亦奚补于熏陶性情，窃尝欲取诗歌中足以感发而兴起者，由国朝溯上古汇为一集，使童子诵之，而师为解其大义。仆未暇会，侄孙应嘉七岁能诵，时请余亟成，此帙因于行箧中编就之余，之子刚亦入塾，并以授之，无事听两童子吟咏于侧，未必不陶然乐也。即取杨文忠公之言而名其集。乾隆壬辰清和月高邮孙仝庶愚溪甫记。①

孙仝庶序强调了是选选录标准为培养儿童的正直品性为主。董念诒《养良正集序》云：

> 孙愚溪先生《养良集》一卷，脍炙人口矣。后原版无存，购之者无从搜索，予家激面轩中藏有原本，亲朋怀饼而来者，恒以借钞为苦。是岁之春，因乞同学友人孙君小伯楷录一编，重付梓氏，盖一以体愚溪先生养良之意，一以应当塾中童蒙之求云尔。光绪壬辰年闰六月后学翼孙董念诒谨识。②

---

① 孙仝庶《养良正集》卷首，光绪十四年秦邮激面轩董氏藏板。
② 孙仝庶《养良正集》卷首，光绪十四年秦邮激面轩董氏藏板。

董念诒序具体说明了重刻《养良集》的情况。王泗波《养良正集序》云：

  童读谓人生之初，其性本善。盖以古今来，忠臣孝子，志士仁人，皆本此固有之良，以充其极也。然童蒙无识，习染易污，设非有以涵养其良心，其不至歧而误者鲜矣。昔吾乡愚溪孙公汇取古今诗词为《养良集》之刻，类皆惩创逸志，感发菩心，且无隐晦韬深之作，诚一时训蒙之至宝也。光绪壬辰年六月既望王泗波序。①

  王泗波序说明编选是选的原因，并论述选录宗旨以"涵养其良心"为主。是选体例以人编次，共选《击壤歌》至明朝解缙诗歌22首，其中选《击壤歌》，《康衢歌》，《南风歌》，《大风歌》，《木兰辞》，曹植1首，应璩1首，杜甫1首，高适1首，韩愈2首，孟郊1首，白居易1首，梅尧臣1首，范仲淹2首，邵雍1首，张绎1首，张耒1首，陆游1首，文天祥1首，解缙1首。宋人选有8首，唐人7首，两者选诗数量基本相等，可见编选者能兼宗唐宋。现藏国家图书馆。

89.《养良续集》

  董念诒辑。光绪十八年（1892）秦邮激面轩董氏藏板，凡一卷，共一册，有序言，无评语。董念诒，字翼孙。江苏孟城（今常州）人，生平仕履不详。《养良续集》为《养良正集》的续选。书前有董念诒序，董念诒《养良续集序》云：

  吾乡孙愚溪先生旧有《养良集》之刻，盖于古歌辞中择其有关心性者。为初学之道义取，杨文忠公云："童穉之学，不止记诵，养其良，知良能，故凡风云月露诸篇，无补性情。"陶淑者概不刊入，及词意深晦，童子难骤解者，亦不与选。余于课读之暇，即本其意而推广之，又采得若干首，汇为一卷，与子侄辈朝夕吟诵，以触其天良，非敢操选政也。友人王君嗣波孙君小伯见而喜之曰："君何不为愚溪先生之续，以公党塾乎？"于是鸠赀付剞劂，余不敢拂其意，遂以初选为《正集》，而名是编为《续集》云。光绪壬辰二月既望孟城董念诒翼孙记。②

---

① 孙仝庶《养良正集》卷首，光绪十四年秦邮激面轩董氏藏板。
② 董念诒《养良续集》卷首，光绪十八年秦邮激面轩董氏藏板。

董念诒序说明其选录标准以有补于性情为主。董念诒增补了孙选未曾涉及的新作，宋诗增补有黄庭坚《牧童诗》、王安石《无题》、杨亿《登楼》、王禹偁《咏磨诗》、苏轼《狱中寄子由》、邵雍《孝悌歌》、程子《四箴》、陆游《示儿》、文天祥《过零丁洋》等。现藏国家图书馆。

90.《历朝诗约选》

刘大櫆辑。光绪二十三年（1897）文徵阁刻本，凡九十三卷，共二十二册，有序言、评语。刘大櫆（1698—1780），字才甫，一字耕南，号海峰。安徽枞阳县人。著有《古文约选》《论文偶记》等。书前有萧穆序，萧穆《历朝诗约选序》云：

乡先生刘耕南征君所纂也，征君博观古今，载籍均有标录，惜后人式微，先后散佚，惟自少年至老所阅古今人诗集，编为《历朝诗约选》。五言古诗讬始于汉之苏李《赠答》，七言古诗讬始于魏之陈琳《饮马长城窟行》及宋鲍照之《行路难》，五言律诗讬始于齐梁以下诸人，七言律诗讬始于初唐沈佺期、宋之问、杜审言诸人，五言绝句讬始于汉人《枯鱼过河泣》、《古歌》、《古绝句》等篇，七言绝句讬始于初唐之无名氏《送别诗》及杜审言、张说诸人历汉魏六朝唐宋元明至国朝乾隆间而止。五言律诗自序有诗，自齐梁古诗渐流为律诗，以之入古诗则卑，以之入律诗则美，学律诗者当溯源于此，故尝于升庵律祖之外，别为取齐梁以后近律句之作，一概截为八句，不顾其本意之断续，何如使学者摘句而玩索之，若以为删改前人则谬矣云云，又于唐宋人以下，五七言古诗亦时有删节，每篇删两句、四句至十数句不等，即李、杜、韩、苏诸公，亦有不免。于国朝人诗字句，间有未安，或直为改订。征君殁后，四方学者互有传抄之本，咸丰年间，大江南北屡遭兵燹，传抄各本多有散亡，间有存者，不过数卷数帙而已。穆少时尝得残册二三十卷，中有姚姬传此部手钞四册。同治六年谒两江总督曾文正公，谈及征君此书，公云住在京都，曾见同官中有钞本，全部借观大略，其精博为从来选家所未有。今全书倘可搜求，当为付官书局代刊。数年后，遍访有得，而曾公已逝。书局之刊，遂作罢论。……近代诗家选本正宗，首推王文简公《古诗选》，姚比部《唐宋五七言今体诗钞》，王本仅有序列一卷，并无标录批评。姚本虽有标录而批评半涉于考据，且所钞各诗均由此编录出者，且两家之书均于朝代不全。惟征君此编，远自汉魏迄于国朝乾隆中叶，凡古今诗家洋洋大篇，寥寥短章，苟属正宗，无不备载,搜罗宏富,采择精审,曾文正公推为从来诸家选本所未有,诚笃论也。①

萧穆序说明了是选编选的缘起,为刘大櫆自少年至老所阅古今人诗集而成,并说明了是选的体例和总体规模。是选体例按体编次,分为五言古诗十八卷、七言古诗十四卷、七言律诗十九卷、五言律诗十五卷、七言绝句二十卷、五言绝句七卷,每体又以人编次,共选汉代至清代诗歌6323首,其中汉至隋朝诗732首,唐诗1858首,宋诗974首,元诗219首,明诗1288首,清诗1252首。唐诗在各朝代中,入选数量最多,接近宋诗的两倍,可见刘大櫆依然坚守宗唐黜宋的诗学观,对宋诗有一定的偏见。从选诗倾向上看,宋诗选五言古诗71首,七言古诗118首,五言律诗137首,七言律诗283首,五言绝句37首,七言绝句328首。七言律诗和七言绝句611首,占入选宋诗总数的三分之二,可见编选者十分重视这两种诗体。陆游选入230首,苏轼163首,黄庭坚85首,杨万里、范成大仅入选2首,多寡悬殊,说明编选者有所偏重,更喜爱诗作具有宋诗特色的诗人。现藏南京图书馆。

91.《唐宋诗粹》

佚名辑。光绪二十九年(1903)抄本,不分卷,共一册,有圈点,无序言、总目和评语。关于是选选录时间,书中记载时间为"癸卯嘉平月校定"(即光绪二十九年)。由于是选编录混乱,统计十分困难。是选体例以人编次,共选唐宋诗人72家,诗176首,其中选唐代诗人43家119首,宋代诗人29家57首。宋人选有张耒6首,陆游5首,王安石5首,曾几5首,余皆不足5首。现藏国家图书馆。

92.《诗史》

亮虞辑。光绪三十年(1904)抄本,凡四卷,共一册,无序言和评语,有墨笔圈点。亮虞,生平仕履不详。是选体例以人编次,共选唐代至明朝诗人14家,诗18首,其中卷一唐代诗人6家9首,卷二宋代诗人1家1首,为文天祥1首,卷三元代诗人3家4首,卷四明代诗人4家4首。现藏上海图书馆。

---

① 刘大櫆《历朝诗约选》卷首,光绪二十三年文徵阁刻本。

93.《宋元明清诗》

率翁时辑。光绪三十一年（1905）抄本，不分卷，共四册，无评语，有序言和圈点。率翁时，生平仕履不详。书前有率翁时序，率翁时《宋元明清诗序》云：

> 夫人惟各适其适而已，放意肆志，悠然自得，不问世之是非，作诗亦然。何必源流，何必论法律，遇物而赋，触景而生，兴来则吟，兴尽则止，不屑拾人牙慧，不屑寄人篱下，一抒怀抱，勿计工拙，集诗亦然。中意者留，合情者取，体物入微，何妨浅近，造言多妙，即是清新，随所见不询，出自何人，就所闻不暇详为？谁作《国风》曰："我思故人，实获我心。"乙巳夏遁翁亢子亲挈纸笔，托一缮写字经几转，未免乌焉？率尔操觚犹是狂奴故态。率翁时年六十三记。①

率翁时序具体说明了编选起因、经过和选录宗旨。是选按年代编次，共选宋元明清诗1751首，其中宋诗764首，元诗242首，明诗125首，清诗620首。从选诗倾向看，宋诗入选的数量超过了其他朝代，可见编选者对宋诗的倚重。现藏上海图书馆。

94.《诗歌新读本》

马钟琇辑。光绪三十二年（1906）马氏味古堂石印本，不分卷，共一册，有序言，无评语。书前有马钟琇序，马钟琇《诗歌新读本序》云：

> 诗所以言志，自《三百篇》以下作者代不乏人，至李唐而体格始臻完备，故论诗者，皆以是所为极盛时代，良不诬也。后世作家矜奇斗巧，呕心摧肝，一变为靡靡之音，再变而成浮艳之响，宗旨既乖，诗道亦废，无怪近时士大夫痛诋为病。以里居多暇，无以为谋，爰录唐诗之神味隽永者付印。俾暇时披卷高吟，以活泼精神，以舒畅肺气，于卫生不无裨益。丙午春日记。②

---

① 率翁时《宋元明清诗》卷首，光绪三十一年抄本。
② 马钟琇《诗歌新读本》卷首，光绪三十二年马氏味古堂石印本。

马钟琇序说明了是选编选起因和选录宗旨。是选体例以人编次，共选唐宋诗人 35 家诗 48 首，其中唐代诗人 32 家 45 首，宋代诗人 3 家 3 首，分别为孙觌 1 首，道潜 1 首，范成大 1 首。从选诗倾向看，宋诗仅 3 首，唐诗 45 首，唐诗为宋诗的 15 倍，体现了编选者对唐诗的偏好，以及对宋诗的排诋。现藏国家图书馆。

95.《历朝五言绝句约选》

溥澄辑。光绪（1875—1908）石印本，不分卷，共一册，无序言和评语。溥澄，生平仕履不详。此书作为家塾课本所使用。是选体例以人编次，共选汉代至清朝诗歌 439 首，其中唐诗 200 首，宋诗 15 首，金元诗 27 首，明诗 107 首，清诗 90 首。宋人选有 6 家 15 首，分别为欧阳修 1 首，寇准 1 首，王安石 5 首，苏轼 3 首，黄庭坚 2 首，陆游 3 首。从选诗倾向来看，宋诗最少，唐诗最多，唐诗为宋诗的 13 倍之多，体现了编选者尊唐抑宋的诗学观。现藏上海图书馆。

96.《训蒙诗》

佚名辑。宣统三年（1911）弥善堂木活字本，不分卷，共一册，无序言、圈点和评语。是选体例以人编次，共选宋代诗人 9 家，诗 99 首，其中邵雍 1 首，司马光 1 首，朱熹 1 首，苏洵 5 首，卢汝明 11 首，孙念劬 43 首，苏轼 28 首，范仲淹 1 首，舒芬 8 首。现藏上海图书馆。

三、单人诗选

1.《苏诗选评笺释》●

汪师韩辑。光绪十二年（1886）长沙刻丛睦汪氏遗书本，凡六卷，共二册，有序言和评语。汪师韩（1707—1780），字抒怀，号韩门，又号上湖，浙江钱塘（今杭州）人。雍正十一年（1733）进士。官编修，湖南学政。著有《上湖分类文编》《韩门缀学》《谈书录》《诗学纂闻》等。由于汪选并未署明刊刻时间，而查慎行《初白庵诗评十二种》刊行于康熙四十二年（1703），《御选唐宋诗醇》刊行于乾隆十五年（1750），《御选唐宋诗醇》曾摘录了汪选的诸多评语，因此可以断定，汪选至少是成书于乾隆十五年（1750）之前，汪选现存光绪十二年长沙刻丛睦汪氏遗书本。浙江大学图书馆藏有汪辟疆先生手批本。书前有汪师韩序，汪师韩《苏诗选评笺释序》云：

> 诗自杜韩以后，唐季五代纤佻薄弱，日即沦胥。宋初杨亿、刘筠、钱惟演之徒崇尚昆体，只是温李后尘。嗣是苏舜钦以豪放自异，梅尧臣以高澹为宗。虽志于古矣，而神明变化之功少，未有能骖驾杜韩卓然自成一家而雄视百代者。必也其苏轼乎。轼之器识学问见于政事，发于文章，史称言足以达其有猷，行足以遂其有为，节义足以固其有守，皆志与气为之也。惟诗亦然，其诗地负海涵，不名一体。而核其旨要之所在，如云"我诗虽云拙，心平声韵和"，此轼自评其诗者也。①

汪师韩序充分肯定了苏轼在文学史上的重要地位，唯苏诗能"雄视百代""骖驾杜韩"，认为苏轼与杜韩诗学地位相等。是选体例以苏诗年代编次，共选苏诗500余首。从选诗倾向，古体诗超过近体诗，汪师韩更偏好苏诗五言古体

---

① 汪师韩《苏诗选评笺释》卷首，光绪十二年长沙刻丛睦汪氏遗书本。

和七言近体。这符合苏诗创作实际状况。是选之评语颇具特色,尤其是关于苏诗的章法品评,更是匠心独具,且甚为详细,如评《入峡》云:"用险韵作长律尽如其意之所出,固称体大,亦由诗精。首二句,虚笼以作起局;'长江'六句,又作总挈;其'入峡'十二句,峡中之景物也,'绝涧'十二句,峡中之人事也;'气候'八句,则言人居峡之陋;'叹息'八句,则言入峡之劳。至'独爱孤栖鹘'以下十二句,前六句就孤鹘写其高超自得之乐,后六句以我之局促与鸟之飞飏两相对照,作开合之势,知高超之乐,则知高适之甘矣。章法明妩,如观远岫,列秀青青。"现藏国家图书馆、上海图书馆、南京图书馆。

2.《苏诗选》

万庭兰辑。乾隆四十二年(1777)刻本,凡二卷,共二册,有序言和墨笔圈点,无评语。万庭兰(1719—1807),字芝堂,号梅皋,南昌人。乾隆十七年(1752)进士,官至通州知府。著有《新昌县志》《南昌府志》等。书前有万庭兰序,万庭兰《苏诗选序》云:

> 选苏诗古体一卷,近体一卷,距今二十年矣。岁丙子丁先恭入忧,偕三弟介垣居垩室。从学者以苏诗请业,予选而受之,介垣更编次手录一帙。服阕后,奔走簿书钱谷间,介垣屡踬公车。年未三十而下世,予复罹罪,迁幽请室,萧然块处,偶启败箧读之,则当日对床共研讨,庄诵恬吟,光景如昨,辄呜咽流涕,因略为增损付剞劂,所以存介垣之意也。读者参观施查两先生之注而有得焉,或不以弁髦视之乎?①

万庭兰序交代了是选的编选起因、编选体例和编选过程。是选体例按体编次,分古体诗和近体诗,共选苏诗 686 首,其中卷一古体诗 265 首,卷二近体诗 421 首。现藏上海图书馆。

3.《苏诗选评》

蔡振中辑。嘉庆十三年(1808)刻本,凡五卷,共四册,无序言,有评语和墨笔圈点。蔡振中,山东日照人,生平仕履不详。是选体例按苏诗年代编次,共选苏诗 747 首,其中卷一 127 首,卷二 135 首,卷三 173 首,卷四 312 首。是选有评语,评语精辟简要,如评《送运判朱朝奉入蜀》云:"一味作款曲和平之

---

① 万庭兰《苏诗选》卷首,乾隆四十二年刻本。

音，活脱自然，神似乐天。""五言换韵，体制最古，而后人少效之音，以其气易断而情韵反减耳。此则累累然，如贯珠清妙之音，读之百回不厌。"评《和子由送春》云："情景并到，送春诗写至此，直臻微妙。"评《海市》云："从未见之前，既见之后，与岁晚得见之异者着笔，海市正面只以重楼翠阜括之，以正面之形容，难尽也。运实于虚，而离奇固已夺目。"评《食槟榔》云："前段运化《异物志》语，细写槟榔之干梢，实以及裂包剖煮。次段合南方草木状及本草，细写槟榔之主治，并食槟榔之功用。末以已之老客，岭南部胜此食作结，坡翁赋物真是工绝入微。"评《书林逋诗后》云："摹写逋仙高致，有声希味淡之妙。"评《雪后书北台壁》云："首作三四稍涉刻画，然以跌宕出之，则觉其佳绝。五六虚描则神理入微，此亦如《山行诗》'岭上晴云披絮帽，树头初日挂铜钲'。而五六则活相，自然，苏诗七律多如此。"现藏清华大学图书馆。

4.《苏诗柯选》

柯煜辑。嘉庆己巳年（1809）刻本，不分卷，共一册，无序言，有朱笔圈点和评语。上海图书馆题识为《苏诗柯选》，首页书柯石庵东坡先生诗选、后学沈棠臣辑注。柯煜（1666—1736），字南陔，号丹丘生，浙江嘉善人。师事朱彝尊。康熙六十年（1721）进士，衢州府学教授。与沈白苹、杨次也、陆陆堂称"浙西四才子"。著有《石庵樵唱》等。是选体例按体编次，分五言古诗、七言古诗、五言律诗、七言律诗、五言排律、五言绝句、六言绝句、七言绝句八种诗体，共选苏诗384首，其中五言古诗108首，七言古诗81首，五言律诗10首，七言律诗126首，五言排律9首，五言绝句3首，六言绝句5首，七言绝句42首。从选诗倾向上看，近体诗多于古体诗，可见柯煜更偏好苏诗近体诗。是选评语引用材料十分丰富，主要采自《续汉书》《史记》《庄子》《礼记》《晋书》《开元天宝遗事》《北梦琐言》《传灯录》《抱朴子》《襄阳耆旧传》《金刚经》《国语》《南史》等。评语言简意赅，如评《因破竹为契使寺僧》云："此等退之、永叔不能，只让此老。"评《和子由渑池怀旧》云："如此学黄鹤楼诗，真是匪夷所思。"评《和子由寒食云》云："通首一气，妙得此结，便有归著。"评《柳子玉亦见和因以送之兼寄其兄子璋道人》云："如此和韵诗，真是颇仙独步。"评《宿州次韵刘泾》："纯用成句，却是肺腑流出。"评《张先生》云："最是难到之处，熟读方知。"评《舟行至清远县见顾秀才》云："桂荔、柑橘并用不妥。"评《予以事系御史台》云："工于发端。"评《戏书吴江三贤画像》云："东坡本色。"评《冬至日独游吉祥寺》云："纯摹香山。"现藏上海图书馆。

5.《苏文忠公诗集择粹》●

赵古农辑。嘉庆二十二年（1817）芸香堂写刻本，凡十八卷，共四册，有序言和凡例，无评语。《广东文征作者考》卷九载："赵古农，原名凤宜，字圣伊，一字巢阿，番禺人，诸生，勤于撰述。南海林青门茂才辉，康熙间人，著《岭海剩》四卷。未百年莫有举其姓氏者。古农购得断烂稿本，为审定刊行之。其古谊不易，及多此类。著有《抱影吟草》、《阔疑殆斋录》六卷、《骨董二编》四卷、《玉尺楼赋选》、《葵经》二卷、《龙眼谱》、《槟榔谱》各一卷。"书前有赵古农序，赵古农《苏文忠公诗集择粹序》云：

  古农少嗜坡公诗，信如参寥所谓牙颊间别有一副炉锤，他人不可学者，然率意处，亦所不免。后得晓岚先生批本，决择精严，评骘允当。夫士不幸不生古人之世，亲见古人著作，识其苦心，而又幸生古人之后。俾当代名流操评选之权，知人之语焉，而精择焉，而详庶，不为古人所囿，则开卷不大有益乎？古农课余谨将晓岚先生批本择录一部，统计一十八卷，得诗九百有奇，用便披览，始甲戌浴佛日，迄于中元，凡三阅，而此书成时，当三伏汗流浃背，较坡公抄得《汉书》一部，喜何如也。番禺后学赵古农巢阿谨书于羊城抱影吟轩。①

赵古农序具体说明了此书的文献来源、编撰过程和总体规模。此书主要择录纪昀苏诗批本。《凡例》交代了是选的文献取材和评语的来源："是书原本系查初白先生《苏诗补注》，河间纪晓岚先生详加评语者，向从坊间购得，墨笔烂然，细审之，乃吾粤药房张太史手录，间中择其粹者，用辑成书。诗内晓岚先生决择甚精，首选用红双圈圈其题首，单圈者次之，或全首未能五疵，亦细批出，悉仍其旧，不敢任意增减。手录是书名以择粹，原便披览，非欲付梓也。讵坊客持去，遂依字体剞劂耳，其中评语圈点，俱遵纪批不敢滥加一字。"是选体例按苏诗年代编次，共选苏诗928首，其中卷一49首，卷二43首，卷三43首，卷四55首，卷五58首，卷六47首，卷七44首，卷八45首，卷九55首，卷十55首，卷十一55首，卷十二50首，卷十三52首，卷十四37首，卷十五54首，卷十六51首，卷十七53首，卷十八82首。现藏上海图书馆。

---

① 赵古农《苏文忠公诗集择粹》卷首，嘉庆二十二年芸香堂刻本。

6.《苏诗选》●

宋荦辑。康熙三十八年（1699）刻本，凡十一卷，共十册，有序言和评语。宋荦（1634—1713），字牧仲，号漫堂、西陂、绵津山人，晚号西陂老人、西陂放鸭翁。河南商丘人。康熙三年（1664）授黄州通判，官至吏部尚书。著有《西陂类稿》《漫堂说诗》《江左十五子诗选》等。书前有宋荦序，宋荦《宋牧仲刊施注删补本序》云："物合于性之所近，而事常成于力之久且勤，水湿火燥，钩曲弦直，各从其类，而要皆性之所近，以相合也。物之于人不类也，是故鹿骇毛嫱，鱼避骊姬，其类殊者，其性殊人。"① 宋荦序泛论物之本性与诗人个性之间的关系。是选体例按苏诗年代编次，共选苏诗1072首，其中卷一72首，卷二106首，卷三101首，卷四96首，卷五100首，卷六97首，卷七95首，卷八92首，卷九112首，卷十95首，卷十一106首。宋荦主要从三个方面评价苏诗：其一，以唐代诗人衡绳苏诗，追溯苏诗与唐诗之间的关系。如评《次韵张安道读杜诗》云："字字深稳，句句飞动，如此作和韵，诗固不嫌于和韵，句之似杜。"评《读孟郊诗二首》云："二首即作东野体，如昌黎、樊宗师诸例，意谓东野体。我固能之，但不为之耳。然东坡以雄视百代之才，而往往伤率、伤漫、伤放荡者，正坐不肯为郊、岛少一番苦吟工夫。可读者亦不可不知。"评《新年》其二云："格律纯似少陵。"评《新居》云："神似杜陵，余谓正在韦柳间耳。"其二，评价苏诗风格特点。如评《安期生》云："英思伟论，雄跨古今。"评《迁居》云："透脱。"评《行琼儋间肩舆坐睡梦中得句》云："以杳冥诡异之词，抒雄阔奇伟之气，而不露圭角，不使粗豪，故为上策。"评《入峡》云："刻意锤炼，语皆警峭，气局亦宽。"其三，品评苏诗章法。如评《游金山寺》云："首尾谨严，笔笔矫健，节短而波澜甚阔。"评《神女庙》云："神女诗不作艳词，亦不作庄论，是本领过人处。"评《巫山》云："一篇大文如何收束，趁势以野老作结，极完密，极脱洒。"评《次韵柳子玉过陈绝粮》云："淡语传神，愤怒而出以和平，故但觉沉着不露怒张。"现藏山东大学图书馆。

7.《初白庵诗评》●

查慎行辑。康熙四十二年（1703）刻本，凡三卷，共一册，有评语和凡例。查慎行（1650—1727），初名嗣琏，字夏重，后易名慎行，字悔余，号他山，又

---

① 宋荦《苏诗选》卷首，康熙三十八年刻本。

号初白。浙江海宁人。其生平事迹见《清史稿》卷四百八十九、《清史列传》卷七十一、方苞《翰林院编修查君墓志铭》、全祖望《查慎行墓表》、陈敬璋《查他山先生年谱》。著有《敬业堂诗集》《敬业堂文集》《敬业堂文别集》等。《初白庵诗评》名为《初白庵诗评十二种》，编纂《凡例》云："海滨僻处，就数十年间所见，自靖节、李杜以下诸家及《瀛奎律髓》评本十有二种，虽详略不同，品藻各当。勿揣梼昧，荟萃成编，俾学者玩味。"《初白庵诗评》分为上、中、下三卷，分别对陶渊明、李白、杜甫、韩愈、白居易、苏轼、王安石、朱熹、谢翱、元好问、虞集、方回进行评点。是选共选评苏诗445首。查慎行主要从三个方面评价苏诗：其一，评选了苏轼许多杰出的作品，如《游金山寺》《游径山》《海棠》《汲江煎茶》《夜泊牛口》《荔枝叹》。其二，考证苏诗的渊源。如评《寓居定惠院之东，杂花满山，有海棠一株，土人不知贵也》云："读前半竟似《海棠曲》矣，妙在'先生食饱'一转。此种诗境，从少陵《乐游园歌》得来，遇其神理而化其畦畛，斯为千古绝作。"其三，品评苏诗章法。如评《游金山寺》云："起结奇横"。现藏国家图书馆、上海图书馆、南京图书馆。

8.《宋苏文忠公海外集》●

樊庶辑。康熙四十五年（1706）得树轩刻本，凡二十二卷，共五册，有序言、凡例和评语。樊庶，字潜庵，江苏扬州人，任扬州知县，著有《临高县志》《鸡肋集》等。书前有康熙丙戌（1706）秋八月岭南督学使者泽达序、康熙乙酉（1705）秋九月西泠翁嵩年序、方正玉序及樊庶序，樊庶《宋苏文忠公海外集序》云："苏文忠公以高文直道逼处其间，不得不与之争之，不胜以致乞郡窜逐，弥蹶弥坚，犹且随地效忠托词规讽，故其诗与文沉雄激射，无非忠君体国，以吾儒经义为归，古圣贤用心不是过也。然是编也，自公渡海以迄移廉中间，诗文不尽儋耳之作，而独系以居儋因亦隘乎……更其名曰《海外集》，非为景行前哲，亦欲海外士共相劝勉焉。迄兹五百年其清忠亮节，凛凛海外，海外士至今视之不少衰，使处汉唐时，其事功伟烈，更不知何如显树矣。"[①] 樊庶一则说明了编撰是选的来历，更主要是肯定了苏轼的高尚节操和伟大人格。《凡例》进一步说明编撰是选的缘由："是集旧名居儋录，书仅一册，公海外著述十未载三，且字句为谬，典实未考，盖因琼处天下末，无他书引证，故耳后人记之，固亦公之桓谭，求庄子所谓千载而后，或旦暮遇之则未也。"是选体例按文体编次，选录苏轼绍圣元年（1094）至建中靖国元年（1101年）期间，谪居惠州、

[①] 樊庶《宋苏文忠公海外集》卷首，康熙四十五年得树轩刻本。

儋耳等地的诗文，共选苏诗295首，其中卷一表4篇，卷二赋8篇，卷三四言古诗25首，卷四五言古诗124首，卷五言古诗26首，卷六五言律诗43首，卷七七言律诗38首，卷八五言绝句20首，卷九七言绝句19首，卷十赞10篇，卷十一颂4篇，卷十二铭8篇，卷十三传5篇，卷十四记6篇，卷十五说9篇，卷十六书84篇，卷十七启7篇，卷十八经传26篇，卷十九史评51篇，卷二十书18篇，卷二十一杂著41篇，卷二十二言行12则。是选有樊庶评语，如评《荔枝叹》云："前首写荔枝佳到极处，非万里之行不能得此语。固豁达亦无聊之极，思后首极力叹远方贡献之失，不以窜逐而废规讽，公真一日不忘其君也。"评《蝎虎》云："咏物诗唐人以传神取胜，而公以典赡骋之，无不各得其妙。"现藏上海图书馆。

9.《水流云在馆集苏诗钞》●

周天麟辑。光绪十七年（1891）石印本，不分卷，共一册，有序言，无评语。《晚晴簃诗汇》卷一六八载："周天麟，字石君，丹徒人。历官泽州知府。有《水流云在馆诗钞》。"书前有周天麟作于光绪庚寅（1890）秋七月序和祁世长序，周天麟《水流云在馆集苏诗钞序》云："丙戌冬，录旧所集杜诗三百余篇为一册，而丛稿中复有集苏诗百余首，区区鸡肋，存弃两难，思欲附于集杜诗后，则又如小山别大山鲜者，然漫计更得如干首，或可别录成帙。"周天麟序说明了是选编选经过和总体规模。祁世长《水流云在馆集苏诗钞序》云：

> 尝读东坡《答孔毅父集句见赠》云："羡君戏集他人诗，指呼市人如小儿，天边鸿鹄不易得，便令作对随家鸡。"是东坡颇不以集句为然，然晋傅咸集《毛诗》一篇而已，为集句之椎轮。自兹以降，唐人集句谓之四体，宋石曼卿、王介甫尤喜为之，如"风定花犹落，鸟鸣山更幽"之类，有多至百韵者。文文山集杜诗亦至二百首，盖借古人之词，藻写我之性灵。虽缀辑陈言而炉锤别具，凑泊天然，仍视乎其人之工力，而非衣冠优孟也。石君太守为艾衫前辈之名嗣，少负隽才，壮岁从政，户曹历参，戎幕磨砺经二十余年，其间天时人事之推迁，山川草木之繁变，靡不孕育于心胸，迨守泽州以来，治平卓著，一如苏公之守杭，万家殷尸祝焉。而又以案牍之暇从事咏歌，积久成册，每一批读，想见"讼庭花落"、"寝凝香古"之所谓循吏，而兼儒吏者，倨其然乎？闻之礼曰："温柔敦厚，诗教也。"今读太守之诗，观太守之政，其以诗教为政教也，要不离乎温柔敦厚之旨。犹记乙丑岁余，乞假归里，居乡半载，闻泽人颂太守政不衰，读其诗，益

信异日赓歌，喜起黼黻，休明于良二千石期之矣。时光绪十七年三月寿阳祁世长序于京邸。①

祁世长序论述了三个方面的问题：其一，叙述了集句诗的发展历史；其二，说明了周天麟编撰是选的经过和总体规模；其三，说明选录的宗旨是"不离乎温柔敦厚之旨"。是选体例按体编次，共选苏诗312首。现藏上海图书馆。

---

① 周天麟《水流云在馆集苏诗钞》卷首，光绪十七年石印本。

四、郡邑诗选

1.《剡川诗钞》

舒顺方辑。康熙四十七年（1708）刻本，凡十二卷，有序和凡例，无评语。舒顺方，字象坤，一字后村，浙江奉化人。康熙三十一年（1692）岁贡生，官宁海训导。是选体例按朝代编次，每个朝代又以人编次，共选唐朝至清朝奉化诗人116家，诗962首。卷二选宋代诗人楼钥诗16首、陈著诗120首，卷九选宋代诗人樊绂诗1首、王时叙诗3首、王宗道诗1首，卷十一选宋代诗人林逋诗14首、张良臣诗4首、高元之诗2首、单庚金诗1首、汪灏诗1首，卷十二方外选释志宣1首。现藏国家图书馆、上海图书馆、浙江图书馆。

2.《中州诗选》

吴尚采辑。康熙五十七年（1718）抄本，凡二卷，共二册，有序和凡例，无评语。吴尚采，字素先，松陵（今江苏苏州）人，生平仕履不详。《中州诗选》是一部河南地方诗选。吴尚采《中州诗选序》云："读诗者，三唐而后，如宋，如元，如明，制作全备，若《韶》、《护》、《咸》、《英》，各自臻极，听之者亦几震耳豁目，废食忘寐矣。至于金源一代，百十年间之骚雅，无论焉。呜呼，论诗当论其可传，不论其时地也。况金之初，如叔通、彦高、萧闲、斋堂两老人，皆宋之名士。入金之后，流风余教，家有师承，咸知规模两苏，上溯三唐矣。逮蔡正甫、党竹溪、赵闲闲之徒，联袂接踵，各成一家之言，江以南未必能及也。遗山论诗，当取昔人'看取寻常最奇崛，成如容易却艰辛'之句……此余读是集《中州集》，但觉其琳琅满耳。新艳在目，格律韵致，与唐宋元明，并辔齐驱也。戊戌腊月望前松陵吴尚采素先氏题于砚石山塘之荷亭。"[①]此序说明了选诗规模和缘由。是选体例按朝代编次，每个朝代又以人编次，共

---

① 吴尚采《中州诗选》卷首，康熙五十七年抄本。

选宋朝至明朝中州诗人 84 家，诗 701 首，卷上选宋代诗人 16 家，诗 167 首，其中蔡珪 31 首、马定国 19 首、宇文虚中 17 首、吴激 17 首、高士谭 15 首、朱自牧 14 首、张斛 12 首、朱子才 9 首、蔡松年 9 首、祝简 8 首、刘著 7 首、施宜生 4 首、显宗 2 首、章宗 1 首、张子羽 1 首、孙九鼎 1 首，另选金代诗人 21 家，诗 172 首；卷下选明代诗人 47 家，诗 362 首。现藏国家图书馆、上海图书馆、南京图书馆、苏州图书馆。

3.《湖山灵秀集》

席珩辑。雍正八年（1730）刻本，凡八卷，有序和凡例，无评语。席珩，字贡湖，江苏苏州人。席珩《序》云："今夫万物生生，惟人得其秀，而最灵天地间，灵秀之气固在。人不在湖山也，而波澜之萦回，重峦叠嶂之磅礴，而郁积钟灵毓秀，又自人得之，以挺生乎其间。人才之生，非独猎荣名、踞高位煊赫乎声势而已。当必别具性情，别擅笔墨而发之为诗，庶不负此湖山称。兹灵秀余家洞庭之东山与西山相望，山色湖光映带左右。康熙壬寅秋贡湖席珩自识。"① 是选体例按朝代编次，每个朝代又以人编次，共选宋朝至明朝湖山诗 658 首，其中卷一选唐诗 6 首，宋代诗人余琰诗 31 首，元诗 23 首；卷二至卷八选明诗 598 首。现藏上海图书馆、南京图书馆、苏州图书馆。

4.《东皋诗存》

汪之珩辑。乾隆丙戌（1766）刻本，凡四十八卷。书前有钱塘袁枚序和汪氏自序。汪之珩（1717—1766），字楚白，号璞庄，江苏如皋人。是选体例按朝代编次，每个朝代又以人编次，共选宋朝至清朝东皋诗人 469 家，诗 7188 首，其中选宋代诗人 7 家 13 首，元代诗人 2 家 6 首，明代诗人 82 家 1439 首，清朝诗人 323 家 4310 首，附名媛诗人 21 家 328 首，附方外诗人 12 家 277 首，附流寓诗人 22 家 815 首。现藏国家图书馆、上海图书馆、南京图书馆。

5.《金华诗录》

朱琰辑。乾隆三十八年（1773）刻本，凡六十卷，有序和凡例。朱琰（？—1778），字桐川，号笠亭，又号樊桐山人。浙江海盐人。乾隆三十一年（1766）进士。乾隆四十年（1775）授直隶阜城知县。著有《续鸳鸯湖棹歌》。是选体例按朝代编次，每个朝代又以人编次，共选唐朝至清朝金华诗人 577 家，

---

① 席珩《湖山灵秀集》卷首，雍正八年刻本。

诗 2727 首，其中选唐五代诗人 12 家，诗 65 首；宋代诗人 77 家，诗 356 首；元代诗人 37 家，诗 505 首；明代诗人 282 家，诗 1426 首；清朝诗人 169 家，诗 375 首。《外集》选流寓金华诗人，为杨时 1 首、朱熹 20 首、张子野 1 首、陈傅良 12 首、叶适 8 首、魏了翁 1 首、陆游 20 首、谢翱 6 首、月泉吟社诗人 26 首。现藏国家图书馆、上海图书馆、浙江图书馆。

6.《东瓯诗存》

曾唯辑。乾隆五十五年（1790）刻本，凡四十六卷，有序和凡例。曾唯，浙江永嘉人，生活于乾嘉时期。书前有曾唯序，曾唯《东瓯诗存序》云：

> 《东瓯诗集》一书，前明蔡庭玉、赵士忠两前辈先后编辑，自宋元迄明成、弘间，所收良云备矣。顾至今直三百余年，版既无存，书亦罕见，虽国朝初乡先生周天锡辑有《慎江诗逸》初、续集，未经剞劂，亦复就淹，吾瓯人之诗，不几泯灭无传哉！尝观郡邑《志》，载历朝以诗学名世者不下数百家，求其残篇断简，仅存什一于千百，迟之又久，岂惟诗亡，而人亦并亡矣！心窃忧之，思欲网罗放矢，以继前修，而转恐耳目有所未周也。……历四寒暑，而鸿篇蠹册，积案盈箱矣。然后取余君手钞，参酌斟订，荟萃成集，再就正于高阳任君大文，既然鉴定厘为四十六卷，名曰《诗存》，以为存诗也可，以为存人也可。乾隆五十有五年岁次庚戌二月花朝永嘉曾唯。[1]

此序交代了编撰是选的经过和规模，以及对乡邦文献的推崇之意。《东瓯诗存》是一部温州的地域诗选。是选体例按朝代编次，每个朝代又以人编次，共选宋朝至清朝东瓯诗人 968 家，诗 5377 首。其中卷一至卷十选宋代诗人 187 家 1317 首，选王十朋 80 首，次徐玑 70 首，次赵师秀 70 首，次林景熙 67 首，次徐照 55 首，次翁卷 53 首，次赵希迈 52 首，次许景衡 47 首，次赵汝回 45 首，次叶适 34 首，次周行己 31 首，余皆 30 首以下。现藏国家图书馆、上海图书馆、浙江图书馆。

7.《梁溪诗钞》

顾光旭辑。乾隆六十年（1795）刻本，凡五十八卷，有序跋和凡例。顾光

---

[1] 曾唯《东瓯诗存》卷首，乾隆五十五年刻本。

旭（1731—1797），字华阳，号晴沙，又号华阳山人。今江苏无锡人，清乾隆十七年（1752）进士，著有《响泉集》《清溪乐府》等。《梁溪诗钞》的编录始于乾隆四十八年（1783），书成书于乾隆六十年（1795），历经十二载。其编纂体例，是"以诗存史"，钱载《梁溪诗钞序》云："取例于元遗山《中州集》、朱竹垞《明诗综》，上遵《御定国朝别裁》之义，大要以诗传人，而亦以人传诗。忠孝节义、丈夫女子、韦布寒饿，一事之合辄录之。梁溪唐则李公垂以诗名；宋则李忠定、尤文简辈起事功，文章彪炳；元无显士，倪元镇以隐逸称；明多君子，邵文庄续道南脉，顾端文公、高忠宪诸先正继之，岂直以诗哉！"《梁溪诗钞》的编纂体例仿效元好问《中州集》、朱彝尊《明诗综》、沈德潜《清诗别裁集》等。顾光旭编撰《梁溪诗钞》的目的，是因对本地乡贤文学的推崇，《梁溪诗钞跋》指出：

  右集东汉一人，晋一人，宋一人，唐一人，寥寥焉。北宋九，南宋十二，蒸蒸乎日兴，其道南之始欤？元十四人，明三百人，前后相望，虽出处不同，要皆崇名节、尚实学，盖龟山先生之泽远矣。洎乎本朝，世应昌期，家沿旧学，郁郁乎人文之盛，百五十年间得七百余家，流寓、闺媛、方外附焉，凡千一百人。余手而次第之，校而刻之。去夏遭母丧而止。是年秋，相国嵇文恭公薨，诸孤以遗集来，同时又有先后谢世者，皆在所录。诗曰："虽无老成人，尚有典刑。"是刻也，有其典刑云尔。或有进而问曰：先生之志在献不在文，既得而闻矣。若夫诗可得而言乎？余曰：余何敢言诗。虽然，尝观《李忠定公全集》，郁乎苍苍，具忠君爱国之忱，迫而发之诗，其少陵之遗乎？观邵文庄《容春堂集》，春容大雅，所谓王公大人之容而寝处有山泽闲仪者乎？观《高忠宪遗书》，怡然自乐，见道深矣。斯三集者，其至矣乎！若夫李文肃三俊并称，尤文简为南宋四大家之冠，倪云林诗如其品，浦长源、王孟端、华鸿山、顾子方之称于前，与夫国朝之秦、顾、严三家并传不废，何待予言。其他则朴如秦泉南，逸如顾天石，秀如马云翎，最近如王晋川、吴鼒仙辈，各有风格。今世之言诗者辄曰："诗有别材，非关学也；诗有别趣，非关理也。"余以为别材亦由乎善学，别趣亦生乎名理也。①

《梁溪诗钞》是一部无锡地域诗选。是选体例按朝代编次，每个朝代又以人

---

 ① 顾光旭《梁溪诗钞》卷首，乾隆六十年刻本。

315

编次，共选东汉至清代梁溪诗人1150家，诗20000余首。诗选卷一选汉晋至唐宋诗人，卷二选宋元人诗，卷三至卷十四选明人诗，卷十五至卷五十选清人诗，卷五十一至卷五十三选闺媛诗人，卷五十四至卷五十六选流寓诗人，卷五十七至卷五十八选方外诗人。各卷以时代编次，同时代则以科第先后为序。宋代部分选有尤袤26首、李纲25首、李祥6首、袁默4首、钱神2首、孟玉2首、尤煜2首，余如钱颛、钱颖、蒋之奇、蒋之美、袁点、袁植、尤棐、尤概、蒋重珍、陈焰、虞荐发、尤带、尤山皆1首。现藏国家图书馆、上海图书馆、苏州图书馆。

8.《三台诗录》

戚学标辑。嘉庆元年（1796）刻本，凡三十二卷，有序和凡例。戚学标（1742—1824），字翰芳，号鹤泉。浙江太平县（今温岭市）人。乾隆三十年（1765）拔贡，乾隆四十六年（1781）中进士。嘉庆十八年（1813）任宁波府学教授。是选体例按朝代编次，每个朝代又以人编次，共选唐朝至清朝三台诗人986家，其中卷一至卷四选唐五代诗人6家、宋代诗人97家；卷五至卷八选元代诗人92家；卷九至卷二十三选明代诗人682家；卷二十四至卷三十选清代诗人24家；卷三十一选方外诗人68家；卷三十二选闺阁诗人17家。是选引用文献达370余种，如《御定佩文斋书画谱》《御定广群芳谱》《御定全唐诗》《御定佩文斋咏物诗选》等。现藏国家图书馆、上海图书馆、浙江图书馆。

9.《海曲诗钞》

冯金伯编。清嘉庆十二年（1807）年刻本，凡十六卷，有序和凡例。冯金伯，号墨香，南汇（今属上海）人。生活于乾隆、嘉庆年间。这是一部上海的地方诗选。有冯金伯序，冯金伯《海曲诗钞序》云："上海固濒海地，雍正丙午复割东南境，设南汇，置濒海一隅之地也。宋时储泳偕弟游，隐于周浦，以能诗名。元则有王泳、朱仲云，至明而盛，至国朝而极盛。不特通显者，鼓吹休明，凡士流韦布，辄喜肆雅，歌风吟咏之声，洋溢于里闬间……自宋迄今几及二百家，附以闺秀方外，厘为一十六卷……其中以诗存人者居多，以人存诗者亦间有之，不敢谓搜罗既尽，取去悉当，聊葺一隅之诗，以备輶轩之采尔。陆文裕尝云：'南汇者，海之一曲也。'故即名为《海曲诗钞》。"[1]冯金伯序说明了何以南汇称"海曲"，且说明了编撰是选的理由。是选体例按朝代编次，每个

---

[1] 冯金伯《海曲诗钞》卷首，清嘉庆十二年刻本。

朝代又以人编次，共选宋代至清朝海曲诗人352家，诗1300余首，其中卷一选宋代诗人储泳24首、元代诗人2家，卷二至卷五选明代诗人82家，卷六至卷十六选清代诗人267家。现藏苏州图书馆、上海图书馆。

10.《魏塘诗陈》

钱佳、丁庭煐辑。嘉庆年间（1796—1820）刻本，现存二册，有序和凡例。丁庭煐，字闇臣，号易东，浙江嘉善人，著有《恕斋诗钞》。这是一部浙江嘉兴的地方诗选。书前有钱佳、许王猷和陈以刚序。钱佳《序》云：

> 尝诵王制，名太师陈诗以观民风，窃疑古者，有外史以掌四方之志，悠游小行人，行都过而取民之利害，礼俗政事教治，邢禁之类，辨异为数，大约如今郡国志，亦可用以周知天下，何汲汲于诗。盖其意以书志出，记载手多文饰。惟民俗歌谣矢口而成，而民生之安平艰危，风俗之贞淫得失，以及山川灵秀物产所宜悉备。迄今诵十五国风，恍如身其地而睹其事者，故先王采以补书志所未及。我邑虽弹丸，封为问俗采风者所必及……全书凡百余卷有奇，将欲次第付梓，而力苦不给，存以为诗，先取所编，梓其什之四以问世，名曰《诗陈》，达者固可即行以征其诗，穷者亦可因诗以考其志，流风余韵宛焉如在。①

钱佳序说明诗歌的社会功能和编纂是选的历程。是选体例按朝代编次，每个朝代又以人编次，共选唐代至明朝魏塘诗1256首，卷一选唐诗4首、宋诗13首（陈舜俞12首、娄机1首）、元诗89首；卷二至卷十四选明诗1150首。现藏苏州图书馆。

11.《松陵诗征前编》

殷增辑。道光二年（1822）刻本，凡十二卷，共四册，有序和凡例。殷增，字乐庭，号东溪，江苏苏州人，国子生。著有《人参谱》《孤鸿编》《武林游草》《纪元考》等。该书有吴锡麟序、石韫玉序和殷增自序。殷增《序》云："吾邑文献自有明以前，几有无征之叹。岁癸酉，秦君海门以张雪窗《松陵诗》约见，示拟付剞劂而病其不及宋元。即前明亦未尽备，嗣复得周笠川之《诗粹》去取，与诗约互异，而不及宋元，则同。……于是广搜博访，凡宋元诗选、郡

---

① 钱佳、丁庭煐《魏塘诗陈》卷首，嘉庆年间刻本。

邑志乘、金石、牌版以及山经、地志、说部之书，有关吾邑文献者靡不搜罗。又得友朋采集之助，并合《诗约》、《诗粹》、《诗略》、《诗乘》而去取之，三易寒暑而编成。"① 此序说明了编选是选的过程和宗旨。是选体例按朝代编次，每个朝代又以人编次，共选唐代至明朝松陵诗人377家，其中卷一选唐代诗人32家、宋代诗人13家（叶茵9首、赵时远5首、钱舜选4首、谢景初3首、陈长方3首、谢绛2首、孙锐2首、谢涛1首、谢景温1首、盛文韶1首、魏汝贤1首、赵师鲁1首、盛明远1首）；卷二至卷九选明代诗人255家；卷十选寓贤诗人22家（宋代诗人李行中、范成大、黄由）；卷十一选方外诗人33家（宋代诗人法升1首、富恕2首）；卷十二选名媛诗人22家。现藏苏州图书馆。

12.《五山耆旧集》

杨廷辑。道光四年（1824）刻本，凡二十卷，有序和凡例。杨廷，字述臣，江苏南通人，生活于嘉庆、道光年间。五山指江苏通州，包括海门、泰兴、如皋等县。书前有杨廷自序。是选体例按朝代编次，每个朝代又以人编次，共选宋朝至清朝五山诗人439家，诗4470首。其中宋代诗人14家，诗22首；元代诗人4家，诗8首；明代诗人247家，诗2537首；清朝诗人174家，诗1903首。是选《凡例》说明了选录的标准："是集所录均就各家所长，不敢衡以格律，分唐界宋妄存门户之见。"现藏国家图书馆、上海图书馆。

13.《曲阿诗综》

刘会恩编纂。道光五年（1825）刻本，凡三十六卷，有序和例言。刘会恩，字时庵，江苏丹阳人。生活于乾隆、道光年间。曲阿即今之丹阳。刘会恩《序》云："余束发受书，即留心邑中掌故，始于乾隆甲寅，凡遇有关文献者即手录庋之箧中，辑成一书，名曰《丹阳文献考》。乃自汉迄今得诗尤夥，至道光元年，阅三十一载，三易其稿，更汇为一集，名之曰《曲阿诗综》。大约宋以前诸诗历世既远，悉辑于已刻缮装书内；元以下以逮今日之耆旧，则尽得谘访搜罗也。"② 序言交代了选辑是选的过程，历时30余载。是选《例言》说明了文献取材的来源："古今已刻诸集传本、未刻诸集传本而外，益以《醴泉集》、《梅花集》、《广福山志》、新旧《府志》、《邑志》、《练湖考》、《练湖志》、孙氏《烬馀集》、贺氏《广平家乐》、姜氏《家珍集》，以及各种丛书，荟之为集。"

---

① 殷增《松陵诗征前编》卷首，道光二年刻本。
② 刘会恩《曲阿诗综》卷首，道光五年刻本。

是选体例按朝代编次，每个朝代又以人编次，共选汉朝至清朝曲阿诗人868家，其中卷一至卷二选隋前诗人46家；卷三至卷五选唐至南唐诗人34家；卷六至卷八选宋代诗人63家、元代诗人14家；卷九至卷十四选明代诗人185家；卷十五至卷三十二选清代诗人526家。宋代部分收录的诗人依次为刘宰48首、蔡肇42首、石延年40首、张纲33首、沈括23首、陈东18首、葛起耕18首、苏庠14首、陈辅12首、葛立方6首，余皆不足6首。现藏苏州图书馆。

14.《历阳诗囿》

陈廷桂辑。道光十一年（1831）刻本，凡十二卷。陈廷桂（1759—1832），字子犀，号梦湖，又号花谷。安徽和州（今安徽和县）人。乾隆六十年（1795）进士，历官奉天府丞。有《香草堂诗略》等。是选体例按朝代编次，每个朝代又以人编次，共选春秋至清代历阳诗歌739首，卷一春秋至唐代诗51首；卷二唐诗65首、宋诗9首；卷三宋诗49首；卷四宋诗25首、元诗3首、明诗25首；卷五明诗74首；卷六至卷十一清诗438首；卷十二为诗余。现藏国家图书馆、上海图书馆。

15.《续海昌诗系》

周勳辑。道光丁酉年（1837）刻本，凡二十卷。周勳，生平仕履不详。是选体例按朝代编次，每个朝代又以人编次，共选六朝至明代海昌诗人38家，其中宋代诗人8家，诗17首，如史徽《大观间题南京道河亭》、章之光《碧云寺》、施德操《雪峰泉》、许应龙《雪峰泉》、张九成《清远楼》《游南路菩提山寺次刁文叔韵》、杨王睿《黄湾浦二绝》《高桥》、杨由义《吊王忠肃》、郭知运《西湖怀古》《写怀》《初家洛塘》《送张子绍谪居南安》《清爱堂》《题双庙》、管焕《月夜听隐者琴》。现藏国家图书馆、上海图书馆。

16.《端溪诗述》

黄登瀛辑。道光甲辰年（1844）刻本，凡六卷。黄登瀛，字液洲，广东肇庆人，嘉庆十八年（1813）拔贡，著有《六榕书屋诗集》。是选体例按朝代编次，每个朝代又以人编次，共选唐代至清朝端溪诗人223家，其中卷一选唐代诗人17家、宋代诗人33家、元代诗人9家，卷二选明代诗人45家，卷三至卷六选清代诗人119家。现藏国家图书馆、上海图书馆。

17.《溪上诗辑》

冯本怀辑。道光二十八年（1848）刻本，凡十四卷，有尹元炜序和冯本怀序。冯本怀，字慎旃，号酉卿，浙江慈溪人，曾官内阁中书。尹元炜《溪上诗辑序》云："先是，亡友林君鹿园尝有《溪上诗钞》，广搜博采，积数十年之勤，未及成而卒。余因与酉卿取而商定之，稍加增删，其有未经收采者，概为补入，得诗若干首，厘分十四卷，历一年而告成。"① 尹元炜序说明是选编撰过程，为作者积数十年之勤而成。是选体例按朝代编次，每个朝代又以人编次，共选东晋至清代慈溪诗人 123 家，诗 1485 首，卷一选东晋诗人 12 家，诗 100 首；卷二选宋代诗人 8 家，诗 72 首；卷三选宋代诗人 24 家，诗 106 首；卷四选宋代诗人 15 家，诗 78 首；卷五至卷八选明代诗人 56 家，诗 386 首；卷九至卷十四选清代诗人 8 家，诗 743 首。现藏国家图书馆、上海图书馆、浙江图书馆。

18.《江上诗钞》

祝廷华辑。咸丰八年（1858）刻本，凡一百七十五卷。祝廷华（1870—1939），字丹青、丹卿，号毅丞，晚号愚山铁叟。江苏江阴人，光绪二十九年（1903）进士。创陶社诗社，任社长。书前有李联秀序，李联秀《江上诗钞序》云：

> 尝登君山而揽江海之胜，南戒烟涛，云木奇恣，雄荡之气横集于胸臆间。已而鼓枻中流，望鹅鼻以上诸峰苍莽勃翠，怀延陵而吊春申，慨然想见古之豪杰，其郁为人文，应岩渎之秀，远者不及知，即宋元以来数百年，瑰伟之士必有不能尽彰于时而槁项老死，并其文章亦弃掷埋没于蓬蒿粪土者，所望于网罗散轶，盖无往不然，而暨阳名区为尤甚。故搜人遗集，功等于葬人暴骸，况余以文为职，而三年视学于斯也。夫视学之使，今日学政，周礼大司乐有治建学政之云，为今官名所自昉。其时之所谓学政者，如乐德、乐语、乐舞皆是，而其职则今之国子师，故掌国之成均，而郑注以为乐官之长，参之王制，太师陈诗观民风，释者亦以为乐官之长，是太师即大司乐无疑，而周礼曰掌乐，王制则曰陈诗者，非二之也。诗古之乐章也，昔季札观乐，自周召以至曹郐，风俗美恶，一歌诗而皆会焉，使其论乡邦之什，更当何如？惜吴歈不奏于鲁，致千古无真评耳。近数百年衰

---

① 冯本怀《溪上诗辑》卷首，道光二十八年刻本。

暨阳之诗者，明有许、邱二山人《澄江诗选》，国初有陈菊人《江阴诗粹》，志载其序。余读之而未见其书。今顾生心求踵益之，为《江上诗钞》，凡百七十卷，万六千篇，均考证作者迹略，以示阐幽表微之意，而采辑务备，无诸选家誉此诋彼，专取所嗜之嫌。故典雅冲淡，豪俊秾缛，幽婉奇险之辞，随所宜而各适其位。余借诵久之，如蹑千寻之巅，而猿鹤与飞也，如凌万顷之波，而鼋鼍与泳也，如宫商抗坠抑扬，循声高下，同其休，宣其和，感人心而成文也。嗟乎！采风吾职也，扃多士而试之，所得仅制举文字，一日之长，其暗修于家者，著述率不肯自售，或访求一二而遗者八九，况数百年名章俊语，能尽供一盼乎？余故深嘉顾生于是钞之得见，有幸慰焉，而因慨然于古今之殊使四方者，无陈诗观风之实，与礼之所谓太师即大司乐者异已。咸丰八年戊午七月督学使者临川李联秀序。①

李联秀序具体说明了编选是选的缘由及总体规模。是选体例按朝代编次，每个朝代又以人编次，共选唐代至清代江阴人诗人859家，诗近17000首，其中宋代诗人21家。现藏国家图书馆、上海图书馆、南京图书馆。

19.《上虞诗选》

徐幹辑。光绪八年（1882）刻本，凡四卷，有序，无评语。徐幹，浙江上虞人，生平仕履不详。书前有徐幹序，徐幹《上虞诗选序》云："余曩承乏斯邑，曾有经正书院小课之刻，邑人士咸啧啧称善，夫上虞承康乐之遗流风余韵。至今犹存，即历代作者，类皆陶写性灵，各成机杼，讵忍听其湮没，久而弗彰乎？爰自南北朝以迄国朝，选得古近体诗若干首，分为四卷，所谓不薄今人爱古人也。其间山林廊庙，遭遇不同，而性情和平终归一致，洵可为后学津梁耳。"② 此序说明了是选编撰的缘由。是选体例按朝代编次，每个朝代又以人编次，共选晋代至清代上虞诗人202家，卷一选晋代诗人7家，唐代诗人3家，宋代诗人11家，元代诗人11家，明代诗人3家；卷二选明代诗人72家；卷三选清代诗人46家；卷四选清代诗人49家。现藏国家图书馆、上海图书馆、浙江图书馆。

20.《庐陵诗存》

胡友梅辑。光绪十三年（1887）木活字本，凡十卷，共五册，有序跋和凡

---

① 祝廷华《江上诗钞》卷首，咸丰八年刻本。
② 徐幹《上虞诗选》卷首，光绪八年刻本。

例。胡友梅，字雪村，江西庐陵人。同治庚午（1870）举人，官乐平教谕。有《听雪轩诗钞》。书前有李曾珂序、周煊序、吴化霖跋。李曾珂《庐陵诗存序》云："庐陵自汉高帝置县后，献帝兴平元年，孙策分立庐陵郡，改县曰高昌。晋泰康中，改高昌为石阳。隋开皇十年，因庐水之名，仍改石阳为庐陵，其以县隶吉州，则自唐武德间。故兹选断从唐始，下迄国朝，其专选一县者，非存画界分疆之见。"[1] 李曾珂说明了庐陵的演变过程。是选编撰体例，《凡例》云："所选诗因朝代次第编列先出者，布衣亦不沦于王后，后起者卿相，不得僭居，所选俱系已故之作，姓名之下系以小传。"是选体例按朝代编次，共选宋代至清代庐陵诗人355家，卷一宋代诗人7家（陈谊1首、孙冕1首、彭应求2首、彭齐7首、杨申1首、彭思永1首、欧阳修89首）；卷二宋代诗人34家（张汝贤1首、彭构1首、段高1首、葛敏修2首、李彦弼1首、刘才邵13首、李先辅1首、刘璋1首、胡铨34首、胡澄1首、周必正1首、周必大130首、刘清之4首、欧阳金夫9首、胡温彦1首、萧彦毓1首、欧阳谦之1首、刘仙伦1首、王子俊1首、罗大经1首等）；卷三宋代诗人文天祥、刘辰翁、彭元逊等19家；卷四至卷七明代诗人174家；卷八至卷九清代诗人121家；卷十道流和闺秀诗人。现藏国家图书馆、上海图书馆、苏州图书馆。

21.《吴兴诗存》

陆心源辑。光绪十六年（1890）刻本，凡三十卷。陆心源（1834—1894），字刚甫、刚父，号存斋，晚号"潜园老人"。归安（今浙江湖州）人。清末四大藏书家之一。是选体例以人编次，共选宋代至清代庐陵诗人355家，六朝至唐为初集，宋人为二集，元人为三集（72家），明人为四集（230家）。宋代诗人凡十四卷，选宋代诗人178家，诗1253首，卷一10家，诗98首；卷二22家，诗104首；卷三14家，诗70首；卷四1家，诗97首；卷五8家，诗96首；卷六6家，诗103首；卷七10家，诗96首；卷八9家，诗67首；卷九姜夔诗111首；卷十62家，诗75首；卷十一8家，诗95首；卷十二8家，诗95首；卷十三9家，诗90首；卷十四方外10家，诗56首。现藏国家图书馆、上海图书馆、浙江图书馆。

---

[1] 胡友梅《庐陵诗存》卷首，光绪十三年木活字本。

五、年代不详宋诗选本

（一）断代宋诗选本

1.《御选分韵近体宋诗》

佚名辑。清刻本，不分卷，共四十册，无序言、圈点和批注，但有姓名和目录。是选体例按体编次，分为七言律诗、五言律诗、七言长律、五言长律、七言绝句、五言绝句六种诗体，每种诗体又以韵编录，如一东、二冬、三江、四支、五微、六鱼、七虞、八齐、九佳、十灰、十一真、十二支、十三元、十四寒、十五删或一先、二萧、三肴、四豪、五歌、六麻、七阳、八庚、九青、十蒸、十一尤、十二侵、十三覃、十四盐、十五咸。共选诗人879家，其中帝系9人，诸家姓名695人，无名氏11人，羽流衲子77人，宫闱76，仙鬼11人。现藏上海图书馆。

2.《宋诗钞》

林葆恒辑。清抄本，凡两卷，共一册，有朱墨圈点，无评语。上海图书馆题识为《宋诗钞》。林葆恒（1872—1950），字子有，号讱庵。福建闽侯人，林则徐侄孙。晚年创立津沽词社、须社、沤社、瓶社等。著有《讱庵词》《闽词征》。是选体例以人编次，共选宋代诗人40家，诗480首。有《小畜集》13首，《骑省集》11首，《安阳集》6首，《沧浪集钞》18首，《宛陵集钞》22首，《武溪集》5首，《文忠集》36首，《和靖集》6首，《武仲清江集钞》6首，《平仲清江集钞》13首，《临川集》23首，《广陵集》8首，《后山集》29首，《丹渊集》7首，《文同集》12首，《襄阳集》5首，《宛丘集》24首，《具茨集》3首，《陵阳集》4首，《鸡肋集》3首，《淮海集》6首，《简斋诗集》31首，《眉山诗集》14首，《建康集》3首，《香溪集》4首，《屏山集》4首，《北山小集》

3 首,《文公集钞》3 首,《石湖集》35 首,《止斋集》5 首,《诚斋集》36 首,《清苑斋诗钞》6 首,《二薇亭诗钞》3 首,《后村诗钞》21 首,《石屏诗钞》10 首,《农歌集钞》4 首,《秋崖小稿钞》6 首,《白石樵唱钞》18 首,《石门诗钞》6 首,《花蕊诗钞》8 首。从所选诗人来看,是选应是吴之振《宋诗钞》的再选本。现藏上海图书馆。

3.《全宋诗》

佚名辑。清抄本,应为残本,现存十卷,三册,无序言。上海图书馆题识为《全宋诗》,书名应有误。卷一至卷四选录王炎诗 693 首;卷五至卷十选录孔平仲诗 557 首。现藏上海图书馆。

4.《宋诗抄》

佚名辑。清稿本,不分卷,共十册,文中有批注、圈点,无序言、凡例。封面有"壬申抄"字样,诗人有小传。版心题"抱影丛稿",蓝格稿纸抄写。上海图书馆题识为《宋诗抄》。是选体例按诗体编次,分古体诗和近体诗,而每种诗体又以诗人编次,共选录古体诗和近体人 89 家。古体诗人选录 48 家,为《小畜集》《沧浪集钞》《宛陵集钞》《平仲清江集钞》《武仲清江集钞》《南阳集》《临川集》《后山集》《丹渊集》《襄阳集钞》《山谷集》《双溪集》《眉山集》《鸿庆集》《建康集》《横浦集》《浮溪集》《简斋集》《止斋集》《诚斋集》《欧阳集钞》《宛丘集钞》《淮海集钞》《和靖集》《文公集》《石湖集》《屏山集》《韦斋诗钞集》《北山集》《竹洲诗钞集》《省斋集》《攻瑰集》《漫堂集》《文山集》《潜斋集》《清宛斋集》《石屏集》《参寥集》《苇碧轩集》《农歌集》《白石集》《二薇亭集》《秋崖集》《水云集》《后村集》《晞发集》《隆吉集》《云溪集》。近体诗人选录 41 家,为《小畜集》《后山集》《鸿庆集》《沧浪集钞》《山谷集》《鸡肋集》《淮海集》《建康集》《宛丘集钞》《简斋集》《平仲清江集钞》《乖崖集》《浮溪集》《陵阳集》《盱江集》《江湖集》《长翁集》《临川集》《具茨集》《止斋集》《眉山集》《四灵集》《后村集》《秋崖集》《玉澜集》《文公集》《诚斋集》《北山集》《竹洲集》《石屏集》《东皋集》《文山集》《白石樵唱集》《晞发集》《云溪集》《山民集》《参寥集》《水云集》《石门集》《隆吉诗钞》《庐溪集钞》。从所选诗人来看,是选为《宋代五十六家诗集》的再选本。现藏上海图书馆。

5. 《〈宋诗钞〉精选》

佚名辑。清抄本，不分卷，共二册，有红笔圈点，无序言和评语。上海图书馆题识为《〈宋诗钞〉精选》。是选为吴之振《宋诗钞》的再选本，编选体例按诗体编次，分五言律诗、七言排律、七言律诗、五言绝句，每种诗体诗又以人编次，共选宋代诗人88家，诗563首。五言律诗选诗人22家131首，分别为韩琦3首，张詠1首，赵抃1首，梅尧臣20首，林逋2首，苏轼8首，文同2首，黄庭坚2首，晁补之1首，陈造2首，李觏1首，唐庚1首，孙觌7首，刘子翚1首，杨万里64首，徐照1首，刘克庄5首，王庭珪1首，刘宰2首，戴复古3首，方岳1首，林景熙2首。七言排律选诗人3家4首，为梅尧臣2首，孙觌1首，范成大1首。七言律诗选诗人34家239首，为徐铉1首，韩琦9首，苏舜钦4首，梅尧臣9首，欧阳修3首，林逋3首，孔平仲2首，王安石2首，苏轼39首，陈师道2首，文同2首，米芾1首，黄庭坚8首，晁冲之2首，韩驹1首，晁补之3首，秦观3首，唐庚1首，孙觌2首，叶梦得1首，刘子翚2首，程俱1首，周必大1首，陈傅良1首，杨万里99首，赵师秀1首，翁卷1首，徐照1首，刘克庄17首，王庭珪1首，戴复古6首，戴昺1首，方岳8首，林景熙1首。五言绝句选诗人29家189首，为王禹偁3首，徐铉11首，梅尧臣1首，林逋2首，王安石16首，苏轼9首，陈师道1首，文同1首，米芾1首，黄庭坚1首，晁冲之1首，韩驹1首，秦观1首，陈与义1首，李觏7首，孙觌2首，刘子翚4首，朱熹2首，杨万里108首，赵师秀1首，翁卷1首，徐照1首，徐玑2首，刘克庄4首，刘宰2首，戴复古1首，方岳2首，汪元量1首，林景熙1首。现藏上海图书馆。

6. 《宋五家诗钞》

佚名辑。清抄本，凡五卷，共一册，无序言和评语。是选选录朱熹《文公集钞》、范成大《石湖诗钞》、郑侠《西塘诗钞》、王令《广陵诗钞》、陈师道《后山诗钞》各一卷。现藏吉林省吉林市图书馆。

7. 《宋诗吟解集》

汪楷辑。清稿本，凡六卷，共一册，附录于《十二代诗吟解集》，现藏国家图书馆。汪楷，宇仲范，阳湖（今江苏常州）人。汪洵之子，工篆刻，生活于清末和民国初期。《西谛书目》卷四有著录。国家图书馆另藏有一卷本《宋诗吟解集》，亦为稿本。笔者曾亲往查阅，因国家图书馆将其作为善本，无法查阅。

8.《读宋诗杂录》

佚名辑。清稿本，不分卷，共一册，无序言和评语，有墨笔圈点。上海图书馆题识为《读宋诗杂录》。是选选录范成大、陆游、杨万里、薛季宣、叶适、林光朝等六人之诗。其中范成大诗28首和少量摘句，陆游诗79首和少量摘句，杨万里诗52首和少量摘句，薛季宣诗11首和少量摘句，叶适诗7首和少量摘句，林光朝诗7首和少量摘句。现藏上海图书馆。

9.《宋诗课本》

陈雪田辑。清钞本，凡七卷，共七册，无序言和目录，亦无凡例，但有作家小传、朱笔圈点和评语。陈雪田，生平仕履不详。《湖南图书馆古籍线装书目录》著录："《宋诗课本》七卷，清陈雪田抄本，七册。白口，无格，佚名圈点，钤有'雪田经眼'、'忠直家风'、'紫筠精舍藏书'等印。"是选体例以人编次，选宋代诗人84家，诗2090首，是一部篇幅比较大的宋诗选本。其中卷一宋代诗人11家270首，卷二宋代诗人5家276首，卷三宋代诗人9家279首，卷四宋代诗人19家303首，卷五宋代诗人9家333首，卷六宋代诗人12家317首，卷七宋代诗人19家312首。陆游155首为最多，次苏轼124首，次杨万里118首，次戴复古83首，次梅尧臣76首，次范成大70首，次黄庭坚65首，次陈与义64首，次王安石61首，次刘克庄51首，次陈师道46首，次杨万里41首，次孔平仲42首，次欧阳修37首，次朱熹35首，次苏舜钦27首，次林逋24首，次程俱23首，余皆不足20首。在审美趣味上，操选者多偏好江西诗派、中兴诗人、江湖诗派、苏轼等著名流派和大诗人的诗。是选选评结合，所选诗多有圈点和点评，如评慧洪《春日溪行》云："便觉和尚气。"评慧洪《临川康乐亭碾茶，观女优》云："此诗方得正果。"评苏轼《送贾讷倅眉》云："先君葬于墓颐山之东二十余里，地名老翁泉，君许为一往，感叹之深故及。"评苏舜钦《游南内九龙宫》云："一往流利生动。"评苏轼《惜花》云："钱塘花最胜处。"评苏轼《次韵林子中王彦祖唱酬》云："近闻莘老公择皆逝，故有此句。"评程俱《晁无释将之录示近诗》云："以道淡于明理，颇喜造墨。"评陆游《独坐》云："自张季长下世，蜀中书问几绝。"评戴复古《白苎歌》云："懒庵选石屏诗，南塘称其精到，其间《白苎歌》最古雅，语简意淡，今世南得，所谓一不为少。"现藏湖南省图书馆。

10.《集古诗臆》

张惠言辑。清稿本，不分卷，共二册，无序言和总目，有墨笔圈点，无评语。张惠言（1761—1802），原名一鸣，字皋文，江苏武进人。嘉庆四年（1799）进士，改庶吉士。编有《词选》等，开创阳湖派。这是一本典型的宋诗选本。是选前半部分按诗体编排，选诗人32家，诗116首，其中五言排律7家16首，六言绝句4家10首，五言绝句21家90首。所选诗最多为刘克庄16首，次梅尧臣12首，次林希逸10首。是选后半部分按韵编次，如屋、觉、质、月、曷、点、皓、马、养、梗、有、肴、送、遇、泰、队、问、翰、霰、啸、漾、敬、径、宥、元、寒、删、先、萧、辑等。是选载阳湖刘逢禄曾于道光二十二年（1842）秋九月读过此书。现藏上海图书馆。

11.《宋五七言排律诗钞》

佚名辑。清钞本，不分卷，共一册，无序言和总目，有墨笔圈点，有评语。湖北省图书馆题名为《宋五言排律诗钞》，实际上应为《宋五七言排律诗钞》。由于是选是残本，所以难以准确统计。是选体例按人编次，共选宋代五、七言排律诗人10家36首，分别为梅尧臣11首，王安石11首，陈与义1首，陆游2首，欧阳修2首，胡宿2首，王珪1首，宋庠1首，宋祁4首，程颢1首。是选批语主要采自纪昀和方回，如评王安石《送周都官通判湖州》（纪昀）云："仁风两句用意好于理，亦足惟读之稍觉其硬，病在已字，似现成语，不似期免语，此故甚微细吟。"评陆游《冬日感兴十韵》（纪昀）云："起四句比也，五六一联入法，非老笔不能。结亦比也。收得满足之至。此诗佳在沉郁悲壮，勿徒以字句之工求之。"评陈与义《感事》（方回）云："危故两字最佳，黄龙府谓二帝北狩白露洲，高庙在金陵。"评张耒《寒食》（纪昀）云："峭拔而雄浑，与江西野调不同。"评张耒《送三姊之鄂州》（纪昀）云："诗亦真切，结尤浑厚。"现藏湖北省图书馆。

12.《宋七律诗钞》

佚名辑。清钞本，不分卷，共一册，无序言和总目，每首均有评语。是选批语一是来自纪昀，二是来自方回，如评李昉《禁林春直》（纪昀）云："三四真太平宰相语，其气象广大，太和之气盎然，此故不在语言文字之间，莺莺燕燕全钞唐句，嫌太现成。"杨亿《汉武》（方回）云："此诗有说讥武帝求仙，徒费心力，用兵不胜其骄，而于人才之地，不加意也。"是选体例按人编次，共选宋代诗人 59 家，诗 209 首。选诗如下：李昉 1 首，王操 2 首，王立之 1 首，杨亿 4 首，钱惟演 2 首，刘筠 1 首，林逋 2 首，李虚己 1 首，晏殊 2 首，韩琦 1 首，欧阳修 4 首，王安国 5 首，陈洙 1 首，苏洵 1 首，元绛 2 首，刘颁 2 首，郑獬 3 首，陈襄 1 首，黄庭坚 8 首，贺铸 3 首，张耒 18 首，杨蟠 4 首，张先 1 首，曾布 1 首，陈师道 9 首，唐庚 2 首，章冠之 1 首，陈与义 25 首，姜仲谦 2 首，谢逸 1 首，汪藻 1 首，吕本中 5 首，周萃 1 首，李处权 1 首，韩驹 2 首，胡寅 1 首，吕颐浩 1 首，王质 1 首，黄公度 1 首，王庭珪 1 首，曾几 12 首，洪迈 1 首，朱槔 2 首，刘子翚 2 首，朱熹 4 首，吕祖谦 1 首，张栻 1 首，尤袤 2 首，杨万里 7 首，范成大 5 首，陆游 32 首，萧德藻 1 首，韩淲 4 首，赵蕃 1 首，徐玑 1 首，赵师秀 2 首，刘克庄 2 首，方岳 1 首，道潜 2 首。陆游 32 首，居首，次陈与义 25 首，次张耒 18 首，次曾几 12 首。现藏湖北省图书馆。

13.《宋诗选》

史荣辑。清钞本，不分卷，共一册，无序言和总目，有评语。北京大学图书馆题识为《宋诗选》。是选体例以人编次，共选宋代诗人 56 家，诗 81 首。选田锡 2 首，向敏中 1 首，欧阳程 1 首，王禹偁 6 首，郑文宝 3 首，陈尧佐 1 首，赵湘 3 首，李维 1 首，张詠 1 首，田况 1 首，范仲淹 2 首，林逋 2 首，宋祁 1 首，胡宿 2 首，郑獬 1 首，张泊 2 首，苏轼 2 首，沈立 1 首，陶弼 1 首，郭祥正 1 首，杨时 1 首，杜常 1 首，俞紫芝 1 首，陈远 1 首，刘延世 1 首，崔鸥 1 首，陈师道 1 首，徐俯 1 首，李錞 4 首，韩驹 2 首，李彭 1 首，吕本中 1 首，张劝 1 首，王采 1 首，谭知柔 1 首，陈与义 1 首，李唐 1 首，白麟 1 首，范成大 1 首，杨万里 2 首，陆游 1 首，娄机 1 首，高似孙 1 首，程卓 1 首，洪咨夔 1 首，戴敏 1 首，郑会 1 首，朱继芳 5 首，陈鉴之 2 首，刘克庄 1 首，方岳 1 首，乐雷发 1 首，卢梅坡 1 首，宋伯仁 1 首，翁元广 1 首，黄极 1 首。从选诗倾向来看，选诗最多者，王禹偁仅 6 首，有 42 位诗人仅 1 首，既选录了苏轼、陆游、杨万里、刘克庄等著名诗人，也选录了很多中小诗人，说明编选者选诗具有广泛性和代表性。是选评语颇有见地，分析精辟，如评林逋《孤山隐居书壁》："此即入山惟恐不深意。首句是孤山隐居，次转笔起，下三四承拟移居直说。"评苏轼《送煮菜赠包安静先生》："此即安分知足之意。一二写题已尽。三四言不必更生奢望，因即何曾之汰侈，而歎其非也。"评苏轼《惠崇春江晚景》："通首就景说，盖本题画作也。然水暖与河豚欲上，却是虚景，因江中有鸭，故言水暖；蒌蒿芦芽，烹河豚所宜，故因二物而言河豚此时欲上耳。"评王逢原《送春》："极写春之难留，而送春之意自见。全首词意浓至，令人不能为怀，当三月尽时，已残之花落而更开，似乎春采即去，燕来园中。至于子规口雪，夜半犹啼，而春之区者终不可回，则伤之至矣。"评黄庭坚《王扬康园》："此寄人而有所刺之词，首句言柑也，罗浮见种美。次句见结实多而将熟。三作是提笔起下，言当俟成熟而后取之。儿童酸大尽，指世之滥取剥下者，所谓'二月'句，新丝五月谷也。"评范成大《风止》："首句完题，以下俱就风止后言，直是胸有造化，天之仁爱万物，于此可见，人能改造自新，则复于无过。世能变无道为有道，则长享太平，孰谓诗为小艺乎？"评陆游《建安遣兴》："建安酒薄，不足以解客愁之浓，故吟诗之外，诸事皆懒，此题之前一层也；客愁既不可解，况城楼之残角，与寺楼之钟声，每日朝夜不断如此，则崔人白头，于是为甚。第三句倒装法，而又以反笔出之，警动异常。"评陆游《初冬杂题》："首句剔起，次句承之，此诗意也。三用杜牧诗'倚遍江南寺寺楼'，顿笔作翻笔。四以不如其闻为状，可见看山终于不足也。"现藏北京大学图书馆。

14.《宋人小集七种》

陈德溥辑录。清海宁陈氏钞本，不分卷，共四册，无序言和评语。陈德溥，生平仕履不详。是选文献主要来自《南宋群贤小集》。是选体例以人编次，共选宋代诗人7家，诗551首，其中刘翰《小山集》23首，利登《骳稿》70首，刘仙伦《招山小集》33首，李涛《蒙泉诗稿》23首，严粲《华谷集》120首，黄文雷《看云小集》45首，赵汝鐩《野谷诗稿》237首。现藏北京大学图书馆。

15.《宋人小集十五种》

佚名辑。清钞本，不分卷，共二册，无序言和评语。是选文献主要来自《南宋群贤小集》，仅有十三种，是选体例以人编次，共选宋代诗人13家，诗5407首。其中《述古先生诗集》1436首，《学诗初稿》1026首，《瑞州小集》256首，《怡云轩》106首，《遗古小集》56首，《萝轩小集》186首，《小山集》226首，《林湖遗稿》186首，《橘潭诗稿》416首，《雪窗小稿》406首，《靖逸小集》486首，《菊潭诗集》346首，《云泉诗》275首。现藏北京大学图书馆。

16.《宋人小集二十一种》

佚名辑。清钞本，不分卷，共二册，无序言和评语。是选文献主要来自《南宋群贤小集》。是选体例以人编次，共选宋代诗人21家，诗1074首，其中《鸥渚微吟》48首，《梅屋吟》39首，《学吟稿》41首，《北窗诗稿》12首，《雅林小稿》29首，《采芝集》146首，《小山集》23首，《雪宪小集》33首，

《拙拙小稿》30首，《桧庭吟稿》30首，《皷稿》64首，《橘潭诗稿》42首，《庸斋小集》54首，《学诗初稿》103首，《华谷集》120首，《蒙泉诗稿》23首，《看云小集》35首，《露香拾稿》34首，《云卧诗集》5首，《适安藏拙余稿》99首，《斗野支集稿》64首。现藏北京大学图书馆。

17.《宋人小集五种》

佚名辑。清钞本，不分卷，共一册，无序言和评语。南京图书馆题识为《宋人小集五种》。是选体例以人编次，共选宋代诗人5家，诗449首，其中胡仲参《竹庄小稿》75首，陈鉴之《东斋小集》52首，戴复古《石屏续集》110首，葛天明《葛无怀小集》94首，俞桂《渔溪诗稿》118首。现藏国家图书馆、南京图书馆。

18.《宋人小集十七种》

佚名辑。清钞本，不分卷，共二册，无序言和总目。南京图书馆题识为《宋人小集十七种》，实为16种。《邹震父诗集》无诗。是选体例以人编次，共选宋代诗人16家，诗843首，其中《芸居乙稿》75首，《露香拾稿》34首，《云卧诗集》7首，《斗野支集稿》63首，《招山小集》33首，《渔溪诗稿》118首，《桧庭吟稿》30首，《靖逸小集》49首，《东斋小集》51首，《臞翁诗集》48首，《梅屋吟》39首，《采芝集》138首，《菊潭诗集》33首，《竹所吟稿》22首，《鸥渚微吟》49首，《庸斋小集》54首。选诗最多者138首，少者仅7首，选诗数量多寡不一。现藏南京图书馆。

19.《宋人小集》

吴允嘉辑。清抄本，凡十卷，共四册，无序言、总目和评点。是选体例以人编次，共选宋代诗人5家173首，其中文彦博《文潞公诗钞》二卷113首，范镇《范蜀公诗钞》一卷32首，王珪《王岐公诗钞》一卷11首，张维《张侍郎诗钞》一卷12首，张先《张子野诗钞》一卷5首。现藏国家图书馆。

20.《宋人小集六种》

佚名辑。清抄本，不分卷，共一册，无序言、总目和评语。是选有作者小传，如严羽传："严羽字仪卿，邵武人，谓诗有别才，非关学也，……有所歉焉，故学者称为世尊，自号沧浪逋客，有《沧浪吟》二卷，族子有严仁力学慕古。"是选体例以人编次，共选宋代诗人6家，诗307首，其中《沧浪吟钞》62

首,《叠山集钞》14 首,《竹雨斋诗钞》110 首,《仲安集钞》10 首,《所南集钞》97 首,《鲁斋集钞》14 首。现藏湖南省图书馆。

21.《宋人小集五十五种》

佚名辑。清冰蘧阁抄本,凡七十六卷,共二十册,无序言和评语。所选情况如下:《癖斋小集》《巽斋小集》《雪坡小稿》《斗野支集稿》《小山集》《雪窗小集》《抱拙小稿》《桧庭吟稿》《骸稿》《雪林删余》《疏寮小集》《露香拾稿》《云卧诗集》《适安藏拙余稿》《吾竹小稿》《皇荂曲》《竹庄小稿》《静佳龙寻稿》《静佳乙稿》《端隐吟稿》《山居存稿》《东斋小集》《竹所吟稿》《西麓诗稿》《云泉诗》《芸隐横舟稿》《芸隐勚游稿》《陶邕州小集》《蒙泉诗稿》《华谷集》《雅林小稿》《招山小集》《看云小集》《雪篷稿》《庸斋小集》《菊潭诗集》《芸居乙稿》《学诗初稿》《晦庵先生遗集》《朦翁诗集》《学吟北窗诗稿》《鸥渚微吟》《葛无怀小集》《梅屋吟》《渔溪诗稿》《菊硐小集》《雪矶丛稿》《雪岩吟草西塍集》《瓜庐诗》《竹溪十一稿诗选》《心游摘稿》《端平诗隽》《顺适堂吟稿》《石屏续集》《龙洲集》。现藏国家图书馆。

22.《南宋群贤小集七种》

吴允嘉辑。清抄本,凡七卷,共一册,无序言和评点。选《庸斋小集》《菊潭诗集》《学诗初稿》《木会庭吟稿》《云卧诗集》《露香拾》《梅花诗》七种。吴允嘉(1657—?),字志上,又字石仓,钱塘(今浙江杭州)人。清代学者和藏书家。现藏国家图书馆。

23.《宋人绝句选》

佚名辑。清抄本,共一册,凡三卷,其中正文二卷、《补遗》二卷。无序言、凡例和评语,有跋和墨笔圈点。书前卷一附有《跋》:"右依吴孟举先生《宋诗钞》本录出,凡七十三家,得诗二百二十四首,又附《天地间集》三家,诗三首。按《宋诗钞》共集一百家,未刻者十七家,今除集中本无绝句,及有绝句而未入选者,共十家。再卷中所录之诗,尚有遗珠,共补录于后。至大家之诗,如东坡等集,吴本岂能全备。当再择其尤者,并录以成全璧。丙申四月十四日记于水明小榭。"该跋说明了编选的时间,编选诗歌的总量以及编选所依据的范本为《宋诗钞》。是选体例以人编次,共选宋代诗人 175 家,七言诗 485 首。正文一卷选宋代诗人 76 家 209 首,为王禹偁 2 首,徐铉 2 首,韩琦 4 首,苏舜钦 3 首,张咏 2 首,赵抃 2 首,梅尧臣 2 首,欧阳修 4 首,林逋 3 首,孔武

331

仲1首，孔平仲3首，韩维2首，王安石7首，苏轼4首，陈师道1首，文同1首，米芾1首，黄庭坚2首，苏辙1首，张耒3首，晁冲之3首，韩驹1首，晁补之2首，邹浩2首，秦观3首，陈造1首，沈与求1首，徐积1首，陈与义6首，李觏1首，唐庚1首，孙觌4首，叶梦得1首，汪藻1首，范浚1首，刘子翚5首，朱松2首，朱槔1首，程俱1首，吴儆1首，周必大2首，朱熹6首，范成大7首，陆游16首，陈傅良1首，杨万里18首，薛季宣1首，叶适1首，林光朝1首，楼钥1首，赵师秀1首，翁卷3首，徐照2首，徐玑2首，黄公度1首，刘克庄6首，王庭珪3首，刘宰1首，王阮1首，戴复古4首，戴昺2首，方岳5首，郑震2首，谢翱2首，谢枋得1首，郑协1首，范协1首，文天祥1首，许月卿2首，林景熙4首，真山民2首，汪元量5首，何梦桂1首，僧道潜1首，慧洪2首，花蕊夫人宫词10首。《补遗》卷一选宋代诗人12家51首，为余靖1首，石介1首，沈辽1首，刘屏山10首，陆游7首，杨万里4首，曾巩5首，王安石11首，黄庭坚1首，王十朋3首，方岳5首，文天祥2首。《补遗》卷二选宋代诗人89家226首，为贺铸4首，魏野1首，穆修2首，宋祁2首，黄庶2首，刘敞3首，陈泊1首，司马光3首，文彦博3首，杨杰1首，彭汝砺1首，李之仪2首，郭祥正3首，饶节2首，刘弇1首，吕本中4首，谢迈3首，洪炎1首，李弥逊1首，曹勋5首，王琮2首，姚孝锡2首，傅察1首，张纲1首，刘一止4首，邓肃1首，王铚2首，林亦之1首，周紫芝2首，程珌1首，俞桂7首，陈藻1首，葛立方2首，陈渊3首，紫望1首，张孝祥1首，刘翰4首，周孚1首，张良臣5首，敖陶孙1首，危稹2首，刘过3首，邹登龙3首，刘仙伦1首，邓林1首，叶茵4首，岳珂1首，姜夔5首，赵崇鉘1首，华岳4首，张弋1首，葛起耕2首，吕声之1首，何应龙6首，杜范1首，陈起2首，周文璞2首，汪华2首，张至龙2首，周弼4首，陈鉴之1首，胡仲参2首，利登4首，武演10首，施枢5首，林希逸2首，葛天民5首，严粲3首，薛师石2首，王珝1首，罗与之1首，薛嵎2首，叶绍翁5首，张蕴1首，林尚仁3首，张道洽5首，许棐12首，乐雷发3首，杜旟1首，李曾伯1首，朱南杰1首，徐集孙2首，杨公远1首，俞德邻1首，陈元平5首，王道士6首，罗公升1首，道璨1首，斯植2首。现藏苏州市图书馆。

24.《南宋群贤小集十种》

佚名辑。清抄本，凡二十一卷，共四册，无序言、总目和评点。选录《梅屋吟》《学诗初稿》《芸居乙稿》《菊潭诗集》《西麓诗稿》《庸斋小集》《靖逸小集》《雪林删余》《云泉诗》《安晚堂诗集残稿》。现藏国家图书馆。

25. 《朱批宋诗选》

佚名辑。清抄本，不分卷，共一册，无序言和凡例，书中有朱批。国家图书馆题识为《朱批宋诗选》，封面题"王莲生丈藏"字样，并钤有"翰林院编修福山王懿荣私印""王懿荣印"等藏书印。是选专选宋代五、七言律诗41家，诗60首。五言律诗选宋代诗人15家，诗20首，选诗为林逋《湖楼晚望》《寄孙仲簿公》《淮甸城居寄刺史（二首）》、苏舜钦《登昆仑台》、司马光《归田诗》、张耒《冬日》、赵抃《题灵山寺》、李钢《铜陵阻风》《醉眠》、陆游《残春无几述意》、刘克庄《张丽华墓》、徐照《移家雁池》、赵师秀《赠邓汉卿》、戴复古《九日》《山中夜归》、元吉《陪翟三游平城州东城》、方岳《不寐》、叶茵《次韵》、孙觌《临安道中》。七言律诗选宋代诗人26家，诗40首，选诗为徐铉《和表弟包颖见寄》、王禹偁《寒食》、晏殊《示张寺丞王校勘》、司马光《其夕宿独乐园诘朝将归赋诗》、王安石《葛溪驿》、苏辙《感秋扇》《次韵王巩代书》、陈师道《九日寄秦少游》、张耒《夜坐》、俞紫芝《旅中谕怀》、翁卷《次徐灵渊韵赠赵灵秀》、王庭珪《送胡忠简》、程俱《怀江子我》、晁冲之《都下追感往昔因成》、陈眅《游晓觉寺》、利登《晚步》、范成大《客中呈幼度》《新凉夜坐》、刘子翚《秋意》、刘克庄《为圃》《方寺丞新居》《方寺丞艇子初成》、方岳《上巳溪泛》《次韵徐宰集珠溪（二首）》《春日杂兴（二首）》《山居》《次韵田园居》《乙酉岁游浙中道闻盗起》、杨万里《春尽感兴》《题南雄驿外计堂》、曾几《雪作》、真得秀《泊舟严滩》《江头春日》、林景熙《云门即事》、戴敏《楼上》、戴复古《用叶硕夫韵》、白玉蟾《梦中得五十六字》《柳塘送春》。另五言律诗附金诗1首、元诗11首；七言律诗附金诗13首、元诗20首。是选对诗作有简要的评述，如评刘克庄《张丽华墓》云："结极新艳。"评叶茵《次韵》云："不自然。"现藏国家图书馆。

26. 《宋诗窥》

顾立功辑。清刻本，不分卷，共五册，无序言和批语。顾立功，山西新阳人，生平仕履不详。是选体例以人编次，共选宋代诗人17家，诗109首，分别为林逋1首，欧阳修2首，王安石21首，苏辙1首，张耒1首，朱熹1首，孙觌2首，范浚1首，范成大3首，杨万里17首，陆游43首，刘克庄5首，戴复古2首，严粲1首，苏轼6首，王十朋1首，吕声之1首。其中陆游43首，为最多，其他诗人仅1首，可见编选者多寡不一，缺乏均衡，无法真实地反映宋代诗歌的实际成就。从入选体裁来看，近体诗选录最多，尤其是绝句，足见编选者有所倚重。是选为国家图书馆藏复印本。

27.《宋诗窥补》

顾立功辑。《宋诗窥补》在《宋诗窥》的基础上补录苏诗6首。《小引》云："向刻《诗窥》，杜、苏两家未入选，以少陵如山之岱，如水之海，虽有生处、率处，正其不让土壤，不择细流。苏则才大不受羁靮，方言梵典，无不入诗，皆美不胜收，学者不可不览其全也。兹于补刻中各选数首以见一斑。"孙殿起认为原书约康熙间精刊本。是选有评语，如评王安石《南浦》云："咏水与柳而以鸭绿鹅黄形之，诗家代之法。"评《红梨》云："首二句即物起兴寓意在末二句，以虚对实，截句中一格也。"是选为国家图书馆藏复印本。

28.《宋诗征》

佚名辑。清抄本，凡四卷，四册，藏山东省图书馆。笔者曾亲往查阅，因为该书残破，无法阅读，未能睹其真面目。

29.《宋诗略》

李嘉绩辑。清抄本，凡四卷，藏四川省图书馆。李嘉绩，字云生，一字凝叔，四川华阳人。历官陕西韩城知县，光绪末卒。著《代耕堂全集》《益州书画录》等。笔者曾亲往查阅，2008年地震后，场馆调整，该书已经移植他处，无法查找。

30.《宋诗三百首》

佚名辑。光绪十年（1884）书香堂刻本，凡六卷，共二册，首总目录，次"宋诗作者姓氏"，叙其生平爵里。是选体例按体编次，分五言古诗、七言古诗、五言律诗、七言律诗、五言绝句、七言绝句六种诗体，共选宋诗300首，其中卷一五言律诗70首，卷二七言律诗70首，卷三五言绝句25首，卷四七言绝句75首，卷五五言古诗25首，卷六七言古诗35首。部分诗作后附有评语，多采自诗话，有方回、吴之振、王士禛、沈德潜之论。此书文献取自方回《瀛奎律髓》、吕留良《宋诗钞》、纪昀《瀛奎律髓刊误》、戴第元《唐宋诗本》。现藏南京大学图书馆（该条摘自谢海林著《清代宋诗选本研究》）。

31.《宋人诗选》

佚名辑。清抄本，不分卷，共四册，无序言和总目，有批语。湖南省图书馆题识为《宋人诗选》。是选体例以人编次，共选宋代诗人144家，诗628首。选诗为王禹偁15首，陈抟2首，陈尧佐4首，吴简言1首，钱若水1首，魏野12首，寇准10首，孙仅1首，王操3首，杨朴3首，杨亿11首，钱惟演8首，刘筠5首，李宗谔2首，李维2首，晏殊8首，鲍当2首，张詠3首，林逋12首，毕田4首，丁谓2首，胡宿17首，邓肃3首，苏庠3首，范宗尹1首，姚宽1首，范浚2首，王质3首，唐询1首，吴中复2首，余靖6首，阮逸1首，尤袤6首，杨万里6首，谢子龙27首，范成大37首，张孝祥2首，杜范1首，蒋纬1首，胡安国1首，李邴1首，朱松2首，吴涛1首，吴沆2首，朱槔1首，喻汝砺1首，王之望1首，刘子翚6首，杨时2首，游酢1首，王十朋5首，胡寅1首，朱熹30首，吕祖谦3首，张栻121首，林光朝1首，汪立信1首，方逢辰1首，王琮2首，王涯1首，尹谦孙3首，陈子全1首，谢枋得5首，朱南杰2首，柴望1首，宋伯仁5首，赵癸戈1首，何梦桂2首，王南美3首，梁栋12首，汪宗臣1首，许月卿1首，王中1首，王淇4首，雷震1首，刘季孙1首，徐元杰1首，洪遵1首，林洪2首，林小山1首，卢梅坡2首，欧阳炯3首，赵梅隐1首，葛长庚3首，杨绘1首，王元章1首，徐师川1首，沈会宗1首，汪洙4首，师严1首，李揆2首，唐人鉴2首，潇湘渔父1首，谢童子1首，刘跛子1首，无名氏3首，跛仙1首，邵琥1首，罗道成2首，希昼2首，保暹2首，文兆1首，行肇1首，简长3首，惟凤2首，惠崇3首，宇昭3首，智园1首，秘演1首，元净1首，道潜7首，慧洪5首，则之1首，斯植4首，道璨1首，白玉蟾3首，景岑1首，仲殊3首，怀志3首，祖可4首，女冠1首，李少云1首，花蕊夫人25首，杨妹子4首，蒨桃1首，王文淑1首，王氏1首，许氏1首，陈氏1首，王氏1首，谢氏1首，汪氏1首，陆放翁妾1首，赵氏1首，陈氏1首，李清照7首，朱淑真22首，易祓妻1首，赵信庵姬1首，徐君宝妻1首，韩氏2首，谢金莲1首，潭州女子1首，赵淮1首。从选诗倾向看，张栻121首，居首位，次范成大37首，有70位诗人仅选1首，多寡悬殊，尤其是女性诗人入选诗作较少，足见编选者厚男性诗人而薄女性诗人；但是选所选诗人范围广泛，有九僧和女子诗人，还有许多不甚有文名的诗人，具有比较广泛的代表性，如李清照和朱淑真皆有入选。是选一般在选辑诗作时会注明文献的来源，文献主要来自《宋诗钞》《宋诗略》《咏物诗选》《楚风补》《瀛奎律髓》《九僧诗集》《沔水燕谈》《深雪偶谈》等。是选有简洁的评语，如评范成大《玉华楼夜醮》云："音节铿锵。"评范成大《次韵同年杨使君回自毗陵同泛石湖舟中见赠三首》其二云："风光细腻。"评范成大《客中呈幼度》云："温润。"评杨万里《跋尤延之左司所藏光尧御书歌》云："推拓作波，纵横如意。"评杨万里《云龙歌调陆务观》:"一往古横,何减太白。"评杨万里《买菊》云:"绝似太白。"评杨亿《南朝》云:"组织华丽。"评阮逸《题竹阁》云:"声律稳妥,独不至入宋诗恶道。"评王质《何处难忘酒》云:"似白乐天。"评晏殊《示张寺丞王校勘》云:"诗有自然凑泊者,如晏同叔'无可奈何花落去,似曾相识燕归来',此天机所造,不假思议者也。"现藏湖南省图书馆。

32.《宋诗选》

佚名辑。清抄本,不分卷,共一册,无序言和总目,有墨笔圈点和批语。湖南省图书馆题识为《宋诗选》。是选体例以人编次,共选宋代诗人30家128首,分别为周敦颐11首,程颢7首,程颐1首,孔文仲4首,孔武仲3首,李廌2首,鲜于侁1首,范缜2首,司马光10首,杨万里8首,吕公著1首,范纯仁1首,冯京2首,郑伯玉2首,杨察1首,陈荐9首,刘颁4首,陈舜俞1首,韩绛1首,韩维5首,沈辽2首,卢秉2首,陈瓘1首,李昭玘3首,刘弇2首,邹浩21首,元积中1首,梅尧臣12首,江休复1首,石延年7首。是选选源主要来自《宋诗钞》《宋诗略》《楚风补》。是选小传主要来自《宋诗略》。书中评语引自《石林诗话》《娱书堂诗话》《苕溪渔隐丛话》等,见解不深,无甚可取,如评程颢《春日偶成》云:"此诗形容心体广大,超乎天地万物之上,而外物不足为累。"评《春日偶成》云:"此诗借物形容阳胜阴消,取其生意,春融与己一也。"现藏湖南省图书馆。

33.《宋四家诗》

佚名辑。清抄本,不分卷,共一册,无序言、总目和评语,有朱笔圈点。江苏省吴江市图书馆题识为《宋四家诗》。是选体例以人编次,共选宋代诗人4家168首,王安石2首,黄庭坚108首,陈与义30首,叶适28首。现藏江苏省吴江市图书馆。

34.《宋诗约》

任文化辑。《中国古籍善本书目》(集部)、《中国丛书广录》载:"任文化《诗约》八卷,又名《宋金元诗约》,其中《宋诗约》四卷,《金诗约》一卷,《元诗约》三卷,清抄本,半页十一行,行二十二字,小字双行同,无格,藏湖北省图书馆。"任文化,字鲁堂,浙江海盐人,贡生,著有《半江水初稿》。是选体例以人编次,共选宋代诗人160家,诗677首。苏轼70首,位居第一,次陆游 52 首，次宋祁 51 首，次欧阳修 34 首，次王安石 25 首。《宋诗约》论述了"西昆体"总体的艺术特点，《宋诗约》"杨亿"条"详说"云："钱希圣、刘子仪、杨大年创西昆体，丰富藻丽，取法义山，一变五代芜鄙之习，时称'三东三虎'，但《诏书》有文体浮艳之禁，优人有官职掉扯之讥，未免不理于口，然后人以家常语为宋诗一派，白话陈陈相因，不如学西昆者，须多读书也。"任氏指出了"西昆体"的渊源"取法义山"，具有"丰富藻丽"的审美特征。

35.《宋诗选》

佚名辑。清抄本，不分卷，共一册，无序言和评语，有墨笔圈点。北京大学图书馆题识为《宋诗选》。是选共选宋代诗人 57 家，诗 83 首，是选大多为选无甚文名的小诗人，如田锡、欧阳程、李维、郑獬、李彭等，故价值不大。现藏北京大学图书馆。

36.《宋诗选》

郑鈗辑。清抄本，不分卷，共一册，无序言和评语。郑鈗（1674—1722），字季雅，长洲（今江苏苏州）人，著有《柘湖小稿》《冀野诗集》等。是选体例按体编次，分七言律诗、七言绝句、五言律诗三种诗体，共选宋诗 438 首，其中五言律诗 59 首，七言律诗 273 首，七言绝句 106 首。编选者最重陆游，选入 60 首，次苏轼 43 首，次黄庭坚 24 首，次王禹偁 23 首，次王安石 19 首，次欧阳修 13 首。是选为《宋诗钞》的再选本。现藏国家图书馆。

37.《宋诗选本》

陈玉绳辑。清稿本，不分卷，共一册，无序言和批注，有墨笔圈点，是选与《金诗选本》（17 首）、《元诗选本》（50 首）、《明诗选本》（52 首）合订为一册。陈玉绳，钱塘（今浙江杭州）人，乾隆年间人，生平仕履不详。是选体例以人编次，共选宋代诗人 15 家 21 首，其中杨亿 1 首，丁谓 1 首，欧阳修 4 首，苏舜钦 1 首，王安石 1 首，王令 1 首，胡宿 1 首，杨蟠 1 首，秦观 1 首，张耒 3 首，陈与义 1 首，刘子翚 1 首，范成大 2 首，乐雷发 1 首，徐集孙 1 首。是选价值不大。现藏上海图书馆。

38.《宋诗偶钞》

张兰阶辑。清抄本，凡二卷，共一册，无序言和批注，有墨笔圈点，钤有张兰阶印。张兰阶，清末举人，江苏无锡人，生平仕履不详。是选体例以人编次，共选宋代诗人70家1430首，其中上卷选录诗人29家593首，王禹偁15首，徐铉12首，韩琦7首，苏舜卿18首，张咏9首，赵抃1首，梅尧臣102首，余靖9首，欧阳修81首，林逋17首，孔武仲8首，孔平仲41首，韩维29首，王安石34首，苏轼96首，文同6首，米芾5首，黄庭坚27首，张耒22首，晁冲之14首，晁补之11首，秦观8首，陈造7首，沈辽2首，沈与求2首，徐积2首，王炎4首，唐庚4首，孙觌10首。下卷选录诗人41家837首，叶梦得5首，张九成3首，江藻8首，范浚2首，刘子翚44首，朱松16首，程俱11首，周必大2首，朱熹28首，范成大105首，陆游97首，陈傅良2首，杨万里81首，叶适2首，林光朝8首，楼钥8首，赵师秀28首，徐照6首，徐玑15首，黄公度4首，刘克庄39首，王庭珪10首，刘宰1首，王阮4首，戴敏1首，戴复古25首，戴昺20首，方岳30首，郭震2首，谢翱50首，许月卿1首，林景熙31首，汪元量7首，何梦桂13首，慧洪10首，费氏1首，花蕊夫人37首，苏辙21首，王十朋11首，高翥24首，文天祥24首。范成大105首，位居第一，次梅尧臣102首，次陆游97首，次苏轼96首，次欧阳修81首。现藏中国社会科学院文学研究所。

（二）通代诗选（"选宋"）

1.《宋元明题画诗选钞》

佚名辑。清写本，不分卷，共一册，无序言、圈点和评语。无锡市图书馆题名为《宋元明题画诗选钞》，实际上应为《唐宋金元明题画诗选钞》。是选体例按朝代编次，共选唐宋金元明五朝题画诗428首，其中唐诗3首，宋诗89首，金诗6首，元诗139首，明诗191首。宋代诗人30家89首，为王安石1首，苏轼19首，米芾1首，韩驹6首，李刚1首，蔡襄1首，范成大10首，文同5首，黄庭坚9首，楼钥3首，陆游6首，王十朋2首，刘克庄1首，刘宰1首，赵师秀2首，苏辙1首，道潜1首，陈与义4首，郑思肖1首，杜本1首，陈基1首，朱熹3首，祖可1首，仇远1首，杨万里3首，李本1首，李祁1首，贺铸1首，晁补之3首，王庭珪1首。现藏江苏省无锡市图书馆。

2.《御选题画山水诗》

佚名辑。清抄本，不分卷，共一册，无序言、圈点和评语。是选为《历代

《御定题画诗》的再选本。是选体例按朝代编次，共选宋金元明题画诗 224 首，其中宋诗 25 首，金诗 5 首，元诗 84 首，明诗 110 首。宋诗选有文彦博 1 首，陈师道 2 首，陆游 4 首，苏轼 4 首，文同 1 首，杨万里 1 首，苏辙 2 首，晁补之 1 首，方岳 2 首，朱熹 2 首，程俱 1 首，白玉蟾 1 首，杜本 1 首，陈与义 1 首，范成大 1 首。现藏上海图书馆。

3. 《宋元明诗摭略》

佚名辑。清抄本，不分卷，共一册，无序言和评语，有墨笔圈点。是选体例按体编次，分五言律诗、七言古诗、七言律诗、七言绝句四种诗体，共选宋元明诗 148 首，其中宋诗 50 首，元诗 44 首，明诗 54 首。宋诗选七言古诗 2 首，五言律诗 1 首，七言律诗 18 首，七言绝句 29 首。是选宋诗文献材料主要来自《千家诗》。现藏上海图书馆。

4. 《唐宋诗杂抄》

佚名辑。清抄本，不分卷，共一册，无序言和评语，有墨笔圈点。是选体例以人编次，选杜甫 29 首，苏轼 37 首，左思 1 首，谢灵运 9 首。价值不大。现藏上海图书馆。

5. 《唐五七律合选》

佚名辑。清抄本，不分卷，共一册，无序言和评语。上海图书馆题识"知足心常乐，淡泊以明志。无求品自高，宁静以致远"。上海图书馆题名《唐五七律合选》不准确，应为《唐宋元明五七律合选》。是选体例按体编次，共选唐宋元明诗 217 首，其中唐诗 174 首，宋诗 13 首，元诗 14 首，明诗 16 首。宋诗为李昉《禁林春直》，林逋《西湖春日》，宋祁《落花》，苏轼《雪后书北台壁》，王庭珪《春日山行》，范成大《鄂州南楼》，陆游《新夏感事》《临安春雨初霁》《东湖新竹》《闲意》《村居初夏》，王十朋《题湖边庄》，方梅《梦寻梅》。现藏上海图书馆。

6. 《精选咏物诗》

佚名辑。清抄本，凡一卷，共一册，无序言和评语。是选实际上是《佩文斋咏物诗选》的再选本。是选仅存一卷，为天部，其中包括日、月、星、天河、风、云、晚霞、晴、露等类，岁时部有立春、元宵、晚春、暮春、初夏、立秋、中秋、初冬等类。现藏上海图书馆。

7.《课儿诗钞》

佚名辑。清抄本,不分卷,共一册,无序言,有墨笔圈点和评语。选诗从唐代到明季,其中选宋代诗人24家60首,为杨亿2首,苏东坡11首,杨杰1首,王安国1首,米芾1首,陆游20首,王安石2首,欧阳修1首,方岳1首,翁卷2首,陈与义1首,王十朋1首,范成大5首,宋祁1首,宋痒1首,余靖1首,王禹偁1首,林逋1首,舒亶1首,尤袤1首,张道洽1首,杨万里1首,秦观1首,范仲淹1首。是选评语十分简洁,如评苏轼《玉堂栽花周正孺有诗次韵》云:"反面取径。"评杨万里《二月望日递宿南宫》云:"一气流转,层次分明。"评范仲淹《尧庙》云:"练句雄浑精妙。"现藏上海图书馆。

8.《古诗类选》

佚名辑。清抄本,不分卷,一册,无序言和评语,有墨笔圈点。书籍腐蚀严重,辨识困难。选有阮籍《咏怀》17首,陈子昂《感遇》24首,李太白《古风》30首,杜甫8首,韩愈11首,白居易40首,苏轼16首,陈师道159首。现藏上海图书馆。

9.《竹伯诗钞》

沈可培辑。清稿本,不分卷,一册,无序言和评语,有墨笔圈点,诗人有小传。沈可培(1737—1799),字养原,号蒙泉,晚号向斋。浙江嘉兴人。乾隆三十七年(1772)进士。历任江西上高、直隶安肃知县。有《依竹山房诗集》等。是选体例以人编次,共选宫词700首,其中王建《宫词》100首,花蕊夫人《宫词》100首,王珪《宫词》100首,石晋《宫词》100首,宋徽宗《宫词》100首,朱彝尊《鸳鸯湖棹歌》100首。现藏上海图书馆。

10.《诗词杂钞》

题愚亭辑。清抄本,不分卷,共一册,无序言,有墨笔圈点和个别诗作有见解的评语。是选选诗歌从唐代到明季,以人编次,所选诗人以名人居多,共选宋代诗人9家14首,其中朱淑真5首,杨朴1首,刘克庄1首,岳珂1首,黄庭坚1首,王禹偁1首,苏轼1首,文与可2首,郭震1首。是选评语十分简要,如评徐铭敬《身影》云:"此诗亦合影意。"评钱福《尼嫁人》云:"此诗合意。"现藏上海图书馆。

11.《诗词文钞》

佚名辑。清抄本，不分卷，共一册，无序言和总目。是选选录诗歌从宋代到清朝诗歌，且以清朝为主，宋代选有黄亚夫4首，苏轼1首，黄庭坚1首，杨万里1首。价值不大。现藏上海图书馆。

12.《名媛诗》

佚名辑。清抄本，不分卷，共一册，无序言、圈点和评语。这是一部典型的宋元闺秀诗选，是选体例以人编次，共选宋元名媛诗人94家，诗479首，其中宋代名媛诗人68家323首，元代名媛诗人26家156首。宋诗选有韩玉父1首，李清照7首，魏夫人2首，蒨桃2首，王氏1首，舒王女1首，灵犀夫人1首，贾蓬莱6首，韩希孟2首，朱淑真176首，杨太后30首，盼盼4首，桂英4首，温婉5首。在审美趣味上，编选者独重朱淑真，选有176首；选录最多者176首，余则1首或2首，差距悬殊，有失均衡。现藏上海图书馆。

13.《三代诗选》

佚名辑。《三代诗选》又称《唐宋明钞本》，清抄本，不分卷，共四册，无序言和总目，诗人附有小传。中国科学院图书馆题识为《三代诗选》，此选还选有元诗，故是选应为《四代诗选》。是选体例按朝代编次，共选唐宋元明四朝诗706首，其中唐诗401首，宋诗17首，元诗124首，明诗164首。宋诗为宇文虚通1首，宇文虚中1首，吴澈1首，张斛2首，蔡松年3首，蔡珪1首，高士谈3首。唐诗部分有批语，评语比较简洁，如评李白云："太白诗纵横驰骤，独古风二卷不矜才，不使气，原本阮之风格。"评张九龄云："初唐五言古，渐趋于律，风格未遒。"现藏中国科学院图书馆。

14.《四家诗选》

陈振鹭辑。清抄本，不分卷，共一册，无序言、总目和批语，有墨笔圈点。陈振鹭，字春渠，生活于清乾隆年间，浙江钱塘人。是选体例以人编次，共选宋金明诗人4家553首，其中范成大197首，姜夔57首，萨都剌102首，高启197首。现藏中国科学院图书馆。

15.《唐宋元明诗录》

佚名辑。清抄本，不分卷，共一册，无序言和总目。是选现存李白、苏轼、和陆游诗。因腐蚀严重,难以辨认。现藏北京大学图书馆。

16.《唐宋元明名媛诗钞》

佚名辑。清抄本,不分卷,共二册,无序言和总目,有墨笔圈点和批语。这是一部典型的闺秀诗选。是选体例按朝代编次,每个朝代之中又以人编次,共选唐代到明朝闺秀诗人93家,其中唐代诗人66家,宋代诗人15家,元代诗人3家,明代诗人9家。宋诗为花蕊夫人3首,杨妹子2首,蒨桃1首,王文淑1首,王氏1首,许氏2首,陈氏1首,谢氏1首,李清照2首,陆游妾1首,汪氏1首,钱氏1首,陈氏1首,朱淑真9首,李少云1首。是选对个别诗作有简要的评语,如评朱淑真《新秋》云:"似俗而似真。"评七岁女子《送兄》云:"风格老成。"现藏北京大学图书馆。

17.《唐宋五七言律诗分类选》

佚名辑。清抄本,不分卷,共一册,无序言和批语,有墨笔圈点。实际上,这是《瀛奎律髓》的再选本,略去了其中的评语,共选有10类诗歌,分眺览类(唐诗6首、宋诗8首),朝省类(唐诗11首、宋诗4首),怀古类(唐诗13首、宋诗11首),风土类(唐诗8首、宋诗4首),升平类(唐诗5首、宋诗4首),宦情类(唐诗6首、宋诗2首),风怀类(唐诗15首),宴集类(唐诗2首、宋诗1首),老寿类(宋诗1首),春日类(唐诗6首、宋诗4首)。现藏北京大学图书馆。

18.《四朝名人绝句选》

史荣注。清抄本,不分卷,共一册,无序言和总目,有墨笔圈点和批语。史荣,浙东人,布衣,生平仕履不详。是选体例以人编次,每人又以韵编次,共选唐宋元明四朝诗人55家,五言绝句和七言绝句110首,其中唐代诗人25家42首,宋代诗人16家51首,元代诗人5家8首,明代诗人9家9首。宋诗为林逋1首,孔平仲1首,王安石1首,苏轼8首,王逢原1首,米芾1首,黄庭坚3首,晁冲之1首,陈造3首,陈与义2首,范成大1首,陆游12首,杨万里12首,刘克庄1首,欧阳伯威2首,谢枋得1首。是选有较为详细的评论,如评苏轼《惠崇春江晚景》(四支)云:"通首就景说,盖本题画作也,然水暖与河豚欲上,却是虚景,因江中有鸭,故言水暖,蒌蒿芦芽,烹河豚所宜,故因二物而言河豚此时欲上耳,不如此,则全是呆笔,可谓题画要法。"评黄庭坚《王扬康园》(七阳)云:"此寄人而有所刺之词,首句言柑也,罗浮见种美,次句见结实多而将熟。三作是提笔起下，言当俟成熟而后取之，儿童酸大尽，指世之滥取剥下者，所谓二月句，新丝五月谷也。"现藏北京大学图书馆和清华大学图书馆。

19.《古今诗辑精华》

佚名辑。清抄本，不分卷，共一册，无序言和总目，有评语。是选体例按朝代编次，共选唐宋五言律诗161首，其中唐诗129首，宋诗32首，宋诗为林逋4首，欧阳修2首，张耒2首，陈师道1首，陆游15首，林景熙8首。是选对诗作的评价颇为精辟，如评林逋《湖山小隐》云："三四清逸，宋人不可多得之作。"评林逋《上湖闲泛舣舟石函因过下湖小墅》云："和靖五言秀逸，多唐中晚佳句。"评林逋《小隐自题》云："颔联上句，颈联下句意皆静深入妙。"评陈师道《次韵夏日江村》云："语言新致。"现藏上海图书馆。

20.《古今体诗词杂抄》

佚名辑。清抄本，不分卷，共一册，无序言和批语。是选为红药山房主人藏，红药山房主人题："得此书时，予才十五六岁耳，今五十三岁，流光如驶，岁月催人，重阅一遍，能不惘然。"从现存残卷来看，是选主要选唐宋诗人的诗，唐诗48首，陆游七言绝句10首。现藏上海图书馆。

21.《历朝诗抄》

佚名辑。清慎独斋抄本，不分卷，共二册，无序言、总目和评语。是选体例按体编次，分五言律诗、五言绝句、七言绝句三种诗体，共选梁代至明朝诗827首，其中选五言律诗325首，五言绝句165首，七言绝句337首。五言律诗选宋代诗人35家48首，为寇准2首，张詠1首，王禹偁2首，宋祁1首，韩琦1首，文彦博2首，余靖1首，欧阳修4首，苏舜钦2首，梅尧臣2首，刘敞2首，周敦颐1首，司马光2首，王安石2首，程明道1首，文同1首，苏轼2首，贺铸1首，黄庭坚1首，张耒1首，陈师道1首，李昭玘1首，唐庚1首，汪藻2首，周紫芝1首，陈与义1首，范成大1首，陆游1首，杨万里1首，朱熹1首，赵师秀1首，方岳1首，张道洽1首，林景熙1首，申屠希光1首；七言绝句选宋代诗人44家79首，为徽宗皇帝2首，郑文宝1首，王禹偁1首，魏野1首，韩琦1首，范仲淹1首，孔道辅1首，赵抃1首，欧阳修2首，赵方平1首，李觏1首，刘颁1首，王素2首，司马光1首，邵雍1首，王珪3首，王安石3首，苏轼9首，米芾1首，郭祥正1首，秦观2首，晁补之1首，晁冲之

1首，张耒1首，谢逸1首，邹浩1首，韩驹1首，陈与义2首，李纲2首，程俱1首，朱松1首，朱槔1首，范成大2首，陆游6首，杨万里1首，朱熹11首，张栻1首，康与之1首，戴复古1首，武衍1首，谢枋得1首，郑思肖1首，释奉恕1首，蒨桃2首。现藏上海图书馆。

22.《历代诗程》

汪龙门辑。清抄本，不分卷，共一册，无序言和评语，有墨笔圈点。汪龙门，安徽歙县人，生平仕履不详。是选按诗体编次，分五言律诗、七言律诗、五言绝句、七言绝句四种近体诗歌，共选唐代至清朝诗814首，其中唐诗326首，宋诗42首，金诗10首，元诗13首，明诗202首，清诗221首。五言律诗选宋诗7首，为范成大1首，陆游2首，赵师秀1首，徐照1首，林景熙2首；七言律诗选宋诗28首，为王禹偁1首，徐铉1首，梅尧臣1首，欧阳修2首，林逋1首，王安石1首，苏轼6首，秦观3首，周必大1首，范成大2首，陆游9首；五言绝句选宋诗3首，为陆游2首，家铉翁1首；七言绝句选宋诗4首，为苏轼2首，秦观1首，陆游1首。现藏上海图书馆。

23.《诗抄》

佚名辑。清抄本，不分卷，共四册，无序言和总目，有墨笔圈点。首图题识为《诗抄》，是选按诗体编次。仅收录五七言律诗一种诗体，五言律诗所收为唐诗，文献采自《唐诗纪》；七言律诗选诗从唐代至明季。是选编排较为混乱，价值不大。现藏首都图书馆。

24.《唐宋七律抄》

佚名辑。清抄本，凡九卷，共四册，无序言和评语。是选体例以人编次，共选唐宋诗人77家，诗491首。其中卷一至卷六唐代诗人53家269首，卷七至卷九宋代诗人24家222首，卷七宋代诗人11家29首，卷八宋代诗人9家69首，卷九宋代诗人4家124首。陆游120首，雄踞第一，次苏轼30首，次黄庭坚26首，可见编选者对陆游十分偏爱。现藏上海图书馆。

25.《历代诗选》

佚名辑。清抄本，不分卷，共一册，无序言和评语，有墨笔圈点。是选体例以人编次，共选唐代至清朝五七言律诗411首，其中唐诗70首，宋诗28首，元诗11首，明诗253首，清诗49首。五言律诗选宋诗11首，其中梅尧臣2首，释了元2首，张耒1首，晁瑞友1首，米芾1首，沈括1首，岳珂1首，冯多祖1首，张栻1首；七言律诗选宋诗17首，其中欧阳修2首，苏轼5首，王安石2首，曾巩1首，米芾2首，沈括1首，梁栋1首，苏绅1首，翁逢龙1首，林景熙1首。现藏南京图书馆。

26.《历代名媛诗词》

佚名辑。清抄本，不分卷，共一册，无序言、总目，有些诗作有墨笔圈点。所选诗人有蔡琰、孟珠、鲍令晖、刘令娴、王金珠、刘大娘、莫愁女、武后、李冶、鱼玄机、程长文、王韦温秀、张窈窕、薛涛、崔仲容、章台柳、任氏女、周仲美、太原女、武昌女、花蕊夫人、红绡、周冶华、王氏女、刘采春、林秋娘、朱淑真、李清照等。现藏南京图书馆。

27.《历代诗集》

佚名辑。清抄本，不分卷，共四册，无序言、总目和评语。南京图书馆题识为《历代诗集》，实际仅有唐宋两代，诗体为五七言绝句和五七言律诗。选宋诗有朱熹《题榴花》、周必大《入直》、苏轼《春宵》《上元侍宴》《海棠》《花影》《冉游》《西湖》《湖山初雨》、王安石《春夜》《元日》《北山》《晚楼闲望》《茅檐》、徐元杰《湖上》、张栻《立春偶成》、晁无咎《打球图》、林洪《宫词》《西湖》、王禹偁《清明》、张演《社日》、僧志南《绝句》、叶适《游小园不值》、谢枋得《庆全庵桃花》《蚕妇吟》、朱淑真《落花》《即景》、王淇《暮春游小园》《梅》、刘克庄《莺梭》、叶采《暮春即事》、李涉《登山》《过襄阳》、杨简《伤春》《初夏睡起》、王逢原《送春》、司马光《客中初夏》《有约》、曾几《三衢道中》、戴复古《夏日》、高骈《山居夏日》、范成大《田家》《村居即事》《插秧》、雷震《村晚》、石沆《夜听琵琶》、汪遵《长城》、张敬忠《边词》。从所选诗作选源来看，大部分诗来自《千家诗》。现藏南京图书馆。

28.《历代名人诗钞》

袁芳瑛辑。清袁氏卧雪楼抄本，不分卷，共一册，无序言、总目和评语。袁芳瑛（1811—1858），字漱六，湘潭县姜畲乡人。清道光进士，授翰林院编修。由于选本损毁比较严重，字迹难以辨认，难以统计。就作者所能辨认诗作来看，主要选录唐宋著名诗人的诗歌，如李白《望庐山瀑布》、杜甫《咏云》、刘禹锡《君子诗》、韩愈《咏雪诗》、苏味道《元夕诗》、苏轼《守岁诗》、寇准

《咏华山》、陆游《游山西村》《秋夜读诗》等。现藏湖南省图书馆。

29.《五七言摘句》

佚名辑。不分卷，清抄本，共一册，无评点和评语，有序言。关于是选编纂宗旨，《序》云："兹集仿三百首之例，诗中美不胜收，殊难割爱，爰摘五七言佳句，附列于后，碎金片玉，无非异宝奇珍也。初学者当可为琢句之一助也。"是选收录宋元明五七言摘句144句，其中宋诗82句，元诗31句，明诗31句。现藏吉林大学图书馆。

30.《十家诗抄》

佚名辑。《吉林大学善本书目》题为："《十家诗抄》，清抄本，现为残卷，存一册，无序言、评点和总目。"是选仅选两位宋代诗人，林君复诗72首，姜夔诗38首。现藏吉林大学图书馆。

31.《分类诗钞》

佚名辑。清抄本，不分卷，四册，无序言、总目和评语。是选共有闲适、登览、怀古、风土、宦情、宴饮、旅况、梅、雪、节序、晴雨、春日、秋日、冬日、晨朝、暮夜、月、著题、陵庙、边塞、送别、变体、老寿、仙逸、山岩、迁谪、庭宇、忠愤、寄赠、川泉、释梵等种类。只是选为《瀛奎律髓》的再选本，价值不大。现藏天津图书馆。

32.《宋金元明诗合选》

钱复辑。清抄本，凡五卷，共一册，无序言和总目，有墨笔圈点。钱复，生平仕履不详。是选体例按诗体编次，分五言古诗、七言古诗、五言律诗、七言律诗、五言绝句、七言绝句六种诗体，选录宋金明三朝诗。宋代选诗人62家79首，其中五言古诗1家1首，七言古诗12家15首，五言律诗23家29首，七言律诗15家21首，五言绝句1家1首，七言绝句10家12首。现藏江苏省吴江图书馆。

33.《历代帝后圣德颂赞挽诗》

佚名辑。清抄本，不分卷，一册，无序言和评语。是选体例按朝代编次，共选左棻至清朝咏帝后诗89首，其中汉魏六朝诗11首，唐诗16首，宋诗18首，元诗2首，明诗25首，清诗17首。宋诗选有苏轼6首，欧阳修1首，黄庭坚 3 首，王安石 4 首，叶适 1 首，朱熹 1 首，文天祥 1 首，游师雄 1 首。现藏上海图书馆。

34.《唐宋诗醇摘抄》

佚名辑。清抄本，不分卷，共一册。笔者曾亲往湖南省图书馆查阅，是选残破未能一见。

35.《唐宋元诸家诗钞》

佚名辑。清抄本，不分卷，共四册。笔者曾前往中山大学图书馆查阅，是选残破未能一见。

36.《唐宋人诗》

甄蘷辑。清抄本，凡一卷，共四册。笔者曾前往重庆市图书馆查阅，是选正在修复中，无法查阅。

37.《宋元诗钞》

佚名辑。清抄本，不分卷，共一册。笔者曾前往中山大学图书馆查阅，是选残破未能一见。

38.《七律中声》

姚大源编。清稿本，凡五卷，共二册，无序言、总目和评语。有"诵芬堂"图书记、朱文方印和芝乡姚大源白文方印、两方姚大源朱文方印。姚大源，浙江山阴人，生平仕履不详。是选体例按朝代编次，选录唐代至清代诗歌，卷一和卷二为唐诗，卷三为宋诗，卷四为元诗，卷五为明清诗。宋代选诗人 48 家，诗 165 首，其中苏轼 30 首，位居第一，次陆游 18 首，次黄庭坚 12 首，次范成大 8 首，次秦观 7 首，次王安石与梅尧臣各 6 首，次刘克庄 5 首，余皆 5 首以下。现藏天津图书馆。

39.《历朝今体诗录》

安泉居士辑。清抄本，凡四卷，共四册，无序言、总目和评语，有墨笔圈点。是选卷首书"青黎阁"，卷下书"安泉芝轩伴古居士敬录"。是选体例分类编次，所选诗人从唐至明季，卷一分天文（宋诗 3 首）、时令（宋诗 9 首）、地理、京都四类，卷二分宫殿（宋诗 5 首）、庆贺、朝直（宋诗 1 首）、御宴（宋诗2首)、赐赉(宋诗1首)、巡幸(宋诗4首)六类,卷三分秩祀(宋诗2首)、文学(宋诗2首)、武功(宋诗1首)、陵庙、藩戚、官僚(宋诗9首)六类,卷四分家庭、居宇(宋诗2首)、寺观(宋诗2首)、释道、书画、器物、技巧、珍物、鸟兽九类。现藏天津图书馆。

40.《历代金石诗录》

佚名辑。清抄本,凡四十八卷,共三册,无序言和评语。是选体例分类编次,分周石、秦石、魏石、晋石、梁石、吴石等类。就选宋诗而言,如卷四"周石"选苏轼《石鼓歌》、梅尧臣《石鼓雷逸老以仿石鼓文见遗因呈祭酒吴公》,卷六"秦金"选梅尧臣《陆子履见过》,卷十五"魏石"选梅尧臣《答谢景山遗古瓦砚歌》,卷十五"吴石"选梅尧臣《丫头石》,卷十七"晋石"选楼钥《跋汪季路所藏修禊序》。现藏上海图书馆。

41.《古逸汉魏晋六朝唐宋诗选》

张璘辑。清稿本,不分卷,共十六册,无序言,有墨笔圈点和少量评语。张璘,字岫民,生平仕履不详。是选体例按朝代编次,选诗历史跨度较长。是选选源非常丰富,就宋诗部分而言,主要采自《后山诗选》《东坡诗选》《临川诗选》《节孝诗选》《后村诗选》《欧阳文忠诗选》《云巢诗选》《文公集选》《石湖诗选》《沧浪集选》《秋崖小稿选》《小畜集选》《清献诗选》《玉兰诗选》《韦斋诗选》《卢溪诗选》《宛丘诗选》《双溪诗选》《和靖诗选》《义丰诗选》《东皋诗选》《放翁逸稿选》《乖崖诗选》《徂徕诗选》《平仲清江集选》《屏山诗选》。是选最具特色的部分在于张氏对所选各位诗人均有简要的论评,颇具见地。兹录数则,以飨读者。评张咏云:"乖崖笔力爽健,有好起无好结,此宋人之通病也。其五七言律虽不出人头地,然颇似中唐,时有可讽者。"评梅尧臣云:"圣俞长歌时有佳思,然发之于鲁莽,密粟以多为胜,以为如是,则昌黎矣。而孰计其粗疏,而无顿挫也。其七言律诗,从无一好对偶,以为如是则少陵矣。而孰计其率直,而忘锤炼也,欧阳公以东野况之,不亦过乎?"评戴复古云:"石屏诗均从苦吟中得,其五言古风,矫绝处绝似刘驾;七言绝句韵度非常,惟五七言律多,老年率意之笔也。"评张耒云:"宛丘五七言绝,似岑嘉州,但少突然之句耳。比之学韩而形似者,何止天壤耶?其他五七律绝,尚有所短。"评陈与义云:"去非诗格颇老,下笔亦亶亶不倦。七言古风多伤于率直,而无照应。后村谓其师法少陵,何其谬也!他如五七言律更加爵蜡,平生佳句,止'客子杏花'一联而已。"评王炎云:"晦叔诗,词意兼美,不涩不直,清华之致，过于石屏，真一代之诗人也。惜乎钞少未睹其全。"评苏轼《饮湖上初晴后雨》云："少陵绝无此结，拙甚。"评王安石《纯甫出僧惠崇画要予作诗》云："怪。"评苏轼《次韵致远》云："妙质。"评徐积《送端叔》云："亦生亦癖，自然起看。"评苏舜钦《永叔石月屏图》云："极似玉川，但力稍弱耳。"评石介《双溪》云："守道诗极似昌黎，亦足睥睨一世，惜乎全碧少耳。"现藏南京图书馆。

42.《诗选》

佚名辑。清抄本，不分卷，共一册，无序言、总目和评语，偶有墨笔圈点。是选有"袁枚"印章。是选选诗较为混乱，选有《古诗十九首》，苏轼46首，陆游19首。现藏苏州图书馆。

43.《汉魏六朝唐宋诗集摘句》

佚名辑。清抄本，不分卷，共一册，无序言、总目和评语，有墨笔圈点。是选选录汉魏六朝至宋代诗歌，选有"江南可采莲，莲叶何田田""天上何所有，春云浮白日""明月照高楼，流光正徘徊""目送归鸿，手挥五弦""花气袭人知骤暖，鹊声穿树喜新晴""文章本天成，妙手偶得之""侧身送落日，引手攀飞星""风轻花自落，日薄山半阴""短长肥瘦各有态，玉环飞燕谁敢憎"等。现藏上海图书馆。

44.《唐宋金元明历代诗选》

佚名辑。清抄本，不分卷，共三册，无序言、总目和评语。国家图书馆题识为《唐宋金元明历代诗选》，是选不仅选有唐宋金元明诗，还选有清诗，实际应为《唐宋金元明清诗选》。是选体例按朝代编次，共选唐宋金元明清诗878首，其中唐诗146首，宋诗66首，金诗150首，元诗142首，明诗153首，清诗221首。现藏国家图书馆。

45.《诗钞》

佚名辑。清抄本，不分卷，共一册，无序言、总目和评语。安徽省图书馆题识为《诗钞》，由于是选编排较为混乱，统计上较为困难。经笔者仔细辨别，是选所选诗歌为唐宋清三朝诗，共选唐宋清三朝诗人29家39首，其中选宋代诗人10家12首，分别为曾几1首，蔡襄1首，王禹偁2首，黄庭坚1首，高翥1首，程颢2首，慧洪1首，张耒1首，李朴1首，林逋1首。从编选者所选宋

349

代部分的诗歌来看，宋诗文献取材当是来自刘克庄《千家诗》。现藏安徽省图书馆。

46.《唐宋诗钞》

冯尔寿辑。清抄本，不分卷，共一册，无序言、总目和评语，有墨笔圈点。冯尔寿，生平仕履不详。国家图书馆题识为《唐宋诗杂钞》，实际上是选不仅选录唐宋诗，还选有陶渊明《四时》和曹植《七步吟》。唐诗选王维1首，孟郊1首，陆龟蒙1首，柳宗元1首，李绅1首，贾岛1首，白居易2首，杜甫1首，李白3首；宋诗选翁森5首，邵雍1首。现藏国家图书馆。

47.《人海诗区》

佚名辑。清抄本，凡四卷，共五册，无序言、总目和批语，有墨笔圈点。是选体例分类编次，选录唐代至清朝诗歌，共分16类，其中卷一为都城、宫殿、桥闸、祠墓，卷二为苑囿、驿馆、园亭、坊市，卷三为几甸、边障、山峪、水淀，卷四为岁时、风俗、寺观、杂存。现藏国家图书馆。

48.《古体诗选》

许上达辑。清稿本，不分卷，共四册，无序言和总目，有墨笔圈点。许上达，字巢父，福建人，生平仕履不详。是选体例按朝代编次，共选唐朝至元朝诗117首，其中李白古体诗60首，苏轼古体诗27首，杨维桢古体诗30首。关于李白诗的评语，较为简要，如评《长相思》云："美人句陡然一抖，奇绝险绝。"评《宣州谢朓楼饯别校书叔云》云："起势豪迈，如风雨骤至。"现藏苏州图书馆。

49.《读诗类编》

张映汉辑。嘉庆十九年（1814）稿本，凡十八卷，共四册，有序言和评语。张映汉（1753—1830），字外叔，号筠圃。山东滨州人。乾隆四十四年（1779）举人，乾隆四十九年（1784）进士。历任云南司郎中、刑部右侍郎等。著有《毛诗汇参》《毛诗韵考》《韵学弟子训》等。张映汉《读诗类编序》说明了选录宗旨和缘由："去年秋值公务繁忙，目眩头晕，稍暇则取架上全诗读之，以安心神。因择其近于风雅，或命意有取者，仿佛昭明之例，类编十八卷，付胥于钞，不图积二千数百首矣。信手编来，遂不问有重出差舛之误，然义取乎比兴互证，供操觚者撷拾之用，则以类病焉，集既成，爰作题辞三十八章以发明类编之义云。"① 嘉庆甲戌五月张映汉《偶题》云：

有客读诗罢，掩卷怀古今。请观历代乐，备审千载音。
为之歌大风，美哉基之始。一代起声歌，制作全准此。
为歌十九首，美哉诗之纲。古今操翰墨，无能越津梁。
为之歌魏武，悲凉气且雄。隐然包宇内，泱泱乎大风。
为之歌黄初，工力称兼有。富哉邺下才，何独推八斗。
为之歌西晋，美哉黄娟辞。清谈徒污耳，只合摧烧之。
为之歌隐逸，爱乎陶靖节。习习来清风，四座飞白雪。
为之歌乐府，音节别乎诗。所分在微妙，强解专支离。
为之歌六代，婉丽自足多。少陵称诗伯，曾不废阴何。
为之歌陈隋，信然亡国君。若作蓬莱士，风流正超群。
为之歌太白，浩如沧海澜。天衣浑无迹，寻环岂有端。
为之歌齐梁，巷谣多曼丽。慎无误后生，聊以有郑卫。
为之歌贞观，美哉犹有憾。新乐换旧声，清浊仍杂滥。
为之歌子昂，音响独冲和。黄初去已远，力能振颓波。
为之歌子美，毋乃圣之时。美哉观止矣，不图至于斯。②

是选体例按朝代编次，共选汉代至清朝的诗歌2000余首。所选宋代诗人，以范仲淹、包拯、欧阳修、王安石、苏轼、陆游、文天祥等为主，编者还在所选诗作之后，加注按语，如评陆游《游山西村》云："读郑谷作风味去储王诸公已远，再读未尝无风韵，而每况而下矣。离泰山而望诗之贵，以类观矣。"评欧阳修《雪》和苏轼《江上值雪·效欧阳体限不以盐玉鹤鹭絮蝶飞舞之》云："欧苏二诗工则工矣，然以此纤巧见奇，自宋人始。"评文天祥《乱离歌》云："凡文字套袭前人者皆落下乘，此六歌直袭字美而同曲同工，则又存乎其人矣。"现藏吉林大学图书馆。

50.《韵林诗藻》

佚名辑。清钞本，不分卷，共一册，无序言、总目和评语。是选体例按韵编次，上册以真、文、元、寒、删、先、萧、肴、豪等韵编次；下册按东、齐、

---

① 张映汉《读诗类编》卷首，嘉庆十九年稿本。
② 张映汉《读诗类编》卷首，嘉庆十九年稿本。

麻、阳、庚、真、御、翰、谏、霰、漾、敬、径、宥、屋、沃、质、月、屑、藻等韵编次。是选体例以人编次，共选宋诗 21 首，其中苏轼 13 首，苏辙 3 首，欧阳修 1 首，范成大 1 首，陆游 1 首，高翥 1 首，方岳 1 首。现藏上海图书馆。

51.《诗摘录》

佚名辑。清钞本，不分卷，共一册，无序言和评语，有墨笔圈点。是选体例按朝代编次，主要选录唐宋诗人的闺怨集句，其中选宋代诗人 832 家，诗 832 句，尤以苏轼和陆游最多。如苏轼"五湖三岛在胸中""云散月明谁点缀"、山谷"枝掀叶举是精神"、欧阳修"芳草留人意自闲"、陆游"聊挽清寒入诗律"、王十朋"万壑千岩拥仙府"、戴复古"留心学到古人难"、林景熙"众峰环拱受约束"、裘万顷"松篁一径宛如画"、寇准"林花经雨香犹在"。现藏上海图书馆。

52.《古今诗辑精华》

佚名辑。清钞本，不分卷，共一册，无序言和总目，偶有评语。上海图书馆题识为《古今诗辑精华》。是选体例按朝代编次，共选唐宋五言律诗 160 首，其中唐诗 129 首，宋诗 31 首，为林逋 4 首，欧阳修 1 首，张耒 2 首，陈师道 1 首，陆游 15 首，林景熙 8 首。是选有少量评语，如评林逋《湖山小隐》云："三四清逸，宋人不可多得之作。"评林逋《上湖闲泛舣舟石函因过下湖小墅》云："和靖五言秀逸，多唐中晚佳句。"评林逋《小隐自题》云："颔联上句，颈联下句意，皆静深入妙。"评陈师道《次韵夏日江村》云："语言新致。"现藏上海图书馆。

53.《三代诗选》

佚名辑。清钞本，不分卷，共四册，无序言和总目，有墨笔圈点。唐代部分偶有评语。中国社会科学院图书馆题识为《三代诗选》。是选体例以人编次，主要以选唐宋诗人为主。唐人选杜甫 86 首，李白 41 首，王维 22 首，韩愈 21 首，李商隐 15 首，白居易 8 首；宋人选苏轼、陆游、王安石。现藏中国社会科学院图书馆。

54.《七言古诗诵节》

徐璈辑。清抄本，不分卷，共一册，无序言和凡例，有评语和红笔圈点。徐璈（1779—1841），字六骧，号樗亭。嘉庆十九年（1814）进士，授户部主事。著有《诗经广诂》《黄山纪胜》《樗亭文集》《樗亭诗集》等。是选体例按朝代编次，选录汉代至清朝道光时期的诗。宋诗陆游1首，苏轼9首，晁具茨1首，晁无咎1首，黄庭坚4首，欧阳修3首，王安石3首。是选有徐氏评语，一方面是对诗人风格的总体评价，如评陆游《玻瓈江》云："七言不嫌尽，放翁则意尽而语熟，气格平平，殊难多录。"另一方面是用韵进行评论，如评黄庭坚《和谢公定征南谣》云："通首五十二句七韵，为去、纸、尾、覃、虞、鱼、咸、翰。"评苏轼《送戴蒙赴成都玉局观老焉》云："此篇与君平两作层次音律近似，右丞所不及者，运用精工，骨韵高秀耳，使事颇似右丞，清畅是苏之所长，但短章尚宜浑厚。"现藏上海图书馆。

55.《百花诗选》

西郊澹园氏辑。清抄本，不分卷，共一册，无序言和凡例，有朱笔圈点。卷首题"西郊澹园氏撰"。西郊澹园氏，生平仕履不详。是选体例分类编次，选录历代有关咏花的诗，分梅花、兰花、茶花、杏花、梨花、牡丹、海棠、瑞香花、榴花、紫薇、荷花、菊花、水仙、梅竹、茶梅等，分类十分细致。其中选录苏轼红梅诗2首，杏花诗2首，茶花诗6首，梨花诗1首，海棠诗2首，紫薇诗1首；王安石梅花诗9首；黄庭坚榴花诗1首；杨万里海棠诗2首，瑞香花诗2首；苏辙瑞香花诗1首；朱淑真瑞香花诗2首；张耒荷花诗1首。现藏中国社会科学院文学研究所。

56.《朱弦集》

宋荦辑。清抄本，凡八卷，共六册，无序言和凡例，有朱笔圈点。卷首题"商丘宋荦牧仲辑，门人吴都吴士玉、高邮李必恒增订"。宋荦（1634—1713），字牧仲，号漫堂、西陂、绵津山人，晚号西陂老人。河南商丘人。历官江西巡抚、江苏巡抚、吏部尚书。宋荦与王士禛、施润章等人同称"康熙十大才子"。著有《绵津山人诗集》《西陂类稿》。是选体例分类编次，选录唐至明季的诗歌，其中卷一为帝德、圣孝、圣学、万寿、朝会；卷二为郊庙、农事、宴赏；卷三为行幸、苑囿；卷四为山陵、城阙、胜迹；卷五为人才、征伐、后妃、太子、藩王、大臣；卷六为外国、奉使、灾祥、咏物；卷七为时令、贡献、书史、图绘；卷八为寓直、谏诤、天象、颁历、仙释、音乐。分类较为新颖。现藏中国社会科学院文学研究所。

（三）单人诗选

1.《山谷诗钞》

佚名辑。清抄本，不分卷，共一册，无序言，有总目和批语。是选共选黄庭坚诗 240 余首，选有《韩信》《赠别几复》《早行》《戏赠张叔甫》《春近四绝句》《次韵裴仲谋同年》《和仲谋夜中有感》《将归叶先寄明复季常》《红蕉洞独宿》《登快阁》《和答钱穆父咏猩猩毛笔》《己未过太湖僧寺得宗汝为书寄山蕲白酒长韵诗》等重要作品。是选主要从五个方面对黄庭坚诗歌进行评价，第一，对山谷诗的用典进行评价。如评《用前韵谢子舟为予作风雨竹》云："山谷本喜用禅语，谪黔后尤甚。"第二，对山谷诗的意境进行评价。如评《晓起临汝》云："晓行情景可意会，不可言诠。"评《次韵王荆公题西太宫壁》其一云："时安石已故，新法尽除，众正盈朝，群邪退听，故东坡、山谷皆有欣幸矣，不图又有绍圣矣。"第三，对山谷诗的总体风貌进行评价。如评《韩信》云："此公少作尚饶嫩句，然才华自是发越，后乃务为奥涩，意义仍不深邃，不能追配昌黎，而座下子孙乃谓超越少陵，真阿私所好而已。"第四，以唐诗的标准来衡绳山谷诗。如评《送彦孚主簿》云："押险韵妥帖，排奡绝似昌黎。"评《薛乐道自南阳来入都留宿会饮作诗饯行》云："押险韵盘硬语，绝近昌黎，而阿好者强欲追配杜甫，直是拟不以伦。"评《次韵寅庵四首》云："此种诗拟少陵，将赴成都等作，真得其似西江诸公，徒以数虚字锤炼，谓学少陵，不惟不知少陵，并未知山谷也。"评《夜闻邻舟崔家儿歌》云："唐音。"评《己未过太湖僧寺得宗汝为书寄山蕲白酒长韵诗》云："昌黎长篇，不觉其冗，气盛故也。兹后半不免散漫。"第五，对山谷诗歌的创新之处予以肯定。如评《戏答陈元舆》云："山谷最多叠韵，然使韵而不为韵，使以此数章为最，故录之。既遂句，用韵而前一句韵，可随换，此法古人未见。至收处，止两韵，而前一韵亦更换，则所叠亦止本字一韵矣。此亦山谷创见也。"评《郭明甫作西斋于颍尾请予赋诗》云："山谷长律多流转变化，自是苏门一派。"评《出迎使客质明放船自瓦窑归》云："山谷诗此种极有神味，必欲取拗涩近粗者以为奇，吾所不解。"现藏中国科学院图书馆。

2.《东坡诗选》

孟涛辑。清抄本，凡二卷，共二册，无序言和总目，有墨笔圈点和批语。

卷端有杨守敬、十驾斋等藏印。清华大学图书馆藏有题名《苏诗注略》，与是选为同一部书。孟涛，浙江会稽人，生平仕履不详。是选共选苏轼诗522首，选有《石鼓歌》《和子由渑池怀旧》《惠崇春江晚景》《饮湖上初晴后雨》《题西林壁》等重要作品。是选主要从三个方面对苏轼诗歌进行评价，第一，以唐诗的标准来衡绳东坡诗。如评《游惠山》三首云："淡而腴，清而韵，三首绝似韦苏州。"评《辛丑十一月十九日既与子由别于郑州西门之外》云："起得警拔，绝似少陵。"评《中隐堂》云："五首逼真杜老。"评《石鼓歌》云："此篇奇妙，稍逊昌黎。"评《同王胜之游蒋山》云："雄浑直逼'星随平野阔'之句，安得不令荆公倾倒。"评《文登蓬莱阁下石壁千丈为海浪所战时有碎裂淘》云："奇极，雄极，不似昌谷一味险刻。"第二，对东坡诗的总体风格进行评价。如评《次韵刘京兆石林亭之作石本唐苑中物散流民间》云："潇洒沉郁，兼而有之。但当对石饮，万事付等闲。"评《和子由渑池怀旧》云："一气到底，手法之妙，何减先生海外诸篇。"评《入峡》云："用险韵极稳极确，而词意警拔，手法浑然，洵无遗憾。"评《红梅三首》云："宋调中之轻俊者。"第三，对东坡诗的用典进行评价。如评《余与李鹰方叔相知久矣，领贡举事，而李不得》云："用事工巧，想见先生炉锤之妙。"评《壬寅二月有诏令郡吏分往属县减决囚禁十三日》云："随笔叙去，自足剪裁，气味深厚，法度谨严，得少陵之神，香山排律，连篇累牍，失之愈远。"现藏北京大学图书馆。

3.《苏诗选》

周师曾辑。清抄本，不分卷，共四册，无序言、总目，有评语。周师曾，生平仕履不详。是选体例按体编次，共选苏轼诗542首，其中五言律诗22首，七言律诗182首，七言绝句310首，五言绝句18首，五言古诗6首，七言古诗4首。是选评论引用材料甚广，《与潘三失解后饮酒》评语，引用《后汉书·马援传》云："城中好广眉，四方且半额。"《国史补》云："进士不捷而饮，谓之打毷氉。"引李太白诗"清风朗月不用一钱买"。现藏清华大学图书馆。

4.《东坡诗选》

佚名辑。清抄本，不分卷，共一册，无序言、总目和批语。是选编排较为混乱，应是随手而录，从现存情况来看，选有《望夫台》《别岁》《石鼻城》《题宝鸡县斯飞阁》《妒佳月》《扶风天和寺》《新城道中二首》《百步洪》《题西林壁》《惠崇春江晚景》等30余首诗作。是选另附清代诗歌90余首。是选价值不大。现藏湖南省图书馆。

355

5.《山谷内集诗选》

山园居士辑。清抄本，不分卷，共二册，无序言、总目和批语。山园居士，生平仕履不详。是选编排较混乱，应是随手而录，从现存情况来看，选有黄庭坚诗175首，选有《登快阁》《秋思寄子由》《赣上食莲有感》《留王郎》《送王郎》《寄黄几复》《神宗皇帝挽词》《赠送张叔和》《戏呈孔毅父》《题竹石牧牛》《次韵子瞻春菜》《戏赠彦深》《送张沙河游齐鲁诸帮》《赠赵言》《阻风铜陵》《大雷口阻风》等著名诗作。是选文献主要采自宋任渊、史容、史季温《山谷内集诗注》。现藏上海图书馆。

6.《苏文忠公诗选》

佚名辑。清抄本，不分卷，共上下两册，无序言和总目，有墨笔圈点和批语。是选共选苏诗600余首。上册选苏诗200余首，选有《真兴寺阁》《和子由闻子瞻将如终南太平宫溪堂读书》《和子由记园中草木》《百步洪》《书林逋诗后》等重要诗作。下册选苏轼寓居惠州和儋州的诗作400余首。上册有朱批，下册几乎没有。是选批语较为简洁，如评《初秋寄子由》云："发端深警。"评《罢徐州往南京马上走笔寄子由》云："气局浑成，文情亦极婉转。"评《和顿教授见寄用除夜韵》云："入手恣逸之至。"现藏上海图书馆。

7.《苏诗钞》

佚名辑。清抄本，不分卷，共一册，无序言和总目，有墨笔圈点和批语。是选为残卷，共选苏诗40首，选有《章质夫寄惠崔徽真》《韩干马十四匹》《百步洪》《送参寥师》《李思训画长江绝岛图》《次韵答王定国》《读孟郊诗》等重要作品。是选时有评语，且较为精妙，如评《百步洪》云："真是骏快。"评《李思训画长江绝岛图》云："此诗病在不点画，只似行役之作。"现藏上海图书馆。

8.《陆放翁诗选》

佚名辑。清抄本，不分卷，共一册，无序言和总目，有墨笔圈点。是选为残卷，编选较为混乱，应为随手抄录。价值不大。现藏上海图书馆。

9.《食古研斋集苏诗》

陈瑞琳辑。清刻本，凡二卷，共二册，有《题跋》，无总目和批语。陈瑞琳，字九香，湖北罗田人，生平仕履不详。是选有阳湖邹鸣鹤《题跋》，《食古研斋集苏诗题跋》云："东坡诗如行云流水，无不自然。《九香集》苏有浑脱处、有生峭处，格调又迥不同，用古而化，有我在也。……唐大家称'李杜'，宋大家称'苏陆'，而杜、陆两家句多整练，集之较易，李、苏则天马行空，不可羁勒。苏之高迈，似李，雄深殆有过焉，集之尤非易也。作者寝馈玉局最深，裁对中仍具天马行空，不可羁勒之概，玉局仙人犹在人间耶。"[①] 此跋文概括了苏诗的风格特点，并高度肯定了苏轼的诗学地位。是选共选苏诗146首，其中卷一选苏诗55首等；卷二选苏诗91首等。现藏上海图书馆。

10.《苏诗》

佚名辑。清抄本，上海图书馆题识为《苏诗》，不分卷，共一册，无序言、总目和批语。此书为残卷，选苏诗249首，选有《戎州》《入峡》《竹枝歌》《石鼓歌》《王维吴道子画》《游金山寺》《饮湖上初晴后雨》《题西林壁》《初到黄州》《送参寥师》《百步洪》《读孟郊诗》《新城道中》等著名诗作。价值不大。现藏上海图书馆。

11.《苏诗辨正》

管庭芬编。清稿本，凡一卷，共一册，无序言、圈点和评语。因字迹潦草，无法辨认，难以统计。管庭芬（1797—1880），原名怀许，一作名庭芬，字培兰，号芷湘，晚号笠翁，亦号渟溪老渔、渟溪钓鱼师、渟溪病叟。浙江海宁人。价值不大。现藏国家图书馆。

13.《苏东坡诗选》

苔蕚馆主辑。清钞本，不分卷，共一册，无序言、总目和评语。苔蕚馆主，生平仕履不详。是选共选苏诗32首，选有《虎丘寺》《游灵隐高峰》《石鼓歌》《王维吴道子画》《游金山寺》《自金山放舟至焦山》《试院煎茶》《孙莘老求墨妙亭》《法惠寺横翠阁》《月兔茶》等。当是随兴所录。价值不大。现藏上海图书馆。

14.《苏诗集联》

瓠盦辑。清抄本，不分卷，共一册，无序言、总目和批语。瓠盦，生平仕

[①] 陈瑞琳《食古研斋集苏诗》卷首，清刻本。

履不详。是选共辑苏轼七言诗句598句,惜其所辑诗句未能注明出处。价值不大。现藏国家图书馆。

15. 《山谷诗集联》

路金坡辑。清抄本,不分卷,共一册,无序言和批语。路金坡,清末举人,生平仕履不详。是选共辑黄庭坚七言诗句496句,惜其所辑诗句未能注明出处。价值不大。现藏国家图书馆。

16. 《苏诗选》

佚名辑。清刻本,凡五卷,共二册,无序言和批语。是选体例按诗体编次,分五言古诗、七言古诗、五言律诗、七言律诗、七言绝句五种诗体,共选苏诗348首,其中卷一五言古诗70首,卷二七言古诗108首,卷三五言律诗27首,卷四七言律诗73首,卷五七言绝句70首。现藏国家图书馆。

17. 《苏文忠公诗录粹》

毛西原辑。毛西原,生平仕履不详。根据《中南西南地区省市图书馆馆藏古籍稿本提要(附钞本联合目录)》(华中理工大学出版社1998年版,第269页)载录:"是书选录苏轼诗200余首,诗后附西原评语,多论诗意、遣词造句及用语,如开篇首录七律《辛丑十一月十九日》表达了苏轼对兄弟的关注之情及对官位的轻视。西原评曰:'十六句处处用意,诗非苟作也,上句皆用仄声押句,末二句方用意字一平,笔力峭硬学杜,此等句王介甫尝用之。'"现藏贵州省图书馆。

18. 《苏诗便读》

李鸿裔辑。清稿本,凡二卷,共一册,无序言,有评语和墨笔圈点。封面题"清中江李鸿裔"手写本,有"阴和轩"藏印。李鸿裔(1831—1885),字眉生,号香严,又号苏邻,四川中江人。咸丰元年(1851)举人,官至江苏按察使加布政使。是选体例编排混乱,共选苏诗105首,其中卷一选苏诗46首,选有《和子由渑池怀旧》《凤翔八观》《王维吴道子画》《和子由苦寒见寄》等诗作;卷二选苏诗59首,选有《游金山寺》《自金山放船至焦山》《甘露寺》《孙莘老求墨妙亭诗》等诗作。是选评语主要引自纪昀《瀛奎律髓刊误》,如评《和子由渑池怀旧》云:"前四句单行入律,唐人旧格而意境恣逸,则东坡本色。浑灏不及崔司勋《黄鹤楼诗》,而撒手游行之妙,则不减义山《杜司勋》一首。"评《题宝鸡县斯飞阁》云："三四写景自真，五六殊浅弱，结二句更入习径。若结二句佳，则五六不觉其浅弱，此自不可为知者道。"评《出颍口初见淮山是日至寿州》云："吴体之佳者，吴体无粗犷之气即佳。"评《次韵张安道读杜诗》云："此篇殊不类公笔，然风力遒劲，字字深稳，句句飞动。如此作和韵诗，固不嫌于和韵，句句似杜，难韵巧押，腾挪处全在用比。"评《王维吴道子画》云："奇气纵横，而句句浑成深稳。敦字义非不通，而终有嵌押之痕，凡诗有义可通，而语不佳者，落笔时不得自恕。'交柯'两句妙契微茫，凡古人文字皆如是观。摩诘道子画品未易低昂，作诗若不如此，则节节板，不见变化之妙耳。"评《石鼓歌》云："精悍之气，殆驾昌黎而上之。看似顺次写下，却是随手生出波澜，展开境界，文情如风水之相遭。妙似刻石与石鼓相关照，不是强生事端，泛作感慨。传闻数语又起一波，更为满足深厚前路犀利之极，真有千尺建瓴之势，非如此层层起伏萦回，则收束不住矣。"评《李氏园》云："以记序体行之朴老无敌，而波澜又极壮阔，不是印板文字。以东西南北作界画，便不是一屋散钱，此法本之汉人诸都邑诸赋。"现藏上海图书馆。

（四）郡邑诗选

1.《吴郡甫里诗编》

徐达源辑。清稿本，凡十二卷，共二十册，有序言和总目，无评语。是选字迹较为混乱，辨识较为困难，统计不太准确。书前有徐达源序，徐达源《吴郡甫里诗编序》云："道光元年春，达源移家甫里，聚郡邑、志乘诸书以及诸家记载，订讹补阙，溯自唐陆龟蒙，迄宋、元、明列朝人物，历年抄撮，益之以闺门、流寓、释道，得一百五十九人；既又续编更定，得四十六人，共二百零五家。后复续编，增收清代里人诗篇，合一百六十五家，名《国朝甫里诗编》。每一人诗，前必系以小传，并各家诗话关涉本事及友朋赠答之作，亦斟情收录，间作按语。"① 此序说明了本书的编选体例、选诗概貌和总体规模。是选体例按朝代编次，每个朝代之中又以人编次，选录唐代至明朝吴郡（苏州）诗人，其中卷一选唐代诗人陆龟蒙，卷二选宋代诗人马先觉、姚申之、范之柔、叶茵4家和元代诗人9家，卷三至卷五选明代诗人99家，卷六选闺门诗人，卷七选唐代流寓诗人，卷八选宋代流寓诗人黄庭坚、米芾、范成大、魏了翁4家，卷九

---

① 徐达源《吴郡甫里诗编》卷首，清稿本。

选元代流寓诗人 15 家，卷十至卷十二选明代流寓诗人 45 家。现藏苏州市图书馆。

2. 《平望诗拾》

翁桀辑。清抄本，凡十四卷，共八册。翁桀，江苏苏州人，生平仕履不详。是选体例按朝代编次，每个朝代之中又以人编次，共选宋代至清朝平望（吴江）诗人 282 家，其中卷一选宋代诗人 1 家，卷二选元代诗人 21 家，卷三至卷八选明代诗人 76 家，卷九选寓贤诗人 15 家，其中宋代诗人选有苏舜钦、杨万里、范成大、沈与求、宋伯仁，卷十至卷十三选清代诗人 145 家，卷十四选方外诗人 24 家。现藏苏州图书馆。

3. 《槜李方外诗系》

沈季友辑。清抄本，凡五卷，共二册，无序言、凡例和评语。沈季友（1652—1698），字客子，号南疑、秋圃。浙江平湖人。康熙二十六年（1687）贡生，著有《学古堂诗集》等。是选体例按朝代编次，每个朝代之中又以人编次，共选唐代至清朝槜李（嘉兴）诗歌 560 首，卷一选唐诗 4 首，五代诗 3 首，宋诗 11 首，其中枯木禅师法成 1 首，林酒仙遇贤 2 首，本心长老文及翁 2 首，契嵩禅师 3 首，锦溪禅师惟正 1 首，广灯禅师惟湛 1 首，高峰禅师原妙 1 首；卷二选元诗 44 首；卷三至卷四选明诗 382 首；卷五选清诗 116 首。现藏苏州图书馆。

第五编 05
民国宋诗选本提要

一、断代宋诗选本

1.《宋二十家集》

李之鼎辑。民国三年（1914）南城李氏宜秋馆刻本，共十六册，无序言、评语。李之鼎（？—1928），字振堂，江西南城人。民国藏书家、目录学家。其藏书处有"宜秋馆""舒啸轩"，编有《宜秋馆书目》《宜秋馆丛书目录》《建炎以来系年要录所引书目》《宋人见于系年要录目》等。是选体例以人编次，选有寇准《忠愍公诗集》三卷，梅尧臣《都官集》十四卷，金君卿《金氏文集》二卷，陶弼《陶邕州小集》一卷，吴可《藏海居士集》二卷，邓深《大隐居士集》二卷，吴锡畴《兰皋集》二卷，柴望《秋堂集》二卷，释道璨《柳塘外集》二卷，吴龙翰《古梅吟稿》六卷，何景福《铁牛翁遗稿》一卷，李处权《崧庵集》六卷，裘万顷《裘竹斋诗集》三卷，徐经孙《徐文惠存稿》五卷，张尧同《嘉禾百咏》一卷，潘音《待清轩遗稿》一卷，吕大亨《雁山吟》一卷，吕定《说剑吟》一卷，宋伯仁《西塍稿》一卷，宋伯仁《海陵稿》一卷，杨甲《棣华馆小集》一卷。现藏上海图书馆。

2.《宋诗钞》

邱曾辑。民国九年（1920）吴江柳氏抄本，凡一卷，共一册，无序言和评语，用红格稿纸抄写，版心印有"南社丛刊"字样，纸右方印"南社丛刻编辑用纸，编辑者点句加圈凡注用双行"字样，卷首题"吴江邱曾撰，味梅氏选"。邱曾，吴江人，生平仕履不详。是选体例按体编次，分五言律诗、七言律诗、五言绝句、七言绝句四种诗体，共选宋代诗人43家，诗57首，其中五言律诗21家29首，七言律诗15家20首，五言绝句4家4首，七言绝句3家4首。排列前三位的是范仲淹5首、苏轼4首、寇准4首。现藏上海图书馆。

3.《白话宋诗五绝百首》

凌善清辑。民国十年（1921）中华书局石印本，不分卷，共一册，有序言和总目，无评点，为新式标点。凌善清，浙江湖州人，生平仕履不详。书前有凌善清序，凌善清《白话宋诗五绝百首序》云：

> 五言诗和五言绝句的原委，我在《白话唐诗五绝百首》的序内，已经约略说过几句，不料选这本《白话宋诗五绝百首》的时候，又得着宋人一个见解，他说："绝句是截律诗中的四句，拿来当作一首全诗的，所以有前四截，后四截，中四截的名称，并可以拿绝句的名字来，改作截字，这个解说，真是荒谬到极点了。"但是宋朝的诗人，却有大多数牢守着这个荒谬的见解，所做的五言绝句，每每有前两句有对偶的，后四截或后两句用对偶的，前四截也有四句全做对偶的，中四截作对偶的，宋人的诗集不多，诗集中的五绝更少，五绝中要求他完全作白话的，很不容易写得着。我曾经看见汉朝无名氏有一首古诗："蒿砧今何在？山上复有山。何当大刀头？破镜天上飞。"可见五言绝句，就是简易的五言古诗，在汉朝已经有了，要比律诗的产生，早到千几百年，那里可以说绝句是截律诗成功的呢？[①]

凌善清序叙述了编撰是选的由来，并论述了宋代绝句的特点和创作规范。是选体例以人编次，共选宋代诗人55家，五言绝句100首，其中王安石5首，秦观1首，欧阳修2首，苏轼5首，朱熹4首，韩维1首，陈与义5首，郭祥正1首，真山民2首，戴复古3首，苏舜钦1首，戴敏1首，杨万里5首，王曼之1首，范成大2首，叶茵1首，梅尧臣4首，张景1首，严羽5首，利登1首，文同3首，徐府1首，葛天民1首，晁补之1首，胡从仪1首，詹天野1首，徐积1首，陈宗道1首，吴黯1首，谢翰1首，孔武仲1首，陈必敬1首，严粲1首，家铉翁1首，陈均1首，刘克庄6首，黄希旦1首，陈起1首，慧洪1首，吴珠1首，傅察1首，陆游5首，李公异1首，苏辙1首，张耒1首，张孝祥1首，刘子翚3首，夏青1首，吕胜之1首，郑起潜1首，郭秉哲1首，程俱1首，陈裔长1首，晁冲之2首，徐照1首。刘克庄最多6首，次王安石、苏轼、陈与义、杨万里、严羽、陆游各5首，还选有吴珠、吕胜之、郑起潜、郭秉哲、陈裔长等不甚有文名的诗人，可见凌善清并不排拒这些弱小诗人。现藏江西省

[①] 凌善清《白话宋诗五绝百首》卷首，民国十年中华书局石印本。

图书馆。

4.《白话宋诗七绝百首》

凌善清辑。民国十年（1921）中华书局石印本，有序言和总目，无评点，为新式标点。书前有凌善清序，凌善清《白话宋诗七绝百首序》云：

> 明清两代作诗的人，大约崇拜唐诗的居多；从小的时候，一进了学校，那唐诗便读，《唐诗三百首》，《古唐诗合解》等种种选本，便没有一个不读；至于宋诗，却不大提及，这却有两个缘故，一是宋诗从江西派盛行之后，诗句兴文辞无异，每每有些聱牙佶屈，不容易上口。二是在科举时代，须做试贴诗，试贴诗的臭味，同唐诗相近。为了这个原因，所以宋朝年代较近，那宋人的诗集散佚淹没，反不及唐人的多；选辑宋诗，也就不比唐诗。予取予求，毫无限制。……但是宋人的，自有宋诗的气味，若能从字里行间，细细的研究一下子，也自不难辨别出来的。①

凌善清说明了编撰是选的缘由，有鉴于时人嗜唐斥宋的情况，特意选取宋诗。是选体例以人编次，共选宋代诗人41家，七言绝句100首，其中朱熹2首，杨万里7首，王安石7首，戴昺1首，孙觌1首，萧澥1首，徐玑1首，许觉之1首，苏轼8首，安实1首，晁补之1首，戴复古4首，喻良能1首，俞桂2首，林曾1首，晁冲之2首，张詠1首，张耒8首，苏舜钦2首，陆游10首，王卿月1首，欧阳修4首，徐积1首，周必大1首，楼钥1首，查深1首，徐谊1首，黄庭坚1首，范成大14首，吕江1首，王庭珪1首，翁卷1首，朱淑真1首，裘万顷1首，刘子翚1首，刘克庄2首，王禹偁1首，王炎1首，孔平仲1首，章采1首，徐铉1首。范成大14首，位居第一，次陆游10首，次苏轼、张耒各8首，次杨万里、王安石各7首。在审美趣味上，编者多偏好南宋"中兴诗人"范成大、陆游、杨万里，选三人诗31首，占选入总数的三分之一。是选除选录著名大家欧阳修、苏轼、黄庭坚、陆游、王安石、杨万里等诗人外，还选有萧澥、许觉之、吕江、查深、章采等不甚有文名的诗人，选诗具有广泛的代表性。现藏国家图书馆、上海图书馆、浙江图书馆。

---

① 凌善清《白话宋诗七绝百首》卷首，民国十年中华书局石印本。

5.《宋人如话诗选》

熊念劬辑。民国十年（1921）上海文瑞楼石印本，凡六卷，共六册，有序言、总目和评点。熊念劬，生平仕履不详。书前有熊念劬序，熊念劬《宋人如话诗选序》云：

> 孔子曰：辞达而已，盖谓辞以达意，意达即位为修辞之止境，不欲有枝叶或文饰也。无枝叶，无文饰，则其辞之平易可知，诗为有声韵之言辞，孔子删诗，存三百十五篇，里巷歌谣，乃居其半，诗之所以从来如此，则其为辞之贵乎平易也更可知，自汉有柏梁应制之作，后遂以为试士之专科，争妍斗靡，寖失诗意，或堆缀故实以炫富，或妃青俪白以为工，而不事雕镂，专以之抒写性情者，反不多见，有之则如唐之白居易，宋之杨万里，清之袁枚，皆以浅陋见讥，论者非笑之无所不至……诚斋别体，见比青莲；简斋诗倾动闺阁，其何故哉？辞无枝叶，动合自然，语语出自性情。①

熊念劬序说明了是选的编撰历程，并论述了宋代白话诗人的诗歌风格。《凡例》云：

> 本编选辑宋诗以明白如话为主，故格调不厌其高，惟语取浅易，务令妇孺都解，但字句虽极浅易，而意味索然者仍不采录。
>
> 语浅意深。悬格特异，求之宋人诗集中亦觉合格甚难，故但取其每篇中有大半合格者即选录之。
>
> 措辞命意虽合本编体裁，而尊王颂圣，事属献谀、谈神、说怪，语近迷信及一切不合近代思想者概不阑入。②

《凡例》具体说明选录宋诗的标准有三：其一选录比较通俗易懂的诗作。因为该选本是近代白话运动思潮下的产物，所以在择录诗作的时候，往往以浅显明白为主。其二，不录阿谀逢迎、歌功颂德、怪力乱神的诗作。其三，选诗以七言近体为主，是选所收七言近体诗710首，超过入选总数的百分之五十。

是选体例按体编次，分五言古诗、七言古诗、五言绝句、七言绝句、五言

---

① 熊念劬《宋人如话诗选》卷首，民国十年上海文瑞楼石印本。
② 熊念劬《宋人如话诗选》卷首，民国十年上海文瑞楼石印本。

律诗和七言律诗六种诗体，共选宋诗 1384 首，其中杨万里最多 241 首，次陆游 157 首，次范成大 92 首，次戴复古 82 首，次苏轼 54 首，次李觏 42 首，次梅尧臣、王安石、刘克庄各 37 首，次陈与义 30 首，次张耒 28 首，次黄庭坚 26 首，次方岳 25 首，陈造 19 首，慧洪 17 首，余皆不足 15 首。在审美趣味上，编选者多偏好南宋诗人，选诗多于南宋；各个重要诗歌流派皆有选录。南宋中兴诗人范成大、陆游、杨万里三人选诗达 490 首，超过全选的三分之一；江湖诗派选入 6 家 168 首，其中戴复古 82 首，刘克庄各 37 首，方岳 25 首，陈造 19 首，严羽 4 首，葛长庚 1 首；江西诗派选入 5 家 76 首，其中陈与义 30 首，黄庭坚 26 首，陈师道 8 首，晁冲之 7 首，韩驹 5 首；四灵诗派选入 39 首，其中赵师秀 13 首，徐照 11 首，徐玑 6 首，翁卷 9 首；遗民诗派选入 7 家 34 首，其中文天祥 2 首，郑思肖 2 首，谢翱 6 首，谢枋得 2 首，林景熙 3 首，真山民 17 首，汪元量 2 首；选诗僧慧洪 17 首，道潜 4 首，花蕊夫人 1 首，朱淑真 1 首，说明是选选诗具有广泛的代表性。诸选卷选诗数量多寡不一，多者如卷六 395 首，少者如卷二 143 首。李觏选入 42 首，有些令人费解。是选有简洁评语，主要集中在品评诗歌的艺术特点，并有熊念劬按语，如评杨万里《拒霜花》云："念劬按，拒霜即芙蓉之别名，艳若荷花，八九月始开，故名。见《本草》，苏轼有和陈述古《拒霜花》诗。"评范成大《虞姬墓》云："念劬按，《括地志》云：'虞姬墓在濠州定远县东六十里。'《长老传》云：'项羽美人冢也。'"评陆游《岁暮感怀》云："念劬按，中国自古以农立国于井地，见之井地不均，穀禄不平，大患斯起，故孟子谓行仁政，必自经界始，庸讵知越数千年百年，而情势大异，以贫富不均相号召，而蠢蠢欲动者，不尽属辍耕陇畔之人，虽半由外潮侵入，好事者因之，傅会思逞亦由立国之根本，渐易有以致之，自非均地所能济事。"熊念劬将此诗放在中国农业的大背景之下，由此及彼，引申至中国社会的分配制度，可谓独出心裁。现藏国家图书、上海图书馆、浙江省图书馆、南京图书馆。

6.《音注宋四灵诗》

陆律西辑。民国十六年（1927）上海文明书局铅印本，有注释，无评语。陆律西，生平仕履不详。书前有《编辑大意》，次为总目，且为四位诗人各附小传一篇。《编辑大意》意在说明选录标准和注释体例，《编辑大意》云："名家诗文美不胜收，本局但取选本，约而得要一脔之尝，可知全味。本编所印均系名家之选本，斟酌尽善，传诵已久，较诸坊本，自操选正严，滥任意者有霄壤之别。本编程度适合中学师范及家庭自修之用。每篇加以音注，音既详慎，亦即简明，间附原注原音用，免读者临时参考之烦。"是选体例按体编次，分五言古诗、七言古诗、五言律诗、七言律诗、七言绝句五种诗体,共选宋诗241首,其中赵师秀71首,翁卷57首,徐照57首,徐玑56首。五言古诗最重赵师秀,选入7首;七言古诗最重徐照,选入7首;五言律诗最重赵师秀,选入39首;七言律诗最重赵师秀,选入19首;七言绝句最重徐玑,选入17首。关于此选诗歌的注音,采用形声字和反切两种手法,如赵师秀《哀山民》诗之"胛"音"甲"、"瓯"音"欧"、"荄"音"该"、"逡"为"七伦切"、"啜"为"株劣切"。在注释方面,一方面是简要的释义,如《哀山民》之"瘅"为"湿也"、"逡巡"为"行不进貌"。另外以其他书籍为据,如赵师秀《官田之集翁聘君失期陈伯寿赋诗率尔次韵》之"操觚"云:"操觚,执简为文也。陆机《文赋》云'或操觚以率尔'。""觚"云:"木简,古人用以代纸,赋相聊言,赋诗不断也。"现藏上海图书馆。

7.《音注陈后山·戴石屏诗》

曹绣君辑。民国十八年(1929)上海文明书局铅印本,有注释,无评语。曹绣君,安徽绩溪人,生平仕履不详,著有《古今情海》等。是选底本为王渔洋《古诗选》。书前有《编辑大意》,次为总目,且为两位诗人各附小传一篇。《编辑大意》指出"本编程度适合中学师范及家庭自修课本之用",关于本选的编撰目的,《编辑大意》称:"名家之诗文美不胜收,本局但取选本约而得一脔之尝,可知全味;本编所印均系名家之选本,斟酌尽善,传诵已久,较诸坊本,自操选政严滥任者有霄壤之别;每篇加音注,音既详慎,注亦简明,间附原注原音,用免读者临时参考之烦。"① 是选体例以人编次,共选陈师道和戴复古2家,诗133首,其中陈师道诗71首,戴复古诗62首。五言古诗最重戴复古,选入12首;七言古诗最重陈师道,选入7首;五言律诗最重陈师道,选入22首;七言绝句最重陈师道,选入18首。是选小传材料主要采自诗话、总集、正史,如陈师道小传云:"陈师道,字履常,号无己,彭城人,安石柄用心,非之不为所用,元祐初以来,以苏轼传尧俞荐为徐州教授,又为太常博士。"戴复古小传云:"戴石屏,名复古,字式之,天台人,好游历,所居有石屏山,因以为号,有《石屏集》。"是选还简要说明了两人的诗歌特点,如陈师道诗《揭要》云:"后山先生诗刻苦自励,精深雅奥,句斟字酌,而出之尝推服黄鲁直诗,吕居仁尊为江西派,亦以自成一家故也。"戴复古诗《揭要》云:"石屏先生尝从林景熙游,又登陆游之门,诗亦如之,其'春水渡旁渡,夕阳山外山'之句,人争

---

① 曹绣君《音注陈后山·戴石屏诗》卷首,民国十八年上海文明书局铅印本。

诵之。"是选有简要注释，如陈师道《赠吴氏兄弟》中"得失妍媸只自知，略容千载有心期。恨君不见金华伯，何处如今更有诗"中之"媸"音"痴"，"得失"释义云："杜甫诗'文章千古事，得失寸心知'。""妍媸"释义云："陆机《文赋序》'妍媸好恶'。""金华伯"释义云："谓黄庭坚也。"现藏国家图书馆、上海图书馆、浙江省图书馆。

8.《话体诗选》

陶乐勤辑。民国二十三年（1934）民智书店印行，不分卷，共一册，有简洁注释。陶乐勤，江苏昆山人，生平仕履不详。书前有陶乐勤序，次为总目，且有三位诗人小传一篇。陶乐勤《话体诗选序》云：

> 诗是有声韵的"言辞"。孔子对于"言辞"以能够达意，就是修辞的止境。所以孔子删诗，所存三百五篇中，里巷歌谣，居其大半。中国能作"言辞达意"、"老妪能解"的诗人，唐朝要算是白居易，宋朝（杨万里），清朝（袁枚）。苏东坡、欧阳修、王安石虽是宋朝有名的诗人，但是他们如白居易、杨万里、袁枚一样的诗，实在不多。现在所选出的，都是"言辞达意"、"老妪能解"的诗，以明白如话的体裁为限度，都叫做"话体"。并且格调不厌其高，只求语意浅显。有少数不常见的字和运用故事的地方，还用白话注释。至于极浅显而无意味的，依旧不采录。①

陶乐勤说明了是选称作"话体"的缘由、选录标准和历代作品，堪称"话体"诗的代表诗人。是选对每位诗人的生活状况做了较为全面的交代，如《苏轼生活史略》云："苏东坡就是苏轼的别号，他的表字叫子瞻；是苏洵的儿子，宋朝眉州地方人，他生下十岁时，父洵游学四方，由母程氏在家亲授以书。他对于古今成败，辄能语其要程。后来，官做到礼部尚书。建中靖国元年，死于长洲地方，卒谥文忠公。他的诗文皆能自成一家，他的诗崛起于欧阳修之后，从太白、渊明入手，而参以禅理。"是选体例以人编次，共选苏轼、王安石、欧阳修三位诗人，诗104首，其中苏轼诗54首，王安石诗32首，欧阳修诗18首。五言古诗最重苏轼，选入8首；七言古诗最重苏轼，选入6首；五言律诗最重王安石，选入7首；七言律诗最重苏轼，选入14首；七言绝句最重苏轼，选入22首。关于是选诗歌注释，如王安石《元日》之"爆竹"注云："古时李畋烧

---

① 陶乐勤《话体诗选》卷首，民国二十三年民智书店。

竹作响，能逐鬼祟，后人改用火药纸爆，即为此意。""屠苏"注云："酒名，孙思邈在元旦日吃屠苏酒，能除疫气。""曈曈"注云："是说太阳的明朗。""桃符"注云："古人用桃枝，在门上画符驱鬼，后人改为门联。"现藏苏州图书馆。

9.《宋诗三百首》

吴家驹辑。民国二十五年（1936）上海经纬书局印行，不分卷，共一册，有序言和简洁的评语。吴家驹，字嘉愚，江苏无锡人，陈三立、郑孝胥、陈衍和钱仲联都是他的老师，生平仕履不详。书前有陈其昌、虞斌麟、吴家驹序，次总目。陈其昌《宋诗三百首序》云：

> 昔者刘知几论史，有才学识之说。吾于诗亦云，盖史之与诗，形之与影也。《史记》一代之典章制度盛衰兴亡之迹，诗抒一时之喜怒哀乐忧愁幽思。可以知得失，观风俗，亦世运陟降之所系，而与史相为表里者耳。虽然作诗仅恃才学已可，选诗则非更兼学识不可。夫以素王之圣，删诗《三百》，辨别正雅，断自姬周，是为选事之权舆，事资庙堂，攸关家国兴观群怨，叹观止矣。后世好名之士，学殖无柢，遑辨黑白。而动辄讥弹古人，且复腼颜选诗，冒大不韪。洎乎晚近，斯风尤炽，岂暇悲哉。若吾友子吴子，固梁溪之诗人也；富才学，具卓识。深鉴于斯而患举世之滔滔，乃发愤选定古今诗。首成有宋一代，以三百为名，绍宣尼之意，继风雅之正，一扫晚近选诗之陋，诚千秋之绝业也。举而示之怡蘅馆主，且嘱为之序，以付梨枣。怡蘅主人退而为之序。诗学之衰，抵今极矣。自陈散原、郑苏戡及陈石遗师，以宋氏领导诗坛数十年，天下靡然向风。其杰出特拔之士，竟或无逊古人，然其末流之弊，枯槁瘦涩，折骨露筋，而颣唐已甚。有憎厌之者，因訾謷苏黄，排斥西江，摒宋诗而不读，此以噎而废食者也。夫诗之言唐宋，特举其粗者为言耳，其精者在性情消息之间，不在唐宋之国号也。狂瞽之徒，乃亟从事于画楚分汉，尊唐抑宋，昂昂然自得之甚，此晚近诗学之所以一蹶而不振兴。清随园老人有云："子与人歌而善，必使反之，而后和之。其歌者为齐人欤，为鲁人欤，孔子不知也。其所歌者为夏声欤，为商声欤，孔子又不知也。但曰善则爱之而和之，圣人之和人歌，圣人之教人学诗也。"噫！此诚不刊之说。读诗者在善则爱之而和之而已矣。兹子吴子之所选，有宋一代之诗也。聊以时代为范围，故以宋诗为名，非有意于世俗之唐宋，而与宣尼之用心，未尝或异也。窃惟怡蘅馆主与子

吴子相知最深，平日尝自矜我俩为元白之后身。宁辞一言以述其衷怀，非谊也。乃匆促草此，冀读其书者，有以鉴焉。时民国之二十五年九月十三日无锡陈其昌纂于蘅馆。①

陈其昌论述了史传与诗的相互关系，作诗与选诗两者的不同，论述视角颇为新颖。虞斌麟《宋诗三百首序》云：

诗至宋而一大变，其变在反唐人之言情而为说理，犹之经之有汉、宋学也。虽然学唐诗在领略其神韵，易也。学宋诗则必探索其奥意精义，非学问有素者，不能办也。惟是编所选，皆浅易近人。不难领会，实学宋诗者之唯一津筏也。是为序。弟虞斌麟序于古往今来室二十五年九月。②

虞斌麟旗帜鲜明地肯定了宋诗的变化之功，认为唐宋诗之间并非势同冰炭，而是可以兼容的，如经学上的汉学与宋学；其次，说明是选选录标准为"浅易近人"。吴家驹《宋诗三百首自序》云：

《四库全书提要》云："删汰繁芜，使莠稗咸除，菁华毕出。是固文章之衡鉴，著作之渊薮矣。"则分别去取，使读者之心目有所准的，而不惑固选诗之责，而读者或因是稍窥乎全豹。如适远道者，陆行之有车，马水行之有舟楫，则于诗学之道岂惟小补也哉。家驹不自揣，以平日所得，深觉唐代以后诗人之盛者，厥惟赵宋，盖宋人诗学本唐法而扩充变化之，卓然成家者甚夥。惟初学苦无入门之集。虽《宋诗钞》、《宋百家诗存》等称美于先，然盈简累编动至百数十册，皆非初学者所宜，故就宋诗分以门类掇其菁华，名曰《宋诗三百首》。盖以宋为时代之界，非如世俗拘于唐宋诗体为门户之见也。读者明乎是，则幸矣！时中华人民建国之二十五年秋九月无锡吴家驹自序于嘉愚室。③

吴家驹认为《宋诗钞》《宋百家诗存》，然动至百数十册，篇幅太大，不适宜初学，故通过此选，以门类掇其菁华。是选体例按体编次，分五言古诗、七

---

① 吴家驹《宋诗三百首》卷首，民国二十五年上海经纬书局。
② 吴家驹《宋诗三百首》卷首，民国二十五年上海经纬书局。
③ 吴家驹《宋诗三百首》卷首，民国二十五年上海经纬书局。

言古诗、五言律诗、七言律诗、五言绝句、七言绝句六种诗体,共选宋诗284首(不足300首),其中五言古诗35首,七言古诗31首,五言律诗48首,七言律诗73首,五言绝句22首,七言绝句75首,六种诗体中最为重视七言绝句。陆游选38首,位居第一,次苏轼、王安石各28首,次黄庭坚22首,次梅尧臣14首,次陈与义12首,次欧阳修11首,余皆不足10首。是选评语主要摘自方回《瀛奎律髓》、汪景龙《宋诗略》、潘问奇《宋诗啜醨集》、梁诗正等《唐宋诗醇》、叶梦得《石林诗话》、胡仔《苕溪渔隐丛话》、方东树《昭昧詹言》、陈衍《石遗室诗话》和钱仲联先生的评语。如评司马光《独乐园新出春》引汪景龙语:"一起见温公胸次,渗然而无所泊,不得以理趣目之。"评秦观《次韵子瞻赠金山宝觉大师》引钱仲联语:"乱帆七字,天然妙境。"评黄庭坚《寄黄几复》引方东树语:"一起浩然,一气涌出。五六一顿。结句与前一样笔法。山谷兀傲纵横,一气涌现。然专学之,恐流入空滑,须慎之。"评陆游《村夜》引潘问奇语:"风软水无痕,未经人道。"评王禹偁《寄砀山主簿朱九龄》引陈衍语:"此诗全似乐天。"有些诗作,吴家驹加上自己的按语,如评王安石《小女》云:"家驹案,写哀情满纸商音,读之令人酸笔。"评苏舜钦《过苏州》云:"家驹案,唐人拗调于第五字拗,李玉溪辈是也。宋人拗调于第六字拗,苏子美辈是也。后元遗山效之。"评张孝祥《野牧图》云:"家驹案,此诗以风致胜。"评杨万里《癸未上元后永州夜饮赵敦礼竹亭闻蛙醉吟》云:"家驹案,诚斋诗以性灵胜,然不免油滑。"现藏国家图书馆、上海图书馆、江西图书馆。

10.《宋诗选》

陈幼璞辑。民国二十六年(1937)上海商务印书馆印行,不分卷,共三册,有序言和简洁评语。陈幼璞(1894—1971),安徽金寨人,商务印书馆编辑。著有《宋诗选注》《明清笔记选》等。《宋诗选导言》将宋诗分为七个时期,陈幼璞指出:"对我们已经晓得宋诗是由唐诗演化而来的,然而由唐而宋,其间过渡的情形怎样呢?宋诗之为宋诗,自萌芽而成立,而鼎盛,而衰颓,其间的经过又怎样呢?"《宋诗选》首次对宋诗作出明确的解释,陈幼璞曰:"宋诗当然是指宋朝人作的诗而言,宋是一个朝代的名称,将宋字和朝代连为一词,不仅指名这是某一朝代的诗,并且表明这是具有多少共同特征的诗的总称。"是选体例按体编次,分五言绝句、七言绝句、五言律诗、七言律诗、五言古诗和七言古诗六种诗体。共选宋诗565首,其中五言绝句67首,七言绝句197首,五言律诗88首,七言律诗95首,五言古诗44首,七言古诗74首。这在宋诗选本历史上篇幅不是很大,算是单帙小选。是选入选最多的为陆游诗作96首,次苏轼49

首，次王安石 36 首，次范成大 30 首，次欧阳修 18 首，次张耒、陈与义各 17 首，次林逋、朱熹各 15 首，次黄庭坚、梅尧臣各 12 首，余皆不足 10 首。现藏国家图书馆、上海图书馆、江西图书馆。

11.《宋诗选》

钱仲联辑。民国二十六年（1937）无锡国学专修学校出版，不分卷，共一册，有序言和评点。钱仲联（1908—2003），原名萼孙，号梦苕，江苏常熟虞山镇人，古典文学研究专家，国学大师。著有《清诗纪事》《近代诗钞》《广清碑传集》等。书有钱仲联序，诗末附录历代诗话和笔记评语。是选是作为当时大学的讲义来编写的。钱仲联《宋诗选序》云：

> 宋人之诗导源于唐，而又出一奇，或托体于杜陵，或锻思于韩孟，或问津于玉溪，或借径于右丞，或为香山之平易，或为玉川之吊诡，固不得限以一体，专以一派也。后人学宋、多乐为玉局、剑南之坦迤。自姚惜抱好言山谷，曾涤生张大其说，而风尚一变。"同光体"兴，标举宛陵、后山，学者务为晦涩僻苦，钩章棘句，而风尚又一变。宋诗门庭，自是而隘。……甲戌秋，余来国专，为诸生说诗，既毕授汉魏六朝三唐之作，复继以宋诗。旧有选本，《宋诗钞》、《宋百家诗存》，卷帙既繁，不便讲授；《宋诗类选》、《宋诗略》、《宋诗别裁集》诸选，则又病其抉择未精，乃辑是编，不拘门户，一以精严粹美为归，……所录甚夥，西昆、九僧、永嘉四灵暨诸小家，略及之而不暇求备。诸家评论，广为采撷，以资启发。学者取径于是，进而泛览各家专集，以博其趣，宋人真面，不难全出，虽不足为瑰玮而有余于琢炼。①

钱仲联序说明了编选此选的缘由，因不满意前代的宋诗选本，故有此选。是选按体编次，分为五言古诗、七言古诗、五言律诗、七言律诗、五言绝句、七言绝句六种诗体，共选宋诗 715 首，其中五言古诗 94 首，七言古诗 83 首，五言律诗 133 首，七言律诗 144 首，五言绝句 51 首，七言绝句 210 首。六种诗体中最为重视七言绝句，选入 210 首，差不多是五言绝句的 4 倍。

---

① 钱仲联《宋诗选》卷首，民国二十六年无锡国学专修学校。

12.《宋诗精华录》●

陈衍辑。民国二十六年（1937）上海商务印书馆出版，凡四卷，共一册。陈衍（1856—1937）字叔伊，号石遗老人，福建侯官（今福建闽侯）人，光绪年间举人，曾任学部主事，清亡以遗老自居。陈衍首次提出了"四宋"分期说，陈衍云："此录亦略如唐诗，分初、盛、中、晚。吾乡严沧浪（羽）、高典籍（棅）之说，无可非议者也。天道无数十年不变，凡事随之。盛极而衰、衰极而盛，往往然也。今略区元丰、元祐以前为初宋。由'二元'尽北宋为盛宋，王（安石）、苏（轼）、黄（庭坚）、陈（师道）、秦（观）、晁（补之）、张（耒）具在焉，唐之李、杜、高、岑、龙标、右丞也。南渡茶山（曾几）、简斋（陈与义）、尤（袤）、萧（德藻）、陆（游）、杨（万里），中宋，唐之韩、柳、元、白也。'四灵'以后为晚宋。谢翱、郑所南辈，则如唐之有韩偓、司空图焉。"（《宋诗精华录》卷一）陈衍将宋诗分为初宋、盛宋、中宋、晚宋四个时期。是选体例以人编次，共选宋代诗人129家，诗690首，其中卷一录诗人39家，诗117首；卷二录诗人18家，诗239首；卷三录诗人32家，诗212首；卷四录诗人40家，诗122首。宋诗四期中，盛宋入选的诗最多，其次是中宋，再次为初宋和晚宋。尊盛宋而抑晚宋，这与陈衍重"元祐"的诗学主张一致。宋诗人中，陈衍认为苏轼代表了宋诗的最高成就，如唐之李杜。故《宋诗精华录》选苏诗88首，雄踞第一，次杨万里55首，次陆游54首，次黄庭坚39首，次王安石34首，次刘克庄27首，次陈师道26首。同时，陈衍选诗兼顾宋诗多样化的风格特征，既有"丝竹金革"的"悠扬铿锵鞺鞳"，又有"土木之音"的"沉郁顿挫"，以达到"八音克谐"（《宋诗精华录序》）。现藏国家图书馆、上海图书馆、浙江省图书馆。

13.《宋五家诗钞》●

朱自清辑。《宋五家诗钞》后记云："是朱自清先生遗著的一种没有付印的。先生在清华大学和西南联合大学前后开设过'宋诗'这门课程，所用的课本是他自己从《宋诗钞》那里摘选，约编而成的，题名《宋诗钞略》，有铅印本，只是白文，无注释，今全集中不收。"是选为朱自清先生抗战时期在西南联合大学授课时的讲义，他从《宋诗钞》中的《宛陵诗钞》《欧阳文忠诗钞》《临川诗钞》《东坡诗钞》《山谷诗钞》摘录而成，为《宋诗钞》再选本。是选体例以人编次，共选宋代五位诗人，诗136首，其中苏轼34首，黄庭坚33首，王安石31首，梅尧臣22首，欧阳修16首。是选每位诗人皆附有小传，此小传文献来源主要依据《宋史》本传，再依据诗话、笔记、杂录等汇辑而成。是选对每首诗作均有详细的注释，旁征博引，材料详赡，在历代宋诗选本中可谓"曲终奏雅"。浦江清在《宋五家诗钞》（附记）中叙述了此集的编选过程："一九四三年，朱先生在西南联合大学授课""村居多暇，每日早起，端坐，用好纸抄写宋诗，排比旧注，复多方参考诗话，且作一二首以为课"，赞赏其"用过一番功夫""丰富的参考资料，对于学者也是很有帮助的"（《宋五家诗钞》）。是选在编撰体例上，模仿高棅《唐诗品汇》，以著名诗人为纲骨，以中、小诗人为旁支，苏黄为大家，集诗学之大成，欧阳修、梅尧臣后附录苏舜钦、石延年、刘敞诗，王安石后附录王令诗，苏轼、黄庭坚后附录苏辙、张耒。

14.《宋诗纪事拾遗》

屈强辑。民国三十六年（1947）世界书局版，凡一卷，共一册，有序言，无评点。屈强，字伯刚，浙江嘉兴人，著名诗人。书前有顾廷龙序，顾廷龙《宋诗纪事拾遗序》云：

> 纪事诗之编辑昉于孟初中《本事诗》，所录篇章有感有故实。其后计敏夫始创之断代编辑为《唐诗纪事》，而附录佚诗而不必隶事；逮后樊榭所为《宋诗纪事》，其例益广，汇辑亦富，风气所树于斯为盛。踵而起者，陆存斋有《宋诗纪事补遗》，陈拾遗有《辽金元诗纪事》，陈松山有《明诗纪事》，皆能博采群籍，错综条理，历代纪事之诗于焉大备，惟《四库提要》则讥厉樊榭多收无事之诗，全如总集，旁涉无诗之诗，竟类说家，不知樊榭之旨。……世丈屈伯刚先生，博极群书于训诂词章外，究心史地，熟悉蒙事，近二十年来，曾托迹市廛，既而掌教上庠，逍遥物我之外，儵晓然自得，以其余暇，辑为《宋诗纪事拾遗》一卷，再补存斋之遗佚。拾遗之非易想，秉笔之日，神驰往古，必有吾祖之所遇，是辑虽不若前编之富，要之穷搜笃好，实不亚于厉、陆诸子也。民国三十二年九月八日吴县顾廷龙。①

顾廷龙序具体说明了编选此选的原因和过程，并肯定了此选的作用。是选体例以人编次，增补宋代诗人有：李元辅、王举元、韩标、陈述古、卢骧、郭时亮、张钧、吴中复、陆言、薛嗣昌、湘僧、何山乔、常棠、陈君章、曾焘、

---

① 屈强《宋诗纪事拾遗》卷首，民国三十六年世界书局。

杨备、葛宫、方惟深、王维正、齐己、员逢员、之彝老、刘泳、郑昭光、刘衍、东天禅师、张述、李图南、朱济道、陈羲和、寇宝成、张镇初、王宗元、修国鼎、赵希楷、王国宾、吴宗卿、率翁、燕谷、回庆清、任伯雨、赵汝綦、元绛、程口、潘得久、张天觉、李景武、韬智、失名、北涧、九龙道士、陈昭嗣、张景范、靳更生、胡翼龙、赵发、彭元逊、邱济、王孟孙、葛密、萧子范、葛书思、文仪、邱崟、常颛孙、曹确、常令孙、李乔、胡斗南、徐藏、易绂妻、郭敏求、贺罗姑、林颜、自严、了然、齐禅师、宋京、禅师、许同、陈孚、妙普、吕存中、妙宁等。现藏上海图书馆、浙江省图书馆。

15.《宋诗纪事续补》

宣哲辑。清稿本，不分卷，共一册，无序言和评点。宣哲（1866—1943），字古愚。江苏高邮人。著名收藏家，善画山水，曾和黄宾虹结有贞社。是选在《宋诗纪事》的基础上增补140余位诗人，增补宋代诗人有：神宗皇帝、徽宗皇帝、孝宗皇帝、张表臣、张田、张纮、张徽、张镇初、章岘、方信孺、方矞、方子容、方惟深、方慎言、曾觌、龚茂良、朱子、苏耆、苏舜钦、苏颂、苏洵、苏轼、高九万、潘大临、潘良贵、程颢、程俱、周承勋、周敦颐、欧阳詹、孙升、丁波、丁谓、萧德藻、邱蔡、汪草、陈亚、陈师道、陈荐、陈旸、陈谠、陈宗道、陈伯孙、陈靖、陈诚中、吴仁玉、何大圭、陈知柔、蒲宗孟、文天祥、曹组、王禹偁、陈炎子、晁说之、王安石、陈瑾、陶毂、王绅、彭次云、韩琦、王逵、彭迪明、韩缜、王珪、郭处士、何云、王质、李师中、戴复古、黄载、李纲、利登、黄文雷、李景、晏殊、黄庶、李荐、范仲淹、黄庭坚、李觏、范缜、黄公度、李庆孙、范镗、黄绍、李翔高、夏竦、梁周翰、李图南、夏倪、杨刚中、史季温、魏野、杨亿、吕愿忠、谢逸、杨道孚、吕蒙正、石延年、林光朝、吕西纯、陆秀夫、于钦、吕祖谦、郭祥正、余靖、郑应开、郭尚贤、虞策、郑耕老、叶佑之、徐大方、郑樵、赵师秀、徐师仁、郑至、赵兴淳、倪思、郑韶先、赵崇嶓、钱尚、郑仁、希道、元绛、宋绶、沈珣、刘颁、宋庠、崇觊、刘子翚、杜钦况、吴正夫人、刘过、赵抃、有朋、刘克庄、赵庚夫、安文头陀、刘挚、蔡襄、仁王孝僧、沈绅、蔡京、无名僧、孔平仲、戴忱、谢法曹。是选文献取材主要来自诗话和地方志，如《珊瑚钩诗话》《紫薇诗话》《庚溪诗话》《石林诗话》《贡父诗话》《莆田县志》《金山志》《山志》《广西通志》等。现藏上海图书馆、浙江省图书馆。

16.《南宋群贤诗六十家》

吴湖帆辑。民国抄本，凡九十九卷，有吴湖帆序，无总目和评点。吴湖帆（1894—1968），初名翼燕，字遹骏，更名万，字东庄，别署丑簃，号倩庵，书画署名湖帆。江苏苏州人。著有《梅景书屋画集》《梅景画集》《吴氏书画集》《吴湖帆画辑》等。书前有吴湖帆序，吴湖帆《南宋群贤诗六十家序》云：

> 《南宋六十家名贤集》，集中诗文词均有之，皆小集也。有未刻本，有已刻本，亦有未传秘本，又有散见于其他丛刻者，明清间所钞宋贤集。余数见之最精者，莫过于毛氏汲古阁影宋钞本。余曾收数种非群贤丛编，此书在丁丑事变前所获，当时颇思罗搜宋贤丛集，以或大观。奈未几事变，此志遂止。又越岁而静淑夫人作古，二载余，可谓灰心已极，置之插架而已，癸未夏珊女归同郡。吴氏纪群贤甥颇嗜书，翰因以归之，当不负所嘱矣。冬至后五日为民国三十三年元日记于没影书局倩庵吴湖帆。①

此序说明了是选收罗过程和编撰原因。是选体例以人编次，姜夔《白石道人诗集》一卷，刘翰《小山集》一卷，张良臣《雪窗小集》一卷，高似孙《疏寮小集》一卷，危稹《巽斋小集》一卷，杜旟《癖斋小集》一卷，刘仙伦《招山小集》一卷，敖陶孙《臞翁诗集》一卷，薛师石《瓜庐诗》一卷，周文璞《方泉先生诗集》三卷，葛天民《无怀小集》一卷，叶绍翁《靖逸小集》一卷，张弋《秋江烟草》一卷，叶茵《顺适堂吟稿》五卷，沈说《庸斋小集》一卷，戴复古《石屏续集》四卷，高九万《菊磵小集》一卷，姚镛《雪篷稿》一卷，利登《骳稿》一卷，林尚仁《端隐吟稿》一卷，刘翼《心游摘稿》一卷，许棐《梅屋诗稿》一卷，施枢《芸隐倦游稿》一卷，陈起《芸居乙稿》一卷，宋伯仁《雪岩吟草甲稿》一卷，王同祖《学诗初稿》一卷，朱继芳《静佳龙寻稿》一卷，邹登龙《梅屋吟》一卷，赵崇铤《鸥渚微吟》一卷，余观复《北窗诗稿》一卷，朱南杰《学吟》一卷，林尚仁《端隐吟稿》一卷，陈必复《山居吟稿》一卷，斯植《采芝集》一卷，何应龙《橘潭稿》一卷，俞桂《渔溪诗稿》三卷，黄大受《露香拾稿》一卷，张至龙《雪林删余》一卷，黄文雷《看云小集》一卷，王琮《雅林吟稿》一卷，李涛《蒙泉诗稿》一卷，陈允平《西麓诗稿》一卷，徐集孙《竹所吟稿》一卷，葛起耕《桧庭吟稿》一卷，武衍《适安

---

① 吴湖帆《南宋群贤诗六十家》卷首，民国抄本。

藏拙余稿》一卷，陈鉴之《东斋小集》一卷，胡仲参《竹庄小稿》一卷，吴汝鹹《云卧诗集》二卷，林同《孝诗》一卷，邓林《皇罾曲》一卷，赵希楙《抱拙小稿》一卷，毛珝《吾竹小稿》一卷，张蕴《斗野稿支卷》一卷，李龏《梅花衲》一卷，释绍嵩《江浙纪行集句诗》七卷，黄希旦《竹堂集》一卷，姚述尧《强村丛书》，释永颐《云泉诗集》一卷。现藏上海图书馆。

二、通代诗选（"选宋"）

1.《历代题画诗类绝句钞》

葛质辑。民国二年（1913）中华图书馆石印本，凡二卷，共一册，无序言和评语。葛质，生平仕履不详。是选体例分类编次，分天文类、山水类、名胜类、古迹类、故宝类、闲适类、古像类等27类，分类尚为简括，共选唐宋元明题画诗663首。是选仅选录绝句一种诗体。卷上分为11类，选诗324首，其中天文类9首，山水类120首，名胜类24首，古迹类12首，故宝类62首，闲适类32首，古像类13首，写真类8首，行旅类12首，羽猎类4首，侍女类28首。卷下分为16类，选诗339首，其中仙佛类30首，渔樵类12首，耕织类3首，牧养类7首，树石类16首，兰竹类49首，花卉类64首，禾黍蔬果类19首，禽类43首，兽类25首，花鸟类22首，草虫类15首，宫室类13首，器用类13首，人事类3首，杂题类5首。从选诗倾向来看，山水类多达120首，几乎占选入总数的五分之一，而人事类、耕织类仅3首，两者相差竟有40倍之多，足见编选者对山水类题材的偏爱。现藏江苏省吴江市图书馆。

2.《律髓辑要》 ●

许印芳辑。民国三年（1914）云南图书馆刻本，凡七卷，共六册，有评语。许印芳（1832—1901），字荪山、麟篆，号五塘山人。云南省红河州石屏县人。同治庚午举人。云南颇负盛名的文学家和教育家。辑有《诗法萃编》《滇诗重光集》等。《律髓辑要》是方回《瀛奎律髓》的再选本。是选体例分类编次，共选唐宋诗人224家，五七言律诗780首，其中卷一至卷三录五言律诗140家471首，卷四至卷七录七言律诗84家309首。是选评语均摘自方回《瀛奎律髓》。现藏国家图书馆、浙江图书馆、上海图书馆。

3.《弦歌选》

王铭新辑。民国四年（1915）王氏家塾刊刻本，凡八卷，共一册，有序言和总目，无评点和凡例。王铭新，字台石，安海（今福建晋江）人。书前有王铭新序，王铭新《弦歌选序》云："平江李次青先生，体程朱二子，发明孔子诗教之意，撷古今之诗可以厚人伦，励风俗者，博观约取，汇为《小学弦歌》八卷。分教戒二门。计诗九百三十余篇，余得而读之，选以教家塾有年矣。顾自改办学校，歌乐亦列学科。念所选各诗，吾国声也。即吾国灵也。吾国人之爱国者，度不能已于弦歌之。而原书既不易得，或且不暇全读，因取所选约而刻之，凡二百五十余篇，名曰《弦歌选》，不曰小学者，虑误以限于小学校用也。好德君子，雍容餍饫，自有平江原书在。民国四年十月十六日晋江王铭新。"①此序说明了编撰的动机和宗旨。是选体例分类编次，分教孝类、教忠类、教夫妇之伦类、教兄弟之伦类、教为学类等27类，共选诗268首。卷上分5类，选诗92首，其中教孝类21首，教忠类22首，教夫妇之伦类27首，教兄弟之伦类13首，教朋友之伦类9首。卷下分22类，选诗176首，其中教为学类19首，教立身类15首，教闲家类3首，教恻隐类11首，教为循吏类5首，官戒类22首，教悯农类9首，教知止类8首，教知足类4首，戒食类5首，戒淫类2首，戒杀类3首，戒争竞类4首，戒躁进类3首，戒趋附类3首，戒侈靡类5首，戒残忍类2首，戒奸险类2首，戒暴政类3首，戒黩武类3首，戒求仙类4首，广劝诫类41首。从选诗倾向来看，多者达41首，少者仅2首，两者相差竟有20倍之多，足见编选者对广劝诫类诗歌的偏好。现藏上海图书馆。

4.《绘图儿童诗歌》

胡怀琛辑。民国四年（1915）上海广益书局刻本，无评语。胡怀琛（1886—1938），原名有怀，字季仁，后改寄尘。安徽省泾县人。著有《国学概论》《修辞学发微》《中国诗学通评》《中国小说研究》《中国戏曲史》《中国神话》《清季野史》《苏东坡生活》《陆放翁生活》等。是选《例言》说明了选录标准和意图："是书取古人诗为儿童歌之助，即为其陶情养性之需，凡所取材，以纯是天机，极易上口而思想纯洁高尚者为主；是书所辑自六朝至元明各人诗大概自各人专集录出，注意于儿童一面，故有为他选本所不见者；略以字句繁简词意深浅为次序，作者时代所不计也；所选诗虽极浅显，然皆古来明人手笔，

---

① 王铭新《弦歌选》卷首，民国四年王氏家塾刊刻本。

非近人所撰唱歌俚俗平庸者，可比童子，熟读此书，他日进而讲求诗歌，专学此，实其基础也。"① 这还是一部普及型的诗歌选本，并且还配有图片，兼顾了儿童的学诗特点。现藏上海图书馆。

5.《宋元明诗评注》

王文濡编辑。民国五年（1916）上海文明书局铅印本，凡六卷，共三册，有总目、序言和评语。王文濡（1867—1935），原名王承治，字均卿，别号学界闲民、天壤王郎、新旧废物等，室名辛臼簃，浙江湖州吴兴县人。光绪九年（1883）癸未科秀才，次年补博士弟子员。商务印书馆、中华书局、鸿文书局总编辑。编有《国朝文汇》《续古文观止》《明清八大家文钞》等。书前有《编辑大意》和王文濡序，《编辑大意》云：

> 吴带当风飘逸有致；宋诗似之，胡元一代，不出宋人范围。朱明诗派纷歧，嘉隆诸子不懈，而及于古，以此续唐，知法律性灵二者不容偏废。
>
> 宋明两代，朝廷分朋党，诗家亦争门户，主此奴彼，毁誉失真，本编选辑并无成见，理求其是，派惟其备，斟酌去取，煞费苦心。
>
> 击壤四灵一流，词多率意，公安竟陵两派，旨近纤佻，不善读之，流弊滋甚，本编概不入选。
>
> 本编甄入之诗，概由《宋诗钞》、《元诗选》、《明诗综》诸大总集中选出，字有可疑，则据专集精本校正，自信无鲁鱼亥豕之病。②

《编辑大意》说明了择选诗歌的文献来源，取自《宋诗钞》《元诗选》《明诗综》等诗歌选本，且指出了选诗的标准。王文濡序阐述了三个问题：第一，论述了中国诗歌发展变化的历程。《宋元明诗评注序》云："大易之为道也，穷则变，变则通，通则久。夫变而能通且久，其亟待于变也，明甚，吾乃因易而悟及于诗也。歌谣为诗之鼻祖，一变而为《三百篇》，再变而为骚，三变而为汉魏，四变而为六朝，五变而为唐初、盛、中、晚，又复迭变其间。盖自有诗以来，至唐而诗之变化能事尽矣。虽然诗莫盛于盛唐，而唐以后之诗派绵延不绝，各自成家，行之能通且久者，未始非善变之明效也。"③ 第二，论述一代有一代

---

① 胡怀琛《绘图儿童诗歌》卷首，民国四年上海广益书局刻本。
② 王文濡《宋元明诗评注》卷首，民国五年上海文明书局铅印本。
③ 王文濡《宋元明诗评注》卷首，民国五年上海文明书局铅印本。

之文学精神。《宋元明诗评注序》云:"一代有一代之面目,一代有一代之精神,其学唐而善变乎唐,不失其真面目、真精神者,吾于宋元明诗选遇之矣。"① 从天道变化的规律着眼,说明了一代有一代之文学的特点,宋诗自然也会自成面目。第三,论述诗歌的本质特征。《宋元明诗评注序》云:"诗有全乎天者,康衢之颂,沧浪之歌,《三百篇》劳人思妇之作,其能矢口成吟,上协辕轩之采者,以古代文言之合一也。自文与言判而为二,采风失职,天然之诗,渐不理于博雅之口。"② 是选体例按体编次,分五言古诗、七言古诗、五言律诗、七言律诗、五言绝句、七言绝句六种诗体,共选宋元明三朝诗人 163 家,诗 287 首,其中选宋代诗人 64 家 132 首,几乎占选入总数的一半,可见作者对宋诗的推崇。苏轼 25 首,居第一,次陆游 22 首,次王安石 8 首,次范成大 7 首,次欧阳修 5 首,余皆不足 5 首。是选除选录苏轼、陆游、王安石等大家外,还选了很多籍籍无名的诗人,如葛天民、郭祥正、家铉翁、吴仲孚、宋伯仁、张弋等。

是选有诗人小传,其材料主要来自《宋史》本传,如黄庭坚传云:"黄庭坚,字鲁直,洪州分宁人,举进士,历起居舍人。绍兴初,贬涪州别驾,黔州安置,建中靖国初,召还,知太平州,复除名,编管宜州,自号山谷老人。有《豫章集》三十卷,别集十四卷。"诗歌有注音,如黄庭坚《题竹石牧牛》"箠"注音云:"音垂,驱牛策也。""鹬苏"注音云:"音斛速,恐惧貌。"有注释,如《题竹石牧牛》"峥嵘"注云:"高峻貌,小峥嵘,谓石也。""篁"注云:"竹丛也。"词语有释义,如陆游《临安春雨初霁》云:"细雨,水沸貌。分茶,品之优劣也。"王安石《次韵平甫金山会宿寄亲友》云:"桴,编竹木为舟也。扶桑,神木名,古谓为日出处。"评语也颇具特色,一是从总体上评价诗人,如评王安石云:"介甫诗文,颇有奇气,此诗骤字一韵,逼似盛唐人手笔。"评范成大《鄂州南楼》云:"返虚入浑,积健为雄,诗境似之。"评苏轼诗云:"苏轼诗,大隐本来无境界,北山猿鹤漫移文,与此意同。"评范成大云:"情深似水,不减文通《别赋》。"二是对具体的作品作出总体评价,如评戴复古《山中小憩》云:"诗骨崚嶒,读此想见其为人。"评欧阳修《春日西湖寄谢法曹歌》云:"感物怀人,深得风人之旨。"评苏轼《腊日游孤山访惠勤惠思二僧》云:"苏轼子瞻谪居杭州,惠爱及民,又以其暇疏浚西湖,后世实利赖之,正不以模山范水,提倡风雅已也。"评晏殊《寓意》云:"心有所触,托之于诗,秋水伊人,同一寄慨。"三是就诗作的具体章法作出评价,如评黄庭坚《何氏悦亭咏

---

① 王文濡《宋元明诗评注》卷首,民国五年上海文明书局铅印本。
② 王文濡《宋元明诗评注》卷首,民国五年上海文明书局铅印本。

柏》云："统首借柏喻人，起四句，言天所赋，与贤愚皆同，次二句，言或为利禄所诱惑，致改其所守之操，末二句，结到守真之士，终与凡夫不同，所谓岁寒然后知松柏之后凋者也。"评陆游《对酒》云："对景写怀，一结尤见旷达。"评秦观《邗沟》云："确是江都风景，不能移易他处。"是选选录情况如下表所示。

表 14 《宋元明诗评注》

卷数	朝代	诗人数/家	诗作数/首	总数	卷数	朝代	诗人数/家	诗作数/首	总数
卷一五言古诗	宋	10	16	28家42首	卷四七言绝句	宋	16	35	35家58首
	元	6	13			元	6	7	
	明	12	13			明	13	16	
卷二七言古诗	宋	11	18	28家41首	卷五五言律诗	宋	15	25	25家54首
	元	7	10			元	5	6	
	明	10	13			明	5	23	
卷三五言绝句	宋	6	6	15家17首	卷六七言律诗	宋	6	32	32家75首
	元	4	4			元	6	13	
	明	5	7			明	20	30	

6.《修身诗教》

贾丰臻辑。民国六年（1917）上海商务印书馆铅印本，凡四卷，共三册，有序言和总目。贾丰臻，字季英，上海人，生平仕履不详。书前有贾丰臻序，贾丰臻《修身诗教序》云："孔子曰'其为人也，温柔敦厚，诗教也'。又曰'诗可以兴，可以观，可以群，可以怨'。王文成公曰'古之教者，教以人伦，今教童子，惟当以孝悌忠信礼义廉耻为要务。其栽培涵养之方，则宜诱之歌诗以发其志意'。臻笃信斯言，是以于小学校师范学校课修身时，参教诗歌，以增其兴味，默察其情，似尚有功，因将前所选授者，增若干篇，别为章节。"[1] 贾丰臻强调是选选录的标准是"温柔敦厚"，并用之于现在学校的教育。是选体例以类编次，共分为己、家庭、社会、国家四大类，其中第一章为己，分劝学、立身、知足、节廉、勤俭、杂戒；第二章为家庭，分父母、兄弟、夫妇；第三章为社会，分朋友、仁爱；第四章为国家。是选将每章的主要内容作了简要的

---

[1] 贾丰臻《修身诗教》卷首，民国六年上海商务印书馆铅印本。

诠释，《凡例》云："是编悉本教育主义，是故除道德教育当然注重外。第一章之勉学，知足、勤俭则职业教育主义也。第三章之仁爱，则人道教育主义也。第四章之忠义勇敢，则军国民教育主义也。""是编选择贵新颖而合适宜，凡思想太旧，不适于伦理教育之新趋势者，概不录入。"现藏江西省图书馆。

7.《如话诗钞》

朱骏声辑。民国十年（1921）上海广益书局铅印本，不分卷，共一册，无评点，为新式标点。朱骏声（1788—1858），字丰芑，号允倩，江苏苏州人。著有《说文通训定声》《小尔雅约注》《春秋左传识》《离骚赋补注》等。朱师辙（1878—1969），字少滨，祖父为朱骏声。书前有朱骏声弁言，朱骏声《如话诗钞弁言》阐释了是选命名的缘由："诗本性情，小诗尤以性情为主，而加之风趣，非如排律之贵在重歌行之宜奥衍也。余览说部书，遇韵语之婉约可风，涉笔成趣，其音朗朗可诵者，或言虽近而有关世道人心者，自唐宋迄今凡七言截句，皆笔录焉。积久成帙，因汰其稍冗者十之三，校而刻之，得如干首，以公同好，曰：如话者，谓可谈笑而道也。"① 书后有朱师辙跋，朱师辙《如话诗钞跋》云："先大父著述几百种中有如话诗钞一卷，录自唐迄有清说部韵语凡七绝二百四十七首，七律十首，大抵婉约可讽，涉笔成趣，言近旨远，有关世道人心者，皆白话诗也。偶一检读，令人神怡鼓舞兴趣勃发，感人之深，逾于鸿文丽句，信古乐府之流也。"朱师辙具体说明了是选编撰过程、编辑体例和总体规模。是选体例按体编次，仅选七言绝句和七言律诗两种诗体，共选唐代到清朝诗歌247首。现藏上海图书馆。

8.《精选评注五朝诗学津梁》

邹弢编。民国十年（1921）上海新书社、苏州振新书社石印本，凡十二卷，共三册，有序言、总目和凡例。邹弢，梁溪（今江苏无锡）人，生平仕履不详。书前有邹弢序，邹弢《精选评注五朝诗学津梁序》云：

> 吟咏一道，所以感发人之志趣，涵养人之性情，故《三百篇》中虽多劳人思妇、忠臣孝子之言，而其旨归于正。孔子曰："诗可以兴，可以观，可以群，可以怨。"又曰："不学诗，无以言。"惟中国学无专师，执授所易揣摩者，惟《唐诗三百首》及《宋元明三百首》，其余不过别裁与各家选

---

① 朱骏声《如话诗钞》卷首，民国十年上海广益书局铅印本。

<<< 第五编　民国宋诗选本提要

本，及专集而已，所刊本中体例韵律未免庞杂，且多拘于旧法，一三五不论之说，以拗律为通行初学之苦于无从，指南惟有承伪袭谬，摸索于冥黑之径，憯然于银根亥豕而已。余年来所编诗学捷径诗词学速成指南，亦只示作诗律法，而吟社之读本，尚付阙如。且改国以阿里，学界多喜浅近文字，国粹沦胥，甚至粗妄庸奴，以先圣先贤，绪余谓祸及学界不能普及进行此等妖言，固不足诛，然文字菁英已大遭抨击矣。①

邹弢序具体说明了编撰是选的缘由，为了抵制当时西方文化的入侵，为保存国粹，故有是选。《凡例》四则：

欧风东扇，国粹沦胥，光复以来，爱皮西提之流，为子曰诗云之劲敌。近四五年内，学潮奋勇，群以凤学为难精，谓古人词章非淬。历数十年，不易升堂入室，如此荒弃岁月，糜烂精神，使教育不能遍及国民，实为文字界之巨祸。故欲改新浅之法国语也、方言也、捷记也。凡经书词章，政府亦提倡废置，而根底之学，悉不研求。再阅若干时，皆作崔协没字碑中人物，害及于吟咏，何可胜言，余故设函授词章学校，名曰保粹，冀留一发于千均云。

词章一道，为我国之文中之美，非粗率者可以浅尝。而诗学尤为普通。近来有志学诗之尤少门径，古所选读本，除《唐诗三百》之外，惟宋、元、明诗，且列古体于首编，使学者望尘弗及。此编则先列近体，由五七绝，然后五七律，然后五古，而七古，自浅及深，庶读者收循序之效。

此编广选，唐、宋、元、明、清五朝之诗，间或加以评注，惟古体不限于唐，故自汉魏以后，让清别选一卷，编入其中，使学者得窥门径。

明清两朝，驾唐轶宋，为诗学极盛之时代。故所选之作，较多于宋元，且其中有清初及乾嘉后之诗，为他人选本所未见。②

《凡例》说明了三个方面的内容：欧风东渐，国粹沦胥，是选意在保存国粹；交代编选体例，由浅入深，便于初学；作者认为有清一代之诗，成就并不低于宋元，故加以多选。是选体例按体编次，分五言古诗、七言古诗、五言律诗、七言律诗、五言绝句、七言绝句六种诗体，选唐宋元明清五朝诗作。选宋

---

① 邹弢《精选评注五朝诗学津梁》卷首，民国十年上海新书社、苏州振新书社石印本。
② 邹弢《精选评注五朝诗学津梁》卷首，民国十年上海新书社、苏州振新书社石印本。

代诗人78家123首,其中陆游25首,居第一,次苏轼20首,次范成大14首,次王安石10首,次欧阳修7首。是选有精要的评述,或论其风格,或言其诗法,或论其思想,如评陆游《春雨》云:"寥寥数语,寄慨遥深。"评罗公升《送归使绝句》云:"起两句对偶工稳,饶有唐韵。"评范成大《双燕》云:"神韵俱远。"评欧阳修《晚过水北》云:"结句颇有逸致。"评王安石《南浦》云:"一结大有画意。"评王安石《秣陵道中》云:"世称王安石变新法无效,饮恨而卒,观此诗益信。"评苏轼《初入庐山》云:"清气飘然,纤尘不染。按,此时公被贬,而诗意了不关心,真是达者。"现藏国家图书馆、上海图书馆、南京图书馆、浙江省图书馆。

9.《新体广注古今体诗自修读本》

张庭华辑。民国十年(1921)上海广文书局石印本,凡七卷,共三册,有《编辑大意》和总论。张庭华,生平仕履不详。书前《编辑大意》极为详细地论述了选辑是选的缘由、体式、选录的具体情况以及选诗宗趣:

> 本编为初学诗者自行研究之用,首歌谣,取其句无定式,字数又少,不讲平仄,随口叶韵而已;次古诗,取其句式虽定,不用对偶,不重平仄,亦仅取叶韵而已;次近体诗,凡关于人力之所有事,如格律、声调、对偶、词藻、押韵之范围,始于此一一讲究焉,而诗体乃大备。
>
> 本编次序,虽以体分,然在各体中仍自分时代,歌谣自上古谚语迄今隋唐童谣,古诗自魏晋六朝以迄满清,近体诗自初唐以迄满清,共得二百四十余首。
>
> 虽比之蘅塘居士所选唐诗,尚差数十首。但初学于此果能熟读深思,已尽得诗家入门之秘诀,而不患其少矣。
>
> 诗首重性灵,纪律声调,皆后起之事,故本编所选,皆取词意轻灵,老妪能解者,以便初学读时,既多趣味,作时亦易模仿。①

不仅如此,是选还阐释了作诗的具体方法,极具操作性。《总论》云:

> 作诗一道,其难易浅深之阶级,殆不可以什百计,深言之,所谓质朴典奥,气息浑古,有日寝馈于斯而茫然者;浅言之,有虽老妪能领解者,

---

① 张庭华《新体广注古今体诗自修读本》卷首,民国十年上海广文书局石印本。

难言之，有殚毕生之精力以赴之，而卒未能名家者。易言之，有初学偶然道著，虽老师宿儒，亦不能易一字者，此何故哉？盖有天人之分焉。老妪能解，与初学偶然道著者，纯乎天籁也。古奥难辨，与乎终身学之而未名家者，归之人工也。

天籁自然之音，如风动竹，如雨滴蕉，无所假借，无所作为，而自臻美妙，诗之合于天籁者犹是也，彼夫不识字之人，每值看花望月，或登山临水，有所感触，发之于言，虽不成诗，亦颇具有诗意，如呼月为白玉盘，雾为山巾子之类。可知诗本人人意中所有，而为性灵中事，自来谈哲学者，未有不重诗学，正以哲学必讲性灵，而诗实抒写性灵之具耳。

若夫诗既作矣。始渐渐由天而入于人，声调也，格式也，法律也，气息也，神韵也，模仿古体也，锻炼字句也，征引典故也，切合题字也，一切皆后起之事，与性灵无关，然而困长吉于囊中，呕出心肝几许，遇杜公于山下，可怜瘦骨崚嶒，后起之功夫，虽穷年累月为之，未有能造其极，跻其颠者。①

次为具体作诗之步骤和章法，即《学诗法》云：

学诗必先读诗，诗之缘起，起于歌谣，故必先取古歌谣之语意明白者，约数十首，读之烂熟，盖歌谣虽不调平仄，其句法亦三字、四字、五字、七字长短不定，而韵则无不叶。且章法绝短，措语如白话，故读之易熟易记。

熟读古诗三百首，能作诗七八句，则诗趣已得。自乐为进一步之研究，且斯时于四声之练习既熟，即当与言调平仄法，调平仄首重读法，而五七言律诗之平仄调法，皆有一定，即其读法亦有一定。

引典用事，为作诗所不可少，即寻常字面，亦须雅驯，此在初学古诗，可以不讲，若作长篇古风，遂不能免，况近体诗之要讲对仗，不易白描乎。用事之最上乘者，能使事如己出，了无痕迹，杜少陵云："作诗用事，要如禅家语，水中著盐，饮水乃知盐味，此诗家秘要也。"②

总论具体说明了"用事"的方法。是选体例按体编次，分五言古诗、七言

---

① 张庭华《新体广注古今体诗自修读本》卷首，民国十年上海广文书局石印本。
② 张庭华《新体广注古今体诗自修读本》卷首，民国十年上海广文书局石印本。

古诗、五言律诗、七言律诗、五言绝句、七言绝句六种诗体，共选上古到清朝诗歌 185 首，其中卷一至卷二五言古诗 40 首（宋诗 2 首），卷三七言古诗 35 首（宋诗 10 首），卷四五言绝句 21 首（宋诗 5 首），卷五七言绝句 34 首（宋诗 5 首），卷六五言律诗 27 首（宋诗 6 首），卷七七言律诗 28 首（宋诗 11 首）。是选共选宋诗 39 首，占选入总数的 16%，陆游诗 20 首，居第一，次苏轼 8 首。是选之注释颇为详细和特别，如苏轼《书晁补之所藏与可画竹诗》云："'与可画竹时，见竹不见人。岂独不见人，嗒然遗其身。其身与竹化，无穷出清新。庄周世无有，谁知此凝神。若人今已无，此竹宁复有。'那将春蚓笔，画作风中柳。君看断崖上，瘦节蛟蛇走。保时此霜竿，复入江湖手。晁子拙生事，举家闻食粥。朝来又绝倒，谀墓得霜竹。可怜先生槃，朝日照苜蓿。吾诗固云尔，可使食无肉。"晁补之云："晁补之，字无咎，自号归来子，直隶巨野人，苏轼称其博辩俊伟，著有《鸡肋集》五十卷。""嗒然"句注云："忘怀也，此言并其身而忘之。""凝神"句注云："《庄子》'用志不分，乃凝于神'。末句言世无庄周，则此凝神之竹，无人识之。"总论云："世无庄周不能知凝神之理技也，而进乎道矣。诗仅仅八句，已说尽与可画竹之长。"评陆游《晓坐》云："中四句描写眼前景物，字字熨帖，又微寓静极生动意。"评陆游《幽居初夏》云："六句写景都写初夏，末联意似伤老，实因念旧之情深也。"评苏轼《腊日游孤山访惠勤惠思二僧》云："起五句写远景近景都到正，末句所谓难摹之清景也。"评陆游《舟中对月》云："依依两句反承别故人，偏于无情中生出情来，清绝。"现藏上海图书馆。

10.《白话唐宋古体诗百首》

凌善清辑。民国十年（1921）中华书局石印本，不分卷，共一册。有序言和总目，无评点，新式标点。书前有凌善清序，凌善清详细介绍了是选编撰的相关问题和新旧诗之间的关系。其一，分析旧诗之弊和编选的缘起。《白话唐宋古体诗百首序》云："旧诗有近体古体两种的做法。近体中的律诗，格律太严，还要讲对仗，在现今时代，当然不能适用。绝句格律，虽不如律诗的麻烦，但是每首有句数的限制，每句有字数的限制，仍是词句浅显，同现在的新体诗比较，总是还嫌拘束。所以我选了《白话唐诗五绝百首》、《白话宋诗七绝百首》、《白话宋诗五绝百首》之后，又选了一本《白话唐宋古体诗百首》。""但是还有一层意思，古诗既然多是些普通语言，为什么不选古诗，要选唐宋人的古体诗？这也有两个缘故：一是语言的变迁，同年代相比例，年代益远，变迁益甚；唐宋人的语言，自较汉魏人容易领会。二是选了唐宋人的古体诗，可以同那唐宋人的五七言绝句，成了一个统系。"① 其二，说明旧诗与新诗在本质上有相通之处。《白话唐宋古体诗百首序》云："古体诗同新体诗相比，在字面上看起来，好像是立于反对的地位。那里晓得他两方面的性质，却是相同，好像是一对好朋友，不过一个年纪大些，一个还在幼稚时代。"② 其三，论述新旧诗之间的龃龉之处。《白话唐宋古体诗百首序》云："现在讲新旧诗的人，不从根本上研究，横竖各立着一面旗帜，你讥笑我，我也讥笑你，其实做得过了火，反而引起许多的阻碍。如照着旧的一方面说：'白话一定不能作诗'，那么中国的古诗，本来多是些普通语言，不过到了后世，言语变迁，就觉得有些古奥；现在的新体诗，过了千百年之后，又安知后人不当他古诗读呢？如照着新的一方面说：'旧诗多是腐败，没有保存的价值'，胡适之总算现在一个会做新体诗的了。但是他很读过几本旧诗，他做的新体诗里面，也时常有融化旧诗的痕迹露出来，他的《尝试集》的命名，还引了陆放翁的'尝试成功自古无'一句诗，作一个转语，发出一番议论来。可见得做新体诗的人，如肯把旧诗研究一下子，也很有些益处。不过要能够活用，不要死板法，入了他的窠臼就是了。"③ 其四，论述选诗宗旨。《白话唐宋古体诗百首序》云："旧诗中的古体诗，又可分五古、七古、歌辞等数种。五古、七古每句的字数，虽有限制，但是语句的多少，尽可随意，韵脚也不论平声仄声，可以两句或四句一换，比着绝句，是自由的多了。至于歌辞，连句子也可以长短听便，如岑参的《蜀葵花》，冯著的《洛阳道》，白居易的《潜别离》，徐照的《促促词》，邵定翁的《禽言》，同现在的新体诗，找不出什么分别。所以这本《唐宋人的古体诗》，简直是一本唐宋人的语体诗，加了白话两字，很是该当。"④ 是选体例以人编次，共选唐宋诗人59家，诗100首，其中唐代诗人37家58首，宋代诗人22家42首。宋代诗人张耒、戴复古最多5首，次苏轼4首，次徐照、徐积各3首，次苏舜钦、杨万里、邵定翁、陆游、黎庭瑞各2首，次王安石、程俱、陈与义、孔平仲、梁栋、唐庚、谌祐、郑侠、许方、范成大、陈造、焦焕炎各1首。是选除选辑著名诗人李白、杜甫、白居易、苏轼、陆游、杨万里、范成大、戴复古等外，还选有贾曾、李廓、邵谒、黎庭瑞、郑侠、许方等不甚有文名的诗人。现藏上海图书馆。

---

① 凌善清《白话唐宋古体诗百首》卷首，民国十年中华书局石印本。
② 凌善清《白话唐宋古体诗百首》卷首，民国十年中华书局石印本。
③ 凌善清《白话唐宋古体诗百首》卷首，民国十年中华书局石印本。
④ 凌善清《白话唐宋古体诗百首》卷首，民国十年中华书局石印本。

11. 《评注历代白话诗选》

胡怀琛辑。民国十一年（1922）上海崇新书局铅印本，有序言、总目和评语，为新式标点。书前有胡怀琛序，胡怀琛《评注历代白话诗选序》云：

> 我以前曾选了一部《唐人白话诗选》，那部书所选的都是唐人的诗，所以再选这一部，自从上古，直到现代各朝的诗都选在内。我这书，为便于诵读起见，先拿体例分部，第一卷是歌谣，第二卷是五言绝句，第三卷是七言绝句，第四卷是无言古诗，第五卷是七言古诗。律诗完全不选。原来绝诗的名目，本来至唐朝才有，但是在南北朝时已开端了。其实五言绝诗，在汉朝时也有了，不过不曾成为一种体裁，不曾有个专名罢了。从前的人，都把他当古诗看，我却把他当绝诗看。是歌谣不是歌谣，也没有很清的界限，断不是在形式上可以分得出。我这里的歌谣一卷，也不过大概以为完全天籁的算歌谣，稍加一些人力，便算是诗。其实这是很难界限的，读者不可拘泥。宋朝有过严沧浪，以禅说诗，也是极其透彻。禅本无法可说，一说法便不是法，诗也无法可说，一说法便不是法。所以读诗的人，不可存了一个诗如何作法的观念，读诗的人也不可存一个这诗怎样解的观念。读诗最好是自己选，他人选的无论怎样好，总是不对，因为同是一首诗，各人的环境和性情不同，对于此诗便生出各种不同的感受，如此说来，怎能拿我的感想勉强他人和我相同呢。①

胡怀琛序，一是说明了编撰此书的缘由，二是说明了此书的编撰体例，三是说明了绝句的起源。是选体例按体编次，分歌谣、五言古诗、七言古诗、五言绝句、七言绝句五种诗体，共选从上古到现代诗歌 656 首，其中卷一歌谣 36 首（宋诗 3 首），卷二五言绝句 100 首（宋诗 14 首），卷三七言绝句 285 首（宋诗 77 首），卷四五言古诗 144 首（宋诗 9 首），卷五七言古诗 91 首（宋诗 9 首）。是选共选宋诗 112 首，其中陆游 13 首，杨万里 12 首，范成大 7 首，中兴四大诗人共 32 首，约占选入宋诗总数的三分之一，可见编选者比较推重南宋诗人。是选有注释，如注戴复古《江村晚眺》之"渔舟刀"即"渔船"、"阁"同"搁"，范成大《横塘》之"横塘"即在"今苏州"，范成大《喜雨》之"长鬓"谓"仆人"。诗后附有评语，主要摘自前人的诗话，如评苏轼《书鄢陵王

---

① 胡怀琛《评注历代白话诗选》卷首，民国十一年上海崇新书局铅印本。

主簿所画折枝》云："前八句写画中小景。若人，指王主簿。毫楮，即纸笔。双翎，言写之双羽。低昂枝上雀，言雀栖枝上，随风摇动，时高时低。清人有诗云：'风枝摇倦雀'，即从此句化出。三四两句是一气，言因花枝低昂，故花上宿雨摇落。五六两句是一气，言雀栖枝重，故枝向下垂；雀起枝轻，故叶向上举。此等描写入神处，读者自当细心领会，切勿随便看过。"评谢翱《效孟郊体》云："孟郊，字东野，唐朝人。此诗是学孟郊体。荇藻是一种水草，一二两句言月夜庭中柏影，犹如水中荇藻。牵牛，星名。末两句言风吹孤树，树上鸟巢摇动，如在波涛之中。或说风吹孤树，树叶之声，如波涛之声。此解不确。因为既是孤树，虽然风来有声，也不至于风如波涛。且上句'空巢'二字，和下文毫不相干，恐有人误解，特为揭出。"评周紫芝《五禽言》云："禽言是以鸟声谐作人言，如婆饼、焦泥、滑滑等便是。五禽言是说五种禽言，倘作诗不限五首，只单称禽言。禽言诗是借禽言发挥自己的言论。第二首，末句第二两字，读去声，作落字或下字解；花斑，犹言花花绿绿。第三首，葫芦皆是盛酒之器，太岁即纪年的甲子。"现藏上海图书馆。

12.《中国诗选》

蒋善国辑。民国十一年（1922）铅印本，凡二卷，共一册，无评语、注释。蒋善国（1898—1986），黑龙江省庆安县人。1925年毕业于南开大学。曾任清华大学研究院导师梁启超的助教、河北省立女子师范学院教授、房山县长等。著有《中国文字之原始及其构造》《汉字的组成和性质》等。书前有蒋善国序，蒋善国《中国诗选序》云："我这部诗选虽然结果不甚完善，却是十万余本诗底里面选出来的。半年时间已阅了十分之久，后又继续选删了二年。本书于民国九年初秋选，九年岁末选完了九万余本。十年春又蒙赵幼梅先生、由严先生处拿去，给我看了一次，十年夏又蒙梁任公先生帮助我增删次列。十一年求蒙胡适之先生帮助我增删。"[①] 蒋善国说明了编撰是选的历程和缘由。是选体例以人编次，共选诗990首，其中上卷自《击壤歌》选起至薛道衡止，选诗465首；下卷自太宗选起至黄遵宪止，选诗525首，其中宋诗36首。现藏苏州图书馆。

13.《历代女子白话诗选》

徐珂辑。民国十二年（1923）中华书局石印本，有序言、总目和评语，为新式标点。徐珂（1869—1928），原名昌，字仲可，浙江杭县（今属杭州市）

[①] 蒋善国《中国诗选》卷首，民国十一年铅印本。

人，光绪十五年（1889）恩科举人，官内阁中书，撰有《清稗类钞》等。书前有徐珂序，徐珂《历代女子白话诗选序》云：

> 近来新文学家主张，诗体的解放，作诗往往不拘句法的长短，不问声音的平仄，并且不讲究押韵，所以现在盛行的新诗，每与西人所作的自由诗相仿佛。因为新诗只求把目前的景物描写得真切，把自己的情趣发挥得明白。并不在音韵上做工夫。所以毫无拘束，人人喜欢做，风行一时，成为一种真正的平民文学。
>
> 但是《女子白话诗选》，尚不能解放到这个地步，我现在选的这一部诗，都是从前女子们做的，句法的长短有一定，声音的平仄也有一定，而且多是有韵的。
>
> ……
>
> 诗是美术的文字，是不错的，凡是美术的文字，一定要能够引起审美的感觉，所以作诗总要有音韵，并且象音乐一样有节奏才行。女子们，原是富于审美能力的人，他们作诗，倘能够依着一定的句法，有一定的音韵，自然就更容易发挥她们的本能。我为此，选了这本书出来，供大家参考。
>
> 所选的这些诗，都是意思清楚，文字浅近，和白话一般的。这就是把文言放低，白话提高。打通白话和文言的这一关的意思。照我看来，这才是女子白话诗的标准呵。①

徐珂说明了编撰是选缘由，是因当时平民文学的盛行，还说明了何谓"白话诗"。是选体例按体编次，分七言古诗、七言律诗、七言绝句和长短句四种诗体，共选唐代至清朝诗歌181首，其中唐诗1首，宋诗5首，金诗2首，明诗17首，清诗156首。是选对诗作有简要注释，如施伯仁《水栏》云："近水人家小结庐，轩窗潇洒胜幽居。凭栏忽听渔榔响，知有小船来卖鱼。""水栏"注释云："临水的栏杆。""庐"注释云："房屋。""轩窗"注释云："长廊有窗的是轩。""渔榔"注释云："捉鱼人所敲得木。"现藏南京图书馆。

14.《历代白话诗选》

徐珂辑。民国十四年（1925）商务印书馆出版，不分卷，共一册，无序言和注释，为新式标点。是选体例按朝代编次，每个朝代之中又按体编次，分五

---

① 徐珂《历代女子白话诗选》卷首，民国十二年中华书局石印本。

392

言古诗、七言古诗、五言律诗、七言律诗、五言绝句、七言绝句六种诗体，共选晋代到清代诗1503首，其中晋诗2首，唐诗149首，宋诗412首，金诗16首，元诗83首，明诗342首，清诗350首。宋诗选412首，几占全选总数的三分一，可见编选者十分重视宋朝多通俗易懂的白话诗作，这也比较符合宋代诗歌创作的实际情况。现藏江西省图书馆。

15.《古今诗宗》

上海世界书局辑。民国十五年（1926）上海世界书局石印本，凡七卷，共二册，无序言和凡例，有评语。是选体例按体编次，分歌谣、五言古诗、七言古诗、五言律诗、七言律诗、五言绝句、七言绝句七种诗体，共选自上古歌谣到清朝诗歌241首，其中歌谣28首，魏晋诗3首，唐诗108首，宋诗28首，元明清诗74首。是选有简要的评语，如评苏轼《书晁补之所藏与可画竹三首》云："诗仅八句，已说尽与可画竹之长，是以少许胜人多许也。"评黄庭坚《临河道中》云："前半作梦中语，情景宛然，觉来两句是前后关键，随将兔丝为喻结出自己身分，章法绝佳。"评陆游《陶山遇雪觉林迁庵主见招不果往》云："句法瘦硬有神。"评陆游《晨起》云："题目只于第三句一点，手法高妙。"评邹登龙《岁晚怀愚斋赵叔愚壶山宋谦父》云："首两字用叠，与古诗'青青河畔草'同一格调。"现藏南京图书馆、浙江省图书馆。

16.《古今诗钞》

荫轩氏辑。民国十五年（1926）马钟琇味古堂抄本，凡一卷，共一册，无序言、总目和评语。因该书腐蚀较为严重，字迹模糊，辨识十分困难。是选体例按诗体编次，分七言律诗、五言绝句、七言绝句三种诗体，共选诗歌48首（无法考知姓名），当为随手抄录。价值不大。现藏国家图书馆。

17.《桐江钓台集》

严懋功辑。民国十五年（1926）晓霞书屋丛刊本，凡十二卷，共四册，无序言、注释和评点。严懋功，原名承志，江苏无锡人，生平仕履不详，编有《清代征献类编》等。是选体例按诗体编次，每个朝代之中又按体编次，卷一和卷二残缺，卷三五言律诗选宋代诗人20家24首，卷四七言律诗选宋代诗人14家15首，卷五五言绝句选宋代诗人4家8首，卷六七言绝句选宋代诗人12家13首，卷七为诗余，卷八为赋，卷九为传、赞、论、辩，卷十为碑记，卷十一为序、跋、杂文，卷十二为丛考。是选共选宋代诗人50家，诗60首。现藏苏州图书馆。

18.《中国女子白话诗选》

张友鹤辑。民国十六年（1927）上海商务印书馆出版，不分卷，共二册，无总目和评注，为新式标点。张友鹤，生平仕履不详。书前有张友鹤序，张友鹤《中国女子白话诗选序》云：

> 女子是富于感情的，所以他们的笔下能流露出更真切、更诚挚的文思。白话或最浅近的文言，用来表示情感，比较古奥的、堆砌的文言要流利自然得多，而且在其他方面，女性是受压迫的，国亡产生不少悲哀的文学，作品完全是血与泪所构成的，存留在天地间，女子的恋爱诗，其措辞的委婉曲折，写情的缠绵细腻，更非其他作家所可望其项背的。①

张友鹤对女子爱情诗赞赏有加，认为女性诗人在艺术表现上的委婉细致，是男作家所无可比拟的。是选以女子诗作为限，主要选录通俗易懂的诗歌，是继徐珂《历代女子白话诗选》之后，又一部专门选录女子诗歌的白话诗歌选本。是选体例按朝代编次，每个朝代之中又以人编次，共选周朝至清朝诗歌310首，其中周朝诗2首，汉诗1首，魏晋南北朝诗35首，隋朝诗5首，唐诗74首，宋诗34首，辽诗1首，元诗18首，明诗70首，清诗70首。宋代女诗人中，选朱淑真诗23首，此外还选有李清照、蒨桃、温婉、丁渥妻、陈梅庄等人的诗。现藏天津图书馆。

19.《历代女子诗集》

赵世杰辑。民国十七年（1928）扫叶山房印行，凡四册，共八卷，有序言和凡例，有些诗作有简洁评语。赵世杰，生平仕履不详。是选体例按朝代编次，每个朝代之中又按体编次，分古歌、五言古诗、七言古诗、五言律诗、七言律诗、五言绝句、七言绝句七种诗体，共选上古至清朝诗人485家，诗1090首，其中卷一古歌42家131首，卷二五言古诗69家119首（宋诗4首），卷三七言古诗52家84首（宋诗5首），卷四五言绝句69家125首（宋诗32首），卷五七言绝句72家166首（宋诗64首），卷六七言绝句81家192首（宋诗53首），卷七五言律诗51家84首（宋诗22首），卷八七言律诗49家189首（宋诗44

---

① 张友鹤《中国女子白话诗选》卷首，民国十六年上海商务印书馆出版。

首)。宋诗共选录224首,超过全选总数的五分之一,体现了编选者比较融通的诗学观。是选对所录诗作的诗歌风格有总体性的评价,如评朱淑真《秋日行》云:"形容秋空入妙,景色自佳。"评朱淑真《书窗即事》云:"情思如画。"评崔球妻《寄外》云:"凄婉。"现藏南京图书馆。

20.《古今诗范》

吴闿生辑。民国十八年(1929)文学社刻本,凡十五卷,共四册,无序言,有墨笔圈点和批注。吴闿生(1877—1950),号北江,安徽桐城人,吴汝纶之子。学者尊称北江先生。北洋政府时期任教育部次长、国务院参议。著有《北江先生诗集》《左传文法读本》《孟子文法读本》《晚清四十家诗钞》等。书前有吴闿生序,吴闿生《古今诗范序》云:

> 诗者文章之一体,凡外乎文而言诗皆不知诗者也。律诗、绝句篇幅虽短,溯其源流亦出自《三百篇》、《风》、《骚》蜕化而来,而所谓《三百篇》、《风》、《骚》者,亦斯文之一种,特为有韵之文而已。故苟不知文,则诗未有能工者也。不知古诗,则律诗未有能工者也。盖托体虽异,为道则同,其分章、断句、脉络、气势、开阖、顿挫、纵横变化之法皆有自来,寻流而忘源,舍本而逐末,乌有能当者乎?杜公短律,观之仅四十字,而其吞吐烟云,包罗万象,与七古大篇笔势无异,特缩千里于咫尺,倍见其为难耳,岂得以小道视之哉!是故有欲学诗者,谨对之曰:"请自学文始。"有欲学律绝句者,谨对之曰:"请自学长古始。"学之之道当奈何?请一言以断之曰:"取法大家,熟读多作而已。"凡事皆有本原,大家者近代文家之本原,而《六经》子史又唐宋大家之本原也。彼其得为大家,亦由《六经》子史蜕化而来。而既为一代文宗,自足为后世法。吾辈有志于是,固当取大家之所作涵泳而师法之。不窥大家门户,而斤斤规摹近代小家,描头画角,俪白妃青,自以为学诗之道在是焉,不亦远乎?大家维何?曰:文则两司马、班、扬、韩、柳、欧、苏、曾、王下及近代之姚姬传、曾文正,诗则曹、阮、陶、谢、李、杜、李玉溪、樊川、昌谷、苏、黄、陆、元数家而已。彼其根柢皆植于《六经》诸子,而发挥才力各蔚然为一代之宗。吾辈于此,首当求之《六经》子史,以究其原委。子史不可尽也,则姑以《史记》、两《汉书》、《三国志》、老、庄、管、墨、荀、韩为限。而各大家之精神意气渊源宗派,皆不可不肆力研求,以冀万一之有合。此外,虽有汗牛充栋之书,足供考览之资,非文家之所先亟矣。此为文学言,即

为诗言。盖学诗者最小限度其渊源所托亦当如是。若俭陋自甘，一不訾者，仅仅寻章摘句，吟风弄月，便自以为诗人，恐自古诗人之成名无如此之易也。然学者苟得其道，专意攻文，而学诗之道即已兼得。不过于经史文家外，加以汉魏古诗及曾钞《十八家》而已足矣，其为事不亦易乎？虽然，即以曾钞一编而言，非竭十数年心力沉酣寝馈其中，敝形罢精，深知而笃好之者，未见其能有得也。则亦不得易视之矣。世有愿从事于斯者，请以此义告之。今之少年有才气者，恒曰："作诗贵自写其怀抱，自见其性情，何必效法古人，甘为古之奴隶。"且使吾所作即与杜公无异，是亦多一杜公而已，我之性情不出，则真我已失，何用此假面具为？呜乎！此不悦学者之害言也。以其言近理，颇足惑人，故不可以不辨。夫学问无论何等，非若心肆习必不克成，非独诗文为然。即诗文何莫不尔，不依仿前人之规矩准绳，万无可以自成之理。学者，学其法度也，非学其语言笑貌也。即以貌论，初学者势不能无所模拟，及其既成，则自然解脱变化，而己之才情性灵见矣。故曰"有所法而后能，有所变而后大"。此古今不易之理。且令千百人同时学杜，及其成也，则各人之性灵才力声情意态种种具在，而无一人酷肖杜氏，而没却其本来面目者焉。法度虽取之前人，而本真必不可掩，此诗文所以能传载其人而其道之所以可贵也。诸君但患不及杜耳，不患成杜后而己之真不出也。苟不取法前人，恐其横决背驰永无成就之一日而己之性灵，真乃旷世沉没不见矣。天下之学莫不如是，如师心背古果于自用，则必荡决藩篱一无所法而后可，好学嗜古之士必有不安于其心者矣。①

吴闿生序阐述了诗歌的起源、发展及各个时代诗歌的特点。是选体例按朝代编次，每个朝代之中又按体编次，分五言古诗、七言古诗、五言律诗、七言律诗四种诗体，共选汉代至清朝诗歌 735 首，其中卷一至卷六五言古诗 199 首（宋诗 11 首），卷七至卷十四七言古诗 253 首（宋诗 101 首），卷十五五言律诗 121 首、七言律诗 162 首（宋诗 49 首）。从选诗倾向上看，宋诗选入 161 首，超过选入总数的 20%，可见编选者并不排斥宋诗；宋代重要代表诗人欧阳修、苏轼、陆游均有入选。吴闿生主要从三个方面对诗人诗歌进行评价，其一，从总体上评价诗人风貌。如评欧阳修云："欧公诗以韵致见长，虽骨力稍弱，要不失为大家风范。"评苏轼云："恣意挥斥，而机趣横生，由其才力超绝，故尔横溢

---

① 吴闿生《古今诗范》卷首，民国十八年文学社刻本。

为奇。昔人评苏诗以为天马行空,最得其似。"评陆游云:"放翁七古规模东坡,而才力不逮,然其精到处,亦足自成一家。是选苏陆稍多,以其调熟,足以启示后学者途辙也。欧公往往有不自然处,不及放翁多矣。"其二,从具体诗作评价入手,以见出诗人创作之特色。如评苏轼《石鼓歌》云:"为苏之极整练者,句句排偶而俊逸之气不可掩,所以为雄。"评苏轼《王维吴道子画》云:"论画入妙,诗格亦超妙不群。"评陆游《瞿唐行》云:"语有包孕。"评陆游《山南行》云:"放翁时有恢复之思,其豪健自出天性。"评欧阳修《啼鸟》云:"收揭出主意。"其三,揭示与唐诗之间的渊源。如评陆游《绵州魏成县驿有罗江东诗》云:"后半顿开发绝大感慨,神似杜公。"评欧阳修《降守居园池》云:"公此诗亦韩法也。"评欧阳修《寄圣俞》云:"中幅以古文之气行之,但少奇崛之致。"现藏上海图书馆。

21.《名将诗钞》

张壮生辑。民国十八年(1929)铅印本,不分卷,共四册,有序言,无评语。张壮生,广西柳州人,生平仕履不详。书前有张壮生序,张壮生《名将诗钞序》云:

> 口仁义而行盗跖,曰:"藉兵权为攘夺之资。"使人有"窃国"、"窃钩"之喻,非今日之所谓军阀者乎?君子于此未尝不叹息痛恨于无穷也,无他,皆不读书之故耳。古之善为将者,说礼乐而敦诗书,对酒设乐,雅歌投壶,盖有以化其嚣凌之气而生,其礼让之心,依大树而号将军,平江南而辞使相,然后知诗礼之为功大也。余亦武人心焉,仪之爱于暇日,取古今将帅能诗者,得若干人,总诗若干首,兹编为一卷,用以刊行,其间如宋之岳武穆,明之郭定襄,清之汤忠悯,琢句之工,记问之博,虽宿学专家亦军能及。安得以武人而少之,且其人类皆清俭寡欲,家无余财,出则为国干臣,雄略盖世,即间有一二足斥弛之辈,亦自有其本末,有非今日军阀所能梦见者,是册所多批风抹月之作,而读之可以淑性陶情,潜移默化,收效甚大,岂仅投戈讲艺,息马论道,区区章句辞藻之末云哉!民国十八年秋九月柳州张壮生序。①

该序区分了"名将"与"军阀"的不同,并说明了"名将"必备的条件,

---

① 张壮生《名将诗钞》卷首,民国十八年铅印本。

揭示了编选者对古今名将的推崇之意。是选还有二则《例言》：

  汉魏以来，武将能诗者代不乏人，宋明而后尤美不胜收，不仅如《容斋随笔》及《香祖笔记》所云也，兹编所采近体为多，取其便于诵读，脍炙人口，至于篇幅过长，佶屈聱牙之作，专集具在，概不收录。

  成败论人古今同慨，一家之史，例分顺逆，时过境迁，为王为寇，不具论也。李密、黄巢何尝不善将兵，而其败则因政敌太强，政治手腕之稍逊也。其诗各家尚不废，何况其他，兹特援《全唐诗》、《宋诗纪事》之例，广加收采，冤亲平等，聚首一堂，岂不快哉！①

  第一则说明该选所录诗体主要为近体诗，第二则说明编撰的体例模仿《全唐诗》《宋诗纪事》。这是一部世所罕见的专门选录名将诗歌的选本。是选体例按朝代编次，每个朝代之中又以人编次，共选汉至太平天国名将诗人147家，诗528首，其中汉代至唐代诗人30家60首，五代诗人6家7首，宋代诗人17家38首，元代诗人6家76首，明代诗人41家123首，清代诗人44家195首，太平天国诗人3家29首。宋代诗人选17家38首，其中岳飞10首，居第一，次范仲淹4首，次刘季孙、宗泽、韩琦各3首，次赵匡义、蒋之奇、张浚各2首，次赵匡胤、曹翰、符彦节、曲端、虞允文、辛弃疾、李会伯、赵范、赵葵各1首。现藏湖北省图书馆。

22.《诗历》

  伍受真辑。民国十九年（1930）振群印刷公司铅印本，凡十三卷，共六册，有例言，无评语。伍受真（1901—1987），字稼青。江苏常州人。历任台湾东吴大学中国文系教授。著有《武进谣谚集》《稼青游记》《稼青诗存》等。书前有伍受真例言，伍受真《例言》云："宋蒲积中有《古今岁时杂咏》若干卷，其末卷专录诗题之标有月日者，但每月仅得数首，本编所辑自元旦以迄除夕逐日完备，可以补其不足。本编共十三卷，计逐月一卷，二十四节气及寒食社日等一卷，末附作者姓名、字号、籍贯。本编所采体例不分近古词意务取清新，大抵以纪游之作居多。"② 例言说明了该选的编选意图、编选体例和总体规模。是选体例按月份编次，十分新颖，共选诗827首，卷一为正月94首（宋诗26

---

① 张壮生《名将诗钞》卷首，民国十八年铅印本。
② 伍受真《诗历》卷首，民国十九年振群印刷公司铅印本。

首），卷二为二月 57 首（宋诗 19 首），卷三为三月 75 首（宋诗 22 首），卷四为四月 53 首（宋诗 13 首），卷五为五月 56 首（宋诗 14 首），卷六为六月 62 首（宋诗 14 首），卷七为七月 65 首（宋诗 20 首），卷八为八月 54 首（宋诗 14 首），卷九为九月 75 首（宋诗 16 首），卷十为十月 51 首（宋诗 15 首），卷十一为十一月 59 首（宋诗 21 首），卷十二为十二月 53 首（宋诗 16 首），卷十三为节令 73 首（宋诗 10 首）。从选诗倾向上看，选宋诗 220 首，占选入总数的 26.6%，超过四分之一，说明编选者并不排斥宋诗。现藏上海图书馆。

23.《女作家诗选》

童纫兰辑。民国十九年（1930）上海女作家小丛书社石印本，不分卷，共一册，有序言，无评语。童纫兰，生平仕履不详。书前有童纫兰序，童纫兰《女作家诗选序》云："诗，本来是一种天籁，所以首重性灵，没有性灵，决不能算是好诗……我们翻开毛诗来看，其中十之五六，是寡妇和怨女作的，而且赤裸裸地表显他们的真性情、真意识、真态度……古代的诗，本多是女子做的……女子在文艺上未必就不及男子。"[①] 此序阐述了各个时期女性作家的特点，肯定了女性作家的成就。是选体例以人编次，所选诗人既有历代有名的女作家，如班婕妤、罗敷、卓文君、徐淑、李清照、朱淑真、冯小青、柳如是、席佩兰等，也有许多普通女性，如丁渥妻、邱氏、黄氏女、刘氏、贺铸姬、谭意歌等。是选对所入选的女作家有简要介绍，如谭意歌传云："长沙名妓，后嫁汝州张生。张做官外地，意歌有了儿子，闭门独居，后因张久无音讯，所以做了这首诗。"现藏苏州图书馆。

24.《童蒙养正诗选》

泽斋老人原选、王揖唐补辑。民国二十年（1931）合肥王氏刊行本，分三集，共一册，有序言和总目，无评语。王锡元，字乐山，自号泽斋老人，江苏盱眙人。王揖唐（1877—1948），安徽省合肥市人。洪宪男爵，北洋上将。著有《逸唐诗存》《今传是楼诗话》等。书前有王揖唐序，王揖唐《童蒙养正诗选序》云：

> 第一集一百首篇幅，最简取便讽诵；第二三集，则以次进焉本温柔敦厚之旨，作兴观群怨之资，推之成人之日用伦常其道，亦不外此。

---

① 童纫兰《女作家诗选》卷首，民国十九年上海女作家小丛书社石印本。

其选录标准以足以陶淑性情，启发智德为主，若文词虽美，无当斯旨，或陈义甚高，索解甚难者，概不列入。

抑更有进者，思潮演进中外所同，将欲沟通旧新，调剂文质，则诗教尚焉。今学子竞尚新体，文学且有所谓白话诗者，庸讵知吾国古代之歌谣，何莫非民间之俚语，即《三百篇》中，亦多里巷言情之作。

可知诗教盛衰，恒与时代治化互为消长。汉唐以降，古意渐湮，然如香山之诗，老妪都解下。至乐府竹枝之类，亦以原本天籁者为多。其他专家著作明白质实，足资劝诫者触类，旁求不乏其例。①

王揖唐序说明了是选的选录标准，以诗教为准则和以"陶淑性情，启发智德为主"。《凡例》云：

本编以对于儿童，足以鼓舞其活泼进取之气概，发挥其忠实仁厚之天真，培养其高洁优美之情感为宗旨，否则文词虽美，亦不滥录。

塾师授《千家诗》、《唐诗三百首》、《万首唐人绝句》等书，唯独词旨奥赜，领悟甚难。

宫词闺怨诸什，累牍连篇，每生误解，力矫此弊。

本编分一二三集由简入繁，取便循序诵习，且为注重实用起见，概不分体。

本编专为家塾课蒙而作，如学校采用以为修身课本之辅助，或国文读本之资料均无不可，即常人诵之，亦于修身养性，不无裨益，见仁见智，是在善用为之。

本编暂定《三百首》，且为儿童诵读之，便所选者，以浅显真质为主。②

《凡例》说明了三个方面的内容：其一，本编专为家塾课蒙而作，所以入选之作"浅显真质"；其二，入选的宗旨是"鼓舞儿童活泼进取之气概，发挥儿童忠实仁厚之天真，培养儿童高洁优美之情"；其三，宫词闺怨诸什概不入选。

是选有诗人小传，如欧阳修传云："庐陵人，字永叔，号醉翁，晚号六一居士，天圣中进士，嘉祐间拜参知政事，熙宁初与王安石不合，以太子少师致仕。

---

① 泽斋老人原选、王揖唐补辑《童蒙养正诗选》卷首，民国二十年合肥王氏刊行本。
② 泽斋老人原选、王揖唐补辑《童蒙养正诗选》卷首，民国二十年合肥王氏刊行本。

卒谥文忠，所著曰《文忠集》。"是选体例按朝代编次，每个朝代之中又以人编次，共选先秦至清代诗歌300首。第一集选宋诗15首，范仲淹诗2首，邵雍诗2首，程颢诗1首，欧阳修诗1首，王安石诗1首，苏轼诗1首，黄庭坚诗1首，朱熹诗2首，王炎诗1首，范成大诗2首，杨万里诗1首；第二集选宋诗3首，邵雍诗1首，陆游诗1首，刘克庄诗1首；第三集选宋诗10首，范仲淹诗1首，张咏诗1首，寇准诗1首，邵雍1首，司马光诗1首，苏轼诗2首，黄庭坚诗1首，陆游诗2首。现藏国家图书馆、上海图书馆、南京图书馆、北京大学图书馆、清华大学图书馆、浙江图书馆。

25.《田间诗选》

张援辑。民国二十年（1931）上海商务印书馆出版，不分卷，共一册，有序言和总目。张援，生平仕履不详。书前有张援序，张援《田间诗选序》云：

> 我为什么要选这个选本？就是因为自古以来许多诗家，对于我们农家的事情，和农民的生活，非常的注意，有实写一般疾苦的，有描写田间社会的形状和各地方的田景的，也有别有怀抱，借着农的事情，发挥出来，不过散在各人的诗集里面。没有人专门选辑在一起。我国诗家里面，厌世和玩世的，固是多数，因诗直陈农民的苦况，细读之自然会感动出来，自然会生出一种救济心，也许因此可收到改正社会的功用。①

张援序具体介绍了编选是选的原因：一则是因为选辑田园诗歌尚无先例，二则是自古以来的许多著名诗人均创作过许多田园诗歌，或以此描写自然风光，或借此寄托自己的怀抱。是选体例分类编次，分作物类、园艺类、蚕桑类等十类，共选先秦到清朝诗歌1632首，其中作物类156首，园艺类455首，森林类137首，蚕桑类107首，畜牧类42首，农具类65首，虫害类10首，气候类228首，土田类15首，杂述类199首。从选诗倾向上看，园艺类选诗455首，虫害类10首，两者相差445首，由此可见编选者对园艺类、森林类诗歌的偏嗜。宋诗以范成大为巨，次陆游，次苏轼，次苏辙，次杨万里，次朱熹，这也充分说明范成大是田园诗歌的集大成者。现藏江西省图书馆。

---

① 张援《田间诗选》卷首，民国二十年上海商务印书馆。

26.《诗范》

蒋梅笙辑。民国二十年（1932）世界书局印行石印本，凡八卷，共二册。蒋梅笙（1870—1942），江苏宜兴人。历任上海震旦公学、仓圣明智大学、复旦大学、重庆大学教授。著有《庄子浅训》《国学入门》《词学概论》等。书前有狄侃序，狄侃《诗范序》云：

> 诗者，言情之利器，闲情之藩篱，可观、可兴、可群、可怨。刘禹锡所谓"片言可以明百意，坐驰可以役万景"者。古昔太史，采之以观风，藉以周知民隐，其功用固如是，其重且大也。溯诗之发源，滥觞于唐虞，极盛于周代，孔子删之，以成《三百篇》之经。此后屈宋诸子，借"美人香草"之辞，发"黍离麦秀"之感，虽离诗之形，仍袭诗之实。汉初虽重道崇儒，而因偏重经学黄老之故，不免顾此遗彼，屈指作者，苏李班张而已。至建安七子起，始稍振坠绪。有唐以诗赋取士，斯学大兴，李、杜、王、韩诸大宗匠辈出，炳炳烺烺，直凌驾前古六朝之上。六朝士尚靡丽，诗格渐卑，每多意不胜辞之徒。宋元以后，如苏长公、陆放翁、元遗山、高季迪以及吴梅村、王渔洋之作，均后起之秀，能旁搜远绍者也。今者欧风东被，人尚新理，高文典册，饱蠹覆瓿，诗之一学，更訾为雕虫小技，摈不一观，将为《广陵散》绝矣！然人为万物之灵，既不能无动于衷，即不能无所发泄。[①]

狄侃序具体介绍了编撰过程、编辑体例、诗学主张、编选宗旨。《例言》说明了是选编选的时代背景和标准："迩来妄人，耳未闻四始六义，目未睹两汉三唐，略习欧文，辄欲破坏国粹，以无声无韵之通俗语，每句提行，靦然自号曰诗。噫嗟！吾不知地球万国，亦尝有此读不成声之诗否也。厚颜至此，尚何言哉！吾将以是编为毛瑟之枪，从诸同志鼓而逐之。"是选体例分类编次，分为本情、辨体、谐声、缀韵、奇偶、致用、程序、华采八类。现藏江西省图书馆。

27.《绝妙诗选》

邵子风辑。民国二十一年（1932）长沙强立丛书出版，不分卷，共四册，有序言和评语，为新式标点。邵子风（1903—?），别号武陵，湖南常德人。任

[①] 蒋梅笙《诗范》卷首，民国二十年世界书局印行石印本。

《湘潭民报》主笔、上海商务印书馆编辑。著有《甲骨书录解题》。书前有邵子风序，邵子风《绝妙诗选序》云：

（一）第一个时期——中国诗成立之时代（汉初至隋唐）

秦末汉初，古诗蔚起，郊庙乐章，童谣里谚，皆具古朴醇雅之风。高帝崛起南土，初尚"楚声"，武帝设立乐府，采燕赵之讴，秦楚之歌，引用异族之业，得箜篌横吹等乐器，复设协律都尉，调和律吕，以合八音，由是乐府兴盛，而古诗益备，其由人文述作，创立五言者，不宜入乐，而五言古体，自是大定。及魏室当政，从曹氏父子，各以诗鸣，网罗文人，管毂一代，孔融、陈琳、王粲、徐干、阮瑀、应场、刘桢，号称建安七子，贵族文学之风，由是大炽。晋室代兴，老庄之说甚盛，佛学亦推波助澜，影响所及，文人竞尚清谈，时阮籍、嵇康、潘岳、左思、陆机、郭璞，皆各自名家，独陶渊明歌咏自然，开田园诗人之风。南北朝诗，胡华杂处，外族诗歌，因以传入，诗人亦渐崛起，其在南朝，宋有谢灵运、颜延之、鲍照、范晔之流，而谢每与陶并称；齐有谢朓，独步一代；梁有武帝倡于上，沈约、柳恽继于下，范云、吴筠、何逊，亦称健者；陈有江总、徐陵诸子，皆能继往开来，其在北朝、北魏、北齐均甚沉寂；独北周有庾信、王褒堪称巨子。

（二）第二个时期——黄金时代（唐代）

诗迄唐代，蔚成巨观，初、盛、中、晚，各具特点，乐府古体，发皇不替，而五言、七言、律诗、绝句诸体，创数千来诚格。其极盛之运，即导极美之机，论其流派则有王勃、杨炯、卢照邻、骆宾王诸家，袭南北朝诗人之习，务为华藻，成贵族文学之风，及陈子安、张九龄渐趋纯朴之美。再及李杜，工熟精纯，创前此未有之局，李白略近老庄，以绝顶天才纵情抒写，因有"游仙"之号；杜甫身历战乱，精忠报国，发为纯厚之诗，写其深挚之感，故有诗圣之称。其时助其澜者，则有王维、孟浩然、岑参、韦应物诸家，巍然一代大宗，或以豪爽，或以纯挚，或以丰腴，或以含蓄，千万极巧，直夺天工，至韩愈、柳宗元、孟郊、贾岛，各具特色；李贺以降，亦甚纯厚，而白居易讽喻之辞，闲适之作，大能深入浅出，老妪皆晓，遂有社会诗人之称，迨李商隐、温庭筠出，喜为艳诗，独成风格，或嫌浅露，难推极品，余如杜牧、高骈、司空图及贯休诸僧，皆能各树一帜，自名于时。要之，唐代诸家，独步千古，历代为诗者，未能越之，故名之曰"黄金时代"。

（三）第三个时期——继盛时代（宋代）

宋承极盛之后，诗难越前修，唯勉学唐人，尚有可观，宋初有九僧诗，欧阳修尝艳称之，而未窥其全豹。九僧之后，杨亿、刘筠诸人，互相唱和，倡"西昆体"，而卑陋无能，及苏舜钦、梅尧臣为诗，以恬淡高古胜人，力矫西昆之弊，欧阳修以散文大家，而兼诗艺，亦间有可观。迨苏轼挺立，以禅理诙谐之言，效陶潜、李白之作，别出经纶，卓然成家。维时黄庭坚、秦观、晁补之、张耒均以诗鸣，号称"苏门四君子"，尤以黄独胜，也有"苏黄"之称。陈师道、吕本中、潘大临、谢逸、洪刍数十人，师事黄法，一时称盛。宋南渡后，尤袤、杨万里、范成大、陆游有"四大家"之称，徐照、徐玑、翁卷、赵师秀，又有"四灵"之称，诸家之中，唯陆游质朴忠实，风格独高。宋末遗民，亦多健品，综其大要，尚可勉绍唐风。故名之曰"继盛时代"。

（四）第四个时期——中衰时代（金元至明末）

其后辽金入侵，扰乱中原，衣冠人物，扫地以尽，诗艺之衰，其来渐也。当时文人，除元好问外，如王若虚、赵秉文、宇文虚中之流，均极平庸，无足称道。及蒙古统一华夏，诗学仍衰，如虞集、赵孟頫、杨载诸人，大都摹拟前人，体格纤糜，诗艺之衰，至斯极矣！有明一代，亦极消沉，高启、袁凯直以诗称，力追李杜，而魄力未厚，安能成家！至王世贞、李梦阳、杨基等数十辈，尤每下愈况，不足起贵也，自辽金以迄明末，诗格日颓。

（五）第五个时期——微盛时代（清代）

清代诗学渐兴，独有造诣，其在清初，钱谦益、吴伟业、龚鼎孳，号称"江左三大家"，其所写著，间或华而不实，人多病之。迨王士禛以诗鸣海内，为一代之宗，深得《三百篇》温柔敦厚之旨，其后施润章、宋琬有南施北宋之称。查慎行、朱彝尊，皆称遒劲。屈大均、陈恭尹和梁佩兰，号称"岭南三大家"，诗艺之盛，自滋始矣。迨乾嘉两朝，名流辈出，各自名家，彪炳一时。袁枚、蒋士铨、赵翼，诗名卓著，号称"乾隆三大家"。舒位、孙原湘、王昙，次于袁枚、赵翼，称"三君"。至沈德潜、张问陶、黄景仁诸家，亦与舒、王不相轩轾。降及晚清，龚自珍、祁寯藻倡于前，陈衍、郑孝胥继于后，号称"同光派"，其为诗也，萧索寡趣。王湘绮起于湘中，间以诗鸣，樊增祥、易顺鼎，虽免流弊，最近诸贤，或以文名，或以学著，其诗艺余绪，未经定评，总逊一代诗歌。[1]

---

[1] 邵子风《绝妙诗选》卷首，民国二十一年长沙强立丛书出版。

邵子风序将中国历代诗歌划分为五个时期，并说明了划分的依据，这种划分颇有见地，足见编选者对中国诗学的发展历史把握相当准确。《绝妙诗选叙录》阐释了诗艺盛衰演变的规律："溯自诗艺肇兴，代有隆替，降及公世，寖益衰微，意或极盛之后，难乎为继，阳春白雪，造成绝响。拘陋之士。务为模拟，踵事而不能增华，警异之流。竞效西体，韵律节奏，荡然俱去，但求神似，勿论形存，本为革旧创新，遂至变本加厉，盖诗艺精义，失之偏耳。"《凡例》全面介绍了是选的编选体例、选录标准和作用。关于选诗体例，《凡例》云："是选以诗存诗，而不以人存诗。"关于选录标准。《凡例》云："诗重神韵，尚天籁，主朴质，依想象，本性情，凡缺乏真挚情感，无独到意境，以及浮浅粗疏，雕琢剽袭，乞灵于故典之作，均所摒斥。"关于编选此选的作用。《凡例》云："全书以增进读者兴趣为主，编次力避板滞"，"是书为国文补充教材之一，由历年增删而成，于个人及阅读及教学便利，均有顾及"，"诗之大源，具于《三百篇》，楚骚继其遗响，辞赋尽其骈枝，词曲民歌穷其源流，自泛义言之，风骚以下，均应选录，以穷原要"。

是选体例按朝代编次，每个朝代之中又按体编次，分五言古诗、七言古诗、五言律诗、七言律诗、五言绝句、七言绝句六种诗体，共选汉魏至清代诗歌646首，其中汉初至隋诗61首，唐诗250首，其中古体诗85首、五七言绝句129首、五七言律诗36首；宋诗130首，其中古体诗42首、五七言绝句65首、五七言律诗23首；金元明诗80首，其中古体诗36首、五七言绝句30首、五七言律诗14首；清诗125首，其中古体诗32首、五七言绝句60首、五七言律诗33首。从选诗倾向上看，宋诗130首，占选入总数的五分之一，可见编选者对宋诗的重视。是选中有少量评语，颇有艺术水准，如评徐积《哭张六》云："读此诗时，须想见作者一面哭，一面写，泪和墨，墨和泪，染出一面真挚笃厚的情感，全篇节拍急促，直让胸中一腔悲愤，痛快迸发出来，全是一片哭声。试拿这诗与下篇苏舜钦《哭曼卿合读》，便见声调急徐不同，所表现的情感，也就两样了。"现藏天津图书馆。

28.《八家闲适诗选》

周学渊辑。民国二十一年（1932）周氏师古堂刊本，凡十五卷，共六册，有序言，无评语。周学渊（1878—1953），原名学植，字立之，晚年自号息翁，浙江建德人。书前有俞寿沧和周学渊序，俞寿沧《八家闲适诗选序》云：

诗言志也，有时亦感物而动，故哀心感者，其诗幽以深；喜心感者，其诗发以散；愤心感者，其诗粗以厉；肆心感者，其诗荡以柔。四者非性也，亦非诗也。诗人之诗，必闲且适乎？或谓伊古诗人，或相或将，功在万世者，不一而足，必云身闲而心始适，心适而诗始工，岂通论哉。余曰："吾所谓闲在心，不在身也。世固未有心不闲而始能适者，亦未有身不适而能闲者。"①

俞寿沧序具体阐释了何谓"闲适诗"以及如何才能创作出"闲适诗"。周学渊《八家闲适诗选序》云："昔曾湘乡尝云，拟选陶、白、韦、杜、苏、陆六家闲适诗，以消名利好胜之心，虽有此语而未见其书，今岁自春徂东居北平养疴……举凡世间一切名利皆已淡，然所可自娱者，惟古人文字而已。七弟素能诗，因取六家集商略选定，复益以朱子、邵子二公诗。二公固不以诗名，即前六家可传之作，亦不在此数。然兹选专取闲适，则对于六家不无割爱之什。而二公品学高洁，其闲适处更有人所不及，故不妨合选之以完曾公之志。"② 周学渊序说明了编撰是选的缘由以及增加朱熹、邵雍两家诗的过程。是选体例以人编次，共选陶渊明、白居易、韦应物、杜甫、苏轼、陆游、朱熹、邵雍 8 位诗人，诗 2142 首，其中《渊明闲适诗选》一卷 78 首，《香山闲适诗选》二卷 249 首，《苏州闲适诗选》一卷 137 首，《少陵闲适诗选》一卷 141 首，《东坡闲适诗选》二卷 361 首，《剑南闲适诗选》六卷 899 首，《朱熹闲适诗选》一卷 136 首，《击壤集选》一卷 141 首。现藏南京图书馆。

29.《国难文学》

吴贯因辑。民国二十一年（1932）九月和济印书局石印本，不分卷，共一册，有序言和总目，无评语。吴贯因（1879—1986），原名吴冠英，别号柳隅，广东澄海人。清末举人。任北洋政府卫生司司长。他先后任东北大学教授、东北大学校长。书前有王卓然和吴贯因序，王卓然《国难文学序》云：

吾昔于纽约读书时，与日人某君论中国文学，某君谓日人皆能背诵文天祥之《正气歌》，及岳武穆之《满江红》一词。余始而讶之，继而思之，终而恍然悟日人之深意。夫"言为心声"，一国之文学，乃一国人民心理之反射。而人民心理之趋向，又为文学所造成。互为因果。日人之重视《正

---

① 周学渊《八家闲适诗选》卷首，民国二十一年周氏师古堂。
② 周学渊《八家闲适诗选》卷首，民国二十一年周氏师古堂。

气歌》,无非欲假炼日人之爱国心而已。人谓"爱国热"为日人之普通"神经病",无他,学校中积极训练使之然也。观日本军阀利用人民爱国狂,恃强凌弱,蔑视公理,诚堪痛恨,然其人民勇于公战,怯于私斗,视死如归,要不失为吾人之良师。值此空前国难,不知吾全国同胞能背诵《正气歌》者有几人,能具《正气歌》中之正气者更有几人。吾等要以日本人为师,毋只顾空口痛骂也。吾友吴柳隅先生,昔同事于东北大学,每谈国事,则慷慨激昂。于二十年九一八后,避难于平。痛国人之不竞,因辑国难文学若干篇,于《东北晨报》发表,期作国人之兴奋剂。余因是书足以培植国民爱国心理,医治要人好为空言不负责任大病。故请印为单行本,以广流传。吴先生诺之。他日国人顽廉懦立,雪耻复仇,则今日此书之编印为不虚矣。①

王卓然序具体交代了编撰是选的缘由,面对国难,文学界在创作上有所反映,而于选本上也不甘落后,故用选本反映国难生活。吴贯因《国难文学序》云:

> 自辽吉被占,龙江继亡,锦州撤兵,沪渎告急。金瓯已缺,长城警濒兽角之危,螃蟹横行,苍天如同鹑首之醉。河山暗淡,身世苍茫,国难之临,瞬将五月。我生之后,逢此百凶,见封豕长蛇之荐臻,忧猿鹤沙虫之俱尽。心非木石,步泽畔以行吟,眼看河山,对新亭而下泪。亦有忧时志士,热血青年,南越不庭,终军看请缨去。匈奴未灭,去病何以家为,如此男儿,果真健者,自惭未能投笔,继班超而总师干,无力执戈。从汪锜以卫社稷,哀时有泪,报国何途,楚歌非取乐之方,鲁酒非忘忧之用,浮沉岁月,斫丧精神,爰取古今关系国难之韵文,编之成帙,聊当备忘之录,亦作座右之铭。海内同胞,倘读之而有同感焉,则闻鸡舞剑,勿忘复楚之心,尝胆卧薪,必有沼吴之日,神州局面,或不致长此以终古耳。②

吴贯因序与王卓然序相辉映,叙述了国难文学发展的历程。是选体例有诗、词、书法和戏曲,以诗为主。诗歌按体编次,分四言古诗、五言古诗、七言古诗、五言律诗、七言律诗、五言绝句、七言绝句七种诗体,共选宋代至民国诗

---

① 吴贯因《国难文学》卷首,民国二十一年和济印书局。
② 吴贯因《国难文学》卷首,民国二十一年和济印书局。

407

人 51 家，诗 89 首，其中宋代诗人 14 家 21 首，明代诗人 17 家 33 首，清代诗人 6 家 11 首，民国诗人 14 家 24 首。现藏江西省图书馆。

30.《历朝七绝正宗》

袁励准辑。民国二十二年（1933）恐高寒斋石印本，不分卷，共一册，有序言和总目，无评语。袁励准（1876—1935），字珏生，号中州，别署恐高寒斋主。河北宛平人。光绪二十四年（1898）进士。授翰林院编修。民国后任清史馆编纂。著有《纫芳移谈艺》等。书前有袁励准序，袁励准《历朝七绝正宗序》云：

> 系维乐府仿自西京孝惠，改安世之乐，茂陵设协律之官，汾水绍于《大风》、《郊祀》，极于《饶歌》、《吹嗣》。是魏晋清商，齐梁侧艳，古意寖远，流风递嬗。有唐擅场绝句，谱入声，歌"黄河远上"赌画壁于旗亭，"云想衣裳"奏清平于宫掖，"渭城朝雨"之什叠出阳关，"月落乌啼"之篇于异域，大抵初唐味在酸咸之外，少陵时得竹枝之遗，王、李龙标，传播为多赏，贾嘉州亦臻大雅……坡老则脱尽天马，自比飞仙；沧浪则晚泊犊头，亦称杰作，《汴京纪事》独赏屏山，苕溪夜归，流连石帚，吴中孚下老儒之拜……综历朝尚无定本，励准爱选唐、宋、金、元、明，迄今七言绝句一百首。意寓于独忻情洽乎？共赏哀感顽艳，闻之者凄凄，荡气回肠，思之者悯悯，读者要知古趣盎然之篇章，源于伶官肄习之乐府，则固沆瀣一气，笙磬同音，尝鼎一脔，亦不愧其少已。①

袁励准序说明了是选的编撰过程、编选缘由、总体规模，并论述了唐朝至清代七言绝句的发展流变过程。是选体例按朝代编次，每个朝代之中又以人编次，共选唐代至清代七言绝句 100 首。是选主要选录唐宋七言绝句，如唐朝王翰《凉州词》、李白《越中怀古》《长门怨》《舟下荆门》《峨眉山月歌》《苏台览古》、王昌龄《西宫春怨》《送别魏三》《长信秋词》《殿前曲》《从军行》、王维《送元二使安西》、王之涣《凉州词》、杜甫《江南逢李龟年》《赠花卿》。宋代苏舜钦《淮中晚泊犊头》、王安石《北堂》、苏轼《赠刘景文》《书李世南所画秋景》《和孔密州东栏梨花》《惠崇春江晚景》、秦观《秋日》《泗州东城晚望》、刘子翚《汴京纪事》、杨万里《闲居初夏午睡起》、陆游《沈园》《示儿》、

---

① 袁励准《历朝七绝正宗》卷首，民国二十二年恐高寒斋。

姜夔《除夜自石湖归苕溪》等。现藏上海图书馆。

31.《中国历代女子诗选》

李白英辑。民国二十二年（1933）上海乐华图书公司出版，凡十卷，共一册，无序言和注释，为新式标点。李白英（1903—1981），江苏无锡人。早期曾从事通俗小说创作和民间文学研究。是选体例按体编次，分古歌、五言古诗、七言古诗、五言律诗、五言排律、七言律诗、七言排律、五言绝句、六言绝句、七言绝句十种诗体，共选汉代至清代诗歌诗 1297 首，其中卷一古歌 123 首，卷二五言古诗 121 首，卷三七言古诗 84 首，卷四五言绝句 152 首，卷五六言绝句 7 首，卷六七言绝句 523 首，卷七五言律诗 104 首，卷八五言排律 11 首，卷九七言律诗 167 首，卷十七言排律 5 首。现藏江西省图书馆。

32.《爱国诗歌》

斯民辑。民国二十二年（1933）上海南京书店出版，不分卷，共一册，无注释，为新式标点，封面有马占山将军题字。斯民，生平仕履不详。书前有斯民序，斯民《爱国诗歌序》云：

> 本书以发扬民族意识，提倡民族精神，激起人民爱国心理，共同应付国难为宗旨所选诗歌上自周秦，下迄民国凡一百五十三篇，类多名将忠臣烈士、革命家，诗人之名著，其词慷慨激昂，悲壮雄浑，富有民族思想，国家观念，是以激发人民之志气，而有杀敌效果，舍身卫国之精神。本书所编，对于艺术方面亦甚注意，以备学校系为诗歌教本，及爱好文艺者诵览。①

此序说明了是选编选的时代背景和选录标准，爱国主义是选入是选的前提条件。是选体例按朝代编次，共选战国到民国时期诗歌 153 首，其中战国到隋朝诗 16 首，唐诗 38 首，宋诗 51 首，元诗 1 首，明诗 34 首，清朝至民国诗 10 首。现藏江西省图书馆。

33.《田园诗选》

涂闻政辑。民国二十二年（1933）出版，不分卷，共一册，有序言，为新

---

① 斯民《爱国诗歌》卷首，民国二十二年上海南京书店。

式标点。涂闻政（1898—1955），江西丰城人，曾在江西省立南昌一中任教，集资兴办私立鸿声中学。是选是继张援《田间诗选》之后又一部以"田园"题材为编选对象的诗歌选本。书前有涂闻政序，涂闻政《田园诗选序》云：

> 考历代田园之作。散见各集，向无总录，披览颇艰，近人张援，虽有选辑，而去取未精，注释阙如。仆泛览艺林，历观诗囿，乃不揣谫陋，择其有关田园之作，撷录八百余首。按代编次，都为一集，作者小传，概据旧注。奥辞僻典，穷究本原，有此一编。庶几初学士子，省穷搜之劳，文苑作家，获探索之便，而不佞淑世之原。[①]

涂闻政指出选录是选主要有如下三种原因：一是历代田园诗作散见于各类别集之中，无人梳理；二是张援选录未精；三是张选未有注释，这是事实，所以是选有补充完善之功。

除此之外，因为涂闻政亲身体验过农耕田园生活，感受到田园生活所带来的乐趣，故而与人分享，涂闻政《田园诗选序》云：

> 仆自执铎乡校，身历场圃。暇颂《豳风·七月》之篇，陶氏《归田》之作，辄觉农家生活，别饶滋味。蓑笠耒耜，动合风雅，星晨月夕，与诸友生讲述为人淑世之旨。恒以各归乡里，寄情陇亩，化民成俗，改良树艺为勖，第恐忠言外铄，未臻彻悟，欲期笃守。端须自信，而咏叹之作，体物言情，委婉微妙，较诸庄言直喻，入人尤深。乃欲藉诗歌之涵咏，默化于无形，使之夙夜玩味。中心领悟，乐乎乡里之恬淡，而不慕都市之纷华。[②]

涂闻政选录田园诗作的体验更为真切，所选理由也更为充足。《田园诗选》有比较详细的作者小传，如陆游传云："陆游，字务观，越州山阴人。十二能诗文，荫补登侍郎，锁厅荐选第一。秦桧居次，桧不悦。明年试礼部，复置游前列。桧显点之，由是为所嫉。秦桧死，始赴宁德簿，以荐除敕令所删定官。孝宗初，迁枢密院编修。范成大帅蜀，为参议官，以文字交不拘礼法，人讥其放，因自号放翁，卒年八十五。诗稿最多，以居蜀久不能忘，统署其稿曰《剑南》，

[①] 涂闻政《田园诗选》卷首，民国二十二年铅印本。
[②] 涂闻政《田园诗选》卷首，民国二十二年铅印本。

以见志。有《剑南诗稿》、《入蜀记》、《南唐书》、《天彭牡丹谱》、《老学庵笔记》、《渭南文集》、《放翁词》。"此传详细介绍了陆游的字号、籍贯、仕履、交游、著述等情况,尤其是交代了与秦桧交恶的缘由,以及与范成大的交往情况,为我们了解陆游的生平事迹提供了比较可靠的文献材料。是选体例以人编次,共选隋朝至宋代诗人138家,其中隋代诗人10家,唐代诗人81家,宋代诗人47家。宋诗选385首,其中陆游91首,居第一,次范成大40首,次苏轼28首,次梅尧臣27首,次杨万里25首。现藏江西省图书馆、浙江省图书馆。

34.《历代诗文抄》

佚名辑。民国二十二年(1933)抄本,凡一卷,共一册,无序言和评语。是选编排较为凌乱,主要选录了真德秀、苏轼、苏辙、方孝孺、袁枚等人的诗文作品。价值不大。现藏湖南省图书馆。

35.《国难中的诗歌》

李元善辑。民国二十二年(1933)七月江西省立图书馆铅印本,不分卷,共三册,有序言,无评语和注释。李元善,生平不详。书前有《编者致辞》和李元善序,《编者致辞》云:

> 在这国难严重的当中,我想除策励自己努力于本身职务外,要抽一部分时间和精神,做一点宣传救国的工作,多叫醒几个醉生梦死的同胞,激发一些爱国的天良,增长一些民族的气节;怎样去宣传呢?讲演,怕讲不好没人来听;贴标语,怕白费力气没有人看;从事著作,惭愧!早就有这种意思,不过我只以为凭个人的理解和言论去感动人,不及一综和多数人的至理名言去感动人来得实效;洋洋洒洒的文章做宣传资料以发人猛醒,似乎还不如收集一些心灵上流露出来富有情感的诗歌入人者深。这是编辑此书的一个动机。选择材料目标:(1)能够激发爱国的思想;(2)能够淬励勇敢的精神;(3)是真正发泄爱国的情绪;(4)是披沥身受灾祸的痛苦。①

《编者致辞》具体介绍了编撰是选的原因。李元善《国难中的诗歌序》云:

---

① 李元善《国难中的诗歌》卷首,民国二十二年七月江西省立图书馆铅印本。

诗词歌曲，分开来说，固然是各有各的特色，若合拢来说，都可以叫做诗。凡诗可歌，也就未尝不可以叫做歌了。翻阅古书，如《尚书·舜典》："诗言志，歌咏言。"我根据这些书上的意思，认为诗歌二字应该是可以连接起来做一个概括的，广泛的名词用。至于"国难中"三字，我以为不仅是我们当前的环境，如此险恶，中国历史的演进，一治一乱，改朝换代，像宋明之末，我们的祖宗所备受的痛苦，也正和现在一样呢；就是唐朝也时有边疆之患，外夷来侵。若集合这四个时代有心人的作品，尽可作者在时间空间上的隔离，地位和学问的差异，但一定可以发现许多思想的相通，精神的一致；大概是因为环境给予的刺激相同，遂起相同的回应。本书分古人今人两篇，而统名之曰《国难》，意思是使读者知道有当前的国难，也有过去的国难。以见古今同慨，正好惩前毖后。编者编辑此书，还附带两种成熟的希望：（1）希望读者，不专拿此书当作一种文艺的欣赏，仍可把他当做座右铭或标语有一种深刻的涵义，深入脑筋，时加反省。准备实力，大家来挽救当前的国难；（2）希望对于诗歌有兴味的人，多发表一些关于国难中的作品。①

李元善序全面说明了编选此书的宗旨、编选体例和诗学主张。是选分上下两编，上编为古人篇，下编为今人篇。上编体例按朝代编次，每个朝代之中又以人编次，其中《木兰诗》1首，唐朝16首，宋诗30首，明诗10首，清诗9首；下编体例按体编次，分旧体诗、新体诗、有谱歌、无谱歌。是选选宋代诗人13家30首，为文天祥7首、岳飞6首、郑思肖5首、陆游2首、韩琦五世孙女韩氏1首、陈文龙1首、李若水1首、谢枋得1首、何文季1首、李春叟2首、虞伯生1首、诸葛梦宇1首、王元佐1首。现藏江西省图书馆。

36.《中华诗选》

孙怒潮辑。民国二十二年（1933）中华书局印行，凡一册，不分卷，有序言，无评语。孙怒潮（1893—1986），又名淮月，字祥海。湖南隆回县人。我国现代著名教育家、语言学家、文学家和翻译家。书前有孙怒潮序，孙怒潮《中华诗选序》云：

一、内容方面：（1）言志；（2）哀乐之情；（3）缘情；（4）摇荡性

---

① 李元善《国难中的诗歌》卷首，民国二十二年七月江西省立图书馆铅印本。

情；(5) 音乐的思想；(6) 想象的表现；(7) 高尚的情绪；(8) 敏锐的感情与丰富的想象。

二、形式方面：(1) 声律；(2) 绮靡；(3) 格律的语言；(4) 有韵的形式。

三、诗的种类：(1) 叙事诗：叙事的叙事诗、抒情的叙事诗、叙景诗；(2) 抒情诗：宗教的抒情诗、爱国的抒情诗、恋爱的抒情诗、自然的抒情诗、反省的抒情诗、祭宴抒情诗。

四、效用方面：(1) 动天地，感鬼神；(2) 生命的批评；(3) 发生快乐；(4) 志之所之；(5) 发泄哀乐之情；(6) 表现人类灵魂底创造趣味、思想感情。

五、诗是什么？诗是把美的想象、情绪和理想用了整美的言词表现出来而能使读者理解感动的一种文学。①

孙怒潮序具体说明了诗歌的内容、形式、种类、效用和诗的定义五个方面的问题。是选体例以人编次，共选《诗经》至清朝诗歌1244首，其中《诗经》选取15首，汉魏至隋诗402首，唐诗363首，宋诗96首，元诗70首，明诗100首，清诗198首。宋诗共选26家96首，王安石、苏轼、陆游各11首，欧阳修10首，林逋、邵雍、黄庭坚、张耒、陈师道、陈与义各4首，梅尧臣、苏舜钦、晁补之、秦观、范成大各3首，严羽、孔平仲、周紫芝各2首，吕本中、叶梦得、文天祥、陈造、徐照、许志仁、谢翱、李鹰各1首。从选诗倾向上看，苏轼及"苏门六君子"（秦观、黄庭坚、晁补之、张耒、陈师道、李鹰）入选30首，约占选总数的三分之一，可见编选者对苏轼及"苏门六君子"的重视。现藏江西省图书馆。

37.《诗选》

邵述祖辑。民国二十二年（1933）中华书局印行，凡一册，不分卷，有序言，无评语。书前有邵述祖序，邵述祖《诗选序》云：

> 选诗标准可以"情"与"思"两方面来说明，《诗大序》说："诗者，志之所之也，在心为志，发言为诗，情动于中而形于言，言之不足故嗟叹之，嗟叹之不足故咏歌之，咏歌之不足，不知手之舞之足之蹈之也。"由

---

① 孙怒潮《中华诗选》卷首，民国二十二年中华书局。

此，可知诗与情的关系了，但"诗人的情"与"常人的情"不同。"常人的情"是狭隘的、是暂时的、是自私的；"诗人的情"呢？他能够把"自己的情"扩大起来，把"人类的情"讴吟出来，创造一个热烈的永久的大公无我的情的世界，我们看许多大诗人有的着眼于政治，有的着眼于社会，有的着眼于民族，便可证明他们能够把"自己的情"扩大到政治社会和民族方面，而讴吟出政治上、社会上以及民族间的酸甜苦辣，这叫做"诗人的情"。

然而情这东西好似洪水一样，"决诸东则东流，决诸西则西流"，有时可以为善，有时可以为恶，如果没有一个附带的条件来补助它的不足，则上下五千年之间，必定有许多人的诗，对于现代思潮有着圆凿方枘龃龉不入的形势。

我们读诗，第一要注意"诗人的情"，其次要注意"诗人的思"。从"情"的方面，可以表现作者的个性；从"思"的方面，可以表现时代的背景。具此二者，方是个完全的诗人。①

是选体例以人编次，共选《诗经》至近代诗歌292首。其中《诗经》20首，《古诗十九首》19首，曹操2首，曹丕2首，曹植2首，阮籍17首，陶渊明71首，杜甫41首，白居易27首，韦庄1首，苏轼21首，陆游38首，吴梅12首，郑板桥2首，黄遵宪9首，黄景仁2首，郭沫若4首，马君武1首，胡适1首。现藏江西省图书馆。

38.《国魂诗选》

王家棫辑。民国二十三年（1934）七月上海新中国建设学会铅印本，分上、中、下三编，共三册，有序言，无评语和注释。王家棫（1908—1980），江苏常熟人，台北政治大学新闻系教授。著有《红楼梦的结构》《红楼梦的背景》《红楼梦的思想》等。书前有赵正平序，赵正平《国魂诗选序》云：

客有自扶桑归者，云："日人尝以我国文山、叠山等诸忠义士所作诗歌，集为靖献遗言。梓印流布，快睹争先，且有摘选篇章，编配乐谱，供学校儿童歌唱之用，用以启发情绪，树立节概者，而杀身成仁之精神，亦由是深乎人心，国家有事，斯民之慷慨赴义，视死如归，恍若得我先民之

---

① 邵述祖《诗选》卷首，民国二十二年中华书局。

遗传焉。"可知诗歌为人类心理之反射，而人类心理之趋向又往往为诗歌所影响，此理至为明显。反观我国，果何如哉？民志衰颓，至于此极；沦亡之祸，迫于眉睫，而此种国粹之可谓修养用者，忍令埋没于群籍之中，深可惜也。本会窃不自揆，既以建设新中国复兴民族为职责。①

赵正平序说明了编撰是选的理由：其一，鉴于日本人将我国宋代著名爱国诗人文天祥和谢枋得的诗歌作品编撰成集，供学生学习，且能激发民族的精神气节。其二，反观我国诗坛现状，面对"民志衰颓""沦亡之祸"，挖掘国粹，以之复兴中华民族。是选体例以人编次，共选汉朝至清代诗人410家，诗890首，其中上编选汉朝至清代诗人169家252首，中编选宋金元诗人100家236首，下编选明清诗人141家302首。是选选宋代诗人66家，诗195首，其中陆游42首，位居第一，次郑思肖16首，次王安石11首，次文天祥10首，次岳飞9首，次李纲5首，余皆不足5首。现藏江西省图书馆、浙江省图书馆。

39.《国民古诗必读》

柯进明辑。民国二十三年（1934）铅印本，出版社不详，不分卷，共一册，无序言和评语。柯进明，浙江黄岩人，生平仕履不详。是选体例按体编次，分古歌、五言古诗、七言古诗、五言律诗、七言律诗、五言绝句、七言绝句七种诗体，所选诗歌以唐宋诗为主，五言古诗选唐诗8首、宋诗12首，七言古诗选唐诗4首、宋诗31首，五言律诗选唐诗14首、宋诗7首，七言律诗选唐诗5首、宋诗30首，五言绝句选唐诗3首、宋诗1首，七言绝句选唐诗8首、宋诗3首。从选诗倾向上看，宋诗84首，唐诗42首，宋诗是唐诗的2倍，说明编选者比较注重宋诗；陆游选入62首，位居第一，可见编选者看重的是陆游的爱国主义思想。现藏苏州市图书馆。

40.《分类古今名媛吟草》

沙曾达辑。民国二十三年（1934）铅印本，凡八卷，共二册，有序言，无评语。是选前有沙曾达序、许诒孙序，次有凡例，且每位诗人附有小传。沙曾达，字君敏，号江上散翁，江苏江阴人。沙曾达《分类古今名媛吟草序》云：

囊读朱熹名臣言行录，以巾帼列选，陈文恭五种遗规，于教女特详，

---

① 王家械《国魂诗选》卷首，民国二十三年上海新中国建设学会铅印本。

诚以女子为家庭教育之本，而国家之盛衰系焉。欧美各校大都以家庭德育佳话一书奉为修身宝鉴，而于我国女子卒少专门著述以资楷模，虽刘向作《烈女传》，清颜鉴堂辑《百美新咏》，李小瀛等著《宫闱百咏》，要皆撷芳采艳，缺略滋多，未能恣读者之浏览。余乃博稽分辑，得古今宫闱名媛六百余人，各系以小史，缀以韵语，又恐人事之错杂，品格之混淆，乃综挈纲领，分类排比，首贞孝节烈，次贤德才艺，次武略侠义，更次神仙艳情，集古今之韵事，备衡鉴之大观，其中刚柔华实，纯驳通塞，以时代境地之不同，虽秉质互异，其所造亦迥不相侔。然揆之劝善惩恶，显微阐幽之主旨，亦窃附于诗三百篇之义。所谓言者无罪，闻者足戒，古人已诏我于先，兹就吟咏所及，草草编辑，固未敢谓模范之善本。要非等齐梁之艳体。世有志于家庭教育者，得是集观之，或犹可资借镜以知所取舍，则于道德修业之方，亦不无小补云。①

沙曾达说明了编选是选的来历、编选目的和选诗宗旨。许诒孙《分类古今名媛吟草序》云：

夫善射视牖间之虱，神功刻棘之猴，此非因难以见巧乎？兵家背水而穿崖，画家避面而染背，此非出奇以制胜乎？苟擅雕龙绣虎之才，亦工飞燕流莺之曲。会谐丝竹，则口舌生香，谱就歌词，则钗细绚采，休论金屋千娇，良宵一梦。只须坚心明镜，树志菩提，亦足以借影而垂箴，恻情而消孽，此君敏沙先生古今名媛吟草之所由作也。②

许诒孙阐释了编选《分类古今名媛吟草》的根据。关于是选的编撰体例和选录情况，《凡例》称："是集选辑名媛自上古以迄清代间坤舆毓秀，后先辈出，奚止集中所载，兹就经史群书中浏览所及，择其雅正者录之，以免野狐荒诞之识。是集所录名媛分类排比，略依历代先后为次。"是选体例分类编次，分为贞孝类、节烈类、贤德类、才艺类、武略类、侠义类、神仙类、艳情类八类，共选历代名媛诗610首，其中卷一贞孝类41首，卷二节烈类64首，卷三贤德类98首，卷四才艺类116首，卷五武略类41首，卷六侠义类40首，卷七神仙类68首，卷八艳情类142首。艳情类142首，侠义类40首，两者相差102首，相

---

① 沙曾达《分类古今名媛吟草》卷首，民国二十三年铅印本。
② 沙曾达《分类古今名媛吟草》卷首，民国二十三年铅印本。

差较为悬殊，可见编选者十分重视艳情题材的诗歌。是选有诗人小传，如欧母传云："欧阳修母郑氏，家素贫无资，亲教公读书，以荻画地，教公书字。家世清贫力不支，还将慈母作严师。多方画荻亲垂训，道德文章冠一时。"现藏苏州市图书馆、无锡市图书馆。

41.《诗选》

周乾庭辑。民国二十四年（1935）油印本，不分卷，共四册，有墨笔圈点，无评语。周乾庭，生平仕履不详。书前有周乾庭序，周乾庭《诗选序》云：

> 国历二十三年秋期，拟教授《诗选》，共教授两学期，即完结，第一期，教汉魏晋及六朝；第二期，教授隋唐五代宋元明清，第一期多系五言，第二期兼教七绝及律诗。兹暑假已临，正多暇日，况时雨方过，空气弥新，趁此搜集本编成诗选。如果读完两期，不敢云即窥深奥，而于古今诗之大概，总能领会十八九矣。时在六月二十日，周乾庭识。
>
> 诗选上卷汉魏晋及六朝各诗，业已教授完毕，理应再选隋诗，不过朝代年岁较短，作家不多，强选数首，学者亦恐难得其益，兹特暂为越过，直选唐诗，继以五代宋元明清各家之诗，古体与律体兼收，七言及五言并采，成为诗选下卷，以补五言古诗之不足，民国二十四年一月，又识。①

周乾庭序说明了是选的编撰过程、编辑体例和选录标准。是选体例以人编次，共选先秦至清代诗人76家，诗268首，其中魏晋南北朝诗人36家134首，唐代诗人23家54首，宋代诗人9家39首，其中王安石4首，苏轼8首，赵师秀3首，王十朋3首，梅尧臣5首，欧阳修5首，林逋2首，范成大3首，陆游6首，元代诗人3家18首，明代诗人6家16首，清代诗人1家7首。现藏山东省图书馆。

42.《注释中国民族诗选》

李宗邺选。民国二十四年（1935）上海中华书局出版，凡四册，有目录，无序言，每首皆有评注，为新式标点。李宗邺，字颂唐。清庠生。1912年任上海公署学课课长。是选体例按朝代编次，每个朝代之中又以人编次，共选唐代至民国诗287首，其中唐诗45首，宋诗106首，元诗2首，明诗55首，清诗45

---

① 周乾庭《诗选》卷首，民国二十四年油印本。

首，民国诗34首。在选诗宗趣上，宋代选诗106首，为各个朝代之最，明诗55首，则位居各个朝代第二位，宋明两朝诗共选161首，超过选入总数的一半，可见李宗邺认为宋明两代应是反映中华民族气节的时期；陆游选诗最多43首，次汪元量26首，次郑思肖11首，次文天祥8首，这些诗人均是宋代爱国主义诗人。是选在注释中也充分体现了鲜明的民族意识。如注陆游《北望》云："宗室南渡，朝野纷如，无耻者生享偏安，狡赖者空言抵抗，放翁不忍使敌鄙薄江南无人，故刻苦自励乃尔。"注陆游《示儿》云："夏禹时，中国本部分为九州，乃翁，即尔翁也，弥留之际，尚以国事为念，鞠躬尽瘁，死而后已，悲夫。"注陆游《秋夜将晓出篱门迎凉有感》："三万里河东入海，五千仞岳上摩天。遗民泪尽胡尘里，南望王师又一年"之"南望"，注曰："遗民盼望，年复一年，此诗若系出自今日东北人民之口中。"评郑思肖《五忠咏·都统王公》云："所南忠孝观念极强烈者，临亡时，嘱于墓碑上，题'大宋不忠不孝臣，郑思肖墓'。以示不能为国复仇之意。"评刘子翚《汴京纪事》云："风景不殊，河山易姓，今之东北遗老，亦在时时洒泪向南云，读之有不黯然泣下者乎？"评岳飞《题新淦古寺壁》云："岳少保《满江红》词，诵遍中原，绝句甚少。此诗高亢激越，非'精忠报国'者难作此语。"现藏江西省图书馆、浙江省图书馆。

43.《注释历代女子诗选》

李辉群辑。民国二十四年（1935）上海中华书局出版，不分卷，共一册，有序言和总目，为新式标点。李辉群，生平仕履不详。书前有李辉群序，李辉群《注释历代女子诗选序》云：

> 宫闱诗选、名媛诗钞一类的书，在中国确实也不少，不过那些书，似乎有一个共同的缺点，便是缺少一种历史的真实性，那些辑录女子作品的人，比起文学史的意义来，毋宁是传风流韵事于后世的意义居多，因此，他们对于材料的选辑，极其宽泛，许多小说传奇里面的出自女人口吻的诗篇，都收集起来，自以为渊博，实质是靠不住，在那些书里，我时常看见西施、绿珠、杨贵妃、崔莺莺、李香君、陈圆圆的作品，这些作品，我们如何可以相信呢。①

李辉群认为此前那些选录女子诗歌的选本，缺乏历史的真实性，故而编辑

---

① 李辉群《注释历代女子诗选》卷首，民国二十四年上海中华书局。

这部诗选。这部诗选选录有两个标准：一是注意作品的真实性，二是注重作品的艺术性，从而选录出"诗情浓厚、平淡易解，为中学生所了解的作品"，这样中学生可以模仿学习。是选体例以人编次，共选汉代至清代女性诗人21家，诗325首。其中宋代女性诗人朱淑真48首，占选入总数的15%，雄踞第一，可见作者十分推重宋代女性诗人。现藏江西省图书馆。

44.《先民浩气诗选注》

张长弓辑。民国二十四年（1935）正中书局出版，不分卷，共一册，无总目，有序言和评语。张长弓（1902—1954），字英才，河南新野人。1931年毕业于燕京大学国学研究生部，任教于燕京大学。著有《鼓子曲言》《中国文学史新编》。书前有张长弓序，张长弓《先民浩气诗选注序》云：

> 这部诗选，是以思想意识为前提，作品艺术为次要，所以"可怜无定河边骨，犹是春闺梦里人"不能入选，而"黄沙百战穿金甲，不破楼兰终不还"，却能入选，自《毛诗》至最近作古之诗人，凡有国家民族意识的，有服务君主精神的，有博大胸怀的，有向上志愿的，总之，有人生积极态度的篇什，都合于我选取的标准。六七年来，使我怀疑国文教学的无用，不免减却国文讲授的兴趣与勇气。
>
> 我以为国文教学最重要的一点，是灌输青年以向上的思想与焕发的精神，像走进古董铺内，既玩赏古董的知识，与习得一些运笔的技术，在目前青年似不是亟亟需要的呢？因之，数年来，我在国文施教的时候，常常补充些较有思想和较有意识的材料，藉以补养一般患贫血症的青年，我想要他们都成为身心健康的青年，这部诗选便是补充教材的一个部门。①

张长弓序明确指出是选以思想意识为第一，艺术特点为其次，所以选录了反映民族意识和颂圣的作品，当然反映高尚节操的作品也在此列。是选体例按朝代编次，共选周朝至民国诗326首，其中周朝诗10首，汉朝诗4首，魏晋南北隋朝诗65首，唐诗60首，五代诗32首，宋诗63首，元明诗53首，清至民国诗39首。在审美趣味上，宋诗入选数量超过了唐诗与元明清诗歌，说明编选者十分重视宋代诗人的爱国节操。是选多选宋代爱国诗人，陆游18首，居第一，次郑思肖5首，次欧阳修、文天祥、汪元量、陈与义各3首。在注释上，

---

① 张长弓《先民浩气诗选注》卷首，民国二十四年正中书局。

主要是对一些关键字词释义，如陆游《醉歌》"穷边指淮淝"之"淮淝"，注云："今安徽省、河南一带之地。""异域视京雒"之"京雒"，注云："雒即洛字，汉光武以水能灭火，改洛为雒，京指汴京。"陈与义《感事》之"黄龙"，注云："黄龙为今契丹所置府，今辽宁开原以北，及吉林全境，内蒙古东北境，皆其辖地，岳飞所谓直捣黄龙即此。"有时，编选者也会提出自己的见解，如陆游《醉歌》"于乎此何心"之"于乎"，案云："于古读作乌音，于乎是叹美词。呜呼是伤叹词，此处于乎与原意异。"现藏江西省图书馆。

45.《非常时期之诗歌》

章桢辑。民国二十四年（1935）上海中华书局出版，不分卷，共一册，无总目，有序言，为新式标点。章桢（1898—?），字西庚，河南祥符人，生平仕履不详。书前有章桢序，章桢《非常时期之诗歌序》云：

> 心接物而生情，情动于中，则发之于歌咏。故诵雍雅之什，则心爽志和，诵淫艳之吟，则浮靡骄惰。是故精神作兴，风尚转移，实有赖诗歌之力。日人盐谷温氏感于其国升平弥久，民思流于淫逸，文弱之弊殊甚，亟欲振俗移风，而有《兴国诗选》之辑。夫彼强者胜者尚兢兢焉，惟恐民风骄惰，而思有以警惕之。况我乱贼未除，外侮日亟，吾人宜如何自励而励人耶？适中国新论社编辑《非常时期之小丛书》，而以《非常时期诗选》一书，托余选注。乃于历代诗中，选其沈雄豪放，激昂慷慨之作，足以激发读者爱国之情者都一百首，而加以注释。并注意作者之品节，其人格功业不足与作品辉映千古者，概不选入，藉以养成国人爱国爱民族之精神，成仁取义之意志，以为非常时期国民精神训练之一助云耳。①

章桢序说明了编选背景和编选宗旨。是选体例按朝代编次，每个朝代之中又以人编次，共选汉魏六朝至民国诗人55家，诗88首，其中汉魏六朝诗人9家9首，唐朝诗人9家16首，宋朝诗人6家14首，选王珪1首、王令1首、岳飞3首、陆游4首、郑思肖1首、文天祥4首，金元诗人4家7首，明代诗人12家20首，清代诗人7家10首，太平天国诗人2家2首，民国诗人6家10首。是选列有诗人小传，简要介绍了诗人的生平仕履和风格特色，如陆游小传云："陆游，字务观，宋山阴人。佃孙，年十二能诗文，荫补登侍郎，试礼部，前列。

---

① 章桢《非常时期之诗歌》卷首，民国二十四年上海中华书局。

桧嫉之，秦桧死，始为宁德主簿。孝宗朝，擢编修，出知夔、岩二州，俱有令名。修孝光实录，书成，进宝章阁待制，致仕。后愤宋室偏安，志存光复，故所为诗多悲壮沈雄。"现藏江西省图书馆。

46.《历代平民诗集》

张惠衣辑。民国二十五年（1936）商务印书馆出版，凡四卷，共一册，无总目，有诗人小传、序言和凡例，为新式标点。张惠衣，生平仕履不详。书前有张惠衣序，张惠衣《历代平民诗集序》云：

> 夫声律讲而天籁失，模拟工而性情汩，昔渔洋不以声律授秋谷，不知五子之歌，沧浪之咏，固未尝言声律也，梦阳、景明诸子，好模拟唐人，然使唐人而出于模拟，则又奚重也。故诗有以多学为累，而浅涉不为病者。汉世民间之辞，鲍、谢、李、杜所不能拟作者以此。近夫闾巷之流，非有师友之切劘，群籍之探讨，而所作则天趣盎然，特其胸无纤滓，虑不外营，能发乎性情，而自然流露也。至如博综典籍，务为音声格律，典雅华赡，一一求合于古人，而标其流派，固谓致力于斯事者矣。而其失也，不能自出机杼，受其桎梏，故乏称情之词，汩其性情，遂鲜深切之见，所谓知其所以为人，不知其所以为我，若此者，盈几案皆是，宁足贵耶？昔孔子删诗，虽樵夫、女子、羁孤、庶孽之作，无不备具，用以观王政得失，汉武置乐府署，采巷陌讴谣。①

张惠衣阐明了平民诗作的特色和艺术风格。《凡例》说明选录的范围和取舍的标准："本书作者，俱出工艺负贩隶下之流，凡增补生员而沦为杂流者，布衣之以文术知名者，或虽处贱役而近于隐逸者，不录；本书所辑，上自唐宋，下迄清季，唐以前街陌闾巷之作，见乐府相和歌辞，兹从唐始。"是选体例按朝代编次，每个朝代之中又以人编次，共选唐代至清代诗人101家，其中卷一唐代诗人4家、五代诗人1家、宋代诗人5家、元代诗人2家，卷二明代诗人24家，卷三清代诗人53家，卷四录作者年代不详12家。宋代诗人选有王庄、王松、陈二叔、葛老人、王老等五位平民诗人。这是一部非常罕见的选录平民诗人诗作的选本。是选文献取材主要采自《江西诗征》《宋诗纪事补遗》《藏海诗话》《竹坡诗话》《云溪友议》等。现藏国家图书馆、上海图书馆、南京图书馆、浙

---

① 张惠衣《历代平民诗集》卷首，民国二十五年商务印书馆。

江图书馆。

47.《历代五言诗评选》

杨钟羲辑。民国二十七年（1938）上海商务印书局铅印本，凡十五卷，共三册，有序言和评语。杨钟羲（1865—1940），原名钟广，后改为钟羲，字子勤，号雪桥。光绪十一年（1885）举人，光绪十五年（1889）进士，授翰林院庶吉士。著有《雪桥诗话》等。书前有李宣龚序，李宣龚《历代五言诗评选序》云："雪桥先生录历代五言诗，托始汉之苏李，以迄道园青田为卷十有五，得诗九百二十二首。盖自戊辰春，辍劝讲之役。于今十年耗日力于此，就所谓习勒成一集。昔朱子谓古礼须理会本原，斯远暴慢，近信远鄙，信是大本大原。斯旨而五言之源流正变，庶乐其大备矣。戊审夏六月门下士闽县李宣龚谨序。"① 李宣龚说明了是选编纂的宗旨、编撰体例和总体规模。是选体例按朝代编次，共选汉代至宋代诗歌922首，其中卷一汉诗102首，卷二魏诗50首，卷三晋诗60首，卷四宋齐梁陈隋诗58首，卷五至卷十一唐诗369首，卷十二至卷十五宋诗283首。宋诗选苏轼51首，位居第一，次黄庭坚48首，次王安石38首，次陆游37首。是选对每首诗作均有评述，主要引自前人诗话，创造性不足。如评价欧阳修，引用张芸叟之论："欧阳永叔如春服乍成，酾酒初熟，登山临水，竟日忘归。"叶梦得《石林诗话》云："专以气格胜。"敖器之《敖陶诗评》云："欧公如四瑚八琏，止可施之宗庙。"罗大经《鹤林玉露》云："冯延巳词，晏同叔得其俊，欧阳修得其深。"翁方纲《石洲诗话》云："孟庐皆小音，必欲求接韩者，定推欧阳子。"除引用诗话外，他还引用目录学中的论诗话语，如评陆游云："游为曾吉甫所赏，诗为中兴之冠，他文亦佳，而诗最富，至万余篇，古今未有。"（陈振孙《直斋书录解题》）现藏上海图书馆。

48.《宋金元明诗评选》

潘德衡辑。民国二十八年（1939）柳原书店铅印本，分上下两卷，共二册，有潘德衡自序和评点。入选诗人加入小传，如苏轼："苏轼，宋眉山人，字子瞻，洵之长子，嘉祐进士。英宗时，直史馆。神宗时，与王安石议论不合，贬黄州。筑室东陂，号东坡居士。哲宗时召还，累官翰林学士、兵部尚书。卒谥文忠。"书前有潘德衡序和小引，潘德衡《宋金元明诗评选序》云：

---

① 杨钟羲《历代五言诗评选》卷首，民国二十七年上海商务印书局铅印本。

诗自唐季迄于五代，渐流于卑弱纤巧。启乎宋兴，则风调一变。苏舜钦之豪迈，梅尧臣之沈著，稍具革新之规。欧阳修情辞奔放，兴会淋漓，委婉曲折，馀音嫋嫋。沉酣山水间，有高歌自得之趣。康节以闲适自喜，其诗语浅趣深，不落时人蹊径。君复以雅淡为宗，其咏梅澄澄绝俗，别有高致。安石绝句，深婉不迫，情辞绵苓，隽峭而有神韵。足为艺林珍品。苏东坡以绝世天才，学识超迈，笔力富健。观其状物描情，飘逸宛转，感慨淋漓，随意挥洒，波澜壮阔，极纵横变化之能事。有时虽若轻描淡写，毫不著力，自有一股活气腾跃笔端，李白以来，一人而已。彼因身遭幽囚迁谪之苦，历览江山风月之腾，故其诗开阔动荡，思潮澎湃，恰如浮云御风，变灭无迹，朝霞映日，光艳难穷。可谓支立千古！苏门六君子，有黄庭坚、秦观、张耒、晁补之、陈师道、李廌等。尤以庭坚之拗折劲健，足以自成一家。他如陈与义之高警，刘子翚之幽淡，亦有可称。朱熹为一理学大家，则诗亦富有理趣。五古情调谐畅，迥绝时流，其虑憪，其思精，绝无矫饰枯槁之病，何神之高而韵之远也？岳鹏举虽说意于事功，其诗慷慨激越，情见乎辞，一种轩昂豪迈之气，俱欲奋笔而飞。其精忠报国之诚，灭虏忘家之志，足以贯金石，动天地，化人伦。读之正气凛然，令人感慨奋发，肃然起敬慕之念。此乃其人格与血性所涌现之结晶，固不在句之工辞之巧也。

南宋以后，气格渐卑，但间有杰出之流，足与北宋诗人交相辉映而无愧。范石湖惯写田园景色，温润圆转，质而不俚，浅而不俗，别树一帜于诸家之外。陆放翁以抑塞磊落之才，发挥其伤时忧世之作，似狂非狂，似痴非痴，一片慷慨悲愤之气，傲兀辛辣之辞，如怒涛喷涌于读者之前，使读者怆然伤怀，歔欷欲绝；其七律尤为豪放沉郁，哀歌唱叹，极痛快淋漓之致，自工部以来，无此作矣。杨万里则以性灵自喜，其描摹田园景物，细腻精致，往往自出心裁，饶有滑稽风趣。吕仲安七律，富丽高华，超凡脱俗，身亲戎马之间，神游烟霞之表。其精思健笔，挟风云以俱驰。"笙歌丛里抽身出，云水光中洗眼来"，足为仲安咏矣。至于宋末诗人文天祥，则以气节著称。其《过零丁洋》，古色苍然，自有气节著称。《正气歌》浩然磅礴，悲壮淋漓，有百折不挠，视死如归之概。真山民遁迹空山，了然于是非之念，忘怀于得失之林，宠辱不惊，闲远自适，鸿飞冥冥，弋人何慕，殆老子所谓知足常足者欤？

诗至金元，风格萎靡。或涉于轻佻，或流于卑下。得遗山情致豪迈风骨峻上者起而振之，有如独鹤唳空，昏鸦敛迹。黄星甫之清趣，赵孟頫之闲逸，天锡缠绵而有怀思，善佳高淡而得情韵。其中尤为拔萃者，当推石屋，其诗清新隽逸，妙绝时伦。流连视听之区，沉吟烟霞之表。虽野鹤闲云，难以状其高趣。回顾尘世中，人欲横流，群魔呼啸，亦何足动其毫末？其闲咏之作，神韵俱超，如置身于世界外之世界，何啻为孜孜名利容作一当头捧也？外此则馀子纷纷，难以齿数。明初伯温崛起，其五古调高辞畅，气势磊落，并世难与争锋。七古多抑塞哀怨之营，是何儿女情之深也，高青丘除五古外，各体俱佳，其五绝清穆幽深，神思隽妙。或辞超象外，或理入禅心，或缠绵雅趣，或夭矫多姿。才气横溢，氤氲谐畅，足以方驾盛唐，纵横两宋。陈白沙襟怀坦荡，辞主性灵。神游万象之表，吟人造化之机。即事感兴，因物抒情，自有一段清醇温厚之旨，生趣盎然之乐。殆所谓似拙非拙，似粗非粗者欤？阳明学有本源，根华宝茂。故发为诗歌，悉本其温柔敦厚之诚，立己达人之愿。明切晓喻，理趣圆融。其朋友赠答之辞，即物感怀之篇，吟咏风月之章，寄情山水之什。莫不提示开迷解悟之方，坦荡光明之道，殊有舍瑟铿然之趣，风乎舞雩之乐。使读者心安理得，鄙吝顿消。彼因平大帽山诸贼，定宸濠之乱，勋业灿然。却谦以自牧，功成身退之念，时流露于字里行间。非矫然拔俗身有仙骨之君子，亦曷克臻此？古今作家中，能以诗说理而不碍于理，言情而不滞于情者，阳明其庶几乎？宗臣古调独弹，语多怆恻。高棅神思清妙，时有幽音。鼎芳骨力俊秀，神味深涵，风洋洋而盈耳，辞溢溢而流甘。信所谓观山而情满于山，观海而趣满于海者矣。姚广孝才思隽雅，翁万达语气纵横。归子慕中怀坦恻，仁言霭如，虽不斤斤于字句之雕饰，而情韵自远。彭孙贻长于五古，意兴宛洽，雅练精纯，得山水冲融之趣。其他作家，虽有名篇隽什，足资吟诵者，不及一一具引。大抵宋金元明之作家，除少数之特殊者外，类皆工巧相矜，绮丽是尚。其上者多轻清灵快风趣盎然之作，其下者失之内容空虚，格调卑微。以视气象超迈，骨格雄浑，神采飞扬，意兴蕴藉之晋唐风格，盖有间矣。殆亦时代之变化使然，非人力也。依上所述，虽未足以尽宋金元明作者之要，其大体略备于是。自维独力有限，智虑难周。苟读者有以正其谬而补其遗，又岂特本书之幸而已？一九三八年十一月。[1]

《宋金元明诗评选小引》云：

---

[1] 潘德衡《宋金元明诗评选》卷首，民国二十八年柳原书店铅印本。

考宋金元明诗之专集及选本，不为不多。如《宋诗钞》、《宋诗纪事》、《中州集》、《元诗选》、《列朝诗集》、《明诗综》、《明诗纪事》等，搜集虽丰，仍欠精到。而宋、元、明诗别裁，虽选择较为精审，而挂漏仍多。近来坊间选本，除一二部稍可人意者外，余或无漫而不精，或支离而寡要。求其繁简适中，详略得体者，诚乎难已！编者窃不自揣，为补偏救弊、摘发幽光起见，对于宋金元明之作家，莫不远览旁搜，博收约取，去其滥而遗其粗，採其英而撷其华。务使作者之精神面目，跃然涌现于读者之前。俾读者见其诗而思其人，熔陶于性情之中，优游于美化之域，庶几不无小补云尔。大抵古今来之选诗家，多有所偏。如于宋则多略朱熹、岳飞、吕安；于元则多略石屋；于明则多略白沙、阳明、鼎芳。实则朱熹之浑涵，岳飞之壮烈，吕安之精丽，石屋之清幽，白沙之生趣，阳明之豪逸，鼎芳之神隽；实为宋金元明不可多得之作品，亦何可忽也？故编者特重新估定其价值而表彰之。各体兼备，诸家所难。故各有所长，亦各有短。其下者固无论已。如东坡短于五绝，而安石反之。安石短于七古，而东坡反之。放翁、遗山是于七律，而五律未能相称。石湖、万里长于七绝，而七律未能相称。朱子于五古擅长，而五绝又缺。青丘于五绝擅长，而五古又稀。永叔最长七古，仲安专工七律，庭礼独擅五古，信乎各体之难兼也。苟读者能取各家之长而遗其短，则得之矣。诗以性情为主，以格律为辅。其功用在发动心弦之灵机，描摹环境之实况；辅以精妙之辞，动人之句，使读者临篇感叹，发生同情之共鸣。以故读慷慨激越之辞，则令人气奋。读飘逸隽妙之什，则令人气超。读清冷幽深之作，则令人气爽。读哀怨缠绵之篇，则令人气郁。情之感人，如风之动物，影响之速，捷于电流。况阳春烟景，大块文章，百物之滋长，四时之变迁，鸟啼奏自然之乐，虫响答空谷之音，云荡荡而御风，泉涓涓而流鏊，日月皎然以舒丽，风林烂缦而争新。精神之所感，视听之所集，何一非无尽藏之诗料耶？是于诗人感物，不可端倪。观于山则志巍巍，观于海则情荡荡，我心之汪洋，将随大化而驰驱矣。至于社会环境之变迁，而影响人类心情之动向者亦至巨。如在忧谗畏讥、方正不容之际，则产生东坡之超脱放逸；如在戎马纷披、胡虏猖獗之时，则产生放翁之悲壮激越。如在金人未灭、国难方殷之秋，则产生岳飞之精忠报国。如在宋祚难复、势无可为之候，则产生文山之抗志不屈。朱子当人欲横流，则思理学以淑世。阳明值道心日丧，则倡良知以济时。山民之放怀丘壑，石屋之啸傲空山，均有所感而发，并非无病呻吟。古人云："言为心声"，以诗亦然。诗之所存，即志之所存。吾人读其诗而观其志，即其志而思其人，则虽远隔千载，神思自通矣。①

潘德衡序和小引中说明了是选的编辑宗旨、成书过程、体例和选录标准。是选体例以人编次，共选宋代诗人221家767首，陆游125首，居第一，次王安石84首，次苏轼74首，次杨万里48首，次朱熹37首，次欧阳修33首，次陈与义28首，次戴复古22首，次苏舜钦20首，次范成大18首。是选对每位诗人有总评，言其品行与诗歌风格，如评苏舜钦诗云："子美诗高视阔步，豪气横溢；读之有落落难合，矫矫不群之概。"评王安石绝句云："安石绝句，即物寓兴，随意挥洒，亦悠扬，亦婉转，从容不迫，畅叹出神。妙绪纷披，时有自得之趣。其养之深，故发之远也。至其自负之豪情卓荦，抚事之感慨缠绵，咏物之淋漓尽致，莫不一一从诗中涌现。"评欧阳修七言古诗云："永叔七古，豪情奔放，吐辞洒落，感事伤怀，多胸臆间语。其描摹自然景物，往往兴会神来，淋漓酣畅，深得乎林泉之趣。七古贵豪放，而布意遣辞，尤宜高视阔步，脱去种种拘束；方能不落常蹊，别有新境。所谓'气盛则声之长短高下皆宜'也。人谓韩愈作诗如作文，吾谓永叔亦然。"评苏轼云："东坡聪慧绝伦，才气横溢，风情俊爽，神采飘逸。观其模拟万象，随意挥毫，一若惊风骤雨之咄咄逼人，使物无遁形，神理毕现。虽有时率笔之作，不免失之粗豪；而一种奇伟磊落之气，自迥出凡境之上。诗至东坡，除言情咏物之外，可以谈禅，可以说理，铺叙婉转，庄谐杂出，妙趣横生，而运用不穷。非'读书破万卷，下笔如有神'者，又乌足以语此？"评杨万里诗云："诚斋诗惯熔铸新辞，摒除古典，不避俗字俗句。故其描物玩情，若有理，若无理，委婉曲折，穷形尽相，往往意境清新，别饶风趣。以视江西派之诗人以模拟古人为能事者，其相去真不可以道里计。盖诗为心声，贵能歌咏性灵，处处须有自我之表现。若舍己从人，虽工亦何益也？诚斋以特殊作风，描写新诗之意境，得斯旨矣。"评文天祥诗云："文山诗尚气节，高警绝俗。观其《正气歌》，视死如归，从容就义。虽处忧思艰难之境，而不改坚贞亮节之操，亦足见其志之所存矣。"书前赋诗赞扬诗人，如论苏舜钦云："落落才华笔有陵，堂堂豪气冠群英。高歌恐骇时人眼，百感淋漓自写真。"论黄庭坚云："硬语盘空自出奇，不宗法度不宗师。别开生面眉山外，拗峭纵横信有之。"论陆游云："浩荡乾坤得自由，无穷风物眼中收。高歌豪放空千古，落笔峥嵘贯斗牛。冉冉年华思老骥，纷纷穷达付东流。崎岖世路浑谙尽，一醉何妨解百

---

① 潘德衡《宋金元明诗评选》卷首，民国二十八年柳原书店铅印本。

忧。"现藏上海图书馆。

49.《寒柯堂宋诗集联》

余绍宋辑。民国三十二年（1943）铅印本，凡七卷，共一册，有序言和总目，为新式标点。余绍宋（1882—1949），字越园，早年曾用樾园、觉庵、觉道人、映碧主人等名，后更号寒柯。浙江龙游人。著有《书画书录题解》《中国画学源流之概观》《寒柯堂集》《续修四库全书艺术类提要》等。书前有余绍宋序，余绍宋《寒柯堂宋诗集联序》云：

> 庚壬之际，蛰居沐尘山中，百无聊赖，乃广取宋贤诗集读之，以自适。遇有可对偶者辄集，为聊以备临池之助，积半年琮然成帙，其中颇多哀时及愁苦语，不甚适于世用，亦弗计也。借古人之酒杯，浇自己之块垒，亦穷愁劳思之所由见也夫。读古人之诗，一若黄祖之于祢衡所为文，如己心中所欲言者，而感不绝于吾心。因是知集句，亦须具有性灵，性灵所至，若有神助。①

余绍宋说明了是选的成书过程、编撰体例和功用。是选体例按朝代编次，共选诗句2800句。所辑诗句确为警策之句，如陆游之"天机云锦用在我，剪裁妙处非刀尺"，苏轼之"老去怕看新历日，退归拟学旧桃符"。寇准之"林花经雨香犹在，堤柳无风絮自飘"。现藏上海图书馆。

50.《古今体诗约选》

姚永朴辑。民国年间（1912—1949）油印本，凡四卷，共一册，有墨笔圈点，无评语和注释，为新式标点。姚永朴（1861—1939），字仲实，晚号蜕私老人，安徽桐城人。祖父姚莹，广西按察使。著有《蜕私轩集》。书前有姚永朴序，姚永朴《古今体诗约选序》云：

> 诗肇于《三百篇》，汉魏以来，作者日众，迨齐梁声病之说出，而音主调适，由是古今二体并行，以至于唐，其盛极矣。两宋诸贤，不能更有所变，而风味特殊，元明后但守旧矩而已。然清辞丽句，亦未尝绝也。兹以校中分授各课，讨论之时不多，约选得三百八十五首，稍加诠释，厘为四

---

① 余绍宋《寒柯堂宋诗集联》卷首，民国三十二年铅印本。

卷，冀养学子之性情，以拓其襟抱，庶几不失温柔敦厚之旨，其诸君子亦有乐于是欤?①

姚永朴序说明是选的编撰宗旨为"不失温柔敦厚之旨"。是选体例按体编次，每体中又以时代为序，分五言古诗、七言古诗、五言律诗、七言律诗、五言绝句、七言绝句六种诗体，共选先秦至清代诗歌385首，其中卷一五言古诗98首，其中宋诗5首；卷二七言古诗69首，其中宋诗21首；卷三五言律诗57首，其中宋诗4首；卷三七言律诗79首，宋诗17首；卷四五言绝句28首，其中宋诗3首；卷四七言绝句54首，其中宋诗16首。姚永朴在有些作品中略加按语，如评陆游《书愤》案："瓜洲渡在江苏扬州府南，大散关在陕西凤县。"评黄庭坚《登快阁》案："伯牙以钟子期死，破琴绝弦。"引《世说新语》："阮籍为嵇喜白眼，及其弟康载酒至，乃见青眼。"评王安石《明妃曲》案："毛延寿，画工。长门，宫名。阿娇，武帝废后。"现藏上海图书馆。

51.《励志诗选集》

李冰辑。民国三十六年（1947）海光出版社铅印本，不分卷，共一册，有序言，无总目和评语，为新式标点。李冰，生平仕履不详。书前有李冰序，李冰《励志诗选集序》云："诗者，志也，所恨言之无物，徒作无病呻吟。诗以励志，为用甚大，寄闲情于欣赏，予生活以刺激，感悟极易入人至深，爰缀短什。以献志士。"② 李冰序阐述了编撰宗旨，倡扬"励志"而排斥"无病呻吟"。是选体例分类编次，分为立志类、勉学类、知足类、勤俭类等十类，共选诗364首，其中立志类29首，勉学类17首，知足类24首，勤俭类30首，仁义类37首，卓识类85首，孝悌类40首，齐家类28首，交友类20首，爱国类54首。从选诗倾向来看，多者如卓识类85首，少者如勉学类17首，卓识类是勉学类的5倍，足见编选者对卓识类诗歌的偏好。宋诗选录有朱熹《偶成》，文天祥《正气歌》，陆游《长恨行》，谢枋得《北行别人》《绝命》，郑思肖《语声》等。现藏江西省图书馆。

52.《唐宋诗举要》 ●

高步瀛辑。民国间铅印本，凡八卷，共六册，有总目和评语，为新式标点。

---

① 姚永朴《古今体诗约选》卷首，民国油印本。
② 李冰《励志诗选集》卷首，民国三十六年海光出版社铅印本。

高步瀛（1873—1940），字阆仙，河北霸县人。光绪二十年（1894）举人。民国初年（1912）为教育部社会司司长。吴汝纶弟子。著有《唐宋文举要》《两汉文举要》《古文辞类纂笺证》等。是选体例按体编次，分五言古诗、七言古诗、五言律诗、七言律诗、五言绝句、七言绝句六种诗体，而每卷中又以人编次，共选唐宋诗人100家，诗804首，其中唐代诗人84家619首，宋代诗人16家185首，其选诗倾向尤重唐代诗人，唐诗选入总数为宋诗的3倍之多。唐代诗人杜甫选诗多达148首，雄踞第一，次李白68首，宋代诗人苏轼55首，位居第三，不及杜诗的一半。是选文献主要采自王士禛《古诗选》、姚鼐《今体诗钞》、吴闿生《古今体诗约选》。是选对每种诗体的演变均有详细的论述，如论五言古诗云：

> 五言古诗，当探源《三百篇》而取法汉魏。《古诗十九首》，钟记室称其惊心动魄，一字千金，殆非后人所能企及。建安而后，雄浑沈郁，曹、阮为宗。冲澹高旷，渊明为隽。宋、齐以来，渐趋绮丽。而精深华妙，大谢称工；沈奥惊创，明远独擅。太白低首于玄晖，少陵托怀于庾信，各有其独到者在也。唐初犹沿梁、陈余习，未能自振。陈伯玉起而矫之，《感遇》之作，复见建安、正始之风。张子寿继之，涂轨益辟。至李、杜出而篇幅恢张，变化莫测，诗体又为之一变。韩退之排空硬语，雄奇傲兀，得杜公之神而变其貌。本编所录，以三家为主，而王、孟、韦、柳风神远出，超以象外，又别为一派，亦并录之。王阮亭论诗，以"神韵"为主，于唐五古取陈、张、李、韦、柳五家，而不及杜、韩，偏矣。倘如昔人所讥"未掣鲸鱼碧海中"者乎！宋人五言古诗又远逊于唐，惟录欧、王、苏、黄数家，以见厓略云尔。①

是选采用集注方式，资料丰富；引用材料着重第一手资料，对旧注讹误时有订正，评语有总评和夹评；每位诗人还有详细的小传。高步瀛批评王士禛五言古诗不取杜韩诗歌，失之于偏，故此书选入了杜甫的"三吏""三别"《奉赠韦左丞丈二十二韵》《北征》等名篇，较王士禛选本更具代表性。高步瀛又不满意方回的"一祖（杜甫）三宗（黄庭坚、陈师道、陈与义）"之说，以为"称颂二陈太过，实不免门户之见"。不过南宋除选陈与义、陆游外，其他作者均未入选，未能合理地反映唐宋诗的全貌。是选版本还有1959年中华书局上海编辑

---

① 高步瀛《唐宋诗举要》卷首，民国间铅印本。

所排印本、1978年上海古籍出版社重印本。现藏国家图书馆、南京图书馆、北京大学图书馆。

53.《唐宋诗选》

高步瀛辑。民国间铅印本，凡二卷，共二册，有总目和评语，为新式标点。是选为《唐宋诗举要》的再选本。是选体例以人编次，共选唐宋诗人29家，五七言古诗142首，其中五言古诗选唐诗65首、宋诗12首，七言古诗选唐诗54首、宋诗11首。从选诗倾向上看，编选者尤重唐代诗人，唐诗119首，宋诗仅23首，唐诗选入总数为宋诗的5倍之多。是选诗人小传、注释主要摘自《唐宋诗举要》，如苏轼传云："苏轼，字子瞻，一字仲和，眉州眉山人。仕至端明殿学士，谥文忠。尝贬黄州，筑室东坡，号东坡居士。"诗人诗作评语则主要引用前人之评述，如评苏轼，引敖器之《敖陶孙诗评》曰："东坡如屈注天潢，倒连沧海，变眩百怪，终归雄浑。"引刘后村《诗话》曰："翕张开阖，千变万态。盖自以其气魄力量为之，然非本色也。它人无许大气魄力量，恐不可学。"方东树《昭昧詹言》曰："李、杜、韩、苏并称，以其七言歌行瑰诡纵荡，穷态尽变，所以为大家。"有时《唐宋诗选》会增加评语，评苏轼则增加了王士禛的评语："苏文忠公七言绝句之妙，子美退之天马行空，最得其似。"《唐宋诗选》的按语摘自《唐宋诗举要》，如王安石《明妃曲》按语云："永叔、介甫《明妃曲》皆有二篇，所录者皆前篇也。叔弼托永叔之言谓杜子美亦不能为，固为过情之誉，黄山谷跋介甫此篇，谓可与李翰林、王右丞并驱争先，亦不免溢美。平心而论，实皆不失为佳构。永叔再和《明妃曲》云：'耳目所及尚如此，万里安能制夷狄？'议论既庸腐，词亦质直少味。介甫后篇云：'汉恩自浅胡自深，人生乐在相知心。'持论乖戾。范元长对高宗论此诗，直斥为坏人心术，无父无君。虽不免深文周纳，然亦物腐虫生，偏激之论有以致之。蔡元凤（上翔）《王荆公年谱考略》虽多方辩护，然不能掩其疵也。李雁湖曰：'诗人务一时为新奇，求出前人所未道，而不知其言之失也。'可谓持平之论矣。"现藏辽宁省图书馆。是选选录情况如下表所示。

表15 《唐宋诗举要》和《唐宋诗选》　　　　　　　　　单位：首

卷数	诗人	唐宋诗举要	唐宋诗选	卷数	诗人	唐宋诗举要	唐宋诗选
卷一 五言古诗	陈子昂	4	4	卷二 七言古诗	王维	5	3
	张九龄	4	2		李颀	3	3
	王维	5	4		李白	16	11
	孟浩然	3	2		杜甫	32	18
	储光羲	3	3		高适	3	2
	王昌龄	2	3		岑参	3	2
	常建	2	2		韩愈	10	7
	李白	12	7		李贺	5	5
	杜甫	20	20		白居易	3	3
	岑参	3	2		欧阳修	5	1
	韦应物	4	4		王安石	3	1
	韩愈	9	6		苏轼	20	9
	柳宗元	7	6				
	欧阳修	2	2				
	王安石	3	2				
	苏轼	7	5				
	黄庭坚	4	3				

三、单人诗选

1.《苏东坡诗醇》

近藤元粹辑。日本明治四十一年(1908)嵩山堂刻本,凡六卷,共六册,有序言、总目和评语。书前有近藤元粹《绪言》,近藤元粹《苏东坡诗醇绪言》云:"苏东坡之诗翻雕于吾邦者,以明历中所刻增刊校注《王状元集注分类》本为滥觞。后文化间,朝川善庵,松井长民,刻《东坡诗钞》。……王注本二十五卷,分七十八类,并刻刘长翁批评。颇为善本。足以不据编年例,不载和陶诗为缺点。且卷帙浩繁,一过读亦不容易也。诗钞则取周雪苍、柴锦川所选之《宋四家诗钞》,非善庵长民之选。诗分诸体,别为一例。"① 说明了该选的文献来源和体例。是选体例按体编次,共选苏诗819首,其中卷一60首,卷二110首,卷三79首,卷四91首,卷五79首,卷六400首。现藏上海图书馆。

2.《苏诗精华》

中华书局编。民国四年(1915)中华书局铅印本,不分卷,共一册,有《凡例》和评语。是选选录的目的是作为"教科自修适用"(《凡例》),编选者说明了编撰是选的缘由:"苏诗篇帙繁富,珠玉杂糅,评骘之家,遂分两派,偏好者奉其枯芜之作,目为老横,矫枉者并其淡远之制,侪之率滑,兹编以学生适用为宗旨,是非门户,无一成见。"(《凡例》)编选者交代了是选编撰的体例:"排次之法,悉视杜诗精华,先五言古诗,次七言古诗,次五七律绝各诗,余至版本格式,亦均同撰,初学手此卷册,庶几唐杜宋苏,分之则为两美,并之则成合璧。"(《凡例》)编选者充分肯定了苏诗的艺术成就:"苏诗长于古风,短于律体,而五古中之神似渊明诸篇,七古中之神似太白昌黎诸篇,尤为可兴可观,适宜初学。兹编所辑古风,殆占十分之七八,其五七律绝各诗,则存其二三,具备梗概而已。"(《凡例》)是选体例按体编次,分五言古诗、七

---

① 近藤元粹《苏东坡诗醇》卷首,日本明治四十一年嵩山堂刻本。

言古诗、五言律诗、七言律诗、五言绝句、七言绝句六种诗体，共选苏诗221首，其中五言古诗48首、七言古诗43首、五言律诗20首、七言律诗38首、五言绝句4首、七言绝句25首。关于诗歌评点方式，《凡例》做了详细的说明："兹编评点，专以趣味回复、气韵生动为标准，于昔贤评本中，采查初白、纪晓岚两先生者为多。查评明尤，纪评苛细，去取之间，尤具苦心。"关于是选之评语，颇为简要精妙，如评《惠崇春江晚景》云："兴象深妙。"评《石鼓歌》云："精悍之气，殆驾昌黎而上之。"评《磻溪石》云："借写仕宦之劳，浑然无迹。"现藏上海图书馆。

3.《音注苏东坡诗》

王文濡辑。民国二十一年（1932）铅印本，不分卷，共一册，有评语。是选以王士禛《古诗选》为底本，是选体例按体编次，共选苏轼诗104首。是选卷首有《苏东坡诗揭要》："子瞻诗下笔如行云流水，出于自然，嬉笑怒骂皆成文章，自非山谷、太虚辈所可及。至其使典鸿博，抒志忠爱，一唱三叹，微言婉讽，旨深思远，寓于诗篇也尤多。诗有王施冯三家注，而冯注较详，兹依据冯注为增损之。"① 王文濡高度肯定了苏轼的艺术成就和诗歌艺术特点。关于该选之音注，如《夜泊牛口》之"飧"音曰"孙"，注曰："朝曰饔，晚曰飧。"现藏上海图书馆。

4.《苏轼诗》

严既澄选注。上海商务印书馆民国二十年（1931）出版，不分卷，共一册，有《导言》，无评语。严既澄（1899—?），原名严锲，笔名严素，广东四会人。他1921年进入商务印书馆。1929年后任北京大学讲师，中法大学教授。著有《初日楼诗》等。书前有严既澄《导言》，严既澄《苏轼诗导言》云：

> 他的许多谈禅说理的作品，这选本差不多完全摒弃；至于"泥上偶尔东西""散为百东坡，顷刻复在兹"等妙句，都是他从性灵上流露出来的，绝对不与佛经的句子和佛家的观念相涉，所以都选在里面。我们固然不必替苏轼争取"思想家"或"哲学家"的地位，但不可不辨清他在诗人世界里的成功。他的作品，缺乏高深玄妙的思想，实在是无可讳也不必讳的事。选择苏诗，编者着实费了些脑力。苏诗原本二千多首，本书只选十分之二

---

① 王文濡《音注苏东坡诗》卷首，民国二十一年铅印本。

弱。当然不能说已经把好的都选出，更因人们对于文艺作品，嗜好各有不同也。但对于作品的去取，都斟酌再三。选择的标准，自然在乎诗中的灵魂，真实的情感。

严既澄强调选录标准是"自然在乎诗中的灵魂，真实的情感"，"不选择谈禅说理的作品"。是选体例按体编次，共选苏诗363首，苏轼各个时期的代表作均有选入。现藏上海图书馆、浙江省图书馆、江西省图书馆。

5.《放翁国难诗选》

许文奇辑。民国二十二年（1933）上海民智书局出版，不分卷，共二册，有序言和总目。《放翁国难诗选》采自汲古阁宋版翻刻本《剑南诗稿》和放翁《剑南诗稿》。《放翁国难诗选》在导言中分六个方面论述了陆游诗歌的特点和生平事迹：放翁的时代背景、放翁南郑的从军生活、放翁剑南戎幕生活、放翁老年的贫困生活、放翁爱国诗一瞥、余音。是选共选陆游诗219首，选录篇什皆以发抒国难愤激敌寇者为限，诗选末附陆游年谱。现藏江西省图书馆。

6.《黄山谷诗》

黄公渚辑。民国二十三年（1934）上海商务印书馆出版，为学生国学丛书。黄公渚（1900—1964），字孝纾，别号霜腴。福建闽侯人。著有《楚词选》《欧阳修文集选注》《欧阳修诗词选译》《陈后山诗选注》。是选共选黄庭坚诗160首。书前有黄公渚导言，十分具体详细。第一，详细介绍了黄庭坚的生平仕履。《黄山谷诗导言》云："黄庭坚，字鲁直，自号山谷道人，宋分宁县人。其先世居金华，至其六世祖赡，官于分宁，始卜筑双井。山谷幼而颖悟，读书五行俱下，父庶大奇之。既孤，从其舅父李常学。以英宗治平三年，两首乡荐，遂登四年进士第，调汝州叶县尉。神宗熙宁中，除北京国子监教授，元丰元年，眉山苏轼见其诗于孙莘老家。……徽宗立，召还，知太平州，复除名编管宜州，卒年六十一。有豫章诗文集行于世。世以配眉山苏轼，称苏黄云。山谷诗尤名重一时，于是有江西诗派之称。"[①] 第二，充分肯定山谷诗学的成就，探寻山谷诗的渊源。《黄山谷诗导言》云："山谷诗学，据陈后山《诗话》，以为得自其父黄庶，及其外舅谢师厚，其父及其外舅，皆学杜者也。虽然山谷诗大体以学杜为本，但其谋篇用韵，实兼韩愈、孟郊之长，融会贯通。故于杜甫则得其骨

---

① 黄公渚《黄山谷诗》卷首，民国二十三年上海商务印书馆。

格，其命意立言，力求沈著，有'一唱三叹'之音。于韩愈则得其恣肆博大，有'匠石斫垩，运斤成风'之妙。于孟郊则得其奇险，炼字妥帖排奡，而不流于怪癖。"① 第三，论述诗人个性与时代之间的关系。《黄山谷诗导言》云："大凡古今诗人，能成为一家者，必有其个性。个性与时代，有密切之关系。如唐人大半偏尚神韵，宋人则多重写实。盖唐自中晚以下诗，诗之体蕴，尽已发泄无余。宋初学唐者，如杨亿、刘筠、晏殊、钱惟演等，又皆陈陈相因，不能独辟门径，深为世所诟病。及至梅圣俞、苏子美、王禹偁、欧阳修出，始尽变晚唐沿袭之辞声调之空套，而出以议论，造句力趋廋硬一路。其源流系由韩孟脱化而出。而山谷尤为其间特出之豪杰，虽师法韩杜，独能取其神而遗其迹。此真善于学古人者，然亦时代有以造成之也。"② 第四，探讨山谷诗作的渊源，寻找与之对应的唐诗。如探析山谷诗与杜甫之间的渊源，《黄山谷诗导言》云："《登快阁》之'落木千山天远大，澄江一道月分明。'《送王郎》之'要须心地收汗马，孔孟行世日杲杲。'《池口风雨留三日》之'水远山长双属玉，身闲心苦一春锄。'《社日奉寄君庸主簿》之'遮眼便书册，挑聋欺酒杯。'及《奉和文潜》、《赠曹无咎篇》、《次韵答曹子方杂言》等篇，皆学杜甫而得其神似者。"③ 探析山谷诗与韩愈之间的渊源，《黄山谷诗导言》云："《留王郎》之'百年才一炊，六籍经几秦。'《寄黄几复》之'春桃李春风一杯酒，江湖夜雨十年灯。'《次韵杨君全送酒》之'秋入园林花老眼，茗搜文字响枯肠。'及《武昌松风阁》《再答冕仲》《题石牛溪旁大石上》等篇，皆学韩愈而得其神似者。"探析山谷诗与孟郊之间的渊源，《黄山谷诗导言》云："《过家》之'络纬声转急，田车寒不运。'《寄家》之'梦回官烛不盈把，犹听娇儿索乳声。'《次韵知命入清源山口》之'吠客犬反走，惊人鸟空忙。'及《晓放汴州》、《次韵答曹无咎见赠》、《题竹石牧牛》等篇，皆学孟郊而得其神似者。"分析山谷诗与庄子之间的渊源，《黄山谷诗导言》云："《留王郎》之'郢人怀妙质，聊欲运吾斤。'《效韦苏州》之'自是鹤长足，难齐凫胫短。'《戏赠彦深》：'濡需终与豕俱焦，饫肥泽甘果非福。'《再答明略》之'使年七十今中半，安能朝四暮三浪忧喜。'皆善用庄子，以抒写自己胸臆者，恰能隽永有味，耐人寻味。"④ 第五，山谷善于以"禅语入诗"。《黄山谷诗导言》云："古人以禅语入诗，唐以前皆无此法。唐初，王右丞始于诗歌中参用禅理。然释典重笨重字句，尚无

---

① 黄公渚《黄山谷诗》卷首，民国二十三年上海商务印书馆。
② 黄公渚《黄山谷诗》卷首，民国二十三年上海商务印书馆。
③ 黄公渚《黄山谷诗》卷首，民国二十三年上海商务印书馆。
④ 黄公渚《黄山谷诗》卷首，民国二十三年上海商务印书馆。

采用者。至宋王安石、苏东坡，始开其例，而山谷尤甚。如《次韵元实病目诗》之'君不见岳头懒瓒一生禅，鼻涕垂颐渠不管。'《送昌上座归成都》之'宝胜蓬蒿荒小院，埋没醯罗三只眼。个是江南五味禅，更往参寻莫担板。'《题也足轩》之'世人爱处属同流，一丝不挂似太俗'等梵语，不可悉数。此虽为苏黄创派，究非诗学正宗，故以上述诸作，兹编概不录入。仅选《题息轩》等三首，以备一格。""山谷非惟好用禅语，即稗官小说，亦多所称引。如《次韵子瞻赠王定国》之'百年炊未熟，一土至蚁追奔。'《戏赠彦深》之'上丁分膰一饱饭，藏神梦诉羊蹴蔬。'用《启颜录》。虽属以文为戏，要非破万卷，笔具炉锤，殊不易辨别。"① 最后，说明了是选取材的标准和来源。《黄山谷诗导言》云："山谷诗，以宋之任渊史容所注之《内外集》，为最完善之本。山谷自言欲仿庄周，山谷教人为诗，大要以读书为根本。兹择录《山谷刀笔》一二则，以见一斑。"② 是选还有详细的注释和评语，如《次韵答曹无咎见赠》之"翕翕"之谓"音吸，犹赫赫，谓权门炙手可热，曾不几时。""眈眈"之谓"多庵切，垂直下视貌。永久也。谓守正而寡欲，可谓不朽计"。《和邢惇夫秋怀》之"莎虫能表微"之"莎虫：谓蟋蟀。《春秋考异邮》：立秋促织鸣。宋均曰：'趣织，蟋蟀也，立秋女功急，故趣之。'"现藏国家图书馆、南京图书馆、江西省图书馆。

7.《苏轼诗选》

王学正辑。民国二十四年（1935）上海经纬书店铅印本，凡二卷，共一册，无序言和批语。王学正（1896—1959），字养山，平阴镇新博士村人。1928年被委任为平阴县教育局长。是选按体编次，共选苏诗284首。入选诗作多为苏轼名篇，如《海棠》《题西林壁》《惠崇春江晚景》《赠刘景文》《饮湖上初晴后雨》《和子由渑池怀旧》《花影》等。现藏江西省图书馆。

8.《白石道人诗集》

佚名辑。民国二十五年（1936）上海商务印书馆石印本，凡二卷，共二册，无序言和批语。是选体例按体编次，分五言古诗、七言古诗、五言律诗、七言律诗、五言绝句、六言绝句、七言绝句七种诗体，共选姜夔诗93首，其中五言古诗13首，七言古诗11首，五言律诗9首，七言律诗16首，五言绝句3首，六言绝句3首，七言绝句38首。现藏江西省图书馆。

---

① 黄公渚《黄山谷诗》卷首，民国二十三年上海商务印书馆。
② 黄公渚《黄山谷诗》卷首，民国二十三年上海商务印书馆。

四、郡邑诗选

1.《柳溪诗征》

周斌辑。民国二十五年（1936）中华书局有限公司出版，凡六卷，共三册。周斌（1878—1933），字志颐，号芷畦，别署汾南渔侠、汾南渔隐，浙江嘉善人，与弟周志成同为南社社友。辑有《柳溪竹枝词》等。是选体例按朝代编次，每个朝代之中又以人编次，共选唐代至清代嘉善诗人150家，诗760首，其中卷一唐代诗人16家70首，卷一宋代诗人3家29首，卷二明代诗人26家113首，卷三至卷十清代诗人60家294首，卷五侨寓诗人30家186首，卷六闺秀和方外诗人15家68首。现藏国家图书馆。

五、年代不详宋诗选本

（一）断代宋诗选本

1.《宋诗选》

佚名辑。民国稿本，不分卷，共三册，无序言和评语，有墨笔圈点。上海图书馆题识为《宋诗选》。是选体例以人编次，共选宋代诗人52家955首，其中王禹偁14首，徐铉12首，韩琦11首，苏舜钦12首，张詠5首，赵抃1首，梅尧臣27首，欧阳修21首，林逋9首，石介1首，孔武仲2首，孔平仲7首，韩维10首，王安石19首，王令6首，陈师道28首，文同3首，米芾3首，黄庭坚34首，张文潜27首，晁冲之4首，韩驹4首，晁补之5首，秦观18首，陈造3首，苏轼430首，薛季宣6首，林光朝1首，楼钥7首，赵师秀4首，翁卷5首，徐照6首，徐玑9首，黄公度4首，刘克庄63首，王庭珪9首，刘宰5首，王阮4首，戴复古40首，戴昺13首，方岳6首，郑震3首，谢翱3首，谢枋得1首，文天祥2首，许月卿2首，林锦熙9首，真山民7首，汪元量3首，道潜7首，慧洪1首，花蕊夫人19首。在选诗宗趣上，编选者十分重视苏轼，选430首，位居第一，最少者慧洪仅3首，两者相差甚巨。现藏上海图书馆。

2.《宋诗选》

佚名辑。民国油印本，吴江图书馆题识为《宋诗选》，不分卷，共一册，无序言、总目，有评语。是选体例以人编次，共选宋代诗人44家318首，其中帝昺3首，杨徽之1首，郑宝1首，李昉1首，寇准1首，晏殊2首，王禹偁3首，魏野3首，林逋3首，杨朴1首，范仲淹1首，韩琦4首，蔡襄4首，赵抃3首，程师孟1首，曾公亮1首，张先1首，司马池1首，吕夷简1首，石延年1首，穆修2首，欧阳修21首，苏舜钦6首，梅尧臣21首，宋祁2首，文彦博

438

3首，黄庶5首，司马光7首，石介1首，杨杰2首，苏轼111首，黄庭坚40首，王安石32首，孔平仲6首，韩维2首，邵雍3首，蔡确1首，杜常1首，王令3首，文同3首，米芾1首，邹浩1首，秦观5首，陈造2首。苏轼111首，位居第一，次黄庭坚40首，次王安石32首，次欧阳修、梅尧臣各21首。是选还有少量评语，如评梅尧臣《和才叔岸旁古庙》云："写破庙如画。"评梅尧臣《范饶州坐中客语食河豚鱼》云："此诗绝佳者，实只首四句，余皆词费，然所谓探骊得珠。末几句，是宋人说理意。学韩昌黎。"评梅尧臣《送何遁山人归蜀》云："第二联寻常语，宋之送归蜀，独觉自然稳切。"评寇准《春日登楼怀归》云："才思融远。第二联用韦苏州语，极自然。"评司马光《华严真师以诗见贶聊成二章纪其趣尚》云："写禅理。"评杨杰《勿去草》云："用意深厚。"评魏野《登原州城呈张贲从事》云："仲先，隐人，能做第二联壮阔语，较为难得。不得故人书，说得自然。"评欧阳修《沧浪亭》云："此诗未免辞费，使少陵、昌黎为之，必多层折而无长语，《渼陂行》、《山石》可参看也，特此题是诗家一掌故，故录之。"评欧阳修《丰乐亭小饮》云："第六句写得出，第五句以太守而说游女之丑，似未得体。"评欧阳修《戏答元珍》云："结韵用高一层意自慰。"评欧阳修《黄溪夜泊》云："结韵，'行见江山且吟咏，不因迁谪岂能来'，亦是。"评欧阳修《招许主客》云："'少容明月放清光'，'少容'作'多容'更佳，第七句多字可改。"现藏江苏吴江图书馆。

（二）通代诗选（"选宋"）

1.《瀛奎律髓摘抄》

佚名辑。民国抄本，不分卷，共一册，无序言、总目。此书因腐蚀较重，字迹较为模糊，辨识十分困难。是选体例以类编次，分闲适、登览、怀古、风土、宦情、宴饮、旅况、梅、雪、节序、晴雨、春日、秋日、冬日、晨朝、暮夜、月、著题、陵庙、边塞等种类，为《瀛奎律髓》再选本。价值不大。现藏国家图书馆。

2.《诗词选》

吴元俊辑。民国年间（1912—1949）油印本，不分卷，共一册，无序言和总目，偶有批语。吴元俊（1910—1985），字冠卿，号中益，山西沁县人。是选编次较为混乱，既选有建安七子曹植，也有唐代诗人李白、杜甫，宋代诗人姜夔、苏轼，还选有民国诗人王国维和梁启超等。是选偶有评点，如评姜夔《放舟龙阳县》云："后几句略佳。"评姜夔《萧萧湘阴县》云："有淡意。"评姜夔《天寒白马渡》云："惟此十字者，有杜甫《羌村》'夜来更秉烛，相对如梦寐'，情调风味，温杜之描写乃使人或觉，故佳。而姜夔乃理智，故不佳。"现藏上海图书馆。

3. 《唐宋诗》

佚名辑。民国抄本，不分卷，共一册，无序言、总目和评注，有墨笔圈点。是选体例以人编次，共选唐宋诗人41家，诗373首，其中唐代诗人20家172首，宋代诗人21家201首。陆游最多48首，次李白44首，次杜牧30首，次苏轼25首，次陈师道21首，次李商隐19首，次陈与义18首，次范仲淹16首，次黄庭坚14首，余皆不足10首。现藏天津图书馆。

4. 《标点音注古今民间疾苦诗歌类选》

佚名辑。民国抄本，凡一卷，共一册，无序言、总目，有少量评语。是选体例分类编次，以"写诉农民隐痛者"为第一类，唐诗选有张籍1首，白居易6首，元稹1首，李绅2首，聂夷中1首，杜荀鹤1首；宋诗选有杨万里1首，范成大2首，方岳1首，翁卷1首，陈师道1首，刘崧1首；元明清诗40余首。现藏湖南省图书馆。

5. 《古今诗选》

徐天国辑。民国国立武汉大学铅印本，凡八卷，共四册，有序言。徐天国，安徽皖江人，生平仕履不详。编选者对每朝诗作的特征有概括性的论述，如论述古逸诗的起源和发展："昔沈约有言，歌咏所兴。自生民始。而刘勰亦云'人秉七情，应物斯感。感物吟志，莫非自然。'盖自伊耆《蜡辞》，已肇声诗。唐虞《赓歌》，其流渐广，由商暨周，六义圆备。诗之为学，此其时矣。顾其篇什之众，浸至三千，宣尼删取，仅得三百一十一篇，而其义归于无邪。后世言诗者，莫不折衷于此，不第三代之总集也。兹既不取三百篇，略依沈氏例，采古逸诗如干首，亦存其概云。"①同时还加上自己的按语："古逸诗真伪极难别识，选家亦有断自汉京，不选古逸者，不为无见也。要之见于《左传》、《史记》、《尚书大传》、《礼记》、《汉书》者，较为可信，余所流传者，今人不能无疑。

---

① 徐天国《古今诗选》卷首，民国国立武汉大学铅印本。

例如《列子书》，均系伪造，《康衢》之歌，全仿《击壤》。历代选诗者，莫能辨也。学者欲明诗源，仍当求诸《三百》。"论述汉魏诗的起源："五言之制，声自西京，而导源于《三百》。"卷三为六朝晋宋诗，论述了六朝晋宋诗的起源和兴盛的过程："五七言既兴，诗之源流，以此为大，然六朝作者，仍专肆力于五言。七言流风，盖犹未盛。"天国按："七言自晋世乐府以后，惟明远最为遒宕，梁武庾信渐入靡丽，已进乎律，且篇什极少，不若五言远甚。"论述唐诗的分期："诗至有唐，号为极盛，有初、盛、中、晚之分，其说创自严羽。"天国按："《沧浪诗话》列有五体。元杨士弘所撰《唐音》，《唐音》分正音、遗响，而《正音》惟王、杨、卢、骆四家，正音则初唐、盛唐为一类。中、晚唐为一类，遗响则备列诸家，颇祖其说。至高棅推寻愈密，撰《唐诗品汇》，初、盛、中、晚，区以别矣。后之论者，或讥其强为划分，体例乖舛，其实唐有天下，垂三百年，作者如林，篇什尤富。试纵览其大势，其风气之推移，源流之正变。均有兆可寻，区分时代，则其特色精神，益以显著，殊便探讨。"是选体例按朝代编次，卷一古逸诗，卷二汉魏诗，卷三六朝晋宋诗，卷四六朝诗附齐梁陈隋诗，卷五唐诗，卷六宋诗，卷七金元诗，卷八明清诗。现藏湖南省图书馆。

6.《历代白话诗选》

佚名辑。民国抄本，不分卷，共四册，无序言、总目和评语。由于是选编排较为杂乱，统计不一定准确。是选体例按朝代编次，共选魏晋至清代诗歌1359首，其中晋诗2首，唐诗149首，五代诗39首，宋诗402首，金诗21首，元诗74首，明诗359首，清诗313首。现藏江西省图书馆。

7.《五朝七律诗选》

王长春辑。民国铅印本，凡五卷，共一册，无序言、总目和评语。王长春（1918—?），安徽凤阳人，生平仕履不详。是选《凡例》指出了编录的原则："是编所选首重神韵，次及才调，兼取词句浅近，俾适于大众阅读。"以"神韵"作为首要标准，并以适合大众阅读作为目的。是选体例按朝代编次，共选唐宋元明清诗501首，其中唐诗109首，宋诗49首，元诗72首，明诗98首，清诗173首。现藏国家图书馆。

8.《五家诗选》

佚名辑。民国抄本，凡一卷，共一册，无序言、总目和评语，有墨笔圈点。是选体例以人编次，共选李商隐、杜牧、李贺、曾巩、苏轼五位诗人五言古诗

97首，其中李商隐6首，杜牧4首，李贺13首，曾巩14首，苏轼60首。现藏国家图书馆。

9.《唐宋诗选注》

储皖峰辑。民国铅印本，凡二卷，共二册，无序言，有评语和总目。储皖峰（1896—1942），字逸安，安徽省潜山人。1927年于南京大学毕业，入清华大学研究院，与陆侃如、谢国桢等创办立述学社。著有《杜牧年谱》《唐诗概论》《汉魏六朝诗选注》。是选体例以人编次，共选唐宋诗人169家，诗1112首，其中卷一唐代诗人39家335首，卷二宋代诗人130家777首。唐代诗人，李白63首，居第一，次杜甫53首，次王维30首，次陈子昂21首，次王昌龄20首，余皆不足20首。宋代选陆游55首，居第一，次苏轼46首，次杨万里43首，次范成大42首，次黄庭坚37首，次王安石33首，次汪元量30首，次姜夔29首，次戴复古25首，次陈与义25首，次刘克庄22首，余皆不足20首。是选有储皖峰评注，评注主要引用前人评论，述多评少，如评寇准《春日登楼怀归》，便引用司马光《温公诗话》云："莱公才思荣远，知巴东县有诗云：野水无人渡，孤舟尽日横。又尝作江南村诗，为人脍炙。"评林逋《山园小梅》引欧阳修《六一诗话》云："谓'疏影''横斜'二语为前所未有。"引黄庭坚语："二语为胜之，盖一取神韵，一取意趣。"评黄庭坚《寄黄几复》云："山谷在太和凡三年，至元丰癸亥移监德州德平镇。黄子耕《山谷先生年谱》：'几复，名介，豫章西山人，熙宁九年，同学究出身，为长乐尉广州教授，楚州推官，知四会县，仕于岭南者十年，元祐三年没于京师。'"评陆游《书愤》之"大散关"，引《宋史·地理志》之语："高宗南渡，西割商秦之半，以散关为界，故南宋诗人作品中多及散关。""空自诩"引《宋书·檀道济传》之语："檀道济为征南大将军，威名甚重，彭城王义康诬之，诏收付廷尉，道济脱帻投地曰：'乃复坏汝万里之长城！'"现藏国家图书馆、首都图书馆。

10.《圣卿古诗选》

佚名选。民国年间油印本，不分卷，共一册，无序言、总目，有墨笔圈点。是选体例分类编次，分仁慈孝悌类、友谊类、戒口腹类、感伤类、努力类、警世晨钟类、觉迷类、禅悦类、忍耐类、知足类、亲恩类、教孝类、戒好色类、自得类等14类。宋诗选30首，其中陆游14首，苏轼5首，黄庭坚4首，参寥3首，朱熹1首，胡时中1首，司马光1首，范仲淹1首。现藏苏州图书馆。

（三）单人诗选

1.《朱熹诗录》

佚名辑。民国抄本，不分卷，共一册，无序言、总目，有墨笔圈点。是选选朱熹诗 190 余首。所选诗歌大多有批语，如评《拟古》云："汉人遗响。"评《题谢少卿药园》云："似汉乐府。"评《吴山高》云："子瞻妙境。"评《次韵择之进贤道中漫成》云："壮语。"现藏国家图书馆。

（四）郡邑诗选

1.《盐城诗征》

张绍先辑。民国抄本，凡十卷，共四册，有序言和总目，无评语。张绍先，江苏盐城人，生平仕履不详。书前有张绍先序，张绍先《盐城诗征序》云：

> 尝闻吴中自仲雍来，而人知礼仪，子游归而士习文学。迄今论文化者，以吴称首，窃慨一地之风气，因人而开，所以吊古者，莫不肃然起敬，而生私淑之诚，良有以也。吾盐蕞尔一邑，在海滨之地，东汉以上，无事迹可考，仿佛太初无为。自三国陈孔璋以文学著，宋陆君实以忠烈著，明王介石以劲节著，万石梁以清操著，孙东海、宋射陵、王青严以隐逸著，清孙止澜以词章著，徐南纲以经义著，唐梅村以孝义著，崛起草莽者，亦不乏其人。……顾先贤著作，涣而不萃，在满清中叶，有射州文存之刻，几经陵谷之变，故家鲜有存者，搜罗遗诗编辑《盐城诗征》一书，以之保存文献，上可征先贤浩然之气，下可启后。人孝思不匮，持此旨采访阅二十稔，综计得二百六十家诗，都八百余首，比桂林之一枝，昆山之片玉，亦幸矣。与《淮海英灵集》相较，则范围小矣。民国第一丙戌邑人张绍先。[1]

张绍先介绍了盐城自汉代至清代所出现的杰出诗人以及此前所编选的诗歌选本。是选体例按朝代编次，每个朝代之中又以人编次，共选汉代至清代盐城诗人 270 家，诗 893 首，其中卷一汉代诗人 1 家 4 首，宋代诗人 1 家 1 首，明代诗人 22 家 99 首；卷二至卷十清代诗人 246 家 789 首。现藏苏州市图书馆。

---

[1] 张绍先《盐城诗征》卷首，民国抄本。

参考文献

史志书目类

[1] 刘昫. 旧唐书 [M]. 北京：中华书局，1975.

[2] 欧阳修. 新唐书 [M]. 北京：中华书局，1975.

[3] 脱脱. 宋史 [M]. 北京：中华书局，1975.

[4] 脱脱. 金史 [M]. 北京：中华书局，1975.

[5] 张庭玉. 明史 [M]. 北京：中华书局，1975.

[6] 赵尔巽. 清史稿 [M]. 上海：上海古籍出版社，1986.

[7] 王钟翰. 清史列传 [M]. 北京：中华书局，1987.

[8] 章学诚. 文史通义 [M]. 上海：上海书店出版社，1993，

[9] 陈振孙. 直斋书录解题 [M]. 上海：上海古籍出版社，1987.

[10] 晁公武. 郡斋读书志校证 [M]. 上海：上海古籍出版社，1990.

[11] 黄虞稷. 千顷堂书目 [M]. 上海：上海古籍出版社，2001.

[12] 傅增湘. 藏园群书经眼录 [M]. 北京：中华书局，1983.

[13] 高儒，撰. 百川书志 [M]. 光绪二十三年刊本.

[14] 朱睦㮮. 万卷堂书目 [M]. 光绪二十八年湘潭叶氏刊本.

[15] 潘景郑. 著砚楼书跋 [M]. 上海：上海古籍出版社，2006.

[16] 上海古籍出版社. 中国古籍善本书目（集部）[M]. 上海：上海古籍出版社，1996.

[17] 王重民. 中国善本书提要 [M]. 上海：上海古籍出版社，1983.

[18] 永瑢. 四库全书总目 [M]. 北京：中华书局，1965.

[19] 林夕. 中国著名藏书家书目汇刊 [M]. 北京：商务印书馆，2005.

总集类

[1] 李昉. 二李唱和集 [M]. 罗振玉辑《宸翰楼丛书》本.

[2] 杨亿. 西昆酬唱集 [M]. 徐乾学刻本.

[3] 陈起. 中兴群公吟稿戊集 [M]. 知不足斋本.

[4] 叶适. 四灵诗选 [M]. 清嘉庆七年焦循抄本.

[5] 刘瑄. 诗苑众芳 [M]. 影宋抄本.

[6] 吕祖谦. 宋文鉴 [M]. 嘉泰本.

[7] 邵浩. 坡门酬唱集 [M]. 绍熙元年豫章原刊本.

[8] 谢翱. 天地间集 [M]. 知不足斋丛书本.

[9] 陈世隆. 宋诗拾遗 [M]. 清抄本.

[10] 陈世隆. 宋诗僧补 [M]. 清抄本.

[11] 金履祥. 濂洛风雅 [M]. 丛书集成.

[12] 方回. 瀛奎律髓 [M]. 明成化三年龙集刻本.

[13] 杜本. 谷音 [M]. 毛晋本.

[14] 吴渭. 月泉吟社诗 [M]. 毛晋本.

[15] 符观. 宋诗正体 [M]. 明正德元年刊本.

[16] 李蓘. 宋艺圃集 [M]. 明万历五年刻本.

[17] 潘是仁. 宋元名家诗选 [M]. 明万历四十三年刻本.

[18] 卢世㴶. 宋人近体分韵诗钞 [M]. 明壬戌年刻本.

[19] 曹学佺. 石仓宋诗选 [M]. 明崇祯四年刊本.

[20] 毕自严. 类选唐宋元四时绝句 [M]. 明稿本.

[21] 丁耀亢. 宋诗英华 [M]. 清抄本.

[22] 吴之振. 宋诗钞 [M]. 清康熙十年刻本.

[23] 吴曹直. 宋诗选 [M]. 清康熙二十年刻本.

[24] 高士奇. 南宋二高诗 [M]. 清康熙二十年抄本.

[25] 陆次云. 宋诗善鸣集 [M]. 清康熙二十六年刻本.

[26] 周之麟. 宋四名家诗 [M]. 清康熙三十二年刻本.

[27] 陈訏. 宋十五家诗选 [M]. 清康熙三十二年刻本.

[28] 邵嵎，柯弘祚. 宋诗删 [M]. 清康熙三十三年刻本.

[29] 顾贞观. 积书岩宋诗选 [M]. 清康熙三十八年刻本.

[30] 张豫章. 御选宋诗 [M]. 清康熙四十八年刻本.

[31] 王史鉴. 宋诗类选 [M]. 清康熙五十一年刻本.

[32] 陆钟辉. 南宋群贤诗选 [M]. 清雍正九年刻本.

[33] 马维翰. 宋诗选 [M]. 清刻本.

[34] 曹庭栋. 宋百家诗存 [M]. 清乾隆六年刻本.

[35] 厉鹗. 宋诗纪事 [M]. 清乾隆十一年刻本.

[36] 潘问奇. 宋诗啜醨集 [M]. 清乾隆十八年刻本.

[37] 张景星. 宋诗别裁集 [M]. 清乾隆二十六年刻本.

[38] 彭元瑞. 宋四家律选 [M]. 清抄本.

[39] 汪景龙. 宋诗略 [M]. 清乾隆三十五年刻本.

[40] 严长明. 千首宋人绝句 [M]. 清乾隆三十五年刻本.

[41] 陈玉绳. 宋诗选本 [M]. 清乾隆间抄本.

[42] 鲍庭博. 南宋八家诗 [M]. 知不足斋影钞本.

[43] 侯庭铨. 宋诗选粹 [M]. 清道光五年刻本.

[44] 许耀. 宋诗三百首 [M]. 清道光二十五年刻本.

[45] 杨行传. 宋诗随意钞 [M]. 清道光三十年抄本.

[46] 卢景昌. 南宋群贤七绝诗 [M]. 清抄本.

[47] 曾国藩. 十八家诗钞 [M]. 清同治十三年刻本.

[48] 贾履上. 训蒙诗选 [M]. 清同治十三年刻本.

[49] 沈曾植. 西江诗派韩饶二集 [M]. 清宣统二年抄本.

[50] 管庭芬. 宋诗钞补 [M]. 民国四年铅印本.

[51] 邱曾. 宋诗钞 [M]. 民国九年铅印本.

[52] 凌善清. 白话宋诗五绝百首 [M]. 民国十年石印本.

[53] 凌善清. 白话宋诗七绝百首 [M]. 民国十年石印本.

[54] 熊念劬. 宋人如话诗选 [M]. 民国十年上海文瑞楼石印本.

[55] 陶乐勤. 话体诗选 [M]. 民国二十三年民智书店印行.

[56] 吴家驹. 宋诗三百首 [M]. 民国二十五年上海经纬书局印行.

[57] 陈幼璞. 宋诗选 [M]. 民国二十六年上海商务印书馆出版.

[58] 钱仲联. 宋诗选 [M]. 民国二十六年无锡国学专修学校出版.

[59] 陈衍. 宋诗精华录 [M]. 民国二十六年上海商务印书馆出版.

[60] 吴湖帆. 南宋群贤诗六十家 [M]. 民国抄本.

别集类

[1] 刘克庄. 后村先生大全集 [M]. 四部丛刊.

[2] 杨万里. 诚斋集 [M]. 四部丛刊初编.

[3] 李东阳. 怀麓堂集 [M]. 四库全书.

[4] 李梦阳. 空同集 [M]. 四库全书.

[5] 何景明. 大复集 [M]. 四库全书.

[6] 李攀龙. 沧溟集 [M]. 四库全书.

[7] 王世贞. 弇州四部稿 [M]. 四库全书.

[8] 王世贞. 弇州续稿 [M]. 四库全书.

[9] 李贽. 焚书 [M]. 北京：中华书局，1974.

[10] 李维桢. 大泌山房集 [M]. 四库全书存目丛书.

[11] 钱谦益. 牧斋初学集 [M]. 上海：上海古籍出版社，1985.

[12] 钱谦益. 牧斋有学集 [M]. 上海：上海古籍出版社，1996.

[13] 沈德潜. 沈归愚诗文全集 [M]. 清乾隆教忠堂刻本.

[14] 潘德舆. 养一斋集 [M]. 续修四库全书.

[15] 翁方纲. 复初斋文集 [M]. 续修四库全书.

今人研究著作

[1] 张智华. 南宋的诗文选本研究 [M]. 北京：北京师范大学出版社，2002.

[2] 祝尚书. 宋人总集叙录 [M]. 北京：中华书局，2004.

[3] 卞东波. 南宋诗选与宋代诗学考论 [M]. 北京：中华书局，2009.

[4] 谢海林. 清代宋诗选本研究 [M]. 上海：上海古籍出版社，2011.

[5] 高磊. 清人宋诗选本研究 [M]. 苏州：苏州大学出版社，2017.

[6] 王友胜. 历代宋诗总集研究 [M]. 北京：北京大学出版社，2021.

[7] 王友胜. 苏诗研究史稿 [M]. 北京：中华书局，2010.

[8] 曾枣庄. 历代苏诗研究概论 [M]. 成都：巴蜀书社，2018.

[9] 傅璇琮. 中国诗学大辞典 [M]. 杭州：浙江教育出版社，1999.

今人研究论文

[1] 陈广宏. 中晚明女性诗歌总集编刊宗旨及选录标准的文化解读 [J]. 中国典籍与文化，2007，1（4）.

[2] 高策.《彤管遗编》编者、版本及其编纂特色考述 [J]. 中国典籍与文化，2022，2（4）.

[3] 邵杰. 国图所藏《青楼韵语》明刻本考述 [J]. 中国诗歌研究，2020，2（3）.

[4] 王艳红. 明代女性作品总集研究 [D]. 上海：上海师范大学，2006.

后　　记

从2006年开始，我有了写作此书的想法，到现在已有十几年。由于本人慵懒，一直未能完成夙愿。

要做好此课题，查阅资料是最大的问题，我围绕此课题做了大量的准备工作，先不说查阅了大量目录书和艺文志。更为重要的是，大量的选本，都是我一字一字从全国各大图书馆输录回来的。我所到过的图书馆有中国国家图书馆、北京大学图书馆、清华大学图书馆、中国人民大学图书馆、北京师范大学图书馆、首都图书馆、中国科学院图书馆、中国社会科学院图书馆、上海图书馆、上海师范大学图书馆、浙江省图书馆、南京图书馆、苏州图书馆、吴江图书馆、常熟图书馆、无锡图书馆、安徽省图书馆、湖南省图书馆、湖北省图书馆、山西省图书馆、山东省图书馆、山东大学图书馆、天津图书馆、南开大学图书馆、江西省图书馆、辽宁省图书馆、吉林大学图书馆等，这些图书馆的工作人员给我提供大量的帮助，才使本书得以成为现在的样子。为此，我这几年大多数休息时间均是在图书馆度过的。其辛苦自不待言，然而最令人心酸的是，个别图书馆因为所谓的保管制度，而不愿将其所藏示人，这才是最让人难以接受的。由于精力和客观条件所限，许多问题考虑还比较肤浅。

本书的部分文章曾刊发于《文学遗产》《社会科学战线》《井冈山大学学报》《上饶师范学院学报》等学术刊物上，在此非常感谢这些编辑所付出的辛苦和劳动。

本书稿还有许多的问题亟待解决，写得也较为粗疏，尤其是许多议题还需深入思考和完善，由于本人学识粗陋，疏误之处难免，祈请方家指正。

王顺贵
2023年秋于嘉兴